天河年鉴

TIANHE YEARBOOK

2011

中共广州市天河区委员会
广州市天河区人民政府 主办

中华书局

编辑说明

一、《天河年鉴》是中共广州市天河区委、区人民政府主持编纂的地方综合性年鉴，2001年创刊，尔后逐年出版，国内外公开发行。其宗旨是全面、系统、翔实地载录天河地区的自然、政治、经济、文化和社会等方面的基本面貌和发展情况，为社会各界了解和研究天河区提供基本资料。

二、《天河年鉴》采用分类编辑法，以篇目、分目、条目组成框架结构的主体部分。在少数分目中，增加了子分目的层次。全书条目标题统一用黑体加【】表示，条目以下的段落标题以楷体字表示。全书前有目录，后设索引，方便读者查阅。

三、《天河年鉴》以出版年号为卷次名称，2011年卷主要载录天河区2010年经济社会发展的基本资料。全书主要设大事记、总述、政治、政法、地方军事、人民团体、经济贸易和经济管理、城区建设和管理、农林水利、高新技术产业、科教文体卫、社会生活、行政街、文件选辑、专题、特载、社会统计资料，共17个篇目。为保证事件的完整性，本书内文记述的个别事情突破年度性，适当上溯追记。

四、年鉴所用的资料部分由本刊编辑部选编，其余由各单位年鉴撰稿员提供，并经单位领导审阅。年鉴文稿由本刊编辑部编纂、校正后，再由撰稿员复核。各单位提供的数字，由于统计口径不一，个别数字可能不一致，使用时应以天河区统计局编印的《天河区国民经济统计资料》为准。本刊所指的“党”是中国共产党；“团”是中国共产主义青年团；“省”是广东省；“市”是广州市；“区”是广州市天河区。

五、本年鉴的出版承蒙各单位、各部门、各街及驻区各单位的大力支持，深表谢意。错漏之处，伫望指正。

《天河年鉴》编辑部

2011年9月

《天河年鉴》正、副主审

主　审：李　明（中共广州市天河区委副书记、广州市天河区人民政府代区长）
副主审：张谭均（中共广州市天河区委常委、区委办公室主任）
李雪枝（广州市天河区人民政府副区长）
唐锡汉（广州市天河区人民政府办公室主任）

《天河年鉴》编辑部

主　编：林道良（广州市天河区地方志办公室主任）
编　辑：李正清　简钰钗　靖　婧　陈　瑜　蔡维朗　陆一锋

撰稿人名单（按内文刊出先后顺序）

黄钦生　陆一锋　肖虹珍　陈丽红　杨驰英　陈伟红　邝惠娜　刘金莲　郑鹤昕
刘　庆　蔡照红　张　翔　薛耀忠　齐　冉　庞辉煌　刘文珍　潘婉梅　利　响
邓瑞莲　王晓明　曾晓芬　林伟苗　邓冬云　谭如峰　黄晓君　周军州　石　垒
潘淑凤　蔡振宇　邓惠琴　方　凌　黄礼铭　贾　平　曾焕元　杨安华　黄建新
张文珠　黄国业　李　平　王思路　李兴平　彭　芳　程　婷　吴　健　赖艳萍
陈　瑜　曾　志　潘邦政　胡军胜　潘宗广　卢臻臻　李桂艳　李新辉　汪贾绚
刘　健　黄新良　高彩虹　张小娟　刘新胜　曾　辉　于启玲　王文革　雷燕芳
许智豪　刘清源　李双福

未注明撰稿人的供稿单位（按内文刊出先后顺序）

区委办、区保密局办公室、区政府办、区法制办、区应急办、区纪委监察局、区委宣传部、区委统战部、民革天河总支、民盟天河基层委员会、民建天河天河基层委员会、民进天河总支、农工党天河总支、致公党天河总支、九三学社天河支社、台盟天河支部、区人社局、区编办、广州市公安局天河区分局、区人民法院、区民防办、区科协、区经贸局、区统计局、区财政局、区城市管理局、科技园、软件园管委会办公室、区科信局、区文广新局、区体育局、区卫生局、区计生局、车陂街道办、林和街道办、员村街道办

2010年天河区地图

集贤庄
永泰
新庄
南庄
南湖游乐园
铜鼓岭
元下田
松园山庄
松园
榕树头
大江园
孙髻岭
握山
东坑
金宝岗
英雄洞
南方医院
一五七医院
白云山风景区
上坑
下坑
白花园
伍仙桥
沙东街
元岗街
天河汽车客运站
长湴村
长兴街
龙洞街
市二轻局职工疗养院
黄屋
火界头
市残疾儿童康复中心
市福利院
龙洞
广东工业大学龙洞校区
元宝岗
市工人疗养院
广东交通学校
华南植物园
中科院华南植物研究所
福胜村
筲箕窝
兴华街
兴华村
范屋
狮子岭隧道
白云山公安分局
云台花园
银河烈士陵园
华南农业大学
华南理工大学
东莞庄
天平架
燕岭公园
五山街
五山
天河区公安分局
广州东站
花生寮
沙河街
市肿瘤医院
登峰街
黄花岗公园
中信广场
体育中心
购书中心
林和街
华南师范大学
天河立交
市工商局
天河南街
石牌街
暨南大学
石牌
广州起义烈士陵园
杨箕
冼村街
天河公园
天河区政府
天园街
省高级法院
员村街
省委
东山湖公园
珠江宾馆
珠江公园
甲子村
猎德街
猎德大桥
海心沙
广州大桥
海印大桥
海印公园
华南大桥
程界西村
程界东村
员村
广州国际会展中心
磨碟沙
赤岗
客村
中山大学
越秀区
海珠区
白云区
黄埔大道
环城高速

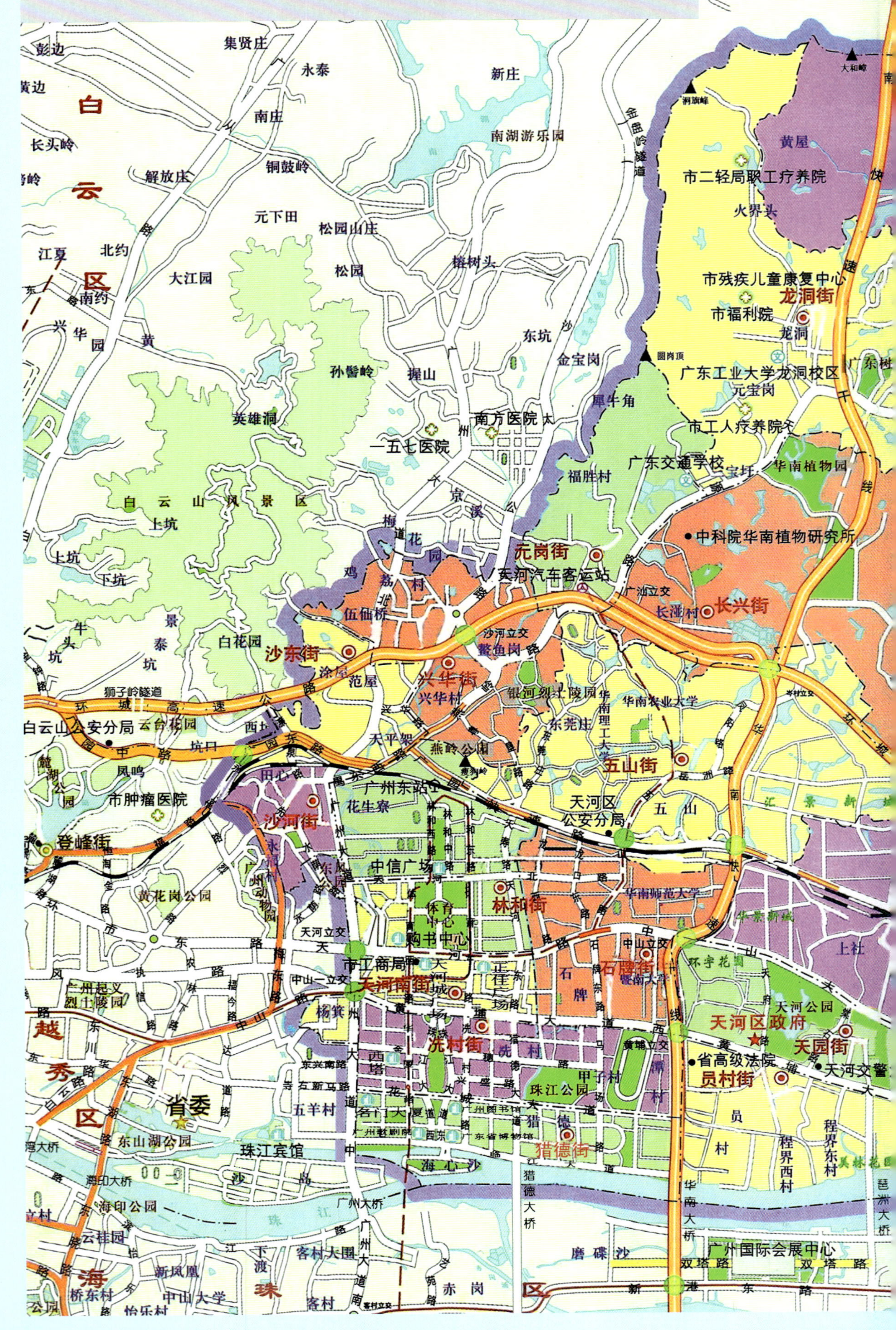

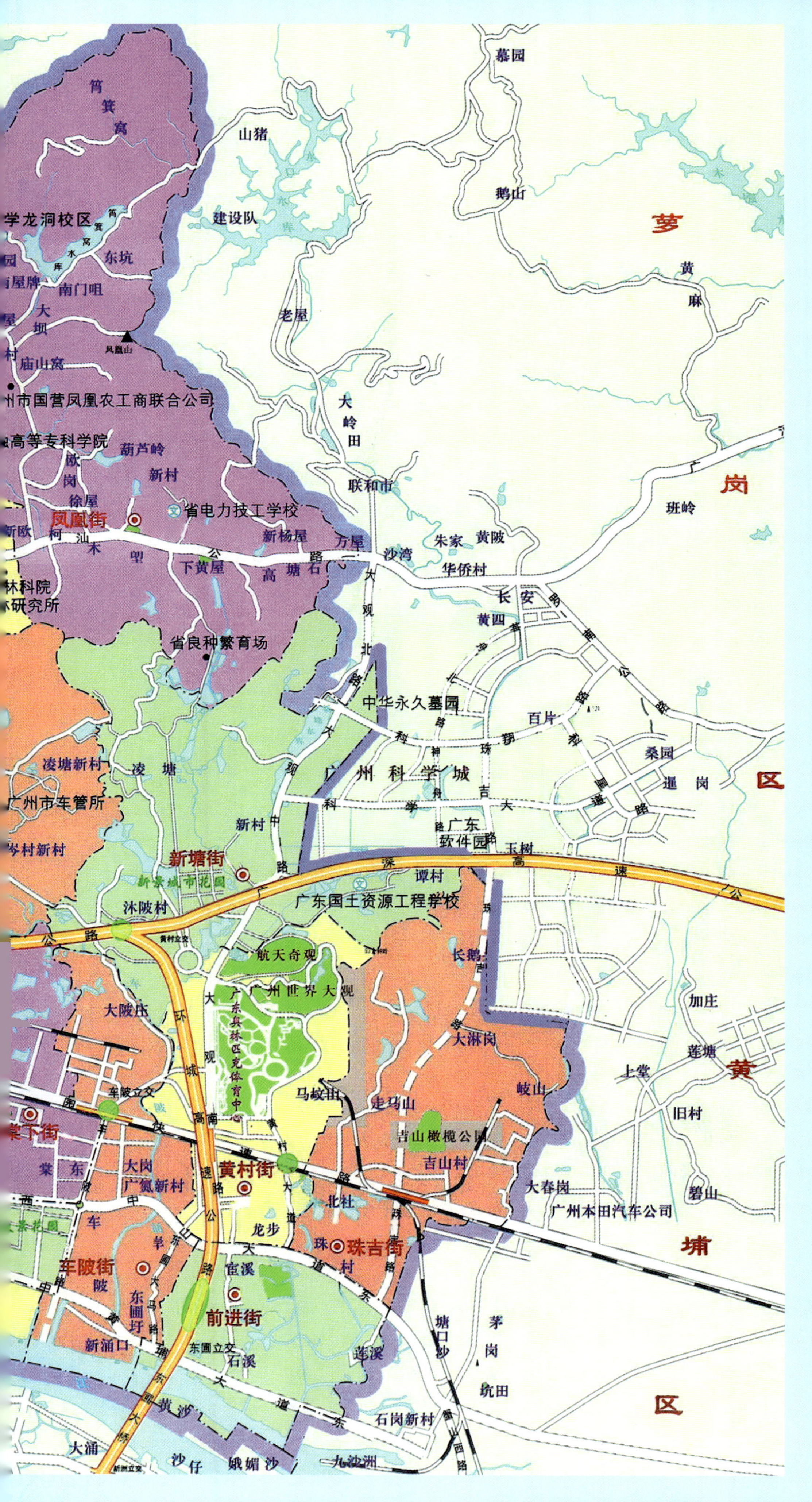

萝岗区
黄埔区
凤凰街
新塘街
黄村街
珠吉街
车陂街
前进街
广州科学城
广东软件园
中华永久墓园
广东国土资源工程学校
航天奇观
广州世界大观
吉山橄榄公园
广州本田汽车公司
省电力技工学校
省良种繁育场
广州市车管所
凤凰山
慕园
鹅山
山猪
建设队
老屋
大岭田
联和市
沙湾
朱家
黄陂
华侨村
长安
班岭
桑园
暹岗
百片
玉树
谭村
长腰岭
大淋岗
岐山
加庄
莲塘
上堂
旧村
碧山
大春岗
马鞍山
走马山
吉山村
北社
龙步
宦溪
石溪
莲溪
塘口沙
茅岗
坑田
石岗新村
九沙洲
沙仔
娥媚沙
大涌
新涌口
东圃圩
东圃立交
车陂立交
黄村立交
大陂庄
沐陂村
凌塘
凌塘新村
新村
东坑
南门咀
庙山窝
葫芦岭
方屋
新杨屋
下黄屋
徐屋
广东奥林匹克体育中心

天河区在广州市位置图
韶关市
清远市
惠州市
佛山市
东莞市
江门市
中山市
深圳市
清新县
清远市
佛冈县
（石角）
从化市
（街口）
花都区
增城市
（荔城）
广州市
天河区
黄埔区
南海区
（桂城）
佛山市
番禺区
（市桥）
顺德区
鹤山市
（沙坪）
江门市
东莞市
宝安区
南山区
黄龙湖森林公园
流溪河森林公园
三桠塘
幽谷探险
蓄能电站
游览区
碧水湾温泉度假村
从化
温泉
石门国家
森林公园
南昆山国家森林公园
大封门森林公园
中华文化养生园
芙蓉旅游度假区
高百丈风景区
盘古皇庙
九龙潭旅游
开发区
北回归线标志塔
湖心岛休闲
度假村
正果佛洛
洪秀全故居
广东圆玄道观
白云国际机场
（新址）
何仙姑家庙
白兰花
森林公园
增城旅游度假村
白石滴瀑布
帽峰山风景区
金坑森林公园
挂绿隆花园
南湖旅游中心
天鹿湖郊野公园
东方乐园
萝岗香雪
世界大观
东奥林匹克
体育中心
黄埔军校旧址
农业大观园
利泰瀑布
香江野生
动物世界
长隆夜间
动物世界
莲花山
大夫山
森林公园
留耕堂
宝墨园
林则徐公园
沙角炮台
横沥生态旅游
度假农庄
天后宫
龙穴岛旅游区
百万葵园
新垦海上庄园
深圳宝安机场
虎门
珠江口

天河数字

2010年，天河区围绕落实转变经济发展方式和办好亚运会两大核心任务，全力推进产业高端发展和宜居城区建设，实现全区社会协调发展，各项经济社会发展预期目标顺利完成。

▲天河区成立时间：1985年5月

▲面积：137.38平方公里

▲人口：全区总人口185.27万人，户籍人口74.52万人，外来暂住人口110.75万人

▲街道办事处：21个

▲地区生产总值（GDP）：1832.60亿元，同比增长13.0%

▲第一产业增加值2.89亿元，同比增长5.9%；第二产业增加值272.55亿元，增长9.9%；第三产业增加值1557.15亿元，增长13.6%。三次产业结构比例为0.1：14.9：85.0。

▲税收收入296.16亿元，增长21.1%

▲财政一般预算收入38.14亿元，一般预算支出42.04亿元

▲全社会固定资产投资：679.14亿元；社会消费品零售总额840.28亿元

▲房地产开发完成投资299.55亿元，商品房销售面积303.31万平方米

▲外贸进出口总额：72.44亿美元；实际利用外资：4.30亿美元

▲居民人均可支配收入：31431元

▲中学学校数（含职中）52所，在校学生52228人

▲小学学校数80所，在校学生95213人

▲特殊教育学校3所，在校生870人

▲医疗机构拥有床位5833张，卫生技术人员11000人

▲森林覆盖率：24.7%

天河区生产总值

工业总产值

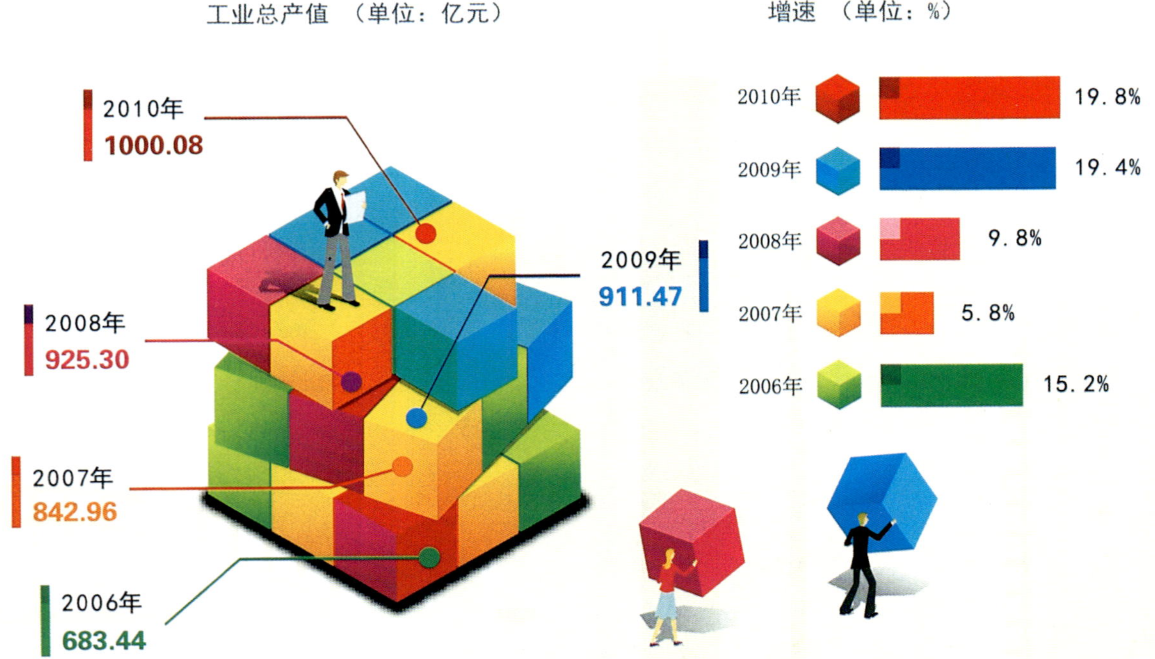

外贸出口总值

外贸出口总值 （单位：亿美元） 增速 （单位：%）

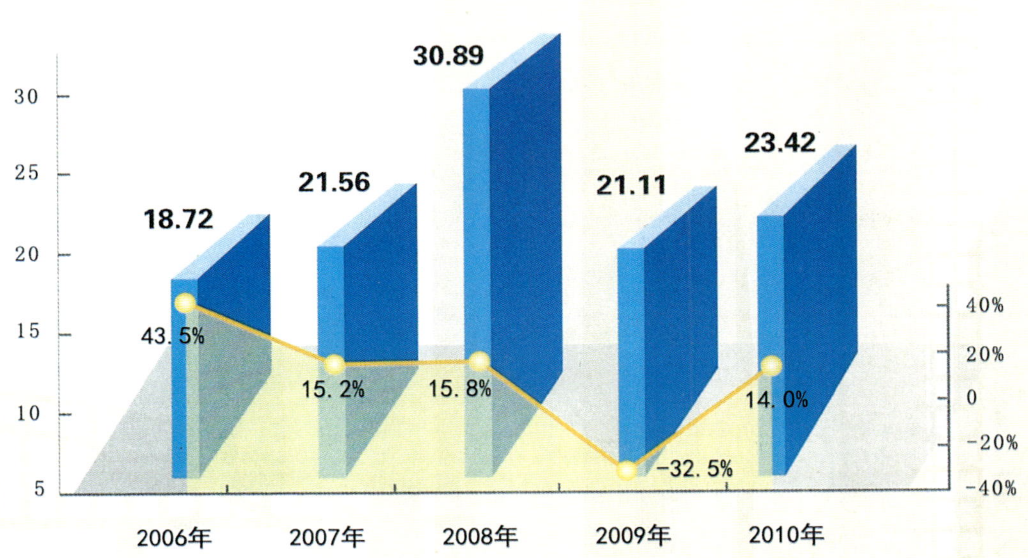

社会消费品零售总额

社会消费品零售总额 （单位：亿元） 增速 （单位：%）

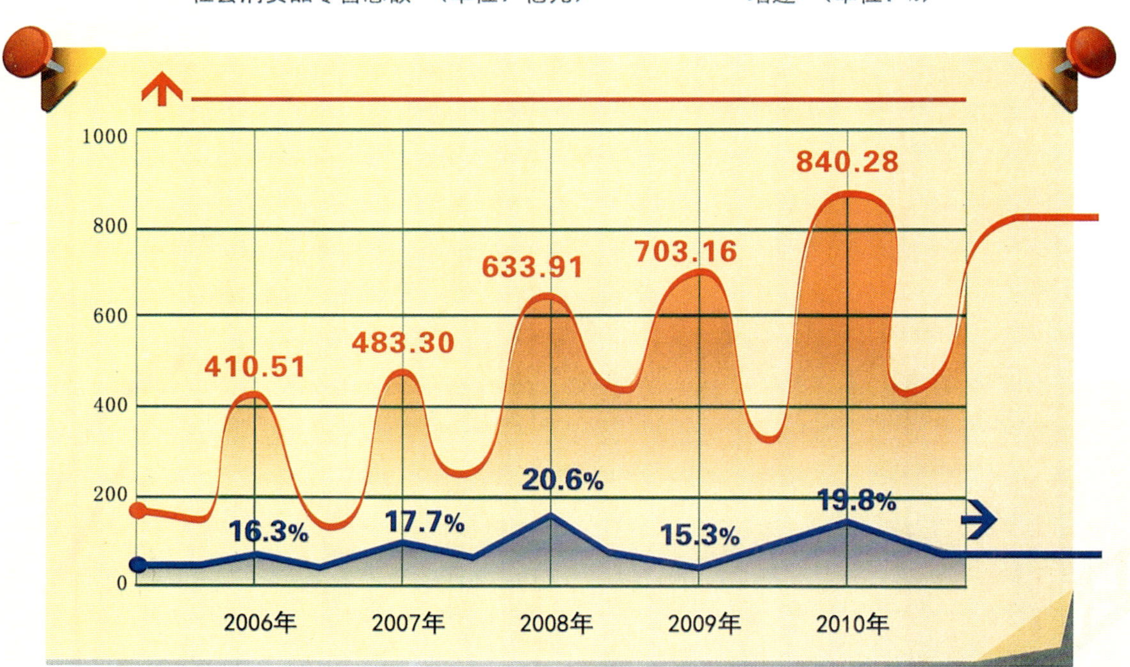

税收总额

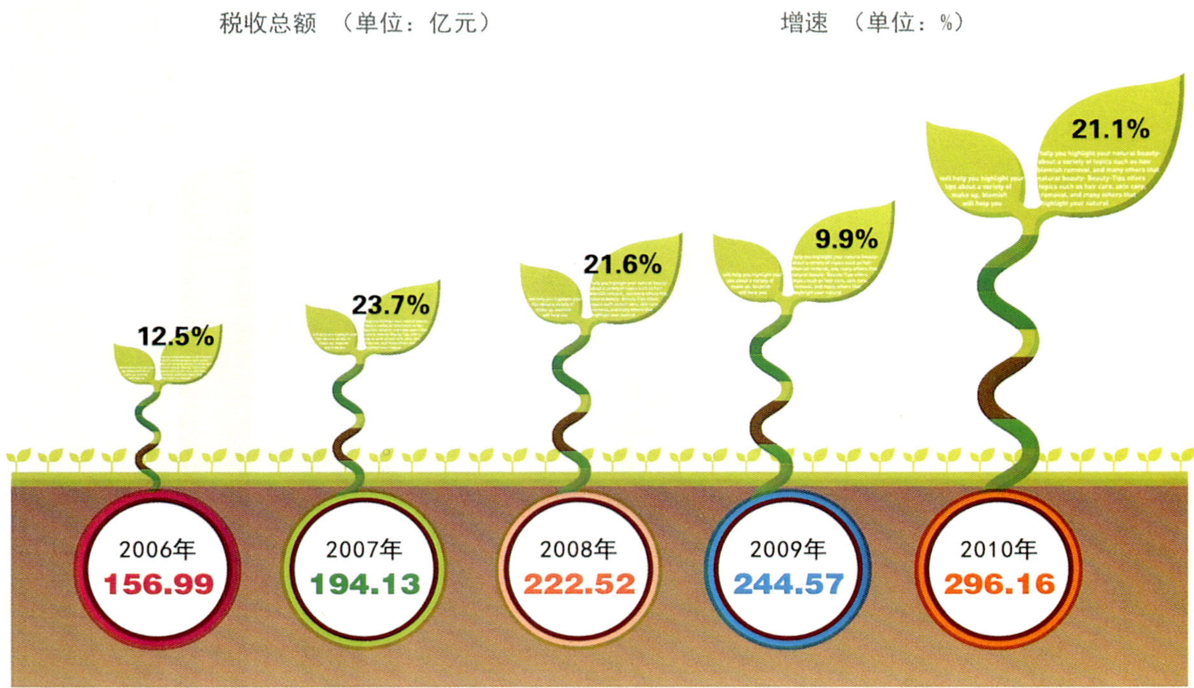

财政收支

一般预算财政收入 （单位：亿元） 一般预算财政支出 （单位：亿元）

增速 （单位：%） 增速 （单位：%）

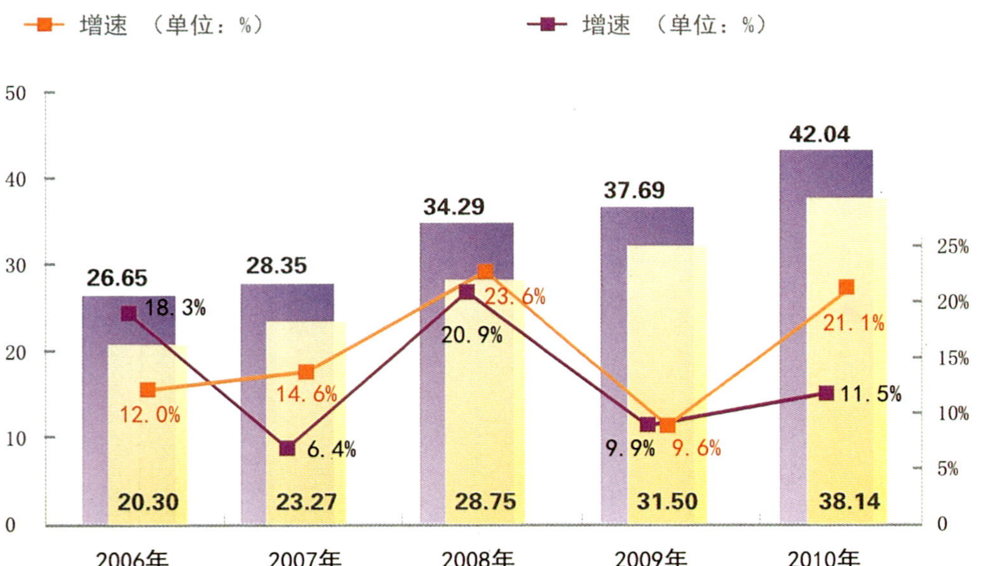

全社会固定资产投资

全社会固定资产投资 （单位：亿元） 增速 （单位：%）

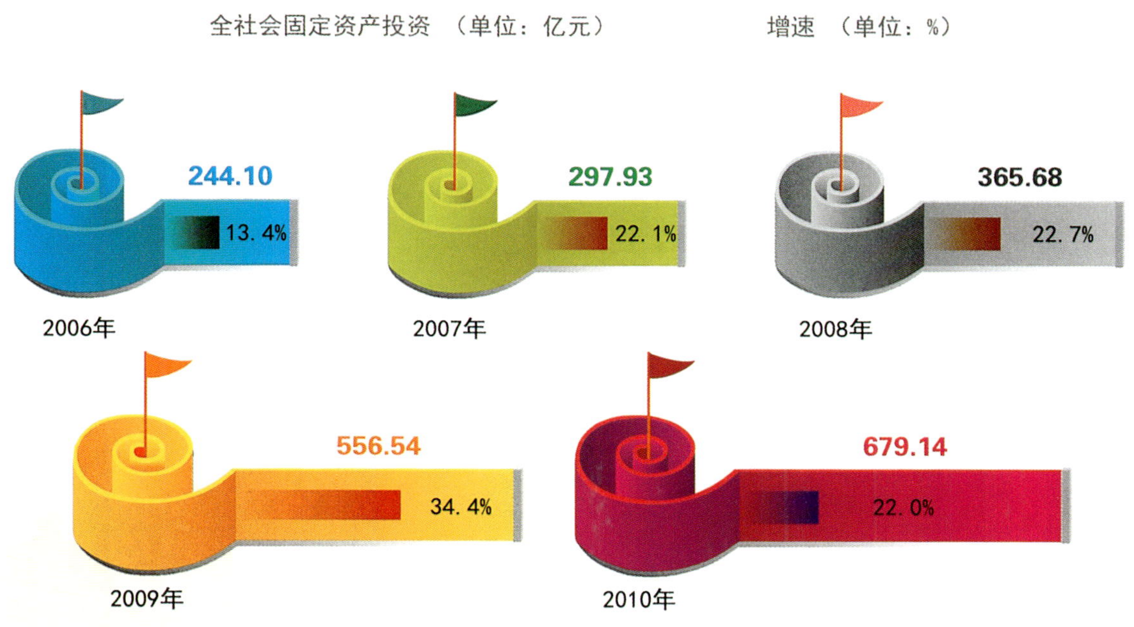

城市居民人均可支配收入

城市居民人均可支配收入 （单位：元） 增速 （单位：%）

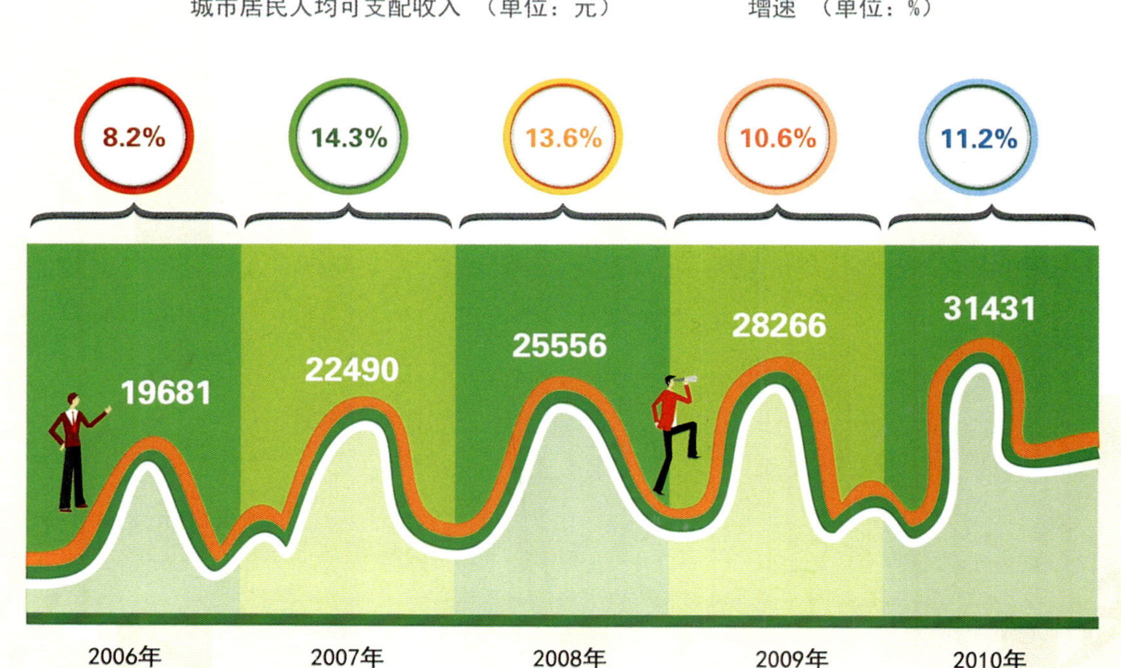

2010年11月12日，中共中央政治局常委、国务院总理温家宝视察花城广场

2010年12月13日，中共中央政治局常委、国务院副总理李克强（右）到天河中学视察 （区教育局供稿）

2010年10月27日，中共中央政治局常委、中央政法委书记周永康视察天河区公安分局猎德派出所

（区公安分局供稿）

2010年5月8日，中共中央政治局委员、广东省委书记汪洋（左二）到天河考察污水治理和河涌整治情况

（何小茹 摄）

2010年11月11日，国务委员、公安部部长孟建柱（前排右二）考察猎德派出所亚运安保工作
（区公安分局供稿）

2010年9月6日，中央纪委常委、中央组织部副部长张纪南（前排右二）率领考察团一行到新城市中轴线广场、广州大剧院考察
（何小茹 摄）

2010年2月25日，公安部党委委员、中央防范办主任、广州亚运会、亚残运会安保工作协调小组组长李东生（前排右二）到广东奥林匹克体育中心检查亚运安保筹备工作　（区公安分局供稿）

2010年6月28日，公安部副部长陈智敏（前排右一）率领全国公安机关社会管理创新座谈会部分会议代表到天河区公安分局网警大队创新示范点参观考察　（区公安分局供稿）

2010年12月13日，团中央副书记汪鸿燕到花城广场慰问志愿服务站志愿者（团区委供稿）

2010年11月3日，省委副书记、省纪委书记朱明国（中）到珠江新城新城市中轴线考察（何小茹 摄）

2010年5月4日，省委常委、省政法委书记、省公安厅厅长梁伟发（右三）先后到汇景实验学校和汇景实验幼儿园检查督导校园及周边的安全防范工作 （何小茹 摄）

2010年9月3日，副省长林木声（前排左一）到猎德新村视察 （赖然然 摄）

2010年2月23日，副省长雷于蓝（右）由副区长林玲（左）陪同视察天河区北岸文化码头（区政府办供稿）

2010年4月13日，国家文化部艺术司副司长张凯华（左一）一行到龙洞街调研文化建设工作（龙洞街文化站供稿）

2010年8月26日，省委常委、市委书记张广宁（前排右一）陪同济南市党政代表团一行参观考察新城市中轴线、广州大剧院（何小茹 摄）

2010年8月10日，市委副书记、市长万庆良（前排右二）到石牌派出所调研迎亚运社会治安管理工作（常本瑞 摄）

2010年4月8日，市委常委、常务副市长邬毅敏（左二）到国家软件产业基地天河软件园调研（郑涛 摄）

2010年8月14日，市委常委、市委宣传部部长王晓玲（左二）、副市长贡儿珍（左四）到珠村出席广州乞巧文化节（赖然然 摄）

2010年12月27日，区委书记刘悦伦（右）陪同深圳罗湖区区委书记刘学强（左）到花城广场参观考察

（何小茹 摄）

2010年11月6日，第16届亚运会广州火炬传递活动在天府路罗马广场进行分区传递。图为区委副书记、区长徐汉添（左）与末棒火炬手李方荣共同点燃火种盆

（何小茹 摄）

2010年，区委副书记林赛龙（左）向驻区部队赠送慰问金　　　　　　（谢晋桦　摄）

2010年3月15日，区委常委、区纪委书记江绍强（左三）检查辖区3·15国际消费者权益日活动　　　　　　（天河工商分局供稿）

2010年2月25日，区委常委、区公安分局局长吴煜昇（前排右一）陪同公安部党委委员、中央防范办主任、广州亚运会、亚残运会安保工作协调小组组长李东生（前排右二）到奥体中心视察　　　　　　（区公安分局供稿）

2010年9月15日，区委常委、区委组织部部长潘文捷（左）带队走访慰问天河区参加过抗日战争的韩美英、招新两名离休干部
（区老干局供稿）

2010年9月25日，区委常委、区委办主任张谭均（右一）陪同区委书记刘悦伦（右三）到天河南六运小区、奥体中心等建设工地调研
（赖然然 摄）

2010年12月16日，区委常委、区委宣传部部长、常务副区长黄彪带队察看广东奥体中心后勤保障情况 （区政府办供稿）

2010年11月10日，区委常委、武装部部长谢楚恒检查辖区亚运安保工作
（区人武部供稿）

2010年4月9日，区委书记杨建城在棠下街开展领导干部“基层大接访”活动 （谢晋桦 摄）

2010年11月2日，区委书记、区人大常委会党组书记刘悦伦（前排左二）到棠下街考察出租屋管理工作 （李永滔 摄）

2010年12月22日，区人大常委会代理主任王淑贞（前排右二）率领市十三届人大代表天河区联组代表视察花城广场建设情况
（黄钦生 摄）

2010年9月13日，区人大常委会副主任许志（左）慰问创文志愿者 （黄钦生 摄）

2010年10月12日，区人大常委会副主任池柏良（前排左二）到华美奶牛场调研
（黄钦生 摄）

2010年12月16日，区人大常委会副主任李宁佳（右一）率执法检查组对天河区贯彻落实《广东省人口与计划生育条例》实施情况进行检查　（黄钦生　摄）

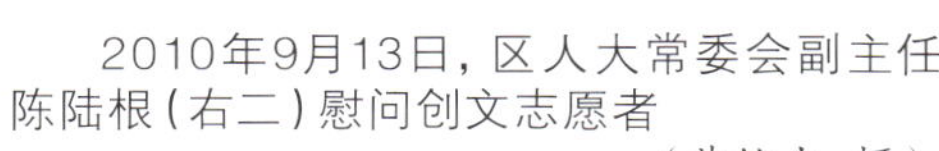

2010年9月13日，区人大常委会副主任陈陆根（右二）慰问创文志愿者　（黄钦生　摄）

2010年9月13日，区人大常委会副主任樊孝玉（左一）慰问创文志愿者（黄钦生　摄）

2010年11月26日，区长徐汉添在区政府北会场会见美国加州桑尼维尔市议员李晓周、加州侨领陈灿培及恳亲团一行（赖然然 摄）

2010年12月16日，区委常委、常务副区长黄彪向记者介绍奥体中心后勤保障情况（区政府办供稿）

2010年12月1日，副区长丁建华（右一）到辖区亚运停工工地进行地毯式检查（何小茹 摄）

2010年3月29日，副区长廖国胜在国家软件产业集中孵化中心二期奠基仪式上发言
（区政府办供稿）

2010年9月9日，副区长林玲（左一）到黄村街检查创文工作　（区政府办供稿）

2010年12月5日，副区长李雪枝参加亚残运会火炬传递　（区残联供稿）

2010年8月26日，副区长丘卫青（中）到广州博览会展馆看望天河区参展企业 （区协作办供稿）

2010年12月7日，副区长陈祖进（右二）到亚残运会开、闭幕式人流疏散重点地铁口车陂南站开展安全检查 （汪健东 摄）

2010年11月9日，副区长郑丹群（左一）到长兴街督导亚运安保工作 （彭春荣 摄）

2010年3月5日，区政府党组成员黄国和（左一）与市水务局、区建设和水务局领导在现场研究工作 （区政府办供稿）

2010年3月1日，区政协主席杨南聪在区政协六届五次会议上发言（本刊编辑部供稿）

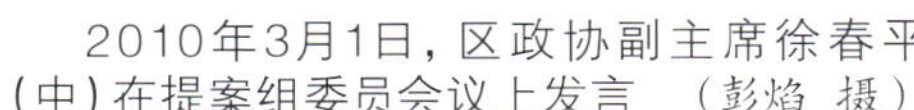
2010年3月1日，区政协副主席徐春平（中）在提案组委员会议上发言　（彭焰 摄）

2010年3月1日，区政协副主席肖彬生（左）在港澳组委员会议上发言（阮健成 摄）

2010年3月1日，区政协副主席肖辉（左一）在联络组委员会议上发言　（阮健成　摄）

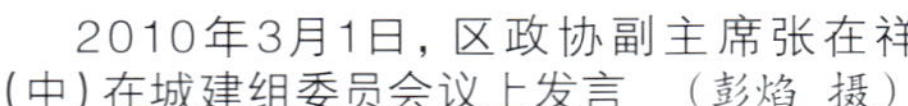

2010年3月1日，区政协副主席张在祥（中）在城建组委员会议上发言　（彭焰　摄）

2010年3月1日，区政协副主席吴兰桂（中）在教育组委员会议上发言　（彭焰　摄）

2010年3月1日，区政协副主席王壮（左一）在文体组委员会议上发言　（彭焰　摄）

2010年3月5日，区委常委、区纪委书记江绍强在区七届纪律检查委员会五次全会上作工作报告　　（何小茹　摄）

2010年9月27日，区纪委副书记、监察局局长李小东（中）巡视亚运工程　　（区纪委办供稿）

2010年12月19日，区纪委副书记廖持亮（左二）到辖区街道检查纪检工作开展情况　　（区纪委办供稿）

2010年1月26日，中共广州市天河区第七届委员会第八次全体会议召开　（本刊编辑部供稿）

2010年3月2日，广州市天河区第七届人民代表大会第五次会议召开　（本刊编辑部供稿）

2010年3月1日，中国人民政治协商会议第六届广州市天河区委员会第五次会议召开　（本刊编辑部供稿）

2010年3月5日，中国共产党广州市天河区第七届纪律检查委员会第五次会议召开　（本刊编辑部供稿）

2010年7月21日，天河区召开2010年纪律教育学习月活动动员大会

（何小茹 摄）

2010年6月8日，天河区召开贯彻实施广州市依法治市“四五”“五五”普法规划检查验收汇报会

（蔡照红 摄）

2010年4月12日，天河区治水工作会议召开

（区建设和水务局供稿）

2010年5月14日，天河区"迎亚运、树正气、保平安、促和谐"廉政文化进工地活动现场会在天河南街六运二小区工地召开

（何小茹　摄）

2010年4月28日，天河区举行庆祝"五一"国际劳动节大会暨文艺演出

（本刊编辑部供稿）

2010年7月20日，广州市道德模范巡回演讲天河区专场报告会在机关大礼堂举行　（何小茹　摄）

亚运光耀五羊城（董应流 画）

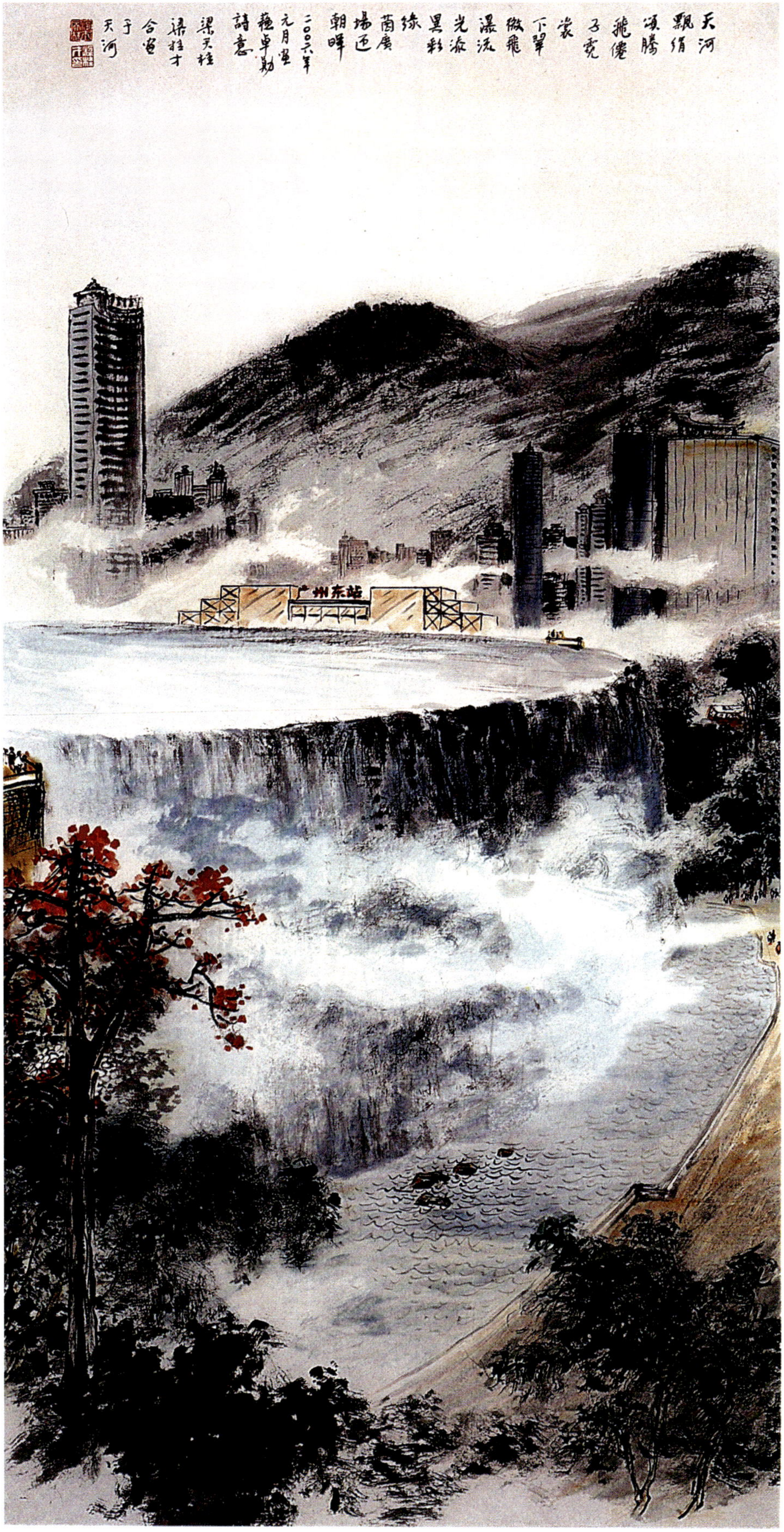

天河飄絹
頃騰飛瀑
子霓裳
下翠微
飛濕流
光溢
異彩
綠茵廣
場迎
朝暉
二〇〇六年
元月埜
穗卓勛
詩意
梁天柱
梁桂才
合作
于天河

天河飘绢（梁天柱、梁桂才　画）

天河新貌（胡硕堂 摄）

天河之景（胡硕堂 摄）

天河夜景（张展新 摄）

珠江新城标志性建筑物：海心沙体育场馆、广州大剧院、广东省博物馆和西塔（单庆和 摄）

珠江新城夜景

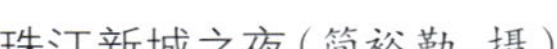

珠江新城之夜（简裕勤 摄）

2010年广州亚运会开幕式举办地——海心沙（冯昭虹 摄）

花城广场花团锦簇（胡硕堂 摄）

海心沙上空盛放烟花（胡硕堂 摄）

花城广场夕照（薛龄燊 摄）

夜色中的广州大剧院（胡硕堂 摄）

天河飘绢（广州天河新闻报供稿）

火炉山远眺（温志美 摄）

国家“AAAA级旅游景区”——华南植物园

天河公园一隅（本刊编辑部供稿）

城市绿道（广州天河新闻报供稿）

亚运会、亚残运会开闭幕式

广州亚运会于2010年11月12日在海心沙开幕，27日闭幕；广州亚残运会于12月12日在广东奥林匹克体育中心开幕，19日闭幕。两个亚运开、闭幕式同样精彩，都展示出改革开放所带来的巨大活力，映射着中国特色社会主义事业发展的勃勃生机。

2010年11月12日，第16届亚洲运动会开幕式在广州海心沙岛举行　（新华网供稿）

广州亚运会开幕式不在封闭的体育馆而在开放的江上岛屿海心沙举行，在亚运史上尚属首例

中共中央政治局常委、国务院总理温家宝出席开幕式并宣布亚运会开幕（新华社记者饶爱民 摄）

亚运主火炬点燃瞬间

亚运会开幕式现场（新华社记者燕雁 摄）

广州亚运会开幕式焰火的总燃放量是16万发，正好与第16届亚运会相吻合，在规模上超过北京奥运会的8万余发和上海世博会的10万余发，成为国内烟花燃放史上规模最大的一次盛会

（新华网供稿）

海洋之舟破浪前行（广州天河新闻报供稿）

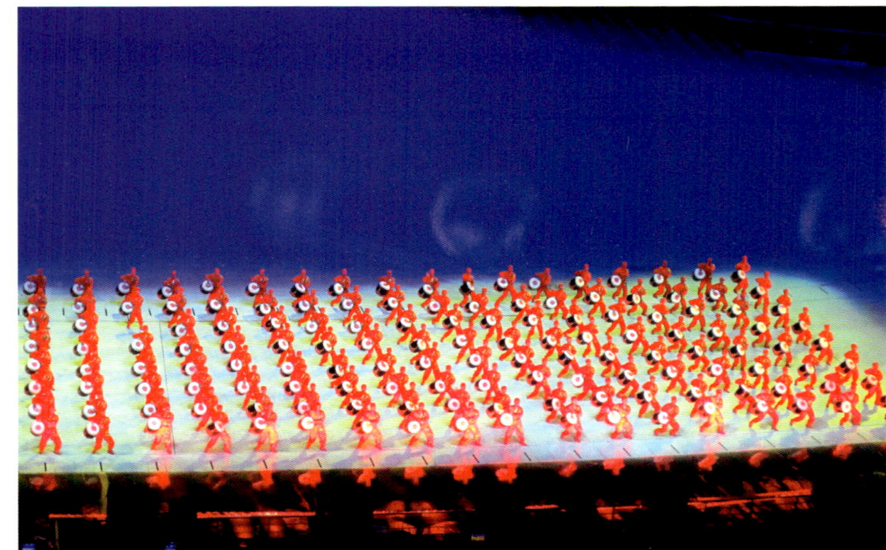

气势磅礴的猎德鼓（赖然然　摄）

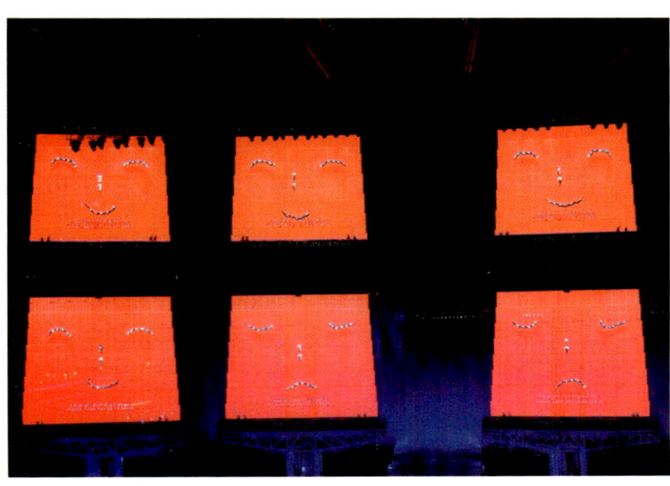

吊钢丝绳少年变幻各种图案（广州天河新闻报供稿）

2010年11月27日，广州亚运会闭幕

2010年12月12日，广州亚残运会开幕式在广东奥林匹克体育中心举行（万川 摄）

广州亚残运会开幕式现场

参赛国代表进入会场

开幕式上文艺表演

亚残运会主赛场（赖然然　摄）

闭幕式现场

亚残运会闭幕式上文艺表演
（新华社记者陈晔华 摄）

2010年12月19日，广州亚残运会闭幕式在广东奥林匹克体育中心举行 （新华社记者陈晔华 摄）

2010年，天河区制定并落实亚运安保和外围保障工作方案、预案和流程，开展亚运社会面整体防控演练，组织发动14万群防群治力量参与社会治安综合治理。天河区公安分局全局2200名警力，除去值班备勤警力外，剩余的1600多名警力全部成建制投放在珠江新城，确保亚运会开闭幕式核心区安全。

2010年8月13日，天河区举行“迎亚运、保平安”整治交通秩序百日会战启动仪式（常本瑞 摄）

2010年9月30日，区公安分局民警在海心沙外围进行亚运安检
（区公安分局供稿）

2010年10月21日，区公安分局民警在天河体育中心进行安检
（区公安分局供稿）

2010年10月27日，区公安分局民警在广东奥林匹克体育中心进行安检
（区公安分局供稿）

2010年10月28日，天河区举行亚运会亚残运会社会面整体防控演练（区政法委供稿）

2010年10月29日，天河区举行迎亚运危险化学品事故应急救援演练（区应急办供稿）

2010年11月3日，区公安分局出动民警2899名、区干部职工、教师和志愿者等安保辅助力量10230名，完成珠江新城海心沙岛亚运会开幕式彩排安保综合演练工作任务

（区公安分局供稿）

2010年11月8日，区公安分局完成中日足球赛比赛现场和社会面治安防控工作，赢得亚运安保工作第一场胜利。图为比赛外围保卫

（区公安分局供稿）

2010年11月8日，区公安分局完成中日足球赛比赛现场和社会面防控工作。图为场内保卫

（区公安分局供稿）

2010年11月12日，区委书记刘悦伦（右一）、区长徐汉添（右四）、区公安分局局长吴煜昇（右二）、区公安分局副局长曹辉（右三）靠前指挥亚运会开幕式安保工作
（区公安分局供稿）

2010年11月12日，区公安分局民警集中猎德复建小区居民到村委会楼前的广场观看开幕式现场直播 （区公安分局供稿）

2010年11月，区公安分局加强查处倒卖亚运会各赛事门票违法行为。截至11月14日，先后抓获涉嫌倒卖亚运会各赛事门票的嫌疑人25名，缴获亚运会各赛事门票170多张，依法行政拘留12人 （区公安分局供稿）

2010年11月23日，区建设和水务局党委书记刘明沾带队检查亚运奥体中心市政保障情况（区建设和水务局供稿）

2010年11月13日，亚运开幕式市政保障设施（区建设和水务局供稿）

2010年11月26日，区公安分局在新天河宾馆进行安检（区公安分局供稿）

2010年11月27日，第16届亚运会闭幕式在海心沙岛举行。图为民警坚守岗位，轮流吃晚饭 （区公安分局供稿）

2010年12月1日，副区长丁建华（右）带队开展亚运工地复工前安全检查 （区建设和水务局供稿）

2010年12月5日，亚洲残疾人运动会广州首段火炬传递活动在花城广场举行起跑仪式，火炬传递路段全长7.8公里。区公安分局划分为2个安保现场及4个安保区间，共投入近千名警力进行安保工作。图为火炬传递路段沿线保卫 （区公安分局供稿）

亚运志愿服务

2010年5月，天河区开始筹备亚运城市志愿者工作，11月，辖区所有城市志愿服务站点正式开通。两个亚运期间，全区3万名志愿者在主要街道社区、公园景点、宾馆酒店、路口车站等600多个城市文明岗，28个亚运城市志愿服务站、36个社会共建站提供服务，志愿服务累计达16万余人次，服务时数总计达66万小时。

2010年4月30日，天河区举行纪念“五四”运动91周年大会暨“青春与亚运同行”活动启动仪式。仪式上启动天河区首个亚运城市志愿固定建筑服务站 （彭焰 摄）

2010年10月28日，天河区举行亚运会亚残运会志愿者行动日活动 （区政法委供稿）

2010年11月18日，天河区亚运城市志愿者服务主题日暨创先争优活动启动仪式在天河公园举行（赖然然　摄）

2010年12月7日，亚组委志愿者部城市文明办副主任麦文辉给天河志愿手语队授旗（团区委供稿）

2010年12月5日，亚残运会形象大使、央视著名主持人白岩松到珠江新城新生活驿站看望志愿者，并为天河区亚残运会手语志愿服务队授旗（唐巧妍　摄）

2010年12月14日，团省委副书记曾颖如给天河区志愿者授带　（团区委供稿）

2010年12月12日，志愿者在广州亚残运会开幕式上服务　（团区委供稿）

曹华鹏一家（天河区城市志愿者之家）四口一起体会志愿服务的快乐感觉　（团区委供稿）

王若端，女，广东外语艺术职业学院08级计算机多媒体系学生会主席，天河区亚运志愿者（天河体育中心南门广场2站副站长）。她对市民的问题回答自如，清楚地告诉他们周边的路线和介绍周边的景点，真正成为市民的“百事通” （团区委供稿）

王唯唯，女，12岁，广州市东风东路小学5年级学生，天河区年龄最小的亚运城市志愿者 （团区委供稿）

曹华鹏，男，31岁，从事艺术设计工作，天河区亚运志愿者督查员。尽管他是一名听障人士，但他可以采取笔和纸为遇到困难的人解决问题，传递爱心 （唐巧妍 摄）

亚运人居环境整治

2010年6月，天河区开展亚运人居环境综合整治，各级领导深入一线，靠前指挥，全区上下齐心协力，真抓实干。整治后辖区面貌焕然一新：河涌、道路、楼宇环境优美。

车陂涌整治后，涌边违章建筑被清拆，堤岸栽满绿树 （何小茹 摄）

车陂涌中海康城段整治后焕然一新（梁建荣 摄）

整治后的猎德涌风光如画 （何小茹 摄）

花城广场花团锦簇 （赖然然 摄）

广州大道北的亚运绿化园艺整饰工程完工（谢晋桦 摄）

整饰改造后的天河公园朴实优美 （本刊编辑部供稿）

大观路东环入口路段旧工地变身大花园 （温志美 摄）

黄埔大道白水塘节点的住宅楼宇经过整饰后面貌一新（何小茹 摄）

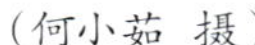

改造后的黄猄坳，绿化长廊雏形初现（何小茹 摄）

整饰后尽显欧式风情的六运小区（胡硕堂 摄）

升级改造后的天河北路整洁明净（胡硕堂 摄）

按照省、市扶贫开发“规划到户，责任到人”的工作部署，天河区负责帮扶梅州市平远县下属6个镇19个贫困村共1075户。2010年，区各挂村单位对贫困村、贫困户进行调查摸底，并委派得力干部“住”村；区领导班子全部挂点，直接指导、督导工作，扶贫开发“双到”工作全面展开。

2010年6月30日，受区委、区政府的委托，区委常委、区纪委书记江绍强，副区长丘卫青带领区对口帮扶单位和区内部分民营企业家代表，到梅州市平远县开展扶贫开发“双到”工作暨扶贫济困活动（区纪委办供稿）

2010年6月30日，工作组一行与平远县领导举行“双到”工作座谈会（区纪委办供稿）

2010年6月30日，工作组走访慰问贫困农户 （区纪委办供稿）

2010年6月30日，天河区企业家为平远县贫困户捐款 （区纪委办供稿）

2010年4月7日，区政府办扶贫“双到”工作组到平远县长田镇长江村开展实地调研等前期工作　　（本刊编辑部供稿）

2010年4月7日，工作小组到贫困户家中了解情况　　（本刊编辑部供稿）

2010年7月28日，区政府办主任唐锡汉（右二）与区志办主任林道良（左一）到贫困户家中探访，了解实际情况　　（本刊编辑部供稿）

区政府办帮扶的新西兰兔养殖项目
（本刊编辑部供稿）

区政府办帮扶的生猪养殖项目
（本刊编辑部供稿）

区机关事务局帮扶的“公司+基地+农户”的养鸭项目 （区机关事务局供稿）

猎德新村建设

从2007年10月16日猎德村整体拆卸工程的开工，到2010年11月21日猎德复建房完工，历时三年多，猎德村终于完成蜕变，成为广州市建设一个亮点工程，新建成的猎德祠堂群和国际悠闲体验街区更是吸引众多游客前往参观游览。

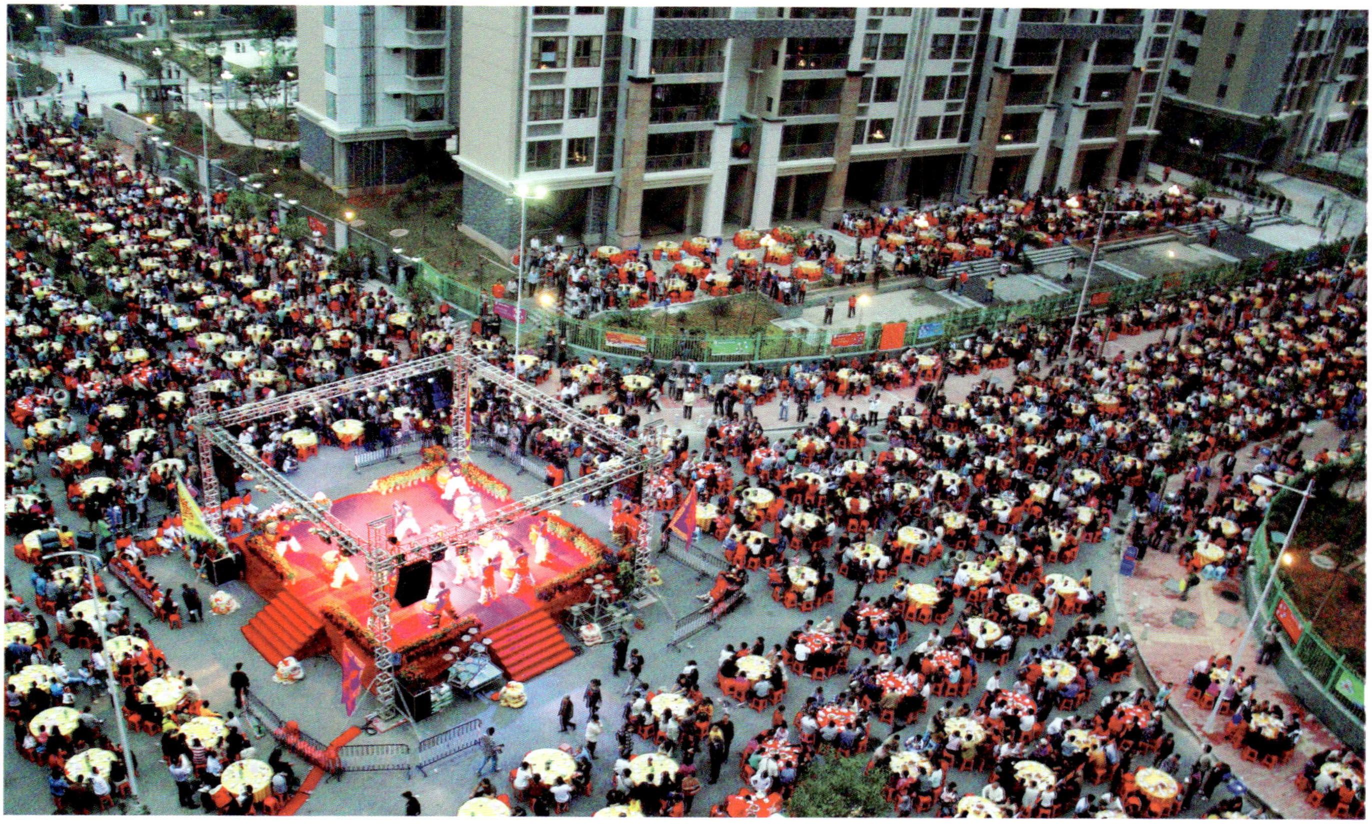

2010年11月21日，8000多人808围喜庆宴庆祝猎德复建房全体村民正式入伙　（周安定　摄）

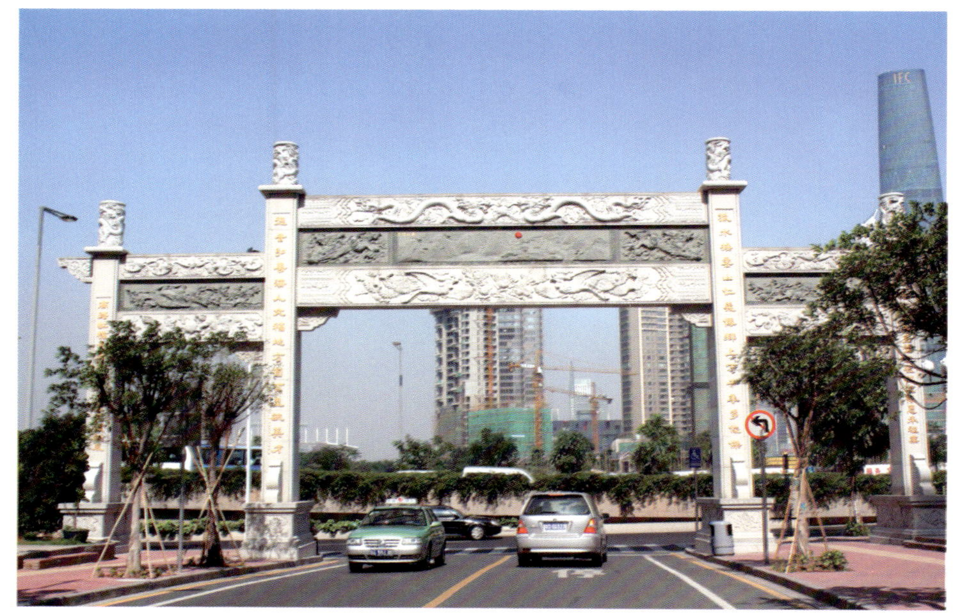

新建成的猎德牌坊（西门）　（本刊编辑部供稿）

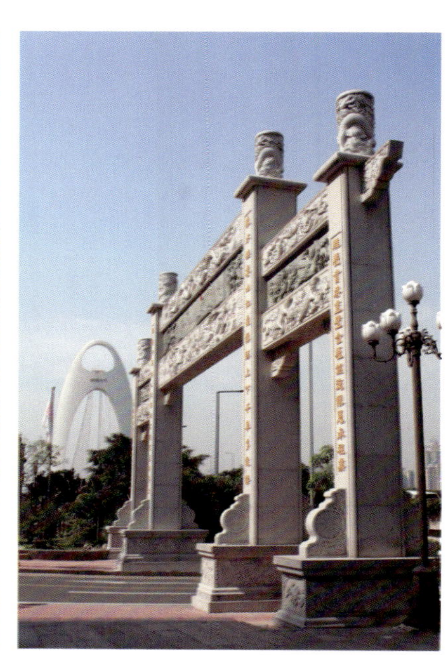

猎德大桥从猎德牌坊（西门）门前经过　（本刊编辑部供稿）

新建成的猎德牌坊(南门)
(本刊编辑部供稿)

新建成的猎德牌坊(东门)

(本刊编辑部供稿)

猎德新村复建安置房　　(本刊编辑部供稿)

猎德新村复建安置房夜景　　(区建设和水务局供稿)

猎德新村环境优美（本刊编辑部供稿）

猎德新村祠堂群（本刊编辑部供稿）

祠堂群前面的大池塘（本刊编辑部供稿）

村民在祠堂里健身娱乐（本刊编辑部供稿）

猎德新村一涌两岸（本刊编辑部供稿）

整治改造后的猎德涌（本刊编辑部供稿）

新建成的猎水桥（往猎人坊方向） （本刊编辑部供稿）

新建成的猎水桥（往宗祠广场方向） （本刊编辑部供稿）

国际悠闲体验街区——猎人坊
（本刊编辑部供稿）

从猎水桥上看猎人坊（本刊编辑部供稿）

猎人坊处处体现悠闲舒心的设计理念 （本刊编辑部供稿）

整齐划一、中西结合的建筑群 （本刊编辑部供稿）

至2010年，天河区仍保留完好的风俗有：天河花市、车陂村“摆中元”、珠村乞巧文化节、凤凰客家山歌、粤曲、粤剧、舞狮表演、龙舟竞渡招景。

2010年2月11日19:30，天河区举行花市开市亮灯仪式 （常本瑞 摄）

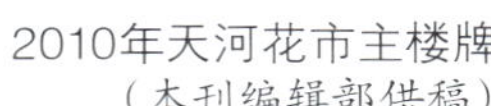
2010年天河花市主楼牌
（本刊编辑部供稿）

2010年8月24日至27日，车陂村沙美梁祠堂“摆中元”，十多桌制作精美的纯手工艺品令人眼花缭乱。“摆中元”是一项传统的农村文化活动，是车陂一年一度的传统大事 （车陂街妇联供稿）

每年的农历七月十五日举办“摆中元”，即是拜祭天官、地官和水官，祈求风调雨顺。据史载，“摆中元”已有500多年历史。车陂最大规模的一次“摆中元”活动是在1935年 （车陂街妇联供稿）

2010年8月14日，广州乞巧文化节在中国乞巧第一村——珠村七夕广场拉开帷幕　（常本瑞　摄）

2010年8月，台湾民俗专家与天河乞巧协会互赠乞巧工艺品　（广州天河新闻报供稿）

凤凰地区举办“客家山歌唱响科学发展观”文艺演出
（柯木塱经济发展有限公司供稿）

2010年9月28日，中央电视台新闻频道《亚运与我》专访凤凰街歌墟
（凤凰街道办事处供稿）

冼村村民在罗山冼公大宗祠表演粤曲
（本刊编辑部供稿）

珠村粤剧表演（珠吉街文化站供稿）

2010年2月22日，区新春团拜会上醒狮表演　（何小茹　摄）

2010年2月3日，猎德醒狮队在区直属机关趣味体育比赛上进行狮子踩木桩表演　（区直属机关党委供稿）

2010年6月14日，车陂龙舟竞渡
（车陂经济发展有限公司供稿）

2010年6月12日，珠村举行端午龙舟“招景”——五月初一龙舟到走亲戚
（珠吉街党政办供稿）

2010年6月23日，珠村“乌龙公”龙舟队代表广东广州到东莞参加第二届中国（东莞中堂）龙舟文化节，并获展演赛的金奖
（杨静 摄）

十大巧手家庭

2010年6～8月，天河区开展民间传统手工艺“十大巧手家庭”评选活动，8月，由民间文艺、民俗专家及相关领导组成的评审组评选出10户入选家庭，并报广州乞巧文化节组委会审批通过，马燕嫦等10户家庭被评为天河2010年民间传统手工艺“十大巧手家庭”。

（以下图片由广州天河新闻报社提供）

何倩文家庭（天河南街体育东社区），作品：《淡雅四季》。作品以十字绣工艺分别表现出浓墨重彩的牡丹图和色泽淡雅的欧洲田园风景，体现出女性特有的艺术情思，且具有较强的装饰性

梁瑞仪家庭（长兴街长湴社区），作品：《公主服》。作品属岭南刺绣戏曲服饰，它随粤剧的产生而发展，制作工艺至今已有三百余年的历史。戏服上的图案内容丰富，花纹精美，构图饱满，闪亮的珠片将服饰衬托到恰到好处，更令作品增添华丽高贵、端庄大方的气势，极具艺术价值

李秋生家庭（兴华街伍仙桥社区），作品：《虎头鞋》。作品沿用中国传统民间虎头鞋制作工艺，具有浓浓的北方气息，色彩艳丽，生动活泼，手工精细，用刺绣、拨花、打籽等多种针法，用粗线条勾勒出形态可掬的老虎形象。寓意吉祥，具有鲜明的艺术特色和民族特色，既有可观性，又有实用性

邓顺珍家庭（天河南街广州大道中社区），作品：《喜迎亚运》。该作品用丝网材料扎制而成，花色多样，造型丰富，质感细腻，花形逼真，突破汉民族的“正色”传统，大胆使用紫色、绿色，赋予作品高贵、典雅的气息。同时作品半透明的特性，极富艺术表现力和感染力

李子宽家庭（天河南街天荣社区），作品：《玉猴献寿》。该作品是传统民间剪纸艺术，刀法细腻，线条粗细相宜，连接自然，玲珑剔透，刻画出形态可爱、神情兼备的玉猴献寿吉祥图

黄小华家庭（车陂街美好社区），作品：《心舞飞扬》。作者沿用古老的民族刺绣——十字绣来制作服装、服饰、饰品、日用品及家居装饰，别出心裁。作品情调高雅，构思巧妙，图案立体感强，色彩鲜艳，具有鲜明的民族特色

陈志斌家庭（珠吉街珠村南社区），作品：折纸、串珠。作品是用亚力克彩珠编织的生活用品系列，材料新颖，编织精密，造型性强，在可观性与实用性的基础上增添别样的生活情趣

马燕嫦家庭（珠吉街珠村北社区），作品：《七娘鞋》。作品是乞巧微型工艺品的代表作，七娘鞋玲珑细致，仅有2.5厘米长，配以精致的珠绣装饰，充分展现珠村巧姐的心灵手巧，并寄托对织女的向往之情

潘尧珊家庭（珠吉街珠村北社区），作品：《百鸟朝凤》。该作品构图饱满，色彩富丽，针法多变，绣出神态各异、栩栩如生的百鸟形象，体现“平、齐、细、密、均、光、和、顺”的艺术风格

何燕兴家庭（冼村街新庆村社区），作品：《一帆风顺》。作者将绣珠和书画巧妙结合，作品层次清晰、立体感强、图案宽宏壮丽，水与船的用色对比强烈，虚实结合，互为映衬，朝气蓬勃，具有很强的装饰效果

目 录

大 事 记

总 述

基本情况

经济和社会发展概况

机构

获奖荣誉

政 治

中共广州市天河区委员会

人事工作

机构编制

侨务、外事

老干部工作

档案管理

政 法

政法委

公安

检察

审判

司法行政

地方军事

人民武装

人民防空

人民团体

天河区总工会

共青团天河区委

天河区妇女联合会

天河区科学技术协会

经济贸易和经济管理

物价

粮食

工商行政管理

质量技术监督

统计

财政

国税征收

地方税务

审计

城区建设和管理

城市规划

市政建设

国土资源和房屋管理

出租屋及流动人员管理

城市监察

环境保护

交通工作

安全生产监督

农林水利

农业

行 政 街

文件选辑

专　题

特　载

社会统计资料

索　引

2011

大事记

一月

1日　省委常委、政法委书记、省公安厅厅长梁伟发率领省检查组，在市、区领导的陪同下到员村街检查指导综治信访维稳中心建设工作，并现场考察工作人员对中心动作的理解和实际操作熟练程序。

8日　天河区召开政府机构改革动员大会，机构改革工作正式拉开。改革调整后，区政府工作部门设置22个，区政府派出机关21个。按照区委、区政府的统一部署，天河区政府机构改革工作将于2010年2月底前基本完成。

11日　中共中央、国务院在北京人民大会堂举行国家科学技术奖励大会。党和国家领导人胡锦涛、温家宝、李长春、习近平、李克强出席大会并为获奖代表颁奖。受国家科技部邀请，区委书记、区人大常委会主任杨建城作为全国科技进步先进县（区）领导代表出席会议，表明天河区科技进步工作受到上级的充分肯定。自1998年以来，天河区已连续12年获得全国科技进步城区荣誉称号。

12日　车陂街广氮社区荣获“全国和谐社区建设示范社区”称号。

14日　天河首家小额贷款公司——广州市天河益建小额贷款有限公司在丽思卡尔顿酒店举行开业仪式。常务副市长邬毅敏、国家科技部司长修小平以及省金融办、人民银行广东分行、广东银监局等单位负责人出席开业庆典，区领导肖彬生、李新全、王淑贞、江绍强、丘卫青等，广州金融界人士及社会知名人士共300多人出席开业庆典。

16日　广州首家以女子为主题的购物中心（又称1836女子购物中心）在石牌开业。商场经营面积约1万平方米，主要以经营女性服饰为主。1836的开张营运，首次填补了天河商圈女子主题百货的空白，是天河区商业模式的创新，对广州市现代服务业的发展也有一定的促进作用。

26日　中国共产党广州市天河区第七届委员会第八次全体会议召开。会议深入学习贯彻党的十七届四中全会、中央经济工作会议和胡锦涛总书记视察广东工作的重要讲话精神、省委十届六次全会、市委九届八次全会精神以及市委常委会听取天河区工作汇报后作出的重要决议，总结天河区2009年工作，部署2010年工作。区委委员、区委候补委员会出席会议。

二月

1日　天河区在区机关礼堂召开2010年安全生产工作大会。会上，区建设和水务局、冼村街道办事处的安全生产第一责任人与区政府签订了2010年度安全生产责任书。副区长丘卫青总结2009年天河区安全生产工作，部署2010年安全生产工作及第一季度防范重特大安全事故工作。丘卫青强调，2010年是广州的亚运年，确保亚运会平安举办是2010年工作的首要任务。

10日　广州市城市快速公共交通系统（Guangzhou Bus Rapid Transit），简称GBRT正式运行，票价为2元。

25日　天河区召开2010年亚运城市行动协调委员会工作会议。会议传达广州2010亚运城市行动协调委员会工作会议精神，总结2009年亚运城市行动协调委员会工作会议精神，研究部署2010年亚运城市行动工作。区长徐汉添主持会议并做讲话。

三月

1日　中国人民政治协商会议第六届广州市天河区委员会第五次会议召开。大会由区委副书记、区政协副主席肖彬生主持。政协天河区六届五次会议应出席委员235人，实到186人，符合法定人数。市政协副主席刘平、市政协副秘书长范松青，区领导杨建城、徐汉添、李新全、江绍强、林赛龙、潘文捷、张谭均、刘建华、黄彪等参加会议。区政协主席杨南聪向大会作政协第六届天河区委员会工作报告。3日，会议在完成各项议程后闭幕。

2日　广州市天河区第七届人民代表大会第五次会议召开。大会由区委书记、区人大常委会主任、大会主席团常务主席杨建城主持。区委副书记、区长徐汉添代表区政府向大会作政府工作报告。大会应出席代表235人，实到会221人，符合法定人数。广州市委常委、组织部部长方旋，广州市人大常委会副主任陶子基，广州市人大常委会联络工委主任朱炳相应邀出席会议，天河区联组的广州市第十三届人大代表，区委、区政府、区政协、区纪委领导，以及部分原区班子领导参加会议。区政协全体委员和参加“两会”的列席人员也列席会议。会议期间，代表认真审议人大常委会工作报告、政府工作报告、法院工作报告、检察院工作报告、计划报告、预算报告等。大会还补选了郭明富为区第七届人大常委会委员。4日，会议在完成各项议程后闭幕。

5日　召开中国共产党广州市天河区第七届纪律检查委员会第五次全体会议。会议认真学习贯彻党的十七届四中全会和中央纪委十七届五次全会、省纪委十届四次全会、市纪委九届五次全会以及区委七届八次全会精神，总结天河区2009年党风廉政建设和反腐败工作，部署2010年工作任务，深入推进天河区反腐倡廉建设，为推动天河区经济社会继续保持又好又快发展势头提供有力保证。

是日　由区文明办、团区委和区创建办联合主办的“争当好市民，当好东道主”——“亚运广州行”志愿服务群众文化活动暨首批亚运城市志愿服务社会共建站启动仪式在正佳广场举行。区领导潘文捷、黄彪、林玲及各主承办单位领导、志愿者代表、群众代表共200人参加活动。

9日　天河区召开纪念“三八”国际劳动妇女节100周年大会。市妇联主席李建兰及区领导出席会议。

是日　天河区第六次全国人口普查领导小组召开第一次会议，研究部署天河区第六次全国人口普查工作，标志着天河区第六次全国人口普查工作正式启动。

19日　2010年天河区人口和计划生育工作会议召开，会议总结2009年天河区人口计划执行情况，部署2010年的工作任务，对完成 2009年人口和计划生育工作目标管理责任制的单位进行表彰并颁奖。

20日　省科技厅组织国家可持续发展实验区考察团在区委常委、区委办主任张谭均，副区长、天河软件园管委会主任廖国胜的陪同下到天河软件园调研，了解园区如何优化发展环境，增强核心竞争力以确保高端产业可持续发展。

21日　国家教育部副部长陈小娅、教育部基础教育一司司长高洪、教育部基础教育二司司长郑富芝、教育部体卫艺司司长杨贵仁一行莅临体育东路小学考察广州教育情况。广东省教育厅副厅长叶小山、朱超华等有关领导陪同调研。陈小娅对体育东路小学办校时间不长但思路清晰、工作扎实、成绩显著表示赞赏，对体育东路小学在运用信息化促进师生发展方面做出的特色给予充分肯定。

24日　布隆迪保卫民主力量干部考察团一行十人到林和街社区卫生服务中心参观考察。中联部领导、市外事办负责人和副区长林玲等陪同参观。布隆迪保卫民主力量是布执政党，这次受中联部邀请来中国参观考察，旨在了解广东省和谐社会建设和城市基层党建等情况。

是日　国家住房和城乡建设部2009年度全国房地产交易与权属登记规范化管理先进单位经验交流暨颁证会在沈阳举行，来自全国的66家相关房地产登记机构参加会议，29家单位获得先进单位的荣誉称号，区房地产登记交易中心荣获“全国房地产交易与权属登记规范化管理先进单位”荣誉称号。全国房地产交易与权属登记规范化管理先进单位由中华人民共和国住房和城乡建设部评审，区房地产登记交易中心作为广州市第一个获得此荣誉的区级单位。

29日　市长张广宁来区调研工作。陪同调研的有常务副市长苏泽群等领导及市城管、建设委、市林业与园林局、国土、公安等部门，区领导也陪同调研。调研组先后考察猎德风情街的建设、科韵路带状公园建设以及燕岭公园二期工程建设情况。张广宁在考察猎德风情街的建设时表示，天河区要充分重视起来，好好策划，风情街要成为猎德改造的亮点工程。

是月　在全国检察机关第七次“双先”表彰会上，区检察院被最高人民检察院授予“模范检察院”称号。

四月

1日　中共中央政治局委员、广东省委书记汪洋到华南植物园视察指导工作。广东省委常委、秘书长徐少华，省科技厅厅长李兴华、省林业局局长张育文、省旅游局局长杨荣森等领导陪同视察。汪洋一行首先考察了城市景观生态园、杜鹃园、广州第一村暨地带性植被园、姜园、竹园、木兰园等多个专类园区，对华南植物园中西合璧的园林造景、丰富多彩的植物种类、崇尚自然的园艺布局以及浓厚久远的文化底蕴表示高度赞赏。随后，汪洋步行参观珍稀濒危植物繁育中心，在听取有关华南植物园正着力全球同纬度地区战略植物资源的储备与发掘，以及对我国珍稀濒危植物的保护、研究、繁育与回归的介绍后，汪洋称赞这些科研举措具有重要的、前瞻性的战略意义。

2日　省委常委、省政法委书记、省公安厅厅长梁伟发到天河区猎德街和车陂街综治信访维稳中心检查中心运作情况。省委政法委秘书长朱穗生，广州市委副书记、政法委书记张桂芳，天河区委书记、区人大常委会主任杨建城等省、市、区领导陪同视察。梁伟发仔细查看猎德街和车陂街中心档案记录，抽取了个案档案，从诉求内容、处理过程、结果等逐一认真查看、了解询问。对两个街道中心受理的案件全部做到统一受理、程序完整、档案齐全、记录详实，办结率达100%，表示非常满意，称赞猎德街和车陂街综治信访维稳中心运作实现规范化、高效化。随后对两个街道中心建设提出要求：一是要进一步完善档案登记管理。二是要进一步完善案件调解流程。三是有关领导多参与调解工作。四是要进一步加强视频建设。

13日　国家文化部艺术司副司长张凯华一行到龙洞街调研文化建设工作。张凯华一行首先察看社区文化活动中心场所、图书室、多媒体室等设施建设，随后来到文化体育广场视察文体广场设施建设情况。据悉，此次张凯华一行视察龙洞文化体育广场是为第九届艺术节专业团体进社区表演启动仪式物色场地。

15日　中央综治办督导室副主任田大忠在省综治办副主任索健元和市政法委副书记邓中文的陪同下，视察员村街综治信访维稳中心的建设情况。

28日　天河区在区机关大礼堂举行庆祝“五一”国际劳动节大会暨“激情亚运，魅力天河”文艺演出。区领导及区历届劳动模范、区属各单位干部职工代表、工会干部、企业职工代表参加会议并一同观看文艺演出。

30日　天河区纪念“五四”运动九十一周年大会暨“青春与亚运同行”活动启动仪式在区机关大礼堂举行，“青春与亚运同行”是首个亚运城市志愿固定建筑服务站。首个亚运城市志愿固定建筑服务站根据广州传统民间西关建筑外形设计，富于广州特色。此次建成运行的天河区首个亚运城市志愿服务站一级站点将设在天河体育中心东大门北侧。据介绍，天河区将陆续建设运行亚运城市志愿服务站一级站点10个、简易服务站20个，社会共建站22个，为广大市民和外宾提供全面贴心的亚运城市志愿服务。

五月

4日　省委常委、省政法委书记、省公安厅厅长梁伟发带领有关部门负责人，先后到汇景实验学校和汇景实验幼儿园检查督导校园及周边的安全防范工作，并现场模拟探访学生。

是日　《人民日报》理论版刊登了区委书记、区人大常委会主任杨建城撰写的《积极建设现代服务业集聚发展核心区》一文。文章对天河区进一步贯彻落实好中央经济工作会议和省、市委全会精神，促进经济发展方式转变，推动产业高端发展，建设现代服务业集聚发展核心区具有重要的指导意义。

7日　广州各区（市）普降大暴雨，不少地方还出现特大暴雨，中心城区多处出现严重内涝险情，全市共发生内涝点118个，部分地区低洼地、危房群众受困，安全受到威胁。“5·7”暴雨过程具有“三个历史罕见”的特点：一是雨量之多历史罕见。广州五山站5月6日20时至7日08时录得雨量213毫米，仅次于5月份历史极值的215.3毫米。绝大部分测站纪录到超过100毫米的降水，南湖一带达244.3毫米，破历史同期纪录。二是雨强之大历史罕见。这次降水时间非常集中，在6个小时之内出现了超100毫米降水，其中五山站7日01～03时出现了199.5毫米；1小时最大雨量达99.1毫米。三是范围之广历史罕见。这次大暴雨覆盖全市大街小巷。这“三个历史罕见”共同作用，在任何城市都会引起城市内涝现象。强降水，造成中山一路梅东段、广州大道沙河大街段、广园快速、中山大道华师段、黄石东路江夏段、火车站站前路、大观路、林和西路、龙口西路等路段严重水浸，导致交通受阻，部份交通中断。

8日　中共中央政治局委员、广东省委书记汪洋在省、市有关部门领导的陪同下，到天河考察污水治理和河涌整治情况。在花城大道猎德河涌旁，汪洋一行人详细了解广州市中心城区九大污水处理系统建设及猎德涌综合整治情况，对天河的污水治理和河涌整治工作表示肯定，并要求天河区全力推进污水治理和河涌整治进度，力争亚运会前使水环境质量有根本性好转。

是日　22时左右，在奥体路花花世界中心广场二期的三楼楼面在浇灌水泥混凝土时，发生高支模坍塌事故，8名建筑工人被埋，造成4死4伤。

是日　零时10分许，位于珠江新城猎德污水处理厂内的四期工程污水处理施工现场进行脱水机房封顶浇灌混凝土施工时，构筑物支模突然发生坍塌，把正在现场作业的多名工人掩埋，造成1人死亡，2人重伤，7人轻伤。

9日　广州市安全生产紧急工作会议在天河区举行。副省长、市委副书记、市长万庆良现场检查了“5·8”施工事故现场并出席全市安全生产紧急工作会议，要求各级各部门增强做好安全生产工作政治责任感和紧迫感，以铁的手腕坚决遏制事故发生，促进全市安全生产形势进一步稳定好转，努力实现全年安全生产目标，确保广州亚运会平安顺利召开。

18日　16时，位于广州市天河区广汕公路火炉山内龙眼洞林场的水库发现管涌险情，有关部门主动开堤泄洪，近万立方米水库蓄水夹杂泥沙倾泻而下，导致下游方圆数公里范围内泥水侵袭。广汕公路两边的工厂、商铺及宿舍区均被侵袭，临近的广汕公路严重塞车。

20日　中共中央政治局委员、省委书记汪洋来到猎德村祠堂区进行专题调研，边参观猎德古祠堂群边了解猎德村复建工程进展，并要求广州市总结猎德村改造的好经验好做法，加快推进城中村和旧城区改造。省委常委、市委书记张广宁，市委常委、常务副市长苏泽群等省、市领导参加调研，区领导也陪同调研。

是日　由省发改委副巡视员林喜南带队，省科技厅、国资委、节能监察中心等部门组成的考核组一行来区现场考核2009年度节能目标责任工作。区委常委、常务副区长李新全向考核组汇报2009年度天河区节能工作进展及节能目标完成情况，并重点介绍天河区节能工作中的亮点和创新点。据悉，天河区在保持GDP总量居广州市领先水平的同时，保持单位GDP能耗在广州市最低，根本的出路在于转变经济增长方式，建立节能型现代产业体系。

25日　广州市人大常委会主任张桂芳率市人大常委会调研组到凤凰街筲箕窝水库实地考察调研。张桂芳主要调研筲箕窝水库的环境保护问题。2009年3月，天河区人大代表提出《关于加强对凤凰山筲箕窝水库环境保护问题的议案》，区政府高度重视，成立专门领导小组。凤凰街办事处立刻抓落实：制定方案、发布通告、落实责任、整顿治理。搬迁非法养殖生猪2300多头，清拆窝棚3000多平方米，关闭所有无证饮食店档。至2010年5月，违法建筑正在依照程序清拆，停车场、登山路径、公共厕所等公共配套设施已计划建设，水体水质有了很大改善。

六月

1日　省委常委、市委书记张广宁等市领导到龙洞广州市社会福利院慰问，向孩子们送上节日问候和礼物，并为福利院碧桂园福康楼落成剪彩。

3日　省纪委副书记赵振华、市纪委书记苏志佳到天河区调研了解党廉信息电脑填报系统运作情况。省、市纪委领导实地察看区纪委党廉信息电脑填报系统，观看现场模拟填报演示。在调研过程中，苏志佳向赵振华介绍广州市试点推行党廉信息电脑填报系统研发、试点、推广及使用的情况。

9日　副省长、市长万庆良冒雨来到猎德村，视察城中村改造进展情况。万庆良详细向村党总支书记了解城中村改造整体情况，亲切询问遇到的困难和应对措施，对猎德城中村改造给予充分肯定。

11日　以澳大利亚新南尔士洲州长助理王国忠为团长的澳洲国际联合总商会代表团一行13人到区进行友好访问，此次到访的澳洲国际联合总商会代表团有澳大利亚联邦议员约翰·墨菲先生、总商会、要明同乡会的会长及工商界的代表。来访的目的主要是了解天河区的投资环境，进一步推动两地的经贸合作与发展。

24日　珠村“乌龙公”龙舟队代表广东广州赴东莞参加第二届中国（东莞中堂）龙舟文化节，荣获中国龙舟艺术展演赛“金奖”。此届文化节由中国民协、广东省委宣传部、广东省文联等12家单位联合主办。

28日　省政协主席黄龙云冒雨深入天河区车陂街广氮社区走访慰问困难群众。黄龙云强调，各级党委、政府要把困难群众的冷暖挂在心上，扎实做好帮扶工作，让困难群众的生活真正好起来。

七月

6日　参加广州市区（县级市）政务公开工作座谈会的各区、市负责人约40人在副市长陈国的带领下，到天河区检查指导政务公开工作。陈国一行人首先来到天园街，现场检查街道机关服务窗口，并听取汇报。随后，一行人又来到天园街骏景社区，检查社区政务公开落实情况。天河区已建成1个主网站（天河区信息网）、89个子网站（其中，部门网站68个、街道网站21个）和52个专题网站，形成覆盖天河区各对外办事部门与各街道的网络平台，为居民群众提供方便快捷的网上咨询与办事平台。目前，天河区信息网站公开的办事指南605条、现行文件139条、月信息增量2800条，网站群平均每月页面游览量为335万人次。

7日　省委常委、省政法委书记、省公安厅厅长梁伟发到猎德、员村派出所和刑警大队检查督导“创平安、迎亚运”专项打击整治行动和社会管理创新工作，实地抽查警综系统、大情报平台、出租屋和流动人口管理系统等系统数据采集更新情况。

20日　由市委宣传部、市文明办主办、广州电视台和中共天河区委宣传部、区文明办承办的“道德是力量——广州市道德模范巡回演讲天河区专场报告会”在区机关大礼堂隆重举行。参加这次演讲的道德模范是：助人为乐的济困扶助协会会长阮然彪、见义勇为的退伍军人廖承捷、诚实守信的盲人按摩师谭滔胜、敬业奉献的社区民警刘奕鹏以及孝老爱亲的好妈妈袁建明。区组织全区各单位干部代表、社区居委会群众代表、各界青年代表、妇女代表等干部群众约800多人参加报告会。

22日　省委组织部电教中心、省远程办主任洪军带领省委、市委组织部远程办等领导到龙洞视察党员远程教育站点建设情况。按照省、市、区委组织部关于建立远教站点的工作要求，龙洞街充分发挥文化体育广场LED电子屏幕的优势，将远程教育设备和电子屏幕结合起来，2009年7月建立龙洞文化广场远程教育站点。

28日　广东省高级人民法院副院长凌祁漫率队到天河区法院检查立案、信访两个“文明窗口”的建设情况，对天河区调解中心的工作成效表示高度赞赏，并提出应进一步完善调解中心工作机制，有在全市推广的基础和潜力，以充分发挥其化解基层矛盾、维护社会稳定的重要作用。

30日　天河区召开领导干部大会，宣布市委的有关任免决定：刘悦伦任中共广州市天河区委委员、常委、书记；免去杨建城中共广州市天河区委书记、常委、委员职务。中共广州市委同意提名刘悦伦为广州市天河区人大常委会主任候选人，杨建城不再担任广州市天河区人大常委会主任职务。

八月

2日　省委常委、深圳市委书记王荣，深圳市委副书记、市长许勤率深圳市党政代表团来穗考察广州城市环境综合整治工作。省委常委、广州市委书记张广宁、广州市委副书记、市长万庆良陪同考察。代表团一行来到天河区猎德风情街考察猎德村整体改造项目，区委书记刘悦伦、区长徐汉添等参加活动。

4日　晚上，广州亚运会倒计时100天庆典晚会在天河体育馆举行。中共中央政治局委员、省委书记汪洋出席并启动倒计时100天仪式。

7日　省委常委、市委书记张广宁一行先后到亚运开闭幕式场馆、珠江新城中央广场、新电视塔等现场督办施工进度。区领导刘悦伦等陪同检查。

10日　上午，市长万庆良就迎亚运社会治安管理工作到石牌派出所进行专题调研。万庆良要求各级、各部门贯彻全省迎亚运倒计时100天誓师动员大会精神，充分认清形势，增强责任感和使命感，全力以赴做好迎亚运社会治安各项工作，为广州营造一个平安和谐的治安环境，夺取“平安亚运”的决战胜利。市领导吴沙、陈国以及区领导刘悦伦、徐汉添、林赛龙、郑丹群等陪同调研。

下午，市长万庆良在常务副市长苏泽群和区有关领导陪同下，到棠下街棠德花苑慰问居住在廉租房的两户困难家庭。

14日 2010广州乞巧文化节在中国乞巧第一村——珠村七夕广场拉开帷幕。这届文化节将历时6天，相继会举行“摆七娘”、“拜七娘”乞巧文化古诗、乞巧女儿形象大赛等系列活动。副市长贡儿珍，区领导刘悦伦、徐汉添、肖彬生、江绍强、黄彪等出席开幕式。

14日 省委常委、市委书记张广宁在市、区领导及市、区相关部门领导的陪同下，视察天河区广州大道、广园东路、车陂路、大观路等迎亚运整治工程进展情况。张广宁在视察奥体中心周边环境整治工作现场指出，当前迎亚运工作已进入冲刺的关键阶段，各有关部门要抓好各项工作的落实。

17日 省委常委、市委书记张广宁深入珠村乞巧节活动现场等地调研文化建设工作。市领导王晓玲等以及市直有关部门、有关区负责同志参加调研。区领导刘悦伦等陪同调研。

18日 省委常委、市委书记张广宁率领市相关部门领导，在区领导刘悦伦等陪同下，到天河公园北门参观BRT加长车，询问BRT的运营情况，还参观视察中山大道绿道天河公园段绿道建设进展情况。

19日 由市文联牵头主办，全市十二个区、县级市文联共同承办的“创文明、迎亚运——广州市区、县级市全民健身运动美术、书法、摄影作品巡回展”在区机关大院5号楼大堂展厅开幕。来自全市十二个区、县级市近300多名艺术家及艺术爱好者的300多件美术、书法、摄影作，把广州市民喜迎亚运盛会的点滴细节辑节呈现给观者。

26日 省委常委、市委书记张广宁陪同由山东省委常委、济南市委书记焉荣竹，市委副书记、市长张建国率领的济南市党政代表团一行参观考察广州新城市中轴线、广州大剧院，区委书记刘悦伦参加此次活动。

27日 由湖南省委书记周强，代省长徐守盛率领的湖南省党政代表团在中共中央政治局委员、省委书记汪洋的陪同下，考察广州市新中轴线、广州大剧院和科技园禾田实业公司，对天河的发展表示赞赏。

30日 区委常委、宣传部部长黄彪为荣获“第七届全国五好文明家庭”的秦兆年夫妇送上荣誉牌匾。广州市仅两户家庭获得“第七届全国五好文明家庭”的称号，秦兆年夫妇是其中之一。

作为文明家庭的优秀典型，秦兆年夫妇为科普教学事业作出了突出贡献，先后创新13项成果，其中3项获国家专利，多项获奖，并将这些成果无偿奉献社会。夫妇俩关心青少年健康成长，退休后为青少年编制各类素质教育教材。他们组建并带领志愿者团队服务社会，关心弱势群体和残疾人，为他们做好事实事，为志愿事业作出突出贡献，被评为“广州志愿服务十大杰出志愿者”。夫妇俩“科教支农、智力扶贫”10年的先进事迹，入选广东省优秀共产党员先进事迹报告团3名成员，先后在省地市县报告30多场次。

九月

1日 市长万庆良、副市长陈国一行走访慰问抗日老战士公维魁。据了解，公维魁现年83岁，1944年加入八路军参加抗日，历任八路军战士、四野三纵队九师师部警卫员，一一九师副排长，广州市纠察总队副队长、队长。1953年转业后任广州市人民银行保卫科副科长、市郊区城建办主任、广州市退伍办副主任、市民政局民政处处长。

3日 副省长林木声等省、市领导到猎德视察。猎德经济发展有限公司领导向省、市、区领导简要介绍猎德回迁及未来发展的相关情况。

是日 市政协主席林元和等市、区领导，冒雨走访慰问曾在抗日战争中浴血奋战的老战士黎汀同志。林元和与黎汀进行亲切交谈，感谢老人在战争年代对国家和民族作出的贡献，希望老人保重身体，健康长寿。

是日 “亚洲之光·生命之光”广州亚残运会倒计时100天（慈善）晚会在天河体育馆举行。现场共募得企业捐款3000多万元。

6日 中共中央组织部副部长张纪南来到猎德辖区，调研了解珠江新城中轴线建设情况。张纪南一行在中轴线广场和广州大剧院分别听取情况汇报，对珠江新城建设情况给予充分肯定。

7日　国土资源部部长徐绍史在副省长林木声，省国土资源厅厅长招玉芳等领导陪同下到猎德村调研城中村改造工作，徐绍史充分肯定猎德村作为广州市城中村整体改造首个成功范例的成功经验。

9日　人力资源和社会保障部副部长张小建由省委常委、副省长肖志恒陪同到天河软件园（华工科技园）创业基地视察大学生就业创业工作。张小建充分肯定软件园的就业创业工作，并要求加强大学生创业培训，提高创业能力；进一步加大大学生创业基地建设力度，提供广阔创业平台；推进大学生创业服务平台建设，完善创业服务体系；进一步完善扶持创业带动就业政策。区领导刘悦伦等陪同视察。

14日　参加省珠三角片区县级综治信访维稳中心建设工作交流会的省委政法委、省信访局主要领导，市有关领导，珠三角片各区县委副书记、政法委书记、信访局局长等100多位代表到区综治信访维稳中心参观考察。与会代表观看了中心建设纪实短片和图片展，认真了解天河区综治信访维稳三级平台工作开展情况、主要成效和创新亮点。与会代表认为，天河区综治信访维稳中心的建设走在广东省的前头，极大夯实了天河区的综治基层基础，构建起“矛盾纠纷联调、社会治安联防、突发事件联勤、突出问题联治、平安建设联创、特殊人群联管”的工作平台。省委政法委要求各区县认真学习天河区中心建设的好经验、好做法，扎实推进区、街、居三级综治信访维稳工作平台建设。

20日　卫生部妇社司司长秦怀金一行在省、市、区卫生部门领导的陪同下，前往天河区林和街社区卫生服务中心，重点考察公共卫生服务情况，包括慢性病防控、妇女妇幼保健、居民健康档案建立和使用、政府购买公共卫生服务经费等情况。秦怀金强调，社区卫生服务中心一定要把公共卫生服务摆在首位，不断加强服务，提高各方面的满意度。

21日　东南亚华文媒体采访团前来天河区参观采访。据了解，光华日报、国际日报、联合日报、亚洲时报、亚洲日报、国际日报及电视台等11家东南亚国家的媒体来粤进行主题为“迎激情亚运，看活力广东”的采访活动，在广州采访期间，主要了解第16届广州亚运会筹备工作进展情况，2010年广东旅游文化节开幕式暨世界旅游日全球主会场庆典活动等。

24日　省委常委、市委书记张广宁率领各区党政主要领导及相关职能部门领导到天河区的猎德涌岗顶段、长虹湖、车陂涌中海康城段视察。区领导刘悦伦、徐汉添等陪同。

25日　省委常委、市委书记张广宁等市领导到天顺大厦处理信访问题，市委办公厅、信访局、国土房管局、城乡建设委、规划局负责人以及区领导刘悦伦、徐汉添参加活动。

26日　珠江新城核心区地面广场命名为“花城广场”。花城广场位于黄埔大道以南、华夏路以东、冼村路以西、临江大道以北，广场最宽处250米，总面积约56万平方米，是广州最大的市民广场公园。

是日　车陂街广氮社区、石牌街道社区服务中心被国务院侨办授予全国侨务系统五五普法“侨法宣传角”称号。据了解，“侨法宣传角”是国务院侨办普及侨法、加强侨务法制建设、开展“侨法进社区”活动的重要平台。

30日　省委常委、省政法委书记、省公安厅厅长梁伟发一行检查慰问天河区元岗街综治信访维稳中心。对劳监中队在案件处理过程中能迅速介入、快速处理、措施得力，及时为劳动者追回欠薪等工作成效给予充分肯定。

是日　冰兄艺术广场暨揭幕仪式暨广东百年漫画展在天河公园举行。国家新闻出版总署出版产业发展司司长范卫平、省新闻出版局副局长韩安贵等省市区领导出席活动。据介绍，冰兄艺术广场由全国大学生原创动画大赛执委会、廖冰兄人文专项基金管委会、南方出版传媒股份有限公司三家单位共同建造，岭东雕塑院院长陈立人操刀设计。主体构造为组合型环境雕塑，分别由主雕《廖冰兄像》以及浮雕《自嘲》、《剪辫子》三座雕塑组成折页式造型墙。墙体由坚硬的花岗岩石头打造而成，环墙体中间还嵌有由廖冰兄先生的不同时期代表作品腐蚀而成的钢板画。地上随意竖立58个竹笋造型的小雕塑，而且数量可以随意增加，让每一届动画大赛获奖作品均可镌刻在圆形斜面上，表现一种生生不息的艺术力量在成长。整个艺术广场意涵岭南文化传承有脉，漫画动画前进不止。

十月

6日　副省长、第16届亚运会组委会副主席林木声，市长、第16届亚运会组委会副主席万庆良一行前往广东奥林匹克体育中心赛区调研。林木声一行先后视察奥体中心游泳馆、网球场，要求各有关方面全力以赴做好亚运筹备收尾工作，确保场馆符合赛事要求。

8日　市长万庆良在天河区主持召开广州市第四次绿道建设现场会议。万庆良等市领导携同各区、县级市主要领导和市有关部、委、办、局的负责人30多人来到临江大道，视察天河区临江大道绿道的建设情况，并在绿道上亲身体验公共自行车，现场听取市林业和园林局及天河区农业和园林局领导的介绍。按照省、市的部署，天河区2010年的绿道建设任务是32公里，至9月30日，32公里的建设工程全部完工，新建成的绿道包括临江大道、广州大道、花城大道、中山大道、马场路、天河路、天河北路、体育东路和体育西路，绿道成为天河区一道亮丽的风景，也成为市民群众休闲游憩的好去处。

11～13日　由中宣部新闻局、国务院新闻办、外交部牵头组织的中外媒体亚运专题采访团的180人来广州采访，这是亚运前最高规格、最大规模的一次集中采访活动。12日下午，采访团分三批次采访天河区猎德城中村改造项目。

13日　省建设厅厅长房庆方到天河区检查绿道建设的完成情况，区政府领导现场迎接并做介绍、汇报天河区绿道建设的落实情况。房庆方在听取汇报后，对临江大道绿道进行现场察看和检查，对天河区绿道的建设效果表示十分满意，并希望天河区继续按照省委、省政府关于绿道建设的有关要求和精神，进一步抓好已建成绿道的维护，加快推进中长期绿道的建设，确保把汪洋书记“一年基本建成，两年全部到位，三年成熟完善”的指示精神落到实处。

是日　由南京市委书记朱善璐、市长季建业率领的南京市党政代表团一行考察猎德城中村改造项目。常务副市长苏泽群及区领导陪同考察。

14日　国家工商总局副局长王东峰在副市长曹鉴燎的陪同下，视察天河区食品安全监管及消费维权工作落实情况后，充分肯定市、区工商部门在两项工作中的成绩，并提出工作要求。

16日　市委书记张广宁前往宏城广场、六运小区、花城广场北部等位于城市新中轴线上的几处重点区域，检查城市人居环境建设和整治成果。张广宁对天河区人居环境整治工作表示赞赏。

18日　副市长许瑞生和刘悦伦、徐汉添等区领导出席天河区第二次“迎亚运、促和谐”领导干部大接访活动，共接待来访群众120批、250人次。

24日　市长万庆良，常务副市长苏泽群一行在区领导的陪同下，到兴华街黄猄坳检查广州大道北人居环境整治工程。

31日　凤凰街社区卫生服务中心开业，该中心业务用房面积达4800平方米，居全省首位，服务范围覆盖周边22平方公里内4个居委会、8.5万居民。

十一月

1日　省委书记汪洋在省委常委、秘书长徐少华，市委书记张广宁，市长万庆良以及区领导等陪同下，考察广州城市新中轴线景观带。

3日　省委副书记、纪委书记朱明国在省委副秘书长、省信访局局长陈山地，市委副书记、纪委书记苏志佳等领导陪同下，到天河区调研信访维稳工作。在听取区委书记刘悦伦汇报天河区迎亚运信访维稳工作情况后，朱明国提出四点工作要求：一是从政治的高度，满怀对人民群众的感情，热情开展信访维稳工作。二是注重责任分解，落实属地责任和层级条块责任，迅速明确责任主体，高效解决问题。三是开展分类指导，细化责任分工，理顺工作机制，提高信访工作效率。四是严格实行责任倒查追究制，增强执法部门工作责任心，从源头上化解社会矛盾。

4日　市长万庆良、常务副市长苏泽群一行在区领导刘悦伦、徐汉添的陪同下，到猎德街南国社区查看“清洁家园、喜迎亚运”活动开展情况，万庆良更亲身体验路面清洁器械。

6日　天河区举行亚运圣火传递活动。区委书记刘悦伦将火炬交给第一棒火炬手、2009年东亚运动会女篮冠军队员魏伟，并宣布第16届亚运会天河站火炬传递活动开始。16名火炬手在以区机关大院罗马广场为起点的1公里范围内传递，最终由区长徐汉添与末棒火炬手猎德村党支部书记李方荣在罗马广场共同点燃火种盆。

8日　广州珠江新城旅客自动输送系统（简称APM线）开通，这条无人驾驶地铁线连通广州塔、海心沙公园、天河体育中心等多个地标式建筑。APM线全长约4公里，地处广州城中轴线，穿过珠江，连接起广州北部的天河区和南部的海珠区。与其他地铁不同的是，这条线的列车只有两节车厢，没有驾驶室，列车的运行全部实现自动化控制。APM线连通广州CBD地带，经过中国第一高塔广州塔，穿越亚运开幕式表演地海心沙公园，从被称为“广州会客厅”的花城广场一直延伸到天河体育中心。APM线站点有：林和西（与三号线北延段换乘）—体育中心南—天河南—黄埔大道—妇儿中心—花城大道—歌剧院—海心沙—赤岗塔（与三号线主线换乘）。从林和西站坐到歌剧院，全程共经过7个站，仅用约8分钟，平均过一个站只需1分钟左右。

10～11日　省委政法委领导先后到区检查亚运场馆周边地区维稳综治工作，确保亚运安保工作万无一失。

11日　国务委员、公安部部长孟建柱在省公安厅厅长梁伟发以及区长徐汉添的陪同下来到猎德村参观。

11～12日　新闻出版总署出版产业司规划处处长冀素琛、科技与数字出版司数字出版处苏静一行，深入了解天河区国家数字出版基地的筹建情况。调研组来到广东省出版集团东圃项目建设工地，考察广东数字出版中心项目的建设规划和工程进度，实地考察国家软件产业基地——广州市天河软件园高唐新区，以及网易公司、商科集团等数字出版企业。

12日　第16届亚洲运动会开幕，开幕式在广州海心沙举行。国务院总理温家宝出席开幕式并宣布亚运会开幕。亚奥理事会主席艾哈迈德亲王、国际奥委会主席罗格以及来自亚洲各地的贵宾出席开幕式。27日，闭幕式在广州海心沙举行。

13～16日　由澳大利亚坎特雷市市长罗伯特·福罗洛带队，澳大利亚新南威尔士州宝活市副市长王国忠以及澳洲国际联合总商会有关代表共13人组成的友好访问团到访天河区。区领导以及区有关单位负责人接待代表团一行。

17日　在广东奥林匹克体育中心射击馆举行的第16届亚运会男子10米移动靶混合速比赛上，中国队以1135环获得团体赛亚军，冠军和季军分别由朝鲜队和韩国队获得。区委书记刘悦伦以及区长徐汉添到场观看比赛，并在赛后分别给获奖选手颁奖。

21日　傍晚，在新近落成的猎德村复建区里，8000多人欢聚一堂，808围喜宴庆祝猎德复建房全体村民正式入伙。因为拆迁改造，猎德村民3年前离开故土，分散暂居各地。

22日　按照市委外宣办开展“亚运媒体看广州集中采访活动”的安排部署，天河区委宣传部组织印度、泰国、斯里兰卡、孟加拉国、韩国、伊朗、日本、蒙古、乌兹别克斯坦等10多个国家和地区近40家媒体的百名外国记者，前往天河软件园采访服务外包企业情况，进一步提高天河软件园的知名度。据了解，天河软件园对高科技服务外包企业创业环境的塑造、吸引人才的各项优惠措施、促进服务外包发展的专项基金、有关服务外包的各种认证体系的完善、民营教育培训机构的集聚和蓬勃发展，已成为软件服务业的一个缩影，引起外国记者的极大兴趣。

23日　省编办、省司法厅联合调研组一行8人到区司法局开展专题调研。调研组一行主要围绕基层司法行政机关深化行政管理体制改革、推动社会管理创新的主题展开，重点了解掌握基层司法行政机关管理体制、工作机制的运行情况，机构设置、编制配备的现状及存在的体制机制障碍，以及司法行政机关在参与社会管理创新工作中的思路和方法。

24日　省检察院检察长郑红到区检察院调研，市检察院检察长王福成及区领导刘悦伦、肖彬生、林赛龙等陪同调研。

十二月

4～6日　民进中央在北京召开“全国先进地方组织、先进基层组织表彰大会”，民进广州天河区总支委员会获得“民进全国先进基层组织”称号。

5日　广州2010年亚洲残疾人运动会火炬传递在珠江新城花城广场举行起跑仪式。中国残疾人奥委会副主席、中残联副主席吕世明，广州2010年亚残运会组委会执行事主席兼秘书长、广东省委常委、广州市委书记张广宁，广州2010年亚残运会组委会执行副主席、广东省副省长林木声，广州2010年亚残运会组委会执行副主席、广州市市长万庆良，以及广州市领导张桂芳、林元和等参加火炬传递起跑仪式，广州市委常委、组织部部长方旋主持仪式。据介绍，第一天的传递中有98名火炬手参加8.8公里的手手相传。据悉，广州2010年亚残运会是原“远东及南太平洋地区残疾人运动会”更名后首次举办的亚残运会，也是首次同城同年举办“两个亚运会”。

9日　2010年广州国际设计周展览开幕，天河区以“创意天河·绽放珠江新城CBD魅力”为主题参加展览。副市长甘新，市经贸委主任赵小穗，以及副区长丘卫青等市、区领导为开幕式剪彩。据介绍，为加快珠江新城金融商务区的发展，市、区政府出台一系列优惠政策，区位优势和激励政策吸引着中外总部企业和金融机构纷纷选址珠江新城金融商务区。已有近40家金融机构落户珠江新城金融商务区，金融机构总数占广州市的1/5以上，天河区重点企业有1/5聚焦在珠江新城发展。

12日　广州2010年亚洲残疾人运动会开幕式在广东奥林匹克体育场举行。中共中央政治局常委、副总理李克强，中共中央政治局委员、国务委员刘延东，中共中央政治局委员、广东省委书记汪洋，亚洲残奥委会主席拿督扎纳尔·阿布扎林等出席开幕式。19日，也在广东奥林匹克体育场举行闭幕式，同时亚残运火种永留广州。

13日　中共中央政治局常委、国务院副总理李克强到天河中学视察。

是日　团中央书记处书记汪鸿雁、团省委副书记曾颖如分别到花城广场、中信等城市服务站点慰问天河区城市志愿者，向志愿者赠送亚残运会志愿者徽章，为他们佩戴亚运志愿彩。14日，曾颖如又先后到天河体育中心南门广场、摩登百货等新生活驿站，慰问天河区城市志愿者。

15日　省长黄华华、副省长林木声、市长万庆良在区领导刘悦伦、徐汉添等陪同下，到广东奥林匹克体育中心赛区田径场、游泳馆指导观看比赛，并为获奖运动员颁奖。

16日　天河区召开2010年天河区促进总部经济和高端业发展表彰大会，奖励对天河区做出突出贡献或新进发展的高端企业和总部企业，156家企业共获得2343多万元的奖励。受奖的156家企业主要涵括支柱行业和金融服务、信息服务、专业服务、现代商贸、科技服务和文化创意等高端行业。

17日　市长万庆良在区委领导刘悦伦等陪同下，在广东奥林匹克体育中心亲切接见天河区参与“小手拉小手”活动的文明观众代表何宇轩。

26日　市长万庆良在区领导刘悦伦、徐汉添的陪同下，前往天河客运站检查交通运输安全情况。主要检查交通安全管理、消防设施配备及安全监控运行情况。

2011

总述

基本情况

【地理位置】天河区境地理座标东经113°15'55"~113°26'30"，北纬23°6'0"~23°14'45"。2010年区域范围：东到吉山狮山、前进深涌一带，与萝岗区、黄埔区相连；南到珠江，与海珠区隔江相望；西到广州大道与越秀区相接；北到筲箕窝，与白云区相邻。

【面积和人口】2010年，天河区行政区域总面积约137.38平方公里，占广州市总面积的1.8%。全区户籍人口77.03万人，增长3.4%；户籍人口21.58万户，增长4.5%；外来暂住人口114.97万人，增长3.81%。年度出生8662人，人口出生率11.10‰；人口死亡率2.79‰；人口自然增长率8.31‰。

【行政区划】2010年，天河区辖有21个行政街：沙河街（1950年7月成立，以行文批准为准，下同）、五山街（1950年成立）、员村街（1960年7月成立）、车陂街（1981年5月成立）、石牌街（1987年3月成立）、天河南街（1992年10月9日成立）、林和街（1995年8月11日立）、沙东街（1995年8月11日成立）、兴华街（1995年8月11日成立）、棠下街（1997年11月18日成立）、天园街（1999年9月30日成立）、冼村街（1999年12月29日成立）、猎德街（1999年12月29日成立）、元岗街（1999年12月29日成立）、黄村街（1999年12月29日成立）、龙洞街（2002年12月成立）、长兴街（2002年12月成立）、凤凰街（2002年12月成立）、前进街（2002年12月成立）、珠吉街（2002年12月成立）、新塘街（2002年12月成立）。

天河区机关办公地址在员村天府路1号。

【历史沿革】1985年5月24日，天河区经国务院批准成立，从广州市郊区分出来，成为广州市辖行政区。新建区时，只有两镇三街：沙河区（镇）（含同和乡、京溪乡）、东圃区（镇），以及沙河街、五山街、员村街。当时面积102.5平方公里，人口20.04万人。此后辖区经过多次变化。1987年9月，同和镇（由同和乡和京溪乡组成）划归白云区管辖。1992年4月，杨箕村从东山区划归天河区。1994年2月，原市农工商联合总公司凤凰农工商公司属下的柯木塱、渔沙坦两行政村划归天河区。1994年8月，沙东村二队（自然村）从东山区划归天河区。2000年9月，原属广州市新塘农工商公司的新塘、沐陂、凌塘、玉树4个行政村移交给天河区。2005年6月7日，登峰街和杨箕村划归越秀，新塘街的玉树村划归萝岗区。

随着天河区城市化的发展，乡村逐渐由行政村改设行政街，2002年12月，沙河镇和东圃镇撤销。

天河区名称的由来

天河区得名于区内的天河体育中心。天河体育中心始建于1984年7月4日，原址为天河机场。天河机场建成于1930年，因机场在天河村的土地上，故名。天河村原名大水圳村，建于宋代，因村前有一条清澈的沙河大水圳而得名（圳为河涌）。民国16年（1927年）改名为天河村。因此，民间有“跨过天河大水圳”的说法。

1984年7月27日，中共广州市委发文作出筹建天河区的决定。“天河区”这个名称首次出现在文件上。1985年5月24日，国务院发文同意设立天河区，天河区从此定名。

【气候特点】2010年广州市主要天气气候特点是：“暴雨频频强度大、西多东少不均匀，台风虽少影响大，高温天气依旧多”。全市年平均气温22.3℃，较常年平均值偏高0.4℃；年降水量2145毫米，较常年平均偏多18.6%，汛期开汛晚、雨量多，龙舟水偏少；热带气旋登陆少，但对广州影响频繁；阶段性高温过程明显，年头和年尾遭遇寒潮天气过程。2010年总体气候属较好年景。

·气温· 2010年，广州市平均气温（截至12月23日）22.3℃。与常年同期相比，天河区平均偏高0.4℃。除4月、6月和11月的平均气温偏低外，其余各月均偏高。是年，天河区年极端最高气温在36.6~37.3℃，出现在8月4日。年极端最低气温在-1.6~3.0℃，出现在12月17日。

·降水· 2010年，广州地区平均年降水量为2145.3毫米，与常年同期相比，平均年降水量偏少15%，年暴雨日数在9天以上。2010年4月22日广州市入汛，较常年（4月14日）偏晚8天。全市汛期

（4～9月）平均降水量为1889.3毫米，较常年偏多3成。非汛期降水偏少，11月全月几乎无降水。

·日照· 2010年天河区日照时数在1175～1643小时之间。与常年同期相比，偏少约1成。

·主要气候事件· 2010年开汛以来共出现13次强降水过程（除热带气旋带来的6次降水过程外）。5月6～7日，受高空槽和切变线共同影响，出现一次历时9小时的强降水过程，雨量之多、雨强之大、范围之广均属历史罕见。7日最大日雨量达214.7毫米，强降水导致严重的城市内涝。

是年仅有1个台风“灿都”登陆广东，较常年显著偏少。此外，对广州市有影响的分别是台风“康森”、强热带风暴“蒲公英”、强热带风暴“狮子山”、热带风暴“莫兰蒂”和超强台风“凡亚比”。其中，强热带风暴“狮子山”在广州境内滞留14个小时，给广州带来暴雨到大暴雨、局部特大暴雨的降水。台风“莫兰蒂”9月13日在白云区、天河区等地带来4小时内相继出现强降水过程，造成天河区华师门口、柯木塱黄屋一街11号、广州大道梅花园地铁工地、天河区东圃大观路航天奇观对面、东圃二马路、员村四横路等地出现30～50厘米积水，一度引发交通堵塞。

是年，全市平均高温日数24.8天，主要出现在7～9月。7月中旬前期至中旬中期的高温持续时间最长，有8天；8月4～5日，受西太平洋副热带高压控制，最高气温接近37℃，为全年最热的2天。

年初和年尾遭遇寒潮，给农业生产造成一定影响。2月中旬，强冷空气频繁入侵，出现寒潮天气，12日起24小时降温在13℃以上。低温天气长时间持续，连续9天最低气温在8℃以下。此次冷空气过程降雨明显，12～19日出现持续性降水，过程雨量为40.8毫米。12月13日夜间至18日广州遭遇寒潮天气过程，市区出现霜冻，五山观象台录得1.8℃的最低气温，是自1975年以来12月中旬同期广州市出现的最低气温。

年内大雾天气多，主要出现在1～4月，出现持续性雾、霾天气，能见度差，期间由于空气相对湿度大，出现严重返潮现象，“回南天”明显。

【地形地貌】天河区地势分为三个区域：北部是以火成岩为主构成的低山丘陵区，海拔222～400米；中部是以变质岩为主构成的台地区，海拔30～50米；南部是由沉积岩构成的冲积平原区，海拔1.5～2米。全区地势由北向南倾斜，形成低山丘陵、台地、冲积平原三级地台。其中，丘陵28.41平方公里，占 19.23%；台地21.85平方公里，占21.55%；平原（包括冲积平原、宽谷、盆地）86.84平方公里，占58.77%。

中部台地区的地质较为复杂。元岗天河客运站至石牌华南师范大学地下有花岗岩残积土层，遇水极易软化崩解。五山地下有孤石群，硬度非常高。瘦狗岭地下断裂带（农科院幼儿园地下16米）有急流的地下水。

北部低山大体上是以筲箕窝水库为中心分东西两面排列，并以此作为天河区与萝岗区和白云区的分界。全区最高处为大和嶂（391米），位于北部，山脊分界处南北分别为天河区渔沙坦村与白云区太和镇。以大和嶂为基点往东与萝岗区的分界主要有杓麻山（388米）、凤凰山（373.3米）、石狮顶（304米）等海拔261～388米的11个山头，往西与白云区的分界主要有洞旗峰（312米）等海拔147～312米的9个山头。筲箕窝水库以南有火炉山（322米）。北部中央低处形成筲箕窝、龙洞和华南植物园等水库、宽谷和盆地。中部台地从东到西分布有吉山台地和五山台地。五山台地中有突出的瘦狗岭（131米）。南部冲积平原分布在广深铁路以南珠江沿岸的前进、车陂、员村、石牌、猎德一带，并有7涌一湖。7涌从东到西依次为深涌（6.25公里）、车陂涌（27.8公里）、棠下涌（4.25公里）、程界涌（2公里）、谭村涌（2.2公里）、猎德涌（7.26公里）、沙河涌（15.12公里）。7涌均由北向南流入珠江。一湖是天河公园中心湖（100亩）。南临珠江，江岸线11公里。

【自然资源】·土地资源· 1991年起，天河区由于城市化，耕地平均以每年1000亩的速度锐减。至2007年，天河区尚有地形坡度大于25度难于利用的低山丘陵土地42平方公里，主要集中在区的东北部。

·植物资源· 2010年，天河区森林总面积2176.85公顷；森林覆盖率24.7%，增长1%。森林主要分布在北部、东北、中部低山丘陵区。全区有木材林527.8公顷、防护林306.4公顷、特种林1074.3公顷、经济林246.8公顷、竹林101.4公顷、苗圃地0.9公顷。辖区内自然植被主要有季风常绿阔叶林、针叶林、灌草丛等群落，共30多个科、50多个属、100多个种。

·地下水资源· 天河区地下水资源丰富。其中，已开发的有珠村矿泉水、龙眼洞矿泉水、凤凰山矿泉水，但产量不大。珠村开发的“珠碧泉”矿泉水，龙洞广州天河天然矿泉水厂开发的洞旗峰矿泉水。1997年起，柯木塱长寿村地下纯净水得到大量开发。1996年11月，发现从龙眼洞到太和帽峰山一带约200平方公里的地下有大量水源，水质为偏硅型，低纳、低矿化度，口感好，日开采量可达9099立方米。此外，从天河北路到瘦狗岭一带地下有温泉水源，水温达36℃，有丰富的偏硅酸、氟、铁等微量元素，有一定的医疗作用。尚未开发的还有位于沙河禺东西路军体院一带的矿泉水源。此外，新塘、吉山、龙洞、渔沙坦一带丘陵台地有百年井泉。

·矿物资源· 铋、钨。分布于龙眼洞南社水冲岭、白虎窿一带，深窿、大窝、崩岗等处也有。1956年国家在此开办金属矿物场，开采矿石两年后停办。

铝。分布于马坑园村东侧，表土层一米以下的土壤是一种黑白混合泥。因其含铝量高达23%～28%，被称为铝质泥。储量不详。20世纪60年代开采，加工成泥粉，出售给车陂水厂和郊区铝厂，数量已超过15000吨。水厂用于深沉水中的杂质；铝厂则用于制取硫酸铝。20世纪80年代停采。

河沙。1991年前，尚有沙河涌等河涌上游的河沙可采用为建筑材料。后来由于环境污染，河水变浊，可利用利用的河沙逐渐减少。2000年起，已无河沙可采。

岩石。岩石资源以花岗石为主，主要分布在北部的岑村火炉山和龙眼洞的洞旗峰一带。早在建国初的1951年，火炉山就有东升石矿场开始采石。至1991年，火炉山下有市东升石矿场、凌塘、新塘等石材场，洞旗峰下主要有市派安石矿场和龙眼洞石场，还有元岗、长湴等石材场，大小石场共44个。1995年后，为保护生态环境，石场陆续关闭。

·地下木材资源· 长湴村往东一带有地下林木。长湴，古时是沼泽地，因泥湴过膝得名。据说地下六七米深处有古河道和林木。20世纪60年代很多村民采掘深至2.5米时发现泥层中尚有未腐透的乔木。

天河区自然地名简介

1、瘦狗岭。位于广汕公路东侧。因山体形状略似瘦狗，故名。西北—东南走向，长1公里，宽0.5公里，面积0.5平方公里。海拔131.3米。由石炭纪石英岩组成，岭上岩石裸露，表层为红壤，坡地种有马尾松疏林。山有瓷土，在山南曾建有广州建筑陶瓷厂。

2、大和嶂。位于广汕公路东侧渔沙坦村，海拔391米，为天河区海拔最高处。山上有20世纪30年代侵华日军修建的大小碉堡各一个，2004年列入广州市文物保护单位。现山上建有机场卫星导航台。南麓于唐代曾建有石门古庙，“宝寺僧归”，曾为清代龙洞八景之一。该寺于20世纪30年代被侵华日军拆毁。

3、火炉山。曾名火罗岭。位于广汕公路和银屏岭以南，岑村、凌塘以北。山体面积6.25平方公里。因山体表层为红壤，以前山体绿化少，较光秃，在太阳照射下呈现红光，故名。该山近东西走向。主峰海拔322米，次峰（海拔235米）。山顶有巨石，酷似昂首猪头，故名猪头石，清代曾为龙洞八景之一“火罗夜月”。南麓风化层薄，曾有东升等石矿场在此采石。现坡地有马尾松，山下有泥窿水库、东大湖、南大湖等山塘。

4、洞旗峰。位于龙洞西北面，沙太公路以东，是天河区与白云区分界线。山体面积2.25平方公里，近东北—西南走向，主峰海拔312.4米。山体由花岗岩组成，表层为红壤，坡地种有马尾松。因风化层薄，易采石料。

5、凤凰山。位于筲箕窝水库东南，东北—西南走向，主峰海拔373.3米，山体由花岗岩和页岩构成，植被为南亚热带常绿阔叶林。山顶上有一大草窝，传闻为凤凰栖息之处。凤凰山由此得名。

6、天平架。位于沙河以北、瘦狗岭以西、沙河旧广从公路一带，得名于神话故事：有仙人秤白云山和瘦狗岭的重量，便在两山之间建造了一座天平，遗留天平架子，故名。清朝时形成村落，现在是城市居民区。

7、龙眼洞盆地。位于龙眼洞一带。由车陂涌侵蚀而成，四周环绕花岗岩山丘。北起旺岗，南至华南植物园，与车陂涌相连，东至广州林业学校，西至大坦岭，面积约9.3平方公里。盆地底部平坦，地面海拔30～40米，边缘海拔40～50米和60米的二级台地，车陂涌流经东部。水源充足，土壤肥沃，为砂壤土。曾出土有新石器时代的磨制石器、陶器。

8、瘦狗岭断裂。又称广州—罗浮山断裂。近东西走向的活动性断裂，西起三元里，向东经瘦狗岭、黄埔区、南岗镇、增城县至博罗罗浮山，长达80多公里，断面南倾，倾角50～60度，断裂带北盘为隆起区，长期上升遭受剥蚀，出露燕山期花岗岩和震量纪变质岩，形成孤立残丘，如鸡笼岗、茶山等；南盘表现为沉降区，形成白垩纪红层低台地和第四纪组成的三角洲平原。断裂至今还在活动，特别在广从断裂和文冲断裂交界处，常诱发小地震，但没有造成过灾害。

9、五仙桥。位于白云山东麓、兴华街广从公路西侧，属银河村。现为民居地。古时，这里是北方进入广州的要道，曾有5块长石板铺砌的山溪小桥。相传古代有五位骑羊持穗的仙人降临广州时，经过此处，故名。民间流传："未有五羊城，先有五仙桥。"现溪水已无，石板桥已填埋在地下。

经济和社会发展概况

【区位特点】天河区具有优越的区位优势和良好的城区环境。是广州市的新城市中心区，位于广州市新中轴线上，承西启东，接北转南，是广州市东进轴与南拓轴的交汇点。辖内各种交通资源高度聚集，拥有地铁、快速通道等多层次城市交通体系，并拥有现代化的广州火车东站，交通十分便利。广州市标志性建筑中信广场、广州双塔和广州大剧院、广东博物馆等重要文化设施均坐落在此。全国六运会、九运会和2010年亚运会主赛场及开、闭幕式举办点都在此。城市基本设施和人居环境明显改善，区位优势不断提升。

【经济发展速度快】2010年，天河区地区生产总值（GDP）1832.60亿元，占全市总量的17.3%，同比增长13.0%；税收总收入296.16亿元，增长21.1%。一般预算财政收入38.14亿元，增长21.1%。第三产业完成增加值1557.15亿元，同比增长13.6%，对全区经济增长的贡献率达到87.5%，拉动全区经济增长11.3个百分点。是年，高端产业快速发展，经济总量和发展质量同步提升，地区生产总值、社会消费品零售总额、全社会固定资产投资总额、城市居民人均可支配收入、农村居民人均纯收入等五项指标均排在全市各区（县级市）的第一位。

【高端服务业发展】2010年，投入2343万元奖励总部经济和高端服务业企业，为相关企业争取各类扶持资金9085万元。是年，金融业实现增加值220.85亿元，现代商贸业、专业服务业、信息服务业、文化创意产业和科技服务业等分别实现营业收入6023.92亿元、642.49亿元、617.85亿元、163.99亿元和102.15亿元。高端产业集约集群发展，天河体育中心地区成为广州最繁华的商圈之一，聚集正佳广场、天河城、广百中怡等一批集购物、娱乐、餐饮、商务等多功能于一体的大型综合商贸项目；珠江新城总计450万平方米的高端写字楼相继投入使用，入驻中外金融机构45家；天河软件园高唐新建区东部孵化器一期工程等重点工程相继完工，软件园企业数量、软件收入和软件产品等指标约占广州市的6成以上。

【宜居城市建设】2010年，天河区重点推进天河体育中心、广东奥体中心等亚运主场馆周边环境综合整治，推进中山大道BRT珠村段两侧、广州大道北黄猄坳地区等拆迁整治，高标准做好大观路、环城高速天河段等重要道路的绿化美化工作，完成43项人居环境综合整治工程，改造道路24.53公里、社区71个、整治楼宇2395栋，实施光亮工程547栋，拆除违法建设1460宗，完成5条河涌整治工程、32项城市排涝达标和雨污分流改造工程，有效改善水系质量和沿线景观。城中村改造取得重大进展，猎德村改造成为省、市典范，桥东安置区37栋高层建筑建设完成并交付村民回迁居住。"青山绿地"工程持续推进，"绿道"建设任务超额完成，火炉山、凤凰山、龙眼洞三大森林公园加快建设，全区森林覆盖率达到24.7%。全区治安形势持续好转，查处治安案件数和刑事案件数连续5年实现两位数下降。

【社会事业】天河区推进基层公共文化设施建设，

完善三级文化信息资源网络传输系统，持续打造“绚丽天河文化艺术节”、“乞巧文化节”、“天河合唱节”和“天河读书节”等文化活动品牌，开展群众文化活动。促进基础教育优质均衡发展，天河中学通过广东省国家级示范性普通高中初期督导验收；中考成绩稳步提升，高考第一批本科重点上线率成绩首次居全市第一。率先通过广州市义务教育规范化学校建设终期督导验收，建成广东省推进教育现代化先进区。推行社区卫生服务网格化管理，完成47个社区卫生服务中心（站）的规划设置任务。加大社区体育设施建设力度，辖内人均体育场地面积达到5平方米；全区健身路径总数298条；是年成功举办广州市“市长杯”乒乓球百姓系列和谐赛天河分区赛、第四届“市长杯”广州市羽毛球系列大赛男女混合团体赛天河区预选赛等各类大型比赛活动20次。

【民生与社保】2010年，天河区统筹开展各种就业援助活动，促进创业带动就业和充分就业社区创建工作，全区城镇登记失业人员就业率达71.5%。扩大社会保险覆盖面，全区核拨社会保险金9.1亿元，发放最低生活保障金854.66万元，全区参加居民医疗保险人数达35.4万人，同比增长89.3%。年末，全区共有社区服务设施数600个，社区服务中心21个。

机　构

区领导班子

中共广州市天河区委员会

书记：杨建城（2010年7月）、刘悦伦（2010年7月起任）

副书记：徐汉添、肖彬生（任至2010年9月）、林赛龙（区委政法委书记，2010年12月起任副书记）

常委：李新全（区政府常务副区长，任至2010年5月）、柯珠军（区纪委书记，任至2010年1月）、江绍强（区纪委书记，2010年1月起任）、吴煜昇（区公安分局党委书记、局长）、潘文捷（区委组织部部长）、张谭均（区委办公室主任）、刘建华（区人民武装部部长，任至2010年7月）、黄彪（区委宣传部部长，任至2010年12月；区政府常务副区长，2010年12月起任）、谢楚桓（区人民武装部部长，2010年7月起任）

天河区人大常委会

主任：杨建城（任至2010年9月）

党组书记：刘悦伦（2010年8月起任）

副主任：王淑贞（女）（2010年9月起任代理主任）、许志、池柏良、李宁佳（女）、陈陆根、樊孝玉

天河区人民政府

区长：徐汉添

副区长：李新全（任至2010年8月）、黄彪（2010年12月起任）、江绍强（任至2010年3月）、丁建华、廖国胜、林玲、李雪枝、丘卫青、陈祖进、郑丹群（2010年3月起任）

区政府党组成员：黄国和

政协天河区委员会

主席：杨南聪

副主席：徐春平、肖彬生、肖辉、张在祥、吴兰桂、王壮

中共广州市天河区纪律检查委员会

书记：江绍强（2010年1月起任）

副书记、监察局局长：李小东、廖持亮（2010年2月起任）

中共广州市天河区委员会

中共广州市天河区委办公室是区委参谋、协调、督办、服务的工作机构。内设秘书科、综合调研科、信息督办科3个科室和区委机要局、区委保密办（挂区国家保密局牌子）。

主任：张谭均

副主任：陈文喜、李剑梅、姚忠伟、苏岩（挂职）

办公地址：员村天府路1号区机关大院1号楼8～9楼

办公电话：38622898

区委机要局是区委主管区机要工作的部门，副处级，归口区委办公室管理。

局长：唐伯江

办公地址：员村天府路1号区机关大院1号楼9楼

办公电话：38622052

区国家保密局是区委、区政府主管保密工作的职能管理部门。副处级，归口区委办公室管理。

局长：云夏虹

办公地址：员村天府路1号区机关大院1号楼11楼

办公电话：38622505

区信访局承担处理人民群众来信（函）、来访、来电、来邮（电子邮件）和网上信访等工作，研究分析信访情况，及时向区政府报告信访重要情况和问题，指导基层单位信访工作的职能。为正处级行政机构，既是区委的工作机构，又是区政府的工作机构，挂靠区委办公室。内设信访科和综合科。

局长：陈文喜

副局长：陈萌生

办公地址：员村天府路1号区机关大院7号楼1楼

办公电话：38622644、38622026（传真）

中共广州市天河区委组织部是区委主管党的组织工作和干部工作的职能部门，区委组织部内设4个职能科室：办公室、干部一科、干部二科、组织科，设天河区委组织部干部档案室和代管天河区党员电化教育中心、天河区委党史研究室等3个参照公务员法管理事业单位。

部长：潘文捷

副部长：邹学仁、陈璋、郭明富

单位地址：员村天府路1号区机关大院1号楼5楼

办公电话：38622150

中共广州市天河区委党校是区委直接领导下，负责天河区党员干部理论培训、轮训工作的行政事业单位，兼挂“广州市委党校天河分校”、“天河区行政干部学校”牌子。区委党校（市委党校天河分校、区行政干部学校）设4个科室：办公室、行政科、教务科、教研室。

校长：肖彬生

常务副校长：冯其龙

副校长：张青松（任至2010年6月）、王如林

办公地址：天河北龙口西路569号

办公室电话：39493661

中共广州市天河区委宣传部是区委主管全区意识形态方面工作的职能部门，内设5个科室：办公室、理论科、宣传科（挂区国防教育办公室牌子）、精神文明建设办公室（挂区精神文明建设委员会办公室牌子）、新闻科（挂区委对外宣传小组办公室牌子）以及天河区有线电视中心（挂区宣传文化网络信息管理中心牌子）。

部长：黄彪

副部长：曾东标、卓山青

办公地址：员村天府路1号区机关大院1号楼10楼

办公电话：38622175

中共广州市天河区委统战部是区委主管全区统一战线工作的部门，与区委台湾工作办公室、区民族宗教事务局合署办公。区委统战部内设3个科室：党政科、台务联络科、民族宗教事务科。

部长：肖辉

副部长、台办主任：薛健斌

副部长、工商联党组书记：伍小红

副部长：郭进卿

办公地址：员村天府路1号区机关大院1号楼3楼

办公电话：3862095

中共天河区委政法委员会（简称政法委）是区委领导、协调全区政法工作的职能部门。区委政法委与区社会治安综合治理委员会办公室、区委维护稳定工作领导小组办公室及区人民政府防范和处理邪教问题办公室合署办公。区委政法委内设：办公室、禁毒办、政工办；区综治办内设社会治安综合治理科；区委维稳办内设维护稳定工作科；区人民政府防范和处理邪教问题办公室内设业务一科、业务二科。

区委政法委书记：林赛龙

区委政法委副书记：吴煜昇、张志坚、彭苏

区委政法委办公室主任：邓丽娟

区委政法委禁毒办主任：任国宁（任至2010年12月）、刘建华（2010年12月起任）

区社会治安综合治理委员会办公室主任：张志坚（兼）

区社会治安综合治理委员会办公室副主任：陈金东

区委维护稳定工作领导小组办公室主任：彭苏（兼）

区委维护稳定工作领导小组办公室副主任：

钟铭兴

区人民政府防范和处理邪教问题办公室主任：彭苏（兼）

区人民政府防范和处理邪教问题办公室副主任：刘玉华

办公地址：员村天府路1号区机关大院1号楼4楼、6号楼6楼、8楼

办公电话：38622192、38622193、38622196、38622610、38622210

天河区委老干部局是负责全区离休和副处以上退休干部管理工作的机构。内设办公室、老干部管理科。下属单位：老干部活动中心。归口管理单位：关工委办公室。

局长：钟敏

副局长：秦镜清、卢虹

办公地址：员村天府路1号区机关大院6号楼7楼

办公电话：38622533

老干部活动中心地址：龙口中路166号

老干部活动中心电话：38734205

区机构编制委员会办公室（简称区编办）是区机构编制委员会的常设办事机构，既是区委工作部门，又是区政府的工作部门，列入区委序列。内设综合科、机构编制监督检查科，区事业单位登记管理局为区编办直属行政机构（副处级）。

主任：莫沃明

区事业单位登记管理局局长：王惜文

办公地址：员村天府路1号区机关大院1号楼3楼

办公电话：38622122、38622125

中共天河区直属机关委员会（简称区直属机关党委）是区委领导区直属机关党的工作的派出机构。区直属机关党委设办公室1个内设机构。机关工、青、妇等群众组织依照各自章程独立负责开展工作。

书 记：隋东玉

副书记：徐燕金

办公地址：员村天府路1号区机关大院1号楼4楼

办公电话：38622304

广州天河报社是区委机关报社，为副局级事业单位，归区委宣传部主管，内设办公室、编辑部、记者部、通联部四个部（室）。

社长、总编：胡硕堂

办公地址：员村天府路1号区机关大院6号楼6楼

办公电话：38622103

广州市天河区人大常委会

天河区人民代表大会常务委员会（简称区人大常委会）下设办公室和7个工作委员会及依法治区领导小组办公室（简称依法治区办）。7个工作委员会分别是：法制工作委员会（简称法制工委）、财政经济工作委员会（简称财经工委）、城市建设环境与资源保护工作委员会（简称城建工委）、教育科学文化卫生工作委员会（简称教科文卫工委）、农村农业工作委员会（简称农村工委）、华侨外事民族宗教工作委员会（简称华侨工委）、选举联络人事任免工作委员会（简称联络工委）。区人大常委会办公室内设：秘书科、综合科、信访科。

主任：杨建城（任至2010年9月）

党组书记：刘悦伦（2010年8月起任）

副主任：王淑贞（女，2010年9月起任代理主任）、许志、池柏良、李宁佳（女）、陈陆根、樊孝玉

办公室主任：彭星

副主任：冷发裕、李清华

法制工委主任：董敏

财经工委主任：邝启周

城建工委主任：李宝绿

教科文卫工委主任：罗国祥

农村工委主任：陈金锡

华侨工委主任：潘锦钊

联络工委主任：陈汉秋

副主任：饶伟娟（女）

依法治区办主任：陈陆根

专职副主任：胡克健

办公地址：员村天府路1号区机关大院3号楼

办公电话：38622022

广州市天河区人民政府

天河区政府办公室是协助区政府领导处理区政府日常工作的机构。内设7个科室：秘书科、

综合科、信息调研科（挂区政务管理办公室牌子）、督办科（挂区街道工作办公室牌子）、财务科、法规监督科（挂区行政复议办公室牌子）、区应急管理办公室（挂区应急指挥中心牌子和区委、区政府总值班室牌子，副处级）。归口管理部门有：区地方志编委会办公室、区出租屋管理工作领导小组办公室（2010年11月，将组织、指导、协调、检查、督促和考核全区出租屋管理的职责划给区综治办）。

主任：唐锡汉（2010年1月起任）

副主任：杨庆耀（区项目办主任，正处级）、杨清谦（区城改办主任，正处级，任至2010年9月）、陈明、黄伟平（任至2010年6月）、曾平、林惠娜

区法制办公室主任：崔伟雄（副处级）

办公地址：员村天府路1号区机关大院2号楼8～9楼

办公电话：38622001

天河区应急管理办公室履行应急值守、预案管理、信息汇总和综合协调职能，发挥区政府应急管理工作的运转枢纽作用，加挂区应急指挥中心和区委、区政府总值班室牌子，是区政府办公室内设机构和区突发公共事件应急委员会日常办事机构。

主任：黄伟平（任至2010年6月）

办公地址：员村天府路1号区机关大院2号楼1楼

办公电话：38622110、38622758

天河区地方志编纂委员会办公室（简称区志办）是收集、编写和出版全区地方志和地情资料的职能部门，挂地方志馆牌子，为副处级单位，归口区政府办公室管理，内设业务指导科（挂广州天河年鉴编辑部牌子）。

主任：林道良

办公地址：员村天府路1号区机关大院2号楼2楼

办公电话：38622013

天河区出租屋管理工作领导小组办公室原为区政府办公室内设机构，加挂区出租屋管理工作领导小组办公室和区流动人员管理工作领导小组办公室牌子，是区出租屋（流动人员）管理工作领导小组的常设办公室，负责全区出租屋及流动人员管理服务工作的组织协调、统筹谋划、检查督促等工作。

办公室主任：曾平

办公地址：员村天府路1号区机关大院2号楼1楼

办公电话：38622450、38622483

天河区发展和改革局（粮食局、物价局）是区政府综合研究拟定经济和社会发展政策、指导经济体制改革工作，同时承担物价、粮食行政管理职能的工作部门。2010年1月，区物价局不再与区发展和改革局合署办公，将其职责划入区发展和改革局，在区发展和改革局加挂区物价局牌子。区发展和改革局下设办公室、综合经济科、规划发展科、经济体制改革科、粮食管理科、物价管理科。保留天河区物价检查所，为副处级行政单位。下设业务科和综合科2个科室。保留广州市天河区国防动员委员会经济动员办公室，为科级单位，由区发展和改革局管理。

局长：何松江（任至2010年9月）、林志云（2010年9月起任）

副局长：曾晓东、刘小娴

物价检查所所长：刘凤林

办公地址：员村天府路1号区机关大院2号楼7楼

办公电话：38622701

天河区统计局是为各级党委、政府、各级领导和社会公众提供统计信息，发挥统计的信息、咨询和监督功能的职能部门。内设：办公室、综合统计科、专业统计科、统计调查队（服务业调查中心）。

局长：陈树军（任至2010年1月）、陈志贤（2010年1月起任）

副局长：邓浩锋、李虹

办公地址：员村天府路1号区机关大院2号楼11楼

办公电话：38622690

天河区民政局是主管全区有关社会行政事务的工作部门，内设4个科室：办公室（与党委办公室、监察室合署办公）、社会福利和救灾救济科、基层政权建设和社会事务科（挂区地名办、区民间组织管理办牌子）、优抚科（挂区双拥办、安置办、退伍办牌子）；另设3个科级机构：区老龄工作委员会办公室、区社区服务中心、婚姻登记处。

党委书记：罗联和（任至2010年6月）、蔡进（2010年7月起任）

局长：饶洁怡

党委副书记、纪委书记：李智明

副局长：陈永川、李肖媚

办公地址：黄埔大道中256-258号恒安大厦1～3层

办公电话：38622077、85646628

天河区司法局是主管全区司法行政工作的职能部门，内设5个科室：办公室、法制宣传科、律师公证管理科、基层工作科、政工办公室。另有区委、区政府设在区司法局的3个常设机构：区普法工作领导小组办公室（与法制宣传科合署办公）、区人民内部矛盾排查调处办公室和区刑释解教人员安置帮教工作领导小组办公室（与基层工作科合署办公）。下辖21个司法所及区法律援助处、区公职律师事务所，并履行对广州市广州公证处天河办证处的协管职能。

局长：罗育辉

副局长：曾晓元、马东升

办公地址：龙口东路210号

办公电话：38748355

天河区财政局是征管全区财政收支、财政政策、财政监督的职能部门，内设10个科室：办公室、人事监察科、预算科、行政事业财务科、会计管理科、企业财务科、城市建设社会保障管理科、综合管理科、国有资产管理办公室、国库科。

党组书记、局长：张瑞萍（任至2010年9月）、陈树军（2010年9月起任）

副局长：吴杰、黎文涛、黄永常

办公地址：中山大道西工业园建华路7号

办公电话：85577990

天河区审计局是区政府主管全区审计监督工作的行政部门，实行区政府和市审计局双重领导体制，内设3个科室：办公室、行政事业审计科、经济责任审计科。

局长：陈贺春

副局长：魏宁、徐莉

办公地址：员村天府路1号区机关大院2号楼5楼

办公电话：38622254

天河区供销合作社联合社（简称区供销联社）是区政府直属的处级事业单位，承担全区的再生资源管理、打击查处再生资源经营中的违法违规行为、重要农业生产资料储备供应、防洪抢险物资的储备、为中低收入群体和社区居民提高综合服务等工作任务，配事业编制13名，所需经费列入区财政预算。内设2个科室：办公室、再生资源管理科，再生资源管理办公室自然取消。

区供销联社党总支书记、理事会主任：朱焕周

副主任：殷艺华

办公地址：林和西路107号10楼

办公电话：87553211

天河区人力资源和社会保障局是区政府工作部门，原区人事局、区劳动和社会保障局的职责整合划入区人力资源和社会保障局。主要职责是：承担全区劳动管理、人事管理和社会保障管理工作。内设8个科室：办公室、干部科、调配培训教育科、工资福利科、劳动关系科 、仲裁办、劳监科、保障科。

局长：邹学仁

副局长：梁斌岸、李春兰、陈小林

办公地址：石牌东路117号

办公电话：87579475

人才服务管理办公室主任：曹利元

人才服务管理办公室地址：石牌东路117号

办公电话：38849803

劳动就业管理中心主任：赵景英

劳动就业管理中心地址：石牌东路117号

办公电话：87565862

公医办主任：李少玲

公医办地址：员村天府路1号区机关大院2号楼4楼

办公电话：38622560

广州市国土资源和房屋管理局天河区分局是主管全区土地资源、矿产资源、房地产和测绘事业的工作部门，内设8个科室1个所：办公室、组织人事科（与监察室合署办公）、计划财务科、土地资源规划用地科、房屋管理拆迁科、房地产物业管理科、执法监察科（挂“广州市国土资源和房屋管理局天河区分局执法监察大队”牌子）、产权地籍科、东片国土资源管理所。下有7个事业单位：天河区危房改造建设管理所、天河区土地开发中心、天河区房地产租赁管理所、天河区房屋安全鉴定事务所、天河区房屋管理所、天河区房地产测绘所、

天河区房地产登记交易中心。

党组书记、局长：王月珍（任至2010年9月）、杨清谦（2010年9月起任）

副局长：肖德华、朱茂文

纪检组长：潘锦星

执法监察大队长：严志明

办公地址：黄埔大道中300号15～20楼

办公电话：85551718

天河区建设和水务局是区政府工作部门。原区农林水利局涉及水利、防洪、河涌管理、水政等职责，原区建设和市政局承担的行政管理、建设、市政设施的管理和维护的职责，区交通局承担的公路设施建设、改造、养护的职责划给区建设和水务局。主要职责是：贯彻执行国家、省、市有关房屋建设和市政、水务建设及管理的方针、政策和法律法规，并拟定相关的管理制度和办法；拟定全区市政、水务、公路设施的建设和改造的中长期规划、年度计划并组织实施，负责项目的可行性研究、立项、资金落实等前期手续的办理工作；负责局系统城市维护费的统筹管理；负责辖区内房地产开发建设行为的监督管理，负责房地产开发项目手册年检的初审；监督和管理建筑市场，规范建筑市场各方的主体行为；按市、区分工负责房屋建筑、市政、水务、公路设施等建设工程招投标的监督管理；负责区辖内在建房屋建筑、市政设施、水务设施工程施工的质量、安全监督和施工许可管理；负责民用建筑节能的监督管理；配合市执行建设工程劳动保险金管理政策；组织、协调城市建设中涉及水务设施的配套工作，负责水务设施运行的质量与安全监管工作；负责市政设施、水利设施、城市排水设施的监督管理；指导监督、组织协调全区防汛、防旱、防风工作。

内设8个职能科室：办公室（挂法制科牌子）、建设计划科、建筑业管理科、市政设施管理科、水利科、城市排水管理科、组织人事科（挂监察室牌子）、财务科（挂审计科牌子）。

党委书记：刘明沾

党委副书记、局长：许文进

党委副书记、纪委书记：黄立生

副局长：杨德创、林维香、魏勇作

办公地址：黄埔大道中166号三、四楼

办公电话：85572208

天河区安全生产监督管理局（挂区安全生产委员会办公室牌子）为区政府主管安全生产综合监督管理的工作部门，履行安全生产监管和行政执法职能。内设5个职能科室：办公室、综合法规科（挂天河区安全生产宣教中心牌子）、安全监督管理科、职业安全健康监督管理科、执法监察分局（挂广州市天河区安全生产监督管理局执法监察大队、广州市天河区安全生产应急救援指挥中心牌子）。

局长：方仁文

副局长：杜华、蒋同顺

办公地址：员村四横路自编13号7楼

办公电话：85108353、85108355

天河区城市管理局为区政府工作部门。主要职责：承担全区城市管理职责；负责市容市貌、环境卫生管理和整治的职责；承担组织协调城市管理综合执法职责。内设8个职能科室：办公室、综合协调科、市容管理科、环境卫生管理科、爱国卫生管理科、政治工作科、计划财务科、设施管理科。区城市管理综合执法分局为区城市管理局管理的综合行政执法机构（保留正处级规格）。

党委书记、综合执法局党委书记、政委：苏勤

副书记、局长、综合执法局党委副书记、局长：曾伟宇

副书记、纪委书记：欧伟光

副局长：谢锦波、叶树祥、李杰雄

办公地址：中山大道西43～45号

办公电话：87545878

天河区机关事务管理局是管理区机关后勤工作的部门，内设6个科室：办公室、行政事务管理科、基建房管科、生活管理科、车管通讯科、区政府接待办公室（归口管理单位）。

局长：侯建国

副局长：严占平（任至2010年9月）

办公地址：员村天府路1号区机关大院6号楼4～5楼

办公电话：38622841

天河区交通局是管理区内交通运输行业的职能部门，内设办公室和执法监督科，下属单位有区交通管理总站、区公路管理站，挂靠单位有区国防

动员委员会交通战备办公室。

局长：苏子彪

副局长：田穗秋

办公地址：黄埔大道中144～152号海景中心4楼

办公电话：85626630

天河区广州火车东站地区管理委员会办公室是天河区处级单位，是代表区政府对火车东站地区实施城市管理工作的领导机构，其综合管理职能是对该地区城市管理工作进行规划、指导、协调、监督，并依法对违反城市管理有关规定的行为进行查处。管委办下设3个科室：秘书科、管理科、协调科，还直接组织和领导一个由公安、城管、交警、工商等部门组成的综合性联合执勤队，开展行政执法管理活动。

主任：王友君

副主任：秦芝凡（任至2010年7月）、严占平（2010年9月起任）、叶晓青

办公地址：广州火车东站客运楼西侧的公安城管楼5～6楼

办公电话：38489886

天河区农业和园林局挂区委农村工作办公室、区畜牧兽医局牌子，主要职责是：承担全区林业、园林绿化和公园管理等职责；承担区兽医医改、兽药药政、畜牧管理职责；综合管理与统筹协调"三农工作"。内设科室：办公室、经管科、林业科、产业科、乡企科、园林科、绿化科、动物防疫监督所、绿化管理第一工区、绿化管理第二工区、绿化检查监督所、绿化站、天河公园。

局长：邵镔

副局长：张盛旺、魏兵

办公地址：员村天府路1号区机关大院2号楼3楼

办公电话：38622279

天河区经济贸易局（同时挂区旅游局牌子）是区政府主管全区经济贸易工作的工作部门，内设7个科室：办公室、外商投资业务科、外贸管理科、工业科、商业旅游科、特种行业管理科、调研科。

局长：林志云（任至2010年9月）、李笑娟（2010年9月起任）

副局长：潘巧玲、朱苑、张海波

办公地址：员村天府路1号区机关大院2号楼6楼

办公电话：38622872

天河区经济协作办公室（简称区协作办）是负责全区跨地区、跨部门、跨行业国内经济协作工作的工作部门，内设2个科室：秘书科、管理科。

主任：黄育波

副主任：王利彬

办公地址：员村天府路1号区机关大院2号楼2楼

办公电话：38622814

天河区教育局是管理全区教育事业的行政职能部门，内设8个科室：办公室（与党委办公室合署办公）、财务基建科、中学教育科、小幼教育科（挂区托幼工作领导小组办公室牌子）、思想政治教育科（挂保卫科牌子）、组织人事科（与离退休教职工管理办公室合署办公）、教育督导室（挂区人民政府教育督导室牌子）、纪检监察审计科；3个归口教育局管理的科级事业单位：天河区成人教育委员会办公室、天河区招生委员会办公室、天河区语言文字工作委员会办公室；局直属单位有：天河区教育局教研室、天河区教育局教学仪器管理站、天河区教师进修学校、天河区少年宫、天河区教育局教育服务中心（与天河区教育局勤工俭学办公室合署办公）、广州市广播电视大学天河分校、天河区教育系统财务结算中心。

党委书记、局长：黄启林

党委副书记、纪委书记：符铁民

副局长：卢琳、徐江、王芹

办公地址：员村天府路1号区机关大院3号楼2楼、4号楼2楼

办公电话：38622787

天河区科技和信息化局（挂区知识产权局牌子），为区政府工作部门。将原区科学技术局（挂区知识产权局牌子）的职责、区信息化办公室的职责整合划入区科技和信息化局。主要职责是承担主管全区科技、信息化及知识产权工作。内设科室：办公室、科技综合管理科、电子政务科、知识产权科、信息化发展科。下属一个事业单位：创新服务中心。

局长：颜建华

副局长：乔溪中

办公地址：员村天府路1号区机关大院2号楼11楼

办公电话：38622893

天河区文化广电新闻出版局（挂区版权局牌子），为区政府主管全区文化、广播电视、新闻出版、版权等方面工作的行政部门。内设4个职能科室：办公室、社会文化科、文化市场管理科（挂版权科牌子）、广播电视科（与区文化市场管理工作领导小组办公室合署办公，挂区扫黄打非工作领导小组办公室牌子），以及区文化市场综合行政执法队。

局长：李伟明

副局长：范晓轩、李排辉

办公地址：员村天府路1号区机关大院2号楼5楼

办公电话：38622374

天河区档案局是负责全区档案事业行政管理、执法监督和档案收集、保管、利用的职能部门，与档案馆合署办公，内设2个科室：办公室、监督指导科。

局长：陈左军

副局长：周慧（任至2010年2月）、许毅生（2010年2月起任）

办公地址：员村天府路1号区机关大院5号楼3楼、4楼

办公电话：38622258

天河区体育发展中心（挂区体育局牌子）是主管全区体育工作的部门，内设2个科室：办公室、业务科（挂区体育市场管理办公室牌子）；下辖单位：区少年儿童业余体校。

主任：王旭光（2010年7月起任）

副主任：李晓勤

办公地址：员村天府路1号区机关大院2号楼2楼

办公电话：38622143

天河区卫生局是负责全区医疗卫生工作的职能部门，内设4个职能科室：办公室（与党委办公室合署办公）、组织人事科、医政科（挂中医科牌子）、预防保健科（挂局应急办、干部保健科、健康教育科牌子）

党委书记：李日华（任至2010年7月）

副书记、局长：吴早光

副书记、纪委书记：许俊杰

副局长：汤达凡、郭大双

办公地址：员村四横路自编13号

办公电话：38622779

天河区疾病预防控制中心是负责全区组织实施本辖区的疾病控制计划，实施计划免疫接种规划的职能机构，归口区卫生局管理。内设8个科室：办公室、公共卫生一科、公共卫生二科、疾病预防控制科、健康教育科、卫生检验科、质量技术管理科、预防医学门诊部。

党支部书记、主任：刘钢

办公地址：龙口西路31号

办公电话：87563487

天河区卫生监督所是组织实施辖区内卫生监督计划，进行预防性和经常性卫生监督的职能部门，归口区卫生局管理。内设8个科室：办公室、食品卫生监督科、公共场所卫生监督科、医疗卫生监督科、学校卫生监督科、职业卫生监督科、综合业务科、受理发证科。

党支部书记、所长：熊文华

办公地址：石牌龙口西路43号

办公电话：85264856

天河区人口和计划生育局（简称区人口和计生局）是负责区人口与计划生育工作的职能部门，内设3个科室：办公室、规划统计信息科、宣传教育科技科。属下2个事业单位：天河区流动人口计划生育管理办公室、天河区人口和计划生育宣传教育服务中心。

局长：杨红

副局长：秦伟龙、李莹

办公地址：员村天府路1号区机关大院2号楼4楼

办公电话：38622310

天河区环境保护局（简称区环保局）是主管环境保护的工作部门，内设3个科室：办公室、监督管理科、规划建设管理科，下属2个事业单位：广州市环境监察支队天河大队、环境监理二站。

局长：王立平

副局长：朱素琴

办公地址：中山大道西东郊工业园建华路89号

办公电话：85553296

天河区侨务办公室和外事办公室是主管侨务、外事的工作部门，下设侨务科、外事科。

主任：李笑娟（任至2010年9月）

副主任：林奋之

办公地址：员村天府路1号区机关大院2号楼10楼

办公电话：38622627

广州市公安局天河区分局（简称天河区公安分局）为广州市公安局的处级派出机构，实行市公安局和区双重领导。分局设综合管理机构4个：政工办公室、监督室、法制室、警务保障室；设执法勤务机构（含监管场所）13个：指挥中心、国内安全保卫大队（于2010年3月29日设立反恐怖大队，与国内安全保卫大队合署办公，加挂网络警察大队牌子）、治安管理大队、禁毒大队（2010年5月26日由毒品犯罪侦查更名为禁毒大队）、经济犯罪侦查大队、刑事警察大队、交通防火大队、便衣侦查大队、人口管理大队、预审大队、特勤大队、广州市天河区看守所、广州市天河区拘留所；设23个公安派出所，为分局的派出机构，由分局直接管理，具体为：石牌派出所、天河南派出所、五山派出所、林和派出所、沙河派出所、沙东派出所、兴华派出所、车陂派出所、棠下派出所、员村派出所、冼村派出所、猎德派出所、岑村机场派出所、天园派出所、龙洞派出所、长兴派出所、凤凰派出所、前进派出所、珠吉派出所、新塘派出所、黄村派出所、元岗派出所、东站派出所。

广州市公安局天河区分局局长：吴煜昇

广州市公安局天河区分局政委：黄跃强

广州市公安局天河区分局纪委书记：郑壮武

广州市公安局天河区分局副局长：辛运虎、曹辉、李越、陈伟佳

办公地址：广州市天河区瘦狗岭路613号

办公电话：87502743

广州市城市规划局天河区分局（简称天河规划分局）是广州市规划局的派出机构，自2010年10月起，由原广州市城市规划局和天河区双重领导调整为由广州市规划局垂直领导。内设5个科室：办公室、规划用地科、建筑规划管理科、市政规划管理科、监督检查科。

局长：许文进　（任至2010年1月）

副局长：汪松苗（2010年1月起主持全面工作）、苏培伟

办公地址：龙口西路龙腾街8号

办公电话：87508099

中国人民解放军广东省广州市天河区人民武装部（正团级单位）由广州警备区领导，同时是中国共产党广州市天河区委员会的军事工作部门和天河区人民政府的兵役机构，也是天河区人民武装委员会以及国防动员委员会的办事机关，设有军事科、政工科、后勤科。

部长：谢楚恒

政委：王俊

副部长：李卫、王任飞

单位地址：员村天府路1号区机关大院7号楼

办公电话：38622562

天河区人民防空办公室（简称区民防办）是区国防动员委员会常设办事机构，也是区政府人民防空工作主管部门，内设综合科，下设区人民防空通信站（与区人防工程管理所合署办公）。

主任：邓勇

副主任：韩敏

办公地址：员村天府路1号区机关大院7号楼2楼

办公电话：38622213

政协广州市天河区委员会

天河区政协机关是政协履行职能的中枢机构，专委会是组织委员活动的具体机构。区政协机关内设办公室和5个专门委员会：提案委员会、社会法制学习文史委员会、经济委员会、教科文卫体委员会和联络委员会。区政协办公室内设4个科：秘书科、综合科、宣传调研科、组织联络科。

主席：杨南聪

副主席：徐春平、肖彬生、肖辉、张在祥、吴兰桂、王壮

专职党组副书记：易凤华

秘书长：王旭光（任至2010年7月）

党组成员：赵新景（2010年7月起任）

提案委员会主任：张志明

社会法制学习文史委员会主任：俞凡（2010年7月起任）

经济委员会主任：骆世泉

教科文卫体委员会主任：宋晓岗

联络委员会主任：古干

办公室副主任：黄树开、张庆玲

办公地址：员村天府路1号区机关大院4号楼

办公电话：38622118

中共广州市天河区纪律检查委员会

中共广州市天河区纪律检查委员会与广州市天河区监察局合署办公。区纪委是党的纪律检查机关，区监察局是政府的行政监察部门。机关内设：办公室、纪检监察室、案件审理室、信访室（举报中心、行政投诉中心）、宣教调研室、党风和廉政建设室（挂区委党风和廉政建设领导小组办公室牌子）、执法监察室（挂区政府纠正行政不正之风牌子）。

书记：江绍强（2010年1月起任）

副书记、监察局局长：李小东

副书记：廖持亮（2010年2月起任）

区纪委常委、监察局副局长：连平华

区纪委常委、办公室主任：刘庆进

区纪委常委、纪检监察室主任：吴少莲

区纪委常委、审理室主任：雷超

信访室主任：李强

宣教室主任：陈小穗

党廉室主任：梁彬

执法监察室主任：林卫东

办公地址：员村天府路1号区机关大院1号楼6～7楼

办公电话：38622388

天河科技园、软件园

天河科技园（软件园）管委会是天河科技园（软件园）的行政管理机构。机构内设：办公室、劳动人事处、开发建设处、产业处、经济发展处、服务中心、高唐新建区管委会、人才中心。

管委会主任：廖国胜

管委会党委副书记、纪委书记：谢秋兴

管委会副主任：詹延遵、贺永建

办公地址：广州天河区高普路1039号1～6楼

办公电话：87071606

天河区人民检察院

区人民检察院内设机构：政工办公室、纪检监察室、办公室、反贪污贿赂工作局（下设综合预防科、侦查一科、侦查二科）、侦查监督科、公诉科、反渎职侵权局、监所检察科、民事行政检察科、控告申诉检察科（举报中心）、检察技术科、司法警察大队和机关后勤服务中心。

检察长：张志强

副检察长：李晓明（兼反贪局局长，任至2010年1月）、林伟忠（兼反贪局局长，2010年1月起任）、倪瑞兰、曾惠明

纪检组组长：房秀明

政工办主任：尹圣川

办公地址：石牌龙口西路19号

办公电话：38497219

天河区人民法院

区人民法院设置有：刑事审判庭、民事审判第一庭、民事审判第二庭、民事审判第三庭、民事审判第四庭、少年审判庭、行政审判庭、执行局（含设执行一庭、执行二庭）、审判监督庭（审判管理办公室）、立案庭（信访室）、办公室（司法委托管理科）、纪检监察室、政工办、书记员管理科、法警队、调研科。

区法院院长：甘正培

副院长：陈淡卿、蒋伟、郑楚镐

办公地址：龙口西路21号

办公电话：87509187

街道办事处

沙河街

党工委书记：潘渊

党工委副书记、办事处主任：张妙娟

党工委副书记、纪工委书记：梁永江

党工委副书记、派出所所长：邹影玲

办事处副主任：吴功文、李桂明、伍重韬（任至2010年7月）

武装部部长：李建庭
办公地址：沙河龙岗路36号
办公电话：37289377

车陂街

党工委书记：汪茂铸（任至2010年1月）、林合顺（2010年1月起任）
党工委副书记、办事处主任：王亚平
党工委副书记、纪工委书记：梁克强
党工委副书记、派出所所长：陈惠新
调研员：陈汉荣、刘泽洪、郑松华
办事处副主任：那世峰、丁斌、杨建新
武装部部长：刘开灿
办公地址：东圃大马路湖边街88号
办公电话：82307406

天河南街

党工委书记：李并生
党工委副书记、办事处主任：李军初
党工委副书记、纪工委书记：罗兆建
党工委副书记、派出所所长：杨世冰
办事处副主任：张永生、孙其东、罗清平
武装部部长：喻进明
办公地址：体育西横街193号
办公电话：87534423

林和街

党工委书记：翁起贤
党工委副书记、办事处主任：张朝晖
党工委副书记、纪工委书记：邱广昌
党工委副书记、派出所所长：赖武
办事处副主任：李回生、丘元能、谭小瑜
武装部部长：于春波
办公地址：天河东路205号2楼
办公电话：38811373

兴华街

党工委书记：石泽润
党工委副书记、办事处主任：陈少龙
党工委副书记、纪工委书记：洪锋
党工委副书记、派出所所长：戴贺荣
办事处副主任：梁柱基、杨海建、宋爱平
武装部部长：程地
办公地址：沙河银燕路166号
办公电话：87226803

沙东街

党工委书记：林丽青
党工委副书记、办事处主任：钟伟华
党工委副书记、纪工委书记：徐国有
党工委副书记、派出所所长：邹荣泉
办事处副主任：宋洪俭（任至 2010年1月）陶学雄、郑立言
武装部部长：唐自春
办公地址：广州大道北冠庭园绿安街1号
办公电话：87712308

石牌街

党工委书记：罗富国（2010年1月起任）
党工委副书记、办事处主任：黄晓峰（2010年1月起任）
党工委副书记、纪工委书记：邹松珍
党工委副书记、派出所所长：洪声明
办事处副主任：张秀明、姚永营、陈云娟
武装部部长：周少飞
办公地址：龙口中路152号天逸大厦6楼
办公电话：38733252

五山街

党工委书记：林合顺（任至2010年1月）、邓穗涛（2010年1月起任）
党工委副书记、办事处主任：邓穗涛（任至2010年1月）、黄凯旋（2010年1月起任）
党工委副书记、纪工委书记：张娟山
党工委副书记、派出所所长：李志权
办事处副主任：陈学茹、杨东、王忠
武装部部长：张林保
办公地址：五山岳洲路39号
办公电话：85287511

棠下街

党工委书记：吴东胜（2010年1月起任）
党工委副书记、办事处主任：欧志雄
党工委副书记、纪工委书纪：苏曦
党工委副书记、派出所所长：黄美金
办事处副主任：王民、聂玉芳、苏金胜
武装部部长：黄锦其
办公地址：棠下棠德花苑棠德东横路1～31号
办公电话：85651730

员村街

党工委书记：陈廷

党工委副书记、办事处主任：郭民

党工委副书记、纪工委书记：李高琪

党工委副书记、派出所所长：辜少辉

办事处副主任：李佰祥、池锦民、邓谦

武装部部长：龚维

办公地址：员村新街7号之三

办公电话：85535151

天园街

党工委书记：邓团

党工委副书记、办事处主任：江丁献

党工委副书记、纪工委书记：郑生

党工委副书记、派出所所长：赖武

办事处副主任：杜春芳（任至2010年2月）、赵胤东（2010年2月起任）、陶小民、岳海川

武装部部长：梁木兴

办公地址：黄埔大道棠石路锦明街83号2楼

办公电话：85523909

猎德街

党工委书记：黄泽鹏

党工委副书记、办事处主任：伍英舜

党工委副书记、纪工委书记：周舟

派出所所长：邝镜全

办事处副主任：江普建、李成龙、潘荣德

武装部部长：刘汉伟

办公地点：珠江新城海清路13号誉城苑1～2楼

办公电话：38740367、38209317

冼村街

党工委书记：蔡进、郑桂金（2010年9月起任）

党工委副书记、办事处主任：张颖

党工委副书记、纪工委书记：张美臣

党工委副书记、派出所所长：林泽波

办事处副主任：黄洁云、钟闻天

武装部部长：钟紫新

办公地址：珠江新城华穗路398号

办公电话：38339488、38339225

元岗街

党工委书记：钟祥礼（任至2010年10月）

党工委副书记、办事处主任：邹彦庭

党工委副书记、纪工委书记：张鲁军（任至2010年1月）

党工委副书记、派出所所长：张镇武

办事处副主任：卢艳芬、刘军、马靖骅

武装部部长：胡正明

办公地址：元岗路600号

办公电话：37080567

黄村街

党工委书记：曾锡奎

党工委副书记、办事处主任：黄晓峰（任至2010年1月）、庞红瑶（2010年9月起任）

党工委副书记、纪工委书记：余电芳

党工委副书记、派出所所长：梁业敬

办事处副主任：李俊、黄琪玖、陈志宏

武装部部长：李宗诚

办公地址：黄村荔苑路5号

办公电话：82327706

长兴街

党工委书记：吴东胜（任至2010年1月）、沈道成（2010年1月起任）

党工委副书记、办事处主任：何淳

党工委副书记、纪工委书记：温昌武

党工委副书记、派出所所长：刘宏隆

办事处副主任：杨育荣、伍玉玲、陈林锋

武装部部长：赵琦

办公地址：长兴路289号

办公电话：37217306

凤凰街

党工委书记：邱裕辉

党工委副书记、办事处主任：张鲁军（2010年1月起任）

党工委副书记、纪工委书记：闵洪光

党工委副书记、派出所所长：黄克智

办事处副主任：石广琳、邹学飘、方伟兰

武装部部长：汤志坚

办公地址：广汕公路华美路中段华美学校对面

办公电话：87211501

龙洞街

党工委书记：郑桂金

党工委副书记、办事处主任：周德镔

党工委副书记、纪工委书记：李林青

党工委副书记、派出所所长：李国康

办事处副主任：岑秀姬、肖文勇、谢长林

武装部部长：卢仲坚

办公地址：龙洞东路219号

办公电话：87022481

前进街

党工委书记：汤国骈

党工委副书记、办事处主任：左建方

党工委副书记、纪工委书记：叶速群

党工委副书记、派出所所长：樊志谦

党工委委员、办事处副主任：陈锦媚、吕振波

党工委委员、武装部部长：焦捷

办事处副主任：张海玉

办公地址：桃园路杨桃公园西侧

办公电话：82564886、82564878

新塘街

党工委书记：吴培楼

党工委副书记、办事处主任：赵思能

党工委副书记、纪工委书记：吴立雄

党工委副书记、派出所所长：黄克智（任至2010年2月）、张强（2010年3月3日起任党工委副书记）

办事处副主任：赵胤东（任至2010年1月）、甘霖、何旭权、刘学庆（2010年2月起任）

武装部部长：郭振武

办公地址：大观中路新塘大街（广深高速小新塘入口处）

办公电话：82357311

珠吉街

党工委书记：杜党勇

党工委副书记、办事处主任：周国栋

党工委副书记、纪工委书记：陈文荡

党工委副书记、派出所所长：樊志谦（任至2010年2月）、区嘉荣（2010年2月起任）

办事处副主任：陶学雄、叶彩萍、林金水

武装部部长：李望龙

办公地址：珠村东横二路1号

办公电话：32351820

区属人民团体

天河区总工会是中共天河区委领导下的人民团体，为处级单位，内设办公室、维权工作部。

主席：樊孝玉

副主席：吴两标

办公地址：员村天府路1号区机关大院1号楼2楼

办公电话：38622043

天河区妇女联合会（简称区妇联）是天河区各族各界妇女的社会群众团体，为处级单位，内设：办公室、妇女儿童部（挂妇儿工委办公室牌）。

主席：庞红瑶（任至2010年9月）

副主席：肖琰

办公地址：员村天府路1号区机关大院1号楼2楼

办公电话：38622036

共青团天河区委（简称团区委） 是由中共天河区委和共青团广州市委领导下负责青年工作的群众团体，为处级单位，内设办公室。归口管理单位：青少年教育工作领导小组办公室、区少先队工作委员会办公室、天河区青年联合会、天河区青年志愿者协会。

书记：徐佳

副书记：何少强（任至2010年4月）

办公地址：员村天府路1号区机关大院1号楼2楼

办公电话：38622204

天河区科学技术协会（简称区科协）是区科技工作者的群众组织，区委领导下的人民团体，为处级单位，内设办公室。

主席：罗启颖

办公地址：员村天府路1号区机关大院1号楼11楼

办公电话：38622135

天河区文学艺术界联合会（简称区文联）是区文学艺术界群众团体，为处级单位。

主席：王壮

办公地址：员村天府路1号区机关大院1号楼11楼

办公电话：38622132

天河区归国华侨联合会（简称区侨联）是中共天河区委领导的由区归侨、侨眷组成的人民团体，为处级单位，内设办公室。

主席：杨火明

办公地址：员村天府路1号区机关大院1号楼11楼

办公电话：38622117

天河区工商业联合会（简称区工商联）又称区总商会，是由区工商界人士组成的人民团体和商会组织，是党和政府联系非公有制经济人士的桥梁和纽带，是政府管理非公有制经济的助手，为处级单位。

党组书记：伍小红

主席：朱海军

办公地址：员村天府路1号区机关大院1号楼3楼

办公电话：38622185

天河区残疾人联合会（简称区残联）是将残疾人自身代表组织、社会福利团体和事业管理机构融为一体的残疾人事业团体，为处级单位。

理事长：俞凡（任至2010年7月）、黄伟平（2010年7月起任）

办公地址：员村天府路1号区机关大院3号楼1楼

办公电话：38622331

中国国际贸易促进委员会广州市天河区委员会（简称天河区贸促会）是区经济贸易界人士、企业、协会组织的群众团体，为处级单位。内设有3个部（室）：办公室、出证认证部、会务信息部与联络展览部（合署办公），下设事业单位：广州市天河区外商投资促进中心。

会长：郑奔

副会长：邓大洪、陈健生（2010年1月起任）

办公地址：龙口西路100号4楼

办公电话：87542955

获奖荣誉

区属各部门、各单位获奖荣誉

2010年区属各部门、各单位获市级以上（含市级）荣誉称号表

颁奖时间	获奖部门	荣誉称号	颁奖单位
2010.2	全国检察机关第七次“双先”会模范检察院	天河区检察院	最高人民检察院
2010.4	珠村	第三批国家级非物质文化遗产	文化部
2010.9	石牌街道办事处	全国侨务系统五五普法“侨法宣传角”	国务院侨办
2010.10	广州市天河区拘留所	全国推行拘留所管理教育新模式先进单位	公安部监所管理局
2010.1	天河区经济普查办公室	广州市第二次全国经济普查国家级先进单位	国务院第二次全国经济普查领导小组
2010.6	珠吉街文化站	第二届中国龙舟文化节中国龙舟艺术展演赛“金奖”	中国民间文艺家协会
2010.8	珠吉街文化站	全国七夕女红手工艺大赛“银奖”	中国民间文艺家协会
2010.11	天河区志办	全国方志系统先进集体	中国地方志指导小组、中国地方志协会
2010.11	天河区志办	全国地方志系统第二届年鉴评奖一等奖	中国地方志指导小组、中国地方志协会
2010.3	黄村派出所	2009年全省优秀公安基层单位	广东省公安厅
2010.6	车陂街道办事处	广东省企业退休人员社会化管理服务示范点	广东省人口资源和社会保障厅

（续上表）

颁奖时间	获奖部门	荣誉称号	颁奖单位
2010.9	猎德街综治信访维稳中心	全省综治信访维稳中心建设文艺汇演一等奖	中共广东省委政法委员会、中共广东省委宣传部、广东省社会治安综合治理委员会
2010.9	珠村南社区	“六好”平安和谐社区	广东省民政局
2010.10	天河区地税局计划征收科	广东省“青年文明号”	共青团广东省委、广东省地方税务局
2010.11	凤凰街文化站	八省市客家山歌擂台邀请赛铜奖	广东省文化厅
2010.12	天河区志办	广东省第一届年鉴编纂质量奖县（市、区）地方综合年鉴一等奖	广东省人民政府地方志办公室
2010.12	天河南街道办事处	广州市亚运会亚残运会支援工作先进单位	广东省军区
2010.12	五山街武装部	先进基层武装部	中国人民解放军广东省广州警备区
2010.2	车陂街道办事处	广州市2009年度人口与计划生育目标管理工作先进街（镇）	广州市人民政府
2010.10	五山街道办事处	广州市2009年度无偿献血先进集体	广州市人民政府
2010.11	沙河街道办事处	广州市2009年度无偿献血先进集体	广州市人民政府
2010.11	车陂街道办事处	广州市2009年度无偿献血先进集体	广州市人民政府
2010.11	天河南街道办事处	广州市2009年度无偿献血先进集体	广州市人民政府
2010.11	棠下街道办事处	广州市2009年度无偿献血先进集体	广州市人民政府
2010.11	天园街道办事处	广州市2009年度无偿献血先进集体	广州市人民政府
2010.11	长兴街道办事处	广州市2009年度无偿献血先进集体	广州市人民政府
2010.11	集体三等功	天河区检察院公诉科	广州市检察院
2010	集体三等功	区法律援助处	广州市司法局

个人获奖荣誉

2010年个人获市级以上（含市级）荣誉称号表

颁奖时间	获奖人	所属单位	荣誉称号	颁奖单位
2010.3	黄新锋	天河区环保局	全国环境信访工作荣誉工作者	国家环境保护部
2010.3	王　志	天河区环保局	全国环境信访工作荣誉工作者	国家环境保护部
2010.11	王文革	凤凰街文化站	全国农家书屋演讲比赛最佳创意奖	全国新闻出版总署
2010.4	朱明江	天河区剑胆琴心乐器有限公司	全国劳模	中华全国总工会
2010.3	刘健涛	兴华派出所	第三届广东省“人民满意的公务员”	广东省人民政府
2010.3	陈玉杰	天河区公安分局指挥中心	2009年全省优秀人民警察	广东省公安厅

（续上表）

颁奖时间	获奖人	所属单位	荣誉称号	颁奖单位
2010.3	黄校强	天河区公安分局刑警大队	2009年全省优秀人民警察	广东省公安厅
2010.3	陈杏青	天河区公安分局便衣侦查大队	2009年全省优秀人民警察	广东省公安厅
2010.3	王贤生	天河区公安分局法制室	2009年全省优秀人民警察	广东省公安厅
2010.3	刘健涛	兴华派出所	2009年全省优秀人民警察	广东省公安厅
2010.3	张亦翔	天河南派出所	2009年全省优秀人民警察	广东省公安厅
2010.3	杨　麟	车陂派出所	2009年全省优秀人民警察	广东省公安厅
2010.3	练惠林	五山派出所	2009年全省优秀人民警察	广东省公安厅
2010.3	潘伟其	天河区公安分局便衣侦查大队	2009年全省“五好所长”	广东省公安厅
2010.3	梁业敬	黄村派出所	2009年全省“五好所长”	广东省公安厅
2010.3	何永祥	天河区公安分局刑警大队	2009年全省公安机关追逃工作标兵	广东省公安厅
2010.3	李茂亮	天河区公安分局刑警大队	2009年全省优秀刑事技术员	广东省公安厅
2010.3	郭文彪	天河区公安分局经侦大队	全省打击假发票09行动先进个人	广东省公安厅
2010.5	郝惠霞	车陂街道办事处	广东省第二次全国经济普查省级先进个人	广东省统计局
2010.6	谢　艺	天河区检察院侦查监督科	广东省卷烟打假先进个人	广东省人社厅、广东省打假办、广东省烟草专买局
2010.7	徐　佳	共青团天河区委	广东省十佳团县委书记	共青团广东省委
2010.7	骆伙仁	天河区环保局	广东省全国第一次污染源普查先进工作者	广东省环保厅
2010.10	胡克健	天河区依法治区办	广东省依法治省先进个人	中共广东省委
2010.10	杨跃花	天河区统计局	城镇住户调查先进个人	国家统计局广东省调查总队
2010.12	谢梅兴	五山街道办事处	广州亚运会亚残会支援工作先进个人	中国人民解放军广东省军区
2010.5	陈　东	天河区教育局	广州市民族团结进步模范个人	广州市人民政府
2010.5	钟　金	天河区教育局	广州市民族团结进步模范个人	广州市人民政府
2010.10	胡传洋	五山街民政科	广州市2009年度无偿献血先进工作者	广州市人民政府
2010.11	王　磊	天河区余泥渣土排放管理所	广州市2010年度优秀城市美容师	广州市人民政府
2010.11	邓之松	天河区市容环卫局第三管理所	广州市2010年度优秀城市美容师	广州市人民政府
2010.11	吴玉峰	天河区市容环卫局第四管理所	广州市2010年度优秀城市美容师	广州市人民政府
2010.11	陈光友	天河区市容环卫局第二管理所	广州市2010年度优秀城市美容师	广州市人民政府
2010.11	陈初伏	天河区市容环卫局卫生间管理所	广州市2010年度优秀城市美容师	广州市人民政府
2010.11	陈雪群	天河区市容环卫局第七管理所	广州市2010年度优秀城市美容师	广州市人民政府

（续上表）

颁奖时间	获奖人	所属单位	荣誉称号	颁奖单位
2010.11	熊维东	天河区市容环卫局第一管理所	广州市2010年度优秀城市美容师	广州市人民政府
2010.11	黄志红	沙河街道办事处	广州市2009年度无偿献血先进工作者	广州市人民政府
2010.11	聂玉芳	棠下街道办事处	广州市2009年度无偿献血先进个人	广州市人民政府
2010.11	毛学龙	长兴街道办事处	广州市2009年度无偿献血先进工作者	广州市人民政府
2010.12	喻进明	天河南街道办事处	广州市2010年度优秀武装部长	广州警备区
2010	叶文静	天河区司法局	三等功	广州市司法局
2010	陈志柱	天河区司法局	个人嘉奖	广州市司法局
2010	郑狄杰	天河区司法局	个人嘉奖	广州市司法局
2010	韩根贤	天河区司法局	个人嘉奖	广州市司法局
2010	周安定	天河区司法局	专项三等功	广州市司法局
2010	游俊峰	天河区司法局	专项三等功	广州市司法局

★广州市

2011

政治

中共广州市天河区委员会

·党务工作

【中共广州市天河区委七届八次全体会议】 2010年1月26日，中共广州市天河区委召开七届八次全体会议，会期半天，到会区委委员50人（请假1人），列席会议的有：不是区委委员、区委候补委员的区人大常委会、区政府、区政协班子领导，区纪委委员，区属各党委、党工委、党组书记，区属各部、委、办、局、街行政正职，区属各群团组织主要负责同志，广州市工商行政管理局天河分局、广州市天河区国家税务局、广州市天河区地方税务局、广州市天河区食品药品监督管理局、广州市天河区质量技术监督局、广州市烟草专卖局天河分局正职领导，基层党务工作者、基层党员代表，共148人。

会议的主要任务是：深入学习贯彻党的十七届四中全会、中央经济工作会议和胡锦涛总书记视察广东工作的重要讲话精神、省委十届六次全会、市委九届八次全会精神以及市委常委会听取天河区工作汇报后作出的重要决议，总结天河区2009年工作，并对2010年工作进行全面部署，争当广州加快建设国家中心城市、全面提升科学发展实力的排头兵。

区委书记杨建城代表区委常委会在会上作报告，提出2010年工作的总体要求是：高举中国特色社会主义伟大旗帜，以邓小平理论和“三个代表”重要思想为指导，以科学发展观为统领，认真贯彻落实党的十七大、十七届四中全会、中央经济工作会议和省委、市委全会精神，深入学习贯彻胡锦涛总书记视察广东时的重要讲话精神，全面落实市委常委会对天河区的工作要求，坚持实施“整体提升、协调发展”的工作思路，以抓落实为主线，着力推动产业高端发展，着力推进宜业宜居城区建设，着力抓好亚运工程，着力加强管理，着力提高党建科学化水平，争当广州加快建设国家中心城市、全面提升科学发展实力的排头兵。

区委副书记、区长徐汉添通报天河区2009年经济社会发展情况，对2010年经济社会工作进行部署。

区委书记、区人大常委会主任杨建城作《中共广州市天河区委2009年度干部选拔任用工作情况报告》，并在全委会成员中对年度干部选拔任用工作进行民主评议，对本级党委年度新任的党政主要领导干部等进行民主测评。

【中共广州市天河区委七届九次全体会议】 2010年8月19日，中共广州市天河区委召开七届九次全体会议，会期半天，到会区委委员48人（请假1人），列席会议的有：不是区委委员、区委候补委员的区人大常委会、区政府、区政协班子领导，区纪委委员，区属各党委、党工委、党组书记，区属各部、委、办、局、街行政正职，区属各群团组织主要负责同志，广州市工商行政管理局天河分局、广州市天河区国家税务局、广州市天河区地方税务局、广州市天河区食品药品监督管理局、广州市天河区质量技术监督局、广州市烟草专卖局天河分局正职领导，共122人。

会议的主要任务是：深入贯彻落实省委十届七次全会、全省迎接亚运倒计时100天誓师动员大会精神和市委九届九次全会精神，紧紧围绕“迎亚运、促发展”这一主题，总结天河今年以来经济社会发展情况，研究部署下半年和今后一个时期的工作任务，努力推动天河国际大都市中心区建设再上新台阶。

区委书记刘悦伦代表区委常委会在会上作报告，提出下一阶段工作总体要求是：坚持以科学发展观统领经济社会发展全局，认真贯彻落实省委十届七次全会、市委九届九次全会精神，紧紧围绕加快建设国际大都市中心区的总体目标，突出“迎接亚运会，创造新生活”主题，在抓落实上下功夫，集全区之智、举全区之力，全力以赴保亚运任务完成，凝心聚力促发展方式转变，突出提高产业发展高端化、城市管理精细化、基本公共服务均等化、党的建设科学化水平，扎实推动天河经济社会又好又快发展，努力为广州建设国家中心城市、全面提升科学发展实力作出与天河区位相适应的贡献。

区委副书记、区长徐汉添通报天河区2010年上半年经济运行和社会发展情况，部署下半年主要工作安排。

（区委办供稿）

·区委办工作

【概况】2010年，区委办的主要工作有：起草、综合区委七届八次全会、九次全会等重要文稿近100万字，开展天河智慧城、“三旧”改造、党建等专题调研，形成一批有份量的调研报告，为区委、区政府科学决策提供参考；做好区委、区委办公室各项公文的拟写、收发、转递工作，完成区委、区委办公室主持的各项会务工作，参与温家宝等中央、省、市领导视察活动60多次，组织大型会议和活动200多次，加强公文定期归档管理，做好区委领导的后勤服务工作；健全督办制度，完善督办网络，认真承办省、市、区委交办的决策、专项督办事项300多项，督促区属各部门、单位落实好“迎亚运”、建设天河中央商务区、天河智慧城等重大决策部署；抓好党政信息上报工作，及时反映区委的工作思路、工作概况和典型经验。2010年有200多篇材料、信息被《每日汇报》、《广州情况》、《每天快报》、《广州信息》等省、市内部刊物采用；加强保密管理，做好机要、保密工作；加强网络建设，办公管理现代化水平进一步提高。

【天河区可持续发展实验区工作】2010年，天河区国家可持续发展实验区在完成专家评审组实地考察和国家可持续发展实验区联席会议评审后，最终以出色成绩通过国家验收。

根据专家组、省科技厅的建议，天河区国家可持续发展实验区管理办公室就申报我国最高层级的“国家可持续发展先进示范区”开展调研，并完成申报规划的编制工作。本年度，实验区管理办公室组织参加在山东济南的中国可持续发展论坛会议和4次培训工作，4次座谈会，1次学习考察活动，并与西藏林芝国家可持续发展实验区建立友好互动关系，接待来自全国友好实验区来访近10批次。

链接：

天河区从1996年开始全面实施可持续发展战略。1999年，在广州市计委、科委和21世纪议程管理办公室的指导下，纳入可持续发展实验区管理，2000年1月，成为广东省可持续发展实验区，2002年4月，成为国家可持续发展实验区。天河可持续发展实验区的类型特色和实验目标任务是：在向城市中心区演变的过程中，如何建设可持续发展的现代化城市社区。（区委办供稿）

·信访工作

【概况】2010年，区信访局受理群众来信、来访、电子信访共6450件次，比上年（下同）上升26.94%。其中来信来访1929件次，上升20.54%；集体访48批962人次，批次下降15%，人次上升15.3%；受理网上信访及电话投诉咨询共4521件次，上升29.76%。

【领导接访】2010年，完善区领导定期接访工作机制，建立分类接访制度。从11月起，每月由城建口、科教文卫口、经济社保口、政法口分管区领导及部门领导轮流于每周四上午接访。是年，区领导定期接访51批165人次。开展区领导大接访活动，4月9日、9月26日、10月18日分别开展区领导大接访活动。全年区领导干部大接访活动共接待群众294批625人次。

【全面排查，化解矛盾】2010年，开展矛盾纠纷排查化解工作，最大限度地预防和减少信访问题的发生，全国“两会”、上海世博会和广州亚运会前夕，利用各街道综治信访维稳中心，先后开展三次大规模集中排查，把矛盾纠纷化解在基层、解决在当地。全年全区共排查出172宗疑难复杂案件，全部实行区领导或部门领导包案。全国“两会”、上海世博会和广州亚运会期间，全面排查化解矛盾纠纷和苗头隐患，坚持24小时值班备勤和信息情报收集研判，营造良好的社会环境。

【健全信访联席会议制度】2010年，区信访局充分发挥协调作用，健全信访联席会议制度，加强组织协调，推动形成上下联动、左右协调、运转高效、综合施治的工作机制，提高协调解决信访问题的综合效能。是年，天河区通过信访联席会议妥善解决樊榜乾工伤赔偿问题、李兆泉入户问题等一批民生重点问题。

【信访案例】2010年，林和村几位信访人多次集体到省、市、区上访，反映在林和村城中村改造拆迁过程中合作建房拆迁补偿问题。区领导对此高度重视，指示相关部门要及时妥善处置。在区城改办和林和街协调下，大部分信访群众与合作方达成补偿协议，其余群众通过司法途径解决。

（区信访局供稿）

·保密工作

【保密检查】2010年5月，开展全区涉密载体清理情况检查，区属70多个单位开展自查，并根据检查情况填写《涉密载体清理数据统计表》，区保密局对保密重点单位进行抽查，发现问题及时要求整改。6月，开展清理取缔文件资料非法交易工作，协调区公安分局、工商分局配合市保密局对天河金桥等二手电脑市场进行检查。8月，开展计算机网络保密管理专项检查。各单位组织本单位的专项自查工作，对自查中发现的问题及时纠正，堵塞漏洞，确保涉密信息安全。

是年，区保密局把区亚运指挥部、负责亚运安保统筹协调的政法委、区委办、政府办等重点涉亚单位作为检查重点，对计算机系统、信息交换、信息公开保密审查、保密制度建设等内容加强检查，为平安亚运提供保密安全保障。

【日常保密监督管理】2010年，全区共有72个单位810名领导干部按照人员范围、等级签订保密承诺书；区保密组织受限人员填写《广州市掌握机密级以上国家秘密退役人员管理备案表》，并与所在单位签订保密协议书。每天安排时间和值班人员，对天河信息网包括党政机关部门的网上信息进行检查，填写检查日志，未发现有传播涉及国家秘密的信息。对区属各单位废旧文件、资料、蜡纸、软硬盘等进行回收销毁，全年共集中销毁文件6吨。

【保密会议召开】2010年3月24日，天河区召开保密委员会全体会议。区委常委、区委办主任、保密委主任张谭均主持会议，副区长、保密委副主任李雪枝等保密委委员19人参加会议。会上，区委常委张谭均传达中央保密委员会全体会议、全省保密工作会议、市委保密委员会全体会议精神，会议审议《中共天河区委保密委员会2010年工作要点》。

【保密技术防范】2010年，区保密局组织重点单位学习《广州市党政内网接入单位网络与应用建设指南》，要求接入单位按照指南的方案要求建设，按照涉密信息系统的使用管理要求制定保密管理制度，规范管理。组织做好保密安全U盘的配备工作，与市保密局推荐的专业技术公司联系，在保密重点单位试用数据安全交换中间机，使涉密计算机和非涉密计算机之间数据交换的安全、可控，确保涉密信息安全。组织30人参加“现代办公设备泄密窃密防范技术演示”，提高信息化条件下保密技术防范水平。选派信息技术管理人员参加市党政机关涉密计算机信息系统“三员”培训班，提高对涉密信息系统的管理水平和计算机保密管理的能力。

【考务保密】2010年，区保密局与区招生办协调，对普通高考、成人高考、自学考试等监督检查。5月，协同区招生办做好新试卷保密室的建设，通过市保密局、公安局的检查验收。是年，区保密局共参与考试考务保密10次，各类考试均未发生失窃密事件。协助区人力资源和社会保障局、区财政局做好录用公务员面试、会计职称考试的试卷保密管理工作。

【保密宣传教育】2010年，区保密局订购《保密法》、《保密法释义》、《保密科学技术》、《计算机安全保密普及知识读本》、保密宣传挂图等资料发放到各单位组织学习；订阅《保密工作》、发放《广州保密》，组织学习省委保密委《关于我省党政机关重大泄密事件查处情况的通报》；组织保密重点单位参加市保密局开展的“县一级机关单位定密权限”专题调研，探讨新保密法的定密权限规定和授权问题；组织保密重点单位15名保密人员参加市保密局组织的新《保密法》学习宣传骨干培训班；在全区开展保密法知识竞赛活动；联合《广州天河新闻》开辟专题保密法学习专栏，把保密法宣传深入到区内各街道、社区和辖内居民中。6月，组织区处级干部进修班学习保密形势教育，提高领导干部的保密意识。

是年，有关单位新上岗的保密干部、保密员以及未参加培训的重点涉密人员共20人，参加市保密专业岗位培训。全年有针对性编发保密宣传教育参考资料8期800份。（区保密局办公室供稿）

天河区人民代表大会

【天河区第七届人民代表大会第五次会议】2010年3月2～4日，天河区第七届人民代表大会第五次会议在区机关大会场举行。实有代表235名，出席会议代表216名，天河区联组的市人大代表，区班子领导、区纪委领导，部分原区班子领导，区政协委员和参加“两会”的列席人员列席会议。

会议听取和审议区人大常委会、区人民政府、区人民法院、区人民检察院的工作报告，审议天河区2009年计划执行情况与2010年计划草案报告，审议天河区2009年预算执行情况报告和2010年预算草案报告；批准天河区2010年国民经济和社会发展计划、财政预算等。通过相应的决议，批准相关报告。

区七届人大五次会议审议确定代表议案1件、建议61件（其中重点建议2 件）。

【民主法治建设】2010年，开展执法检查，组成检查组对区法院贯彻实施《中华人民共和国民事诉讼法》有关执行规定的情况开展执法检查，对区贯彻实施《广东省人口与计划生育条例》情况开展执法检查。推进依法行政，听取和审议区政府关于推进依法行政工作情况的报告，督促区政府加强领导，不断提高依法决策、依法行政、依法管理的能力和水平；继续深化行政审批制度改革，加快行政职能转变；建立行政执法专项联席会议制度，加强各行政执法部门之间、行政执法部门与街道之间的协调配合；完善行政执法年度考评机制，加强法制教育培训等。开展司法监督，听取和审议区“两院”2010年上半年工作情况的报告，督促“两院”强化大局意识，发挥审判、检察职能，清理积案，提高司法公信力。推进“四五”依法治区工作，开展“法治天河宣传教育周”活动，推动机关干部和社区居民学法、守法、用法。顺利通过广州市依法治市领导小组对区依法治区“四五”规划和“五五”普法规划的检查验收工作。

【重大事项的讨论、决定】2010年，区人大常委会召开 10次主任会议、11次常委会会议，先后听取和审议各项工作33项，作出关于开展法治天河创建活动、补选代表、财政预决算等决议、决定3项。审议区政府关于2009年财政决算、部门预算执行，2009年预算执行和其他财政财务收支审计工作，2010年上半年国民经济和社会发展计划执行、预算执行和2010年财政超收收入使用方案等报告，批准区2009年财政决算、2010年财政超收收入使用方案等。全年对区政府提请讨论决定的6件重大事项进行研究，并依法作出决议、决定，包括将天河软件园高唐新建区内管委会名下的土地和物业划拨给高新集团、区财政超收收入使用方案、住房公积金调整方案、处理收购天诚广场遗留问题、盘活从化月亮城项目等重大事项。

【监督工作】·经济发展工作监督· 组织有关工委和市、区两级人大代表开展调研，视察走访辖内企业，召开座谈会充分听取相关企业意见。听取和审议区政府关于现代服务业发展情况的专项工作报告，结合调研情况，着眼于后亚运时期发展，提出落实相关政策，兑现奖励措施，吸引高端企业落户；加大宣传力度，创新沟通方式，强化服务指引，扶持优质企业发展；把加快现代服务业发展纳入“十二五”规划等意见和建议。

·城市管理体制监督· 组织调研组到区城管局和部分街道调研了解区城市管理面临的困难和问题，听取区政府关于大部制改革后城市管理体制运行情况的报告，建议区政府建立城市管理事件快速处理机制，有针对性地组织专项和重点整治；建立联席会议制度，探索长效性、精细化的管理办法和模式；改进工作作风，提高业务素质和执法水平等。

·计划和预决算审查监督· 提前介入预算编制，加强对国民经济和社会发展计划执行情况、财政预决算的审查监督，先后听取和审议区政府财政决算、部门预算执行情况、预算执行和其他财政财务收支审计工作，国民经济和社会发展计划执行、预算执行和财政超收收入使用方案等报告。开展常态监督，有关工委会同区财政局、区审计局等部门依法开展预算执行审计监督，抽查天园街、区民政局、区人口和计划生育局等单位预算执行情况，提出深化预算管理、加强专项资金监管、强化审计问责、增强依法理财意识等意见和建议。

·和谐社区建设工作监督· 组织市、区两级人大代表到员村、车陂、天园等街道所辖社区开展专题调研，并听取和审议区政府关于和谐社区建设工作情况的报告，建议区政府要以创建全国和谐社区建设示范城区为基点，加大投入，高标准推进和谐社区建设；探索社区管理新模式，试行政府购买服务以满足居民不断增长的物质文化需求；加强社区专职工作者队伍建设，提高社区专职工作者职业化、专业化和知识化水平。

·迎亚运重点工程监督· 听取和审议区政府关于迎亚运重点工程推进情况的专项工作报告，督促区政府高度重视迎亚运重点工程建设，加大投入，落实责任，加快推进河涌整治、雨污分流、道路升级改造、场馆周边和重点区域环境综合整治工作。组织部分市人大代表视察迎亚运人居环境综合整治工程以及医疗卫生、安全保卫等各项工作的筹备进展情况，强化检查监督。

·食品药品安全和医疗保障监督· 组织有关工委和部分市、区人大代表调研了解区亚运食品药品安全保障工作情况，要求区政府及有关部门强化日常监管，切实保障涉亚食品药品安全；观摩区卫生部门迎亚运医疗保障应急演练，督促区政府及有关部门加强沟通协调，制订应急预案，为亚运会和亚残运会提供医疗保障。

·涉亚农产品质量安全监督· 组织有关工委和部分市、区人大代表实地视察天河生猪交易批发市场、渔沙坦蔬菜生产基地、长湴农贸市场和乳制品生产企业强兴畜牧公司，了解区涉亚农产品质量安全，特别是针对广大市民关注的瘦肉精、蔬菜农药残留等问题，检查相关企业安全生产情况，要求区政府及有关部门对重点区域、重点单位和重点环节加强监管，保障涉亚农产品质量安全。

·亚运安保工作监督· 组织有关工委和人大代表到员村、猎德、冼村、黄村等街道和天河体育中心、奥体中心等场馆督导检查亚运安保工作，提出建立每日报告制度、整合辖内社会资源、反复摸查重点区域、加强流动人员管理、做好重点人员监控等意见和建议。协同市人大常委会内司委调研了解天河区亚运安保工作情况。

·亚运运行专项经费监督· 听取和审议区政府关于增加亚运运行工作经费的报告，决定同意增加专项经费9860万元，用于亚运期间社会面防控、交通安全组织、赛时场馆保障等，同时要求区政府及有关部门依法、科学制定资金使用方案，加强审计监督，保证专款专用，提高使用绩效。

【关注民生】·关注“农转居”人员医疗保障· 听取区政府关于天河区“农转居”人员参加医疗保险情况的报告，组织市人大代表草拟议案、建议，促使市、区有关部门合理配置医疗资源，保障居民就近诊疗，理顺社保征缴管理机制，力争在“十二五”期间实现基本医疗保障均等化和“农转居”人员参加医疗保险“全覆盖”的目标。

·关注区属医院发展· 组织调研组对区属医院发展情况开展专题调研，实地视察区红十字会医院、妇幼保健院和中医院等医疗机构，全面了解区属医院发展状况，督促区政府高度重视区属医院和社区卫生服务中心的发展，在政策和财政上加大支持力度，实现公共医疗卫生服务均等化，促进区卫生事业可持续发展。

·关注中小学校舍安全和素质教育· 组织区政府相关部门、街道和学校负责人召开校舍安全工程工作协调会，实地视察存在严重安全隐患的部分中小学校，听取区政府有关情况汇报，督促区政府及有关部门加强校舍安全排查，加快实施校舍安全工程。听取和审议区政府关于推进素质教育切实保护中小学学生健康成长的专项工作报告，提出加大教育投入、发展特色教育、重视学生心理健康教育、引导学生主动参与社会实践等意见和建议。

【人事任免】 2010年，区人大常委会依法任免国家机关工作人员61人次，任免人民陪审员34名。组织拟任人员任前法律学习考试和在常委会会议上与常委会组成人员见面，颁发任命书。

【代表工作】 2010年，组织开展市、区两级人大代表培训服务工作，组织区人大代表学习新《选举法》等法律法规；安排11名市人大代表参加北京大学和清华大学专题学习班。加强代表联络，进一步规范区人大代表街道工作室制度，指导代表联组开展活动，制订实施年度慰问代表方案。开展“迎亚运活动日”视察活动；组织市人大代表天河区联组开展例会前集中视察活动；实地视察车陂涌、珠江新城新中轴线、亚运场馆和广氮社区等，围绕人民群众关注的热点难点问题展开讨论，对区政府提出的关于创新珠江新城管理机制、加快推进天河智慧城建设等需要市政府协调解决的问题，在市十三届人大六次会议上提出议案、建议，以推动解决。

【代表议案、建议督办工作】 2010年，区七届人大五次会议期间，共收到代表议案原案15件、建议47件，其中杨锦兴等33名代表提出的《关于加快推进天河区村（镇）改制公司“三旧”改造工作的议案》，经大会确定为此次会议议案。常委会组织召开议案建议办理工作协调会，听取和审议区政府关于议案办理工作方案的报告，组织代表参与监督，提高代表议案、建议落实率和满意度。是年，天河区联组的市人大代表向市政府提出23件建议。

【信访工作】 2010年，区人大常委会受理群众来信130多件，接待群众来访400多人次，办结率89%，依法帮助解决群众合理诉求。常委会领导参与大接访活动，牵头督办涉及民生的重点信访件，及时处理各类上访反映的突出问题，依法帮助解决群众合理诉求。 （黄钦生）

天河区人民政府

·政府工作

【概况】 2010年，天河区完成地区生产总值1832.60亿元，增长13.0%，总量保持全市第一；税收收入和一般预算收入分别达296.16亿元和38.14亿元，均增长21.1%，领先优势进一步扩大。

高端服务业快速发展。全年投入2343万元奖励总部经济和高端服务业企业，为相关企业争取各类扶持资金9085万元。珠江新城总计450万平方米的高端写字楼相继投入使用，入驻中外金融机构45家；天河软件园高唐新建区东部孵化器一期工程等重点工程相继完工；现代商贸业、专业服务业、文化创意产业和科技服务业等高端服务业营收总额均达到20%以上的增速，现代服务业增加值达1160.69亿元，第三产业对GDP增长贡献率达87.5%。至年底，建成市级以上工程技术中心40家，占全市的23%。建成广州天河科技资源共享综合服务中心一站式服务平台，形成244家各类科技服务机构群体，技术市场交易额达到18.9亿元。推进广东省知识产权试点区建设，全区新增省、市自主创新产品分别达22项、18项，年专利申请量达5045件。开展清洁生产，完成市下达节能降耗目标任务，经济增长方式更趋低碳化，顺利通过国家可持续发展实验区终期评估验收。

亚运会成功举办。开展环境综合整治工作，完成43项人居环境综合整治工程，改造道路24.53公里、社区71个，整治楼宇2395栋，实施光亮工程547栋，拆除违法建设1460宗；完成5条河涌整治工程、32项城市排涝达标和雨污分流改造工程。实施《天河区财政投资建设项目预算控制管理办法》等系列文件，实行工程建设领域项目信息网上公开制度，成立监察审计小组，加强对亚运工程建设和物资与服务采购等重点领域监管。制定并落实亚运安保和外围保障工作方案、预案和流程，打造全方位立体防控体系，完成全部4场开闭幕式、746场亚运会赛事和413场亚残运会赛事的外围保障工作。亚运期间，发动志愿者近5万人，组织文明观众27万人次观看辖内赛事。

民生福祉得到提升。2010年，全区一般预算用于民生和公共事业的支出为32.65亿元，占全区一般预算支出的85.0%。实施医药卫生体制改革，完成47个社区卫生服务中心（站）的规划设置任务。率先建成广东省推进教育现代化先进区。开展各种就业援助活动，全区城镇登记失业人员就业率达71.5%。全区核拨社会保险金9.1亿元，全区参加居民医疗保险人数达35.4万人，比上年增长89.3%。开展群众文化活动，在“九艺节”中荣获两个全国奖项。进行无证照经营、食品生产源头专项整治，开展价格监测和地毯式巡查，维护市场秩序。调高低保救助标准，保障困难群众生活。猎德村成功实现整体改造，完成桥东安置区37栋高层建筑建设并交付村民回迁居住。冼村、林和村、新塘村的整体改造和旧城、旧厂改造有序推进。

2010年，办理人大代表议案、建议和政协提案共计130件。开展民主评议政风行风及“回头看”检查活动，进行行政审批制度改革。加强对事关群众利益的窗口单位、执纪执法部门的电子监察和明查暗访，全年在线监察行政审批业务及时办结率达99.71%。

【重要会议与重大活动】 2010年，区政府召开的重要会议、举办的重大活动主要有：参与亚运、亚残运会活动；冼村地块清拆；“5·7”和“5·14”暴雨抢险工作；花市、春节烟火晚会；帮扶平远工作。

【政府决策会议】 2010年，区政府召开区政府常务会议28次，议题113个；区长办公会议4次，议题12个；召开区政府工作会议53次，议题53个。

2010年区政府常务会议主要议题：

1.讨论政府机构改革工作；

2. 研究干部问题；

3.讨论关于区建设局代建的东圃中学体艺楼及47中学校园道路工程追加经费的问题；

4.讨论关于新塘派出所业务用房项目调整立项的问题；

5.讨论关于天河区与澳大利亚新南威尔士州坎特伯雷市正式缔结友好城区关系的问题；

6. 讨论关于解决天河区中小学临聘教师解除劳动关系的问题；

7.讨论关于贯彻落实省市扶贫工作任务的相关问题；

8.讨论《区政府工作报告》（征求意见稿）；

9.讨论《广州市天河区2009年国民经济和社会发展计划执行情况与2010年计划草案的报告》（征求意见稿）；

10.讨论《广州市天河区2009年预算执行情况和2010年预算草案的报告》（征求意见稿）；

11.研究2010年区人口和计划生育工作；

12.讨论2010年天河区新增财政性基本建设项目投资计划的问题；

13.讨论增加居委会专职人员工作津贴的问题；

14.讨论配备社区戒毒专职人员经费的问题；

15.讨论命名天河区第八批绿色社区的问题；

16.讨论关于2010年区政府承办的人大代表议案、建议和政协提案办理工作的有关问题；

17.讨论《天河区2009年推进依法行政工作总结和2010年工作意见》；

18.讨论关于天河区2010年面向全国高等院校应届毕业生公开招聘中小学教师的问题；

19.讨论关于申请车陂街车陂第十一股份合作经济社龙船陆坞重置补偿费的问题；

20.讨论关于区统计局第六次全国人口普查专项经费的问题；

21.讨论关于解决车陂涌第一期整治工程（中山大道至三乡水车陂段）土方运距调增费用的问题；

22.讨论关于协助测绘部队进行国防测绘工作的问题；

23.讨论关于2008年城镇居民医保工作补助经费和追加社会保险扩大面专项经费的意见；

24.讨论关于制定天河区节能专项资金管理办法的请示；

25.讨论关于提请审议《广州市天河区全面推进依法行政建设法治政府五年规划（2010～2014）》的请示；

26.讨论关于八十九中教学楼增加工程款的问题；

27.审议天园街道机构改革试点方案；

28.研究关于天河区亚运建筑外立面清洗及天面清理工作实施方案；

29.讨论关于接收华师附属南国实验学校的问题；

30.讨论关于追加环卫作业发包经费和环卫工人政策性调整经费的有关问题；

31.审议《天河区行政许可、非许可、备案事项清理结果表》、《广州市天河区依法行政工作报告制度》、《广州市天河区人民政府常务会议学法制度》；

32.讨论关于冼村小学搬迁的有关问题；

33.讨论关于协助解决新塘城中村改造启动资金缺口的问题；

34.讨论关于增建视频监控系统的有关问题；

35.讨论关于原市管部分重点市政设施延期委托养护的问题；

36.讨论关于调整天河区住房维修补贴和物业管理补贴政策，以及住房公积金的问题；

37.审议《广州市天河区2010年上半年国民经济和社会发展计划执行情况与下半年工作计划的报告》和《关于广州市天河区2010年上半年预算执行情况的报告》；

38.讨论关于新元中学等三所学校工程款的问题；

39.讨论关于四十四中学校园整体改造项目超预算工程款的问题；

40.讨论关于区教育城域网建设的有关问题；

41.讨论关于珠江新城视频监控增建点经费的问题；

42.讨论关于解决辅警换装经费的问题；

43.讨论关于解决“广东扶贫济困日”善款的问题；

44.讨论关于广州亚运美食文化节天河活动周专项经费的问题；

45.讨论关于对猎德街海心沙岛有证渔船弃船上岸补偿的有关问题；

46.讨论关于将天河软件园高唐新建区内管委会名下的土地和物业划拨给高新集团的问题；

47.讨论关于在亚运前和亚运期间关停影响空气环境质量的违法生产经营业户的问题；

48.讨论关于临江大道绿道公共直饮水工程建设的问题；

49.讨论关于调整区卫生防疫检验中心投资立项的问题；

50.讨论关于向特殊群体发放亚运补助金的问题；

51.讨论关于增加亚运运行工作经费的问题；

52.讨论关于评定广州供电局客服中心节能展示中心为天河区科普教育基地的问题；

53.审议《广州市天河区行政规范性文件审查、评估和清理暂行办法》（送审稿）；

54.审议《广州市天河区行政决策责任追究暂行办法》（送审稿）；

55.审核《2010年天河区促进总部经济和高端服务业发展专项奖励方案》；

56.讨论关于黄村旧村给水管迁改工程资金的问题；

57.讨论关于天河区2009年度高新技术和软件、动漫企业高级人才奖励方案的问题。

2010年区长办公会议主要议题：

1.研究关于修建天河区人防基本指挥所的有关问题；

2.部署亚运人居环境综合整治等区政府重点工作任务；

3.研究关于新塘併民组织问题；

4.研究关于对2009年度重点总部企业进行奖励的问题；

5.部署猎德涌珠江公园段的景观建设工作；

6.部署主干道广告招牌的整治工作；

7.讨论关于车陂路亚景酒家及其闲置用地整治问题；

8.讨论关于广州大道北环境综合整治问题。

2010年区政府工作会议主要议题：

1.研究珠江新城原部分市管市政设施养护问题和黄埔大道石牌东等6座人行隧道综合管理问题；

2.研究区文化艺术中心建设业主移交问题；

3.解决车陂涌第一期整治工程堤岸建设土方问题；

4.协调林和村城中村改造问题；

5.审议《广州市天河地区2010年春节旅客运输组织工作方案》；

6.讨论关于对天河区无证幼儿园的处理问题；

7.研究关于新塘村摩登王厂房拆迁补偿款问题；

8.部署2010年安全生产工作及第一季度防范重特大安全事故工作；

9.研究康富来项目续建工作；

10.研究天河区“三旧”改造近期工作；

11.研究关于中山大道BRT沿线（珠村段）环境整治工作；

12.讨论关于区慢性病防治中心地块和区妇幼保健院地块建设问题；

13.研究六运小区海关宿舍二楼违建拆除事宜；

14.部署全区第二季度交通防火工作、2010年安全生产工作及亚运城市行动安全生产保障工作；

15.同意石牌村村民委员会《关于石牌村改造面积的请示报告》；

16.研究天河软件园高唐新建区工业用地公开出让工作方案；

17.研究龙苑大厦和金穗大厦电力设施修复工作问题；

18.协调新塘、新合公司城中村改造工作；

19.解决市聋人学校相关问题；

20.研究水浸街治理工程的验收及移交问题、凤凰街辖区危房改造问题和长湴新村建设及确权问题；

21.研究制约天河中学初中部4号楼竣工验收有关问题；

22.解决地铁四号线车陂站附属设施建设存在的问题；

23.审议由冼村实业有限公司呈报区政府关于发放村整体改造前期资金的报告；

24.研究原市管部分重点市政设施延期委托养护、2010年整治防盗网、提高拆卸施工队伍单价标准等问题；

25.审查《天河区主要道路建筑首层招牌广告

设计指引》；

26.研究对越自卫反击战复退军人信访复查事项的有关问题；

27.协调石东程界东涌西侧旧厂房改造问题；

28.协调珠江新城D区小学工程施工有关问题；

29.研究区部分教师住房办证有关问题；

30.讨论关于新中轴线沿线地区综合整治工作问题；

31.研究区后亚运重点区域城市管理工作的有关问题。

（区政府办供稿）

·区政府办工作

【概况】·亚运工作· 2010年，天河区成立区亚运亚残运指挥部办公室、奥体外围保障团队和天体外围保障团队，区政府办主任唐锡汉担任亚指办常务副主任和开闭幕式外围保障团队综合协调组组长。围绕“创先争优迎亚运”为主题，召开动员大会和专题组织生活会。制定亚运工作方案、流程和应急预案等，处理各类公文，协调矛盾；编发《亚运简报》和每日亚运短信，扩大亚运宣传。完成亚运会约1.8万名、亚残运会开闭幕式约1.2万名工作人员和两会赛时运行期间12个外围保障团队的各项后勤保障任务。

·协助重大问题和活动的协调· 协助河涌整治，跟进征地拆迁、抢种青苗等工作。协助迎亚运环境综合整治，对11条主干道和亚运场馆周边整治工作进行督办。协调市有关部门和区相关职能部门帮助解决整治工作中遇到的困难，确保“9·30”前圆满完成环境综合整治工作任务。牵头制定后亚运重点区域城市管理工作方案，促使后亚运时期保持高标准的城市管理水平。协助“创文”工作，开展“创文”巡查、督导整治。协助处置各种突发事件，成功举办春运、花市、烟火晚会等大型节假日活动。

·办文和会务· 2010年，区政府办制订重大活动工作安排表，印发《关于进一步改进区政府常务会议会务组织工作的通知》、《印发关于规范以区政府及区府办公室名义发文工作指引的通知》、《关于重新确定以区府区政府办名义发文的有关议事协调机构、临时工作机构的通知》。全年组织全区经济表彰大会、城中村改造扩大会议、河涌整治大会等重点会议，参与协调乞巧节等重大活动，接待外省市兄弟单位参观考察工作30余次，召开区政府常务会议28次。以区政府名义发文38份，以区政府办名义发文88份，发出各类会议纪要73份，处理各类来文7358件，公文得到快速高质处理。

·信息工作· 2010年，区政府办共编辑刊发《天府简报》23期，采用信息288篇。向市政府办公厅报送信息150余篇，被《穗府信息》系列刊物采用115篇，其中，《广州天河益建小额贷款公司成立三月贷款逾1.3亿 实现资金回收率守约率双百分百》、《进一步规范劳务派遣制度问题的建议》、《广州市天河区推行劳动保障监察“两网化”劳动争议仲裁案件同比下降三成》、《广州市天河区实施教育“六大工程”努力实现教育均衡发展》、《天河区擦亮“全国文化先进区”品牌助推国际大都市中心区建设》等综合信息受到市政府领导的重视和好评，被评为“广州市2010年度市政府系统信息工作表扬单位”。

·督办工作· 区委七届九次全会后，对全会部署的重要事项进行全面梳理，发出督办通知，确保部署事项落实到实处。全年发出督办通知93份，涉及内容30余项。对全区50多项亚运工程进行跟踪督办，全面梳理区所承担亚运工程；对市政府督办事项、区领导领导件及区政府常务会议、区长办公会议作出的重点事项进行跟踪落实。对区环卫工人政策性调整经费问题的调研，解决环卫工人工资问题；协助职能部门对全区山塘水库的病险库坝排险加固情况进行督查，确保山塘水库汛期安全。跟踪督办违章建设、饮食污染扰民、临街摆卖、煤气泄漏等问题。

·扶贫双到· 2010年，区政府办成立扶贫小组，深入平远县长江村贫困户家庭，了解贫困户种养殖展开和实施进展情况，对存在的困难及时给予帮助解决，共计到户约312人次，与村委干部研究扶贫开发工作40多次。结合长江村实际情况，每户都制定符合帮扶对象实际、具可操作性的帮扶措施。对贫困户逐一落实帮扶责任人，并与长田镇、长江村、贫困户签署“四方”签字盖章的种养殖帮扶协议。 （区政府办供稿）

·法制工作

【概况】2010年，区法制办把推进《国务院全面推进依法行政实施纲要》实施、贯彻《国务院关于加强市县政府依法行政的决定》作为依法行政工作和推进法治政府建设的核心内容，在规范性文件审查、行政复议、执法监督、提供法律服务等方面顺利展开工作。

【制定规划】2010年，区法制办根据《纲要》和《决定》的要求，紧紧围绕区委、区政府的中心工作，以开展创建法治天河活动为契机，部署依法行政工作，研究制定《天河区全面推进依法行政建设法治政府五年规划（2010～2014年）》，对推进依法行政工作作具体部署，确立总体目标，年度工作要求和具体措施。

【行政规范性工作管理】2010年，区法制办监督规范性文件的制发和规范性文件的前置审查审核。组织对区政府规范性文件进行清理。是年，审核区政府规范性文件6份，并报市法制办和区人大常委会备案。

【人大、政协“两案”办理】2010年，区法制办对“两案”进行收集整理分类，提出确定主、会办单位意见，与各承办单位互相配合，对涉及部门多、办理难度大的建议提案，召开办理工作专题会议，组织协调。是年，收到区人大代表议案1件，建议62件，区政协提案68件，市人大建议8件，市政协提案9件，全部办理完毕。

【行政复议工作】2010年，区法制办收到行政复议申请29宗，全部办结。其中维持16件，终止审查4件，驳回申请4件，责令履行职责1件，作出变更决定1件，不予受理3件，无确认违法案件。针对近年行政复议案件大幅上升趋势，区法制办改进行政复议审查方式，综合运用书面审查、实地调查、听证、和解等手段办案，引入调解机制，化解矛盾。

【举办培训班】2010年3月30至31日，区法制办举办2010年行政执法人员培训班，全区各部门和街道共160多名行政执法人员参加培训学习。培训班邀请广州市政府法制办相关处室领导、天河区法院行政庭领导前来授课，培训内容包括《行政许可法》、《行政处罚法》、《国家赔偿法》、《行政诉讼法》等相关法律知识并当堂进行笔试考核。培训班的举办有助于天河区行政执法人员进一步了解行政执法的各项法律法规，提高行政执法人员的法律知识水平和法律应用能力，增强行政执法人员依法行政意识，促进依法行政工作。

行政执法人员在培训班上听课。
（区法制办供稿）

【行政复议、调解工作案例】刘某某（第三人），女，系广州泰崃商务服务有限公司（申请人）的员工，与申请人没有签订劳动合同，没有办理社会保险。2009年6月2日，第三人在申请人处上中班，当晚23时45分，第三人在下班途经佛山市三水区西南街道南丰大道上横涌路口路段时受到机动车事故伤害。2009年10月12日第三人向广州市天河区人力资源和社会保障局（被申请人）申请工伤认定。被申请人查明案件事实后，认为第三人与申请人存在事实劳动关系，其在下班途中发生机动车事故伤害符合《工伤保险条例》第十四条第（六）款之规定，于2009年11月20日作出认定第三人为工伤的《工伤认定决定书》。申请人认为第三人为擅自离岗继而发生车祸的，且发生车祸的现场并非第三人回家必经之路，对被申请人作出的工伤认定决定不服，向天河区人民政府申请行政复议。复议机关经审查认为：根据中华人民共和国劳动和社会保障部《关于确立劳动关系有关事项的通知》（劳社部发〔2005〕12号）的规定，第三人与申请人存在事实劳动关系，系申请人的员工。申请人称第三人擅自离岗，申请人并无提供任何证据予以证实，复议机关不予采纳。根据国务院《工伤保险条例》第十四条第（六）项规定，第三人在上下班途中的正常路径受到机动车事故伤害，应当认定为工伤。2010年3月5日，复议机关根据《中华人民共和国行政复议法》第二十八条第（一）项的规定，维持被申请人作出的工伤认定决定，并依法送达。

（区法制办供稿）

·应急工作

【概况】2010年，区应急办开展编制应急预案、突发事件处置、应急演练举办、突发事件信息收集报送等工作。各项工作稳步发展，得到市应急办和区分管领导的肯定。是年，天河区新增或修订预案115件，处理值班信息2200余条，协同处置突发事件160余宗，报送值班要情快报165期，应急管理工作简报3期，开展应急演练16场次，新添置应急物资一批，举办应急培训班8期1200人，派发应急知识宣传资料2万余份；亚运期间收发涉亚运传真文件约1200份，接打涉亚运电话约1300条，通过值班室协调的涉亚运事项约20宗，为2010年广州亚运会提供应急保障。

【“一网五库”建设】2010年，继续加强“一网五库”建设。调整完善应急工作网络，保障区应急工作网络畅通；完善应急预案，在原有应急预案88个的基础上，新编制《天河区2010年春运工作应急预案》、《天河区2010年迎春花市应急预案》、《广州市2010年春节焰火晚会天河区应急预案》、《广州2010亚运会亚残运会天河区应急预案》4个专项和重大活动应急预案，指导修订全区各单位的涉亚应急预案110件，包括《亚运会亚残运会天河区安保工作应急预案》、《亚运会亚残运会天河区交通工作应急预案》、《亚运会亚残运会天河区城市管理工作应急预案》、《亚运会亚残运会天河区人文环境工作应急预案》等；逐步建立应急避难场所，区内共有日常庇护场所和临时应急避难场所438个点，面积达3万余平方米；加强救援队伍建设，在天河消防中队基础上加挂广州市天河区综合应急救援大队牌子；加强物资库建设，下发通知要求区应急委成员单位报送辖内的应急物资储备情况，并根据各成员单位的报告情况整理成册并归档；依托市应急办和知名高校的资源，加强应急管理典型案例库专家库的建设。

【突发事件排查和处置】2010年，区应急办参与突发事件现场处置60余宗，主要有：1月13日应急管理工作调研；DDS处置工作1.20–2.12；清明工作；“3·12”交通局事件；茅岗吉山村纠纷；“5·7”、“5·14”、“9·3”暴雨防御工作；花花世界工地事件；冼村部分村民暴力阻扰清拆事件；老马家面馆暴力抗法事件；新塘街部分商户非正常上访事件；“10·5”华景新城火灾事件等。

是年，报送《天河值班要情》共165期，报送的主要信息有：1月13日应急管理工作调研；2010年春运工作情况、2010年迎春花市工作情况、2010年焰火晚会工作情况、2010年广州亚运会工作情况；DDS处置工作1.20–2.12；清明工作；“3·12”交通局事件；茅岗吉山村纠纷；“5·7”、“5·14”、“9·3”暴雨防御工作；花花世界工地事件；冼村部分村民暴力阻扰清拆事件；老马家面馆暴力抗法事件；新塘街部分商户非正常上访事件；“10·5”华景新城火灾事件等。为有关领导掌握突发事件情况和采取处置措施提供重要参考。

【应急演练和宣传】2010年，开展应急演练16场次，举办应急培训班8期1200人，派发应急知识宣传资料2万余份。10月，协助和参加区安监局开展危化品应急救援演练；组织指导区属各单位开展各类应急演练；11月，组织猎德街社会义务力量1700余人参加由区委、区政府统一部署指挥的11月3日、6日、8日、9日、10日的亚运会开幕式安保工作演练；结合省、市相关的应急主题活动及各项大型活动；9月，举办由省应急办主办的“百人百场

2010年10月，天河区举行迎亚运危险化学品事故应急救援演练。

（区应急办供稿）

2010年9月，广东省百人百场应急知识宣讲活动现场。
（区应急办供稿）

应急知识宣讲活动”。（区应急办供稿）

·地方志工作

【概况】2010年，区地方志办贯彻《地方志工作条例》，按照天河区新一轮地方志编修工作要求和《地方志工作条例》内容，落实各项工作内容，创新工作发展思路，推进新一轮修志、年鉴编辑、村志指导和地情资料搜集整理及服务工作。11月，经全国方志系统表彰先进评审委员会评选，区地方志办被授予“全国方志系统先进集体”荣誉称号；是月，《天河年鉴（2009）》获得全国地方志系统第二届年鉴评奖一等奖。

2010年11月，区地方志办获“全国方志系统先进集体”荣誉称号。（摄影：陆一锋）

【启动年报制度】2010年，按照省、市地方志办的要求，区地方志办拟订《广州市天河区地方志资料年报制度》，对地方志年报的指导思想、组织实施和基本要求逐一做出规定。7月，该年报制度经区政府批准印发执行。为更好地落实资料年报制度，区地方志办制定具体的实施方案，对年报资料的选材和编写提出具体要求。同时，明确天河区地方志资料年报承报单位、各承报单位建立地方志资料年报机构、明确具体的工作人员，为做好年报工作提供保证。

【天河年鉴编纂出版】2010年，区地方志办按计划、有步骤地进行《天河年鉴（2010）》的编纂出版工作。2月，印发《关于年鉴编写提纲的通知》，至3月收齐97个单位的稿件。8月，完成《天河年鉴（2010）》初稿，并送区领导审阅。11月，《天河年鉴（2010）》印刷出版。

2010年11月，《天河年鉴（2010）》和《沐陂村志》先后出版。（摄影：陆一锋）

【村志指导工作】2010年，天河区村志系列丛书第18部《沐陂村志》顺利出版。《林和村志》和《柯木塱村志》在区地方志办指导下按计划编写。天河区的村志编写工作，得到广州市地方志办公室

2010年7月16日，市地方志办到天河区指导村志编写工作。（摄影：陆一锋）

的重视和支持。市地方志办主办的《羊城今古》专门刊登区地方志办组织编写的经验村志和柯木塱村志编纂小组的编写心得。

【年鉴发行和地情咨询服务】 2010年，将年鉴发行和地情咨询服务工作纳入日常工作，共交换、赠送《天河年鉴》1000本、《天河区志》60本；开展咨询服务20余人次；为区内各单位及省、市相关部门提供资料服务。是年，协助区委开展评选“羊城八景”，编写历史上的有关羊城八景的资料，并为区八景推荐候选景点。广州电视台的《南国纪事》栏目，采用区地方志办编写的《天河掌故》内文及插图。

【完成供稿任务】 2010年，完成省年鉴和《广州通》供稿任务。年初，按照省、市志办的要求，将2010卷《广东年鉴》“天河区概况”材料的供稿任务落实到人，通过编辑人员精心收集、筛选、整理、撰写，于5月初完成撰稿任务。“天河区概况”对宣传天河、展现天河风采起到积极作用。为《广州通亚运专辑》提供资料及照片。

【扶贫开发】 按照区政府办的工作要求，承担平远县长田镇长江村甲背组10户贫困户的对口帮扶工作。2010年4月和7月深入长江村甲背组，到贫困户家中调查和探访，仔细询问、了解其困难状况和急需解决的问题，并就如何早日脱贫致富提出看法和建议。扶贫开发“双到”工作正按规划稳步推进。

2010年4月7日，区地方志办（扶贫“双到”工作小组）到贫困家庭了解情况。 （摄影：何志勇）

（陆一锋）

·机关事务管理

【机关食堂管理】 2010年上半年，区机关事务管理局邀请区卫监所和疾控中心到区机关食堂检查指导，为食品质量安全提供保证。推进食堂的工作改革：实行中厨主厨负责制；开设小卖部，新增蔬菜和熟食外卖服务；应对人员紧缺，引进2名钟点工；更换一次性的碗筷和纸杯，根据就餐人数调整供应窗口，对食堂实行动态管理；加强食堂设备的保养和维护。

【机关大院管理】 2010年，区机关事务管理局委托广州市政府采购中心对保安、保洁公司进行公开招标，最终与中标的保洁公司和保安服务公司签订合作协议，各项交接工作顺利进行。是年，实行人员、车辆凭证出入制度，对机关大院内长期停放不用的车辆进行清查，重新登记核发通行证，对车辆实行分证管理。对大院保安、保洁、绿化等工作进行巡视，协同承包方做好消防、卫生保洁、绿化养护工作。全年，机关大院未发生安全事故。

【会议服务】 2010年是亚运年，亚运会的开闭幕式都在天河区举行，筹备工作会议以及涉访维稳工作较上年增加一倍；同时为做好第六次全国人口普查工作，有关部门举办多次人口普查统计培训工作会议，全年共完成大小会务800多场。在市领导大接访活动中，配合区委办、区政府办做好后勤保障和场地布置工作。

【车辆管理】 2010年，区机关事务管理局对全区违规配备和使用小汽车情况进行清查，全区无违规配备和使用小汽车的情况。做好车辆维护及保养，坚持按计划用车。亚运期间工作用车需求增大，按照保障重点、先来先用、特事特办原则统筹安排，合理使用，完成亚运期间车辆保障工作。

【基础设施维修和养护】 2010年，区机关事务管理局完成对区机关大院网架和钢结构维护与保养，大院公共部分墙面翻新，洗手间翻新，气体消防改造工程以及区信访维稳中心改建，机关大院3、4号楼东南面隔声窗更换，2号楼11楼隔热处理工程，大会场部分天花维修，4号楼5楼幕墙水沟及6号楼排水沟防渗漏工程，中央空调冷液管、冷却管渗漏防堵工程；更换南会场和人大会场音响设备；

对消防值班室、高低压房进行制冷改造，对高压房供电线路进行整改；对中央空调旧主机进行装修，并对冷水塔进行翻新；对地下室21台抽水机进行维修。此外，全年零星工程维修达464次，防白蚁96次，对机关大院路面裂缝处理3645米，处理应急工程43次。

【通讯保障】2010年，区机关事务管理局完成南北会场机要视频专用线路的转换调配，完成大院内中国移动3G网络施工任务。全年接转电话26万次，维修电话715台次，线路故障维护1350次，电话消毒1600台次，对外电信业务270次。是年，完成新成立的亚运指挥部办公室、人口普查办公室等新装电话任务，完成亚运会、亚残运会和人口普查工作的通讯保障任务。（肖虹珍）

政协广州市天河区委员会

【政协天河区六届五次会议】2010年3月1～3日，中国人民政治协商会议广州市天河区第六届委员会第五次会议在区机关南会场召开。会议应出席委员235人，实到186人。区政协主席杨南聪向大会作常委会工作报告。会议审议通过政协第六届天河区委员会常务委员会工作报告和关于六届四次会议以来提案工作情况报告，会议期间共征集提案61件，并对优秀提案进行表彰。

【天河区政协六届十九次常务委员会会议】2010年7月29日，区政协主席杨南聪主持召开区政协六届十九次常务委员会会议。会议审议区政协人事问题、增补区政协六届委员会特约委员有关事宜以及通报“一府两院”上半年工作情况，邀请区政府通报迎亚运环境整治工作进展情况。

【政治协商参政议政】2010年，区政协召开主席会议4次，常委会会议4次， 中心组会议3次。区政协六届五次全会期间，委员围绕全区的大政方针和政治、经济、文化、社会生活中的重大问题进行协商议政。委员共提交大会发言12件、提案61件。是年，邀请市政协主席林元和对天河软件园开展专题视察，对天河区建设“天河智慧城”的目标建言献策。就“关于规范幼儿园管理的若干建议”、“尽快把我区成片开发住宅小区配套幼儿园的产权移交问题解决好”、“关于设立天河区民办基础教育专项发展基金的建议”3个专题提案集中听取办理情况汇报，了解学校管理中存在的困难和问题，提出意见和建议。对区开展外来农民工培训工作进行视察，并就如何进一步开展好区外来农民工培训工作提出建设性的意见。

是年，开展《关于加强传染病防控工作，确保亚运会卫生安全的建议》重点提案视察活动，现场观摩区疾控中心疾病防控应急演示，视察广东奥林匹克游泳跳水馆等亚运重点场馆。组织开展亚运安保工作视察活动，听取区有关亚运安保工作的情况通报，并实地考察花城广场、海心沙等亚运重要场所安保工作。组织委员对“关于对清理乱贴乱涂非法行为的建议”开展提案办理“回头看”视察工作。组织委员听取区政府对口部门通报“迎亚运、创文明”工作情况，开展专题视察，为亚运议政建言。

【民主监督】2010年，区政协完成《实施高端发

区政协主席杨南聪向大会作常委会工作报告。（摄影：陆一锋）

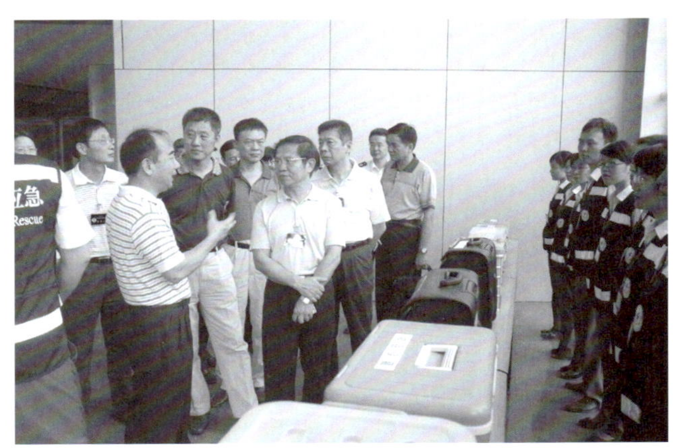
2010年9月，区政协主席杨南聪带队视察辖区卫生疾病防控设施。（区政协办供稿）

2010年7月，区政协主席杨南聪带队视察三涌补水工程建设情况。（区政协办供稿）

展战略，促进产业转型升级》调研报告，并在市政协组织的“建言‘十二五’发展大计，建设国家中心城市”座谈会上进行专题发言。组织委员参加《广州市天河区国民经济和社会发展第十二个五年规划纲要（2011～2015）》征求意见会，结合区情发表意见。组织委员参加区国税局、地税局的政风行风民主评议。围绕“建立基层工作者合理的工资增长机制”和“加强天河区现代服务业领域节能降耗工作”开展专题调研，调查了解区基层工作者工资增长情况和区现代服务业领域节能降耗现状，考察学习外地先进经验和好的做法，探索建立基层工作者合理的工资增长机制；探讨城区推进低碳、节能降耗，实施服务业生态化战略的新举措和新思路。召开常委会议听取“一府两院”上半年工作情况通报，听取区政府通报“迎亚运”环境整治工作进展情况并实地视察六运小区整治示范点、棠下涌黄埔大道节点、三涌补水工程等，并就如何进一步完善“迎亚运”环境整治工作提出意见和建议。

【提案工作】2010年，区政协共收到提案101件，立案72件。全部提案均答复完毕，委员基本满意、满意率达95%。

【参与亚运宣传活动】2010年，区政协向全区政协参加单位、政协委员和政协工作者发出“积极参加亚运志愿服务活动”倡议书，组织委员参加广州市亚组委举办的“澳穗携手迎亚运，倒数百日汇濠江”系列活动启动仪式。与区文广新局联合主办2010年天河区“迎亚运·和谐天河”书画艺术展，和市美协中国画艺委会、棠下街道办事处联合举办“清风香墨拂棠下，文明和谐迎亚运”廉政文化书法、美术、摄影作品展，组织政协委员和辖区艺术骨干精心创作，体现“文化天河”和“运动天河”的深层内涵。

【联谊交流】2010年，区政协召开区属各民主党派、工商联和人民团体负责人座谈会，通报政协年度工作总结和工作设想，征询意见和建议。区政协坚持走访区属各民主党派和政协参加单位工作制度，座谈交流。举办贺中秋、庆国庆、迎亚运茶话会、民主党派负责人座谈会、高尔夫球赛、网球邀请赛等活动，为委员交流搭建平台。

2010年12月，区政协召开区属各民主党派、工商联和人民团体负责人座谈会。（区政协办供稿）

六届五次会议以来优秀提案

提案种类	名称	等级	获奖单位（委员）
集体提案	加强未成年人网络安全及网络文明建设的建议	一	民盟天河总支
	关于进一步提高社区卫生服务水平的建议		九三学社天河支社
	加快东圃大马路建设 促进东站新商圈形成	二	致公党天河总支
	加强出生缺陷干预，提高人口素质		农工党天河总支
	关于对清理乱贴乱涂非法行为的建议	三	民进天河总支
	进一步加强对我区基础教育民办学校的扶持与管理真正体现义务教育的平等		民革天河总支
个人或联名提案	对区政府扶持辖区内企业持续发展的几点建议	一	余学强等
	建议分步实施粤军第一师烈士公园的建设		江丁献等
	籍全市“河涌综合整治”东风，加大筲箕窝水库污染的整治力度	二	张慧玲等
	建议将乡土文化引进校园		冯其龙等
	关于建立公益法律服务专项基金的提案	三	陈少龙等
	关于在天润路天秀中学校门口马路中心设置隔离护栏的建议		邱文萍

（陈丽红）

中共广州市天河区纪律检查委员会

【监督检查】 2010年，会同有关部门加强对落实扩需促增政策和区新增投资项目、资金运作情况的监督检查。以工程建设领域为重点开展执法监察、廉政监察、效能监察，促进人居环境综合整治、污水治理和河涌综合整治等重点工程按期完成；重点检查2008年以来政府投资和使用国有资金规模500万元以上的项目28项；加强对亚运物资、服务采购、赛后物资处置、赛事外围保障工作及发放亚运公交补贴的效能监察。参与推进亚运大气环境污染综合整治、食品药品监管、维护劳动权益、安全生产及扫黄打非等专项工作，加大土地执法监察力度，完成市下达的管控任务，稳妥处置花花世界安全生产事故；加强对猎德村、冼村整体改造资金的监管，开展冼村信访问题调查，为推动“城中村”改造提供服务保障。

【学习贯彻《廉政准则》】 2010年，开展“加强制度教育、构筑拒腐防线”的纪律教育学习月活动，围绕学习落实《廉政准则》，召开领导干部学习报告会、开展网上知识测试、观看警示教育片，以及举办以爱国、廉政为题的书法、绘画展；组织重点岗位、关键人员、执纪执法干部学习《廉政准则》、《广州市行政执法责任追究办法》以及领导干部行政问责等规定；开展“迎亚运、树正气、保平安、促和谐”廉政文化进工地活动，会同广州电视台拍摄播放廉政前哨栏目采访片、《廉洁亚运在天河》专题片。各级召开“贯彻落实《党员领导干部廉洁从政若干准则》，切实加强领导干部作风建设”专题民主生活会，对照检查执行“8个禁止52个不准”的情况；全年登记领导干部主动上交收到的礼品礼金35人次，合计人民币现金94329元、购物卡130400元、港币7000元；是年因公出国（境）团组数和人数分别比上年同期（下同）减少11.11%、22.03%，公务车辆购置及运行费用减少2.16%，会议费用支出和公务接待支出分别减少5.98%、7.12%，严控一般性费用支出和楼堂馆所建设，均符合规定要求。进行市管干部到纪委填报个人党廉信息的试点工作，完成作为中央、省联系点贯彻实施《关于领导干部报告个人有关事项的规定》和《关于对配偶子女均已移居国（境）外的国

2010年8月，区纪委组织召开天河区学习《廉政准则》专题报告会。（区纪委供稿）

家工作人员加强管理的暂行规定》“两项法规”的先行先试任务。

【政风行风建设】2010年，对区经济贸易局、区科技和信息化局、区国家税务局和区地方税务局所属基层站所开展民主评议政风行风活动，对区国土房管局的行风情况进行“回头看”检查活动，被评单位的总满意率都在95%以上，达“优秀”等次。会同区财政、审计等部门，推进社会团体“小金库”治理工作，督促建立健全监督机制；强化对社会保障、抗灾救灾及社会捐助、政府采购、扶贫等专项资金的监管；会同区物价、财政、审计等部门开展对2009年度行政事业性收费综合年审，检查收费项目64个、收费许可证164个，取消收费项目7个；督促教育、卫生部门抓好教育收费管理、医疗系统“阳光用药”监督；开展“沟通无界限，行风大家谈”政风行风热线“区长上线”节目的组织协调工作。完成第八届特邀监察员的换届工作。全年监察行政审批业务办结2098笔，及时办结率为99.67%；开展明查暗访，公开曝光问题或典型案件

2010年8月，广州市天河区贯彻实施两项法规制度试行工作暨政风行风上线准备工作动员会议召开。（区纪委供稿）

5个。

【惩防体系建设】2010年，制定实施《天河区关于加强廉政风险预警防范机制建设的工作意见》，组织区属单位开展廉政风险排查和制定防范措施。区项目办着力在征地拆迁、招投标、合同签订审查、资金管理、公章使用等方面系统查找风险点，签订岗位廉政责任状，建立健全廉洁从业规定；区城管执法分局组织机关和中队实行全员查找，共查找岗位廉政风险点214个，制定防范措施237条；辖村改制公司的街道党工委、纪工委认真排查基层工作的风险点，加强对村改制公司及经济社的监管。结合开展廉政风险排查，干部人事、财政管理、行政审批等制度建设继续推进，区委组织部在坚持公推、公选、竞争上岗的基础上，探索实行与自我推荐相结合的办法选拔干部；区财政局将8个区属二级单位列为推行公务卡结算第一批试点单位，开展公务卡改革；区政府办、区法制办组织开展行政审批事项清理，减少行政审批事项194项、备案事项32项，精简率分别达到49%、24%。

【查办违纪违法案件】2010年，全区纪检监察系统受理群众各类信访举报600件（次），立案查处违纪案件33件33人，其中处级2人，科级5人，一般干部7人，其他人员19人，移送司法处理1人；涉案金额702.24万元，挽回经济损失206.29万元。加大对商业贿赂犯罪打击力度，查处一批商业贿赂案件。加强办案工作组织领导，召开反腐败工作协调会议，加强工作部署，形成反腐败整体合力。注重体现办案综合效果，把握办案时机策略，结合开展工程建设专项治理，严肃查办违纪违法案件；发挥基层办案的政治影响力，配合有关街道做好拆迁拆违等重点工作；拓宽办案思路，对群众信访举报的问题，及时查信查疑，推动完善制度，发挥治本功能。开展案件审理和申诉复查工作，严把案件质量关。加强信访监督工作，开展信访调查，做好对领导干部的教育提醒工作。

【干部队伍建设】2010年，加强纪检监察机关自身建设，开展“做党的忠诚卫士、当群众的贴心人”主题实践活动和创先争优活动，以纪检监察工作实际成效推动“廉洁办亚运”等工作的深入开展。坚持实行班子领导每周下基层制度和定期专题调研制度，密切联系基层，形成上下合力。完善信

2010年3月，区纪委举办以案代训培训班。
（区纪委供稿）

访窗口建设，提高信访工作的科技化水平。推动纪检监察派驻机构统一管理的实施，面向街道、区直部门、重点单位设立派驻纪检组8个，探索基层纪检监察管理体制的创新。落实省、市“双到”扶贫工作规划，区纪委挂点联系单位的扶贫帮困取得成效。关心纪检监察干部成长使用，做好向区委推荐提拔纪检监察干部的工作，举办业务学习培训，增强纪检监察干部队伍的凝聚力和战斗力。

（区纪委监察局供稿）

组织工作

【概况】 2010年，全区共有区属党委9个，党工委21个，挂靠党委1个，二级党委 5个，党组8个，党总支部74个，党支部1001个。全区有党员26664名，其中预备党员430名，女党员10353名。至年底，全区共有市管干部35名，其中区班子和区纪委班子成员33名；共有正、副处级干部557名，其中正处级领导干部110名，副处级领导干部368名，正处级非领导干部56名，副处级非领导干部114名。

【开展创先争优活动】 2010年，按照市委关于开展创先争优活动的要求和区委的部署，在全区1096个基层党组织和25342名党员中开展创先争优活动，天河区被确定为省委创先争优活动领导小组办公室联系点。落实汪洋书记“迎接亚运会，创造新生活”和“服务亚运当先锋”的要求，把全力“保障亚运、服务亚运”作为当前创先争优活动的最大实践，按照党组织争先进、党员干部作表率、人民群众得实惠的要求，充分调动各级党组织和广大党员想干事、会干事、干好事的积极性，把功夫下在

2010年8月，天河区创先争优活动领导小组第一次会议召开。
（摄影：刘开勤）

行动上，围绕承诺，履职尽责，参与“亚运先锋行动”和“服务亚运当先锋”系列主题实践活动，全区各基层党组织开展 “创先争优作表率、保障亚运当先锋”和“十个一”主题活动。各级党组织和党员干部围绕“保障服务亚运”的主题，结合各自的岗位职责，作出创先争优的承诺，并通过党建网站、党务公开栏、党员大会等途径向群众进行公开，主动接受群众的监督。

2010年8月，天河区城管局举办“创先争优作表率 保障亚运当先锋”主题党日活动。
（摄影：周海棠）

【参与亚运、亚残运会工作】 亚运、亚残运期间，区委组织部牵头承担人力资源与志愿者工作组工作。围绕文明观众组织、志愿者服务、团队组建、开闭幕式外围安保和督查考核等工作，区委组织部认真落实责任措施，强化统筹协调，创新服务理念，圆满完成各项工作任务，为亚运会、亚残运会开闭幕式和各项赛事成功举办作出贡献。

在文明观众组织工作中，全区共组织文明观众267387人次（其中，亚运会组织138548人次，保障区辖内15个场馆、16个项目、137场赛事；亚残

运会组织128839人次，分别保障田径、游泳、射箭等场馆赛事），选派48支助威团（1920人）。通过做好前期工作、加强组织领导、建立应急队伍、细化管理措施、创新组织方式、完善工作机制等措施，以及开展“大手牵小手”、“大手拉小手”、“小手拉小手”等一系列活动，圆满完成文明观众组织工作，所保障的各场赛事都达到规定的上座率，省、市领导给予高度评价，央视、南方日报、羊城晚报、广州日报等几大主流媒体对天河区文明观众组织工作进行深度报道，引起社会各界的广泛关注。其中，12月1日，市委办公厅《广州信息》，以《高效组织文明观赛 全民共享亚运精彩》为题，专刊介绍天河区的做法和经验；12月16日，南方日报以《天河拟组织2万学生和家长观赛，近距离感受残疾人自强不息精神》为题、羊城晚报以《天河：大手拉小手 爱洒亚残运》（整版）为题、广州日报以《天河2.4万家长学生一起看亚残运》为题，大篇幅刊登天河区“大手拉小手”组织文明观众的做法；12月18日，中央电视台新闻联播以天河区组织的天河体育中心羽毛球比赛观众组织为场景，报道亚残运会文明观众组织工作。

【领导干部培训】2010年，以区委党校为主阵地，举办1期副处级干部进修班，培训副处级干部35人。全年选送市管干部32人次参加全省转变经济发展方式专题研讨班，选送1名区领导干部参加市第9期公共管理高级研究班（3+1），选送2名处级干部参加市委党校主体班次，选送1名科级干部参加广州市中青年干部培训班。聘请国内知名专家学者为区内干部授课，共举办6期处级干部双休日大学堂讲座。

2010年天河区双休日处级干部大学堂课程

授课时间	授课主题	授课教师
1月16日	《中央经济工作会议精神解读和经济形势分析》	李兴山
3月20日	《产业集聚优势与经济发展》	于永达
4月24日	《流动人口与城市管理面临的挑战》	黄　平
5月22日	《转变经济发展方式，推进经济结构调整优化》	谢鲁江
6月26日	《毛泽东领导艺术》	李新春、吴发贵、赵黛青
7月31日	《如何面对媒体与公众：突发事件处置与媒体关系管理》	董关鹏

【各级领导班子和干部队伍建设】2010年，调整正、副处级干部89名，其中：提拔正处级领导干部1名，正处级非领导干部9名，提拔副处级领导干部2名，副处级非领导干部14名；平级调整正处级领导干部25名，副处级领导干部8名；处级领导职务改任非领导职务7名，政府机构改革工作中重新任命处级领导干部23名。完善天河区竞争性干部选拔任用机制，形成《关于进一步完善我区正、副处级领导干部选拔任用工作的意见》。配合省、市开展选拔优秀村居党组织书记担任街镇中层副职和从优秀社区工作者中招录公务员工作，选拔1人担任街道中层副职，1人招录为公务员。妥善安置军队团职转业干部，全年接收安置2009年军队团职转业干部15名，其中正团职4名，副团职11名。全年接收广西梧州市、广东平远县、西藏林芝地区等单位干部和市中青班学员共7人到天河区挂职。开展2009年广州市千人计划中天河区9名挂职干部的组织考察和收队工作。按照省委和市委组织部的要求，先后两次推荐到新疆喀什地区疏附县挂职的援疆干部。

协助市委组织部做好市纪委秘书长人选，区委常委、纪委书记人选、市委办公厅副秘书长人选和区委副书记人选的推荐考察工作。配合省委、市委组织部做好区委书记考核和考察工作。配合市委组织部做好区副职后备干部考察工作。

指导参与全区8个单位的科级领导职位竞争上岗，共有10人通过竞争上岗走上科级领导岗位。

【干部监督管理】学习贯彻干部任用“四项监督

制度”，按照领导干部熟知、组织人事干部精通、干部群众了解的要求，把“四项监督制度”列为区属单位理论学习中心组学习内容和2010年全区党员领导干部民主生活会的重要内容以及区处级班、青干班等党校主体培训班次的必学内容，有计划地组织培训，整理“四项监督制度”有关内容形成通知，下发各单位执行，组织学习宣传和自我测试。顺利通过市委组织部对天河区贯彻执行《干部任用条例》情况检查。根据中央纪委、中央组织部对贯彻实施两项法规在部分省（区）、市和中央直属机关先行先试的工作部署和《广东省贯彻实施两项法规联系点工作方案》的要求，天河区作为省贯彻实施两项法规试行工作的联系点单位之一，会同区纪委做好动员部署，对各单位工作人员进行培训，进行填报汇总工作，为贯彻落实“两项法规”积累经验。完成全区89个单位共568名区管干部的年度考核。

在做好全区处级干部的因私出国（境）证件统一集中管理的基础上，严格按规定呈办处级管干部因公、因私出国（境）申请，共呈批221人次区管干部的出国（境）手续，其中因公出国（境）团组12个，因公出国（境）的处级干部84人次；因私出国（境）的处级干部127人次。另外配合办理13名市管干部因私出国（境）手续，其中5名在职，8名退休。

【人才工作和人才队伍建设】 2010年，区委组织部统筹协调人才工作，成功把建设环体育西人才服务商圈列入广州市2010～2020中长期人才规划纲要。开展人才推荐申报，组织开展中央“千人计划”、“南粤功勋奖、创新奖”、“广州市创新创业领军人才百人计划”人选的推荐与申报工作。开展人才服务宣传工作，举办市管优秀专家、区专业技术拔尖人才和区辖内高层次人才春茗会，举办市管优秀专家和区专业技术拔尖人才中秋、国庆慰问活动，并安排体检疗养；组织天河报采写拔尖人才的先进事迹，宣传拔尖人才的优秀业绩；慰问生病的拔尖人才，联系医院和主治医生，为拔尖人才提供良好的医疗服务。

【基层党建】 2010年，指导全区1096个基层党组织和25342名党员围绕“迎接亚运会，创造新生活”、“服务亚运当先锋”，开展基层党组织争创先进、广大党员争当优秀的创先争优活动。10月14日，由中央创先争优活动领导小组办公室主办的《创先争优网》，以《广东广州天河区开展“争当亚运先锋”活动推进创先争优》为题，报道天河区开展创先争优活动的做法。

是年，经区委同意，成立中共天河区非公有制经济组织工作委员会和中共天河区委社会组织工作委员会，日常工作分别由区经贸局和区民政局承担，负责指导全区非公有制经济组织和社会组织党建工作。在非公有制经济组织和社会组织党组织、社区党组织中开展“党建工作示范点”创建活动，评选出车陂街广氮社区党总支等12个社区党建工作典型，并对申报非公有制经济组织和社会组织党建工作示范点的单位进行初步检查验收。

是年，联合区委党校举办社区党组织书记培训班和社区党组织书记论坛，对全区近200名社区党组织书记进行培训。新招聘录用8名社区党建工作指导员，进一步优化队伍结构。全年接收党组织关系转入党员1100多名，转出160多名，处理接待党员群众、基层党组织的来电来信来访200多人次。继续开展党内服务平台创建工作，对第二批验收合格的街道“党员服务中心”和“社区党员之家”，从区留用党费中划拨4.41万元给予支持。指导区属各街道党工委结合街道党内服务平台，设立21个街道党代表工作室，并建立相关台帐，探索实行党代表定期走访居住地住户、接待党员群众制度，进一步密切党代表与党员群众的联系。

是年，落实党员教育管理经费保障措施，从区留成党费中按照每名党员30元的标准，划拨党员教育管理经费；以每个党委、党总支部800元，党支部500元的标准划拨党组织活动经费；争取区财政支持，2010年起按照100元/年/人的标准，增拨基层党员活动专项经费（基层党员指街道党工委管理的党员和科技园党委管理的非公有制经济组织党员）176.3万元。

是年，在行业协会、工业园区、商业街区、商贸市场、专业市场、商务楼宇、居民楼宇、社区群众团队、高新技术企业等行业或区域，开展基层党组织设置模式创新工作。大力推进基层党的组织生活内容、方式创新，并从各领域中选取区司法局党支部、兴华街燕塘社区党总支、珠吉街流动党员党支部和华阳小学党支部等4个不同类型的基层党组织作为区级重点扶持对象，开展组织活动创新。

是年，开展建党八十九周年系列纪念活动。召开天河区纪念中国共产党成立八十九周年座谈会，并在座谈会上为12个被命名为“天河区社区党建工作示范点”的社区党组织授牌。春节前后、“七一”期间组织各级党组织和广大党员开展“党员社区服务日”主题实践活动。“七一”期间，在正佳广场东南门举行天河党员社区服务日暨天河党员志愿者队伍授旗仪式，共120多人参加授旗仪式。全区共组建党员志愿服务队315支，党员志愿者10000多人，组建涉及安全保卫、交通运行、社区服务等方面的社会志愿服务团队101支，招募社会志愿者68000多人，开展践行公共道德、传播文明礼仪、整治城市环境、维护公共秩序等志愿服务活动。

2010年6月，天河区举行党员社区服务日暨党员志愿者队伍授旗仪式。（摄影：刘开勤）

是年，建立党内关爱扶助金制度，开展困难党员、老党员的定期慰问、伤病住院及丧葬慰问、重病应急救助、助学扶助、灾害救济等帮扶救助活动。全年收到党员和各类群众捐款66万多元，加上区留成党费划拨的80万元启动金和公益福利基金申请的30万元，共筹集关爱扶助金176万元。全年街道社区党组织和非公党组织上门慰问生病住院党员和去世党员家属382人次，其中慰问伤病住院党员308人次，慰问去世党员家属74次，给住院党员和去世党员家属送去慰问金98600元；区党内关爱扶助金管理办公室受理困难党员应急救助申请8批，共帮扶28户困难党员家庭，其中重病应急救助困难党员家庭25户，帮扶困难党员家庭关爱扶助金47000元，助学帮扶困难党员家庭3户，给4名困难党员子女助学金合计4100元。春节、七一两大节日，上门慰问老党员、困难党员共1251人，使用党内关爱扶助金40多万元。全年党内关爱扶助金使用551200元。组织动员各级党组织和党员支持广西百色的抗旱救灾和青海玉树的抗震救灾工作，共接受捐款596716.90元。

是年，动员组织30个各类基层党组织与梅州市平远县农村党支部进行互帮互助结对活动，区卫生局机关党支部、原区劳动和社会保障局机关党支部、区科技局机关党支部、石牌街机关党支部、棠下街机关党支部等五个单位获得“2009年广州市城乡基层党组织互帮互助活动先进党支部”称号。

【党员教育管理】 2010年，举办3期入党积极分子培训班，培训683名入党积极分子，全年发展党员293名。加强对全区223个远程教育终端站点的维护，为188个站点配置视频、音频监测与互动设施，全区远教站点每月开机收看率保持在90%以上，设备完好率均在93%以上。投资27万元，将龙洞文化广场建成广州市区唯一的“党员干部远程教育大型户外站点”和省委组织部在各地市的远教示范站点之一。摄制电视专题片《凤凰山歌》获得全市首届“远教课件观摩评比”二等奖。运用现代远程教育站点、天河党建网站、电子邮件、手机短信、社区党员论坛等现代信息手段，改善党员教育管理手段，宣传党的路线、方针、政策，交流党建工作经验，推动党务公开。

【党史工作】 2010年，完成天河区委组织部2009年年鉴，完成天河区组织史资料（2006～2008年）收集整理工作。完成天河区革命遗址普查工作，天河区党史遗址共有8处，重要党史事件和重要机构旧址5处：黄埔军校燕塘分校旧址、长湴村抗日先锋队旧址、龙眼洞农民协会旧址、铁甲车队驻地旧址及珠村农民协会旧址；重要党史事件及人物活动纪念地2处：攻克第四军炮兵团遗址、龙眼洞民众夜校旧址；纪念实施1处：广州市银河烈士陵园。其中广州市银河烈士陵园为省、市爱国主义教育基地。其他革命遗址共4处，纪念设施2处：胡汉民墓、许端伯夫妇合墓；烈士墓2处：新一军印缅抗日阵亡将士公墓、十九路军淞沪抗日阵亡将士公墓。其中胡汉民墓及新一军印缅抗日阵亡将士公墓为市级文物保护单位，十九路军淞沪抗日阵亡将士公墓被列为省级文物保护单位及省、市爱国主义教育基地。

【干部档案管理】 2010年，区委组织部库存档案1800余卷。全年接待查阅档案121人次，累计查阅档案816卷，接收调进干部、军转干部、选招公务员、应届毕业生等干部档案124卷。因干部调出、辞职辞退、企业改制、单位撤并等原因共转出干部档案55卷。顺利完成《公务员登记表》的集中审核整理工作。

2010年天河区党群系统公务员和参公管理人员统计表

人员类型	合计	女	少数	中共党员	学位			学历			年龄						
					博士	硕士	学士	研究生	本科	专科	≤35	36～40	41～45	46～50	51～54	51～54	≥55
公务员	456	171	13	374	7	58	201	83	338	30	5	179	67	84	56	37	33
参照公务员	34	17	2	28	2	5	15	4	27	3		10	10	4	5	4	1
事业单位	18	8	1	17		4	1	4	11	3		3	2	4	3	4	2
合　计	508	196	16	419	9	67	217	91	376	36	5	192	79	92	64	45	36

2010年天河区党员统计表

党员总数			性别		民族		年　龄			文　化　程　度			
总计	正式党员	预备党员	男	女	汉族	少数民族	60岁以上	36～59岁	35岁以下	大学专科以上	中专	高中	初中以下
26664	26371	293	16311	10353	26344	320	7160	11144	8360	17016	2100	3311	4237

2010年天河区新发展党员统计表

党员总数	性别		民族		年　龄			文　化　程　度			
总计	男	女	汉族	少数民族	36岁以上	26～35岁	25岁以下	大学专科以上	中专	高中	初中以下
293	187	106	290	3	104	170	19	199	28	55	11

（杨驰英）

宣传工作

【概况】 2010年，天河区宣传思想工作以邓小平理论和“三个代表”重要思想为指导，贯彻落实科学发展观，贯彻全国、省、市宣传思想工作会议精神和区委七届八次、九次会议的决策和部署，坚持“高举旗帜、紧围大局、贴近区情、成品成系”的工作原则，围绕筹办亚运会、亚残运会和加快转变经济发展方式两大中心任务，注重紧贴全区大局，紧贴热点焦点，发挥宣传工作保障引导科学发展的作用，为完成全区经济社会发展任务，推动产业高端发展，为加快建设国际大都市中心区和科学发展实力主力区，提供有效思想保证、舆论支持和精神动力。

【理论学习与研究】 2010年，制定印发区两级党委中心组理论学习安排意见，为区两级中心组订购提供《2010年党委中心组理论学习文件资料汇编》、《党的十七届五中全会公报》、《政府的媒体公关与新闻发布》、《没有任何借口》等学习资料。组织理论宣讲团到党校、街道开展《活跃社区文化，构建和谐社区》、《以知识管理促进学习型党组织建设》和《迎接亚运会 创造新生活 》等专题讲座，收到良好的宣传效果。深入辖区内机关、企事业单位开展调研，完成《建设学习型党组织提高党员干部思想政治水平》调研报告，制订印发《关于推进学习型党组织建设的实施意见》。编辑《再学习》、《领导干部双休日大学堂精选DVD》等学习资料，供全区各单位党员干部学习，推动全区学习型党组织建设向纵深发展。

【处级干部双休日大学堂】 2010年，继续打造处级干部双休日大学堂，针对转变经济发展方式、亚运媒体应对等专题，邀请境内外著名专家学者分别开展《中央经济工作会议精神解读和经济形势分析》、《人口流动与城市管理面临的挑战》、《加快经济发展方式转变，推进经济结构调整优化》、《突发事件处置与媒体关系管理》等专题讲座，对全区两级中心组成员、处级干部、科级干部等进行综合知识培训，拓宽全区领导干部的理论视野。

【社会宣传】 2010年，区委宣传部深入研究天河区的形象定位，以精益求精的精神，前后历时半年，共有五家公司参与设计，潜心设计出天河形象图，整体设计融入代表广州及天河的红棉、体育、高校、数码、标志性建筑等多种元素，简洁、时尚而富有创意，体现天河不光有辉煌繁荣的现代商业，更拥有深厚的历史文化传承，展现活力天河、都市之芯的形象。并利用这些设计成果制作成广绣、艺术画框、手提袋等可观、可触、可用的系列高品位宣传品，用于各种内外宣传场合，树立天河的区位形象。

在创建文明城市社会宣传过程中，通过群众易于接受的一句“家在天河你我呵护”宣传语，打造“家在天河 你我呵护”的品牌系列宣传，制作发放环保袋、利是封、车身装饰等系列宣传品；开展摄影、口号征集、发送手机报、组织自行车宣传队等宣传教育主题活动，提高居民的认同感、归属感。

【新闻宣传】 把握时机，精心策划，加强舆论引导，为加快建设国际化大都市中心区营造良好的舆论氛围。据不完全统计，省、市各大媒体全年涉及天河的新闻共2007条，报刊头版头条报道16条、整版专版报道99版。

以专题新闻策划为抓手宣传天河区重点工作成效。深入挖掘新闻亮点，组织宣传天河区筹办亚运会亚残运会和转变经济发展方式的举措和成效。做好区两会、区委全会、CBD和IBD建设、人居环境整治、城中村改造、迎亚运、广州乞巧文化节、全国大学生原创动画大赛等专题新闻报道工作。亚运亚残运会期间共接待5批中外记者采访团到天河区采访文化创意产业、猎德村改造等。充分发挥区属媒体的作用，《广州天河新闻》全年出版46期；电视中心全年制作电视新闻300多条，策划录制《天河区国家可持续发展实验区》、《天河区教育现代化创新之路》、《天河区综治信访维稳中心建设纪实》、《天河区猎德“城中村”改造》、《魅力天河》等9个形象专题片。

妥善处理敏感新闻确保舆情客观平实。印发《天河区突发事件新闻应急处置意见》，进一步加强区属各单位应对突发事件新闻应急处置工作的制度化建设。印发《关于城中村改造新闻宣传和媒体应对的意见》，对城中村改造的新闻宣传和媒体应对提供规范化指引。专门设置“媒体服务包”，为媒体采访提供便利。加强天河区属互联网兼职核心评论员队伍建设，增强主动引导网上舆论的能力。妥善处理DDS快递广州分公司拖欠货款、从化的士司机因病死亡、金穗大厦排水抢险、花花世界工地坍塌致四死四伤事故、龙口西管道对接不上等敏感新闻33起，主动争取新闻首语权，引导新闻舆论方向，为和谐天河营造良好的舆论氛围。

提高各级领导和干部新闻应急管理能力。邀请清华大学教授董关鹏为全区约700名机关干部作“突发事件处置与媒体关系管理”专题辅导报告，邀请省委宣传部副部长莫高义为新闻发言人和新闻通讯员作迎亚运新闻培训，不断提高区属新闻发言人和新闻通讯员的媒体应对能力。

【精神文明创建】 开展文明城区、文明社区、文明窗口、文明单位创建活动。完成对全区各类市级精神文明建设先进单位荣誉进行复评工作，区检察院、兴华街、区慢性病防治中心、区华阳小学、区华景小学被评为2006～2009年度广州市精神文明建设“文明单位”，员村街被评为2006～2009年度广州市精神文明建设“文明单位标兵”；五山农科院社区等9个社区被评为“广州市文明社区”，沙和社区、绿洲社区被评为广州市第五批文明社区示范点。

【公民道德建设】组织全区开展道德模范学习宣传活动，举办广州市道德模范巡回演讲天河区专场报告会和广州第四届道德模范与天河区“身边好人”座谈交流活动，上门慰问辖区有困难的“道德模范”王莉静等。开展“我推荐、我评议身边好人”活动，共向市推荐“身边好人”52名。其中郭纪勇、苏志江、秦兆年和赵群芳4人入选“中国好人”榜，李森被评为“全国百名优秀志愿者”。组织开展各类“我们的节日”主题教育活动逾1200场，丰富社区居民、外来务工人员精神文化生活。开展“知书识礼、书香天河”全民阅读系列活动。开展“书香广氮”、“兴华书屋”等区级“特色书香社区”创建活动，向全区各中心学习组赠送《阅章》等书籍逾一万册。

进行净化网络、网吧、校园周边环境专项整治，推进62个“社区书屋”和37个“绿色网园”建设，开展文明办网、文明上网活动，优化学校周边文化市场环境。开展“天河区第二届中小学生诵读中华经典美文表演大赛”、“优秀童谣传唱活动”和“践行文明公约、争做文明小东道主”“评选文明小使者”等宣传教育实践活动。在辖内小学开展“七彩课外学堂”；对缓刑的青少年加强帮教，开展“将关爱传递到孩子的心里”主题活动。及时推广华阳小学全国联系点建设的经验，推动全区各中小学广泛开展各具特色的“做一个有道德的人”主题活动。在全区21个街道文化站（文化活动中心）或社区文化室设立青少年之家，完善天河区基层未成年人活动场所网络。完成市下达的2010年底前全区家长学校100%达标覆盖目标，共为全区街道社区221家家长学校挂牌。89中、骏景小学等9所家长学校被评为广州市百优家长学校。

【创建全国文明城市】2010年，制订《天河区公共文明指数测评迎检前期“敲门问户议文明”宣传行动工作方案》、《天河区贯彻〈广州市创建全国文明城市工作问责实施办法〉的实施细则》以及督查、巡查、迎检一系列工作方案和操作规范等配套文件80多份。编印《迈向精细化》创文文集，修订《天河区创建全国文明城市工作责任单位职责分工网格图》，对照创建工作达标责任，开展创建工作专项督查。坚持每月召开区创建协调小组会议，开展公共文明指数测评迎检工作。1～8月，区公共文明指数测评的平均成绩达到91.58分。天河区在3月和6月市公共文明指数测评中分别获得全市第2名和第3名好成绩。选取宏城广场、天河南一路商业大街、天河公园3个公共场所作为“天河区公共文明示范区”，推动开展创建活动，提升区城区公共文明建设水平。圆满完成2010年国家部分城市公共文明指数测评和全国未成年人思想道德建设测评各项迎“国检”任务。

开展天河迎春花市宣传，通过广播、展架等多种方式，展现天河区两个文明建设成果。是年，打造自行车创文宣传队，《街坊通讯》、《创文简报》等特色创文宣传品牌。成立广州日报天河发行部创文流动宣传队，充实自行车创文宣传队伍。共编印8期《街坊通讯》、92期《创文简报》，联合中移动编写《创文手机报》，向群众发送创文彩信24万多条。制作、张贴创文宣传广告15000多平方米。持续开展创文主题月实践活动和“家在天河、你我呵护”10项系列宣传教育活动，共组织各类主题活动1300多场次，参与市民达30多万人次。开展“敲门问户议文明”宣传活动。全年全区63个部门和21个街道及195个社区共开展入户调查宣传达19万人次，向居民派发小扇子、环保袋、围裙等创文宣传小礼品40多万份；编印《致广大居民群众的一封信》、《问卷解读》等宣传资料共计60多万份。

是年，举办全区国防教育专题讲座，邀请中央军委法制局原副局长朱建业作题为《关于国家安全的几个问题》的专题讲座。区委宣传部和区武装部领导、区国防教育领导小组成员单位代表、辖内高校和各街道武装部长及社区干部200多人参加讲座。组织参加第五届“国防教育杯”射击大赛，获得广州市第五届“国防教育杯”射击大赛步枪团体总分第一名和手枪团体总分第八名，并有9名队员获得神枪手称号，为国防教育活动的开展注入新的内容和活力。

是年，深入挖掘天河区爱国主义教育资源，组织开展区级爱国主义教育基地的申报、评选工作。制定并下发《关于成立天河区爱国主义教育基地专项工作小组的通知》和《关于申报天河区爱国主义教育基地的通知》，通过严格的实地考察和评审工作，新评选出区档案馆、刘氏家庙、猎德文化

2010年天河迎春花市楼牌。（区委宣传部供稿）

2010年，举办天河区国防教育专题讲座。（区委宣传部供稿）

博物馆3个单位为区级爱国主义教育基地，推动天河区爱国主义教育事业发展。

【“迎亚运”工作】2010年，区委宣传部持续开展“争做好市民，当好东道主—亚运广州行”市民素质提升教育系列活动。组织开展“践行文明公约争当文明东道主”系列活动和迎亚运100天城市文明行动。承办广州市“争做好市民，当好东道主”—“亚运广州行”微笑日群众文化活动、广州市优秀童谣传唱活动启动仪式等；举办“公共文明大家谈”凤凰社区论坛等天河区“迎亚运、看变化、议文明”社区论坛近1000场；举行“清洁赛场、喜迎亚运”千人清洁大行动、“文明亚运东道主”礼仪知识竞赛、“亚运英语进社区”、“文明火炬传递”社区公益活动、“魅力亚运”校园行、“社区文明百日行动”、“全民志愿誓师行动”等市民文明素质教育活动逾1000场，制作和派发《一起来更精彩》、《文明观赛指南》、学双语折页和海报等各类亚运宣传品逾80万份。

开展亚运志愿服务活动，倡导“我志愿，我快乐”，推动志愿服务大众化、经常化、规范化。开展“我文明、我很棒——大拇指行动”，开展“普及观赛礼仪”、“优化窗口服务”、“清洁城乡环境”、“遵守交通秩序”、“倡导文明礼让”、“维护社会治安”六大系列城市志愿服务行动，引导市民支持和参与亚运会。

圆满完成第16届亚运会火炬传递（天河区）活动，严格选拔火炬手，组织系列暖场活动，精心部署安全保卫、新闻宣传等工作。顺利完成广州2010亚洲残疾人运动会广州火炬传递活动群众组织和保障工作，共发动4.2万名观众、500名志愿者和500名残疾人观众到场支持。完成“璀璨天河迎亚运会亚残运会”增亮工作，通过发送短信、派发倡议书、走家串户逐一动员等方式，确保光亮工程523栋楼宇、住宅保持亮灯状态。

第16届亚洲运动会火炬传递（天河区）活动现场。（区委宣传部供稿）

广州2010年亚洲残疾人运动会广州火炬传递活动天河区现场。（区委宣传部供稿）

【文化优区战略实施】·乞巧文化节· 2010年8月，举办第六届“广州乞巧文化节”，内容包括乞巧女儿形象大赛、开幕式、七夕巡游、闭幕式等。省委常委、市委书记张广宁，市委常委、宣传部长王晓玲，副市长贡儿珍等领导专程到珠村与村民共度七夕节。文化节期间，新华网、中新社、省市主流媒体及香港文汇报、澳门日报等关于广州乞巧文化节的报道近100篇，《信息时报》在《广州特色街》栏目中以两整版篇幅作了深入报道。广东省文化厅的“广东文化网”推出“2010广州乞巧文化节”专栏，全方位地报道乞巧文化节的盛况。

张广宁、王晓玲、贡儿珍、刘悦伦、徐汉添等市区领导与巧姐合影留念。（区委宣传部供稿）

·大学生原创动画大赛· 2010年6月，举办2010（第五届）全国大学生原创动画大赛。大赛设立二维动画短片、三维动画短片、Flash动画、手机动画、插画设计、角色造型设计、场景设计、衍生产品设计奖和单项奖等10大奖项，吸引全国168家高校1861件作品参赛。大赛首设“冰兄奖”提升赛事文化内涵，召开广东百年漫画展，同时为喜迎亚运特设广州亚运特别奖。动漫节期间，省、市主流媒体及部分境外媒体包括《香港文汇报》、《大公报》、《澳门日报》等进行全程的采访报道，达到通过大赛宣传天河网游动漫产业的目的。

（区委宣传部供稿）

统一战线工作

【概况】 2010年，区委统战部贯彻全国、省、市统战工作会议精神，把握“大团结、大联合”的主题，加强党派和民族宗教工作，推动联络交往，创新非公经济领域统战工作，开展调查研究，推动统战领域各项工作创新发展。

【党外人士参政议政】 2010年，天河区保证民主党派和无党派人士在人民代表大会和人民政协中占一定比例，全区非中共区人大代表64人，占区人大代表数的27.35%，人大非中共副主任1人；区政协非中共委员149人，占全体委员数63.4%，区政协非中共常委26人，占65%，区政协非中共副主席3人，占50%。全区共聘任特约四员22人，明确特约人员的职责权利，职能部门向特约人员通报情况的要求，重要事项检查和执法监督工作邀请特约人员参加。

【民主党派工作】 紧密结合广州市举办亚运会这一重大任务，抓住天河作为主会场的契机，发挥优势、汇聚力量，号召广大统一战线成员以实际行动积极参与亚运、服务亚运；充分发挥各民主党派参政议政的作用，在统一战线成员中开展“我为转变经济发展方式献一策”活动。围绕人民群众关心的提高社会保障水平、加快发展医疗、教育等社会事业，缓解交通堵塞等民生热点问题，组织统一战线成员进行专题调研并形成调研文章13篇，为区委、区政府科学决策提供参考。

【组织建设】 2010年，区委统战部协助市委会开展各民主党派的换届工作，选准选好各民主党派领导班子，注重吸收有学识、有影响、有威望的优秀人才，优化班子结构，提高班子能力和整体素质。建立并完善特约人员人才库，配合相关部门做好特邀监察员及特约审计员的人选聘任工作。

【涉亚民族宗教服务】 2010年，成立区亚运指挥部涉亚宗教服务组，统筹和管理全区亚运会亚残会期间的宗教服务工作。制订“涉亚宗教服务、安保”、“涉亚宗教突发事件处置”、“涉亚宗教场所整治”等工作预案和指引。开展以民风民俗和宗教政策为内容的涉亚民族宗教知识培训。聘请专家对区委党校处级班授课；举办全区各街道分管副书记、居委主任、有关执法部门负责人培训班；对14个涉亚接待宾馆有关人员和清真餐饮管理服务人员进行宗教礼仪、民俗培训等等，培训工作人员600多人。

亚运期间，天河区与各宗教场所、14个涉亚酒店全部签订宗教安保责任书。对人数最多的景星酒店外国人宗教活动点等宗教场所派驻工作人员，防范突发事件。加强巡查和值班制度，对涉亚酒店每两天巡查一次；建立24小时全天候值班制度。亚运期间天河区没有发生涉及民族宗教突发事件。

【对台工作】2010年，加强党委政府对对台工作的领导，区委、人大、政府、政协领导会见新当选的区台协九届理事会全体理事，带领有关部门负责人坚持走访台资企业，现场为企业办公，帮助企业解决办证、税务等方面遇到的问题和困难。加强涉台部门之间的协调，依法保护台湾同胞的合法权益。携台商代表走访区地税、国税部门，协商区属台企税务问题；与区地税部门共同为台企负责人举办涉税讲座；广泛宣传国家劳动法律法规，帮助企业加强人文关怀、改善用工环境。扶持和引进具有代表性、有创新优势的重点台资企业，带动其他台资企业持续向好发展。就天河区台资服务业发展状况开展专项调研并形成调研报告，被收录于国台办的《全国县级对台工作研讨集》。组织民间文化、经贸交流考察团组赴台考察；配合区委宣传部、珠吉街等部门和街道，与台南市乞巧文化社团开展乞巧文化学术交流互访活动。开展亚运会涉台服务保障工作，为中华台北代表团服务，用真情和关爱使宝岛的运动员和教练员感受到祖国大陆的亲情和温暖。

【海外联络】2010年，天河区海外联谊会吸收一些有一定知名度和影响力的港澳企业家、知名人士入会，每季度组织联谊活动，密切会员之间的联系。区委统战部与香港中小企业协会、香港资讯科技协会、香港会计师公会、香港广东商会等十几个港澳社团建立经常联系，并在港澳筹设天河同乡会。是年，为多个港澳政协委员和海外联理事企业协调解决工商、税务、劳动方面碰到的困难和问题，帮助20家企业解决投资者和高层管理人员子女入学就读问题。

【非公经济人士工作】2010年，区委统战部学习传达《中共中央、国务院关于加强和改进新形势下工商联工作的意见》文件精神，加强和改进工商联工作。推进“三促进一保持”工作，加快经济发展方式转变。搭建产业转移平台，宣传“三旧”改造政策；搭建用工招聘平台，为民企提供人力资源服务；搭建金融服务平台，促进银企对接合作。围绕加快民营经济发展的主题，引导民营企业家积极建言献策。通过“民企看民企”、参加香港友好商会就职典礼、接待俄罗斯、澳大利亚友好城区访问团等商务交流活动，加强经贸合作，开拓市场商机。重视人文关怀，提高民企用工管理水平。引导民企担当社会责任，热心公益回报社会。支援西南地区抗旱，援助玉树地震灾区。响应“广东扶贫济困日”，扶贫济困，捐资助学。（区委统战部供稿）

民主党派

·民革天河总支

【概况】中国国民党革命委员会广州市天河区支部成立于1987年。2008年成立天河区总支部（简称民革天河总支），2010年，总支共有党员105人。是年，民革天河总支被评为民革全国先进基层组织。

【参政议政】2010年，民革天河总支向区政协大会提交10个提案均被立案，是向大会提交提案最多的党派。其中《改善养老条件，让老人安度晚年》作为大会发言，获得广泛好评和区府的高度重视；《进一步加强我区基础教育民办学校的扶持与管理，真正体现义务教育的平等》获得三等奖；《加强民主党派参政议政工作，为我区经济发展作贡献》、《切实指导与监督我区教师绩效工资的落实，促进我区教育的和谐发展》、《加速改造城中村卫生环境，改善居民生活环境，树立文明城市形象》等提案均在充分调研的基础上，围绕区委区政府的中心工作，积极建言献策，履行职责。

【组织建设】2010年，民革天河总支制定《民革天河总支部参政议政工作规定》，以《会议纪要》的形式确立“组织活动分工制度”；确立“活动轮值制度”，即支部又分为活动小组，轮流主持支部活动，充分调动党员活动的主观能动性和积极性，充分展示党员的工作能力和水平，在工作中锻炼党员的履职能力。成熟的工作思路通过规则、程序、责任等形式确定下来，是工作得以圆满完成的重要保障。

【活动情况】2010年，民革天河总支党员积极参加迎亚运，讲文明树新风的志愿服务行动，组织30

名党员参加市委会组织的亚运会演练活动。民革天河总支副主委吴小妹多次带队赴从化市鳌头镇下西村（民革党员余金富同志挂职扶贫点）调研扶贫，组织带领医疗队为鳌头全镇贫困妇女免费体检，并个人送医送药2万多元；两次率队到广东省始兴县沈所小学（曾江山党员支教点）调研支教，送去电脑台、桌椅等一批，并带领朋友为学校现场捐款；多次组织带领义工帮助残疾人，因其个人成绩突出，2010年获广州市政府表彰，获“广州市扶残助残先进个人”荣誉称号；广州市亚运会和亚残会期间，负责医疗卫生保健工作，尽心尽力，成绩显著，2010年3月，吴小妹在广州市“三八国际妇女节”庆祝大会上获得广州市“争优创先先进个人”荣誉称号。一支部的赖倩仪积极参加狮子会的活动，对青海玉树灾区开展地震救灾的后勤服务工作。二支部的陈名流为迎接亚运暨纪念孙中山先生诞辰144周年预祝辛亥革命胜利100周年，举办“两岸同根诗书画展”。三支部继续做好对连南贫困学生的助学，并指定叶红梅定期与赞助学生的通信联系。四支部为玉树灾区捐款达六千余元；为韶关始兴中心小学捐助电脑桌椅等物品。

【机构】中国国民党革命委员会（简称民革）是中国共产党领导的爱国统一战线中的一个民主党派，由原中国国民党民主派和其他爱国民主人士所创建，是具有政治联盟特点的、致力于建设有中国特色社会主义和祖国统一事业的政党。

民革天河总支主任委员：倪瑞兰

（民革天河总支供稿）

·民盟天河总支

【概况】中国民主同盟广州市天河区总支成立于1990年7月，2010年改为中国民主同盟广州市天河基层委员会。2010年有7个支部，机关支部、教育支部、44中学支部、47中学支部、89中学支部、医卫支部、退休支部；新发展盟员4人，共有成员110人。

民盟盟员任职情况表

	姓　名	职　务	姓　名	职　务
人大政协及专委会任职情况	李宁佳	天河区第七届人大常委会副主任、市政协常委、十三届盟省委委员	王　壮	天河区第六届政协副主席、盟市委文化工作委员会主任
	房　燕	天河区第七届人大代表、区第七届人大常委会委员	陈淡卿	天河区第六届政协常委、盟市委法制工作委员会副主任、盟省委法制委员会委员
	白云龙	天河区第七届人大代表	邱文萍	天河区第六届政协委员、盟市委教育委员会委员、盟省委妇委会委员
	林少玲	广州市第十三届人大代表、盟市委教育委员会委员	邓　谦	天河区第六届政协委员
	覃　炜	天河区第七届人大代表、盟市委科技委员会委员	钟小英	天河区第六届政协委员
	符光锋	天河区第六届政协委员	赵英涛	天河区第六届政协委员
特邀职务	邱文萍	天河区监察局特约监察员	梁健峰	天河区检察院特约检察员
	白云龙	天河区监察局特约监察员		
	朱爱华	天河区监察局特约监察员		

【参政议政】2010年，民盟天河基层委员会主委带队到区辖内的街道和社区进行调研，就社区文化建设情况等进行调研，提出4份党派团体提案。其中《加强社区文化建设 深入实施文化优区战略》获区政协六届五次会议集体优秀提案奖；盟员邱文萍被评为区政协六届五次会议优秀提案撰写人；配合盟市委开展“建议将广州地区大中小幼学生后半段暑假时间推迟到亚运会期间”的问卷调查，参加盟市委举办的“聚焦亚运盛会，挖掘广州文化”论坛征文活动中，共提交6篇征文，其中田江东的征文被市委统战部选用，并刊登在《广州市统一战线》杂志上，白云龙、甘碧华、吴琼的征文被选录刊登在市盟的专题刊物上。是年，民盟天河基层委员会围绕区委、区政府工作重心和区的转型发展，积极建言献策，以基层委员会名义及委员和人大代表名义提交6个提案、8个议案。

【活动情况】2010年2月，民盟天河基层委员会开展帮扶单亲学生捐款活动；关注高龄老盟员，新春佳节慰问80岁以上老盟员。4月，盟员钟小英在玉树发生地震后，积极参与抗震救灾物资购买和运送工作，同时助学帮扶信宜市平塘镇的83位孤儿，资助河源市河源中学48位贫困高中生。9月，盟员赵英涛、符光锋、王文革、王文杰在唱响亚运百日志愿行晚会上的演出获得好评，11月，他们用歌声充当亚运友谊使者，在亚运城媒体村为来自亚洲各国的媒体记者朋友们献上精彩的表演，是年经盟市委的同意，男声四重唱组正式命名为“盟之声演唱组”。选派20名盟员参与亚运村开幕式演练活动。2010年，盟员钟沛鸣在平远一中支教一年后，继续留在山区教学，并资助两位特困学生高中三年的学费，在钟沛鸣的影响下，44中学全校教师及44中学支部全体盟员，为平远一中捐款和捐赠两套电脑平台。

【组织建设】2010年，民盟天河基层委员会和各基层支部开展盟员自学、支部组织学习讨论，举办座谈会、专题研讨会、辅导报告会、参观考察等活动。4月，成立民盟天河基层委员会统战理论研究小组，成员由12位盟员组成。6个基层支部完成换届工作。

【机构】中国民主同盟（简称民盟）是中国共产党领导的爱国统一战线的组成部分，是同中国共产党通力合作的参政党，主要由从事文化教育以及科学技术工作的高中级知识分子组成的，具有政治联盟特点的，致力于建设中国特色社会主义事业的参政党。

民盟天河基层委员会主任委员：王壮

（民盟天河基层委员会供稿）

·民建天河总支

【概况】中国民主建国会广州市天河区支部（简称民建天河支部）成立于1994年11月。2007年支部升格为总支，2008年改为民建天河区基层委员会。2010年，基层委员会共有会员83人。

【参政议政】2010年，民建天河基层委员会以团体和个人名义撰写参政议政提案、议案、意见和调研报告30余篇。其中：会员刘小娴撰写的《构建云计算机产业集群，率先推动“天云计划”在天河落地》提案，被列为区政协三个重点视察提案中首位，由区政协负责重点督办；会员赵郁芊撰写的《关于加强天河区社区建设的建议》提案，由区民政局负责重点督办；会员李晓峰撰写的《加快发展职业教育为广州转变经济发展方式提供动力支持的研究报告》、《广州市支持和促进民营企业开拓东盟市场的调研报告》及相关建议，在民建市委会立项开展专项课题研究；以及会员张茂声撰写的《完善BRT工程的后续工作提议》、会员饶德敏撰写的《完善地铁口的标志和照明设备提议》、会员胡青撰写的《关于改善广州市交通状况的几点建议》、会员沈莎撰写的《映照良好的软环境为办好亚运献一策》、会员赵郁芊撰写的《促进广州市海洋经济快速发展的几点建议》和会员艾银撰写的《关于完善食品安全监管的建议》等多篇建议。

【组织建设】2010年，民建天河基层委员会通过区大学堂、各级行政学院、各类会议和支部座谈会，组织会员学习统战理论、社会主义核心价值体系理论和中共党史。建立和完善基层委员会各项规章制度。组织会员参加各类讲座、座谈和联谊活动，各支部组织活动共40余次。

【活动情况】2010年，民建天河基层委员会积极组织会员参加各类公益慈善活动，在2010年青海玉树发生地震后，会员钟汇洪捐款10万元，会员赖逊积极参与青海玉树灾后危房评估软件系统的建设工作。

【机构】中国民主建国会（简称民建）是主要由经济界人士和其他专家学者组成的政党，是中国共产党领导的多党合作总格局中的参政党，是中国人民政治协商会议的组成单位。

民建天河基层委员会主任委员：刘疆民

（民建天河基层委员会供稿）

·民进天河总支

【概况】中国民主促进会广州市天河区总支部委员会（简称民进天河总支）成立于1986年5月。2010年，新增会员3名，共有成员159人。成员中有担任市人大代表1人，担任市政协委员1人，区政协委员4人。现任总支委员11人。2010年，民进天河总支被评为民进全国先进基层组织。

【参政议政】2010年，民进总支的提案《关于对清理乱贴乱涂非法行为的建议》获得区政协提案三等奖，委员张慧玲的提案《籍全市“河涌综合整治”东风，加大筲箕窝水库污染的整治力度》获得区政协提案二等奖，是年，在区政协六届五次会议上，民进天河总支作题为《充分整合资源 有效促进就业》的中心发言，并提交《打造人才服务CBD 提升人才凝聚力》等6个集体提案和《推广垃圾分类，创建宜业宜居小区》1个个人提案，同时，在广州市人大，曾海彝代表提交《关于开展饮食服务业综合治理的建议》等3个议案，会员黄润华的提案《外商“超国民待遇”不利于民族企业做大做强》发表于广东民进2010年第二期（2010.6），民进天河总支通过参观校园、问卷调查等，向市委会递交调研报告《强化环境教育，打造低碳校园》。

【组织建设】2010年，民进天河总支开展爬山、打球、射击、郊游等一系列形式多样的文体活动，增进会员之间的友谊。通过组织学习、给每位委员统一定购《统一战线》、《广州市民进》等杂志、聘请广州市人大副主任、民进广州市委会主委陈国安做专题报告等形式，提高会员的素质。是年，总支进一步完善关于表彰先进、理论学习、参政议政、组织生活与建设等制度。积极参与民进广州市委组织开展“我为转变经济发展方式献一策”活动，并送交《重视“安全节点” 创建“平安校园”》文章（建议、调研）6篇。

【社会服务】2010年，民进天河总支发动会员先后为玉树地区捐款3万多元。总支对天河区黄村街道一户困难家庭进行实质上帮扶，给该家庭送上2000元帮扶款和生活慰问品，并承诺承担其孩子未来三年的学费，帮助孩子圆读书梦。亚运期间，1/3以上的在职会员主动争做志愿者，在天河区各主要交通干道维持公共交通秩序，协助环卫工人清洁卫生。

【机构】中国民主促进会（简称民进）是以从事教育文化出版工作的中高级知识分子为主的、具有政治联盟性质的、致力于建设有中国特色社会主义事业的政党。

民进天河总支主任委员：曹利元

（民进天河总支供稿）

·农工党天河总支

【概况】中国农工民主党广州市天河区总支部（简称农工党天河总支）成立于1990年6月。党员主要由医医药卫生界的中高级知识分子及教育界的优秀分子组成。2010年，所辖基层支部2个，发展党员6人，总支共有党员59人。

【参政议政】2010年，农工党天河总支发动党员提出问题和建议，并以书面形式提交总支，在区人大、政协两会上，农工党天河总支代表在政协会议上作大会发言，并向两会提交提案3个、议案1个。是年，总支有2位党员被选为区行风评议员，2位党员为区监察局特邀监察员，1位党员为区效能监察员，积极参加民主监督。

【组织建设】2010年，农工党天河总支针对年轻党员及新党员占总数的2/3，思想水平参差不齐、政治理论素质有待提高的情况，组织全体党员集中学习统战理论和农工党新章程。是年发展新党员6人，另有10位无党派人士提交入党申请书。

【活动情况】2010年，农工党天河总支组织开展义诊活动，针对“看病难、看病贵”现象，3月，总支组织有关党员到社区参加义诊活动；7月，组织部分党员开展社区“心理咨询”活动；响应号召，开展献爱心活动。是年，党员吴小平获“天河区民间组织优秀工作者”和“献爱心，扶贫助困积极分子”称号。

【机构】 中国农工民主党（简称农工党）是以医药卫生界中高级知识分子为主、具有政治联盟特点、致力于建设有中国特色社会主义事业的政党。

农工党天河总支主任委员：曾维钦

（农工党天河总支供稿）

·致公党天河总支

【概况】 中国致公党广州市天河区总支部委员会（简称致公党天河总支）成立于1988年11月。2010年，总支发展新党员3名，接收外地调入党员1名，共有党员57人。

【参政议政】 2010年1月，致公党天河二支部开展棠东东路及泰安路地区城市整治调研；2月，致公党天河总支部和区科协就如何加强知识产权保护进行调研；5月，二支部丁斌参加区委统战部和致公党广州市委员会“当好东道主，同心为亚运”专题调研；撰写《关于在来穗务工人员中开展迎亚运、讲文明培训工作的建议》交区委统战部；10月，总支配合市委会为广州经济社会发展献一策工作进行调研，撰写《对加快城中村整治改造的一点建议》交市委会。是年，致公党天河总支和区科协联合向区政协提交提案《加强知识产权保护 提升自主创新能力》，曾晓元、丁斌提交《关于加强对来我区外来农民工培训工作的建议》，庞国明提交《关于加大对棠东东路及泰安路地区城市整治力度》等提案。郭大双在市政协十一届四次会议上提交《全面落实国家医改政策 完善我市社区卫生服务运行机制》、《全面开放有线电视收费频道 凸显电视广播的公益性》等2件个人提案。在区政协六届五次会议上，天河二支部丁斌撰写的提案《加快东圃大马路建设 促进东部新商业圈形成》获得区政协优秀提案奖。

【活动情况】 2010年，致公党天河总支为玉树地震捐款约5000元，其他助学、扶贫等捐款2.5万余元。7月，组织党员赴番禺参观学习；11月，组织党员参加致公党市委会组织的体育运动会，积极开展各项文体活动。

【组织建设】 2010年，致公党天河总支组织全体党员学习中共十七届五中全会和致公党第十三届中常会第十二次会议有关精神，开展系列学习活动；新党员曹丹丹、黄永斌参加市委会组织的新党员培训；组织全体党员学习中共天河区委全会精神和区两会精神。

【机构】 中国致公党是以归侨、侨眷中的中上层人士和其他有海外关系的代表性人士组成的，具有政治联盟特点的，致力于建设有中国特色社会主义的政党。

致公党天河总支主任委员：曾晓元

（致公党天河总支供稿）

·九三学社天河支社

【概况】 九三学社广州市天河区支社（简称九三学社天河支社）成立于1996年11月，前身是九三学社广州市天河区直属小组。2010年，支社共有成员37人。社员来自于天河区属科技、城建、环保、卫生、教育等系统的中、高级技术职务的知识分子。

【参政议政】 2010年，九三学社天河支社的《关于关于进一步提高社区卫生服务水平的建议》被评为集体提案一等奖。是年，通过对全区亚运会卫生服务和保障工作进行调研，形成调研报告《加强传染病防控工作，确保亚运会卫生安全的建议》，并在区政协六届五次会议上做中心发言，获得好评。相关提案，被作为重点视察、重点督办的案项加以办理。在区政协年会上，九三学社天河支社提交集体提案1件，大会发言1件，社员个人提案1件。是年，有成员1人担任区政协副主席，1人担任区人大代表、区人大常委会委员，3人担任区政协委员，2人担任区政协常委。

【活动情况】 2010年，九三学社天河支社组织社员参加“热爱祖国，美化广州”、“我为亚运献一策”等迎亚运系列活动。派社员加入到区行风评议团，完成区经贸局系统的行风评议工作。多次组织社员到市内调研，座谈民生问题，发表多篇社情民意报告。有多篇文章在统战刊物上发表，全年共有30篇论文发表，有些论文被国家核心期刊录用。支社社员响应九三学社市委会号召继续捐款扶贫助学，捐款金额达6000多元。

【组织建设】 2010年，支社每月组织一次组织生活会，社员对社会关心的热点、难点问题发表意见和建议，交流学习体会。是年，组织社员集中参加市委会安排的政治教育活动；完成支社委员会换届工作，新的一届委员会由9名支委组成。

【机构】九三学社是以科学技术界高、中级知识分子为主的具有政治联盟特点的政党，是接受中国共产党领导、同中国共产党亲密合作、致力于建设中国特色社会主义事业的参政党。

九三学社天河支社主任委员：吴兰桂

（九三学社天河支社）

· 台盟天河支部

【概况】中国台湾民主自治同盟广州市天河区支部（简称台盟天河支部）成立于2005年11月。2010年，成员15人。

【参政议政】2010年，台盟天河支部主委林峥和副主委李国莹参加区政协六届五次全会，天河支部提交《优化纳税服务，提高行政效能》在大会上发言，此外还提交提案《关于完善网络开票服务的几点建议》、社情民意《整治东圃路口交通秩序的建议》等。在4月召开的广州市政协年会上，支部成员吕继东提交提案《积极采取措施，促进广州汽车金融业的发展》、周淑华提交提案《关于继续营造良好公交乘车环境迎接亚运盛会的建议》、《关于完善我市中小学生卫生保健室的建议》、《关于做大做强职业教育与培训，促进广州就业与创业》等。在广州市统一战线“我为转变经济发展方式献一策”活动中，林峥提交文章《优化无形资产配置，促进广州自主品牌建设》。

【活动情况】依时召开组织生活，一是按照区委统战部的部署和要求，学习讲解天河区七届九次全会精神，主要了解确保亚运会圆满完成的各项工作任务，掌握天河区“十二五”规划的总体要求，城区定位，要求盟员着眼后亚运时期，围绕社区文化服务、天河服务品牌建设等议题开展调研，为推动天河经济社会发展再上新台阶建言献策。二是按照台盟省、市委员会的相关工作部署，参与相关会议、参观和学习。女盟员参加台盟妇委会组织的庆“三八”联谊活动，参观花都香草世界，开阔视野，交流感情；支部组织成员及家属观看亚残运会开幕式预演，感受现场的精彩热烈气氛；支部两人次参加省市各民主党派暑期座谈会。

【社会服务】2010年9月，支部成员通过单位和社团向青海玉树灾区捐款近两千元；12月，支部成员捐款捐物，继续援助帮扶四川省汶川县威州镇贫困家庭，帮助重建家园。

【机构】台湾民主自治同盟（简称台盟）是由台湾省人士组成的社会主义劳动者和拥护社会主义的爱国者的政治联盟，是为社会主义服务的政党，是与中国共产党通力合作的一个参政党。

台盟天河支部主任委员：林峥

（台盟天河支部）

机关党的建设

【参与亚运、创文活动】2010年，区直属机关党委组织和发动机关党员团员，开展一系列的传播亚运文化和亚运文明的活动。举办迎亚运羽毛球赛体育竞赛活动；举办天河区处级干部亚运外事礼仪培训讲座；举办区直属机关公务员心理、生活健康专题讲座；举行区直属机关党员“当模范·做表率”讲演比赛；举办“迎亚运·贺新春”趣味体育比赛；开展“迎亚运、创文明、天河党员在行动”党员社区服务日活动和“迎亚运、讲文明、树新风、促和谐”活动；在服务性窗口行业开展迎亚运文明礼貌教育实践活动。组织机关干部参加“迎亚运讲文明树新风”城市文明志愿服务全民行动启动仪式天河区分会场活动，组织各党总支（支部）召开“保障亚运、服务亚运，党员当先锋做表率”为主

2010年2月3日，区直属机关举办“迎亚运·贺新春”趣味体育比赛。

（区直属机关党委供稿）

题的专题组织生活会等活动。

党委成立区直属机关党员志愿者大队，建立区直属机关党员志愿者队伍，党员志愿者人数达到1552人。区直属机关2000多名党员干部立足本职岗位，服务亚运保障亚运。发动机关党员干部参与和支持亚组委各团队开展相关工作；发动机关干部职工参与亚运安保社会面防控；发动党员干部带头参加“璀璨天河迎亚运”亮灯活动；组织500多名机关干部参加“亚残运会”火炬传递起跑仪式；组织文明观众观看亚运会、亚残运会比赛共计12场4000多人次。

是年，组织党员干部完成迎国检公共文明指数测评入户调查工作，继续组织开展“我推荐、我评议身边好人”活动，开展精神文明建设先进单位申报和复评工作，以文明机关建设推动文明城市建设，提高天河市民文明素质和城市文明程度。机关团委组织发动330名团员青年到交通站台开展文明交通志愿服务行动。

【“深化”服务促发展主题实践活动】 2010年，区直属机关党委发动52个区直属机关单位开展“深化服务促发展”主题活动，全年编印《区直属机关“深化服务促发展”活动简报》23 期，刊登区直属机关单位的活动信息159条，“深化服务促发展”网络专栏刊登区直属机关单位的活动信息353条。《广州天河新闻》和《区机关党建宣传园地》对活动进行宣传报道。

各单位紧密结合实际，开展主题实践活动。区人社局继续落实“惠民66条”和“补充17条”相关政策，以培训促发展，共同营造良好的用工环境；区经贸局、区科信局服务民营企业，倡导构建和谐劳动关系；区司法局积极组建公益法律服务志愿者队伍，实现群众不出社区就可享受便利法律服务；区财政局积极推进基本公共服务均等化，全区一般预算支出安排教育、社会保障、就业、医疗卫生等民生和公共事业支出280565万元，占全区一般预算支出安排的73.8%；区农林局全力推进河涌整治，取得明显成效。

【党风廉政建设】 2010年，区直属机关党委落实党风廉政建设责任制；加强机关纪检监察干部队伍建设；研究讨论党风廉政建设和反腐倡廉工作方案，明确责任分工。开展以“加强制度教育，构筑拒腐防线”为主题的机关纪律教育月学习活动，把岗位廉政教育作为纪律教育学习月的一项重要内容，结合岗位职责和纪律要求，在直属机关中广泛开展法纪教育和勤政廉政教育。及时总结廉政教育学习经验，将好的做法在天河信息网、《广州天河新闻》报道。开展权力运行风险点排查，制定有效防范措施，健全和完善本单位惩治和预防腐败制度体系。

加强作风建设，在机关中倡导和树立四种优良作风：求真务实之风，亲民为民之风，负责敬业之风，艰苦奋斗之风。加强监督检查，督促检查各部门党风廉政建设责任制和反腐败责任分工的落实，推动机关各部门顺利完成区委区政府迎亚运，促发展，保障亚运，服务亚运各项工作。区直属机关全年处理案件2件，其中开除党籍1人，留党察看二年处分1人。

【创先争优】 2010年，区直属机关党委开展“奉献亚运当先锋”主题党团日活动，动员区直属机关党组织和党员要以岗位行动、家园行动、志愿行动和平安行动等“四个行动”为抓手，创先争优，争做岗位行动的排头兵、家园行动的实践者、志愿行动的带头人、平安行动的主力者。开展“贡献在岗位”实践活动，举办图书捐赠活动，收到各式图书32800册，帮助天河区对口帮扶平远县19个村建立图书角。在政务服务窗口推行党员（团员）亮牌服务，开展服务之星、服务标兵、党员（团员）先锋岗、示范岗等创先争优活动。开展“亚运先锋·身边的感动”典型事迹征集活动，利用“深化服务促发展”网站大力宣传；组织机关党员干部学习先进事迹。

党总支（支部）力求在建设学习型党组织、提升党建工作科学化水平上，在加快经济发展方式转变、推进产业高端发展上，在迎亚运、创文明、促和谐、保稳定上，在转变作风、狠抓落实、提高执行力上四个方面创先争优；各党总支（支部）按照公开承诺要充分体现先进性要求、紧密结合职责任务和岗位实际及真切回应群众的关切和期盼，对党员的公开承诺书进行审核。各党总支（支部）结合党员活动日、“三会一课”等党日活动，开展“上级党组织对下级党组织点评、党员领导对党员个人点评”活动。

【机关党组织建设】 2010年，区直属机关党委落实组织活动登记制度，党支部每月至少召开1次组织生活会，定期开展党员党性分析评议活动。党委组织区直属各党总支（支部）召开“保障亚运、服务亚运，党员当先锋做表率”为主题的专题组织生活会。8月，党委对区直属机关党组织坚持“三会一课”制度的落实情况进行检查。完善党员激励、关怀和帮扶机制，建立健全逐级谈心谈话制度，及时了解掌握党员思想工作生活情况，对党员身上的不正之风苗头性、倾向性问题及早纠正。

落实《2009～2013年全国党员教育培训工作规划》，建立健全主题教育制度，形成运用重大节庆、纪念日等组织党员干部学习的工作机制。加强党务干部特别是支部书记队伍培训。开办网上党员学习园地。发动机关党员干部为西南地区抗旱、青海玉树抗震救灾捐款。

围绕党委开展的重点、亮点工作，突出创先争优活动、学习型党组织建设、机关党建品牌建设开展情况等专题，采取听取汇报、座谈交流、查看资料等形式，组织开展基层党的组织生活创新工作调研活动和先进基层党组织和优秀共产党员具体标准讨论，提高机关党建理论研究水平。

全年新成立党总支2个、党支部14个，撤销党支部2个；共有3个党总支、33个党支部进行换届改选，有1个党总支、7个党支部进行补选。做好发展党员工作，是年发展党员23名，转正19名。

【学习型党组织建设】 2010年，区直属机关党委开展“创建学习型党组织、争当学习型党员”活动，要求党员干部带头，每月读一本书，并做到有学习、有笔记、有体会。并创建“精品课堂”，定期邀请专家教授为机关党员干部进行名家导读，课题解读，名著赏读。组织机关干部参观“迎亚运、促大变”广州建设新成就、观看西藏话剧《扎西岗》等。支持办好九艺节。各党总支（支部）制定学习计划，建立读书小组，举办读书“沙龙”，开展集中读书，并采取读书心得评比、读书辩论会、读书论坛等多种形式，引导党员干部多读书、读好书、善读书，学用结合，学以致用。

2010年天河区直属机关党员统计表

党员总数			性别		民 族		年 龄			文化程度			
总计	正式党员	预备党员	男	女	汉族	少数民族	60岁以上	36～59岁	35岁以下	大学专科以上	中专	高中	初中以下
2232	2194	38	1319	913	2181	51	343	993	896	1969	96	93	74

2010年天河区直属机关新发展党员统计表

党员总数	性别		民 族		年 龄			文化程度			
总计	男	女	汉族	少数民族	60岁以上	36～59岁	35岁以下	大学专科以上	中专	高中	初中以下
23	17	6	22	1	1	6	16	22	1	0	0

【指导机关群团工作】 2010年，机关工会发挥工会职能，依法独立开展工作，把机关工会的政治优势和组织优势转化为服务中心、推动工作、促进发展的强大力量，完成全年的各项工会任务目标，顺利通过2010年工会工作目标考核，被评为天河区工会工作“达标模范单位”。

机关团委组织发动机关团员青年参与迎亚运、创文明等全区性中心工作，发挥机关团员青年在推动天河各项建设事业发展中特别是在服务亚运中的生力军作用。加强机关团组织的建设，开展纪念“五四”运动91周年志愿活动，召开学习培训、座谈交流等活动，增强团组织的生机活力，提升团干部和团员队伍的整体素质。

机关妇委开展巾帼文明岗、三八红旗手（集体）竞赛活动，组织参加天河区妇女“弘扬亚运精神，巾帼创先争优”座谈会；发挥妇女和家庭的桥梁纽带作用，组织机关广大家庭开展各类文明家庭、书香家庭、“好父亲、好母亲”的系列评选活动；开展“扮靓家园迎亚运，巧手共创新生活”系列活动。（陈伟红）

人事工作

【概况】2010年，天河区党政机关、事业单位和公有经济企业中拥有各类人才10888人，其中机关党政人才4046人，事业单位管理人才和专业技术人才6693人，公有经济企业经营管理人才和专业技术人才149人。

区属各类专业技术人员共有5682人，其中，高级资格499人，占专业技术人员数的8.78%；中级资格2304人，占专业技术人员数的40.55%；初级资格2637人，占专业技术人员数的46.41%。

【公务员管理】2010年，顺利完成政府机构改革人事工作，配合区委组织部完成撤并、新组建和更名的政府组成部门领导班子配备及处级干部的调整任职工作，对职能整合、划转和隶属关系变化的13个单位科级以下人员的人事关系进行划转，指导相关单位按新“三定”开展职位设置和干部任免；改进公务员招录办法，扩大公务员招录数量，探索从基层选招公务员新路子，改善区公务员队伍的年龄和知识结构，完成全区23个单位62名公务员的招录工作；进一步改进和完善区竞争上岗办法，组织指导政府系统34个机关事业单位开展科级领导职务竞争（聘）上岗工作，66名干部通过竞岗走上科级领导岗位；推行公务员培训积分制管理，全区2107名公务员参加网络培训，培训积分完成率达99.3%；充分发挥公务员考核评价和表彰奖励工作的示范导向作用，对政府系统机关事业单位科级及以下人员9723人开展年度考核和评功评奖，组织区属各单位参加广东省第三届人民满意的公务员集体和人民满意的公务员评选活动，推选的区公安分局兴华派出所副所长刘健涛当选为第三届广东省人民满意的公务员，为天河区争得荣誉。

【事业单位收入分配制度改革】2010年，规范和完善机关事业单位津补贴工作，及时核定全区事业单位津补贴总量，制订街道公务员规范津补贴实施办法，理顺区市政维修队、街道文化站工作人员的福利待遇，完成天河报社事业体系工资套改和教育系统奖励性绩效工资代发工作，理顺卫生系统人员经费关系，基本完成统发人员住房货币补贴补发工作。

【事业单位人事改革】2010年，全面启动事业单位岗位设置管理工作，全区260多个事业单位及所属6000多名工作人员参与，推进事业单位人事管理由身份管理向岗位管理转变。逐步完善合同制聘用人员和雇员管理办法。

【军转干部安置】根据上级的要求，2010年计划分配到天河区安置的44名军转干部中，分配到党政机关单位33名，分配到事业单位3名；接收自主择业军转干部18名；接收安置随军家属30名。

【人才资源服务】2010年，对区人才市场和劳动力市场进行有效整合，依托“一站式”服务大厅，推进统一规范的人力资源市场建设。与人才服务机构合作，为区总部经济、国内外知名的现代服务业企业引入高层次人才、创新型人才和紧缺性人才。是年，为辖区企业引进高层次人才552人，同比增加36%；接收应届高校毕业生1184人，同比增加34%，其中硕士研究生以上的约占30%；同时，为机关企事业单位引进各类人才413名。举办各类职业指导班、职业技能培训班、创业培训班245期，培训各类人员8419人。（区人社局供稿）

机构编制

【推进政府新一轮机构改革】2010年，根据中共广州市委、广州市人民政府关于印发《广州市区、县级市人民政府机构改革意见》的通知（穗字〔2009〕12号）以及中共广州市委办公厅、广州市人民政府办公厅关于印发《广州市天河区人民政府机构改革方案》的通知（穗文〔2009〕13号）的精神，着眼天河建设现代化大都市中心区的定位要求，推进机构改革的各项工作。前期，制定区机构改革方案，探索构建“大城管、大建设、大林业”、“统一科技与信息化”和“统一人力资源和社会保障”职能有机统一的大部门体制。调整后，区政府设置工作部门22个，派出机关21个。后期，审核各单位上报的“三定”规定草案，印发区政府大部分工作部门以及21个派出机关的“三定”规定，各工作部门和派出机构运行情况良好，改革取得初步成效。

【综合行政执法改革】2010年，区在整合区交通行政执法职能，调整交通行政执法体制，清理、归并和调整执法机构和执法力量的基础上，组建广州市天河区交通综合行政执法专门机构，以区交通局的名义实施综合行政执法，区交通局的其他内设机构和事业单位不再承担行政执法职能，同时撤销区交通运政稽查队、区地方公路路政管理所、区汽车、摩托车维修行业管理办公室、区交通安全防火委员会办公室，收回事业编制23名，理顺区交通综合行政执法体制机制。

【整合社会管理和公共服务资源】2010年，为区供销联社、区公安分局重新核定“三定”规定；配合教育部门做好2009年全区教育系统中小学校教职员核编，核定天河区2009学年中小学教职员编制5056名；开办广州市南国学校，发挥机构编制部门为教育事业服务的保障作用。为区法院执行局增设执行一庭、执行二庭，在区法院增设司法委托科。

【事业单位分类改革】2010年，区编办会同法制、组织、人力资源和社会保障、财政等部门，核查行政类事业单位认定的政策法规依据，推进天河区行政类事业单位联查联审认定工作；参加市编办组织的事业单位分类改革调研，为全面推进天河区事业单位分类工作做铺垫。继续开展全区事业单位调查摸底和模拟分类工作，为分类指导、分级组织、分步推进事业单位分类、清理和规范工作，推进广州市事业单位分类改革奠定基础。

【机构编制管理】2010年，区编办开展机构编制管理情况自查，重点检查政府机构改革推进情况、“三定”规定执行情况、消化超编人员情况、“条条干预”情况，加大对机构编制违规违纪行为查处和警示工作力度，组织查处机构编制违纪违规问题。是年，全区行政、事业单位没有擅自设立新机构和内设机构、机构升格及擅自增加领导职数、人员编制等现象。落实《事业单位登记管理暂行条例》及《实施细则》，规范事业单位登记管理工作流程。全年为区属278个事业单位办理事业单位法人登记年检，年检合格率为100%。办理事业单位法人设立登记3个、变更事业单位法人信息32个、注销事业单位法人登记1个。

2010年天河区党政群机关人员编制表

单位：名

编制数	其中		实有人数	备注
	行政	事业		
8836	1127	7709	7074	不含公、检、法、司、政法专项编制及行政执法专项编制

2010年天河区新成立单位表

序号	成立日期	单位名称
1	2010.3.29	广州市公安局天河区分局反恐怖大队
2	2010.8.18	广州市南国学校
3	2010.11.11	广州市天河区城市更新改造工作办公室

2010年天河区更名单位表

日期	单位原名	单位现名
2010.5.26	广州市公安局天河区分局毒品犯罪侦查大队	广州市公安局天河区分局禁毒大队

2010年天河区撤销单位表

序号	日　期	撤销单位	减少（收回）编制数
1	2010.8.18	广州市天河区交通运政稽查队	15
2	2010.8.18	广州市天河区地方公路路政管理所	2
3	2010.8.18	广州市天河区汽车、摩托车维修行业管理办公室	4
4	2010.8.18	广州市天河区交通安全防火委员会办公室	2
5	2010.9.25	广州市天河区林和小学	

（区编办供稿）

侨务、外事

【天河区侨情】2010年，天河区共有华侨、华人、港澳同胞约1.32万人；留学回国创业（工作）人员、归侨、侨眷、港属、澳属约1.54万人。海外华侨华人主要分布在北美、西欧、澳新、东南亚等地；归侨侨眷主要集中在五山、员村、石牌、车陂、天河南、棠下、兴华、龙洞等街道，尤其是暨南大学、华南师范大学、华南理工大学、华南植物园的归侨侨眷相对较多。

【侨务工作】2010年，区侨办协助、指导香港广州天河同乡会开展工作，加强与香港天河同乡会的联系，组织香港同胞回乡观摩龙舟节和乞巧节，区领导带队参加同乡会的春茗和一周年纪念活动；协助、指导澳门广州天河区同乡联谊会的成立工作，是年12月正式在澳门成立；举办天河区侨商会第三届理监事会的换届工作。做好侨法宣传，是年，区2个社区（石牌街社区服务中心和车陂街广氮社区）获国务院侨务办公室授予2010年度“侨法宣传角”称号。召开区侨界迎国庆贺中秋茶话会；开展侨务外联活动，与美国、英国等华侨华人官员和企业家进行联系。与暨南大学侨联海归小组联系，搭建其与区内企业的交流平台，与驻区高等院校和科研机构的侨联联系逐步常态化。

【出国（境）管理】2010年，安排天河区因公出国（境）团组共131批，297人次。包括区属机关和事业单位团组69批，164人次；企业团组62批，133人次。在境外未发现有违纪违法行为。

【对外交流】2010年3月，区长徐汉添带团出访澳大利亚、新西兰、新加坡。期间，与澳大利亚新南威尔士州坎特伯雷市签订缔结友好城区协议书，两区正式确立友好城区关系。4月，区委书记杨建城带团出访南非、埃及、阿联酋。期间，与南非西开普省瓦恩兰市签订友好合作交流意向书。6月，区人大常委会副主任王淑贞带团访问俄罗斯、奥地利、捷克。期间，代表团参加俄罗斯叶卡捷琳堡市建市和奇卡洛夫区建区287周年的庆典活动，并与对方的议会代表进行交流。6月，区政协主席杨南聪带团访问美国、加拿大。期间，代表团拜访加州当地政府并洽谈双方结好的可能性，同时还拜访美加两地的华侨社团和侨领。

【外宾来访】2010年4月，俄罗斯叶卡捷琳堡市奇卡洛夫区区长米沙林为团长的友好代表团一行回访天河区。代表团一行就科技和教育领域进行交流，并与区商界、地产界的代表会面商谈合作的可能性。期间，区长徐汉添与奇卡洛夫区区长米沙林在天河公园共同植下一棵代表两区友好的“友谊树”。11月，澳大利亚坎特伯雷市市长罗伯特·福罗洛为团长的友好经贸代表团来区进行友好访问。期间，双方的企业代表就坎特伯雷市房地产开发项目、2011年6月悉尼食品节推介，以及2011年双方合作的项目等举行实质性的商谈。

【亚运服务】2010年10月，区侨务和外事办与区委宣传部、区直属机关党委在区府北会场联合举办区处级干部亚运外事礼仪培训讲座；11月，在区政府南会场举办天河区亚运外语服务培训讲座。

前亚运期间，区侨务和外事办还接待英国红桥区区长陈德樑及代表团，并协助区委宣传部接待中外媒体采访团记者近200人到猎德村采访。10月下旬，接待亚运会期间来穗观摩、观赛的印度尼西亚等体育部长及代表团。11月，接待美国加州桑尼维尔市议员李洲晓、加州侨领陈灿培及恳亲团一行。（陈俊鹏）

老干部工作

【概况】 2010年，天河区离休和副处以上退休干部共595人，比上年增加48人，其中离休干部60人（企业离休干部10人，易地安置离休干部12人）；副处以上退休干部535人（其中市副局以上退休干部30人），比上年增加48人。是年，区委老干部局树立和落实科学发展观，落实老干部的政治、生活待遇，丰富老干部的精神文化生活，区老干部工作得到全面发展。

【老干部思想政治建设】 2010年，区委老干部局组织原区班子老领导及市管干部参观深圳华侨城，进行亚运广州一日游活动，组织离休干部参观华南植物园。召开座谈会、通报会和征求意见会，听取老干部的意见和建议。先后组织天河区离退休老干部党支部工作座谈会、天河区老干部贯彻落实科学发展观加快转变经济发展方式专题报告会、天河区老干部保健知识专题讲座。开展离退休干部“四就近”服务工作的专题调研，形成《充分利用社区资源 做好离退休干部“四就近”服务工作》的调研报告。

是年，区委老干部局组织老干部参加市委召开的全市副局以上离退休干部通报情况会、省委老干部局举办的学习报告会。选派老干部党支部书记参加市委老干部局举办的党支部书记培训班。订阅《红枫》、《秋光》、《老人报》等报刊杂志，充实全区离退休干部的学习资料。

【落实老干部生活待遇】·企业离退休干部管理服务· 至2010年，区委老干部局共接管企业离休干部10名，退休干部42名。建立定期家访制度，定期安排工作人员上门家访，为企业离退休干部排忧解难；开展企业离休干部医疗记账单的发放和医疗费用报销工作；每月组织企业离休干部阅文活动和企业离退休干部喝早茶，向老干部们通报有关情况、传达有关文件精神。

协调组织企业离休干部每月离休生活费、节日慰问金、疗养费、煤气补贴等政策性经费的发放工作；开展企业离休及处级退休干部生活补差工作，协调解决享受区54号文的企业退休干部生活补差按月发放的问题以及“两金”（物业管理、住房补贴）的发放问题。

·区属离退休干部管理服务· 2010年，区委老干部局管理区属离休干部50名，副处级以上退休干部535名。安排离退休干部体检，参加体检老干部404人。走访慰问老干部，与老干部交流思想，为老干部解决困难。同时，采取电话家访的方式开展易地安置离休干部管理服务工作。

接待老干部来信来访，全年接待处理各类咨询及来信来访160余件，协调解决离退休干部反映的问题。为老干部争取福利待遇，全年两次提高全区离退休干部春节、中秋国庆慰问金标准；首次为全区处级退休干部发放中秋慰问品。

【文体活动】 2010年，区委老干部局投入近10万元维修老干部活动中心，淘汰一批教学设备、健身器材等，改善活动中心环境。

是年，老干部活动中心有合唱团、乒乓球队、诗书画影协会等10支活动团队。举办“迎亚运、促和谐”天河区老年系列体育比赛、“欢度重阳、喜迎亚运”天河区老干部亚运知识问答活动、“丹心华彩迎亚运”天河区老干部庆国庆迎亚运书画摄影作品展、天河区老干部迎亚运学双语（英语、手语）活动。组织中心合唱队参加省市联合举办的“鹤发丹心、情系亚运”广东省第七届老年人运动会开幕式暨广州地区老干部迎亚运大型广场文体演出；组织协会会员参加广州市创建办举办的

2010年7月27～29日，区委老干部局和区体育局首次联合举办天河区“迎亚运促和谐”老年系列体育比赛。
（摄影：单庆和）

"迎亚运、爱广州、看变化"摄影活动;组织门球队、乒乓球队参加市、区组织的各类体育比赛,取得较好成绩。

【老年干部大学建设】2010年,天河区老年干部大学开办多门学科,优化管理服务,丰富学习内容,调动老干部的学习积极性。是年开设14个学科、79个教学班,招收学员2199人次。相继配合教学举办书画展、学习成果展等。年底,理顺原老年干部大学的办学体制,中心成立学习培训部接管区老年干部大学工作。

【关心下一代工作委员会工作】2010年,区关工委重点开展2项调研。开展社区家长学校情况调研,到兴华街、石牌街、天园街等街道开展调研,探讨创办社区家长学校创新模式。开展帮教工作调研,提出进一步做好未成年犯帮教和预防工作的思路,形成调查报告,报送区委、区政府。

是年,区关工委配合区法院少年庭,联合有关街道关工委,对经法院判决的79名少年犯实施跟踪帮教,无重新犯罪发生。争取到民政局慈善基金中的资助款6.6万元,解决天河区110个经济困难学生(每人600元)的学费。组织学生开展各类"快乐假期"活动,区关工委讲师团以及各街道关工委讲师团紧紧围绕社会主义核心价值体系、"迎亚运,当好文明小主人"、"知法懂法远离犯罪"和"现代家庭教育观"等主题开展宣讲活动。

(邝惠娜)

档案管理

【档案接收】区档案局主要接收区委、区政府所

区档案局库房一角。 (区档案局供稿)

区档案局阅览室。 (区档案局供稿)

属部门、区人大、区政协、区纪委、区直属各局、镇、街道、公司形成的永久、长期保存的档案。2010年,区档案局接收文书、基建、统计、教学等档案14510卷、13252件。猎德村改造档案共105卷全部接收进馆。是年,区档案馆馆藏档案达17个门类,总量达到42652卷、37719件。收集现行文件近1797份,并在区档案信息网上发布。

【档案开发利用】2010年,区档案局接待各界查阅利用者543人次,调阅档案资料582卷次、247件次,复印相关资料1347张。区数字档案馆系统平台搭建正式启动,首期完成26万页重点档案的数字化加工。是年,对馆藏1979年前形成的113卷、128件文书档案进行鉴定,并对外开放。

现行文件服务中心。 (区档案局供稿)

【编纂的参政资料和检索工具】2010年,区档案馆开发档案信息资源,编纂的参政资料和检索工具有:《天河区情况简介》、《天河区档案馆概况》、《天河地区大事记1949~1989》、《天河区大事记1985~2005》、《天河区组织史资料

1984～1988》、《天河区党代会议简介》、《天河区人代会议简介》、《天河区政协会议简介》、《天河区法规文件汇编》、《天河国民经济和社会发展统计资料》等。

【单位档案管理达标】 2010年，全区有13个单位实现档案综合管理达标，其中省特级11个、省一级2个。柯木塱小学、珠村小学、沙河小学、天河第一实验小学、冼村小学、泰安小学、渔沙坦小学、元岗小学、车陂小学、中海康城小学和天府路小学达到省特级标准；广州海维空间信息系统技术有限公司和广州奥格智能科技有限公司达到省一级标准。对体育东路小学、骏景中学、交通局、棠下小学、长湴小学档案达标工作进行复查，全部合格。继续开展社区和村改制公司档案工作，指导五山街汇景社区居委会和员村街石东经济发展公司建立档案工作。指导完成40个单位文书档案保管期限表修订。（刘金莲）

★广州市

2011

政法

政 法 委

【概况】2010年，区委政法委贯彻中央、省、市政法工作会议部署，以“平安亚运”为总目标，开展亚运安全保卫、社会矛盾化解、社会管理创新、公正廉洁执法重点工作，为保持社会和谐稳定作出贡献，为广州市成功举办2010年亚运会提供法治保障。

【维稳及信访】2010年，天河区排查调处人民内部矛盾纠纷1417宗，妥善处置重大群体性纠纷93宗。制定《天河区亚运安保610防控工作方案》，完善对重点人员、重点场所的防控机制。印发《关于开展集中清理涉法涉诉信访积案和案件评查活动的工作方案》，排查涉法涉诉信访积案24件，提前办结中央督办案件2件。通过涉法涉诉救助渠道，向生活困难的信访群众发放救助资金38万余元。推进社会稳定风险评估工作，冼村街就旧村改造签约攻坚阶段的社会稳定进行风险评估，为清拆改造工作提供实践理论的铺垫。开展案件评查工作，评查天河区案件共100宗，重点评查群众反映强烈的信访案件，容易产生违纪违法滋生腐败的案件，涉及民族宗教事务、涉军、涉警等特殊对象的涉法涉诉信访案件，以及中央、省、市督办案、涉亚运信访案等。

2010年7月27日，省委常委、政法委书记、公安厅厅长梁伟发（左一）到天河区综治维稳信访中心指导工作。
（摄影：云刚）

【综合治理】2010年，全区刑事立案6139宗，同比下降11.3%。群众对社会治安满意率达85%以上。区综治信访维稳中心及全区200个综治信访维稳工作站的硬件建设完工，全年三级平台共受理各类矛盾纠纷3218宗，成功调处3111宗，成功调处率达96.7%。

开展校园及周边安全防范工作，对全区中小学校和幼儿园进行安全隐患排查，辖内公办中小学校和幼儿园90%以上安装视频监控器，推进校园报警系统与110报警系统互联试点建设。深化“人屋”综合治理，排查和登记出租屋和流动人员，落实人屋分类管理。查处非法营运车辆和各类道路运输违章行为，监管机动车维修点，整治违规停车场，推进路内停车场建设。开展扫除“黄赌毒黑”行动，组织大规模集中清查整治行动12次，端掉“李振刚涉黑团伙”，公安部专门发来贺电。加强涉“黄赌毒”场所信息摸查登记，深化娱乐服务场所分级管理，落实创建平安电网工作，全区电力设施安全平稳运行。开展再生资源社区便民回收网络建设，建设社区便民回收点151个。

2010年1月27日，天河区政法工作会议召开。
（摄影：郑鹤昕）

【治安重点整治】2010年，整治被列为市重点整治的石牌街、天河南街，以及3个市重点整治社区，成效显著。对19个治安重点地区及其26个突出治安问题，实行限期整改，定期检查督导，各重点地区的治安状况得到改善。进行涉亚安保重点街道管控，天河南街、石牌街、林和街、猎德街和黄村街5个涉亚安保重点街道治安保持平稳。猎德街利用综治信访维稳中心平台，构建群防群治队伍联动、视频监控联建、重点人群联控、社区群众联勤“四张网络”，社会面防控严密有序。区增加投资1400万元在涉亚场馆周边新建189个监控点及配套设施，社会面科技防范水平得到提升。

【基层治安防控】2010年，区财政投资及社会力量建设监控探头达4845个，根据视频监控提供线索破案1677宗，抓获犯罪嫌疑人2322人。摸清全区流动人口和出租屋底数；拆除“房中房”1882套，清理重点出租屋91412套，全区出租屋刑事立案比上年下降24.63%。

【禁毒工作】2010年，天河区严厉打击毒枭和制贩毒团伙网络，侦破毒品案件248宗279人，比上年上升29.17%和24%，破获千克以上毒品案件6宗，其中2宗超过万克，端掉制毒窝点1个，缴获毒品、毒资一批。开展禁毒预防宣传活动，组织高校大型禁毒宣传教育活动和禁毒文艺晚会；加强社区戒毒，面向社会公开招聘社区戒毒（康复）专职工作人员22名，组建社区戒毒专职工作人员队伍；规范对娱乐场所的禁毒管理；推进易制毒化学品的管理和制度化建设；开辟天河“禁毒在线”网页，开通与全区各中小学校校园网的联接，建立天河禁毒网络宣传平台。开展美沙酮药物维持治疗，门诊累计收治288人，在治人数184人/日，保持率在73%以上，开展受治人员关爱帮教，元旦、中秋、春节等节日开展形式多样的关爱帮教活动。是年，天河区禁毒委被评为广州市禁毒工作优秀单位。

2010年4月22日，天河区举办高校大型禁毒宣传教育活动。（摄影：张云开）

【实现平安亚运目标】2010年10月，亚运会亚残运会天河赛区安保工作指挥部由区政法委牵头成立，天河区反恐怖工作协调小组在全市率先成立。推进亚运前社会矛盾化解和专项整治，截至2010年10月，共排查社会矛盾纠纷206宗，至亚运开幕前，成功调处192宗。是年，区综治委进行总体部署，制定全区工作方案，成立区防控指挥部，开展全区防控力量的组织发动和协调指挥。全区设置岗位7643个，发动义务防控力量130220人，完成总任务数的102.42%。一级防控响应出动防控力量917136人次（社会义务力量859062人次），二级响应日均投入防控力量66861人次，全区形成严密的整体防控网络。（郑鹤昕）

2010年8月13日，天河区举行“迎亚运、保平安”整治交通秩序百日会战启动行动。（摄影：林广文）

公　安

【概况】2010年，天河区公安分局开展“飓风09”、“创平安、迎亚运”、“平安亚运十大行动”等一系列专项行动，顺利完成第16届亚运会等77项大型群体活动安保工作。是年，有14个集体荣立集体三等功，66名民警荣立个人功，458名民警被广州市公安局嘉奖；1个单位被评为全国推行拘留所管理教育新模式先进单位；1名民警被评为广东省第三届人民满意的公务员；1个单位被评为全省优秀公安基层单位，8名民警被评为全省优秀人民警察；1个集体被评为广州地区春运工作先进单位，7名民警被评为2009年度市级优秀政工干部；6个单位被评为广州市公安局2009年度人民满意单位，23名民警被评为广州市公安局2009年度人民满意民警。

【打击刑事犯罪】2010年，受理总警情179275宗，比上年下降0.5%。打掉各类犯罪团伙339个，抓获团伙成员983名；立刑事案件6139宗，实际破获各类刑事案件6086宗。全年发命案21宗，破案19宗，破案率为90.5%。成功侦破石牌“8·20”爆炸案，破获“两抢两盗”、诈骗等侵财案件2568宗，毁恶势力团伙13个，抓获团伙成员98人。侦破毒品犯罪案件250宗，刑拘毒品犯罪嫌疑人员281人；摧毁毒品犯罪团伙9个，打掉制毒工厂2个，缴获毒品海洛因2300克、冰毒4031.5克、麻古8.2万粒等毒品和作案工具一批。

【打击经济犯罪】 2010年，开展假币“09行动”、信用卡犯罪和侵犯知识产权犯罪等专项行动，破获经济犯罪案件125宗，比上年上升6.8%，抓获犯罪嫌疑人333人，上升92.5%，挽回经济损失1300余万元。

【社会面防控】 2010年，将全区群防群治队伍整合为辅警、保安、治安联防3支队伍，明确管理主体和工作职责，群防群治队伍全年发现违法犯罪线索1676条，协助抓获违法犯罪嫌疑人1740名，协助破获刑事、治安案件1056宗；深化夜间勤务机制建设，夜间刑事治安警情同比下降；依托警务信息平台，开展网上作战，全年抓获在逃人员610名，其中抓获外省立案的在逃人员238名，比上年分别上升16.8%和0.4%。

【重点整治】 2010年，重点整治地区冼村刑事立案216宗，比上年下降11.8%，处理违法犯罪人员323人，其中刑事拘留111人，行政拘留212人，破获刑事案211宗，破案率为34.2%。妥善处置DDS快递公司纠纷事件以及冼村、林和、新塘等城中村拆迁改造等引发群体性事件；参与处置涉疆案事件21宗；及时劝返、处置外来图谋闹访、滋事人员60人。侦破“法轮功”案件13宗，依法处理涉案人员26名。查处“黄赌毒”案件230起，处理涉嫌“黄赌毒”违法人员253人；实行场所和行业人员信息“三提取”、“五提取”工作，累计“三提取”有关场所、行业信息3.3万条，“五提取”行业人员信息2.1万条。开展交通整治活动，查扣各类车辆共3685辆；强化消防安全监督，检查场所137792间次，整改火灾隐患21634处。

【网警建设】 2010年，完善191个警务室网上社区建设工作，将网上监控工作纳入社区民警的日常工作；全面启动网络安全运行保障行动工作，涉亚场馆、酒店全部纳入“安网”监控。全年收集网络舆情信息425条，被上级机关采纳397条，采纳率达93.41%；打掉网络赌博团伙一个，抓获涉案人员11名；依法处理“黑网吧”59间。网警大队成为全国公安机关社会管理创新工作座谈会参观点。

2010年6月28日，公安部副部长陈智敏率领全国公安机关社会管理创新座谈会部分会议代表，到天河区公安分局网警大队创新示范点参观考察。（摄影：曾秋权）

【亚运安保】·筹备部署· 组建场馆安保团队及接待酒店安保团队，完成涉亚接待酒店从业人员背景审查和施工现场围闭管理工作；完成基础数据摸查；制定公共、专业方案128份，制定亚运会开闭幕式和涉亚场馆、酒店方（预）案89套；组织民警亚运安保暨“战训合一”培训和亚运防爆安检单元责任民警专业培训和亚运场馆、酒店安保团队责任人、新闻发言人专训及亚运风险评估技能等15项98场次培训。进行安全风险评估，形成《评估报告》84套。开展社会面整体防控实战磨合演练、开闭幕式安保工作合成演练等18场次。

2010年11月11日，国务委员、公安部部长孟建柱（左四）由省委常委、政法委书记、公安厅厅长梁伟发，市委常委、政法委书记、公安局局长吴沙等省市区领导陪同，考察天河区公安分局猎德派出所亚运安保工作。

（摄影：曾秋权）

·立体防控· 设立“三道防线”卡口，投入各类安保力量15701人次，检查各类车辆30238辆，查获违法犯罪嫌疑人106名。投入安保力量43239人次，设立61个巡逻警区24小时不间断巡防，检查车辆17196辆，查获嫌疑人员1002人；抓获处理倒票人员90人，缴获亚运会比赛门票652张。投入各类安保力量88461人次，对全区183个重点目标落实人员岗位责任制。全区26个二、三级监控中心实行全天候上岗，视频监控系统发现各类可疑线索28条，抓获违法犯罪嫌疑人23名。

·全警参与· 构筑合理指挥布警模式，将珠江新城区域划分为封闭区、管制区和控制区三大区域21个片区和地下空间、焰火区。对重点楼宇分级分类管控；制作10万张住户证和1.5万张车证，严密人口管控。重点时段重点路段重点用警，成功疏散人员62万人次。亚运期间，场馆安保工作投入各类安保力量248386人次，全区场馆完成比赛746场次，接待观众1402142人次。防爆安检工作团队完成对1916963人次、3296123件次物品及731105车次的安检工作，查出限带物品334059件次。采取“实名制”布警方式，对前、后院共16条安全通道安排专人看护；对4大场馆群11212名安保力量实行滚动用警，亚运场馆群运作正常。

2010年11月27日，第16届亚运会闭幕式在海心沙岛举行。图为区公安分局公安干警在场馆外围开展安保工作。（摄影：曾秋权）

2010年12月19日，广州2010年亚洲残疾人运动会闭幕式在奥林匹克体育中心举行。图为区公安分局公安干警在场馆内维持秩序。（摄影：曾秋权）

【人口统计】 2010年，全区常住居民215823户（比上年增9373户），770274人（比上年增25047人）；外来暂住人口1149651人（比上年增42151人）。

【办证中心服务】 2010年，综合办证大厅接待办理户政、出入境业务群众77万余人次，办理户政业务信息325448条；受理出入境证照申请材料共215071份，比上年增长13.4%，办理境外人员临时住宿登记16941次，住宿登记“三率”达95%，位居全市前列。

【破案实例】·侦破“8·20”光大银行邮包爆炸案· 2010年8月20日，天河北路某大厦发生一起爆炸案，广州市某金融机构管理人员陈某在拆开一个快递包裹时被炸伤手部。案发后，天河区公安分局立即成立专案组展开侦查，21日，专案组抓获犯罪嫌疑人徐某。经审讯，徐某对其自制爆炸物实施爆炸的犯罪事实供认不讳，专案组民警在其住处搜获制作爆炸物的作案工具一批，以及私藏的与爆炸物同类型的制式手雷式催泪弹3枚、雷管1枚、各类枪支11支、各种口径子弹4192发。

·侦破邱X雄盗窃汽车犯罪团伙案· 2009年底，天河区连续发生多起“风神”汽车被盗案，天河区公安分局刑警大队经过缜密侦查，于2010年1月18日在天河、白云、萝岗、开发区等地先后抓获胡X新、何X洲等犯罪嫌疑人15名，追回被盗汽车5辆。2010年7月初，根据前期侦查的情况，逐步掌握到一个广东省丰顺籍盗窃团伙的活动规律，开始布网伏击。2010年7月16日，专案组联合市局刑警支队，在龙洞美食广场抓获邱X雄等多名盗窃汽车犯罪嫌疑人，缴获被盗汽车一辆，作案工具一批，审破该团伙在天河区盗窃广本、日产系列高中档汽车案件21宗。

·侦破特大电信诈骗团伙案· 2010年5月8日，天园街骏景花园发生一宗电信诈骗案，涉案金额286.1万元。经侦查，天河区公安分局专案组于是年5月底先后在江苏和安徽抓获犯罪嫌疑人6名。经2个多月的侦查后，最终锁定该电信诈骗犯罪团伙分别在东莞、珠海、惠州有多个窝点。2010年9月2日，专案组在东莞、珠海、惠州等地抓获涉案嫌疑人15名，缴获赃款人民币约40万元、涉案存折及银行卡259本（张）、手提电脑4部、电脑主机6台、转账电话3部、小轿车1辆等物品一批。

·侦破特大出售非法制造的发票犯罪团伙案· 2010年，根据公安部深入打击发票犯罪专项行动的部署，天河区公安分局经侦大队与元岗所联手成立专案小组，经近2个月的侦查，于2月4日打掉以张X州为首的特大出售非法制造的发票犯罪团伙，捣毁非法假发票窝点3个，现场抓获张X州等犯罪嫌疑人6名，刑拘5人，缴获假发票33.23万份（其中，国税票1.83万枚，地税31.39万枚，广东增值税专用发票44份，河南增值税专用发票120份）和联系买家的电脑设备2台、伪造的公章17枚。

（区公安分局供稿）

检　察

【概况】 2010年，天河区检察院贯彻落实区委八次、九次全会精神和上级检察机关的工作部署，围绕“迎亚运、促发展”的工作大局，以深入推进三项重点工作为载体，全面履行各项检察职能。2月，天河区检察院荣获“全国模范检察院”称号。

2010年2月24日，区人民检察院检察长张志强出席全国检察机关第七次先进集体、先进个人表彰电视电话会议，接受颁奖。图为最高人民检察院检察长张耕与天河区人民检察院检察长张志强合影。（区检察院供稿）

【刑事检察】 2010年，批准逮捕案件1358件1951人。比上年分别下降6.3%和7.9%。提起公诉1685件2407人，比上年分别上升2.3%和1.9%。严厉打击暴力性犯罪和“两抢一盗”等多发性侵财犯罪，全年批准逮捕故意杀人、故意伤害案154件202人、“两抢一盗”案518件692人。审查起诉扰乱市场秩序、金融诈骗、侵犯知识产权等破坏市场经济秩序类犯罪案件125件266人。打击“涉亚运”刑事犯罪，共办理“涉亚运”案件7件17人。依法批捕以李X刚为首的黑社会性质组织成员28人，起诉涉案金额高达7.6亿元的广东省首例网络赌球案。办理8·13冼村聚众扰乱社会秩序、寻衅滋事案、3·12黄埔大道堵路寻衅滋事案等一批造成严重社会影响的案件。

【职务犯罪检察】 2010年，立案查办贪污贿赂、渎职侵权等职务犯罪案件23件24人，其中贪污贿赂案20件20人，渎职案3件4人，其中10万元以上大案13件13人，处级要案4件4人，追缴赃款95万多元。依法查办一批权力高度集中或具有经营垄断地位的重点行业和部门的商业贿赂犯罪案件，全年共立案侦查商业贿赂犯罪案件16件16人，占立案总数的80%，涉案金额369万多元。其中工程建设领域职务犯罪案件3件3人，医疗、保险等民生行业的职务犯罪案件10件10人，占立案总数的50%。加大对行贿犯罪的打击力度，共立案侦查行贿犯罪案件3件3人。加强同纪检监察、审计、规划建设等部门的配合，突出亚运场馆工程、“三旧”改造、河涌治理等重点领域的专项预防，保障亚运工程建设和政府投资安全。坚持平和、理性、文明、规范执法，积极推进侦查办案方式方法转变。推进查处职务犯罪规范化建设，严格执行职务犯罪审查逮捕权上提一级的规定，修订完善《反贪局线索管理规定》、

2010年3月15日，天河区人民检察院反贪部门召开总结会，部署反贪办案工作。（区检察院供稿）

《关于进一步加强自侦部门办案安全防范工作的规定》等制度，规范执法办案工作。

【诉讼监督】2010年，办理刑事立案监督案件39件，向公安机关发出《要求说明不立案理由通知书》9份，发出《建议立案函》26份，监督公安机关立案11件，提供线索建议反渎职侵权部门立案2件。追诉漏犯23人，其中17人获法院有罪判决；追加漏罪18件，其中14件获法院有罪判决。对法院认定事实和适用法律确有错误的案件，提请抗诉7件9人。加大纠正超期羁押力度，确保检察环节零超期。加强对监外罪犯监管和社会矫正的检察监督，对辖内191名社区矫正对象实行信息化台账管理制度。推进民事行政办案一体化试点工作，共办结民事行政申诉案件61件，其中建议市检察院提请省检察院抗诉28件，提请市检察院抗诉2件，获得法院改判2件，息诉31件。加强对法院执行环节的监督，办结执行监督案件4件。发出督促起诉检察建议9份，督促被害单位提起民事诉讼，避免国有资产流失。

【检察环节综治】2010年，区检察院开展一系列“法制教育进校园”活动，进行未成年人犯罪的预防工作。做好检察环节的综治维稳工作，优化社会管理，推动建立和完善社会治安防控体系。探索社区矫正检察监督工作新机制，制定《社区矫正检察官制度》，配合相关单位加强社区矫正工作。参与网络虚拟社会管理，加强涉法涉检网络舆情研判和引导。贯彻宽严相济的刑事司法政策，依法不（予）批准逮捕243人，作出不起诉决定36人，对162名犯罪嫌疑人实行刑事和解。开展“迎亚运、保平安”矛盾纠纷排查化解专项活动，在亚运会前化解所有涉检信访案件。

2010年11月24日，广东省人民检察院检察长郑红到天河区人民检察院检查指导工作。（区检察院供稿）

【控告申诉检察】2010年，区检察院加强控告申诉检察职能，通过视频接访、检察长预约接访、12309举报系统等多种形式，畅通群众控告、申诉、举报的渠道。全年共受理控告、申诉、举报信访案319件，同比上升6.68%。办结刑事赔偿案件6件，刑事申诉案件2件，检察长接待群众来访16件37人。

【检察队伍建设】2010年，区检察院开展“创先争优”、“恪守检察职业道德、促进公正廉洁执法”和“建学习型党组织、创学习型检察院、做学习型检察官”主题实践活动。积极参与“迎接亚运会、创造新生活”主题活动，抽调90名干警参加亚运会、亚残运会开闭幕式安保工作，参加志愿服务工作的人数约占全院总人数的91%。强化对自侦案件的监督制约，由纪检监察部门对自侦部门办案活动实行全程同步监督，共对被讯（询）问对象进行监督回访问话30人次。深化“阳光检务”工作，组织市、区两级院28名人民监督员、特约检察员及各民主党派联络员联合视察区检察院，当面听取意见和建议。组织人大代表、政协委员专题视察反渎职侵权检察工作，当面听取意见和建议。接受人民监督员评议拟不起诉案件11件12人。

2010年10月9日，区人大常委会代理主任王淑贞为区人民检察院检察员颁发任命书。（区检察院供稿）

【检察案例】·起诉广东省首例网络赌球案· 自2009年10月开始，被告人周X峰（女）、陈X义、黄X江、赵X炎利用境外最大的代理制赌博网站“永利高”，以接受体育博彩投注，充当庄家赌博等方式，进行网络赌球。该网络赌球组织采用严密的“大股东”—“股东”—“总代理”—“代理”层级管理形式发展会员，周X峰为网站的“大股东”，管理着下线“股东”陈X义，陈又管理着下线“总代理”黄X江、赵X炎，黄、赵二人还可以管理“代理”层级的下线。从2010年1月1日至3月25日，在短短84天的时间内周X峰共接受网络赌球投注7.6亿元，陈X义共接受投注5200多万元，黄X江和赵X炎分别接受投注188万元。“大股东”周X峰日均吸收赌注900多万元。2010年10月15日，区检察院以开设赌场罪对周X峰等4名被告人提起公诉，这也是广东省首例网络赌球案。

·批捕李X刚等28人涉黑团伙案· 自1992年以来，以犯罪嫌疑人李X刚（广东省茂名市人大代表）为首的黑社会性质团伙通过各种手段纠集社会闲散人员、刑满释放人员和国家工作人员等数十人，逐步形成一个以李X刚为组织领导者的黑社会性质组织，在广东省电白县一带进行违法犯罪活动，严重影响当地的社会生活秩序和经济秩序。2007年，李X刚在广州市天河区开办广州市奥业投资有限公司，作为掩饰其犯罪活动所取得的非法经济来源的幌子，在茂名市以及广州市天河区等地以暴力、威胁等手段，实施非法拘禁、敲诈勒索等违法犯罪活动，敛取巨额利润。2010年1～6月，区检察院以涉嫌组织、领导、参加黑社会性质组织罪、敲诈勒索罪、非法拘禁罪、非法侵入住宅罪等罪名依法批准逮捕李X刚等28名犯罪嫌疑人。

·起诉马X宝等六人集资诈骗1.4亿元案· 被告人马X宝、李X虎、黄X金等人于2006年12月成立广东大块金投资股份有限公司，2007年1月成立内蒙古汇鑫投资股份有限公司，进行贵金属投资咨询业务。在明知二公司无实体经营、无合法投资渠道的情况下，被告人马X宝等人以非法占有为目的，制定相关细则、合约，谎称二公司代理黄金投资、理财，通过被告人陈X开设讲座吸引客户，并通过被告人邓X星等部门经理、被告人郭X芬等业务员通过派传单、打电话拜访和媒体等宣传方式吹捧黄金的升值潜力及市场投资前景，承诺以每年10%至30%的高额利息诱骗群众投资入股，并分别以大块金公司、汇鑫公司名义与上述不明真相的群众签订《交易协议书》或《股东协议书》，从978名被害人处非法集资共计人民币超过1.46亿元。其中，被告人郭X芬直接从宋某某等被害人处非法集资共人民币148万元。全部款项除部分支付投资客户利息、员工提成外，全部通过转账提现，由被告人马X宝、李X虎、陈X、郭X芬、黄X金、邓X星等人侵吞，无法缴回。2010年5月21日，区检察院以上述6名被告人涉嫌构成集资诈骗罪，依法对其提起公诉。

（刘庆）

审 判

【概况】2010年，受理各类案件22588件，审执结案件18796件，同比分别增长3.79%和0.06%，结案标的额21.98 亿元，同比增长41.26%；案件均衡度60.13，一线法官人均结案303 件，两项指标在全市各基层法院名列第一。

【刑事审判】2010年，审结刑事案件1659件，判处罪犯2332人，分别同比上升2.34%和4.29%。对严重危害社会治安的暴力犯罪保持高压态势，审结故意伤害案件175件229人，绑架案件9件28人。切实保障人民群众的财产安全，审结抢劫、抢夺、盗窃、诈骗等多发性侵财犯罪案件740件1055人；开展禁毒专项斗争，审结毒品犯罪案件201件215人；配合反腐斗争的深入开展，审结贪污、贿赂、渎职案件20件20人。加大对经济犯罪打击力度，审结非法经营、集资诈骗、非法制售发票、洗钱、生产销售伪劣产品等破坏市场经济秩序犯罪案件130件，是去年同期的2.28倍。先后审理社会高度关注的“瘦肉精”系列案，审结王X良等11人诈骗案、于X国等16人开设赌场案、侯X武参加黑社会性质组

2010年4月8日，开庭审理于X国等16人开设赌博场案。

（区法院供稿）

织案等重大案件。

贯彻宽严相济刑事政策，对交通肇事、家庭矛盾、邻里纠纷引发的人身损害刑事案件落实刑事和解，维护刑事被害人合法权益；对具有法定从宽情节的依法从宽处理，依法适用非监禁刑，共对279名被告人判处非监禁刑，16人免予刑事处罚。严格贯彻罪刑法定原则，依法宣告4名被告人无罪。

【民商事审判】 2010年，审结各类民商事案件10252件，诉讼标的额12.16亿元。

审结各类财产权属确认、人身损害等权属、侵权纠纷案件1954件，其中审结道路交通事故人身损害赔偿案件750件，审结产品责任案件69件，审结名誉权纠纷案件26件，妥善审理“紫砂煲”产品质量纠纷案等社会高度关注的案件。审结劳动争议案件1161件，以司法确认方式快速便捷处理多宗群体性劳资纠纷，减轻当事人诉累，维护劳资关系和谐。注重保护妇女、儿童、老人合法权益，促进家庭社区和谐，审结婚姻、家庭、继承纠纷案件757件，其中婚姻案件609件，赡养、抚养、扶养案件83件。

审结各类合同纠纷案件6344件，诉讼标的额10.51亿元；着力维护金融秩序，审结借贷、信用卡、储蓄、保险等案件1602件，其中审结保险合同纠纷案件403件，比上年（下同）上升79.91%；妥善处理情况复杂的民间借贷案件440件，上升10.83%，防止当事人以民间借贷形式掩盖高利贷、赌债、犯罪等非法行为；着力维护现代公司企业制度，审结公司股权转让侵权、公司财产分配等股东权纠纷案件76件。妥善审理“真功夫”股东知情权纠纷案，“二天堂”家族股权确认案等影响较大的案件。

审结商品房买卖、租赁、中介、物业管理等房地产纠纷案件1707件。审结小区物业管理纠纷案件789件。审结建设工程合同纠纷案件142件，判决偿付工程款975.62万元。审理涉林和村、冼村、猎德村等“城中村”拆迁纠纷案件17件。调处多年未决的渔沙坦村征地拆迁安置补偿纠纷案，成功平息涉绿佳小区300多名业主、骏景花园100多名业主的物业管理纠纷系列案。

【行政审判】 2010年，审结行政诉讼案件134件，上升9.84%，妥善审理涉及民生的权属登记、房屋拆迁、工商登记、工伤认定、社会保险等行政纠纷案件。在诉讼中引入行政案件协调工作机制，诉讼案件和解撤诉率达43.93%，在全市各基层法院名列前茅，有力促进官民和谐。加大非诉行政执行案件执行力度，妥善执结环保类、住房公积金、社会抚养费、残疾人就业保障金等案件479件，上升56.54%，其中配合亚运环境专项整治活动，执结区环保局申请执行的案件260 件。

【知识产权审判】 审结民事、行政、刑事知识产权案件455件，增长19.42%，案件质量保持高水平，3宗案件入选广州地区十大知识产权案例。知识产权“三审合一”审判工作经验得到进一步肯定，先后两次在全国性知识产权审判工作会议上介绍经验，树立天河知识产权司法保护品牌。审结中国音乐著作权协会发起的60多宗音乐著作权系列维权案、美国微软公司windows软件维权案等一批具影响力的案件。

【少年审判】 2010年，审结少年民事、刑事案件182件。探索未成年犯非监禁刑适用空间，未成年犯非监禁刑适用率为38.71%，其中对外地未成年人非监禁刑适用工作经验在全市法院推广。推进社区矫治工作，帮助未成年犯回归社会，加强与天河区关工委的合作，共建法院、关工委、街道三方协作的帮教工作网络，成功对111名未成年犯落实跟踪帮教，受帮教人员无一重新犯罪。加强青少年犯罪预防，少年庭法官先后到多所中小学授课，受教育学生、家长2000多人次。

【执行工作】 2010年，开展“清理委托执行案件”和“创无执行积案先进法院”专项活动，执结案件6744件，上升9.96%，执结金额9.79亿元。成功调处猎德村改造最后两重点户拆迁执行案，实现猎德村改造“零强拆”，为广州市城中村改造工作提供典型范例。

完善案件内部评查机制，强化执行信息化管理，实行执行长联席会议制度和例会学习培训制度。完善和强化协助执行联动工作机制，破解一大批执行难案，促进提升执行到位率。6月起推行主动执行工作机制，制定《关于主动执行工作规定（试行）》，对审判期间征得权利人同意，裁判文书生效后义务人在履行期限内未履行义务的案件，主动启动执行程序，执结主动执行案件449件，推动解决执行难。

【涉亚运案件审理】 制定《关于为广州亚运会提供司法服务和司法保障的若干意见》，强化案件预警工作机制，对涉亚、涉稳、涉群案件进行全面排查，开展维稳风险评估和预警；强化预案工作机制，逐案制定工作处置预案，责任到人、实时跟踪督办；强化案件调处机制，善用、巧用调解工作技巧和方法，防止矛盾激化，力争结案；强化沟通协作机制，与劳动、公安、街道、国土、税务等部门联动协作，妥善处理案件。审结亚运整饰工程人身损害赔偿、工程建设、加工承揽、亚运标识著作权等涉亚纠纷案件34件。妥善处理棠下上社工业区某服装厂老板逃匿，30多名劳动者亚运期间聚集讨薪、扬言自杀的群体性事件；顺利执结涉上千名村民利益的天河电脑城租赁纠纷搬迁系列案等，为维护亚运期间社会稳定做出贡献。

【调解中心建设】 进一步完善人民调解、行政调解、司法调解三位一体的大调解工作体系，强化矛盾纠纷综合调处平台——天河区调解中心的建设。与区司法局联合制定《天河区调解中心调解速裁工作规程》，进一步规范完善诉前调解、委托调解、协助调解、司法确认等工作程序，实现人民调解与司法调解效力的有效衔接。以调解中心为平台，强化简易民商事案件速裁，通过速裁方式审结案件1126件，个案平均审理周期约为20天（扣除15天法定答辩期，实际办理案件时间仅为5天）；速裁案件中调撤率达90.55%，服判息诉率达97.65%。

【建立交通事故简易法庭】 加大行政调解与司法调解衔接力度，8月，在天河区交警大队设立交通事故简易法庭，每周派一名法官轮值一天，“一站式”完成交通事故纠纷的咨询、受理、调解、审判等程序，对交管部门的行政调解协议进行司法确认，实现行政调解与司法调解效力的无缝对接。简易法庭启动3个月，调处纠纷和司法确认案件121件。

2010年8月31日，区法院在天河区交警大队设立的交通事故简易法庭正式挂牌成立，图为有关领导为简易法庭揭牌。（区法院供稿）

【司法为民举措】 丰富立案窗口服务内容，更新制作分类明确的诉讼指引资料，加强立案大厅、信访室的诉讼指引，增设上网查询案件信息电脑、储物柜等人性化设施，建立老弱病残及弱势群体的立案绿色通道。开展“百万案件评查”活动，参与各级领导大接访和矛盾纠纷排查化解行动，妥善处理一批涉诉信访积案和当事人缠访闹访案件。处理涉诉信访案件45件，比上年减少64%，处理一般群众来信126件，接待群众咨询3087人次，院领导、中层领导接待群众199人次。加大司法救助力度，为经济确有困难的当事人提供司法救助100件次，决定缓、减、免交诉讼费159万元，依法为62名刑事被告人指定辩护人，为9名确有困难的申请执行人申请拨付信访救助资金26.34万元，为涉及农民工、低收入人群的案件采取高效快速的财产保全措施，保障当事人诉讼权益。

【参与社会治安综合治理】 落实“五五”普法工作纲要，利用公开审判、法制讲座、法律咨询、新闻宣传等多种形式，加强法制宣传教育，提高公民的法律意识，全年开展法律咨询、专题讲座12次，组织群众旁听案件21案400余人次，在平面媒体发表新闻宣传稿件200多篇次，与电视台合作制作法制宣传节目5期。对审判执行中发现的问题及时提出司法建议，对房地产中介超额收费、保险企业违规经营团体保险、代孕现象缺乏监管、宅基地私房合建影响“城中村”改造等社会问题进行深入分析、提出改进建议，得到有关部门的重视和采纳。

【审判管理】 继续实行以案件双周报结、双周督办、部门业绩排名为主要内容的双周督办例会制度，依托审判信息化管理系统，着重强化各审判部门对统计图表和数据的综合、分析、解读能力，审判执行整体运行良性均衡。以开展排头兵达标竞赛活动为契机，开展12项重点审判执行指标的达标创优工作，通过查找差距、制定目标、分解任务等措施，全年主要工作指标完成情况良好，结案均衡度保持领先，人均结案数持续高位，民事调撤率大幅提升，信访投诉率明显下降，案件质量处于较好水平。

【自觉接受监督】始终将各项工作置于党的领导和人大监督之下，及时向党委、人大报告重要情况和重大问题。2010年7月20日，区人大常委会执法检查组检查区法院贯彻实施《中华人民共和国民事诉讼法》及《最高人民法院关于人民法院执行工作若干问题的规定（试行）》情况，肯定区法院执行工作取得的成绩，并提出有益的意见和建议。组织“百案调解”活动，8月12日邀请10名市、区人大代表参加三宗民事案件调解，代表们积极参与调解，并高度肯定法官调解能力和水平。全年办理人大机关信访督办案件23件。进一步健全人民陪审员选任、培训和管理机制，人民陪审员参审案件4826件9652人次，参审率86.33%。

【审判案例】·成功调处猎德村改造最后两重点户搬迁执行案· 2007年12月，区法院就广州市猎德经济发展有限公司诉李氏兄弟宅基地纠纷两案作出判决，判令二人将房屋腾空交付给猎德经济发展有限公司。判后，李氏两兄弟对猎德拆迁补偿条件不满，拒绝签订补偿协议，也拒绝腾空交付房屋。2010年8月，猎德经济发展有限公司向区法院申请强制执行。

案件执行关系猎德改造整体进程，且亚运会开幕在即，处理不慎易引发社会不稳定因素。区法院迅速抽调执行骨干组成工作组展开案件调处工作。8月30日，执行法官上门进行第一次调处，执行法官抓住李氏兄弟如不签订补偿协议，则无法参加9月1日回迁房摇珠，其利益将遭受更大损失这一关键点，充分释法明理以诚意打动说服李氏兄弟。谈话持续近四个小时，取得突破性进展，两人均作出较大让步。8月31日李氏兄弟突然反悔，提出增加多项条件。当天15：00，工作组再次约双方当事人到法院进行进一步调处，此次调处的重点在于缩小双方差距。一开始被执行人态度强硬，当事人双方对于补偿问题相持不下，直至16：30，申请人一方认为已无希望达成协议便先行离开，调处工作陷入僵局。但执行法官并不放弃，抓住被执行人签署笔录的间隙继续做工作。最后的坚持使案件出现转

2010年8月28日，赶赴猎德搬迁现场进行调处前，区法院党组书记、院长甘正培（右二）向工作组作部署指示。（区法院供稿）

机，19：30，当事人双方再次在法院的主持下坐到一起，20：30双方最终达成协议。9月1日，李氏兄弟顺利参加新房分配摇珠会，并分到心仪的房屋。该案调处是区法院法官高度负责的工作态度和较高的执法水平的一次综合体现，实现猎德村改造“零强拆”，为广州市城中村改造工作提供典型范例。

·“真功夫”股东知情权纠纷案· 原告潘X海诉被告真功夫餐饮管理有限公司股东知情权纠纷一案，原告潘X海持有被告真功夫公司41.74%的股份，要求和审计公司对被告成立以来的财务报表、帐册等进行审计，被告必须提供有关资料、办公场所和其他合理设施以便于进行审计。被告拒绝原告的审计申请，认为公司正常经营，且一直按照规定进行有效审计，没有违反公司章程和法律法规，在原告合法权益没有受到任何侵害的情况下不必另行审计，原告遂诉至区法院。该案虽是企业内部矛盾，但处理不慎将不利于国内本土快餐企业的良性发展，引起社会各界和新闻媒体的高度关注。

由于此案涉及财务报告、财务帐册、会计凭证（包括与凭证对应的合同）、银行对帐单的审计，必须进行证据保全，但若对相应的财务原件进行保全，势必影响被告的日常经营管理，且有可能引起更大的内部纠纷。区法院决定对被告自2007年成立以来至2009年的所有相关财务资料通过公证方式进行证据保全，将原件退回被告。由于被告公司规模较大，证据保全异常艰苦，公证材料共计十几箱，经办法官多次往来法院、被告公司及公证中心，最后成功将该案所涉所有财务资料公证保全。

2010年2月12日，区法院对媒体关注“真功夫”股东知情权纠纷案进行一审宣判。（区法院供稿）

案件经调解后双方未达成协议，区法院随即对案件做出判决，支持原告诉请。判后被告不服，提起上诉，二审维持原判。

·骏景花园100多名业主的物业管理纠纷系列案· 2010年8月19日，区法院受理原告广东康景物业服务有限公司诉被告赵X明等人物业服务合同纠纷系列案共100件案件。由于案件涉及群体，区法院先后三次召开案件专题研究会，认真分析案情，研究工作方案，决定拓宽工作思路，开展上门送达和庭前调解活动，力争在小区住户的家门口解决纠纷。

调解工作分三阶段进行：第一阶段是进行电话调解和送达通知，初步掌握该批系列案的案情，并在此基础上进行分类和制定相应的调解方案；第二阶段是组织法官到业主聚居地集中送达和现场进行调解，在前期电话“背对背”调解的基础上，2010年8月28日，法官分为三组到小区里的指定地点，现场进行“面对面”调解，并利用羊群效应扩大调解范围。经过庭前调解，36件案件达成调解协议或经调解后撤诉。第三阶段是进行后续调解工作和开庭审理工作，对一部分争议不大、但需要时间协调解决的案件，法官继续做好跟进工作，并在此基础上认真准备开庭。经过庭审时耐心听取双方当事人意见，庭后持续不断地做调解工作，向当事人充分释明法律规定和权利义务范围，引导双方互相达成谅解，最终促使该批系列案全部调解撤诉，矛盾纠纷得以妥善化解。

2010年8月27日，区法院民四庭法官到骏景花园就物业管理纠纷系列案开展上门集中送达、现场调解和法律咨询活动。（区法院供稿）

·审结涉上千名学生的团体医疗保险纠纷案· 原告朱X国诉中国平安财产保险股份有限公司广东分公司保险合同纠纷一案，原告是广东工贸职业技术学院学生，在学校组织下缴纳保费向被告某保险公司投保住院医疗保险，但被告在订立保险合同时只是与广东工贸职业技术学院接洽，并未就责任免除条款的相关内容向购买团体保险的学生个人进行明确说明，也未向购买团体保险的学生询问是否有既往病症等。后原告因住院向被告申请理赔，但被告以原告隐瞒患病事实为由拒赔，原告故而向法院起诉要求被告支付保险费。

法院在查明事实后发现，《保险法》仅规定保险人在订立保险合同时应全面、合理地提醒投保人了解合同的免责条款及相关内容，并明确说明拒保和拒赔的情形，但对于团体保险未要求保险人向团体保险的被保险人进行明确说明。考虑到本案讼争的保险是学生团体险，学校代为投保，但实际缴纳保费的投保人是学生，且该类案件涉及众多大、中、小学校学生利益，社会影响大，法官根据诚信原则和利益平衡原则等法律原则，认为保险公司不仅要向学校，更要向投保的学生个人履行明确说明义务，故认定保险公司未明确说明的免责条款对投保的学生不发生法律效力，且认定保险公司放弃行使询问权而导致被保险人未能如实告知既往病史，责任在保险公司，最终判决支持原告诉讼请求。被告不服提起上诉，二审维持原判。该案审理中，法院贯彻未成年人利益最大化原则，充分保护未成年人在团体保险中的合法利益。判后还向保险公司发出司法建议书，要求保险公司明确在团体险投保中的说明义务和询问方式，以规范投保行为。

（区法院供稿）

司法行政

【概况】2010年，天河区司法行政工作围绕“平安亚运”总目标，推进社会矛盾化解、社会管理创新、公正廉洁执法3项重点工作，全面发挥司法行政职能作用，促进经济社会平稳较快发展。

【亚运安保服务】2010年，区司法局到全区各街道、社区、学校和企业进行调查摸底，重点排查涉亚工程、涉亚场所和相关周边地区的矛盾纠纷。7～11月亚运前期准备至亚运举办期间，共调处化解各类矛盾纠纷559宗。在亚运赛会期间，快速化解海心沙附近某酒家与患病员工纠纷、某医院医患纠纷等重大矛盾纠纷。

制定对刑释解教人员和社区服刑人员的管控方案，召开动员大会，与各街签订责任状，建立管理档案。开展重点人员专项排查，把62名社区矫正重点对象和198名刑释解教重点对象纳入街道重点防控体系，分别制订社区矫正和安置帮教亚运安保突发事件处理预案，亚运期间，管控对象无一人出现脱漏管和重新违法犯罪现象。

在“天河普法信息网”开通“平安亚运”专题普法栏目，连续制作5期迎亚运法制宣传专刊在全区200多个社区张贴。全区500多名处级领导干部参加亚运法律知识专题讲座。举办青少年“迎亚运、促和谐”法律游园活动。编发《“平安亚运”法律知识宣传手册》2万本、印有吉祥物图案的便签纸和宣传折扇1万份。

2010年9月，天河区召开社区矫正与安置帮教工作“迎亚运安保”动员大会。（摄影：蔡照红）

派出公职律师为亚组委奥体中心场馆及区亚运指挥部涉法事务提供法律服务，参与赞助商品牌保护、审查修改合同、协助制定亚运开闭幕式外围保障工作的具体流程，成功处理多起票务纠纷、赞助商权益纠纷、合同纠纷，在承办天河区法律援助案件的律师中招募20余名志愿者，成立“平安亚运”志愿者服务队，安排到法律援助接待大厅为群众提供法律咨询。

【调处调解】2010年，区各级调处办共排查、调处重大矛盾纠纷107宗，已调解平息纠纷93宗，成功率86.91%。全区302个基层人民调解委员会共调解纠纷1310宗，成功1273宗，成功率97.17%。

各职能部门和街道密切配合，依托区公职律师所、区法律援助处和公益律师队伍的专业优势，启动联动联调机制，牵头妥善处理“5·21”翠湖山庄某洗衣店女员工掉入无盖沙井死亡案等一批被媒体披露、受舆论关注的意外伤亡损害赔偿纠纷，参与调处波及珠三角地区的DDS快递公司欠薪欠款案，猎德等城中村拆迁改造纠纷，以及广氮企业等老国营企业的福利待遇纠纷等重大矛盾纠纷。

推进区调解中心建设，重新修订《调解中心工作规程》，强化诉前引导机制，扩大调解效力对接范围，把司法确认的绿色通道扩大至全区基层调解组织。加强对设驻调解中心人民调解室的指导和管理。全年调解中心共受理案件2050宗，已结案1247宗，其中成功调解1042宗，解答法律咨询161件。继续推广人民调解化解医患纠纷的工作模式，成功调解多宗医患纠纷。

【安置帮教和社区矫正】2010年，天河区共有刑释解教人员564名，安置率达98.4%，帮教率达100%，累计接收社区矫正对象210人，解除矫正43人，无一人出现重新犯罪现象。开展对2009年1月至12月回归社会刑释解教人员集中排查专项行动，对校园周边的刑释解教人员进行全面走访。推进社区矫正试点工作，社区服刑人员接收率近85%，位居全市第一。探索社区矫正管理新模式，制定个性化的矫正方案，组织开展公益劳动。探索社会工作方法在社区矫正工作领域的运用，采取政府购买服务的方式，引入广州市尚善社会服务中心向石牌街辖内的社区服刑人员提供服务。

【法律援助与服务】2010年，区法律援助处共提供义务法律咨询3045人次，受理、指派法律援助案件499件。为农民工在审查援助申请、调查取证、提供上门服务等环节提供便利。在区机关十大最受群众欢迎"三服务"实事评选中，"为农民工申请劳动报酬、工伤赔偿提供法律援助"被评为最受群众欢迎"三服务"实事之一。制定《关于贯彻落实〈广州市法律援助实施办法〉若干问题的规定》，明确司法所受理初审法律援助申请的程序，统一法律援助受案审查标准。充实法律援助窗口的接待力量，施行社会律师、法学院学生参与法律援助日常值班制度。

【公职律师工作】 2010年，区公职律师事务所为多个政府部门的行政处罚、行政审批、行政诉讼、政府信息公开等行政事务提供法律意见，担任区河涌整治工作领导小组成员，提供合同以及行政事务方面的法律服务，并为涉及新塘、冼村等城中村改造提供法律咨询服务。编印2000本《依法行政实用手册》，向全区政府部门公职人员派发。全年为政府提供法律服务115宗。

【公益法律服务】 全区21个基层司法所与结对律师事务所扎实开展法律咨询、法制宣传和调解调处工作。各街道、社区公益法律服务站、室共接待群众来电来访咨询3654人次，开展法制宣传268场次，协助街道依法行政出具法律意见82件，协助调解调处578次。

【法制宣传】 2010年，全区共举办法制培训班151期，培训14292人，举行法律咨询180场，接受咨询17729人次，发放法制宣传资料412047本（张），刊出法制宣传专栏12期计3284栏。做好"五五"规划总结验收，细化街道、教育系统和机关单位3套总结验收实施细则，全区48个普法单位分两批接受集中检查。开展"法律进单位"，邀请专家学者为全区处级领导干部培训有关亚运、侵权责任、食品安全法等方面的法律知识。开展"法律进社区"活动，定期举办社区普法讲座，经常性张贴法制宣传海报、发放法制宣传资料及开展社区公益法律服务。开展"法律进学校"活动，通过网络知识竞赛、模拟法庭、法制教育课等多种形式进行宣传教育。开展"法律进企业"活动，到企业和工地表演普法小品，组织法律服务志愿者开展有奖竞赛，派发法制宣传品，受到热烈欢迎。组织开展"法治天河宣传教育周"系列活动，在天河公园开展大型法律咨询及知识问答活动。针对劳资纠纷和群体性事件有所增加的现象，深入企业巡回演出企业普法小品《安全帽》，加大《劳动合同法》等法律法规的宣传力度。 （蔡照红）

2010年6月，天河区举行依法治市"四五"规划、"五五"普法规划检查验收汇报会。 （摄影：蔡照红）

2011

地方军事

人民武装

【概况】2010年，区人武部在上级军事机关和区委、区政府的领导下，圆满完成民兵组织整顿、军事训练、亚运安保执勤、兵员征集等任务。民兵队伍有森林防火分队、轻舟抢险分队和民兵应急分队等。

【民兵整组】2010年3月，召开天河区2010年民兵组织整顿工作会议，根据上级军事机关统一部署，调整全区民兵组织布局，优化兵员结构。一是将2009年底的退伍军人编入基干民兵队伍；二是对专业技术分队进行调整；在民兵整组工作中，区人武部还着重加强民兵队伍的思想政治建设。4月底民兵整组任务结束。

【军事训练】2010年，区人武部组织民兵森林防火分队和民兵应急分队进行专业训练；7月组织民兵参加亚运安保集训；10月参加市亚运执勤民兵集中点验。春节、国庆期间，根据上级军事机关统一部署，组织民兵分队参加花市执勤和广州地铁安保工作；重阳节，组织民兵森林防火分队参加白云山的防火执勤。

【亚运安保执勤】2010年11月至12月，区人武部根据上级有关指示，组织民兵应急分队参加第16届亚运会和第10届亚残运会安保执勤工作，共派出1200名执勤民兵进入一级备勤，其中592人担负地铁口、桥梁和隧道等重要目标守护任务，实行24小时全勤全员上岗执勤，608人参与社会面整体防控任务。亚运期间，天河区共出动执勤民兵12余万人次，车辆600余台次，出动200名应急队员参与开闭幕式社会维稳工作，出色完成任务。

【兵员征集】2010年，根据上级征兵办下发关于征集士官的通知要求，区征兵办在辖区高校内开展征集士官工作，9月，士官征集工作圆满完成。10月，天河区人民政府征兵工作会议召开，统一部署全区冬季征兵工作。11月，广州市在天河区珠江新城花城广场举办广州市征兵政策宣传咨询和报名活动。是月，区征兵办组织报名适龄青年进行体格检查，征兵政审工作同时展开。至12月底，天河区征集的新兵全部安全到达部队，圆满完成新兵征集任务。（张翔）

人民防空

【天河区民防办挂牌】2010年3月25日，天河区民防办公室挂牌仪式在天河区民防办公室办公楼举行。区人民防空办公室更名为区民防办公室，挂区人民防空办公室牌子，仍为区国防动员委员会的常设办事机构，也是区政府人民防空工作的主管部门。挂牌仪式由区民防办主任邓勇主持。区委常委、区武装部政委刘建华、区政府副区长李雪枝、部分街道武装部部长、民防办全体干部职工参加挂牌仪式。

图为参加挂牌仪式的区领导和部分街道武装部部长、民防办全体干部职工。（区民防办供稿）

【警报器管理和试鸣】2010年，全区新装5台防空警报器，机动警报器数量增加到83台。每季度组织通信站人员对警报设备进行检查和检修。组织183人次对全区50多台在点警报器进行刷漆和维护，更换5个警报器控制箱。8月，区民防办举办培训班2期，全区各街道人武部和警报器管理单位派人参加。9月，全市警报试鸣演习，天河区警报器鸣响率达100%。

【防空演习】2010年9月18日，天河区举行“羊城天盾——2010”城市人民防空演习，演习内容包括：开设机动指挥所、机动指挥所演练、人防工程平战转换演练以及疏散隐蔽演练。

是日，区政府办、区武装部、区人防办等相关领导和工作人员到市政府参加“羊城天盾——2010”城市人民防空演习暨全市机动指挥所启动仪式。市委常委、常务副市长、演习指挥长苏泽群出席仪式并讲话。副区长李雪枝参加活动启动仪式，并乘坐市人防指挥通信车至市委市政府二号指挥所指挥演练，通过市机动指挥所了解天河区的演习实时实况等信息情报。首次启动人防机动指挥所，是此次演习中的最大亮点，13辆指挥通信车（市本级1辆、区县12辆）和市本级1辆信息采集车构成整个人防机动指挥所系统，它们是政府防空防灾的前沿“大脑”、前后方通信联络的保障中心和决策支持平台。根据演练要求，天河区在天河城至体育西人防工程路段进行防空演习，区机动指挥车通过车顶摄像头、单兵摄像将演习视频信息传给市指挥所，天河区的防空演习获得市民防办的好评。

【人防报建】2010年，严格执行国家规范和省市人防建设要求，实行“三级审批”，在网上接案和办理，公示审批程序、标准和时限。把人防报建纳入纪委、监察局行政审批电子监察系统，审批事宜、标准、流程、时限全部公开透明，接受监督。全年受理人防结建工程项目报建7宗，面积2.6万平方米；人防易地建设项目2宗；人防验收备案2宗，面积6436平方米。

【人防基本指挥所建设】2010年1月11日，区人防基本指挥所（101工程）建设方案经区政府常务会议研究通过。区民防办领导班子开展工作调研，召开会议研究具体落实方案，与区发改委、区规划局、设计单位、天河公园、区项目办等单位进行联系沟通，完成计划立项以及初步方案设计工作。3月，区长徐汉添率区相关领导到天河公园现场办公，确定区101工程建设规模与位置。101工程相关报建手续正稳步推进。

【人防队伍整组和训练】2010年4月，区民防办召开全区有组建人防专业队任务单位会议部署，结合民兵整组对区人防专业队进行整组，全区抢险抢修、医疗救护、交通运输、通信、防化防疫、消防、治安7个人防专业队都完成整组工作。10月，在广州市人防教育基地组织1期防化防疫人防专业队集训，由区环保局、区城管局、区卫生监督所、区疾控中心组建60人参加集训，训练内容包括共同科目，制式防护器材的使用，通过染毒区沾染区演练，利用地形地貌防护演练和制作简易防护器材，聘请市专家讲课。

【人防工程三级管理】2010年，区民防办定期对全区人防工程进行全面检查，发现问题及时整改，保证人防工程无任何安全事故发生。开展防汛排涝工作，5月7日、14日，市、区启动一级应急响应，区民防办实行24小时值班，成立2个小组下到各街道巡查，配合街道完成区辖内地下停车场水浸情况收集汇总和善后处置等工作任务。暴雨过后，组织人力检查15个存在水浸隐患的人防地下室，督促各个人防工程及地下空间管理单位抓紧落实防汛预案，明确责任主体和责任人，明确现场指挥人员，抢险队伍及各项保障措施。结合“迎亚运、保平安”工作，排查全区地下空间有无存放易燃易爆剧毒有害物品，要求各个工程管理单位24小时有人在岗值守，确保亚运期间安全无事故。

【人防后方疏散基地建设】2010年，按照广东省人民政府、省军区《关于同意调整广州市防空袭疏散地区的批复》和广州市人民政府修订防空袭方案的要求，4月，天河区与萝岗区签订《防空袭人口离城疏散、接收认同书》。

【人防宣传】2010年，区民防办按照庆祝人防60周年宣传工作计划，在区政府五号楼举办人防知识宣传教育大型展览，邀请全区各部门进行参观，取得很好的宣传效果；向各街道、学校、社区等单位发放《防空防灾知识读本》1000余本、法律法规宣传册6000余册，提高广大群众应对空袭和自然灾害的认识及自救能力，加深群众对人防工作的了解和支持；加强学校宣传教育，在113中学、骏景中学校开辟国防教育活动室，在校区内张贴人防宣传画报，普及人防知识。　（区民防办供稿）

2011

人民团体

天河区总工会

【概况】2010年，区属系统工会34个，新发展会员34511人，会员总数达252426人。

【推行工资集体协商和集体合同】2010年，推行工资集体协商试点企业工作，促进企业积极主动开展工资集体协商。不断提高集体合同的新签率，2010年全区共新签订集体合同657份，涵盖企业1977家，职工42181人。

【信访维稳】2010年，普及、宣传劳动法律法规政策，发挥工会法律援助机构作用，为职工群众提供劳动法律指引，教育和引导职工依法维权。区总工会机关和困难职工帮扶中心全年接受职工来信来访103人次，调解劳资纠纷32宗，创造和谐的劳动关系和安定的社会局面。

【安全生产检查与宣传】2010年，区总工会作为区安委会成员，参加区安全生产检查，参与区内各重大事故的善后处理工作。各级工会积极宣传安全生产知识，加强职工对单位安全生产工作的监督和参与，减少事故隐患，促进安全生产。7月，区总工会组织1000余名职工进行“安康杯”现场安全理论知识和技能竞赛，通过竞赛，提高管理者的安全技术和管理水平，提高职工的安全生产意识和自我保护能力。

【厂务公开】2010年，区总工会根据有关成员单位的人员调整情况，及时调整厂务公开协调小组及办公室机构，按照区厂务公开协调小组的总体部署，5~8月，开展全区厂务公开民主管理大检查，由区厂务公开协调小组分11个检查组到辖内的非公企业单位进行厂务公开民主管理工作的调研检查，听取企业厂务公开领导小组的工作汇报，发放劳动关系调查问卷660份，检查相关档案资料和厂务公开硬件设施，全区厂务公开工作水平得到提升。

【行业工会组建】2010年，区总工会把行业工会作为工会组织建设的突破口，大胆创新，以行业工会的形式，推动工会组织方式和维权机制的突破和创新。5月，成立天河区环卫行业工联会，10月，成立百货零售行业工联会，其中百货零售行业工会是全市第一家百货零售行业工会。

2010年10月26日，天河区百货零售行业工会联合会正式挂牌成立。（摄影：齐冉）

【困难职工帮扶】2010年，区总工会继续开展帮扶工作，在传统节日期间，区总工会部署各级工会在全区范围内开展对困难职工的慰问，共拨出慰问金57万元。开展工伤探视，要求各系统工会对工伤职工做到凡伤必探，形成工伤探视工作制度。对10名困难职工及其子女实施生活、上学帮扶，对困难职工子女助学帮扶金额达4.6万元。

【送温暖工程】2010年，为全区843名环卫工人和400名百货零售行业女职工安排免费体检，组织全区50名环卫工人代表的子女参加“广州一日游”游览活动。7月，在全区范围内开展为广州市职工济难基金会第六次筹款活动，筹集善款金额达22万元。推行职工互助医疗保险，7月，开办为期3天的《广州市女职工安康互助保障计划讲座》，600多名职工参加讲座，并拨出2万元经费补助环卫行业女职工参加女工安康互助保障。

【职工互助保障计划】2010年，全区职工特种重病医疗保障计划在保职工 14675 人，安康互助医疗保障计划在保职工13981人，是年，天河区重症医疗帮扶10人，赔付金额121800元，女职工安康互助保障帮扶2人，赔付金额3万元，为患病职工提供帮助。

【开展创文、迎亚运系列活动】2010年，按照创文工作目标责任考核办法规定，区总工会主要负责“进城务工人员的居住条件和教育”项目。区总工会对外来务工人员相对集中的行业，如建筑工地等进行抽查，市总工会创文检查团充分肯定区总工会的创文工作。

围绕迎亚运，组织开展参与多项群众性文体

2010年4月7日，区总工会举办天河区职工“迎亚运、学礼仪、讲英语”培训班，全区共200多名职工参加培训。（摄影：齐冉）

2010年10月29日，区总工会选送参赛队参加“主力军杯”广州市进城务工人员歌唱大赛获冠、亚军大奖，天河区总工会获优秀组织奖。（摄影：齐冉）

活动，形成全民参与亚运的良好氛围。先后组织职工参加“迎亚运、学英语”亚运知识专题讲座、“争做好市民、当好东道主”——“亚运广州行”排队日等活动；组队参加市迎亚运文明礼仪比赛，荣获二等奖和优秀组织奖；10月，参加市总工会“主力军”杯歌唱大赛，荣获一、二等奖和优秀组织奖；11月，组织参加“安康杯”职工演讲比赛，荣获一等奖。动员职工参加亚运志愿服务行动，各级工会发挥工会的联系职工、组织职工的作用，参与亚运文明观众组织工作，组织发动职工参加文明观众活动，为亚运作贡献。

【职工素质教育】 2010年，以“创建学习型组织，争创知识型职工”为主题开展职工素质教育，推动企业发展职业教育和培训，提高职工的业务技能和知识水平，增强职工学习、创新、拓展的意识和动力。6月，组织近200名非公企业工会主席参加工会主席岗位培训班。9月，区总工会、区人力

2010年6月28日，区总工会举办天河区企业工会主席上岗培训班。（摄影：齐冉）

资源和社会保障局、区工商联联合举办全区工资集体协商工作培训班，110家企业共300人参加培训。同时，举办建筑工地工会主席培训班、工会主席讲座等多项工会教育活动，力争打造一支“具有较高判断形势能力、适应市场经济能力、应对复杂局面能力、服务大局能力、依法办事能力”的工会干部队伍。

（薛耀忠、齐冉）

共青团天河区委

【概况】 2010年，全区共有直属单位团委9个，团工委21个，团总支128个，基层团委36个，团总支36个，团支部365个，团员 8963名。是年，团区委坚持“服务大局、服务社会、服务青年”的工作理念，圆满完成亚运会，创建全国文明城市等中心工作任务。

【亚运志愿服务】 2010年亚运、亚残运会期间，团区委组织近3万名志愿者，在全区主要街道社区、公园景点、宾馆酒店、路口车站等600多个城

广州亚残运会城市志愿服务站。（团区委供稿）

2010年12月5日，亚残运形象大使、央视著名主持人白岩松与志愿者交流。（团区委供稿）

市文明岗，28个亚运城市志愿服务站、36个社会共建站提供服务，其中，公共场所秩序维护专员、公交车文明导乘员等岗位数量占全市50%以上。两个亚运期间，开展全区性系列志愿服务主题实践活动50余次，志愿服务累计达16万余人次，服务时数总计达66万小时。

【“五四”运动91周年纪念活动】 2010年4月，天河区纪念“五四”运动91周年大会暨“青春与亚运同行”活动启动仪式在区机关大礼堂举行。市区领导及全区近千名各届青年代表出席大会。大会现场表彰2009年度天河区共青团“活力在基层”先进单位，并启动天河首个亚运城市志愿服务一级站点“新生活驿站”。会后，市、区领导与参会的团员青年一同观看以亚运会为主题的演出《青春与亚运同行》。

天河区纪念“五四”运动91周年大会暨“青春与亚运同行”活动启动仪式现场。（团区委供稿）

【成人宣誓仪式】 2010年10月，“亚运·我们的城市·我”——广州成人宣誓仪式在花城广场举行，活动仪式加入亚运的主题元素：特制的亚运成人版、城市版志愿彩首次公开亮相。出席活动的领导、嘉宾以及18岁青年使者们以不同的方式佩戴亚运成人版志愿彩。社会各界优秀青年刘媛媛、周杨静、赵广军、吴英娜、李森等作为青少年“成长领路人”，带领全场600名18岁青年人进行宣誓，表达全市超过10万18岁青年以主人翁精神挥洒青春，奉献社会，服务亚运，为广州、为祖国更美好明天贡献力量的坚定决心。

【广佛同城大型家庭植树活动】 2010年10月，共青团广州市天河区委员会、共青团佛山市禅城区委员会在佛山禅城南风古灶陶艺实践基共同举办“广佛同城迎亚运 齐创环保新生活”大型家庭植树活动。两城以家庭为单位，近千名青少年朋友为广州能成功举办亚运会，推进广佛同城化发展，更好保护地球美化环境，同栽连心树，象征着广州、佛山两市友谊长存，同心协力共谋发展的信念。

2010年10月，“广佛同城迎亚运 齐创环保新生活”大型家庭植树活动拉开帷幕。（团区委供稿）

【青年志愿者活动】 2010年，团区委开展“护花行动”、“青春暖流”、“学雷锋”、“社区青年和谐行动”、“志愿创造新生活”等多项志愿活动。在亚（残）运火炬传递过程中，组织500人志愿服务队伍在各个环节提供志愿保障；在区长系列公开接访日活动中，先后组织上百名志愿者成立“信访引导组”，向前来上访的群众派发资料、提供咨询等服务；开展“进一步加强公共文明建设志愿服务开展倡导文明交通志愿服务”活动。在全区各大交通站点开展宣传教育和服务活动，参与志愿服务5000多人次；开展“天河之夏—大学生社区行”志愿服务活动。全年全区开展青年创文活动

2010年2月11日，团区委组织花市志愿者开展护花行动。（团区委供稿）

120场次，共有高校大学生1.8万人次参与。

【青少年服务】2010年，开展“天晴项目”，为全区6～28岁贫困家庭的青少年提供专业社工服务的青少年成长帮扶项目。团区委联合相关单位立足社区、深入社区，在车陂街建立首个“天晴计划”社工站。社工站配备一名专业资深心理咨询师，两名常驻专业社工；制定《车陂社工站志愿者管理制度细则》、《“天晴”车陂社工站站务规章》等规章制度；开展探访工作，了解社区居民的实际生活和困难情况；定期开展小组活动，并为具有同一性质和需求的青少年进行小组辅助和治疗；开展社区活动，以节日为契机开展面对青少年教育的社区活动和发展青少年潜能的团体拓展活动；举办“英语口语兴趣班”、“绘画剪纸兴趣班”等，引导青少年参与健康集体活动，杜绝沉迷不良兴趣爱好。

是年，团区委联合区禁毒办、区公安分局交通防火大队等相关部门成立专门的禁毒、消防等志愿者服务队，深入学校、社区开展普法教育活动，完善青少年法律援助网络，在社区开展青少年法律援助活动。

【青年文明号创建】2010年，团区委组织开展区各级青年文明号及创建单位市、区专项培训活动，组织辖区所有市级青年文明号参加年度考核，推选3名辖内优秀青年代表获选为市级青年岗位能手称号，成功申报3个集体被评为市级“青年文明号”，天河区房地产登记交易中心被评为省级“青年文明号”，组织青年文明号开展创文志愿服务、亚运志愿服务等行动。开展关爱外来务工子女活动，与广州市競宇房地产按揭代理有限公司，在大观学校联合举行关爱外来工子女捐助活动。组织区内市级“青年文明号”集体开展“千号助千村”爱心扶贫助困活动；天河区房地产登记交易中心开展对平远县石正镇先锋村、东台村贫困学生的帮扶活动；天河区市政维修队和广州市競宇房地产按揭代理有限公司分别前往平远县仁居镇和东石镇大屋村开展慰问帮扶活动。

【共青团宣传】2010年，团区委利用市、区各类媒体，开展大宣传工作，多次在《广州天河新闻》、天河有线电视中心、《青春天河》、《天河亚运新生活速递》等各类媒体上报道，提升天河共青团的社会影响力。利用手机短信、电子邮件、互联网络等手段服务青少年，新增设亚运QQ群，展示“数字天河”形象，增强团员的主体意识，发挥青少年参与共青团工作的积极性和创造性。

【团属各项事业】·青联工作· 2010年，区青联委员会举办“有缘相遇，共递真情”——天河区首届单身青年联谊活动；组织委员和优秀团干到北京、青岛等地学习考察，与北京市朝阳区青联进行交流，参观北京国家体育场志愿服务设施和有关比赛场馆，学习他们为奥运成功开展志愿服务的先进经验。

·少先队事业· 2010年，天河区少先队辅导员培训、队干培训等工作在以往的基础上开拓创新。定期免费开展区少先队干部轮训班，全年完成培训少先队干部240名；暑假期间组织少先队队干参加“争当四好少年”封闭式体验培训班；举办“2010年天河区少先队大队辅导员培训班”；组织参加“拥抱七彩人生、提升生命价值——2010年穗、港、澳、台青少年生命教育”论坛。

（庞辉煌）

天河区妇女联合会

【助困助学】2010年4月，区妇联法律顾问室工作会议在长兴街长湴经济发展有限公司妇女学校召开。会前，与会人员自发向玉树灾区同胞捐款4000多元。区妇联发动“广州妈妈一对一”帮扶爱心行动，帮扶6个四川灾区家庭孩子6200元，2名情感关怀对象3000元。

是年春节、中秋以及“六一”期间，区妇联向辖区200多名单亲困难母亲和边缘困难母亲派发节日慰问金和礼品。联系区民营女企业家商会捐赠2.1万元为21名困难学生助学；市民盟妇委会对天河区24名困难家庭学生进行助学扶困2.7万元；广东省狮子会增加对天河区5名困难家庭学生进行助学扶困4500元；美国留学生资助天河区6名困难家庭学生的学费7142元。9月，组织14名困难家庭女高中生参加由市妇联、广东省利海绿色基金会共同发起的2010年“春雨助学行动”启动仪式，天河区有9名学生获得免除三年学杂费的资助。7月，及时通知在“2010年青春惠民——广州福彩大学生爱心助学活动”中符合资助条件的困难学生，使辖区12名考取大专以上院校符合条件的困难学子享受到资助。

【妇女就业再就业】2010年，全区妇联系统举办招聘会42场，开发就业、创业岗位33583个。区家政服务中心推荐失业下岗妇女就业165人次，为165名下岗失业妇女成功申请上岗保险资助。是年，为4572名妇女提供职业介绍服务，为5235名妇女提供公共技能培训，帮助2263名妇女实现就业。年初，推荐1名单亲困难母亲梁女士参加区就业中心举办的自主创业培训，享受区创业应享受的小额贷款待遇。5月，发函推介龙洞街妇女赖女士参加全国妇联人才开发培训中心开发的适合女性创业的小型援助项目——全手工绿色洗衣项目。赖女士成功通过审批，同时减免3万元加盟费和1万元保证金。6月，联合相关单位举办“走上新岗位 创造新生活”天河区失业人员就业现场招聘会，共有45家用工企业入场招聘，提供以制造业、餐饮服务、管理、家政类、加工、销售美容和文秘等就业岗位共1577个，约2300人次与企业面对面沟通，现场有219人与企业初步达成意向协议。

【创建“巾帼文明岗”】2010年，全区申报全国文明岗2个，省级文明岗5个，市级文明示范岗4个，市级文明岗37个，区级文明岗82个。1月11～15日，区妇联组成以主席庞红瑶为组长、副主席肖琰为副组长的检查验收小组，对2008～2009年度新申报区级“巾帼文明岗”的47个单位进行检查验收。检查验收工作首次采取分片集中的形式开展，为基层妇联及来自各行各业的创岗单位提供学习交流的机会。按照“巾帼文明岗”管理办法，树立先进典型，调动妇女岗位建功的积极性。是年，区妇联推荐上报全国“三八”红旗手标兵1名、全国“三八”红旗手（集体）各1名、广东省“三八”红旗手（集体）各1名。

【维护妇女权益】2010年，举行“三八”维权周咨询活动，参加法律知识有奖竞答达500多人次，派发宣传资料5000份。“三八”期间，各地区妇联、单位妇委会联合相关部门，根据各地实际情况，开展“三八”维权周活动，全年各地区妇联开展的各类活动群众参与人数约4000多人次，发放宣传资料2万多份。开展“6·26”国际禁毒日、“12·1”世界艾滋病日和“12·4”法制宣传日宣传教育活动，组织区内家庭、妇女群众参与活动。举办妇联系统《学习实施〈广州市妇女权益保障规定〉培训班》，增强妇女干部依法履行职责的能力。

开展信访调处工作，全区妇联系统共接待群众信访607宗。其中来信10宗，来访402宗，来电195宗。加强隐患排查，梳理、排查重要、复杂的信访案，指引来访者通过合法渠道维护合法权益，办结率达到100%。

【“三八”国际劳动妇女节活动】2010年3月，召开纪念“三八”国际劳动妇女节100周年大会。市妇联主席李建兰、区委书记、区人大常委会主任杨建城分别代表广州市妇联、区委区政府对天河区妇女致以节日的问候。大会随后举行主题为“欢歌笑语庆百年”的文艺演出。“三八”期间，区各级妇联组织、发动妇女群众前往广州农讲所纪念馆参观市妇联举办的《百年广州妇女——纪念“三八”国际劳动妇女节100周年》大型展览，使广大妇女进

纪念“三八”国际劳动妇女节100周年大会现场。
（区妇联供稿）

一步了解百年来广州妇女在不同历史时期的发展脉络，推动新时期妇女工作的发展。

【党建带妇建工作】2010年4月，区委组织部、区妇联联合召开天河区党建带妇建工作会议，部署全区党建带妇建工作，印发《关于进一步加强我区党建带妇建工作的实施意见》。区各街道地区妇联班子进行全面改选，全区21个街道中18个街道的地区妇联主席由街党政班子中的女领导成员兼任，并配备专职或兼职副主席。其余3条街因班子没有副处级女领导，暂缓改选。

是年，指导区党建带妇建示范点工作，选定龙洞街、兴华街、天园街作为党建带妇建试点单位。区妇联多次下基层座谈交流，指导示范点创建以及材料归档整理。天园街骏景社区被评为全国基层妇女组织示范社区，兴华街燕塘社区被推荐为2010年度广州市廉政文化示范单位。

是年，明确教育系统基层单位成立妇女委员会，学校妇委会主任的待遇得到首次明确。这是加强基层妇联组织建设的一项重要举措，更是学校基层妇联组织的发展机遇。

8月，区妇联领导带领全体人员到天河科技园开展工作调研。天河科技园领导，科技园妇联负责人以及广州天普生物制药有限公司、广州利元物业管理有限公司和广州奥格智能科技有限公司等企业代表参加座谈。通过调研了解到企业的需求和想法。区妇联将与科技园妇联紧密合作，从企业创建“巾帼文明岗”入手，提高为企业女职工服务的有效性，改善服务内容和措施，凝聚广大高端的知识女性。

【社区家长学校建设】2010年，区妇联为辖区统一制作“社区家长学校”牌匾，发放到各街、社区的家长学校进行挂牌。全区各街道高度重视，领导班子就社区家长学校的性质、定位、作用等形成共识，并按照社区家长学校“七有”标准进行筹建和运作。全区21个街道、200个社区的“社区家长学校”正式挂牌成立。组织“百优家长学校”的评比，辖区89中、天河中学、天秀中学、沙河小学、天府路小学、昌乐小学、先烈东小学、四海小学、天园街骏景社区家长学校9所学校被评为2010年广州市“百优家长学校”。

4月，召开区家庭教育讲师团成员座谈会，听取各成员对天河区家庭教育及社区家长学校工作的意见和建议。专家在座谈会上积极为社区家长学校的建设出谋划策。6月，区妇联向全区各基层单位下发区家庭教育讲师团专家授课简介及各基层单位授课拟安排表，区妇联根据基层报送的情况主动与专家联系，统筹协调全区社区家长学校的授课安排。

6月，联合区文明办、区关工委、区教育局等部门召开天河区家庭教育工作专题会议，邀请家庭教育专家学者参加。通过各部门分管社区教育的领导与专家学者的共同研论，明确社区家庭教育的内涵及社区家长学校的定位与办学思路，为天河区在区域范围内建设社区家长学校提供工作思路和理论借鉴。

是年，区妇联借助专家指导，向区科技局申报天河区域家庭教育现代化建设课题立项。组织基层妇女干部到荣获“全国示范家长学校”称号的上海市闸北区北站社区家长学校参观学习社区家长学校工作经验和做法。加大家庭教育宣传，开设“社区家长学校”网页专栏。

【家庭文化活动】2010年4～5月，开展文明家庭和书香家庭评选，全区评出905户广州市文明家庭、85户广州市书香家庭。区妇联、石牌地区妇联推荐华师大秦兆年家庭参加全国五好文明家庭评选并荣获全国五好文明家庭。5月，动员各基层妇联推荐人选参加广东“十大杰出父亲、母亲”和广东百名“好父亲、好母亲”评选活动，谭志雄等9人、关瑞珊等15人分别荣获广东百名“好父亲、好母亲”称号，为天河区广大家庭树立现代好父亲、好母亲优秀典范。

6～8月，开展天河区民间传统手工艺“十大巧手家庭”评选活动。珠吉街、长兴街、天河南街、沙东街、新塘街、龙洞街、车陂街、五山街、兴华街、区教育局等10个单位推荐参评人选，经评审组评选、公示和乞巧文化组委会审定，评选出马燕嫦等10户家庭为天河区民间传统手工艺“十大巧手家庭”，并于8月19日2010广州乞巧文化节闭幕式上予以表彰。

7～9月，在社区、家庭、妇女中组织和开展“迎亚运，学双语，学礼仪”活动，引导居民以实际行动参与亚运、奉献亚运。各街道、各单位、各社区依托文化站、社区家长学校、妇女学校、社区广场等阵地，开展丰富多彩的学习活动。为期3个月的活动中，共举办区一级的主场活动1场，街道主办的讲座、论坛共42场，社区主办的讲座或论坛共200多场。

【实施妇女儿童发展规划】2010年3月，召开区妇儿工委专题会议，研究区实施妇女儿童发展规划有关免费婚检率、出生缺陷率等指标的达标问题，研究提高婚检率的对策措施。整合区婚姻登记政务服务资源，出台便民利民措施：增加区妇幼保健院、区婚姻登记处为《广州市天河区申请免费婚前医学检查登记卡》的发放点；在区婚姻登记处设立天河区妇幼保健院免费婚检抽血点。4月19日设立抽血点后，参加免费婚检的群众日益增多，婚检率明显提高。

5月，召开2009年度妇女儿童发展规划监测统计工作会议，部署2010年天河区实施妇女儿童发展规划年度的监测评估工作。区妇儿工委办协调督办有关部门，就2009年未达标指标进行原因分析，并提出应对措施。

6月，区妇儿工委办配合省、市妇儿工委组织开展妇女儿童新规划调研，结合天河区实际和实施规划的多年经验体会，提出合理的意见和建议。

【“扮靓家园迎亚运 巧手共创新生活”】2010年9～10月，联合开展“扮靓家园迎亚运 巧手共创新生活”系列活动。区委常委、组织部部长潘文捷，区委常委、宣传部部长黄彪，副区长林玲、李雪枝、陈祖进，区纪委副书记李小东等区领导观看、指导迎亚运系列活动展览。该系列活动包括五个环节和一个展览：喜看天河新面貌、家庭畅谈迎亚运、精心创作表心意、送绿进家倡文明、带动街坊齐扮靓和系列活动剪影及迎亚运作品展。活动旨在倡导绿色文明、激情亚运和高尚的生活情趣。《广州天河新闻》、天河区信息网、天河区妇联网等媒体跟踪报道，图文并茂的信息共达19篇。系列活动还引起羊城晚报、南方都市报、信息时报和新快报等媒体关注，报纸从多角度对系列活动进行报道。

【组建亚运服务站点】2010年，开展亚运志愿服务工作，组建广州妇女亚运志愿服务站点共5个，其中广州动物园正门新生活驿站被评为“广州市亚运服务模范站点”。11月，广州市妇联副主席凌静敏、发展部部长袁薇到天园街辖内南洋冠盛酒店巡查亚运志愿服务共建点工作情况。凌静敏一行现场查看南洋冠盛酒店“女子保安部”亚运志愿服务共建点的建设情况，了解保安部的工作现状，充分肯定女子保安部在亚运安保工作中为“平安亚运”做出的贡献。

（刘文珍）

区领导参观“扮靓家园迎亚运 巧手共创新生活”系列活动。（区妇联供稿）

天河区科学技术协会

【概况】2010年，全区街道社区共开展各类型科普活动约500场次，参与活动的群众约10万人次。是年，区科协围绕建设“国际大都市中心区、科学发展实力主力区、现代服务业集聚发展核心区、宜业宜居示范区、改革创新先行区”中心工作，推进科技创新、广泛普及科技知识。

【区科协第六次代表大会】2010年6月，区科协召开天河区科学技术协会第六次代表大会。出席大会

2010年6月，区科协召开天河区科学技术协会第六次代表大会。（摄影：李霞）

的正式代表116人，特邀嘉宾40多人。市科协副主席徐真华，区政协主席杨南聪，区委副书记、区政协副主席肖彬生，区委常委、区纪委书记江绍强，区委常委、组织部部长潘文捷，区人大副主任李宁佳，副区长、天河科技园党委副书记、管委会主任廖国胜，区政协副主席吴兰桂、王壮等领导出席大会。大会选举产生广州市天河区科学技术协会第六届委员会委员43名，常务委员17名。

【科普宣传】2010年，区科协印制“科普知识社区行”系列科普宣传小册子《低碳生活知识手册100条》，发放至全区各街道、社区居民手，深受好评。该小册子从个人碳平衡、衣、食、住、行、旅游、家电、用水等方面，提出减少碳排放的100条建议，旨在为社区民众提供生活中减少碳排放的指引，共同投入到低碳生活的行列中，把减少二氧化碳排放的行动带进生活中。联合区属各有关部门，结合各个阶段的工作重点，在天河公园中心科普宣传栏出版《民以食为天》、《发展低碳经济、倡导低碳生活》、《科技圆梦想、和谐迎亚运》、《活力天河、文明亚运》等专刊，吸引不同层面的读者。

【“世界地球日”宣传】2010年4月，“低碳生活进万家 碧水蓝天迎亚运”暨纪念第41个“世界地球日”大型科普宣传活动在天河公园举行，此次活动由天河区科普工作领导小组、天河区全民科学素质工作领导小组和中国科学院广州地球化学研究所共同主办。活动通过大学生宣读绿色亚运志愿者倡议书、专家演讲、专家现场活动咨询和群众参与互动活动等形式进行。活动中，围绕“低碳生活和绿色亚运”主题，市民积极参与“以物易物”、“简易投篮比赛”、“踢毽子比赛”、“手工制作”和“低碳生活与亚运知识问答”等互动环节。参加此次活动的各个科普基地用生动形象的展板、图片、标语、发宣传材料和有奖问答等形式向市民宣传、普及地球科学、资源环境保护、低碳生活等方面的科学知识。由区科协、中科院广州地球化学研究所地学与资源科普基地共同举办的《珍惜地球资源、转变发展方式、倡导低碳生活——纪念第41个世界地球日》图片展览，在区政府机关大院五号楼大堂展出。展览以50多幅图文并茂的展板展示地球科普资源的科普知识，吸引众多市民前往参观学习。

2010年4月，“低碳生活进万家 碧水蓝天迎亚运”暨纪念第41个“世界地球日”科普宣传活动，在天河公园举行。（摄影：李霞）

【全国科普日活动】2010年9月，“科技圆梦想、和谐迎亚运” 2010年天河区“全国科普日”活动启动仪式暨天河区“体育科普”漫画创作大赛获奖作品展开幕，区科协、区全民科学素质工作领导小组办公室、区体育局、区文化广电新闻出版局、区教育局联合举办。启动仪式由区科协副主席刘道军主持，区科协主席罗启颖汇报开展科普工作以及开展“体育科普”漫画创作大赛以来的发动、组织等方面的工作。此次大赛共收到漫画作品498件，共评出集体组织奖6名，作品共74幅，其中：成人组一等奖2名，二等奖5名，三等奖10名，优秀奖20名；青少年组一等奖2名，二等奖5名，三等奖10名，优秀奖20名。

【参加全国科普理论研讨会】2010年5月15日至18日，区科协主席罗启颖、区专家技术协会副理事长朱延彬教授应邀参加在北京中国科技会堂举办的“第十七届全国科普理论研讨会暨2010公民科学素质建设国际论坛”。区科协主席罗启颖、区专家技术协会副理事长朱延彬教授分别代表区科协和区专家技术协会在会议上发表两篇论文：《全面贯彻<全民科学素质行动计划纲要>努力开拓天河区科普工作新局面》、《论科普资源建设》。区科协和区专家技术协会联合署名的论文《论科普资源建设》应邀在会议举行的“科普资源建设的理论与应用研究”专题论坛上报告。

【创建全国科普示范城区】2010年3月，天河区成立创建全国科普示范城区领导小组，联合区科普工作领导小组和全民科学素质领导小组，动员区各相关部门，按照有关要求，从硬件设施和软件环境两方面入手，开展创建申报工作。6月，通过公开申报和严格审核等程序，区科协被中国科学技术协会正式列为2011～2015年度全国科普示范县（市、区）创建单位。

【高校专业科普】2010年，区科协党支部全体党员先后3次前往前进街美林湖畔社区，开展“党员社区服务日”主题实践活动。围绕“关爱党员、服务社群，共建和谐家园”的主题，开展党内关爱扶助金的宣传和捐款工作。区科协通过慰问困难党员群众、提供政策咨询服务、赠送科普读物和光碟等活动，为社区群众办好事办实事。

2010年，区科协到前进街美林湖畔社区，开展“党员社区服务日”主题实践活动。（摄影：李霞）

2010年天河区科协下属机构表

基层科协、协会	会员数	成立时间
石牌街科协	30	1990.1.5
区工程师协会	61	1992.1.24
天园街科协	33	1999.3.18
棠下街科协	15	1999.5.26
沙东街科协	17	2002.6.22
黄村街科协	25	2003.5.13
元岗街科协	36	2003.7.11
石牌街科协	33	2003.10.15
林和街科协	29	2003.10.31
长兴街科协	41	2003.11.10
冼村街科协	47	2003.11.18
珠吉街科协	35	2003.11.13
新塘街科协	31	2003.12.29

（续上表）

基层科协、协会	会员数	成立时间
天河南街科协	41	2003.12.20
凤凰街科协	45	2004.8.20
猎德街科协	21	2005.5.23
兴华街科协	23	2005.6.21
龙洞街科协	60	2006.1.10

（区科协供稿）

天河区归国华侨联合会

【概况】2010年，天河区基层归国华侨联合会（简称区侨联）组织共有19个，归侨侨眷共有10397人。

【纪念侨法颁布20周年系列活动】2010年是《中华人民共和国归侨侨眷侨益保护法》颁布20周年，区侨联以多种形式开展纪念活动。6月，区侨联利用侨法宣传角，制作1期《中华人民共和国归侨侨眷侨益保护法》宣传栏，着重介绍全国、省、市侨代会精神和《中华人民共和国归侨侨眷权益保护法》，为社区居民提供良好的学习和宣传平台。是月，市侨联副主席卢启明带队到车陂街广氮社区开展调研。区侨联、车陂街侨联和广氮社区侨联小组分别汇报侨联工作的开展情况以及“侨胞之家”的建设情况：广氮社区围绕打造“六好”平安和谐社区目标，通过大胆创新，探索出以“三三制”楼组党建和“公益型”社区管理相结合为特色的社区工作新路子，并本着“以侨为本、为侨服务”的宗旨，通过推进“社区为侨服务”、“侨为社区作贡献”等工作，拓展为侨服务的工作领域，建设深受归侨侨眷欢迎的、温馨和谐的“侨之家”。市侨联领导对广氮社区的工作给予充分肯定。

9月，区侨务和外事办、区侨联、车陂街道办事处在车陂街广氮社区举行“侨法宣传角”揭牌仪式暨“迎亚运、颂侨法、促和谐”大型侨法宣传活动。揭牌仪式由区侨务和外事办主任李笑娟主持。广氮社区居委会主任张展斯介绍社区开展侨务工作的情况；区政府副区长丘卫青代表区委、区政府对广氮社区荣获“全国侨务系统五五普法‘侨法宣传角’”的称号表示祝贺，并希望全区各级侨务部门围绕“迎亚运、创文明”等中心工作创先争优，推动侨法“进社区”的深入开展。接着，省、市、区、街道、社区领导共同为广氮社区“侨法宣传角”揭牌，并参观社区“侨法宣传角”及功能室。最后，出席揭幕式的各级领导上门慰问困难归侨侨眷代表。揭牌仪式后，街道、社区的归侨侨眷为社区居民送上文艺演出。区侨办、侨联借助广州市举办第16届亚运会和《中华人民共和国归侨侨眷权益保护法》颁布二十周年的契机，向广大归侨侨眷宣传亚运、宣传侨法，并在活动现场举行侨法知识问答。

【帮扶特困归侨】2010年，区侨联以节日慰问的形式重点帮扶特困归侨。元旦、春节期间，区侨联与区侨办一起，联合街道和社区居委会，上门慰问15户因病住院、孤寡、贫困的归侨侨眷，给他们送上慰问金和慰问品，使困难群众过好节日，使广大归侨侨眷共享天河区改革开放的成果。

【“五侨”联席会议】2010年1月，区侨联召开“五侨”联席会议，区侨联主席杨火明向大会传达全国侨代会和省侨代会精神，区人大侨工委、区政协联络委、区侨办、区侨联、致公党天河总支5个部门领导分别通报工作情况，并研究下一阶段工作的开展。会议一致认为，在新形势下，党中央和国务院高度重视侨务工作，对新时期新阶段做好侨务工作提出新的要求。天河区应抓住和利用机遇，发挥“五侨”部门的优势，开创侨务工作新局面。

【基层组织建设】2010年5月，根据广州市第十二次侨代会代表的要求和名额分配，由侨联主席亲自带队，听取侨联委员和基层侨联干部的意见，在辖区的高等院校、科研单位、民营企业及基层侨联中挑选和推荐15名代表和5名委员，完成大会的各项任务。区人大副主任王淑贞、副区长丘卫青受聘为广州市侨联顾问。

【对外联谊】2010年9月，组织侨界代表参加市侨联“激情亚运、魅力广州”穗港澳侨界迎亚运广州行暨志愿者服务队授旗仪式，促进穗港澳三地侨界的交流与合作。是月，区侨联组织区归侨侨眷代表组队参加市侨界羽毛球赛并获冠军。是月，举办“迎国庆、贺中秋”茶话会，区归侨侨眷和港澳人士100多人参加，增强侨联的凝聚力，激发归侨侨眷和海外侨胞的爱国爱乡之情。12月，成立澳门天河同乡会，有效整合侨界资源，凝聚侨界力量。

（潘婉梅）

天河区工商业联合会

【概况】2010年，区工商联发展会员10人，有会员企业525间，统称有限责任公司525家，从业人员9100人。

【第五届第四次全体执委大会】2010年2月，召开天河区工商联第五届第四次全体执委大会，广州市工商联党组书记谢春潮、副主席刘定锐、办公室主任王永生、天河区委副书记肖彬生、区委常委、区委办主任张谭均、区政府副区长丘卫青、区政协副主席、区委统战部肖辉、区政协副主席王壮等领导应邀出席，区工商联工作顾问及人民团体各单位负责人以及工商联执委等150人出席会议。党组书记伍小红对2010年的主要工作进行部署，主席朱海军作工商联2009年工作报告。会议增补吴杰为工商联副主席，吴小平等9名会员为工商联执委。

2010年2月，召开天河区工商联第五届第四次全体执委大会。（摄影：利响）

【参政议政】2010年，区工商联任区政协委员有30名，通过政协平台和开展调研活动，组织召开建言会等方式，围绕天河区经济发展大局，引导民营企业家积极建言献策，关心和参与政治事务，全年政协委员提交提案13件，区工商联《建立和完善企业与政府部门信息沟通的平台》被评为区政协六届五次会议集体优秀提案；郭飚、张茂声、陈木奎被评为优秀提案人。

协助市、区有关部门召开建言献策座谈会，近20位民营企业家代表就构建平等法律环境，加大民企的财政投入，增加税费优惠支持等方面提出建议；协助市工商联副主席于莉莉带领联合调研组到天河区开展调研；配合市政府出台相关政策。

【会员服务】2010年，区工商联继续开展“三促进一保持”工作，区工商联创新服务手段，丰富服务内容，搭建多形式服务平台，促进天河区非公经济发展。为从事房地产投资开发等行业的企业家们举办“三旧”改造工作政策解读会；联合区人社局举办天河区“春风行动2010年专场招聘会”，组织参加天河区2010年全国民营企业招聘会及天河区高校毕业生招聘会，组织近30多家企业参加，达成用人意向占80%，惠及民企和大学生就业；举办劳动用工管理相关业务政策专题讲座；搭建金融服务平台，促进银企对接合作，与招商银行广州市珠江新城支行举办银行国际业务研讨会，加大对民企经济的支持力度。

【对外交流】2010年，区工商联把开展市场服务，帮助企业开拓市场作为经济工作重点，开展“民企看民企”商务交流活动，组织参观被评为广州市绿色社区的东圃广场、广州新城建材展厅、广州金波斯投资控股有限公司等，加强企业互动合作。为拓展与国外友好城市经贸交往，组织民营企业参与俄罗斯奇卡诺夫区代表团、澳大利亚坎特伯雷市代表团的经贸交流；与从化太平镇政府领导、经贸等部门负责人及镇商会企业界人士进行座谈，寻找产业转移商机；组织会员参加广东省第六届汕头“山洽会”及赴天津、梅州、韶关等地参加经贸活动；参加香港新界厂商联合会40周年第十七届和香港手套业商会35周年第十六届理监事会联合就职典礼活动。

2010年，区工商联参加澳大利亚坎特伯雷市代表团经贸洽谈。　（摄影：利响）

【光彩事业】2010年3月，西南五省区出现历史罕见的特大旱灾，区工商联组织会员企业参加广州民营企业家抗旱救灾“献爱心、送甘泉”活动，其中利建集团捐赠矿泉水5000箱，天河区广吴商会捐赠善款5万元，广东海景投资集团、伟腾集团分别捐赠矿泉水1000箱，会员共捐赠价值50多万元支持灾区。

4月14日，青海玉树地区发生特大地震后，区工商联会员第一时间响应市、区慈善部门的倡仪，工商联主席朱海军带头捐款13.58万元，副主席郑庆禄调拨公司价值近8万元的消毒药水运往灾区，副主席吴国崧捐款3万元，执委范国强组织属下企业员工专场募捐6万多元，副主席陈尤知组织女企业家会员募捐2万多元，会员在玉树地震中共捐赠140多万元。

是年，广东首个“扶贫济困日”区工商联会员响应政府号召，副主席卢国言、常委张丽芳各捐款1万元，会员刘小媛捐款1万元并赴平远县参加扶贫济困日活动，会员共募集8万元善款帮扶平远县200多户特困户，促进区域与城乡协调发展。

是年，区民营女企业家会员捐款2.1万元，助学天河区21名单亲特困家庭学生，并赠送一批生活用品和学习用具。

2010年，区工商联组织民营女企业家抗震救灾。（摄影：利响）

【服务亚运】2010年，区工商联合会副会长、第16届亚运会指定接待饭店从化望谷温泉度假村董事长、乾基实业总裁郑楚辉向广州亚组委捐赠价值200万元的南非钻石，装点由副会长、牙雕大师苏忠阳设计的“九九祥龙”艺术汽车的“龙晴”，带动更多社会力量支持亚运。副主席丘应发、苏忠阳、郑楚辉为天河区昌乐小学捐赠大型浮雕，支持亚运。吴国崧、郑楚辉、苏忠阳副主席，执委鄢红胜担当亚运火炬手。秘书长利响抽调到亚运会、亚残会射击馆新闻宣传业务口工作，服务亚运。

区工商联副主席吴国崧点燃亚运圣火。
（摄影：利响）

区工商联秘书长利响在射击场馆服务亚运。
（区工商联供稿）

天河区商界名人简介

吴杰，男，天河区工商联副主席，天河区政协委员，广州市威利杰维服饰有限公司董事长。
（利响）

天河区文学艺术界联合会

【概况】 2010年，区文联属下有书法家、美术家、摄影家、作家、音乐家、舞蹈家、管乐、民间文艺家、七夕·乞巧文化、戏剧家、国标舞共11个协会，约有会员1300人。是年，区文联围绕区的中心工作，服务大局，履行“联络、协调、指导、服务”的职能，发挥党和政府联系广大文艺工作者桥梁和纽带作用，把弘扬主旋律和提倡多样化结合起来，为发展天河区文艺事业发挥积极的作用。

【文艺活动】 2010年，区文联开展各类文艺活动。1月，区国标舞协会在区文化馆多功能厅举办《翩翩霓裳舞，暖暖天河情——2010年天河新年舞会暨国标舞协会年会》。2月，区书法家协会组织会员到林和村为群众挥春泼墨，丰富林和社区人民的文化生活。3月，区摄协在天河凤凰街召开2010年年会，活动得到凤凰街党工委及街道办的支持，在银排岭公园进行凤凰客家山歌歌墟的拍摄活动。是月，组织区书法家、美术家、摄影家三个协会参加由市文联主办、12个区县文联协办的“创文明 迎亚运——广州市区、县级市全民健身运动美术、书法、摄影作品巡回展”。8月19日，巡展在

2010年2月，区书法家协会组织会员到林和村举办迎新春写春联活动。
（摄影：邓瑞莲）

2010年8月19日，广州市文联主席参观天河迎亚运创文明书画摄影作品展。（摄影：赖然然）

天河区开幕，天河的展区以亮丽夺目的形式展现给全市，获得活动的优秀组织奖。5月，组织区国标舞协会举办“迎亚运、促和谐”天河区第二届标准舞、拉丁舞公开赛暨天河区首届青少年标准舞、拉丁舞锦标赛。大赛有近30个代表队、共600多名选手参加，包括广州体育学院、广州艺术学校、广东文艺职业学院的专业选手。大赛为广州举办第16届亚运会营造热烈祥和的氛围，促进和提高天河国标舞协会的发展。

【联络工作】 2010年，区文联积极开展联络工作。1月，组织戏剧家协会、作家协会以及音乐家协会一行18人到广州岭南印象园进行采风活动。2月，区文联主席王壮带领文联工作人员上门走访和慰问工作和生活在天河区的著名舞蹈家、广州芭蕾舞团团长张丹丹，著名书法家梁鼎光，省作协副主席、著名文学评论家温远辉，著名男高音歌唱家唐彪和著名舞蹈家梁朗行等知名艺术家。是月，区文联在天河大厦召开“天河区文艺界2010年新春茶话会”。10月，协助区摄影家协会组织40多名会员赴开平、恩平进行摄影采风活动。

【文艺成果】 2010年，在化州市委统战部等单位组织举办的“南山寺全国书画展览大赛”中，天河区书协麦录等会员的作品脱颖而出，在这次大赛中获得多个奖项。会员麦录、李广志、郑逸斌、莫非、潘永耀、陈泽雄、金新宇、秦柏柳、颜克勇等会员，在“第四届商鼎杯全国书法篆刻大展”、“车祖奚仲杯全国书画作品大展”、“海洋杯全国书法大奖赛”、“大沥杯广东省第三届中青展”、“全国硬笔书法广阔天地知青杯艺术大展”、“粤西明珠全国青年书法大展赛”、“新宏杯全国书法大展赛”、“第三届康有为奖”等大赛和展览中荣获奖项。潘永耀的《清代馆阁楷书源流考》入选全国首届楷书创新论坛论文。

【首届“总商杯书法大赛”】 2010年9月16日，区书法家举办首届“总商杯书法大赛”，在全市范围内进行征稿。截至10月31日，共收到作品800余件。大赛共评出入展作品100件，其中一等奖2件、二等奖3件、三等奖5件、优秀奖10件。另选出入选作品213件。12月30日，在天河区机关举行首届“总商杯书法大赛”开幕颁奖仪式及作品集首发式。广东省文联党组副书记、专职副主席廖曙辉，省书协顾问陈初生，暨南大学党委书记蒋述卓，广州市文广新局副局长陈春盛等以及入展入选作品作者近300人参加开幕仪式。开幕式由天河区文联副主席、天河书协主席谢光辉主持，区政协副主席、区文联主席王壮致辞，省文联副主席廖曙辉以及天

2010年10月31日，天河摄影家协会赴开平采风。（区摄影家协会供稿）

2010年12月30日，天河区举行首届“总商杯书法大赛”开幕颁奖仪式及作品集首发式。（摄影：邓瑞莲）

河区副区长林玲在开幕式上讲话。此次大赛的举办，为书法爱好者搭建一个交流平台，让更多的人能够亲身感受中国书法艺术的独特魅力。

（邓瑞莲）

天河区残疾人联合会

【康复工作】2010年，区残联开展“人人享有康复服务”工作。以区精神、视力、肢体、智力和听力语言等五个康复技术指导中心和残疾人用品用具站为服务指导，对全区21个街道、198个居委进行康复工作督导，对康复工作人员进行培训462人次。依托康复医院、社区居委会和社区卫生服务中心，完善残疾人康复的组织管理网络、技术指导网络和康复服务网络，开展残疾人康复服务，指导全区5989名残疾人和障碍者进行康复服务。各街道残联、社区卫生服务中心对全区户籍人口进行摸查登记，筛查出残疾人和障碍者共1.2万余人，占全区人口的2%，其中在册残疾人4303名，逐一建立康复服务档案，建档率达100%。

依托中山三院等医疗康复机构和五个技术指导中心，开展残疾预防和康复工作。是年，完成171例白内障复明手术，590例肢体残疾人医疗康复训练，为35名自闭症儿童提供康复训练。开展精神病社区—医院一体化工作，加强社区精神病防治康复管理，为贫困精神病人提供免费门诊、短期住院治疗2888人次，对突发病的精神病患者实施紧急送院治疗，严防精神病人肇事肇祸事件发生。

【教育就业】2010年，落实《广州市按比例安排残疾人就业办法》，配合市残联开展残疾人就业年审工作，全年征缴残疾人保障金 1213万元。是年，区残疾人就业服务所接受残疾人登记求职需求193人次，组织求职面试167人次，成功推荐就业77人次；组织企业登记招工34家，成功推荐就业13家，举行专场招聘会2场；开展长江计划，培训有需求的残疾人172名，提高残疾人职业技能。配合教育局，对未入学适龄残疾儿童实施入学登记或送教上门。全区残疾儿童（6～16岁）入学率达97%以上。为171名家庭困难的残疾学生和残疾人子女发放“扶残助学工程”补助金，为4名参加高考并考录本科院校的残疾学生和2名通过开放性高等教育获得本、专科学历的在职残疾人办理一次性奖学金。

【康园工疗服务】 2010年，天河区康园工疗机构为残疾人群体提供集日间照料、康复训练、职业培训、庇护性就业、康乐活动于一体的全方位服务。全区共建成17个康园工疗站，服务对象覆盖全区21个街道，接收残疾人工疗学员590人，其服务质量受到学员家长和社会各界好评。亚运、亚残运期间，区康园中心和各工疗站与各残疾人专门协会共同举办“平等共参与，喜迎亚残运”、智力、精神残疾人迎亚残运趣味运动会等文体活动，充实残疾学员的精神文化生活，提升他们对亚运、亚残运的参与度，深受家长和社会好评。

【信访维权及扶贫解困】 2010年，区残联收到群众来信来访20多件次，答复、办结率达100%，收到感谢来信来电10多件次，其中经区领导批阅的感谢信1件。落实市委、市政府惠民措施66条和17条补充意见与区委、区政府实施意见48条的残疾人工作项目，落实对残疾人应保尽保救助。是年，全区570多名残疾人享受最低生活保障待遇；区残联为符合条件的85名未成年及丧失劳动能力的重度残疾人申办由政府全额资助的城镇居民基本医疗保险；为33名困难残疾人办理慢性病医疗救助卡；为重度残疾人申办市内公交工具优惠票卡232张；免费为861名残疾人进行评残鉴定办理残疾人证；为1046名困难残疾人和本人无经济收入的一级重度残疾人办理专项补助金，金额达158万多元。亚运、亚残运期间，区、街残联组织对特殊群体的亚运惠民补助金发放，为全区符合条件的4190多名残疾人发放

2010年12月2日，区委书记刘悦伦（左）亲切看望康园工疗站残疾人学员。 （摄影：何小茹）

人均500元的亚运补助金，金额达209.5万元。

【文化体育】2010年，区残联加强残疾人事业宣传和亚残运会推广宣传工作，取得良好的宣传效果，得到亚残组委和市残联的好评。成功举办“爱心满天河，共享亚残运”等大型户外宣传活动，在社区张贴宣传海报2000多张；配合区文明办学“双语”百日志愿行动，在机关、企事业单位和社区组织手语学习培训3000多人次；组织志愿者480多人次参与服务残疾人，组织推荐10名火炬手参加亚残运会火炬传递。成功组织区残疾人参加亚残运会运动员村运行演练和开幕式演练，为亚残组委各项组织工作积累经验作出贡献；组织残疾人群众观看亚残运会火炬传递、残疾人文明观众观看亚残运会开、闭幕式和比赛1300多人次。

8月，在广东省第六届残疾人运动会上，天河区运动员荔艺获得田径T36级100米第一名，200米第一名，400米第二名；苏君伟获得聋哑人篮球第七名。

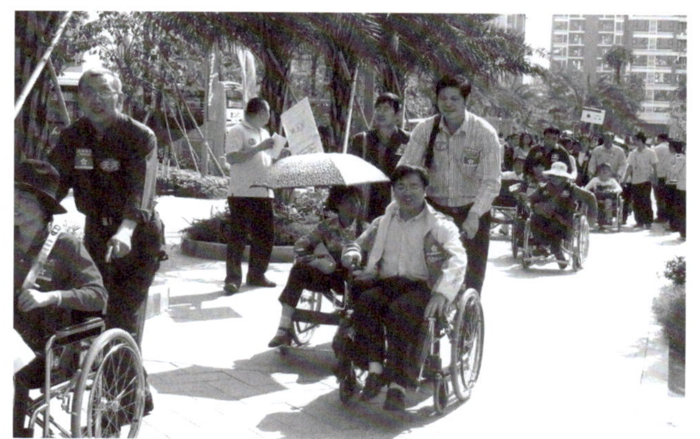

2010年12月3日，天河区残疾人参加亚残运会运动员村运行演练。（摄影：吉羲艳）

【无障碍建设】2010年，天河区积极开展无障碍建设、督导工作，成立以副区长李雪枝为组长、区残联、区建水局等单位为成员的无障碍设施督察领导小组，对穗园小区等5个社区、郝斌等10户残疾人家庭进行无障碍环境改造，超额完成市下达天河区的改造任务，受到市领导肯定。区委书记刘悦伦在视察石牌街郝斌家庭家居无障碍建设情况时，对社区、家居无障碍建设所工作成果表示肯定。

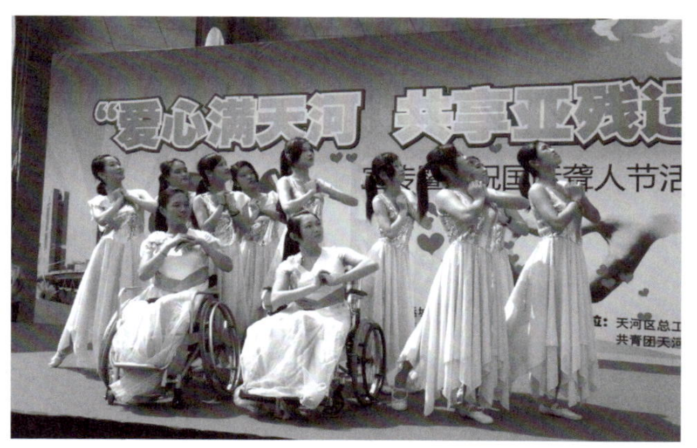

2010年9月26日，天河区举行“爱心满天河，共享亚残运”宣传暨庆祝国际聋人节活动。（摄影：赖然然）

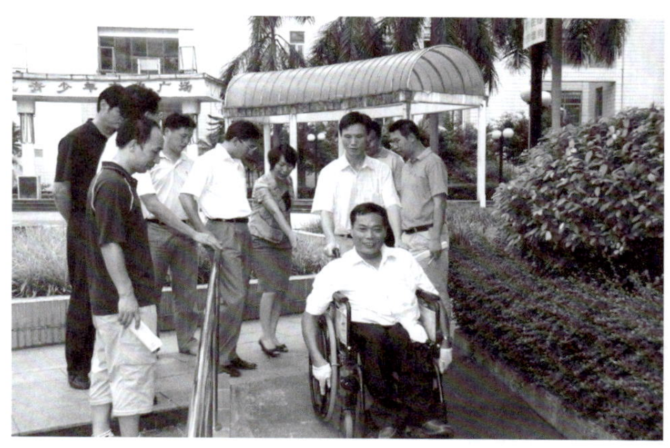

2010年9月14日，市政府副秘书长林道平到天河区检查无障碍环境改造工作。（摄影：欧永波）

2010年天河区残疾人法律援助机构表

单　　位	地　　址	电　话
天河区法律援助处残疾人工作部	龙口东路210号区司法局、天府路1号区机关大院3号楼1楼残联	38748384
沙河街司法所残疾人工作站	沙河顶新二街9号105房	87087323
五山街司法所残疾人工作站	五山岳洲路39号（五山街道办事处内）	85286425
员村街司法所残疾人工作站	员村新街12号地下	85623085

（续上表）

单　　位	地　　址	电　话
车陂街司法所残疾人工作站	车陂街东圃二马路16号办证中心4楼	82326610
石牌街司法所残疾人工作站	龙口中路152号天逸大厦6楼（石牌街办事处内）	38733355
天河南街司法所残疾人工作站	体育东路体育西横街193号2楼（天河南街道办事处内）	87534040
林和街司法所残疾人工作站	天河东路信成街2号103房	38806449
沙东街司法所残疾人工作站	天河区广州大道北冠庭园小区绿安街1号	87706169
兴华街司法所残疾人工作站	沙河银燕路166号2楼（兴华街道办事处内）	87226883
棠下街司法所残疾人工作站	棠德花苑西四街3号后座2楼	85651901
天园街司法所残疾人工作站	棠石路（锦明街83号）2楼（天园街道办事处内）	85522420
冼村街司法所残疾人工作站	天河区黄埔大道西18号102室	38282997
猎德街司法所残疾人工作站	珠江新城海清路13号（猎德街道办事处内）	38740265
元岗街司法所残疾人工作站	元岗路600号（元岗街道办事处内）	37082135
黄村街司法所残疾人工作站	中山大道黄村福元路5号（黄村街办事处内）	82317008
龙洞街司法所残疾人工作站	龙洞东路219号（龙洞街道办事处旁）	87022396
长兴街司法所残疾人工作站	长兴路289号（长兴街道办事处内）	37210883
凤凰街司法所残疾人工作站	广汕公路华美路中段（凤凰街道办事处旁）	37286743
前进街司法所残疾人工作站	桃园西路635号116室	82598170
珠吉街司法所残疾人工作站	珠村东横二路1号（珠吉街道办事处内）	62208228
新塘街司法所残疾人工作站	大观中路新塘大街（新塘街道办事处内）	82357299

2010年天河区各街道残联机构表

单　位	办公电话	地　　址
沙河街残联	37289925	沙河龙岗路36号
五山街残联	85285235	五山街岳洲路39号
员村街残联	85535202	员村新街7号之三负一层
车陂街残联	82326612	车陂街东圃湖边街88号
石牌街残联	38733115	龙口中路天逸大厦6楼
天河南街残联	87531872	体育东路体育西横街193号
林和街残联	38801819	天河东路205号2楼
沙东街残联	87727931	同和路冠庭园小区绿安街1号
兴华街残联	87226351	沙河银燕路166号
棠下街残联	85651505	棠下棠德花苑棠德东横路1-31号
天园街残联	85699760	黄埔大道棠石路（锦明街83号）2楼
冼村街残联	38339171	珠江新城华穗路398号

（续上表）

单　位	办公电话	地　　址
猎德街残联	38740250	珠江新城海清路13号1-2楼
元岗街残联	37080769	元岗路600号
黄村街残联	82300077	黄村福元路5号
龙洞街残联	87022370	龙洞东路219号
长兴街残联	37218851	长兴路289号
凤凰街残联	87211430	广汕公路华美路（华美学校对面）
前进街残联	82564806	东圃前进村桃园路
珠吉街残联	32352610	珠村东横路二路1号
新塘街残联	82357363	大观中路新塘大街1号

（王晓明）

贸促会天河支会

【概况】 中国国际贸易促进委员会广州天河支会（简称区贸促会）成立于1994年10月。2010年5月，区编办规范贸促会天河支会名称，改为中国国际贸易促进委员会广州市天河区委员会（简称天河区贸促会）。2010年，全区共有贸促会会员企业39家，新发展的贸促会会员企业3家。是年，区贸促会围绕区委区政府工作思路及市贸促会中心工作安排，开展系列贸促活动。全年组织会员企业参加经贸交流活动100多人（次），并与多个国内外经贸组织建立友好联系，推动天河区经贸交流和招商引资工作的顺利发展。

【企业及会员服务】 2010年，区贸促会为会员提供培训5场；利用信息化建设成果，通过网络信息发布平台发布行业管理新规定、新办法8个，发布招商、项目合作、产品展会、招商洽谈会等信息近30个，有效实现商贸信息的即时有效利用，促进中小企业的经贸国内外合作与交流；为企业提供项目投资风险评估服务1宗；年中得到市会的批复，同意该会在条件成熟时可以试点开办CO原产地认证代办业务。

【项目投资风险评估服务】 2010年，区贸促会继续跟踪会员企业黄村实业有限公司—经济合作社某投资项目提供项目投资风险评估服务状况。根据项目实际进展情况，提供项目的相关信息资料，开展项目市场跟进服务。3月，为会员企业撰写华南师范大学附属（惠州）中学项目投资评估报告。11月，接受会员企业某村改制公司合作项目方案提供评估和咨询，对该公司原来提供的合作方案，依照市场变化和产业发展规律，提出不可行评估，并依照专业理论和产业发展判断提出发展方向建议，并主动为企业联系政府相关部门提供进一步的产业政策和规划方案咨询，受到企业的欢迎。

【经贸交流】 2010年，天河区贸促会发动区内企业参加一系列国内外经贸交流活动：“香港潮流商品展”、“2010年富山产业部件材料展”、“2010年东莞台湾名品博览会”、“德国北威州勒沃库森化工园区招商会”、“2010 海峡两岸医疗器械、药品暨生物科技展览会”、“2010年非洲·埃塞俄比亚商贸投资机遇推介会”、“德国柏林高级经济代表团洽谈会”、“广州—东盟城市贸易周”、“中东和俄罗斯四国”等系列经贸活动，“广州市贸促会主办的中国（广州）国际低碳产品和技术展示洽谈会”、“赴日本、韩国等考察和商务活动”、“印度驻广州总领事馆和广州市贸促委举办的印度—中国（广州）经贸论坛活动”、“阿联酋自由贸易区—中国商品（中东）采购中心”项目介绍会等经贸交流活动。

【其它工作】 2010年，区贸促会组织98人次下社区，参加创文迎国检的卫生检查等相关工作，完成创文任务；出动人员参与广州亚运会、亚残运会环境综合整治、场馆管理、志愿者服务、后勤保障、烟火管理、宗教管理等广州亚运会、亚残运会建设和安保工作；精心编制《天河区国家可持续发展先进示范区规划》，6月，完成规划稿并上报国家科技部；配合相关部门，主笔编写宣传猎德村改造宣传电视片脚本，打造猎德村现代化大都市城中村改造宣传片。

2010年天河区贸促会新入会会员企业名单表

会员企业名单	企业性质	企业地址
广州锐笙贸易有限公司	私营	天源路龙眼洞商贸城K栋10号
广州市清雅现代兰花文化推广中心	私营	龙洞凤凰山庄旁
广州市中奕通讯设备有限公司	私营	五山路248号金山大厦北塔611号

（曾晓芬）

2011

经济贸易和经济管理

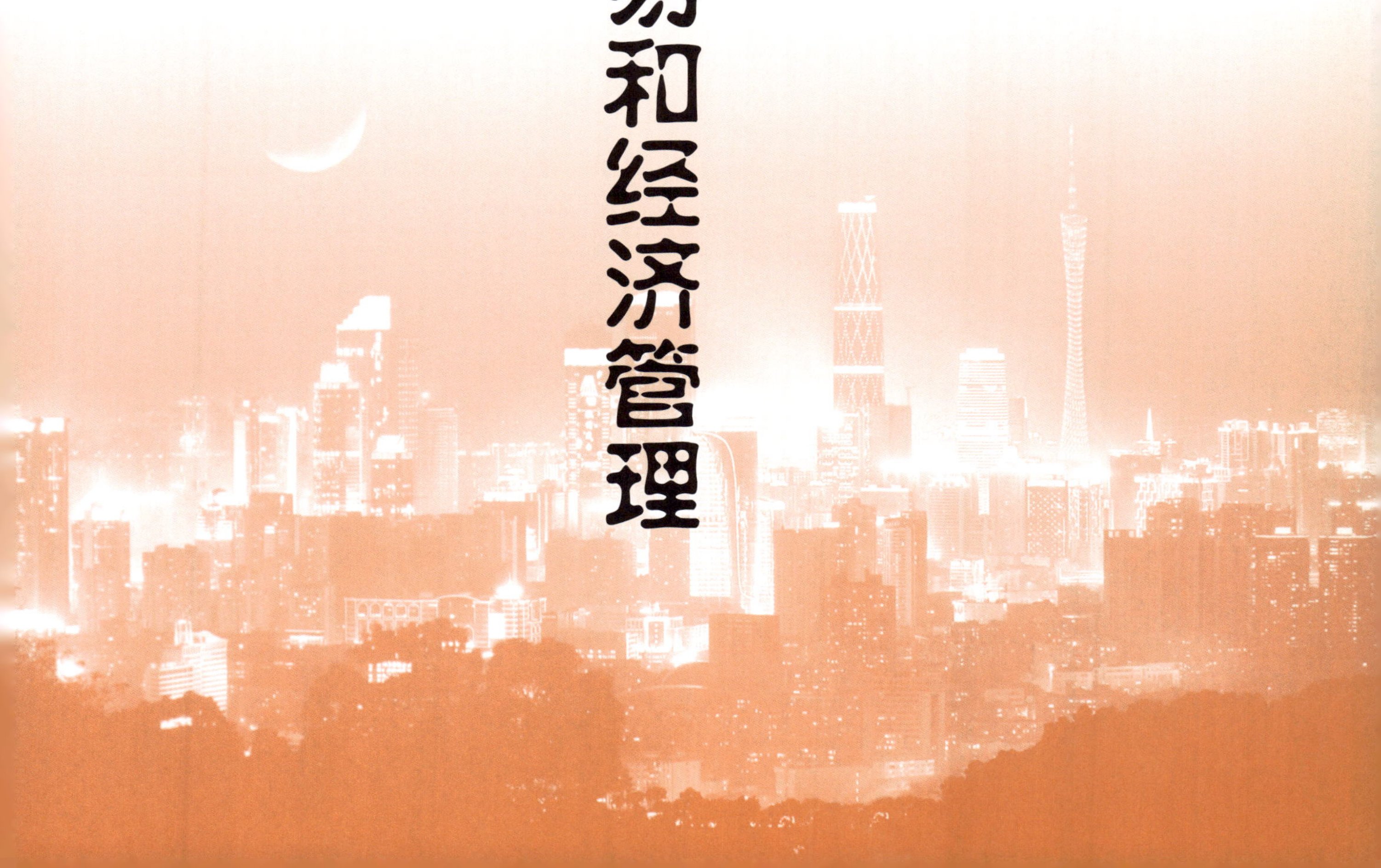

经济贸易

【概况】2010年，天河区商品销售总额7145.6亿元，增长31.3%，社会消费品零售总额840.2亿元，增长19.8%。全区完成工业总产值约1000.08亿元，增长15.2%，其中规模以上工业企业完成工业总产值979.22亿元，增长15.1%。

【市场监管】2010年，对亚运指定接待酒店、酒盐市场严控区域和重点监控区域进行市场巡查。共出动执法人员2170人（次），查获假酒假盐案值32.9万元。联合开展无证照和食品生产源头整治、卷烟打假行动、电脑产品市场及相关产品打假行动、成品油市场执法检查等专项整治行动。对酒类经营业户实行分类管理，提高酒证办证率，对亚运场馆周边商铺实行上门办证。全年办理酒类零售许可证业务2420个。5月，召开亚运会指定接待酒店负责人培训会议，联合举办多场以“迎亚运食盐和酒类食品安全与保障”为主题的宣传咨询活动。在全区200多个社区宣传栏刊发迎亚运市场管理专题宣传画。

【亚运商旅服务】2010年，重点打造提升体育东商务美食街和广州食博汇，推出天河美食文化购物观光一日游，举办广州亚运美食文化节天河活动周。对全区402家住宿业企业开展迎亚运服务质量进行督查。组织举办广州市商贸服务业优质服务迎亚运暨微笑使者百日行志愿大行动启动仪式，设立71个酒店、商贸业青年志愿者服务站，区内20家商贸企业被市经贸委授予“优质服务示范门店”称号。

【实施产业高端发展战略】2010年，配合开展“十二五”规划编制工作。4月，与汇美大厦联合举办总部经济沙龙，宣传天河区高端产业和总部经济的扶持政策。

是年，启动广州市天河中央商务区整体营销策划工作，成立专责工作小组，制定营销策划方案，利用2010年广州国际设计周的推广平台，开展以“创意天河，绽放CBD魅力”为主题的宣传活动。建立天河区重点商务写字楼和重点项目2大数据库，更新完善天河区经济地理信息系统，配合推进无线CBD项目工程。高端产业集聚效应初步显现，广州国际金融中心（西塔）、珠江城等一批高端商务载体相继建成，珠江新城核心区中央商业广场、高德置地四季广场、友谊国金店等高端商业项目进展顺利。进驻珠江新城的中外金融机构达45多家。

是年，天河区现代商贸业、专业服务业、信息服务业、文化创意产业和科技服务业等高端产业分别实现营收总额6023.92亿元、642.49亿元、617.85亿元、163.99亿元和102.15亿元，分别增长27.5%、20.6%、10.5%、24.5%和20.2%。

【高端项目发展】2010年，天河区多个重点商贸项目进展顺利。万菱汇、友谊国金店等高端商贸项目于亚运前正式开业，丽思卡尔顿、富力君悦2家酒店通过国家五星级酒店评定，高德置地广场春、夏2期以及太古汇、太阳城新天地、乐购TESCO、高德汇购物中心、粤海喜来登酒店、正佳万豪酒店等项目如期推进。近年投入运营的广百中怡店、柏西商都、东方宝泰广场以及吉之岛、万家、百佳大型连锁超市等商贸项目，在天河区已形成主业突出、特色鲜明的天河路现代商贸聚集区、珠江新城金融商务区2大高端产业集聚区。

【经济增长向绿色、低碳型转变】2010年，区内2家重点监管耗能企业完成年度节能目标，天河区通过广东省、广州市节能目标考核。启动规模以上工业企业清洁生产绿色行动，获得省扶持节能专项奖励资金共29.5万元。全年再生资源回收经营者备案登记6家，推进建成社区废旧物资固定回收亭151个。

【服务重点企业】2010年，组织召开纳税大户、金融机构、商贸旅游、餐饮酒店、外资外贸、创意产业及村改制公司7大类重点行业企业座谈会，了解企业情况和听取企业建议。借助部门联合服务企业行动平台，为48家企业解决93个发展难题。全年为56家企业办理办事优先卡，帮助12家重点企业申请19个优质学位。组织企业申报广东省现代服务业引导资金等专项扶持，为企业成功争取4600万元扶持资金。

【民营经济】2010年，全区共有私营企业47222户，注册资金404亿元，分别比上年同期增长16.3%和19.6%；个体工商户77495户，注册资金12.02亿元，分别增长5.9%和12.3%。网易、合诚等7家企业分别获省、市百强民营企业称号，树立起一批民营企业品牌。利用天河区高端服务业、总部经济、技术创新和技术改造专项资金，加大对民营企业的财政扶持力度。民营企业加速向高新技术、文化创意等现代产业转型升级。天河软件园累计认定软件企业592家，同比增长8%，占全市6成以上，天河软件园及区内文化创意产业园区成为民营科技企业、中小企业创业发展的主要载体。

2010年天河区个体私营经济主要行业分布情况

行业分类	个体工商户（户）	私营企业（户）
农、林、渔业	524	36
采矿业	1	3
制造业	786	1354
电力、燃气及水的生产和供应业	2	12
建筑业	62	2253
交通运输、仓储和邮政业	217	571
信息传输、计算机服务和软件业	223	4009
批发和零售业	58734	17492
金融业	0	51
科学研究、技术服务和地质勘查业	7	9140
水利、环境和公共设施管理业	9	161
教育	5	48
住宿和餐饮业	8408	513
房地产业	22	1321
租赁和商务服务业	482	8603
广告业	61	1859
居民服务和其他服务业	7876	964
卫生、社会保障和社会福利业	15	15
文化、体育和娱乐业	119	676

【提高审批效率】2010年，酒类零售许可证年审审批时间从10个工作日缩短到1个工作日，新办审批时间从10个工作日缩短到7个工作日，外资业务、加工贸易等行政审批、许可、备案等业务在规定时限内完成。

【惠民行动】2010年，解决民生关注热点问题，全程跟踪落实龙苑大厦、金穗大厦电力设施修复工作；协调促成珠江新城6家肉菜市场建成开业，缓解珠江新城居民买菜难问题；协调解决东莞庄南街、白马岗住宅小区居民用电投诉等问题；深入社区为居民宣传讲解真假酒盐辨别知识。

（区经贸局供稿）

对外经济贸易

【概况】2010年，全区新批外商直接投资项目214个，比上年（下同）增长1.42%，其中，第三产业项目206个，占项目总数的96.3%。全区合同利用外资7.94亿美元，增长234.41%；实际利用外资4.3亿美元，增长8.03%。外贸进出口总值达72.44亿美元，增长33.12%。其中，出口总值为23.42亿美元，增长14.04%；进口总值为49.02亿美元，增长44.69%。

【对外招商活动】2010年，天河区参加在香港、印度、以色列等地举办的经济贸易合作交流会、投资环境推介会等招商活动，引进美国耐克、日本角川集团等品牌企业。新批超千万美元项目5个，合同利用外资29676万美元；引进世界500强项目3个，初步认定广州总部企业2个。太古汇、三井住友等高端产业项目增资扩股，是年增资项目57个，合同外资38693万美元。在超千万美元和增资扩股项目的带动下，合同利用外资增长2.34倍，实现天河区建区以来最高增幅。

【外贸进出口】2010年，天河区外经贸发展呈现多元化态势，对外贸易总额达到72.44亿美元，进出口商品涉及品种增加至22大类，在五大洲形成广泛的对外贸易网络，贸易伙伴达195个国家和地区。（区经贸局供稿）

供销商业

【概况】2010年，区供销联社系统完成商品销售5114万元，同比增长18%，完成税利191.2万元，同比增长12%，消化历史挂帐284万元，同比增长40.4%。

【再生资源管理】2010年，区供销联社着力规范废品回收行业管理，建立多层次再生资源回收利用网络体系，引导再生资源行业有序发展，力促宜居城区建设。是年，全面升级改造现有的再生资源回收站，96间再生资源回收站的升级改造和10个行政街的回收示范站建设任务完成。加大整治打击力度，打击涉及再生资源回收行业的违法犯罪行为。定期组织再生资源从业人员参加培训，提高从业人员业务水平。制订《再生资源管理人员管理细则》，推行管理网点分片包干、责任到人。推动垃圾分类回收进社区。根据《天河区再生资源回收点进社区工作实施方案》（穗天府办〔2010〕30号）文件，区供销联社负责再生资源进社区工作的具体实施，全年共建再生资源社区便民回收点151个。

【落实支农和防洪、救灾物资储备工作】2010年，区供销联社继续做好农资产品的购销工作，编制防洪救灾物资储备计划，组织货源，落实储备仓库，确保防洪物资的储备安全和及时供应。

【供销商业经营业务】2010年，天河供销商业形成各有特点的供销社经营模式。沙河供销社以农产品销售、机团健康食品销售、人事中介服务业务为主；东圃供销社以再生资源回收、建材销售业务为主。是年，区供销联社招商引资，广泛吸纳社会各类资本。开展合作经营，成立广州东合鑫商贸有限公司，拓展建材销售工作。至2010年8月，该公司销售额达880万元。逐步恢复基层供销社的商业网点服务功能。搭建土特产销售平台，为农产品进城入市、增加农民收入提供服务。开办网上肉菜市场。与网上菜篮子工程蜘蛛网合作，为供销社的农产品市场提供网络平台服务。兴办集经营性、公益性、中介性服务于一体的人力资源公司，为中低收入群体及“4050”人员提供综合服务。6月，与天河科技园签订合作意向，利用区政府信息网站、各类人才服务网站等平台，为园区内企业提供人才招聘、培训、政策咨询等服务。

【供销经营网点】2010年，天河区共有供销经营网点15个。

2010年天河区供销经营网点简表

单位名称	地　　址	经营特色
沙河供销社第一分店	越秀区杨箕村春兴直街15号	日用百货、五金交电、建筑材料
沙河供销社第二分店	越秀区杨箕村春兴直街16号	日用百货、陶瓷制品、五金交电、编织品
沙河供销社第三分店	越秀区杨箕村春兴直街21号	五金交电、建筑材料、体育用品
沙河供销社第四分店	越秀区杨箕村春兴直街27号	日用百货、陶瓷制品、文教用品
沙河供销社第五分店	越秀区杨箕村春兴直街27号右	日用百货、陶瓷制品、文教用品
广州市杰信人力资源有限公司	龙口东路133号首层南侧3号	职业介绍、职业信息、咨询服务
龙口东综合农贸市场	龙口东路133号	肉类、家禽类、水产品类、食品类等
光华经营部	东圃东沙路25号7房	日用百货、陶瓷制品、文教用品
金属回收站	员村二横路（新城花园北侧仓库）	废旧物资、金属回收
回收分站	东圃大马路74号	废旧物资、金属回收
员村综合商场	员村新街3号	日用百货、陶瓷制品、文教用品
生产资料店	东圃大马路69号	农用物资、篙竹
广州市东合鑫商贸有限公司	东圃二马路49号自编1号房	建筑材料经营
东圃供销社废旧物资回收店（共有61间分店）	天河区辖内	废旧物资、金属回收

（林伟苗）

经济协作

【外地驻穗机构的管理和服务】2010年，区协作办加强区辖范围驻穗单位审核、登记领证工作，为47家驻穗办事处办理登记证年审，其中政府办事处24家，企业办事处23家。

区协作办定期到驻穗办事处走访调研，帮助办事处解决办公和居住环境、治安管理、子女入学、劳动纠纷、物业出租管理等方面遇到的难题；围绕“平安亚运”的目标，要求各驻穗办把工作重心放在信访维稳工作中，同时要求各驻穗办主动参与广州亚运、亚残运接待保障；通过与各驻穗办的沟通联络，发挥各驻穗办“窗口”、“桥梁”作用，促进区域经济协调发展。

【驻区外地办事机构简介】2010年，天河区外地驻穗机构47家，数量比上年增加4家。其中政府机构24家，企业单位23家。

2010年驻天河区外地办事机构表

序号	名　　称	序号	名　　称
1	饶平县人民政府驻广州办事处	2	宁乡县人民政府驻广州办事处
3	湛江市建设局驻广州办事处	4	浦北县人民政府驻广州办事处
5	广东省吴川市政府驻广州办事处	6	龙川县人民政府驻广州办事处
7	龙门县人民政府驻广州办事处	8	蕉岭县人民政府驻广州办事处
9	衡南县人民政府驻广州办事处	10	东源县人民政府驻广州办事处
11	茂名市茂港区人民政府驻广州办事处	12	阳春市人民政府驻广州办事处
13	兴宁市人民政府驻广州办事处	14	五华县人民政府驻广州办事处
15	上虞市人民政府驻广州办事处	16	安溪县人民政府驻广州办事处
17	和平县人民政府驻广州办事处	18	湛江市财政局驻广州办事处
19	茂名市茂南区人民政府驻广州办事处	20	封开县人民政府驻广州办事处
21	双城市人民政府驻广州办事处	22	平远县人民政府驻广州办事处
23	兴国县人民政府驻广州办事处	24	河源市源城区人民政府驻广州办事处
25	中联知识产权调查中心驻广州办事处	26	上海正佳化工有限公司驻广州办事处
27	广东省汕头市一博经贸有限公司驻广州办事处	28	北京律士达管理咨询有限公司驻广州办事处
29	海南稳德福进出口有限公司总裁驻广州办事处	30	上海迪王进出口有限公司驻广州办事处
31	北京高立开元创新科技有限公司驻广州办事处	32	北京东胜创新生物科技有限公司驻广州办事处
33	深圳亮升贸易有限公司驻广州办事处	34	上海品稳贸易有限公司驻广州办事处
35	上海祥兴检验技术服务有限公司驻广州办事处	36	北京城市热点软件有限公司驻广州办事处
37	北京城市热点资讯有限公司驻广州办事处	38	北京嘉利恒源公关顾问有限公司驻广州办事处
39	中山市今科信息科技有限公司驻广州办事处	40	上海保德威服饰有限公司驻广州办事处
41	深圳市澔泰贸易有限公司驻广州办事处	42	北京赛科昌盛医药有限责任公司驻广州办事处
43	汕头市明德食品添加剂有限公司驻广州办事处	44	中山市振全化工原料有限公司驻广州办事处
45	深圳市路强电子有限公司驻广州办事处	46	北京创世奇迹广告有限公司驻广州办事处
47	南雄市烟草公司驻广州办事处		

【天河区对口帮扶梅州平远县】2010年，按照省、市、区统一要求，天河区划拨财政帮扶资金351.77万元到市协作办对口支援专用账户，对口帮扶资金全部用于“双到”贫困村的帮扶项目。按照“立一项、办一件、成一物”的原则，对口帮扶项目进行筛选和审核，严格按照省市要求调整资金投放方式，突出解决山区群众最关心、最直接、最现实的利益问题，着重解决住房、行路、看病、读书、饮水等“五难”问题。

6月底，副区长丘卫青带领区经贸局、区工商联、区外事、侨务办、区协作办等部门负责人及区辖内企业代表赴平远县开展“双转移”对接交流活动，双方取得共识，继续在劳动力转移和产业转移方面加大力度。是月30日，区党政领导带领对口帮扶单位和辖内民营企业家代表26人赴平远县开展扶贫济困活动，捐助扶贫善款约16万元，用于慰问平远县19个贫困村300多户贫困户。

【拓宽帮扶领域】通过区协作办及区工商联的引荐，区辖民营企业广州雅丽思企业管理有限公司联合属下公司共同资助平远县中行镇中心小学，无偿捐赠30万元帮助学校改造校容校貌，每年5万元奖教奖学及扶困助学金。区30个机关、街道和非公企业党支部与平远30个农村党支部结队帮扶，开展多形式、多层次的结对帮扶活动。组织社会各界参与对口帮扶双转移考察交流活动，组织企业赴平远各村镇考察，发动企业捐款捐物约50多万元。

【天河区扶贫开发“双到”工作】自2010年开始，天河区按照广东省粤办发〔2009〕20号及广州市穗办〔2009〕25号文件要求，负责帮扶平远县19个贫困村。用3年时间，每个贫困村安排50万元，对家庭年人均纯收入1500元（含1500元）以下的农户，采取“一村一策，一户一法”等帮扶措施，确保被帮扶贫困户基本实现稳定脱贫，80%以上被帮扶的贫困户人口达到农村人均纯收入2500元以上，被帮扶贫困村有稳定的经济收入，基本改变落后面貌。天河区成立扶贫开发领导小组，划拨专项经费，确定19个职能部门对口帮扶平远县19个贫困村，各帮扶单位有序开展帮扶工作，完成阶段性帮扶任务。

2010年8月，副区长丘卫青到琶洲展馆指导参展工作。
（摄影：谭如峰）

【组织企业参加第十七届广州博览会】2010年8月26～29日，第十八届广州博览会在广州中国对外贸易中心琶洲展馆举行。天河区组织广州商科信息科技有限公司、广东清华文通科技有限公司、广东蓝通科技发展有限公司等7家企业参展。

是年，天河区以特装形式参展，展区面积396平方米，设天河软件园展区、知名企业展区2个区。展区布展设计新颖、以亚运会开闭幕式主会场为设计理念，广州新图书馆、广州第二少年宫、广州歌剧院、广东省博物馆四个标志性建筑物座落其中，广州市新的城市中轴线区域图贯穿展场，并以“美丽天河”、“活力天河”、“科技天河”、“璀璨天河”等方面的内容，通过图片灯箱、文字灯箱等，展示了天河区欣欣向荣的城市中心区形象。

【组织企业参加“山洽会”】2010年12月8日，由广东省经贸委牵头，广州市协作办等有关部门配合，在汕头市举办“山区经济洽谈会”，区协作办联合区工商联协调广州市森乐（电器）礼品有限公司、天逸智能科技有限公司等企业参展参会。

【友好县区交流】2011年 6月、12月区政府主管领导分别带队，政府办、经贸局、科技园、工商联等有关部门负责人组团赴江苏扬州及大连甘子井区进行政务经贸考察，学习城市管理经验并参观城市规划建设成果，双方进行座谈交流，增进彼此友谊。

与天河区签订经济技术友好关系协定区（县）表

名　称	签订年份
河南省洛阳市郊区	1987年
河北省柏乡县	1988年
江苏省扬州市郊区	1988年
湖北省武汉市洪山区	1988年
新疆乌鲁木齐头屯河区	1992年
新疆乌鲁木齐天山区	1992年
湖南省桑植县	1997年
吉林省通榆县	1998年
湖北省云梦县	1999年
大连市甘井子区	1999年
广西玉林市福绵区	2000年
江西兴国县	2001年
广西南宁城北区	2002年
内蒙古鄂尔多斯市东胜区	2006年
南京市六合区	2009年

（邓冬云、谭如峰）

计　划

【计划编制与实施】 2010年，区发改局与五年规划目标相衔接，着眼于“十一五”规划任务的完成，编写年度和半年计划报告；制定2010年全区重大建设项目年度计划，推动重大建设项目的落实；组织申报、编制2011年度财政性基本建设投资计划。新增15个项目，结转续建52个项目。全面统筹推进“十二五”规划编制。多次组织召开规划编制研究座谈会，邀请专家和相关单位对“十二五”规划热点论题进行深入讨论；深入猎德、冼村等基层一线实地调研，切实掌握天河实情。

2010年，天河区经济社会发展主要特点是：经济规模和质量进一步提升，内需增长动力依然强劲，产业结构调整效果显著，现代服务业发展载体建设取得新进展，城市环境建设和管理取得积极成效，民生福利不断改善，社会事业全面进步。

主要指标完成情况：地区生产总值1832.60亿元，增长13%，高于年度预期目标2个百分点；全区工业总产值1000.08亿元，增长15.2%，高于年度预期目标12.2个百分点；地方一般预算收入38.14亿元，增长21.1%；全社会固定资产投资679.14亿元，增长22%，高于年度预期目标4个百分点；社会消费品零售总额840.28亿元，增长19.8%，高于年度预期目标5.8个百分点。

组织申报、下达中央、省、市各级资金直接投资和专项扶持项目。是年共组织完成2010年广州市服务业发展引导资金（2家，获得市服务业引导资金300万）、2011年生物产业项目预申报（4家）、2011年广州市服务业引导资金储备项目申报（13个）、2010年微生物制造、绿色农用生物产品高技术产业化项目（1个，申请资金450万元）等项目的申报。推荐一批项目列入省、市重点建设项目规划计划。其中，推荐中国移动南方基地、广州超算中心等4个项目列入广东省现代化产业500强重点培育项目；推荐广州羊城创意产业园等4个项目列入2010年省重点建设项目；推荐天河软件园等10个项目列入2010年市重点建设项目；推荐珠江新城金融商务区等11个项目列入市珠三角规划重大战略工程；推荐宝供、东塔等12个项目预申报2011年广州市重点建设项目；推荐部分项目列入2010年信息安全专项项目、2010年新型电力电子器件产业化专项、广州市转变发展方式重大项目、广州市“十二五”重大项目规划项目等。面向全区各单位征集“十二五”规划重点建设项目，并结转省500强、省重点、市重点、市珠三角规划及统计局、备案系统甄选部分项目，涉及基础设施建设项目、现代产业项目、公共服务设施项目、三旧改造项目等方面。配合做好中央新增投资项目管理和检查工作。开展对扩需促增政策的监督检查，协调解决项目落实过程中存在的问题，确保中央政府新增三批投资共3000亿元使用合法、有效。关注和参与区科技计划项目的评审、考察及项目的实施工作。

【投资管理与社会事业项目服务】 2010年，天河区实现全社会固定资产投资额679.14亿元，增长22%；其中房地产开发完成投资299.55亿元，增长32.2%。办理登记备案项目65个。全年新增投资项目14个，主要有：火炉山环山公路（消防通道）及节点景观工程等。

是年，区发改局为企业办理投资项目备案54项，项目核准2项。协调区卫生局等部门推进五山社区卫生服务中心的建设。开展工程建设领域突出问题专项治理工作。针对天河区检查范围内的28项工程，按照“七查七看”的要求，逐个工程对照检查立项审批是否合法规范，针对发现的问题提出整改意见，指导项目单位做出整改。

【节能排减与“退二进三”】2010年，区发改局完成省节能减排考核组对区2009年度节能目标责任现场评价考核的迎检工作。考核组对天河区扎实完成工业节能降耗，发展现代服务业，建设绿色经济发展之路的做法给予充分肯定。做好企业“退二进三”的跟踪统计。2010年，天河区超额完成市政府下达的15家企业退二任务，列入第二批（2012年底前完成）“退二”的天海花边等5家企业也提前搬迁或停产。探索建设区节能企业与节能机构信息平台，初步建立20多家新能源、节能企业信息。是年，会同区财政局制定《天河区节能专项资金管理暂行办法》获得审批印发。

【重大项目研究与统筹】2010年，区发改局创新启动重大项目研究与统筹服务。确立以项目为抓手和突破口的工作方针和工作创新要求，组织申报、下达中央、省、市各级资金直接投资和专项扶持项目，推荐一批项目列入省、市重点建设项目规划计划，建立“十二五”规划重点建设库，涉及现代产业项目、基础设施项目、公共服务项目、城中村改造项目四类共116项，总投资近千亿元，为天河区“十二五”时期经济社会发展积蓄动力。

（黄晓君）

物　价

【价格管理】·收费综合年审· 2010年，区物价局会同有关部门开展天河区2009年度收费综合年审工作。审查收费单位43家，审核收费项目72项，总额25956.58万元。其中行政事业性收费64项，金额19103.17万元；经营服务性收费8项，金额6853.41万元。

对全区43个行政事业单位，64项行政事业性收费项目，164个行政事业性收费许可证，8项行政事业单位属下的经营服务性收费项目，29个经营服务性收费许可证进行综合年审。根据收费文件清理收费项目标准，共停征行政事业性收费项目6项，降低收费项目1项，增加收费项目1项，编制《天河区行政事业性收费项目目录》及《天河区经营服务性收费项目目录》，在区物价局价格信息之窗予以公布。

·教育收费管理工作· 2010年，对68所公办中小学实行《收费许可证》管理，督促学校做好收费公示和年审换证；对48所民办中小学的成本监审和收费审批，要求学校亮证收费、做好收费公示；对34所公办幼儿园、机关、企事业单位办园的收费项目标准进行清理，重新核发收费许可证，对131所民办幼儿园和97所民办非学历培训机构实行收费备案管理。其中，规范民办中小学教育收费工作当选是年天河区机关十大最受群众欢迎“三服务”实事。

·机动车停放保管服务收费管理工作· 对各类停车场的收费审核，坚持察看现场，统一指导定做标价牌，全年核发92个收费标准批文和收费证明。

·住宅小区物业服务收费管理工作· 对住宅小区物业服务收费的审核，立足现场勘查，按程序监审定价成本。

·规范中介服务和社会团体收费管理· 完成劳动力、人才交流、律师事务所和房地产等中介新证申办69个、年审223个，年审换证98个，对37个社会团体、涉有社团收费的43个机关行政事业单位进行全面的收费清理。

【价格监督检查】·全年投诉、举报、检查办理情况· 2010年，区物价检查所共受理价格举报有效投诉219宗，退还消费者3.25万元，没收违法所得75.34万元，罚款7.47万元，经济制裁总额86.06万元。加强价格举报管理，健全市区联运、实时监控、快速办理、及时反馈的价格举报工作网络。

·各项收费专项检查· 一是停车保管服务收费专项检查。检查所共出动90人次，检查处理43家停车场，对违规收费的停车场实施行政处罚达27000元。二是开展行业协会收费专项检查。三是医疗收费专项检查进入收官阶段。对2009年医疗收费专项检查进行总结，对发现的违规收费进行没收，共没收57.32万元，全额上缴国库。

·亚运价格检查与巡查、亚运价格监测· 将辖区分为七个片区，紧扣“一间房、一顿饭、一瓶水、一辆车、一张票”、“五个一”的价格监管重点，展开地毯式价格检查巡查。检查企业种类近20种，企业数量1035家，其中重点检查405家，合计出动414人次，纠正和查处70宗价格违法行为。在全区范围内建立25个单位作为时段性价格监测单位，监测品种达500多种。对辖区内13家亚运会定点接待宾馆及其它酒店做好中英文明码标价工作。

·春秋广交会房价巡查· 春秋广交会期间，宾馆酒店房价实行临时最高限价。价检人员对辖区内宾馆酒店执行最高限价的执行情况进行检查。

·农贸市场明码标价· 在辖区内选取一个农贸市场作为农贸市场明码标价的试点，以点带面，推动辖区内农贸市场的明码标价全面铺开。

·节假日市场价格巡查· 元旦、春节、五一、中秋、国庆等节假前后，价检人员对辖区内多家超市、农贸市场进行节前商品价格检查。检查的重点是粮油、肉类、鸡蛋、蔬菜等群众生活必需品的价格。

【价格认证服务】 2010年，价格认证中心办理各类价格鉴证2059宗，涉及金额4878.74万元。加强与公安、检察部门的联系，开展涉案赃物价格鉴定1415宗，涉及金额3870.073万元。拓宽车损价格鉴定业务。共接受车主和交警委托的车物损失价格鉴定633宗，涉及金额729.54万元。是年5月广州连场暴雨造成很多车辆被雨水浸泡，价格认证中心做好“水浸车”损失价格鉴定工作，广州电视台等多家新闻媒体对此进行报道。为行政机关和司法机关办理价格鉴定17宗，涉及金额308.47万元。建立价格行情数据库，制定常用物品重置价格标准，健全价格信息资料库。（黄晓君）

粮　食

【军粮供应】 2010年，区发改局确保军粮供应质量，军粮合格率100%，配合上级粮管部门和驻区部队对区军供站2005年以来军粮供应计划执行情况、供应手续履行情况、跨地区移防演练部队供应情况以及供应秩序等进行专项检查，促进军粮供应安全规范。

【粮食储备管理】 2010年，开展天河区储备粮轮换工作，开展春、秋两季粮油安全普查和节假日、亚运期间专项检查，确保储备粮管理安全到位，账实、账账相符。开展应急保障网点的年检工作，建立应急网点电子档案报市发改委备案；配合上级粮食管理部门为应急网点配送应急设备，加大政策扶持力度；以《天河区粮食应急预案》为依据，编制《天河区粮食应急预案操作手册》。

【社会粮食统计和粮情监测】 2010年，对区纳入社会粮食统计范围的从事粮食销售、储存、运输、加工、转化等涉粮企业统计资料的真实性和合法性等情况进行全面自查，并通过市粮食局和国家粮食局的复查。按照有关规定审核粮食企业上报的数据，及时汇总各类统计报表，做好全区粮油价格监测周报，粮食流通统计旬报、月报、季报、年报表上报以及区储备粮出入库统计和轮换审核备案工作，确保数据准确无误，及时可靠。

【亚运会残运会期间粮食供应保障】 亚运期间，对涉粮企业和粮油批发市场的运力需求进行摸查，开展区储备粮承储企业、军供企业以及其他涉粮企业亚运、亚残运期间《货车单双号通行证和粮油运输准许证》的申办审核工作，共受理和审核申请车辆材料84份，经上级部门核发 79辆。开展保供稳价市场巡查，共巡查粮油批发市场1个，超市7个，农贸市场8个。做好驻穗安保部队军粮供应工作。执行军粮质量“一批一检一报告”制度，确保质量零事故；落实军供粮油库存量，确保供应零中断；实施24小时值班、质量“三包”等措施，确保供应服务零投诉。（黄晓君）

工商行政管理

【工商企业注册登记】 2010年，天河区登记在册企业中内资企业2925户，比上年同期（下同）增加7%，注册资本合计455220万元，增加13.2%，其中企业法人1716户，增加6.8%。私营企业47222户，增加16.3%，注册资本合计4009971万元，增加19.6%，其中独资企业3080户，增加11.5%；合伙企业285户，增加4.8%，有限责任公司43849户，增加14.3%；个体工商户77495户，增加5.9%，其中港澳人士开办97户。

【市场管理】2010年，天河区有各类市场219个，增加18个。其中农副产品综合市场96个；工业品市场112个；生产资料市场11个。农贸市场有照经营8514户，工业品市场有照经营13108户，生产资料市场有照经营1211户，有照率均达100%。

【区主要农贸市场】2010年，天河区有主要农贸市场96个，比上年增加8个。

2010年天河区主要农贸市场简表

名　称	地　址	面积（m^2）	开业时间
沙河顶农贸市场	沙河顶水荫一横路西侧	3300	1995.11
沙东西支涌农贸综合市场	沙河龙岗路	2000	1999.3
天河广园中综合市场	广园东路2133号	2702	2003.2
天河濂泉西综合市场	沙河濂泉西路105号	5499	2003.2
沙东大街肉菜市场	沙河沙东大街22号	500	2003.12
天河区沙河副食品市场	沙河东一巷五号之一	700	2004.11
广州市沙河路银星市场	沙河路17号之二	1050	1998.3
侨怡苑肉菜综合市场	天河北路侨怡一街18号首层	1785	1996.10
体育东市场	体育东路横39-41-43号首层	4600	1994.9
杨箕天河肉菜市场	天河广利路	785	1997.3
体育西市场	体育西横街105-109号首两层	2000	1997.12
冼村肉菜市场	金穗路703号首层	3800	1999.2
猎德综合市场	猎德村牌坊口	2500	1998.5
天河猎德村综合市场	猎德村林氏大街竹园北九巷二号	470	2003.2
石牌市场	石牌东路87号首层	1233	1994.12
龙口东综合农贸市场	龙口东路133号	1500	2001.6
天河龙口市场	龙口西天龙街16号105房	1000	1995.3
石牌副食品市场	中山大道石牌东二街2号	647	2004.11
华师大市场	华南师范大学内	2300	2007.3
天河龙洞农贸市场	龙洞村口	9000	1995.4
天河石牌餐餐鲜新街市市场	石牌东二路	1000	2007.4
柯木塱农贸市场	广汕路柯木塱村路段	1520	1994.12
广州市龙洞上社市场	迎龙大道龙湖路北侧	2583	2006.6
广州市龙洞西社市场	龙洞富民路东侧	3623	2006.6
天河银河综合农贸市场	东莞庄73号	1050	1998.8
天河区银锭塘农贸市场	广汕路银锭后街76-78号	1100	1998.10
华工综合市场	华南理工大学珠江西路	2000	2003.10
华南农业大学农贸市场	华南农业大学综合楼一楼	500	2004.10
粤垦农贸交易市场	粤垦路侨源阁D座	7600	1999.4

（续上表）

名　称	地　址	面积（m^2）	开业时间
五山花园泽生市场	五山岳洲路五山花园二期首层	1033	2006.7
天河金燕农贸市场	粤垦路	1140	2006.12
南华农贸市场	元岗村天源路15号	4800	1999.3
福神岗农贸市场	中人路1号福神岗	1000	1999.4
天河区长湴综合市场	长湴村大街	6000	1998.5
上元岗农贸市场	上元岗大街18号	2374	2006.12
天星河食品有限公司员村食品市场	员村新街2号	580	1996.11
员村石东综合农贸市场	员村一横路员村大道田心8号	1750	1996.11
员村华荣肉菜市场	员村一横路西街2号	4000	1997.5
员村副食品综合市场	员村二横路1-4号	1500	1997.11
员村程界农贸市场	员村二横路程界村口	2000	1998.7
棠下新景综合农贸市场	天河高新科技工业园西侧	2000	1998.7
员村市场	黄埔大道33号	3800	1993.7
上社农贸肉菜市场	棠下上社口岗大街1号之二	1300	1997.1
天河上社综合农贸市场	棠下上社口田	2800	1997.5
棠下农贸综合市场	棠下村	2000	1995.4
天河万锦综合市场	沙太路牛利岗东侧	1061	2003.8
龙盛综合市场	棠东村龙门路1号	8950	1998.3
棠德农副产品综合市场	棠下解困住宅小区西侧	12000	1999.2
棠东丰乐肉菜市场	棠东丰乐路63-65号	1076	2006.6
棠东正南肉菜市场	棠东村正南大街22号	775	2002.10
东南综合市场	棠下解困房东侧棠下派出所对面	3140	2003.10
骏景新街市	骏景花园骏腾轩	1365	2005.4
天河春江花园综合市场	棠东东路128号	548	2003.12
车陂东圃综合市场	车陂路	2832	1996.11
东圃农贸综合市场	东圃供销社商场北面	5000	1998.3
石溪新肉菜市场	前进村石溪东路6号	2300	2003.9
宦溪综合市场	前进村桃园东路2号	3000	2004.11
前进综合肉菜市场	前进村宦溪	1200	2006.12
天河珠盈农贸综合市场	珠村力子园	6500	2005.10
天河车陂综合市场	车陂广氮新村商业街	5900	1994.9
车陂四社农贸市场	车陂广氮路63号广氮宿舍侧	5000	2003.1
东圃珠村综合市场	珠村村委大楼南侧	14500	2003.11
中海康城肉菜市场	东圃中海康城公建二号楼地下	1100	2004.7

（续上表）

名 称	地 址	面积（m^2）	开业时间
新塘综合市场	新塘南约村口大街	8000	2006.2
天河黄村肉菜综合市场	黄村荔苑路80号振东花苑5-8栋首层	1640	2006.3
黄村新富综合市场	黄村蟛蜞眼	3825	2006.6
吉山东市场	吉山东新街横巷自编1号	1600	2006.6
天河区沐陂农贸市场	新塘街沐陂路33号	1365	2007.4
天河万锦综合市场	沙太路牛利岗东侧	1061	2004.9
沙河天平日杂批发市场	兴华路36-50号	5000	1998.2
天平粮油食杂批发市场	沙太路银利街	6300	1993.4
天平水果批发市场	沙河天平兴华街	17778	1989.11
天平日用品综合批发市场	沙河天平兴华街	1800	2006.11
渔沙坦农贸市场	龙洞渔沙坦	2961	2007.9
黄村悦盛综合市场	黄村南便元	3500	2006.7
林和苑小区肉菜市场	龙口东389号地下	500	1999.5
天河花生寮综合市场	沙河花生寮七巷5号首层	600	1995.11
天河远晖肉菜市场	天河北路421号	650	1997.3
林和东综合肉菜市场	林和东路沾溢直街170-190号二层	1130	2006.4
牛利岗肉菜市场	银河村牛利岗商住楼首层	1000	1999.6
沙东甘园农贸综合市场	广州大道北沙东段161号	5000	1989.5
天河燕塘农贸综合市场	广汕路燕塘公司路段	2700	1995.11
伍仙桥农贸综合市场	沙河伍仙桥	3300	1994.9
沙东陶庄肉菜市场	沙河陶庄1号之8	2000	1996.1
兴华肉菜综合市场	兴华路13号	2000	1999.1
天平农贸市场	兴华直街24号	728	2004.12
天河红旗农贸综合市场	广从路红旗站	2300	1997.5
河水东农贸市场	河水大街10号	2000	1997.11
天河北岸肉菜市场	粤垦路1号首层自编104铺、二层自编201铺	950	2010.7
天河区假日园综合肉菜市场	东圃城市假日园假日新街59号首层	525	2010.4
天河区东辉肉菜综合市场	天府路145号首层及夹层	978	2010.2
佳鲜肉菜市场	员村四横路美林花园蒲林街64-76号	700	2010.8
天河区田园街市	天府路239-257号	2258	2010.5
国六宝肉菜市场	兴盛路9号201、301	2256	2010.11
君盈新鲜街市	珠江新城华穗路180号03单元二楼	1300	2010.8
天河区安居房街市	珠江新城海安路18号之一、之二、之三内	1500	2010.10

【食品放心工程建设】2010年，天河工商分局继续做好食品放心工程建设，加强对流通领域食品安全的全程监控。

·食品安全专项整治· 2010年，天河工商分局核发食品流通许可证12215份，其中企业1634户，个体工商户10581户，分局食品监测车抽查样品2161批次，工商所检测箱抽检6978批次，合格率为99%。天河工商分局开展流通环节亚（残）运会食品安全保障工作，乳制品等重点品种的清查行动，全面开展"地沟油"专项整治。加大对不合格食品的处罚力度，2010年共立案46宗，罚款23.2万元。

·规范牲畜屠宰· 2010年，天河工商分局共出动执法人员4189人次，车辆352台次，检查市场、超市677个次、宾馆酒楼98个次、肉品经营户7078户次，查处私宰窝点261个次，查扣私宰生猪201头、活牛4头、羊2头，没收私宰猪肉10672公斤、私宰牛肉3000公斤，立案137宗，结案108宗，罚没入库590988元。天河工商分局辖区放心肉上市量明显上升，并稳定在1500余头。

2010年1月23日，国家工商总局副局长王东峰、广州市副市长曹鉴燎视察辖区超市食品安全工作。（天河工商分局供稿）

【商标、广告、合同管理】·商标管理· 2010年，天河区共有广州市著名商标7个，广东省著名商标3个。做好企业申请注册商标工作，接受企业商标查询176件。是年，天河工商分局探索知识产权保护长效机制。石牌电脑城、濂泉路周边服装批发市场、珠村工程机械街等地区为重点，立案查处商标侵权案 170_宗，扣押涉嫌侵犯商标专用权商品21多万件。

·广告管理· 2010年，天河工商分局查处违法广告案24宗，责令自行拆除或强制拆除违章户外广告牌1000块，引导办证551块。

·合同管理· 开展专项整治，重点针对欺诈活动易发多发的城乡结合部。共立案查处合同欺诈案件239宗，取缔违法企业6家，为群众追回受骗金额206.6万元。

【市场整治】2010年，天河工商分局继续打击各类经济违法行为，整顿市场经济秩序。

·整治无照经营· 全年共检查经营业户12981家，发出责令改正通知书824份，查处取缔无照经营1200多家，引导办照10540户。

·打击非法传销· 出动执法人员11711人次，清查出租屋34929间，打掉传销或涉嫌传销窝点2个，教育遣散传销人员186人次，立案查处1宗。

·治理商业贿赂· 针对工程建设、土地转让、产权交易、医药购销等活动，以及在商品流通领域交易中假借促销费、宣传费、赞助费、咨询费等名义直接给付现金或实物实施的商业贿赂行为，加大执法力度，及时曝光典型案件。2010年，共查结商业贿赂案件37宗，罚没金额310.63万元。

【保护消费者权益】2010年，12315群众投诉举报中心共受理消费者投诉案件12829宗，办理电话投诉1521宗，办结率均为100%，为群众挽回经济损失1170多万元；处理群众上门投诉案件921宗，挽回经济损失233万元。是年，共建立 _78个维权投诉站，有效地维护消费者权益。

2010年3月15日，区委常委、区纪委书记江绍强检查辖区3·15国际消费者权益日活动。（天河工商分局供稿）

【机构】广州市工商行政管理局天河分局（简称天河工商分局），是政府主管市场监督管理及行政执法的职能部门，由广州市工商局直接领导，内设：党委办公室、人事教育科（合署办公）、办公室、监察科、财务科、注册登记科、市场规范管理科，企业监督管理科、个体私营经济管理科（合署办公）、合同管理科、商标广告管理科、经济检查科、消费者权益保护科、法规科，另有4个事业单位：天河区消费者委员会、天河区个体劳动者协会及私营企业协会、经济信息室、12315消费者申诉举报中心。

辖下17个工商行政管理所（队）：沙河工商所、石牌工商所、东圃工商所、员村工商所、五山工商所、天河工商所、沙东工商所、天平工商所、龙洞工商所、东棠工商所、科技工商所、东站工商所、珠江新城工商所、元岗工商所、大观工商所、经检大队、牲畜屠宰管理执法大队。

局长：倪广生

党委书记：王丁发

副局长：彭小杰

副局长：林建荣（2010年7月起任）

副局长、纪委书记：曾建华（任至2010年7月）、邓巨华（2010年11月起任）

副局长：陆序明

办公地址：广州珠江新城海月路407号

联系电话：38839632

（周军州）

质量技术监督

【名牌培育、质量兴业】 2010年，天河区质量技术监督局引导推动14个广东省名牌产品进入“千百十名牌培育名单”。是年，天河区有2家企业7个产品获得广东省名牌。至年底，天河区共有中国名牌4家6个产品，省名牌10家16个产品。

【工业产品质量监管】 2010年，区质监局把好产品质量关。辖区内145家许可证企业及64家3C企业均实现“五个100%”。区局加大对企业的巡查力度，共出动507人次，对眼镜、电线电缆等208个企业进行巡查，对巡查中发现问题的15家企业落实整改，对36家3C停撤证企业全面跟踪。对生产条件发生重大改变的获证企业进行跟踪，向市局提交47份提请发证机关撤销、撤回、注销证书的申请。通过对生产许可证、强制性认证产品专项检查，查处一批无许可证3C证生产、超范围生产及使用无证照原材料的企业，共查处许可证、3C违法行为为17起，罚没款为499615.9元。

做好省局下放的14类产品生产许可省级发证受理。是年，完成21家企业的许可省级发证受理，93家获证企业年度自查，接受32家41人次的许可证相关工作咨询。

全年累计对52批次监督抽查不合格产品进行后处理，涉及服装、功放等18个行业43家生产企业，其中立案查处5宗，处罚金额3万余元，产品复检合格率达94%。借着专项整治，通过加强对相关生产企业的监督、帮扶和引导，帮助企业进行整改和提高，工业产品关键性指标合格率有所提升。人造板、音视频行业在监督抽查合格率分别由上年的接近50%攀升至是年的83%和82%。

【食品质量监管】 2010年，区质监局加强食品监管工作，加大监督检查和整治力度，全面落实食品工作部署。

·日常监管· 全年出动715人次对区内91家食品企业、19家食品相关产品企业和33家化妆品企业进行监督检查。共召开专题会议5次，参会人员350人次。乳制品、饮用水、面包糕点等重点食品高风险行业开展专项整治，亚运前召开糕点食品质量专题工作会议，通过加强日常监管，提高辖区食品整体质量，确保亚运食品安全。年初，区局对市场上再次出现原料奶粉三聚氰胺超标的事件进行迅速处置，利用节假日突击检查辖区7家乳制品生产企业、15家使用乳制品作为原料的食品生产企业，对查获的2批次问题奶粉果断予以销毁，并再次对2008年三聚氰胺事件中问题奶粉的处理情况进行全面倒查，对乳制品行业进行全面整顿，落实乳制品企业的每月监督检查及产品抽检。7～8月，邀请有关部门、群众代表及媒体参加“食品安全大家行”活动，国家质量监督总局、省质监局、市质监局在天河燕塘乳业有限公司参加活动。

·亚运食品安全部署工作· 为保障亚运会供应，加强对风行、燕塘乳业、南方面粉等8家食品生产企业、麦德龙、都城一族等17家食品流通企业和亚残运会5家食品生产企业、15家食品流通企业、2家餐饮企业的产品质量安全监测。区质监局成立由质监为主，卫生、工商、公安等职能部门参

2010年7月14日，区质监局召开亚运安全保障行动倒计时冲刺动员会。（区质监局供稿）

与的天河区质监局亚运食品质量安全生产和流通保障工作团队，召开亚运质监工作动员和培训会议，增强监管力量。

整个亚运期间，食品生产保障团队共出动675人次对供亚食品生产企业进行9批次产品监督抽查，内在质量全部合格。企业生产供（涉）亚产品110.618吨，其中，供应运动员的一类产品共7.5吨，供应工作人员、观众的二、三类产品共110.57吨；食品流通保障团队共出动1260人次，其中麦德龙团队完成678吨共计442个品种的供亚食品的物流保障任务；对供应一类人群的各类食品共抽样检测622批次，对于已出合格检验报告的598批次食品进行明确标识后准予供货；食品流通都城一族团队对85类189个批次的原材料产品的质量把关，对32类产品组织抽样，保证每日近一万份的供餐量。确保亚运食品供应的及时、有效和产品安全。

【标准化推进工程】2010年，区质监局立足基础工作，加强创新服务，做好涉亚城市标志标准化改造。

落实标准实施监督员培训工作，完成标准化良好行为企业3家；建立标准化专家库，促进大型龙头企业的技术骨干逐步成为标准化工作的主体，2010年指导7家企业17名技术骨干申报市标准化专家。是年，天河区共有标准化专家90名，其中15名被聘为广州市标准化专家。

完成2010年广州市唯一国际标准研制。全年共完成8家企业22项各级标准研制，比上年增长50%，企业获得资助168万元，占全市资助总额五分之一。其中，广晟数码技术公司研制的国际标准《数字音频—应用60958的非PCM音频码流接口—第12部分：基于DRA格式的非线性码流》（标准编号IEC61937-12），为省市实现国际标准研制“零突破”做出重要贡献。

推进“城市标准化”建设。继2009年与市交委合作发布《广州市汽车维修业开业条件》后，继续强化与职能部门和行业协会的互动，2010年，与市经贸委、市工商局及汽车销售协会合作制定《广州市汽车交易市场设置与管理规范》，通过民生标准完善城市的标准化管理。以大型商场、星级酒店、旅游园区、汽车维修企业为重点，指导推荐9家企业申报广州市首批服务业标准化试点。

推进公共场所服务标志标准化改造和涉亚企业全面的标准清理和培训工作，提升亚运城市形象和标准化水平。组织辖区58家涉亚酒店、商场召开会议，为涉亚场所发放 “公共场所服务标志实用手册”和宣传光碟，结合现用标志存在的问题，重申整改要求，同时加大协调督办力度，督促各主管部门推进改造工作，加强对亚运核心区重点场所的指导帮扶，正佳、天河城、广百、友谊、摩登百货等大型商场在亚运开幕前均完成标志改造工作，通过检查验收。

【特种设备安全监察】2010年，区质监局落实各项措施，确保辖区2433家使用单位共17869台特种设备安全运行。全年共出动4560人次巡查设备3966台，办理特种设备使用登记1936台，办理设备变更239台，开展起重机械、气体充装、维保单位等25项专项整治行动，发出监察指令书124份，查封存在严重事故隐患的设备156台，取缔土设备15台，立案查处26宗。

2010年10月15日，亚运特种设备应急演练现场。（区质监局供稿）

·液化气充装行业整治· 是年，加大对液化气充装行业整治力度，对区内7家液化气充装站进行25次突击检查，查处违规充装非自由产权瓶、超期气瓶、报废螺丝瓶以及非法添加二甲醚的行为。

·确保亚运特种设备安全· 根据亚运实际制作《“核心区”、“周边区”特种设备分布图》，对涉亚的60家使用单位共1656台特种设备采取“分片监管、责任到人”的工作方式。至亚残运会结束，特种设备安全保障团队共出动1262人次，完成对2758台次特种设备的监察工作，发出指令书67份，封停设备18台，消除安全隐患96起。

【计量监督管理】2010年，区质监局务实抓好计量监管。完善计量巡查建档工作，摸清辖区集贸市场、商场超市、餐饮业、加油站、液化气充装站、医疗机构、地秤等行业的计量情况，开展对重点消费计量行业，如集贸市场、商场超市、加油站等的专业整治。通过召开培训会议、加大专项执法查处力度、遏制电子称作弊等计量违法行为。开展企业计量监管工作，指导辖区生产企业完善企业计量管理制度，确保在生产、检验等环节把好计量关。

【稽查执法】2010年，区质监局打击各种制假制劣行为，全年查案106宗，结案64宗，罚没款到位108.63万元，移送公安刑事处理1宗；查处生产企业违法违规行为，立案查处93家次违法经营的有证照企业；开展专项执法检查，出动1250人次执行32项专项全区性、行业性执法检查，检查场点250个；落实属地化打假责任制，各街道与区政府签订责任书，针对重点区域石牌地区的电脑耗材等进行专项执法检查6次，配合各职能部门开展烟草、食品、打私等各类专项行动8次。

【机构】广州市天河区质量技术监督局隶属广州市质量技术监督局，负责天河区标准化、计量、质量监督管理、辖区食品生产加工环节质量的日常监督、天河区特种设备安全监察等工作；依法查处辖区内违反标准化、计量、质量和特种设备安全等法律法规、违章行为，打击生产领域假冒伪劣违法行为。内设8个科室（队）：办公室、质量科、标准化科、计量科、食品科、特种设备科、法制科、稽查队（一科、二科）。

局长：孔伟

副局长：曾超雄、史可扬、江梦云

办公地址：天河区长兴路318号后座

办公电话：87262736

（石垒）

统　计

【年报月报工作】2010年，区统计局做好年报月报工作，共完成定期报表单位4173家，完成年报单位8039个。其中，完成建筑业年报企业（资质以上）171家，工业企业能源年报限额以上单位262家，固定资产投资项目年报731个，房地产企业年报293家，科技企业年报399家，工业高新技术年报单位262家，限额以上服务业年报单位1855家，限额以下服务业年报0家，服务业个体户年报0家，交通运输邮电业年报企业26家，农业年报单位25家。完成规模以上工业能源月报单位262家，全社会固定资产投资项目月报731个，房地产企业月报318家，建筑业资质以上企业季报单位171家，批发零售贸易企业月报841家，限额以上个体餐饮户月报42家，住宿餐饮企业月报172家，交通运输邮电业季报企业26家，农业季报单位25家。

【第六次全国人口普查】2010年，区成立第六次全国人口普查领导小组，21个街道分别组建街道人普领导小组及办公室，196个居委成立普查小组。5月，区人普办配合市人普办在石牌街龙口花苑和朝阳社区进行市级人普试点。组织各级人普办80多名业务骨干参与全过程试点演练，有效培训和锻炼区各级普查骨干队伍。全区人口普查“两员”（普查员和普查指导员）到位11647多人次。组建15人的讲师团。7月，组织街道、居委人普业务骨干分4期进行集中培训，共培训人普业务骨干1000多人次。同时，选派讲师团成员协助各街道开展一线普查员业务培训。制定《天河区第六次全国人口普查普查区、普查小区边界确定和标绘工作实施方案》，9月，完成对6627个普查小区的划分与标绘工作。

普查期间进行持续、连贯的宣传。10月，组织开展一堂课、一场知识竞赛、一次咨询活动、一张公告、一封信等“五个一”活动，进行社区终端宣传。全区共组织100多所中小学开展人普“一堂课”活动，组织各类咨询活动160多场次，编印刊发简报30期，张贴政府公告和宣传画5500张，张贴

2010年5月，天河区组织开展第六次全国人口普查咨询活动。（区统计局供稿）

其他宣传资料2万多份，张挂横幅2300多条次，派发小礼品3万多份，派发一封信及其他宣传单张75万份。

选派42名联络指导员每周3～5次到街道、居委进行巡查和业务指导，调配300多名大学生到街道支援人普工作。组织21个检查小组200名检查员，分2阶段到各街道所有居委进行人口普查入户摸底和上门登记质量检查。与驻区部队沟通协调，组织人力协助驻区部队做好普查员培训，以及普查表的登记、审核及汇总，驻区部队人口普查与全区人口普查同步实施按时完成。组织各街道通过自查、互查、议查、抽查等形式，逐户逐人核对，保障普查数据质量。

【提升统计数据质量】 2010年，区统计局按时保质完成服务业、商业、工业、建筑业、固定资产投资、房地产、农业等12个专业的2009年年报和2010年定报任务。12个统计专业结合实际分别制定报表制度，全年组织统计对象13800多个单位集中培训30多场次。制定统计工作目标责任制，明确各专业人员责任。落实统计工作规范化管理办法，加强统计报表审核把关。加大各专业间的协调力度，及时收集基层基础数据。完善数据核算和质量评估机制，确保各项经济指标客观真实。

天河区统计局开展2009年年报和2010年定报培训现场。（区统计局供稿）

【统计信息化建设】 2010年，各统计专业全面推广应用宏观数据库采集系统平台，全区9000多家定报单位100%实现网上直报。完成统计信息化项目的实施，所用统计专业的历史统计数据全部整合入库。每季度配合完成统计VPN网络巡查监测维护，保障统计信息网络畅通。

2010年10月，市人普办到天河区检查人口普查光电录入工作。（区统计局供稿）

【基本单位调查核实】 2010年，区统计局完成全区基本单位核实、派表、收表、审表、入表、审核及上报工作，核实市统计局普查中心下发的名册内单位3978家，名册外新增单位28家。下半年，对辖内4000多个单位进行固定资产投资清查工作，共清查出104个单位达到投资起报条件，并将其纳入统计范围。

【统计监测】 2010年，区统计局聚焦全区经济社会发展热点、难点开展专项调查和统计预警监测。对重要领域、重要行业和企业进行跟踪调查，收集和建立跟踪和反映三大板块（现代服务业、商贸业、区域特色产业）的统计指标体系，及时反映行业景气程度。组织对辖区54个投资单位计划投资3000万以上的151个项目进行问卷调查和走访调研，了解市场及政策变化对项目投资的影响。对亿元以上服务业企业发展进行跟踪监测调查；组织开展区楼市快速调查；完成天河区第二次全国R&D资源清查，共清查704个科技项目单位；定期做好城市居民住户、农村住户以及城市劳动力调查，及时反映居民收入和生活状况。

【统计服务】2010年，区统计局定期出版全区经济运行月度简析、季度分析、年度分析、定期提供专业统计分析，全年编辑出版12期《天河统计月报》、41期《天河统计》和15期《天河统计分析参考》，3篇经济普查分析材料，以及《2009年天河区国民经济和社会发展统计公报》和《天河区第二次全国经济普查公报》。是年，收集2009年区经济社会科学发展的主要指标进行相应核算，并对相关评价指标数据进行监测评估。以天河区第一次、第二次经济普查数据为基础，整理核算现代服务业增加值、高端服务业增加值、民营经济增加值等统计数据。

【统计执法】2010年，区统计局开展统计法制宣传教育课，讲解统计法律法规知识，全年培训13800余个单位，派发《统计法》宣传册、挂历和《天河区统计违法案件通报》等资料56000余份。组织全区统计对象无持证上岗的统计员共437人上岗培训，并考核发放统计上岗证。定期组织统计队伍集体学习《统计法》等法规，共组织学法培训6场，参加学习人数达320多人。8月，开展全区统计执法大检查，组织3个执法组，重点检查年报和定报问题较为严重的企业单位，共检查30家企业，查处统计违法行为7宗，罚款28000元，并对典型违法案例在全区范围予以通报。全年发出《统计报表催报单》183份，执法检查130家企业，责令限期整改16宗，给予行政处罚9宗，罚款33000元。

（区统计局供稿）

财　政

【概况】2010年，区财政局完成一般预算收入38.14亿元，比上年增长（下同）21.1%；一般预算支出42.04亿元，增长11.5%。全年实现税收收入296.16亿元，其中国税收入124.00亿元，比上年增长21.0%；地税收入172.16亿元，增长21.2%。

区级一般预算支出38.44亿元，增长16.6%，投入民生和公共事业支出32.65亿元，占一般预算支出的85.0%，比上年提高5.8个百分点。其中教育支出7.82亿元、城乡社区事务支出5.82亿元、一般公共服务支出5.54亿元、社会保障和就业支出3.38亿元、医疗卫生支出1.98亿元，分别增长16.6%、9.4%、22.8%、7.3%和11.8%。投入亚运保障经费2.16亿元。

是年，预算执行的主要特点：不断优化支出结构，财政资金向公共事业、公共服务等民生领域倾斜，突显惠民均等的特征。

【组织财政收入】2010年，区财政局特别针对亚运对天河区财政收支的影响，提出财政工作建议。是年，代征个体工商户和零散税款250.85万元；调整印花税和车船使用税代征管理办理，完善财政补助和奖励措施，调动代征单位代征税款的积极性；将按预算外资金管理的行政事业性收费纳入预算管理的工作及调账处理；完善契税征管相关制度，全区契税收入完成19538.5万元，同比增长8.1%；协助区政府加强与重点企业的沟通，争取其税务征管关系按属地管理原则尽早迁入天河区。

【民政支出保障】2010年，全区一般预算支出中用于民生和公共事业的支出为209063万元，占全区一般预算支出的72.95%。区财政安排5003万元用于社会治安视频监控系统建设；增加教育投入，落实教师工资“两相当”政策；对广州市户籍在义务教育阶段就读的学生实行免费教育；对经济贫困家庭子女实施“两免一补”，经费全部由财政承担；预算安排计生经费6597万元；推进计划生育和优生优育政策；是年5月起开展家电下乡补贴资金审核兑付，5～11月全区家电下乡本地销售补贴812台，补贴资金27.2万元。

【财政制度改革】2010年，区财政局围绕建立公共财政体制的目标，继续深化财政改革。

·国库集中支付改革· 2010年，全区预算单位全面实行国库集中支付，实现财政与预算单位、财政与国库代理银行横向联网，基本实现资金拨付和对账依托网络操作。

·政府采购改革· 是年开始实施《广东省实施〈政府采购法〉办法》和《广东省政府采购工作规范（试行）》，推广电子化政府采购平台、严格规范项目审批、加强政府采购预算执行监管，组织区属单位开展网上政府采购业务培训。全区政府采购额9541万元，比项目预算节约财政资金688万元，节约率为6.72%。

·财政绩效评价改革· 制定天河区财政支出绩效评价指标体系，全面开展区2010年财政专项资金绩效自评，委托暨南大学经济学院财税系作为第三方机构，保证绩效评价结论公平公正。

·公务卡结算试点改革· 5～11月，办理公务卡51张，成功办理公务消费支出报销291笔。

【财政监督管理】2010年，区财政局继续开展财政监督工作，履行监督职能。执行部门预算，对财政支出加强稽核和检查，对财政资金进行跟踪问效，确保资金专款专用。对迎亚运整饰、河涌综合整治、排水改造以及区内重点建设项目开展评审，完成审核工程概、预、结算项目共513项，送审金额212947万元，核减金额22649万元，综合核减率为10.64%。开展“小金库”专项治理，会同有关单位组织全区党政机关再次进行自查，按5%的比例抽选进行重点检查，并对社会团体和区属国有企业开展“小金库”治理。开展强农惠农资金自查整改，自7月起，会同其他部门开展强农惠农自查整改，并对30个重点支出项目进行重点检查，经查，全区安排“三农”各项资金共19386万元，暂未发现存在违规违纪问题。对再生资源增值税先征后退的审核，认定并退付增值税672.3万元，核减金额333.7万元。完成广州市“会计从业资格无纸化考试”首批试点天河考区考务工作，对《会计从业资格证》调入信息询证环节进行监管。加大财政票据在购领、使用、核销、保管、年审等各环节的监管。自觉接受人大监督，向区人大常委会报告上年度预算外资金使用管理情况和预算执行情况。

【国有资产管理】2010年，区财政局继续稳妥开展国资监管工作。推进区行政事业单位黄标车更新淘汰，全区32个行政事业单位共计217辆定编黄标车列入更新范围，区财政安排3500万元专项资金用于黄标车的更新购置。从严控制车辆、电脑等大额资产报废、报损、捐赠等的审批。处理区属国有企业发展中存在的问题，指导新塘公司处理城中村改造中遇到的职工下岗、併民主体身份确认及利益分成等问题；指导投资公司解决百淘娱乐文化广场公司土地出让金问题。推进国有股权退出工作，推进区商业总公司整体挂牌转让、高新进出口公司51%国有股权退出、转让伟天（香港）公司最后一处物业。加快区属土地资源建设，推进长湴地块和鸡笼岗地块的开发。配合投资公司向市国土局申请用金马广场第三期用地置换德政南路地块。推进国有企业资源整合，完成林和西路计经大楼部分物业调拨给林和街的资产调拨手续，协助区教育局移交富力花园部分商铺给投资公司经营。

【亚运经费保障】2010年，区财政共安排亚运运行经费19862万元，审核亚运工程概、预、结算项目共10项，送审金额55524万元，审核定案金额47067万元，核减金额8457万元，综合核减率为15.23%。《制定关于加强我区亚运项目资金使用管理的通知》，规范亚运采购项目，强化亚运项目资金监管。（区财政局供稿）

国税征收

【概述】2010年，区国税局共组织税收收入124亿元，突破100亿元大关，比上年（下同）增长21%；剔除免抵调收入0.5亿元，增收26.02亿元，其中：“两税”入库74.5亿元，增长28%；内资企业所得税入库25.9亿元，增长24.4%；涉外企业所得税入库23亿元，增长25.2%。

是年，区国税局加强税收分析预测，结合征管信息系统、税收会统核算、重点税源监控以及企业财务等数据，对税收计划执行情况、税收与经济发展协调情况、税收政策影响等情况进行分析，加速税收分析成果转化，发布税收分析报告进行资源共享，实现税收分析、监控、评估、稽查四大环节良性互动的链条效应。做好税收资料调查工作，全年实际调查企业686户，每户调查指标370项。做好重点税源电子档案的采集和初审，共采集18户亿元以上重点税源电子档案资料。

【国税征收管理】2010年，区国税局加强征收管理，提升精细化管理水平。

·管理创新提高税收征管水平· 是年，区国税局应用、验证行业专业化税源管理指引，通过定期提取管理评价指标的相关数值进行比对分析，评价专业化税源管理工作成效，完善设计安排，提高科学性和时效性。通过专业化税源管理提供行业共性指标及参考数据，对软件、大型超市及百货、服装批发行业和外贸企业等开展纳税评估，形成行业简易评估模板，加强数据综合分析处理，提高纳税评估的针对性和准确性。建立以税收分析为发起环节的四位一体互动机制，定期开展税收分析，为纳税评估确定疑点；分行业、类别采集企业数据，加强税源监控；实施简易评估和一般评估相结合的双评模式，为稽查提供案源线索。

·推进税收无纸化（二期）项目· 是年，区国税局做好征管资料管理系统的上线试点及税务文书管理与电子印章系统的推广工作，进一步规范征管资料及文书档案管理。合理调配基层分局人员对全区约13.5万盒资料进行批量导入，做好征管资料管理系统上线前期初始化配置工作，全年登记资料23万份，占全市的32%，资料归档率达到89.75%，收集、修改纳税人手机号码、邮箱等基础信息，为税务文书系统上线做好前期准备工作。

·推进征退查一体化工作· 优化三级预警系统，实现征退查三方信息资源共享。对外贸企业模块进行指标调整、功能整合，建立生产企业预警模块，扩大系统监控覆盖面。建立外贸企业简易评估模板，开展“730虚开增值税专用发票”、申报出口离岸价为零、有出口未认定资格、换汇成本异常等专项检查，防范和打击出口骗税行为。启动退查衔接机制，执行出口退（免）税日常管理与检查案源案件线索移送工作制度。

【依法治税】 2010年，区国税局继续坚持依法治税。

·税务稽查· 是年，区国税局共实施税务检查（含纳税评估）84户，查补税款、滞纳金、罚款合计1654万元，入库1564万元。打击假发票制售和使用活动，全年共出动90人次，捣毁6个制售假发票窝点，搜获涉及全国各地假发票约273万份。开展房地产业、交通运输业以及非居民企业等行业专项检查，查补税款共1472万元，入库税款1397万元。

·以票控税· 全年共受理发票鉴定12874份，发现问题发票3567份，其中假发票3113份，涉税金额23236.98万元。鉴定过程中，首次发现不法分子伪造2010版《广东省国家税务局通用机打发票》，及时移送案源线索，打击企业发票违法行为。制定方案，完成广东省国家税务局普通发票简并票种统一式样工作。利用各类发票比对信息系统，建立发票类报表，定期发布异常数据，强化“以票控税”。

【纳税服务】 2010年，区国税局持续改进纳税服务质量，全年服务投诉7宗，服务表扬14宗。是年，区国税局做好亚运税收服务。在办税厅设置亚运服务专窗、亚运绿色通道、双语服务导税员等，为涉亚企业办理非居民临时税务登记10个，涉及税款达5100万元。向纳税人宣传所得税税前扣除、亚组委进口部分物资免征增值税等亚运税收优惠政策。

加强办税服务厅建设。整合四、五分局办税服务厅，实现同厅通办；规范全区各办税服务厅的标识系统、区域设置、建设规范统一、便捷实用的办税环境。区局大楼设置辅助办税厅，纳税人通过预约登记、登记员电话通知等方式，联系管理员在约谈（见）座席区进行会面，提高涉税事项办理公开度和透明度。

2010年天河区国税局基层税务分局一览表

名　称	地　址
第一税务分局	陂东路5号
第二税务分局	五山路261号9号楼B座
第三税务分局	科韵路16号自编第四栋
第四税务分局	科韵路16号自编第四栋
第五税务分局	科韵路16号自编第四栋
第六税务分局	沙太路银利街123号
第七税务分局	广和路23号
第八税务分局	天河北路888号高新科贸园6楼
第九税务分局	黄埔大道中209号首层

【机构】 广州市天河区国家税务局（简称区国税局）是广州市国家税务局领导下主管全区国税征管的职能部门，内设科室：人事教育科（离退休干部科）、机关党委办公室、监察室、办公室、机关服务中心、征收管理科（纳税服务科）、进出口税收管理科、政策法规科、税收科、收入核算科（财务管理科）、办税服务厅信息中心、票证中心，下设9个税务分局。

区国税局党组书记、局长：罗得力

调研员、纪检组长：陆启昌（任至2010年7月）

调研员、副局长：邝慧（2010年7月起任）

副局长：黄引华（任至2010年7月）、陈桂莲、沈宝华

纪检组长：黄捷洪（2010年7月起任）

总经济师：黄伟明

分局长（副处级）：谭惠心、曾文胜、刘永汉、谭斌

办公地址：科韵路16号自编第四栋

办公电话：85683800

（潘淑凤）

地方税务

【概况】2010年，广州市天河区地方税务局共组织税费金收入238.70亿元，比上年（下同）增收29.69亿元，增长14.20%。其中完成计划考核口径税收收入（不含省级固定收入）172.16亿元，增收30.10亿元，增长21.19%。

2010年度税收收入主要呈现以下特点：各预算级次均实现稳步增长；主要税种表现良好，营业税、个人所得税和土地增值税量贡献大；各月税收收入增速增减不一；重点税源支柱作用明显。

【日常征收管理】至2010年底，区地税局共经管73684户业户。

是年，区地税局继续注重日常税收征管。制定《天河区地方税务局“夯实征管基础、清理催报催缴数据”专项行动方案》，开展新一轮催报催缴数据的专项清理行动，企业申报率稳定在95%以上。开展个体户漏登漏管专项清理行动，与工商、国税等部门沟通合作，深入专业市场、商业街铺，进行集中清理或分段清理。截至2010年底，纳入区地税局登记管理的个体工商户及零散税源达21945户，同比增长108%；个体工商户地方税收收入达到3.55亿元，比上年同期增长22.76%。发票在线应用系统推广工作进入全面推广阶段，以“先从重点税源户中推广，逐步过渡到中小业户”的原则，在分批试点取得良好效果的基础上分阶段在全区购票业户中推广。

【重点税源管理】2010年，区地税局3707户重点税源企业共实现税收154.6亿元，占收入总量的89.81%，对区局税收收入增长贡献率达92.54%。

2010年11月16日，区长徐汉添等人到区地税局调研。（区地税局供稿）

区地税局将纳税评估与日常税源管理工作相结合，力求在提高可操作性的同时建立更为专业化的纳税评估，突出对重点税源的纳税评估工作。成立纳税评估工作领导小组和纳税评估办公室，加强组织领导和统筹协调；及时调整纳税评估工作小组人员，形成专人负责机制，对纳税评估工作采取实时动态监管。

借助多种方法，多形式地开展纳税评估。如通过借鉴市局“两办”建立的评估房地产销售收入纳税风险的简易数学模型，推行房地产业的审计式评估；通过

引入内部控制制度评价，开展企业所得税纳税评估和业户现场复核工作；通过充分利用票表比对、第三方数据比对等方式，逐渐将纳税评估工作推广和细化至餐饮业及娱乐业的营业税、高收入人群的个人所得税、土地增值税、房产税和城镇土地使用税等方面。

夯实重点税源管理基础。组织开展与重点税源户签订《网上申报纳税协议书》及辅导重点税源户上传会计报表专项工作，在规定时间内与全局重点税源户签订协议书。抓住重点行业，从烟草制品行业、零售业、房屋土木建筑业着手，重点进行纳税评估。纳税评估专业化体现出明显成效，全年通过纳税评估产生的各项税收收入总计3.84亿元，比上年同期增长69.91%。

【依法治税】2010年，区地税局促进税收执法规范化建设。通过跟踪调查分析区局的各种税收征管活动，先后对前台代开发票、随军及军转人员减免税管理、发票使用后续管理等工作的执行情况进行

内部执法检查，指导并协助管理科所对可疑对象进行延伸调查。按照市局打击发票违法犯罪活动工作的统一部署，组织开展打击发票违法犯罪活动专项检查工作。在专项行动中共检查14户企业，涉及查补税款1.28万元，罚款4.65万元。

【优化纳税服务】2010年，区地税局以广州亚运会为契机，创新服务形式和内容，优化纳税服务。

·提升服务质效· 区地税局全力协助做好亚运涉税事项，专门成立“亚运税务工作办公室”和亚运税收工作领导小组，统筹协调亚运税收服务工作，并多次“送税法”进亚组委，主动上门就亚运门票发票配给、涉亚人员个人所得税缴纳等问题进行详细辅导。针对亚组委所需发票涉及场馆多、发票种类和数量多等特点，开辟“亚运办税专用窗口”，提供“绿色通道”服务，保障亚运比赛场馆门票发票的供给。亚运会前后，区地税局共开具涉亚售付汇证明约50笔，完成个税汇总申报326笔；开具《代扣代缴税款凭证》46份，社保费补缴业务45笔，及时办理退税83.3万元。

·日常纳税服务· 继续改善各办税服务厅的软硬件服务设施，制作“工作人员一览表”，更新自助网报区的电脑设备。坚持每周实地巡查制度，不定期对各办税大厅进行抽检并限期整改，及时掌握前台纳税服务情况并进行适时督导。举办前台协税员季度“服务之星”的评比活动，树立纳税服务先进典型。全年办结市局12366转办投诉案件8宗，表扬7宗，撤销件1宗；办结省局、市局各部门转来纳税服务投诉协调事项103宗，表扬1宗；办结区地税局监督电话、意见箱收集事项29宗。

是年，区地税局员村税务所、龙洞税务所入选成为天河区民主评议政风行风综合评议工作参评单位，名列所有参评单位第一。

·落实税收优惠政策· 加强税收优惠政策的宣传辅导；规范减免税审批流程，制定《天河区地方税务局减免税费审批工作规程（试行）》。加大对中小企业的扶持力度，为73家高新技术企业减免2009年度企业所得税5208万元；对2010年外资企业从事技术开发、技术转让和与之相关的技术咨询、技术服务业务取得的收入办理营业税减免审批86户次，减免金额532.70万元；鼓励企业安置残疾人和下岗失业人员就业，对符合条件的新增招用下岗失业人员企业和安置残疾人企业给予相应税收减免照顾；对673户小型微利企业给予20%的企业所得税优惠税率，共享受企业所得税优惠减免216.13万元；扶持经营困难的企业，2009年度困难减免房产税1435.86万元；困难减免城镇土地使用税18.01万元。

【税收宣传】2010年，区地税局开展多种税收宣传活动，为纳税人提供政策服务。采用纳税辅导会、企业约谈会、上门辅导和现场咨询等多种形式，开展一系列税收政策宣传。4月，举办大型“税务开放日”宣传活动；10月，联合天河区国税局举办“A级纳税人”颁匾活动。全年共举办各种形式的税宣活动150多场。

2010年天河区基层税务所

名称	地址	电话
天河区地方税务局员村税务所	员村三横路2～4号	22366398
天河区地方税务局龙洞税务所	龙洞东路一横路1号	22366190

【机构】广州市天河区地方税务局受广州市地方税务局领导，内设19个科室（所）：办公室（行政科）、税政科、政策法规科、征收管理科、计划征收科、规费管理科、人事教育科、监察室、信息管理科、税源管理一科（重点税源管理一科）、税源管理二科（重点税源管理二科）、税源管理三科（重点税源管理三科）、税源管理四科（重点税源管理四科）、税源管理五科、税源管理六科、税源管理七科、税源管理八科、员村税务所及龙洞税务所。

天河区地方税务局党组书记、局长：高雨海

副局长：邓子平（党组副书记）、邓小健、高满汉

总会计师兼纪检组长：钟锵（任至2010年8月）、雷小乔（2010年8月起任）

总经济师：郑子健

办公地址：水荫四横路110号

办公电话：22366444

（蔡振宇）

审 计

【概况】2010年，区审计局共完成审计项目21项，在审项目7项，查出违规行为金额867万元，管理不规范金额2 241万元，应上缴财政金额805万元，已上缴财政金额841万元，提出审计整改建议并采纳16条。

【财政预算执行审计】2010年，区审计局对天河区2009年度本级财政预算执行情况和其他财政收支情况进行审计。审计结果表明，天河区2009年度本级预算执行情况总体较好，完成区人大通过的年初预算收入计划273510万元的115.16%、支出计划的103.5%，实现收支平衡，略有结余。

对4个部门预算执行情况进行审计，查出违规金额259.50万元，管理不规范金额495.99万元，应上缴财政金额232.70万元。审计结果表明，各单位预算执行情况较好，会计核算和内部管理进一步完善，财务管理水平有所提高。部分单位仍存在违规和管理不规范的问题，主要有：非税收入未及时上缴财政；固定资产核算不够规范；在下属单位列支费用；对长期挂帐的往来款未能及时清理， 会计核算不够规范。

【地税征管审计】2010年，区审计局受市审计局的授权对天河区地税分局2009年税收征管和财务收支情况进行审计。2009年地税部门面对严峻的经济大环境，积极应对，想方设法使税收稳定增长。审计结果表明：天河区地方税务局2009年度实现税收入库1420550.68万元（不含其他收入和各项费金，不分计划考核口径），确保税收任务完成。经审计发现部分纳税户未足额申报计缴税费合计1419.40万元。

【领导干部任期审计】2010年，区审计局完成对13名领导干部的经济责任审计，涉及资金89.5万元，查出违规金额19.05万元，管理不规范金额118.20万元，应上缴财政余额277.67万元，提出审计建议8条，全部被采纳并整改完毕。存在问题：有的单位占用环卫站经费和票据的使用管理不规范；有的单位部分非税收入未能及时上缴财政、专项资金长期挂账的往来款未予以及时清理和违规发放补贴等。

2010年3月，天河区召开经济责任审计联席会议。
（摄影：欧欲浩）

【专项资金审计监督】2010年，区审计局围绕提高政府管理水平和服务能力，强化专项资金项目审计。

·污水治理和河涌专项资金审计· 区审计局自2009年6月起，对天河区污水治理和河涌综合整治专项资金的收支和使用情况及建设项目进行跟踪审计。经审计，自治水专项资金由市水投集团直接拨付到用款单位后，天河区各业主单位基本能按项目的进度及相关合同（协议）向市水投集团申请拨付资金，有关审核资料及手续基本齐备，治水专项资金基本上能专款专用。

·区中小学校舍安全工程的审计调查· 区审计局在校舍安全工程审计调查项目中抽查公办学校15所、民办学校5所，抽查校舍123栋。审计结果表明有些公办学校存在多报或少报校舍进行排查鉴定的情况；民办学校有的进行一般安全排查，没有进行专业抗震性能鉴定，部分校舍不能满足现时抗震性能的要求，区审计局提出相应建设性建议。

·教师“两相当”情况审计调查· 天河区有计划、有步骤开展中小学代课教师问题和教师待遇“两相当”工作。通过“代转公”专项招聘录用84名考试合格的代课教师，对其余代课教师依法进行妥善安置。全区中小学教师人均月工资从2008年9月至2010年3月增长14%，教师收入基本能达到与区直机关公务员平均工资大体相当。

·玉树地震救灾资金物资审计· 对天河区青海玉树地震救灾资金和物资进行跟踪审计。截止是年5月，全区共接取捐赠资金394.52万元，物资折价1.15万元，全部按规定上缴。未发现挤占挪用，贪污私分，损失浪费和弄虚作假等违法违规行为。

·政府性债务专项审计调查· 天河区本级政府性债务全部来源于向银行直接贷款。区财政局对政府性债务指定专人负责跟踪，按规定纳入财政预算管理。所抽查的政府性债务中，贷款合同均明确贷款资金使用范围和偿还贷款资金的来源，各项贷款资金基本能按贷款规定用途使用。

（邓惠琴）

2011

城区建设和管理

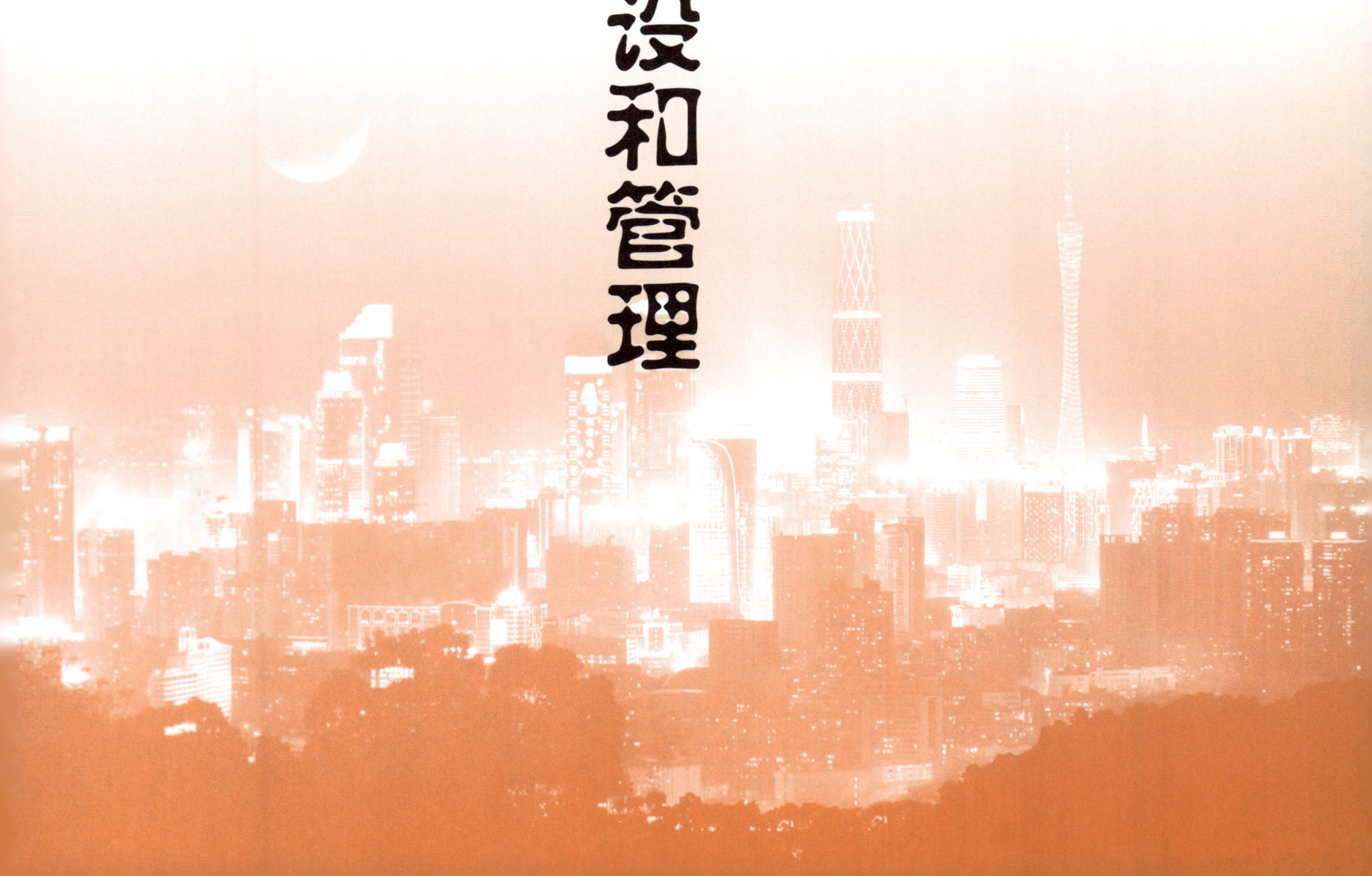

城市规划

【规划业务审批】2010年，区规划分局做好日常业务案件审批工作。窗口共收案207宗，发案182宗，提供咨询服务约300人次。完成用地初审案37宗；核发建设工程规划许可证案件25宗，建筑面积近30万平方米；核发《建设工程规划验收合格证》15宗，建筑面积24万平方米；处理违法建设案8件，作出行政处罚决定8宗，建筑面积3万平方米，涉及违法建设发文16宗，办理政务来文2736宗。

【科韵路沿线环境综合整治】科韵路是天河区三横三纵六条主干道之一，连接着亚运村、亚运场馆，以及员村、琶洲会展中心、广州大学城等重要功能区。为配合亚运整治改造，2010年，区规划分局根据市委、市政府和区委、区政府的要求开展科韵路环境综合整治规划。是年初基本完成科韵路环境综合整治规划方案。区项目办在区规划分局组织编制的综合环境整治规划方案基础上，委托设计单位开展科韵路沿线环境综合整治规划设计方案，并委托市规划院进行控规调整工作。3月8日，区规划分局批复区项目办组织编制的科韵路沿线环境综合整治地块的修建性详细规划。3月19日，市规委会审议通过科韵路沿线控规调整方案，纳入员村—琶洲地区的控规当中。至是年底，高压走廊下破旧的历史建筑已经拆除，并实施绿化和绿道建设，对两侧建筑物立面进行整饰。

【天河区高校和科研所聚集区发展规划研究】2010年，区规划分局为发挥辖内高校众多、人才荟萃优势，实现区内高校、科研院所与区内知识密集型企业的无缝对接，把创新成果及时转化为现实生产力和产业竞争力，开展天河高校集聚区发展规划研究。分析区内高校及科研院所在天河高端服务业发展中的作用和定位，研究高校及科研机构与其周边地区发展的相互影响，提出发挥高校及科研院所资源的方法与措施。10月，设计单位完成初步成果，区规划分局根据任务书要求对初步成果存在的问题进行核查，并反馈给设计单位进行修改完善。

【天河区文化创意产业布局研究】天河区较早确立“文化优区”的战略，是全国唯一集CBD圈和IT圈为一体的现代化城市中心区，总部经济、现代服务业和软件产业成为推动天河经济发展的“三驾马车”。2010年，天河区为发挥区位优势、产业优势和人才优势，加快推进文化创意产业的发展，开展天河区文化创意产业布局研究。区规划分局、区编研中心会同区科技局调研天河、海珠、荔湾、越秀创意产业园，摸查天河区目前创意产业园区的发展状况，对天河创意产业发展思路及功能布局进行研究，提出“三圈引领、五轮驱动、多星发展”的布局思路。即以高唐软件园 、北岸文化码头、五山高校聚集区3个文化创意产业圈层为主要聚集区，以软件及动漫、设计及表演艺术、咨询、时尚消费、研发5大产业为驱动产业，支持羊城创意产业园、广州创意港、红砖厂、星坊60等星状分布的文化创意产业园发展，2010年完成最终成果。

【公建配套设施规划情况调研】2010年，区规划分局、区编研中心按照市局的部署，开展天河区公建配套现状及规划信息调研工作，完成全市规划报批公建配套及街道现状调查工作。是年，开展珠江新城公厕规划及现状调查，并针对花城广场、中轴线及临江大道人流及用地景观情况，提出新增公厕布点建议图。区编研中心开展奥体中心周边地区公建配套调查及规划研究项目前期工作，起草项目委托书及项目任务书，初步确定项目研究背景、研究目标及范围、研究原则、研究内容、成果要求等。

【落实《珠江三角洲地区改革发展规划纲要（2008～2020）年实施规划》】2010年，区规划分局针对《珠江三角洲地区改革发展规划纲要（2008～2020）年实施规划》提出的构建“一带六区”产业布局及重点建设五大现代化城市功能区涉及天河区规划的工作。制定项目分解表，整理实施细则相关项目资料，将《纲要》细化制作规划简本，上报市规划局和区政府，按要求报告有关项目落实情况。

【亚运环境综合整治】2010年，区规划分局以迎亚运为契机，推进环境综合整治相关工作，努力创建宜业宜居城区。

·污水治理和河涌综合整治· 2010年，区规划分局配合区相关职能部门加快开展治水工作，沟通和协调与治水工程相关的留用地、安置用地的落实工作。在车陂涌、程界涌、深涌等河涌整治改造工程中，深入河涌沿线现场调查现状，与区建设和水务局、村等多次协调，提出具可操作性的实施方案。推进河涌整治相关规划的落实，缩短审批时间，所有治水案件均在3个工作日完成审批，推动河涌整治进程，促进亚运会前天河区水环境质量实现根本性好转。程界涌、深涌分别于是年2月和8月完成《建设用地规划许可证》的核发工作。

针对天河区4月份连遭暴雨侵袭，水浸现象比较突出，配合区项目办实施中山一立交和天河立交范围内的泵站，在规定的3个工作日办理上述两个泵站的《建设用地规划许可证》，并指导建设单位办理后续的规划报批手续。

·协助开展中山大道BRT沿线环境综合整治工作· 2010年，区规划分局配合区项目办开展中山大道BRT沿线环境综合整治规划。4月初，市规划局即对中山大道BRT沿线环境综合整治规划设计方案予以批复，对复建方案提出指导性意见和要求。同期，区规划分局对中山大道BRT沿线涉及的珠村、车陂、棠下路段的每一栋建筑进行逐一研究，针对控规不同的要求提出分类处理的思路，将意见及时反馈给区项目办。4月21日，市建委、市规划局和区政府有关领导到中山大道BRT沿线进行调研并召开专题会议，对中山大道BRT沿线环境综合整治明确有关整治控制范围、原则和要求。

·协助推进广州大道北沿线环境综合整治· 2010年6月，区规划分局根据上级指示开展广州大道北黄猄坳路段人居环境综合整治项目，邀请相关单位到现场进行摸查，协助区国土部门进行现状情况核查，与相关街道办事处协调、沟通，提出切实可行的实施方案。市、区有关部门落实伍仙桥岭背地块、沙太路大塘岗地块和广汕路鳌鱼岗地块3块用地作为广州大道北沿线环境综合整治项目的安置复建用地。8月21日，沙太路大塘岗地块涉及的控规调整获市规委会审议通过。

·广汕路沿线环境综合整治· 2010年，区规划分局推进广汕路（武警医院至萝岗区交界路段）沿线环境综合整治工作。10月，多次进行现场勘查，研究拟定初步规划方案，确定该路段的征地拆迁、复建安置、绿化带建设、重要节点的改善方案；在区建设和水务局、国土局、农业和园林局等部门的配合下，会同天河设计院统计和制定该路段需要进行征地拆迁、复建安置、绿道建设、节点改造等工程量和各项目费用估算，在此基础上提出初步整治规划方案。11月初，区委、区政府将该方案上报市政府。

【规划审批】2010年，区规划分局按时、保质的完成日常案件审批工作。全年，共受理规划管理业务案件207宗，办理业务案件196宗，发案182宗。办理的业务案件当中，用地初审案37宗；建设用地规划许可证5宗，用地面积53791平方米；修建性详细规划案2宗，用地面积85356平方米；规划复函2宗；建设工程规划许可证25宗，建筑面积304656平方米，管线建设长度8227米；建设工程方案审查34宗；其他建管复文34宗；建设工程规划验收合格证15宗，验收面积240737平方米；违法建设行政处罚决定书8宗，违建面积31551.82平方米；违法建设行政处罚告知书9份；其他违法建设复文16宗；办理依申请公开政府信息案6宗。处理政务案件2736件，办结政务案1098件，发文684件，答复政民互动38件，办理12319案件24件。（方凌）

市政建设

【市政设施日常养护管理】2010年，围绕创文明城市和迎国检，强化市政设施管养。区建设和水务局对全区254条道路、5万多个各类管井等市政设施进行日常巡查，做到问题早发现早处理。一是加强对创文重点区域进行数次拉网式排查，重点完善无障碍设施，会同市、区城管局、市水务局等部门联合执法27宗，重点查处珠江新城的无证开挖、违章占道现象，收回所有珠江新城在建工地的临时占用城市道路许可证（共12个）；完成市政设施正常养护：清疏管道长1921661米，人行道维修41126平方米，砼路面维修1300平方米，沥青路面维修8700平方米。二是通过明确沙井盖设施权属单位和使用单位责任，明确管养单位管辖范围，制定市政设施巡查监督制度和对管养单位进行罚则制度；成立三支抢险应急队，开展对井盖的摸查、编号和建档工作；全年共清理各类沙井119661座，井盖2105个。三是强化排水设施管理和应急抢险，成立排水组，完成广汕路天河客运站站前内涝处理等3项城市内涝治理工程任务以及员村五横路排水改造等6项排水应急抢险任务，对辖区亚运场馆和酒店周边共30

余条道路约3000个排水检查井安装安全防护网，并启动对全区排水设施全面摸查。

【建筑市场管理】·规范行政行为· 2010年，区建设和水务局对建筑市场加强管理。全年，共审批建筑工程施工许可证58宗，建筑面积98.2万平方米，工程造价137.1亿元；办理城市道路挖掘许可269宗；办理临时占用城市道路许可89宗；办理工程竣工验收备案6宗，面积1.9万平方米；办理延长施工作业时间证明82宗次；办理小区市政验收3宗；完成141份《项目手册》年审。网上公开工程信息566条。

·建筑安全和质量管理· 进一步明确业主单位、施工单位、监理单位责任，特别是落实施工单位作为安全生产第一责任人的企业主体责任，汲取“5·8”花花世界高支模倒塌事件的教训，抓好施工安全生产工作。全年对106个区管工地（建筑面积约430万平方米）组织日常安全检查1000多次，拉网式排查5次，安全生产专项检查7次，发出整改通知书227份，停工通知书59份，行政处罚2宗，对22项次工地上报不良行为，对现场施工中的117个工程的264人次违规行为进行动态扣分。9月，对珠江新城等重点区域的建筑工地开展3次专项检查，对13个建筑工地的违法行为开出13份责令限期整改等行政执法文书；对10个市监管的建筑工地存在占道现象，上报市城乡建设委协调查处。同时主动服务区迎亚运环境综合整治工程，提前介入，提前监督，指导各施工单位抓住工程重点和薄弱环节，落实施工质量安全工作，并7次向区领导及相关部门通报迎亚运整治工程的质量安全情况。

·工程招投标管理· 2010年，制定《天河区建设工程招标指引》和《天河区法定招标规模以下建设项目发包管理办法》，要求区建设项目投资达到法定招标规模的工程项目，一律进入广州市建设工程交易中心进行招标；项目招标备案监督115个工程项目，查处12宗有关招投标的个案投诉。

【重点项目建设管理】·市政设施建设· 2010年，区建设和水务局加强重点项目建设管理，推进宜居城区建设。一是支持市重点工程，完成云溪路、科韵路、护林路、珠吉路延长线，以及地铁四号线北延线、6号线、3号北延长线梅花园和燕塘站征地约15.8亩，拆迁约12600平方米，借地约31000平方米，共补偿（含绿化）6961.9万元。二是完善交通路网，全年完成沙太路、天河路、花城大道、燕岭路、体育西路、体育东路等路段的道路及无障碍设施改造工程；完成区9个残疾家庭和三社区（棠德南、穗园、员村）周边无障碍建设。

·亚运保障· 区建设和水务局采取措施，完成亚运建设和水务安保任务。一是制定13个亚运建设和水务安保应急预案；二是开展水闸应急管制演练和3次排水应急演练；三是成立12个亚运专责小组，对建筑工地、山塘、水库、河涌、水闸、供水厂等重点地段、区域巡查、检查：每天出动12台车、100多人按亚运市政保障预案进行24小时值班、巡查、备勤、驻守亚运场馆，处理奥体中心场馆内部排水管堵塞等4宗排水突发事件；成立8个建筑工地安全保障工作小组，对区管106个建筑工地开展安全巡查，确保建筑工地安全可控。四是紧急采购200多万元的应急物资，购进“龙吸水”大型抽水车和对讲机，为完成抢险任务打下基础。亚运会亚残运会期间，区建设和水务局共出动人员约6651人次，车辆近676台次，顺利完成亚运期间各项应急抢险任务。

·教育基建项目· 2010年，完工工程4项，在建工程2项，结算工程6项；区建设和水务局代建的八十九中学教学楼及运动场扩建工程、华景小学体育馆和教学楼多功能室装修工程，总建设面积24800平方米，总投资约3300万元。

2010年11月13日，亚运会开幕式市政保障设施。
（区建水局供稿）

【涉亚工程】2010年，区建设和水务局以“迎亚运，创文明”为契机，加快辖区道路升级改造，完成天府路、天河北路东延线道路升级改造，珠吉路

奥运临时停车场（眼科中心）。（区建水局供稿）

交通整治建设，以及黄村大道车行道升级改造，共计改造沥青路面达8万平方米，人行道达60万平方米，更换、装饰井盖450余个，累计完成建设和整治投资近5700万元；完成珠江新城片32条道路的规划设计。

推进亚运“光亮工程”，2010年8月至10月，用两个半月时间查缺补漏，组织对全区20层以上建筑物共66个点218栋楼宇实施“光亮工程”计划，重点打造珠江沿岸一线、黄埔大道、中山大道及内环路两侧等区段，加上此前“四位一体”整治中的楼宇共547栋楼宇、34个重点内透光点全部按要求实现亮灯。

负责5号、11号、12号、13号、14号等8个亚运临时停车场建设，自10月1日起 18天24小时连续作业，提前3天竣工。共调集各类工程施工技术人员约1500多人次，调用大型机械46台，共计铺设沥青路面35000平方米，铺设稳定层105000平方米；建成面积约9万平方米，公共停车位约1200个。

（黄礼铭、贾平）

国土资源和房屋管理

【土地管理】·土地报批· 2010年，国土房管局天河区分局联系指导相关用地单位办理河涌综合整治、污水治理、省市重点项目以及迎亚运工程的用地手续，协助天河软件园办理储备用地报批工作，协调解决私立华联学院、沙河经济公司、兴宁市人民政府驻广州办事处等几家单位的批后实施问题。全年共组织向国务院和省政府上报农转用和征收土地报批案件8宗，用地面积21.2公顷；开展批后实施案10宗，用地面积53.431公顷，涉及农转用40.2公顷，占用耕地21.7317公顷。

·征地拆迁· 是年，完成临江大道东延长线、临江景观工程、车陂南延长线工程、猎德大桥系统北延线、地铁五号线等5项市政工程，中山大道BRT、奥体中心、科韵路沿线、广州大道北等“迎亚运”综合整治工程的征地拆迁工作，全年共完成征地1398.1亩，拆迁房屋325569.7平方米，解决“迎亚运”工程的用地需求。在污水治理工作中，完成中山大道污水管、大观路及高塘工业区污水管、车陂路污水管、春岗中截污工程等22个项目的征（借）地工作，共完成借地427488平方米，埋设污水管网53436米。

·规划编修和土地调查· 是年，开展天河区土地利用总体规划修编工作，规划成果通过省国土资源厅组织的专家论证。推进第二次土地调查工作，辖区农村土地调查成果通过省市验收；城镇地籍调查成果进行市级验收。完成勘测定界权属调查46宗，其中涉及迎亚运项目28宗。

·“三旧”改造· 是年，完成天河区“三旧”改造规划纲要的专家评审工作。在区“三旧”改造机构成立之前，根据各单位上报的改造项目地块情况，逐一会审，整理剔除，并报区政府同意后，向市“三旧”办上报改造地块254宗，面积达1046.4公顷。协助林和、新塘等改造主体办理勘测定界，核实改造前期的产权摸查情况和办理相关手续。

·闲置土地查处· 是年，对市1992–2008年核发的涉及天河区的《建设用地批准书》中2695宗地块建设情况进行内业及外业核查。共计发出闲置土地调查通知书30份，闲置土地认定通知书2份，出具闲置土地调查初步意见10份，收取土地闲置费2443.3390万元。

·违法用地查处· 是年，国土房管局天河区分局建立并完善“层级管理、分片包干、责任到人”的巡查制度，划分片区，对每片区每周巡查平均5次；共同责任制在全区得到落实；土地执法包括巡查发现、整治过程、报告情况、立案查处等信息均实现数字化管理。土地违法用地宗数和面积同比均大幅下降。部十次卫片显示，违法用地1宗，面积9.9亩；省五次卫片显示，违法用地2宗，面积

2010年12月10日，国土房管局天河区分局召开天河区2010年度违法用地整治工作会议。

（国土房管局天河区分局供稿）

20.08亩。2宗违法用地均已立案，并责令用地单位限期完善手续。日常巡查发现违法用地20宗，总占地面积约209.19亩，全部发出《停止国土资源违法行为通知书》，制止并函告相关单位，大部分违法用地整改完毕。

·地质灾害防治· 是年，国土房管局天河区分局加大地质灾害的防范巡查力度，组织街道进行地质灾害隐患点的全面排查，对原有及新增的共10个地质灾害隐患点发放地质灾害明白卡；向各街道拨付地质灾害防范治理经费共29万元；完成翠华街23～29号省国土资源厅大院地面沉降治理工作；龙洞山庄大街13号后山坡地质灾害治理的勘查工作通过验收。

【住房保障】2010年，国土房管局天河区分局完成1114户低收入住房困难家庭（含双特困户）的廉租住房补贴审核工作；完成区115户享受廉租住房保障家庭的年审工作，其中92户符合保障条件；受理经济适用房预登记审核申报1484户，经市住房保障办审核合格发放《准购证》的有888户；开展市场租赁住房保障工作，通过市场租赁方式解决6户困难家庭的居住问题；按区政府的要求，完成区共85个单位约9250人住房物业补贴的初审工作。

【危房改造】2010年，国土房管局天河区分局共动迁直管房危房租户28户，拆除危险房屋20栋；完成直管房危房改造23宗，面积2206.46平方米，投入资金276.6134万元。完成直管房小修任务单1373宗，其中完成小修修缮金额103.9012万元；完成水上新村的工程施工结算手续及签证、物业确权工作，为住户办理分户产权证；基本完成广氮第16栋规划报建前期工作、住户临迁、楼房拆卸及施工现场平整工作。

【房屋安全管理】2010年，国土房管局天河区分局组织房屋安全鉴定单位，对全区各街道上报的518栋面积310664.4平方米房屋进行安全鉴定，通过逐栋评定，掌握其中危房161栋，面积达13588.4平方米；向房屋安全责任人发出《危险房屋限期治理通知书》351份，向街道发出《房屋安全督促通知书》351份；通过市国土房管局对区2010年度房屋安全普查的核查。5月，天河区多次出现强暴雨天气，国土房管局天河区分局成立4个工作小组，分别对员村、东圃、广氮、沙河4个片区的直管房进行24小时密切监控，发生险情立即处理，先后组织房屋抢险队伍对吉山下街5巷7号宅基地房屋、广氮新村东面倾斜的围墙、柯木塱塘石一街18-2号宅基地房屋进行抢险，采取拆除剩余危险瓦面、危险墙体等措施，及时排险。

【产权登记服务】2010年，国土房管局天河区分局优化房地产权交易登记流程；实行便民利民的即时化归档和档案扫描工作；在财务窗口安装POS机，方便群众缴费；在登记安全方面，建立案件受理情况信息发送系统；推行预约、优先、主动、快捷、上门等五大温暖服务，并通过信息网站、现场设摊及座谈会等多种宣传形式，向群众宣传普及房地产办证的新政策、新业务。全年共受理二手房登记交易案52647宗，发证47631宗，整理立档46864宗，扫描档案1839宗，累计利税约5.60亿元。是年，区房地产登记交易中心先后被评为广州市“青年文明号”标兵单位、广州市三八红旗集体、天河区2010年度“活力在基层”主题团日活动先进单位。

【房屋租赁及物业监管】2010年，国土房管局天河区分局对各街道出租屋管理服务中心开展巡查和业务指导，促进全区房屋租赁登记备案工作规范化，全年全区办理房屋租赁登记备案43567宗，总登记备案面积 562.8762万平方米，查处违规租赁案件87宗。指导19个物管项目开展物管招、投标工作，办理物业企业资质105宗；完成全区292个物业管理公司的物业项目经理的检查考核，促进物管行业的规范发展。配合、指导各街道办事处调处物业

2010年2月2日，市国土资源和房屋管理局党委书记、局长谢晓丹（前排右一）到员村新村检查工作。

（国土房管局天河区分局供稿）

管理纠纷，与天园街联合制订《推进东逸花园首届业主大会、业主委员会选举筹备工作方案》，促成东逸花园首届业主大会顺利召开；落实亚运场馆及周边小区物业管理专项检查，组织协调物业企业开展“迎亚运光亮工程”、“清洁家园、喜迎亚运”等活动。

【测绘工作】 2010年，天河辖区内6个GPS点C级控制点完成巡查；第十次违法图斑（省五次）案件测量、谭村城中村改造前期的房屋摸查测量、多个迎亚运综合整治地块拆迁摸查测量工作完成，累计测量用地面积2840052.60平方米，房屋建筑面积1482808.889平方米。

（曾焕元、杨安华、黄建新、张文珠）

出租屋及流动人员管理

【概况】 2010年，全区登记录入信息系统的出租屋共54.99万套，比上年增加9.56万套；流动人员

2010年12月，区出租屋办召开流动人员管理工作总结会。

（摄影：吴文英）

136.81万人，比上年新增35.8万人，其中更新流动人员信息52.41万人，“人走注销”21.2万人。发生在出租屋内的刑事案件共301宗，同比下降21%，出租屋的治安情况持续好转。

2010年天河区各街道出租屋管理服务中心办公地址及联系电话

单位	通讯地址	联系电话
沙河街	沙河大街89号	37286460
五山街	五山岳洲路39号1楼	85285956
员村街	员村新街昌乐园南门侧	85548213
车陂街	东圃陂东路6号	82320139
石牌街	石牌东路127号	87564410
天河南街	体育东路体育东横街193号	87540012
林和街	天河东路206号2楼	38811952
沙东街	广州大道北冠庭园小区绿安街1号	87726019
兴华街	银燕路167号	87226903
棠下街	枫叶路天乐径4号之一（历德雅舍）	87558931
天园街	黄埔大道棠石路锦明街83号2楼	85699760
冼村街	珠江新城冼村路自编2号	87515816
猎德街	海明路20号	38373275
元岗街	元岗街600号	37080695
黄村街	东圃黄村街福元路5号2楼	82300077
龙洞街	龙洞东路219号	87028707
长兴街	长兴路289号	37269030
凤凰街	柯木塱华美路	87211457
前进街	桃园中路3号	82564063
珠吉街	珠村东横一路1号1楼大厅	32351603
新塘街	小新塘新村北街陆上16巷5号	82357233

【“人屋”综合治理】 2010年3月起，区出租屋办组织街道、派出所以及街道相关部门，结合公安部门的“百日排查”行动，全面开展“洗楼”行动。9月起，区出租屋办制订并实施《天河区亚运期间

进一步强化流动人员登记和出租屋消防安全整治工作实施方案》，进一步深化“人屋”整治相关工作。

是年，以社区为单位，逐栋逐户开展出租屋和流动人员摸查整治。一方面核对已登记的流动人员信息，另一方面对工地工棚、集体宿舍和工厂企业的流动人员登记造册，督促其到街道出租屋管理服务中心办理广东省居住证。按照“巡查登记簿”的要求清查出租屋和流动人员信息，核实“交换册”信息，保证信息动态结合人口普查、居住证办理等专项工作，有针对性地进行清查登记。

开展以平安亚运为目标的安全隐患排查。街道出租屋管理服务中心会同公安、工商、城管等相关职能部门组成综合整治小分队，定期开展出租屋安全大检查，督促屋主和租住人员到街道出租屋管理服务中心办理登记备案手续，并对出租屋的消防安全、结构安全进行全方位检查，针对检查发现的问题落实整改措施。

对“人屋”进行分类管理。全区现有“放心类”出租屋528235套，列为“关注类”出租屋12895套，“严管类”7528套，“禁租类”396套。

【推进居住证办理】2010年，组织全区“推居”宣传咨询活动2次，区推居办（区公安分局、区出租屋办）多次召开派出所分管领导和中心主任会议进行协调部署。各街道加大日常宣传力度，组织召开辖区的屋主、工地工棚、企业等流动人员较集中的单位会议，采取简化申办程序，上门服务等灵活方法，调动流动人员办证积极性。全区共受理居住证办证92.01万人。

2010年4月，区出租屋办组织召开居住证业务工作会议。
（摄影：吴文英）

【流动人员信息化管理】2010年，全区投入15万元专项资金，对全区出租屋流动人员信息系统服务器进行清理、软件升级、硬件改造以及服务器维保，区级系统的运行环境得到进一步的优化。区出租屋办牵头开发流动人员信息便携式采集终端，联合职能部门推动网上租赁备案、网上税务征管等专项业务，提高管理效率。（黄国业）

城市监察

【概况】2010年1月，天河区组建区城市管理局，将区市容环境卫生局的职责、区城市管理综合执法分局城市管理的职责、区建设和市政局有关城市管理的职责整合划入区城市管理局，不再保留区市容环境卫生局。区城市管理综合执法分局为区城市管理局管理的综合行政执法机构。是年，区城管局围绕创文明城迎国检、城市面貌“大变”工程和亚运环境保障三大中心任务，开展市容环境综合整治，抓好日常城市管理，城区环境优美整洁、干净有序，群众对环境满意度提升。

2010年3月，区城管局举行成立挂牌仪式。
（区城管局供稿）

【清拆“两违”】2010年，配合亚运会环境综合整治工程，组织对历史建（构）筑物进行大规模清拆。7月至9月，开展清拆历史违法建（构）筑物专项行动，仅冼村街村集体历史建（构）筑物组织清拆2次，共14000多平方米。全年共清拆历史违建516宗。大力度、全方位清拆“三棚”。组织多次专项清拆行动，共组织清拆49宗，110000多平方米。强化执行力，坚决拆除新违建。全年清拆新违建679宗，特别棠东东南市场商铺，是被市城管执法局点名的违法建设典型案例。由于工作到位，成功自拆。大规模清拆违法广告及规范招牌行动，全年共清拆违法户外广告招牌5325块，对15条主要道路临街商铺招牌进行统一规范设置。

【整治“六乱”】2010年，整治“六乱”190058宗，全区环境面貌明显改善。责任到人、责任到岗，全区各地段乱摆乱卖、乱贴乱挂、夜间烧烤等明显减少，各主干道、主要商圈及景观广场“六乱”现象基本杜绝。落实守点、加大巡查，基本杜绝BRT沿线和天桥的“六乱“现象。积极协调，确保重点，亚运会开幕式、闭幕式当晚，区城管局联合各街道执法队共300余人，对花城广场、黄埔大道沿线、员村亲水码头等人流聚集地段进行“守点”整治，并配合公安部门做好人流疏散，出色完成任务。亚运会期间，组织人员对天河体育中心、广东奥林匹克体育中心、花城广场等周边进行分时段守点整治。

【整治建筑工地】2010年10月前，广州市各项亚运工程均到赶工阶段，工期紧、任务重，工程夜间超时施工、占道乱堆放等不文明施工现象非常突出。区城管局对重点和难点工程和其它中小工程，加大巡查力度，形成全方位、全天候的监管防线。同时，组建余泥监督员队伍。对各重点出泥工地实施夜晚监督检查，从源头上禁止无证施工、减少无证夜间超时施工、规范余泥排放，夜间超时施工投诉大幅度减少。协调相关部门开展联合执法工作，尤其是涉及市政工程的占道施工、不围蔽施工、余泥撒漏污染路面等情况大为减少。

【流动商贩管理】2010年，天河区划定23条主要道路、9个商业片区和景观带、15个亚运场馆为严禁乱摆买区域。同时在龙洞街、珠江新城开展规范流动商贩管理工作试点，设置6个流动商贩疏导区域。实行区域划线、规定经营范围、签订合同的方式，对流动商贩进行规范管理；推行柔性化管理，开展劝导式执法，对严禁摆卖区域的流动商贩进行劝导执法，开展万人签名自觉抵制乱摆卖倡议活动，教育引导市民和流动商贩遵守城市管理法规；成立城管女子特勤中队，由18名女城管队员组成女子特勤队，通过教育劝导的方式宣传法律法规，通过柔性执法的方式纠正违法行为，通过微笑服务的方式传播亚运信息，为亚运会、亚残运会提供城市市容环境保障工作。

【市容环卫作业】2010年，城区主干道清扫保洁面积700多万平方米，道路机械化清扫率达75%以上，每天夜间对城区主要道路进行冲洗。一、二、三级马路全部实行16小时保洁，主要内街16小时保洁，全区道路实现无缝隙、无盲区保洁；垃圾收运方式全面推行密闭式收运垃圾，减少道路两侧垃圾桶点和二次污染；“地毯式”清理道路两侧绿化带的零星垃圾、烟头等，市容环卫检查从定性检查转变为感观检查和定量检查相结合；全区70公里河涌全部纳入到水域环卫保洁范围，全面清理河涌两岸和水面垃圾，河涌环境卫生进一步改善。

【爱国卫生】2010年，天河区先后开展“清洁家园、喜迎亚运”、“清洁家园，健康亚运”等大型主题活动，发动机团单位、社区清理卫生死角、清洗楼道、公共场所，参加活动人数达10万人次；开展病媒生物防治工作，先后4次开展大规模的灭蚊、灭鼠行动周、行动月，消杀面积达200多平方公里；“控制吸烟”新法规施行后，先后对辖区100多个公共场所单位进行执法检查，重点对涉亚单位进行检查，督促整改问题12宗。

【基础设施建设】2010年，城管监控指挥平台建成并正式投入运作；新建成公厕4座，大修公厕8座，市民入厕难的问题得到缓解，对全区公厕进行无障碍设施排查、整改，全面规范更新公厕设施标牌；新建压缩站1座，改造扩容垃圾压缩站1座，华景新城地区垃圾处理问题得到解决；新增吸扫洗作业一体化环卫车辆8台、高压清洗车4台；全面更新、翻新果皮箱、垃圾桶等垃圾收集容器。新投放各类垃圾容器1.5万个，更新环卫工具房98座。全区旧报刊亭全面淘汰更新，413座新报刊亭投入使用。

【亚运赛时保障】2010年广州亚运会期间，在花城广场、体育中心、奥体中心设立3个外围环境保障工作组，实行定人驻点守点；协调市容、环卫、爱卫、市政、园林等部门参与赛事的综合保障工作。亚运期间出动督办督查人员4000多人次，组织夜间巡查100多次，发现解决问题1000多个；精细化环卫作业，新增环卫工人140名，组织1300多名环卫工人加班20多天，对全区主干道保洁至晚上23时，重点路段、繁华商业网点周边实行24小时保洁；引进吸扫一体车先进设备，加大机扫和清洗保洁密度；全面清理细碎垃圾，所有垃圾容器每2天擦洗一次，先后2次开展全区大清洗，对城区主干道人行道、石脚边进行全面清洗；协调督促辖内18个比赛场馆及其它涉亚单位全面落实病媒生物防控工作，对场馆周边两公里范围进行全面病媒生物消杀和密度监测；投放临时流动公厕120多座，重点地段公厕实行24小时开放、保洁。亚运期间达到市容整洁、秩序优良。

【街城管执法队移交街道管理】2009年9月，按照区委七届七次全会精神和市、区两级政府的要求，区城管执法局派驻各街城管执法队移交街道管理。区城管执法局确保交接工作有序进行，赴各街道完成街城管执法队移交街道管理的后续材料交接工作，移交在编人员239人。街道执法队移交街道管理，强化街道在城市管理中的责任主体地位，明确街道对街执法队的组织指挥权、考核权、人事权、财和物的支配权。（区城市管理局供稿）

环境保护

【环境要素的常规监测】2010年，区环保局完成全市统一的三个水期地表水采样监测工作，对猎德涌等4条河涌和天河公园大湖等4个湖库进行采样监测分析，取得技术数据588个，并完成四个季度功能区噪声24小时连续监测工作，获得技术数据384个；完成城市环境综合整治定量考核规定的区域环境噪声和交通干线噪声的监测和统计分析工作，取得技术数据255个。按照天河职幼、思源中学、龙洞小学三个空气自动监测站的监测数据开展空气污染指数周报工作。是年，对2000多个单位的污染源的废水、噪声、烟色进行监测，出具监测结果报告2069份。

【大气环境质量】2010年，区内大气环境质量继续保持良好状态。从空气污染指数周报的结果表明，全年空气质量达到良好以上的时间是52周，空气中的二氧化硫、二氧化氮、可吸入颗粒物和降尘的平均值分别是0.028mg/m^3、0.059mg/m^3、0.066mg/m^3、3.47吨/月.平方公里，总体状况优于国家的《环境空气质量标准》的二级标准。

【水环境质量】2010年，从全市统一的地表水采样监测结果表明，区内地面水（河涌和湖库）水质与上年基本持平，有机污染的污染仍然比较严重，其中主要污染物指溶解氧、化学需氧量、生化需氧量、氨氧、石油类的监测结果见下表：

2010年与2009年天河区水环境质量比较表

项目		溶解氧	化学耗氧量	生化需氧量	氨氮	石油类
河涌	2009年	0.4	131	29.3	20.6	0.85
	2010年	0.6	210	51.5	19.7	3.41
湖库	2009年	8.6	42.2	9.6	0.40	0.51
	2010年	7.3	76.9	18.0	0.32	1.45
标准		≥3.0	≤30	≤6	≤1.0	≤0.5

注：1、单位是毫克/升；
2、标准为《地表水环境质量标准》Ⅳ类标准。

【声环境质量】2010年，天河区内声环境质量得到进一步的改善。从环境噪声监测结果表明天河区的“声环境一类功能区”环境噪声平均值昼间为51.4分贝、夜间为42.9分贝，区域环境噪声平均值为54.4分贝，均优于国家规定的相应标准；交通干线噪声的平均值为69.7分贝。是年，受理332宗有关噪声污染的投诉。

【亚运环境综合整治】2010年是天河区完成迎亚运环境保障攻坚任务的关键之年，天河区环保局围绕“天更蓝、水更清”的总体目标，按照市委、市政府、区委、区政府的统一部署，调动一切可以调动的积极因素，攻坚克难，完成天河区作为亚运会、亚残运会开闭幕式所在地、主要赛事场馆所在地的环境整治和开闭幕式场馆外围环境保障任务。

是年10月起，开展亚运期间企业临时减排措施，启动应急预案，平均每天派出20人次，对全区46家亚运重点监管企业实行临时停产停工；天河区四次启动应急减排方案，对184家（次）企业分别采取限产或停产措施，确保开闭幕式空气环境质量。亚运会开幕闭式当天，设立1个开幕式现场应急小组，全面负责海心沙开幕式现场及周边突发环境污染事故的预防保障及应急工作，6个外围巡查组及1个污染事故应急小组按区域对整个天河区进行环境实时监控；亚运会期间，每天派出5个以上巡查组，重点开展烟色监控、工地扬尘监管、机动车尾气监测等工作，同时对各类污染源实施全方位、全天候24小时监控，确保辖区环境安全。

·开展小型燃煤锅炉淘汰· 天河区共有39家企业使用小型锅炉，其中，燃烧柴油及重油的13家，使用4蒸吨/小时以上的3家，已停用的4家，需要改造或停用的19家。至9月，全区小型燃煤锅炉淘汰工作全部完成整改。

·禁燃区清洁能源改造· 通过核查区辖禁燃区内企业清洁能源改造的情况，9月底完成对全区7家需进行清洁能源改造企业的全部整改工作。

·挥发性有机物排放控制· 向辖区内产生挥发性有机物的企业发放整改通知书，并建立监管台帐。区环保局会同相关街道进行联合执法，检查十多家汽车修理企业，查处3家排放挥发性有机物且造成环境违法行为的企业。至9月，全区525家（原VOCs排放控制企业429家+洗衣行业96家）被列入排查名单的企业全部完成整改。

【预防环境污染事故】·监管重点污染源· 2010年，对工业企业脱硫除尘工作加强监管，确保重点工业企业的废气治理设施正常运转，监测结果表明：主要废气污染物均能达标排放。

·环境隐患排查· 5月，全区组织开展重点行业企业环境风险及化学品调查工作，共调查石油加工及炼焦业、化学原料及化学制品制造业、医药制造业3大类10种类35家工业企业，对加强全区企业环境风险防范和化学品监管工作，全面掌握重点行业企业环境风险状况和化学品监管现状起到基础性作用。

·环境应急污染隐患排查· 是年，对各企业环保手续是否完善，新、改、扩建项目是否执行环评和“三同时”制度；企业污染处理设施是否正常运行，有无偷排、暗排或擅自停用污染处理设施的环境违法行为，污染物是否达标排放；企业是否有不符合产业政策及国家明令禁止、淘汰的落后生产工艺和设备；重点企业环境污染事故应急预案是否制订等进行重点排查。经排查，区环保局要求40余家重点工业企业和医疗单位编制突发环境应急预案，要求医院确保对医疗废物的管理有完善的管理体制，医疗固体废物统一由广东省无害化处理中心进行处理，医疗废水经处理后排放，同时，针对排查出的环境安全隐患，要求责任单位限期整改，及时消除隐患。在排查中，区环保局协助市环保局成功处理广东澳联玻璃厂重油泄漏的污染事故。

【河涌整治】 2010年，区环保局对纳入天河区环境统计的重点工业企业治理设施，坚持每季度不少于一次现场检查，督促各企业正常运行治理设施，污染物达标排放；对区内8条主要河涌沿线排污口进行排查整治，全年处理73宗涉水信访案件，责令拆除排污口24家，查处15家无证洗水、屠宰、养猪户，立案处罚79家超标排放污水企业，重点查处中铁一局集团广州市轨道交通三号线北延线1标项目施工中白色泡沫污染沙河涌的违法行为，并向区建设和水务局及城管部门提交23家河涌沿岸违法排污单位名单；会同相关职能部门开展联合执法行动，先后参与棠下、黄村、珠吉、前进、车陂、新塘、长兴等街道组织的15次联合行动，清查5万多平方米、1.8万头猪，拆除大部分窝棚；配合区工商、卫生、城管等部门和街道对各主要河涌沿岸排污企业进行检查，对违法排污企业进行督促整改或立案查处；会同区建设和水务局检查高塘石工业园的截污情况，并与区建设和水务局、区治水办联合召集天河软件园高塘园区内的18家企业召开污水排放专题整治工作会议，对存在问题的企业提出整改要求。

【饮食服务业污染防治】 2010年，区环保局开展对饮食服务业污染扰民问题的整治。建立与卫生、工商等并联审批平台，全年受理饮食业建设申请单位446个，同意经营的297个，否定159个；全年共立案查处违法企业611宗，发出行政处罚决定547宗，申请法院强制执行269宗，罚款入库92.88万元；对333家饮食业户进行查处，对156家饮食业户下达限期整改通知书，并参与区联合整治无证照餐饮店档工作，先后会同黄村、员村、天河南等街道开展联合执法行动，共受理309宗饮食业污染投诉，比上年同期下降约57%；采取联合执法和召开整治协调会等形式，对区64家挂牌督办饮食店进行分类整治，解决一批饮食店环境污染问题；新安装102家200餐位以上饮食业户油烟治理设施在线监控装置；组织签约亚运会的13家酒店召开工作会议，加大亚运场馆周边污染源的查处力度，并要求相关单位落实污染治理设施，确保油烟达标排放。

【村社工业园区综合整治】2010年，区环保局到村社工业厂区，开展办证、治污和执法工作，重点对洗水、皮革、化工、食品、印刷、包装、家具等污染较大的企业进行整治。至6月，共普查工业园区32个，检查工业企业807家，发出限期整改通知书195份、并发放《督促排污接管通知书》督促企业完善污水排放手续、规范排污行为。

【排污管理】2010年，完成对棠下等5个街道400多家工业企业的污普数据更新工作。全年审批188家企业的排污许可申请，并向符合要求的企业发放排污许可证。核定废水不纳入集污范围的工业企业和医疗单位以及有废气排放的企业的总量控制指标。对400多家日常监管企业进行2009年度申报登记，对40家企业的排污注册证进行年审。截止12月共开征排污费约292万元，征收入库330万元，其中工地噪声排污费92万元。开展环保治理资金补助工作，包括8家区属重点工业企业和餐饮企业补助项目、99家餐饮企业在线监控补助项目、3家VOC企业专项治理补助项目、已有在线监测及监控系统运营补助项目等。

【建设项目环境评价审批】2010年，区环保局对新、扩、改建设项目严格执行《中华人民共和国环境影响评价法》和《建设项目环境保护管理条例》的相关规定，坚决否定不符合产业政策的“两高一资”项目建设，先后否决广州天河龙洞惠港粘胶涂料厂、禾诚客车五金配件有限公司、鸿宇化工有限公司等8个项目建设申请。全年审批建设项目环评370宗，拒绝受理173宗，仅审批工业项目26个；落实建设项目审批制度和环保验收制度，纠正企业污染治理“三同时”和应急措施不到位的问题，全年审批建设项目污染治理设施竣工验收156宗，新建设项目总投资119.31亿元，其中环保投资10.8亿元，占总投资的9.05%。

【污染源总量控制】2010年，控制污染重、能耗高、工艺落后的企业进驻天河，限制化学原料及化学制品、金属制品、服装水洗、皮革制品等重点污染行业的审批。是年，审批工业项目26个，新增化学需氧量排放量0.496吨，二氧化硫4.18吨。引导企业推行清洁生产，削减污染物排放，完成广州市长兴洗水厂锅炉清洁能源改造和广州市中天东海食品有限公司废水处理设施的改造。是年，共完成COD减排52.107吨，SO2减排35.353吨。开展结构减排和工程减排，推进“退二进三”工作。完成天海花边有限公司、兴利洗水厂的“退二”工作，并完成《天河区“十二五”主要污染物排放总量规划》。

【信访案件办理】2010年，区环保局受理信访案件808宗，比上年同期下降46%，其中上级部门及有关单位转办538宗，办结信访件820宗，办结率为101%。经过长期努力，促成居民投诉强烈的天河北南岗海鲜城停业，彻底解决污染问题；针对对林和西路景星酒店污水处理池的废气和四楼KTV酒城平台冷却塔的噪声问题发出责令整改通知书，并取得较好的整改效果，投诉人表示满意；对市长接访日中受理的投诉体育西横街小塬咖啡的案件，经多方努力，最终说服该咖啡馆停业。

【重点工业企业监督】2010年，区环保局纳入天河区环境统计的重点工业企业共39家，结合小型燃煤锅炉淘汰及禁燃区清洁能源改造等工作加强对相关企业的巡查监管，对企业的污染治理设施坚持每季度不少于一次现场检查，督促各企业正常运行治理设施，污染物达标排放。

【挂牌督办检查】2010年，涉及挂牌督办区域主要是体育西横街饮食业环境综合整治问题，区环保局结合维护群众环境权益和维持社会和谐稳定，采取分类处理的办法，对环保、工商、卫生“三证”齐全的8家业户，要求废水、废气、噪声达标排放；对持有工商、卫生“两证”但不具备环保审批条件的31家业户，环保部门全部立案查处，责令专营无污染项目或整改，拒不整改的环保部门申请法院强制查封；“三证”全无的，依法予以现场取缔。经过处罚促整改和大量的宣传说服工作，亚运期间31家被查处的业户完成整改26家、4家转营或关闭，1家被法院强制查封。

【绿色创建】2010年，开展以“创建全国文明城市”为主题的环保宣传活动。“6·5”世界环境日，在天河公园、员村临江文化广场举行内容丰富、形式多样的环保宣传大型活动，组织学生志愿者600名，社区志愿者2000人开展“人人都是志愿者、个个都是东道主”的环境宣传活动；联合五山街、石牌街等单位开展以“健康、运动、减排”为主题的环保宣传进社区系列活动，向人们宣传环保知识、倡导环保理念，践行低碳生活，得到广大居民积极响应，散发宣传资料10000余份；开展入户调查，印制发放创文宣传品4万余份，编写居民环境问卷，广泛征求市民意见，提高群众满意度。

是年，推进绿色创建工作。先后完成3家省级绿色学校的资料准备及上报工作，完成猎德凯旋新世界、五山农垦总局机关大院、沙东天河山庄等3家市级绿色社区的评审和验收工作。（李平）

交通工作

【圆满完成春运任务】2010年1月30日至3月10日，组织70名工作人员投入春运工作，对区内广州东站客运站、天河客运站、东圃客运站等主要客运站场周边地区进行监控，打击违法违规行为，维护站场出口及周边路段车流、客流秩序。春运期间，共查处各种违法违规车辆92台次，区内三大客运站安全发送班车13.907万班次，运送旅客227.36万人，没有发生一起交通运输安全责任事故。

2010年2月，区交通局局长苏子彪在火车东站旅客出口附近动员全局干部职工开展春运工作。（区交通局供稿）

【道路运输行业行政许可】2010年，区交通局对232家新申请开业的普通货运企业进行初审审查；实施机动车维修行业行政许可及备案89家，其中新开业32家，其他变更事项备案57家；办理机动车驾驶培训分支机构备案30家，其中训练点7家，招生点23家。

【道路运输行业日常管理】2010年，区交通局办理营运货车新车签章477台，上线检测4384台次；对自有10台以上营运车辆的26家货运企业开展质量信誉考核工作，其中5家企业被评为AAA级，其余21家为AA级。

是年，区交通局共查处各种道路运输违法违章案件421宗。实施暂扣证照345台次，实施车辆证据保存68台次，实施货物抽样取证24件。

·客运市场经营秩序整治· 联合有关职能部门，重点打击辖内违法违规经营的大客车、私人蓝牌车、“克隆出租车”、中巴车、小面包车、出租车。共查处非法营运车31宗，违规客车277宗，违规出租车42宗。

·货运市场专项整治行动· 重点针对濂泉路、石牌西等货运集散地出现的各种违规经营货运业务及违规运输行为，查处未经许可擅自从事货运代理业务3宗。组织市、区多个部门对沙太路无证照货运市场进行综合整治，发出责令整改通知书30余份，清理拆除违法设置的广告招牌160余块。

·危险品运输专项整治· 在辖区内的吉山地区、东圃化工城等重要路段治理危险品违法运输行为，查处违法运输危险化学物品车辆44宗。

·配合五仙桥地区卷烟打假行动· 参与区打假办牵头组织的专项整治行动，严厉打击五仙桥路段周边的假烟运输违法行为，查扣违法运输假烟车辆3台次。

·“五类车”综合整治· 联合相关部门和街道，开展“五类车”综合整治工作，共查处“五类车”77辆（其中：电瓶车32台，人力三轮车30辆，残疾人机动轮椅车8辆，改装报废车4辆，摩托车3辆）。

·机动车维修行业整治· 牵头联合相关部门，查处违法违规个案72宗，其中机动车维修无证经营64宗，驾培非法设立训练点（场）8宗

【停车场行业管理】2010年，区交通局审批新开业停车场75家，停车位11834个；办理停车场年度查验391家；联合审批临时停车场33家，新增临时停车位2046个。

区交通局联合市、区相关部门，检查整治停车场355家，清理取缔无证经营停车场271家，查处占道超范围停车场21家，清除占道停车位577个，拆除违章设施一批。

【地方公路管理和路政工作】2010年，区交通局实施路政许可案件14宗，及时发现并制止未经许可擅自开挖公路案件2宗。投入资金约2500万元对吉山、柯木塱等村近20条村道进行维修养护，其中

路面维修及道路硬底化30000平方米，人行道改造3800平方米，沥青路面铺设5000平方米，完善道路排水设施1000米。修复经许可开挖路面及人行道约20000平方米。投入资金约120万元，抢修东莞庄路、长福路等雨季水毁道路。开展路容路貌改造，保持道路养护保洁，清理排水沟20公里、清运垃圾15吨，修剪路树路草5公里、新装和补装沙井盖150个。

【行业安全生产监管】2010年，区交通局对危运化工企业、大型运输企业、大型货运站场及货车停车场加强检查；对"二合一"、"三合一"安全生产隐患进行排查，查处"三合一"机动车维修业户6家；每季度末和重大节假日前开展安全生产大检查；分别与54家专业运输车队、428家停车场、273家机动车维修企业、13家机动车驾驶培训企业签订安全生产目标管理责任书。同时开展安全生产培训工作，加强企业自身安全生产意识和管理。

【特大暴雨善后工作】2010年，广州遭遇5·7和5·14特大暴雨灾害。区交通局利用信息平台通知企业做好防范工作，避免出现重大损失。派出工作人员到基层和企业摸查企业遭水浸情况，协调企业做好车辆被浸的相关处理工作。区组建水浸车处理工作专责小组，区交通局制定天河区水浸车妥善处理工作方案，协调各成员单位，通知、跟进各街道、部门水浸车核查、理赔、维稳等情况，每日统计报送和专题情况汇报，保持受损业户相对稳定。

【亚运交通保障】2010年，区交通局组织区交通系统、区教育系统共165名小客车驾驶员参与亚运交通服务小客车驾驶员招募工作，其中147名被选拔并安排到亚组委各交通服务团队工作。亚运会后，有20名驾驶员被亚组委交通服务调度中心团队评为"亚运会交通服务先进个人"，5人被评为"亚运会交通服务标兵"。

亚运会期间，区交通局组织大巴150台保障亚运运输。11月12日、27日亚运开、闭幕式共组织大巴700多台次，运送安保辅助人员和志愿者3万多人次，同时安排应急大巴20台分别在赛马场、奥体中心南门广场候命。亚运会开幕当天，紧急派员前往员村、科韵路地铁出口处周边路段协助疏导社会车辆。调集水马300个分配到天河客运站、体育中心、车陂南、员村等地铁站点备用，同时派出场馆外围巡查小组进行交通巡查，为赛会提供交通保障。

【"两案"办理】2010年，区交通局主办区人大代表议案（建议）、政协委员提案共11件；会办区人大代表议案（建议）、政协委员提案共9件，办复率达100%。处理区府电子投诉、12319、96900及群众来信来访340宗，回复率为100%，调解行业纠纷，查处、纠正群众反映的各种违法违规行为。

【主要长途汽车站场】2010年，天河区内长途汽车站场主要有天河客运站、东圃客运站、广州火车东站客运站3个站场。

天河客运站是广州公路客运主枢纽站场之一，位于广汕路元岗路段。用地规模50000平方米。车站已开通省际线路100多条，覆盖华南、华东、华北、华中、西南、西北16省、自治区、直辖市。省内线路100多条，覆盖粤东七市、粤西、北以及珠江三角洲各站点。每日发出高、中档客运班车1800多个班次。全年客运量达1220万人次，日均客流量约3.34万人次。

东圃客运站，位于中山大道中。用地规模12718平方米。至年底，有省内跨市线路28条，运力158辆；跨省线路17条，运力50辆。全年客运量达214.7万人次，日均客流量约0.588万人次。

广州火车东站客运站，位于禺东西路43号（火车东站地铁出口H、J出口）。班车线路以省内珠三角地区班线为主，覆盖增城、花都、从化、佛山、东莞、深圳、中山、珠海、清远、肇庆、江门、阳江、茂名、湛江、惠州、汕尾、汕头、潮

2010年2月，区交通局副局长田穗秋陪同副区长江绍强检查天河客运站客流情况。（区交通局供稿）

州、福建、海南、广西、湖南、湖北、山东等24个地区、60余条线路。日均发车742班次，日均客流约0.77万人次。（王思路）

安全生产监督

【安全生产形势】2010年，天河区共发生各类安全事故318宗，死亡60人。与上年相比（相同），事故起数、死亡人数分别增长125%和5.3%。其中：工矿企业（含建筑）发生企业（含建筑）职工伤亡事故3起、死亡6人，同比死亡人数增加2人；发生火灾12起，死亡3人，同比死亡人数增加2人；发生道路交通事故303起、死亡51人，同比死亡人数增加12人，受伤345人。

【安全生产宣传教育】2010年，全区共举办45期安全生产培训班，参加培训考核的生产经营单位负责人、安全管理人员、广大职工共计4236人。开展"安全生产月"活动、119消防安全日、交通宣传周、平安亚运宣传周等活动，通过安全生产宣传咨询、知识竞赛、文艺演出、宣讲讲座等系列宣传活动，派发致全区生产经营单位的公开信、安全生产知识宣传折页、"平安亚运"宣传折页共24万份，派发安全生产动漫光碟790张。同时，各单位结合不同行业、不同时期的特点，开展一系列形式多样、寓教于乐的宣传培训教育活动。区公安分局举办"人人参与消防，共筑平安亚运"的大型户外消防宣传活动；天河交警大队、区公安分局开展以"抵制交通陋习，养成文明出行"为主题的宣传咨询活动，派发宣传资料2050份；区教育局、区质监局开展"特种设备进校园"活动，向区内140家中小学派发宣传画册。

【安全隐患排查】2010年，天河区开展重点行业领域专项整治。公安、经贸、建设、交通、教育、卫生、环保、文化、国土、安监、城管、质监等有关部门以及科技园、各街道、新塘公司组成检查、督查组1168个（次），出动检查人员16892人（次），检查企业（单位）25220家（次），发现隐患9843条，落实整改9786条，整改率达到99%。

·消防安全整治· 2010年，开展全区消防安全大检查，重点排查涉亚场所及周边200米范围内的人员密集场所、公众聚集场所的消防安全隐患，加强对天河体育中心周边餐饮企业、全区14家涉亚酒店及石牌IT电脑市场、前进钢材市场、员村建材市场等专业市场的专项整治，共检查各类场所26613间，整改火灾隐患2960处。按照"一场馆一团队"的要求组建涉亚场所消防安保团队，开展涉亚场所火灾风险评估，并督促各场所落实整改措施。

·建筑施工安全整治· 是年，开展建筑工地、亚运立面整饰工程、市政工程等专项检查整治，重点对深基坑、高支模、起重设备等重大危险源、脚手架、市政安全设施设置等问题的巡查监控，共组织检查行动1000多次，发出停工通知书59份，对20项次工地上报不良行为，对14个企业和220人次违规行为进行动态扣分。制定《天河区亚运会、亚残运会期间建筑工地安全管理规定》，强化106个区管建筑工地亚运期间的安全管理，加大建筑施工、消防安全隐患排查力度，确保起重机械等建筑基础设施处于安全状态，严厉查处未经审批私自开工行为。

·危险化学品安全整治· 是年，区安监局对全区600多家危化品企业进行分级分类监控，对亚运场馆周边2公里范围内的35家危化品企业加大巡查力度，彻查各类安全隐患。亚运会开闭幕式期间，区安监局和有关街道派人对6家重点危化品企业进行全程值守。是年，先后开展危险化学品"打非治违"、重大危险源、危化品仓库、危化品使用单位以及车用加油站、加气站等专项整治行动，出动检查人员1071人次，检查危化品企业1088家次，发出责令整改通知书107份，整改隐患437处，查处非法违法危化品企业10家

·交通安全整治· 是年，开展城市过街安全设施、路口渠化设施、出行引导与指路设施、道路车速控制设施、城乡结合部公路安全设施、施工道路交通组织与安全防护设施等六类道路安全及管理设施的检查，集中开展营运客货车、校车、危险化学品运输车、泥头车、货运车辆等五类重点车辆的整治，严厉查处酒后驾驶、超速行驶、闯红灯、疲劳驾驶、强行超车、超员超载等六大危险驾驶交通违法行为。

·特种设备安全整治· 是年，天河区根据亚运实际制作《"核心区"、"周边区"特种设备

分布图》，采取“分片监管、责任到人”的方式加强行业监管，落实属地责任。对区内4家游乐设施使用单位进行专项检查，完成对亚运场馆及其周边51个工业园区、325家特种设备使用单位的隐患普查整治，共消除严重安全隐患38起，查处隐患设备156台，取缔土设备15台。对亚运比赛场馆、BRT、亚运接待酒店等重点工程项目的特种设备安装、检验进行重点跟进。

【安全监察】2010年，区安监局组织“打非治违”、危险化学品、建筑工地、人员密集场所、烟花爆竹等多项执法检查，依法查处安全生产违法行为69宗，责令停产停业整顿企业5个，实施经济处罚罚款130.75万元。其中查处生产安全事故2宗，经济处罚44.25万元，同比上升72%。是年，未因执法监察案件办理不力、不当而引发群体性事件或导致当事人上访、行政复议和诉讼。全年共接到群众来电来信、市安监局、区信访办转办信访案件共计38宗，对所有信访案件都进行及时处理并回复。各街道开展行政执法工作，依法查处安全生产违法行为20宗，实施经济处罚32.5万元。

【企业安全生产标准化】2010年7月，天河区召开2010年天河区企业安全生产标准化工作会议，制定落实企业安全生产主体责任及推进安全生产标准化工作方案，在危险化学品、机械制造、家具制造、商贸等行业领域推广安全生产标准化，引导更多企业开展标准化建设，提高本质安全生产水平。是年，天河区共有80家企业通过标准化达标考核。

【应急管理】2010年，制订《2010年广州亚运会亚残运会天河区生产安全事故应急预案》。10月，在联新能源发展有限公司科学城LPG加气站成功举办危险化学品事故应急救援综合演练，全区危险化学品事故应急救援预案的科学性、应急救援工作的周密性以及安监、消防、公安等20多个部门之间的协同作战能力得到检验。（李兴平）

2011

农林水利

农 业

【概况】 2010年，天河区农业生产规模总体延续往年情况，产值有一定增长。全区农业总产值32680万元，其中蔬菜总产值8797万元，水产总产值406万元，水果总产值450万元，花卉苗木总产值1027万元，畜禽总产值22000万元。

·蔬菜种植· 2010年，天河区种植业播种总面积为30800亩，下降13.24%。种植业仍以蔬菜为主，蔬菜产量为3.77万吨，产量下降16.28%，完成产值8797万元，下降6.49%。天河区蔬菜生产规模近年一直呈递减趋势，主要体现在两个方面：一是耕地面积少，2010年天河区实际农业用地面积为5296亩，分布在员村、车陂、棠下等11个街道，其中长兴街、珠吉街、新塘3个街道农业用地面积较大，分别为1438亩、400亩和1015亩，其次是凤凰街、龙洞街，面积为894亩和475亩，其余6个街道只有几百或几十亩；二是随着城市化进程加快，村民基本转为居民，收入来源渠道比较多，而农业蔬菜生产的利润不高，对他们发展农业生产的吸引力不大。

·水果种植· 水果种植连片比较集中的有前进杨桃基地300亩，吉山橄榄基地300亩，珠村荔枝基地250亩和龙洞龙眼基地200亩，其余的则零星分布于各村。这几个水果基地经过多年发展已趋向于半封闭式的公园管理模式，逐渐形成集生产、生活、生态功能于一体都市型农业。2010年，天河区水果产量为 450吨，增长25%，产值145万，增长26.1%。

·水产品· 是年，天河区水产品产量597吨，比上年增长1.35%，实现产值406万元，增加3.05%。水产养殖以粗放粗养为主，水产品主要是鲩鱼和罗非鱼等品种，产品档次偏低；同时由于城市化进程的加快，土地面积减少，鱼塘面积也进一步缩减，塘鱼养殖面积54.45公顷，减少1.55公顷。

·畜牧业· 牛奶产量达9700吨，增长10.22%，实现产值4074万元，增长10.25%。经济区域化多元化取得长足发展，伊利、光明、均瑶等知名度较高的奶产品大举进入广州，使得奶产品的竞争相当激烈，天河区奶产品生产经营商在竞争中艰难成长。如强兴牛奶厂积极创新，所生产的练士系列奶品在华南地区市场份额不断扩大。

【农产品质量安全管理】 2010年，区农业和园林局加强农产品质量安全管理，确保农产品安全上市。

·亚运食用农产品质量安全· 加大监督监测密度，提高抽检数量至日常抽检数量的4倍，确保亚运前及赛时食用农产品的质量安全。2010年6月起，对进入肉联厂待宰生猪每批次按不低于20%比例抽样检测；从9月起对进入牲畜交易市场的生猪实行每车抽检，抽检比例不低于10%。6～12月，共抽检辖区内植物性食用农产品9864份，合格率为97.4%；抽检动物性食用农产品1337份，合格率为99.3%。同时，组织专门检测人员到亚运会食用农产品供应点都城一族快餐配送中心蹲点检测，11月3～30日期间共检测样品211份，检测样品全部合格。对场馆周边环境动物疫情进行严密监控，共出动检查人数26人次，亚运会期间没有发生动植物疫情。

·农产品质量监测· 控制化肥、农药、兽药等农业投入品对农业生产环境和农产品的污染，对基地蔬菜农药使用进行定期检查。是年，各街、村改制公司共出动检查人数1102人次，检查菜农3987户次，检查中未发现使用高毒、违禁农药现象。对农资店农药、肥料仓库进行监管检查，开展农资投入品质量抽查。是年，先后组织16次农业投入品检查，检查农资经营单位158家，抽检农药品种11个，抽检种子样品28个，其中不合格6个责令整改。开展饲料和饲料添加剂专项整治行动，查扣销毁无生产许可证、无产品批准文号、无产品标签的“三无”饲料产品，查封取缔生产经营“三无”产品的企业，是年，共出动检查人数76人次，抽检饲料和饲料添加剂抽检样品67个，不合格2个，抽查饲料和饲料添加剂标签314个，不合格12个，全部进行责令整改。

【农田基础设施建设】 2010年，区农业和园林局投入96万元安排渔沙坦村和凌塘村2个农田水利工程项目。所有工程项目按计划完成，共修建宽4米、长516米机耕路2条，100多户菜农受益。5月，天河区受特大水灾，多处农田受淹和排灌渠毁坏，造成蔬菜和水产巨大损失。区农业和园林局组织人力、物力和财力开展农业生产救灾复建指导工作，安排20万元对12个情况比较严重地块进行农田水利维修和清坑掏圳，及时恢复生产，降低损失。

【村改制公司】 2010年，全区村改制公司经济总收入73.98亿元，人均收入25195元，三次产业比重为2：15：83，经济结构更趋合理，经济质量不断提高。

3月，召开全区村改制公司“三旧”改造暨产业发展专题座谈会，配合推动旧村、旧厂房加快改造进度。落实《村改制公司旧有工业厂房向现代服务业转型规划》，推动村改制公司产业高端发展。至年末，全区商业物业面积达476万平方米，在建和计划建设项目37个，绝大部分都是档次高、质量好的商用物业。

开展经济联社及部分经济社财务检查。5月起对全区村改制公司（经济联社）进行全面深入检查，抽查25个经济社，发出整改通知3份。是年，根据省农财办布置，对柯木塱经济联社（公司）进行重点审计。

是年，着力调处城中村改造引发的群体性信访案件，杨箕群体性信访基本平息，冼村群体性信访调处取得阶段性进展，全年共处置各类涉农信访26宗，解决海心沙合法渔船信访问题，到信访人所在街道猎德街道办事处了解情况，听取信访人情况和意见，协助劳动人事部门和猎德街道办事制定有关补偿方案并由区财政进行合理补偿，于亚运前对所有渔船在进行淘汰拆解，妥善解决海心沙合法渔船信访问题。

【乡镇企业管理】 2010年，全区乡镇企业主要经济指标完成情况：营业收入514678万元，比上年同期（下同）减少0.28%；利润总额122252万元，增加4.42%；增加值239456万元，比增加8.82%。劳动者报酬68116万元，增加21.25%；上交税金38127万元，比上年增加7.54%。

【动物检疫】 2010年，在天河肉联厂共检牲猪565022头，检出病、死猪529头，病死、猪检出率为0.094%；在天河牲畜交易市场，共检1141467头，检出病、死猪59头，病、死猪检出率为0.005%；检出的病、死猪一律严格按照GB16548-1996《畜禽病害肉尸及其产品无害化处理规程》进行无害化处理，保障市民食肉安全。是年，检疫冷鲜动物产品共6700吨。

2010年11月，区农业和园林局对来自全国各地的29匹参赛马匹进行检疫工作。（区农业和园林局供稿）

违禁药物检测：在天河肉联厂检测盐酸克伦特罗105459份，速测20份可疑，酶标检测20份不合格，扑杀生猪20头。检测莱克多巴胺10937份。在天河牲畜交易市场共检测盐酸克伦特罗30668份，速测17份可疑，酶标检测17份不合格，扑杀生猪17头，检测莱克多巴胺6442份。

做好无规定马属疫病区维护工作，主要做好马匹移动监控，马流感、马日本脑炎免疫工作。是年5月起，对黄村体育训练基地参加亚运比赛的马匹实施140天兽医监管，从11月7日起至比赛结束期间，对来自全国各地的29匹参赛马匹采取严格的检疫监管措施，保证所有亚运参赛马匹安全。

【病虫鼠害防治】 2010年，区农业和园林局对天河体育中心和奥林匹克体育中心两个亚运比赛场地红火蚁加强防控工作，经过4次扑杀行动，监测结果为蚁巢减退率99.9%，工蚁数量减退率100%，防控效果达到预期目标。继续投入资金用于杨桃公园“蛀果虫”的监控防治，通过采取清理果园、性诱防治、化学物治和套袋等各项措施，“蛀果虫”虫源密度大大降低，效果理想。（彭芳）

林　业

【森林资源】 2010年，天河区森林总面积33600亩，与上年相比无增减；森林覆盖率24.7%，比上年增长1%。森林主要分布在北部、西北、东北、中部低山丘陵区。全区有用材林9012亩、防护林

4588亩、特种林16122亩、经济林3877亩、竹林1678亩、灌木林地336亩、苗圃地13.5亩。

【林分改造】2010年，天河区重点打造东北部火炉山、凤凰山、龙眼洞三大森林公园群落，不断完善基础设施和景观升级改造，高标准改造林分23000亩，种植黎蒴、樟树、火力楠等40多种100万株优良的岭南乡土阔叶树种。

【林政管理】2010年，区农业和园林局加强林政管理工作。严格按照省、市林业部门的要求，审核办理木材经营许可证，按时在网站登记。全年办理木材经营许可证业务3宗。严格林业行政审批、许可工作：开展林权证换发，与相关单位进行现场踏界、核查，做好林权证换发工作；配合省龙洞林场、渔沙坦村申请林权证；完成区林业资源数据库更新；做好林地征用占用核查工作，及时对华美学校征用林地申请进行审核；加强林木采伐管理工作，是年，严格按采伐设计规范设计木溯水库承包林木和防火通道建设采伐林木方案；加强林政执法，配合市森林公安对蟾蜍石非法采伐林木案件进行查处。

【森林公园建设】2010年，区农业和园林局在完善凤凰山森林公园基础设施建设的基础上，按照区委、区政府关于"高起点、高标准建设生态、自然森林公园"的要求，进一步加快火炉山森林公园建设，并以此为龙头带动其他森林公园建设。

·火炉山森林公园建设· 天河区自2008年11月起正式启动火炉山北门广场第一期基础设施建设工程。建设总投资2800万元，主要内容包括景观林木、廊亭、园路、停车场、厕所、旧石场改造、山径、消防通道等建设项目，其中：北门广场总占地面积67000平方米，麻石山径1800米，消防通道776米。种植大乔木70余种1000多株，灌木100余种50000多株，草坪地被35000平方米。2010年，公园北门广场及登山山径已完工，为广大市民提供一个生态休闲、健身科普的新去处。

·吉山橄榄公园二期改造工程及吉山风水林改造工程一期· 2006年起，天河区实施吉山橄榄公园一期改造工程，该公园位于吉山村，占地约400亩，有着独特的生态、科普价值。2010年，区加大投入，实施吉山橄榄公园二期改造工程和吉山村风水林改造一期工程。市、区两级共投入151万元，实施开展园内乔灌木绿化升级、铺植地被、旧路旧廊亭的翻新和铺设新路径等工程项目，两期工程已完工，公园景观焕然一新，生态环境明显改善。

【区主要森林公园简介】天河区有三大森林公园：火炉山森林公园、凤凰山森林公园、龙眼洞森林公园。

·火炉山森林公园· 位于天河区北部，东到大观路，南接岑村，西邻华南植物园，北到广汕公路，总面积约600公顷。始建于2000年，不仅是天河区绿网工程的重要组成部分，更是天河智慧城的绿核。火炉山主峰白架顶海拔322米，平均海拔150米，动植物资源、水资源丰富，处处能见到黎朔、荷树、火力楠、海南红豆、美丽异木棉等亚热带和南亚热带优良阔叶树。山中有猪头石、鸡枕石等自然景观。

公园建设以山、水、石、林为主体景观，同时糅合山地单车、攀岩、驴友徒步等运动项目，是集观光、休闲、健身为一体的郊野生态公园。

·凤凰山森林公园· 1999年12月开始兴建，位于天河区东北部的凤凰山脉南坡，总面积约1.5万亩，北至杓麻山南坡，与白云区交界；南抵高塘石小学，以广汕路为界；西起金鸡村，与龙洞村交界；东端为凤凰山与石狮顶一线，与联和交界。公园属低山地貌，西侧的太和嶂海拔390.8米，是天河区的最高峰，次高峰凤凰山，海拔373米。公园内有著名的筲箕窝水库，库容189万立方米。

公园位于北回归线以南，属南亚热带季风气候区，冬暖夏凉，气候宜人，动植物资源丰富。公园的建设因地制宜，随形就势，以植物造景（林分改造）为主，园林小品为点缀。建设有以步行径为主的路网系统，以平湖和凤凰山为中心，组织36景。分为5个功能区：即游览区包括相思谷游览区、凤凰山登山探险区、凤凰谷游览区、构麻山游览区和金鸡岭游览区，平湖游乐区，石狮顶野营区，太和嶂生态保护区和服务管理区。

·龙眼洞森林公园· 位于龙眼洞村西面山地东坡，东北与渔沙坦村交界，西北与白云区以山脊分界，南抵元岗、长湴村。总面积456.2公顷，于1999年12月批准兴建。

规划建设的龙眼洞森林公园将以龙山（山脉

如龙）、龙湖（迎龙湖、藏龙湖、卧龙湖）、桃源胜景为主，点缀各式亭、台、楼、阁，分为五大景区：迎龙湖景区、藏龙湖景区、卧龙湖景区、特用林景区、人工林景区。

【森林防火】2010年，区农业和园林局加强巡山管护，控制火源，做好森林火灾隐患排查，重点排查所辖的林缘山边的村庄、农庄、仓库、外来人员集聚地等地方，及时排除隐患，防范重大森林火灾和由山火引发的重大安全生产事故的发生。自9月1日起全市进入森林防火期，区农业和园林局严格落实森防人员通信设备24小时待机和值班值勤制度，确保森林防火信息畅通、政令畅顺。

【林业有害生物防治】2010年，天河区有马尾松面积1835亩，其中病死树面积460亩，病死树分布较散，被列为松材感染疫区。是年，区农业和园林局聘请具有治理资质的公司负责专项治理松材线虫疫木，经过前期的努力，疫情得到有效的控制。此外，还加强清除薇甘菊、金钟藤等工作。

【天河公园建设】2010年，随着"迎亚运"整治项目的完工，天河公园先后完成南、北门门楼广场的整治翻新项目以及公园北面的"拆围透绿"项目。同时在园内增设"廖冰兄"动漫文化广场，使天河公园的门前景观焕然一新。

【保护古树名木】2010年，天河区内共有古树名木35株。

2010年天河区古树名木表

编　号	树种	树龄	地　址	备　注
01050001	龙眼楠	76	华南植物园蒲岗自然保护区山顶亭旁	1937年华南植物园建园时保护下来的乡土树种 2003年第4批公布保护
01050002	刺紫檀	49	华南植物园办公楼后	1959年从印尼引入 2003年第4批公布保护
01050003	人面子	47	华南植物园	1961年2月朱德手植 1985年第1批公布保护
01050004	无忧树	22	华南植物园办公楼旁	1986年1月柬埔寨西哈努克亲王和夫人手植 2003年第4批公布保护
01050005	海南红豆	16	华南植物园办公楼旁	1992年10月新加坡前总理李光耀先生手植 2003年第4批公布保护
01050006	合果木	22	华南植物园办公楼旁	1986年11月日本绿化协作交流团手植 2003年第4批公布保护
01050007	青梅	43	华南植物园	1965年1月董必武手植 1985年第1批公布保护
01050008	青梅	43	华南植物园	1965年1月朱德手植 1985年第1批公布保护
01050009	红花天料木	44	华南植物园办公楼旁	1964年11月阿富汗国王和王后手植 2003年第4批公布保护
01050010	大果红心木	55	华南植物园园林树木区内	1963年从澳大利亚引种 2003年第4批公布保护
01050011	木棉	26	华南植物园办公楼侧	1982年叶剑英手植 1985年第一批公布保护
01050012	细叶榕	137	岑村东外街3号	2003年第4批公布保护
01050013	细叶榕	>167	岑村东街新巷	2003年第4批公布保护

（续上表）

编　号	树种	树龄	地　址	备　注
01050014	樟树	385	沙河天平架沙河路85号	1985年第1批公布保护 1989年市政府曾拨款17万元保护
01050015	大叶榕	116	星海音乐学院附属中等音乐学院工字楼后	2003年第4批公布保护
01050016	大叶榕	147	林和西路军体院67栋东面	1999年第3批公布保护
01050017	大叶榕	134	水利电力职业技术学院操场内	2003年第4批公布保护
01050018	细叶榕	104	穗园小区天阳路食得香面包屋对面	2003年第4批公布保护
01050019	细叶榕	104	穗园小区天阳路2	2003年第4批公布保护
01050020	细叶榕	104	穗园小区天阳路3	2003年第4批公布保护
01050021	细叶榕	104	穗园小区天阳路4	2003年第4批公布保护
01050022	细叶榕	158	黄村铁路边小游园	1999年第3批公布保护
01050023	细叶榕	168	黄村铁路边	1999年第3批公布保护
01050024	木棉	178	黄村、珠村铁路边	1999年第3批公布保护
01050025	木棉	288	黄村三丫涌	1999年第3批公布保护
01050026	细叶榕	108	黄村三丫涌边	1999年第3批公布保护
01050027	细叶榕	129	中山大道中华金盾大酒店门口西侧	2003年第4批公布保护
01050028	细叶榕	129	中山大道中华金盾大酒店门口东侧	2003年第4批公布保护
01050029	细叶榕	>169	车陂公园外围边	1999年第3批公布保护
01050030	细叶榕	>169	车陂祠前大街2号	1999年第3批公布保护
01050031	细叶榕	>162	官溪北路23号	2003年第4批公布保护
01050032	细叶榕	>152	官溪北路隔塘16号门前	2003年第4批公布保护
01050033	大叶榕	>158	车陂村卫生院河对面	1999年第3批公布保护
01050034	降香黄檀	80	华南农业大学六号楼东南角	2007年第5批公布保护
01050035	降香黄檀	80	华南农业大学植物病毒研究室围墙内	2007年第5批公布保护
01050036	降香黄檀	75	华南农业大学五号楼东出口	2007年第5批公布保护

（彭芳）

水　利

【河涌整治】2010年，车陂涌纳入整治25.4公里，占全区5条河涌整治总工程量90%以上。区建设和水务局深入调研，组建车陂涌综合整治攻坚小组，实施细化责任、倒排工期、“三个现场”（即把阵地设在施工现场、把管理力量压到施工现场、把问题解决在施工现场）、蹲点跟进等措施，克服征地拆迁难、管线迁改难、交叉施工难、抢种抢建处理难等难题，从年初到9月底用9个月时间按设计标准完成基本整治任务。共完成征地1000多亩，借地78.7亩，拆迁房屋357栋，拆迁面积9万多平方米，迁移绿化苗木77万棵，迁改国防和通信光缆93公里，迁移十万伏高压电塔2座、供电管线16公里，迁移自来水管、煤气管1.8公里，清运淤泥土方约20万立方米。

是年，内涝点由原来的45个减少到22个，特别是兴华街金坤花园、中山大道广氮小区、员村五横路等9个点内涝问题得到根本解决；完成前进官溪站排涝站工程建设。

2010年9月，市领导视察车陂涌中海康城段。
（区建设和水务局供稿）

【区辖内河涌简介】天河辖区地势北高南低，河涌是将北部丘陵和高地的雨水排放到珠江的天然通道。区内主要河涌有沙河涌、猎德涌、车陂涌等7条。

天河区主要河涌情况表

涌　名	发源地	集雨面积（平方公里）	主涌长度（公里）	平均坡降（‰）
沙河涌	白云区榕树头	32.9	15	1.35
猎德涌	省农机公司车队	14.1	7.3	2
谭村涌	第二棉纺厂南	2.2	2.2	1.4
程界涌	天河公园	3.2	2.2	1.1
棠下涌	省农科院鸡笼山	8.6	5.4	0.8
车陂涌	龙洞水库	80	20.4	1.5
深　涌	天河长鹅头和钟岭	16.7	0.65	0.7

注：深涌由两条支涌组成，分别长7.6和7.3公里。

【区内水库山塘湖泊简介】2010年，天河区主要有小（一）型水库1个，小（二）型水库4个，湖泊山塘31个。其中，小（一）型水库是：凤凰街渔沙坦的龙洞水库（库容252万立方米）。小（二）型水库有：龙洞乌蛇坑水库、岑村水库、柯木塱榄园水库、新塘公司新塘水库。

主要湖泊有：天河公园中心湖、华南植物园人工湖、华南理工大学内东湖、中湖、西湖、暨南大学内南湖等。

主要山塘有：龙洞大窝湖、石陂湖、渔沙坦东边坑湖、柯木塱鹿洞湖、棠下金博庄、岑村东大湖等。

【“三防”工作】2010年，区建设和水务局对辖区内河涌、山塘、水库、水闸、排涝站检查176次，发出整改通知10次，排除存在隐患6宗，汛前应急除险加固3宗；开展地毯式拉网排查、健全区、街、社区三级应急机制、强化抢险和善后工作，有效排除5.17派安山塘堤围渗水险情、5·18龙眼洞林场鱼塘险情、东海酒店基坑险情；是年，共出动抢险救灾人员2000多人次，抢险车辆110多车次，投入抢排设备100多台次，有效应对特大暴雨4场。全年开展大规模河涌清障行动3次，共清理芒果、水松等树木39000株；调处水事纠纷20多起，查处水事违法案件46宗，发出限期整改通知书46份，按要求整改完毕41宗。

（黄礼铭、贾平）

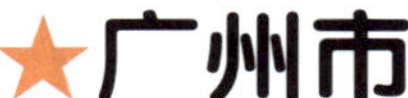

★广州市

天河年鉴

2011

高新技术产业及信息化建设

科技园、软件园

【概况】广州高新技术产业开发区天河科技园（简称天河科技园）的前身是广州天河高新科技产业开发区，建于1988年11月24日。1991年经国务院批准为国家级高新技术产业开发区。1997年更名为广州高新技术产业开发区天河科技园。1999年8月，在天河科技园的基础上，经广州市人民政府批准，成立广州天河软件园。1999年12月，广州天河软件园经国家科技部批准为国家火炬计划软件产业基地。2001年7月，经国家计委和信息产业部认定为国家软件产业基地。2005年8月，经国家新闻出版总署批准为国家网络游戏动漫产业发展基地。2008年，被广州市人民政府批准为“中国服务外包基地城市广州示范区”。2010年2月，天河软件园获批“广东省现代信息服务业重点园区”。

以科贸、科韵、华景、广电园区四大建成区和高唐新建区为核心的天河软件园，聚集近1500家软件动漫企业，企业数量、软件收入和软件产品等指标约占广州市的70%，园区重点企业规模效应不断增强。其中，年产值超亿元的企业有62家，超十亿元的企业有7家，纳税超千万元的企业有38家（含高新、软件企业），已经成为广州市软件和动漫产业最大、最重要的聚集区。

【园区经济稳步发展】2010年，云溪路全线通车，网游动漫基地一期工程完工，园区基础设施建设和服务环境均得到明显增强。天河科技园区实现技工贸总收入739亿元，同比增长20%，净利润65亿元，同比增长25%，税收28.85亿元，同比增长17%。天河软件园实现总收入712亿元，同比增长31.5%，软件收入425亿元，同比增长32.26%。软件园累计认定软件企业586家，占全市的60.47%。

园里累计认定高新技术企业222家，累计认定软件企业615家，占广州市的63.47%。外商投资企业5家，注册资金3253万美元。2家公司注册资金均达1000万元以上。

【高唐新建区建设】2010年6月，高唐新建区总体规划园区控制性详细规划获市政府批准实施，新控规将园区的容积率从0.36调到0.62，增加居住生活和商业、娱乐等综合配套用地；发挥园区土地开发实施主体作用，积极储备和有序出让产业用地；加快园区配套工程和基础设施建设，各项重点建设项目全面展开；大力加强园区规划设计形象改造，开展绿化美化亮化工程，使园区的绿化环境提升到更高一个层次。

·报批报建· 办理东部孵化器01、09栋建筑设计方案规划；02、03栋建设工程规划许可证和施工图审查以及孵化中心二期项目和南部公寓20、21栋项目的施工图审查。完成东部孵化器组团、南部路网和软件路市政工程设计、道路规划选址意见书和管线综合平衡报批。孵化中心二期、南部20、21栋公寓楼、动漫人才培训基地和公交车站完成招标。

2010年3月29日，国家软件产业集中孵化中心二期在高唐新建区正式动工建设，区领导杨建城、徐汉添、杨南聪等一起为该项目奠基。 （摄影：常本瑞）

·土地利用· 内湖路地块、新塘日航饭店二期用地获省国土厅及省政府批准。高新集团用地通过市国土局初审，南部组团不符合土规调整的地块通过省国土厅初审。逸新地块、北区原绿地地块、香满楼及周边地块、南部原二中地块的新征土地前期报批工作启动。协助凌塘村办理留用国有土地证。

·项目建设· 建设完成网游动漫基地（东部孵化器南）一期一标段、二标段和动漫人才培养培训基地合同内全部工程。是年，开展重点项目备查、依法治区招标案例收集以及工程建设领域突出问题的专项治理。协助区建设和水务局、重点办、市水务集团完成雨污分流、河涌改造的设计施工等工作。

【园区招商引资】2010年，天河软件园共引进新设立的外商投资项目5个；新设和增资的外商投资企业投资总额11521万美元，注册资本5663万美元；合同利用外资3649万美元，同比增加379.5%。

2010年，天河区采用多种方式成功引进数家优质企业落户高唐新建区，并都签订落户协议。召开分园工作会议，宣传服务外包政策；组织企业参展，提高园区知名度；根据产业定位，招引重点企业。是年，走访30多家有投资意向的企业，了解到南天电脑、华南资讯、诚晟交通、商科集团、亚洲脉络等10家企业有投资意向，这些企业提交购地或购房申请。此外，网易、天海威、御银国际、工信部电子五所、立信集团确定落户园区；太平洋网络公司购买高唐新建区IT交流中心作为其公司的总部。广州天拓信息科技控股有限公司整栋租用广州软件（动漫）人才培养培训基地设立广州互联网产业园。

2010年4月27日，副区长廖国胜（左一）向网易公司CEO（首席执行官）丁磊（右一）介绍天河软件园区规划。

（摄影：郑涛）

【园区服务】2010年，天河软件园配合市信息办开展超算聚集区项目的建设工作，推进电子政务联盟公共技术平台项目，编制国家软件公共服务平台和软件外包支撑平台项目申请报告并向国家工信部申请获得项目资金共500万元支持，完成高唐新建区基础设施建设项目（一期）的验收和园区企业推荐项目验收6项。

是年，为园区21家企业申请到广州市“服务外包支持资金”共545.1万元（不含外包奖励）；至年底申请企业获得国家服务外包专项资金101.7万元；向市外经贸局申请“服务外包公共服务平台”扶持资金300万元。是年，印发《园区服务指南》2000份，策划大型座谈会，组织天河软件园中秋企业高管联谊会，促进园区企业与管委会的沟通联系。组织策划各项文化活动，推动园区文化建设，参与组织2010年第八届广州地区及大珠三角地区IT行业羽毛球混合团体赛，广州软件行业首届“正泰数据杯”足球锦标赛，组织策划园区第一届运动会；策划园区摄影大赛；协助安委办进行高唐园区企业安全知识竞赛等，丰富园区文化内涵。

（科技园、软件园管委会办公室供稿）

信息化建设

【概况】广州市天河区委、区政府从加快全区经济社会发展、提高区域综合竞争力的战略高度出发，实施电子政务战略，构建“高效能、负责任、快速应变”的现代化政府。结合本区实际，坚持技术创新与管理创新相结合、企业管理模式与政府运作相结合、政府主导与市场参与相结合的“三结合”，以统筹规划、统一平台、统一标准、统一管理为基本原则，从技术、管理和体制等多方面整体推进电子政务建设。从1999年开始，天河区逐步构建起5个平台：区信息网络交换平台、政务信息发布平台（网站）、政务信息交换流转平台、社区信息管理平台和正在建设的数据中心交换平台；1个安全体系：信息网络安全体系；5个应用：办公自动化系统（OA）、电子邮件系统、电子信访系统、视频点播系统、数据中心系统。

【政府信息化建设】2010年，全区10个单位共12个信息化项目完成验收，涉及财政经费241.55万元，提升财政信息化投入实效；《天河区近期电子政务发展规划纲要（初稿）》完成，强化信息化建设的规划引导；全区共有12个职能部门和21个街道共38个行政审批事项在网上办事大厅实现；是年新增并开通以区政府短信平台为基础的短信信访入口，为属地居民、企业提供电话、手机和网络的政务咨询、投诉和建议服务热线；规范政府信息公开目录建设，天河区95100政务热线话务总量达461983个，电子信访系统处理群众信件29231个，办结率为97.5%；推进审批事项网上办理，完成22项全网办事项，行政审批网上办理率达到64.47%。

【天河区信息网】天河区信息网（http://www.thnet.

gov.cn）是天河区政府为构建一个高效、负责、有应变力的服务型政府而建立的政务网站，是区电子政务建设的一项重点系统工程。网站自1999年底开始运行，2005年9月重新改版。2009年，获得“广州市2009年度优秀政务网站”称号。天河区信息网以市民、企业、投资者、旅游者的角色来组织和呈现信息，突出政务公开、互动服务、数据中心、便民服务、查询服务。（区科信局供稿）

2011

科教文体卫

科 技

【概况】 截止2010年底，天河区共有高新技术企业455家，科技服务业实现营收总额102.15亿元，同比增长20.2%。

是年，第三产业占全区生产总值的比重已达85%，而作为第三产业重要组成部分的信息服务业、科技服务业和文化创意产业实现产值达883.99亿元，占第三产业产值的比重为56.77%，占全区生产总值的比重为48.24%。

【科技项目管理和服务】 2010年，企业综合管理库系统完成基础功能开发和数据充实，收集4000多家企业、918个科技项目、212名专家信息；成立科技创新服务中心，推进广州天河科技信息和资源共享综合服务平台建设，完成区科技计划项目中期跟踪管理86项、验收管理59项。加大科技项目申报引导，组织辖区科技企业申报国家、省、市科技项目498项，项目总投资247177.6万元，其中，新增投入194517.9万元。广东省科技计划项目方面，是年，共有150家企业申报省科技计划项目，其中高新技术企业62家，150家企业共申报科技项目181项，涉及10个专题计划；广州市科技计划项目方面，是年，共有173家企业申报市科技计划项目，其中，高新技术企业80家，173家企业共申报科技项目199项，涉及电子信息、软件与信息服务、生物医药与医疗卫生、先进装备制造、新材料、新能源与高效节能技术、环保、农业及其他高新技术等技术领域。区科技经费安排1100万元立项资助73个项目。截止11月，全区企业获得科技和信息化项目扶持资金5680万元。

【高新技术产业聚集发展】 2010年，“智慧天河”建设规划启动，完成《广东省广州市天河区两化融合示范试验区建设发展规划》编制，申报建设广东省两化融合示范试验区；启动广州互联网产业园建设，申报建设国家数字出版基地；准备省知识产权试点区验收，推进知识产权金融质押，扩大企业融资渠道；举办第五届全国大学生原创动画大赛，组织187家企业召开网游和动漫产业专才招聘会。

至11月，全区新认定高新技术企业24家，总数达368家，占全市的38%；新认定软件企业23家，总数达到615家，占全市的64%；新认定市级以上工程技术研究开发中心2家，总数达38家，占全市的23%。5家企业获授广州市技术先进型服务企业资质，全区新增广东省自主创新产品22项，市自主创新产品17项。

【产学研合作】 天河区内有多所国内知名高等院校，多年来致力于将全国智力引导到天河的科技经济社会发展中来，推进高等院校和科研院所科技创新成果转化，探索提升区域自主创新能力，增强核心竞争力的有效路径。

天河区产学研规模以上合作项目

项目编号	项目名称	项目计划类别	省科技厅扶持经费（万元）	承担单位	合作单位
2009B090300394	嵌入式多语言联机手写识别系统	省部产学研结合项目	50	广东国笔科技股份有限公司	华南理工大学
2009B090300068	小型网络存储系统产品的研究与开发	省部产学研结合项目	90	广州慧扬科技投资有限公司	华南理工大学
2009B090300390	大功率LED照明装置相变散热技术及应用	省部产学研结合项目	50	广东新创意专利发展有限公司	华南理工大学
2009B090300393	基于第三代移动通信的室内覆盖网络专家系统	省部产学研结合项目	50	广东省电信规划设计院有限公司	中山大学

（续上表）

项目编号	项目名称	项目计划类别	省科技厅扶持经费（万元）	承担单位	合作单位
2009B090200026	AISO-4048血液透析机及血液净化设备生物传感器及智能反馈系统研究	省部产学研结合项目-基地建设专项	50	广州市暨华医疗器械有限公司	暨南大学
2009B090200025	生物医用大输液软袋多层共挤膜专用料产业化关键技术研究	省部产学研结合项目--基地建设专项	50	广州市合诚化学有限公司	华南理工大学
2009A090100038	移动商务平台关键技术研究	省部产学研结合项目	120	广州市玄武资讯科技有限公司	华南理工大学
2009A090100011	软件工业化集群应用支撑平台项目	省部产学研结合项目	400	广州市京华网络有限公司	华南理工大学 广东拓思软件科学园有限公司 广州市中智软件开发有限公司、方欣科技有限公司、广州欧竞信息科技有限公司
2009B090200027	基于安全操作系统的电子政务公共关键安全保密技术与应用平台	省部产学研结合项目--基地建设专项	50	广州市京华网络有限公司	国防科学技术大学计算机学院
2009B091300061	基于SIP的视频语义网关研究	广东省中国科学院全面战略合作项目	50	广州中长康达信息技术有限公司	广东省科学院自动化工程研究中心
2009B091300073	中国手语合成关键技术研发及产业化示范	广东省中国科学院全面战略合作项目	50	广州市京华网络有限公司	中国科学院计算技术研究所
2009B091300069	数据云服务环境与工具	广东省中国科学院全面战略合作项目	60	广州华南资讯科技有限公司	中国科技大学、华南理工大学、深圳大学
2008B090200017	无线信息直通车产业化基地	省部产学研结合示范基地（新版）	50	广州市玄武资讯科技有限公司	华南理工大学、广东省科技信息中心
2008B090500048	气相法制备磺化油脂的研究和产业化	省部产学研结合项目	50	广州市浪奇实业股份有限公司	广东工业大学、大连理工大学
2008A090400007	新一代决策信息和智力支持系统的公共关键技术及应用平台	省部产学研结合项目	120	广州市京华网络有限公司	清华大学
2007B090200011	高性能环境友好纳米（复合）涂料的应用研究	省部产学研结合示范基地项目	50	广东高科力新材料有限公司	复旦大学
2007B090400018	面向专业镇应用的第三方多赢电子商务平台研究与建设	省部产学研结合项目	70	广州市华工电脑网络工程有限公司	华南理工大学、广州市玄武资讯科技有限公司

（续上表）

项目编号	项目名称	项目计划类别	省科技厅扶持经费（万元）	承担单位	合作单位
2007A090302027	网络舆情智能监测与分析系统	省部产学研结合项目	50	广州世安信息技术有限公司	中山大学、广东商学院
2007B090400017	爱滋病药物敏感诊断管盖基因芯片开发研究	省部产学研结合项目	50	广州市索尔科技有限公司	东南大学
2007A090302031	新型能源再生式智能电梯控制系统	省部产学研结合项目	60	广州日滨科技发展有限公司	哈尔滨工业大学
2007A090302023	嵌入式多语言文本信息交互系统	省部产学研结合项目	50	广东国笔科技有限公司	武汉大学
2007A090302032	宽带无线通信网络系统	省部产学研结合项目	50	广州市钜人通信技术有限公司	中山大学、Azuretec有限公司
2007B090400016	一种心血管创新药物丙丁酚单琥珀酸酯的研究开发	省部产学研结合项目	60	广州市元通医药科技有限公司	四川大学、台山市化学制药有限公司
2007A090302030	FASTView安保消防集中监控系统	省部产学研结合项目	50	广州创想科技股份有限公司	电子科技大学

【知识产权保护】 2010年，天河区加大知识产权保护力度，维护市场秩序。全区专利申请量3870件，专利授权量2983件，全区专利量持续、稳定增长，总量继续位居全市第一。11月，区科信局（知识产权局）副局长乔溪中带队，分两组对石牌电脑市场及迪卡侬（广州）体育用品有限公司的重点商品进行知识产权方面的实地专项检查。重点对违规使用亚运标志及涉嫌假冒专利等知识产权侵权行为进行巡查。巡查结果表明，两个市场均未发现知识产权侵权、违规行为。亚运期间（11月1日～12月21日）在区各高新技术企业内开展“为亚运护航，保护知识产权”系列活动。活动包括举办知识产权培训活动，举办形式多样的“亚运”知识产权保护宣传活动，督促各高企总结本公司开展知识产权保护工作方面的经验等。

【打造文化创意产业品牌】 2010年，天河区注重点面结合，打造文化创意产业品牌。全区文化创意产业年均增长23.8%。其中核心层企业4435家，从业人员9.6万人，产值348亿元，创造税收19亿元；培育出网易互动、久邦数码（3G门户）、瀚华建筑设计、奥飞文化传媒、金山多益、凡拓数码、中插广告等一批知名文化创意企业；全国大学生原创动画大赛落户天河，发展成为全国知名、高校有影响力、产业认可的知名品牌活动。

【科普宣传和教育】 2010年，区科信局加强全民科普素质教育，加强科普基础设施建设。3月，天河区四海小学被广东省地震局认定为广东省防震减灾科普教育基地，是天河区唯一的一所被认定为省、市、区科普教育基地的学校。天河区四海小学从2002年开始，致力于防震减灾知识的宣传和推广等工作，至2010年，市地震办和区科技局共拨专款约10万元，为学校添置地震观测仪，设立防震减灾科普活动室，为学校开展活动提供支持。

2010年天河区科普教育基地表

单　位	被命名基地类别	命名单位	基地挂牌时间
广州航天奇观	广东省航空航天科普教育基地	广东省科协	1998
	全国科普教育基地	中国科协	1999
	全国青少年科教教育基地	教育部、中宣部、科技部、中国科协	1999
	天河区青少年科技教育基地	中共广州天河区委员会、天河区人民政府	2000
广州华南植物园	广东省环境教育基地	中共广东省委宣传部、广东省环保局	1998
	广东省植物学科学普及基地	广东省科协、中科院华南植物所	1998
	广州市环境教育基地	中共广州市委宣传部、广州市环保局	1998
	全国科普教育基地	中国科协	1999
	全国青少年科普教育基地	科技部、中宣部、教育部、中国科协	1999
	广东省直属机关青年科普教育基地	共青团广东省直属机关工作委员会、广东省直属系统青年联合会	2000
	广州市科学技术普及基地	广州市人民政府	2001
	广州市青少年科技教育基地	广州市教育局、广州市青少年科技教育协会	2001
	广州市天河区科普教育基地	中共广州市天河区委员会、广州市天河区人民政府	2001
	广东省青少年科技教育基地	广东省科学技术厅、中共广东省委宣传部、广东省科学技术协会	2003
	广州市爱国主义教育基地	中共广州市委员会、广州市人民政府	2003
中国科学院广州地球化学研究所	广东省地学与资源科普基地	广东省科学技术协会	2003
	天河区地学与资源科普基地	广州市天河区人民政府	2003
广州气象卫星地面站	广州市青少年科技教育基地	广州市教育委员会、广州市青少年科学教育协会	2001
	广州市天河区青少年科技教育基地	中共广州市天河区委员会、天河区人民政府	2001
	广州市科学技术普及基地	广州市人民政府	2001
	广东省科普教育基地	广东省科学协会	2001
	卫星气象科学技术普及基地	国家卫星气象中心	2002
	全国气象科普教育基地	中国气象局	2002
	全国青少年科技教育基地	科技部、教育部、中宣部、科协	2002
广东树木公园	天河区科普教育基地	广州市天河区人民政府	2006
广州货币金融博物馆	天河区科普教育基地	广州市天河区人民政府	2007

【区民营科技企业】天河区是广州市高新技术产业集中地，民营科技企业产业覆盖范围广，在软件、新材料、生物制药等方面优势明显。2010年，全区民营软件科技企业587家，获得市级以上的高新技术企业资质认定的企业344家。

2010年天河区主要民营科技企业表

名　称	地　址	成立时间	主营项目
广州网易互动娱乐有限公司	广州市天河区科韵路16号广州信息港E栋网易大厦	1997年6月	互联网信息/技术服务
汇丰软件开发（广东）有限公司	体育东路118号财富广场东塔3楼财务部	2006年7月	汇丰集团及其他国内外客户计算机软件（系统）的开发、设计、维护及销售、技术转让、技术咨询及服务
广东亿迅科技有限公司	天河区龙口中路130号龙威广场B座	2001年11月	计算机及通信软、硬件的研究、开发；电信增值业务；通信网络、计算机系统的设计、技术服务、系统集成及工程施工等
蓝盾信息安全技术股份有限公司	五山路248号金山大厦北塔二楼	1999年10月	计算机软、硬件开发，计算机信息系统集成、布线，承接网络工程建设项目，信息技术等
广州京华网络有限公司	中山大道高新区工业园建中路20号	1993年	开发、研制、销售计算机软硬件及外围设备，计算机系统集成等
广州金山多益网络科技有限公司	天河区金颖路1号金颖大厦10楼	2006年	自主研发并运营基于互联网的大型多人在线娱乐产品
广州海特天高信息系统工程有限公司	中山大道高新区工业园建中路20号	1997年5月	计算机软硬件、电子技术等
广州南天电脑系统有限公司	天河软件园建工路1号南天大厦	1992年1月	生产、设计、开发和销售计算机产品、配套外部设备、智能电子设备及机电设备有应用系统等
广州华南资讯科技有限公司	中山大道西高新工业区建中路12号	2000年6月	开发、生产计算机软件、承接系统网络及楼宇智能网络工程，销售本企业产品并提供相关技术咨询服务
广东天普生化医药股份有限公司	天河高唐科技产业园高普路89号	1993年3月	生化药品原料药及冻干粉针、制剂的开发、制造、销售、技术服务等
广州市合诚化学有限公司	体育东路羊城国际商贸中心西塔801-805室	1996年4月	化工产品开发、研制、自营和代理各类商品及技术的进出口业务。经营进料加工和“三来一补”业务、经营对销贸易和转口贸易等
广州银联网络支付有限公司	工业园建中路61号	2001年12月	银行卡网上支付、银行卡增值服务、港澳代理收单、银行卡终端机具渠道维护等现代电子支付业务
联想中望系统服务有限公司	天河北路898号三楼	2002年12月	电信行业应用服务与增值服务

（续上表）

名　称	地　址	成立时间	主营项目
广州市高科通信技术股份有限公司	中山大道中398号	1995年9月	研究开发、生产销售：通信产品及软件。批发和零售贸易。经营本企业自产产品及技术的出口业务和本企业所需机械设备、零配件、原辅材料及技术的进口业务
海华电子企业（中国）有限公司	黄埔大道西平云路163号	1984年	通信、导航和海事安全产品的研发、生产、销售和产品维护服务
中数通信息有限公司	五山路1号华晟大厦18–22楼	1997年	电信运营商移动与互联网增值业务的服务提供商
广州市宜通世纪科技有限公司	中山大道北侧89号A座一楼	2001年	通信领域的工程建设、网络维护、网络优化、技术支持等

【驻区科研单位】天河区是广州市科研机构密集区。2010年，区内有中央、省、市属科研院所54所。

2010年驻天河区科研单位表

单　位　名　称	地　　址
中国科学院广州地球化学研究所	科华街511号
中国科学院华南植物园	兴科路723号
中国科学院广州化学有限公司	兴科路368号
中国科学院广州能源研究所	五山能源路2号
中国科学院广州电子技术研究所	先烈中路100号23栋
中国林科院热带林业研究所	龙洞广汕一路682号
国家环保总局华南环境科学研究所	员村西街七号大院
广州合成材料研究院	车陂西路396号
广东暨通信息发展有限公司	天河路34–36号
中国赛宝实验室（中国电子产品可靠性与环境试验研究所、信息产业部第五研究所）	东莞庄路110号
广东省农业科学院	金颖路29号
广东省社会科学院	天河北路369号
广东省地质环境监测总站	广州大道北910号
广东省环境与土壤研究所	天源路808号
广东省林业科学研究院	广汕路233号
广东省农业科学院作物研究所	五山路金颖西二街
广东省农业科学院畜牧研究所	五山大丰一街1号
广东省农业科学院兽医研究所	五山白石岗
广东省电子技术研究所	中山大道西61–65号电子科技大厦

（续上表）

单　位　名　称	地　　址
广东省农业机械研究所/包装食品机械研究所	五山路261号
广东省机械研究所	天河北路663号
广东省钢铁研究所	金慧街88号
广东省建筑科学研究院	先烈东路121号
广东省教育科学研究所	石牌华师大内
广东省安全科学技术研究所	天河东路41号
化工部合成材料老化研究所	车陂西路396号
广州市环保科学研究院	天河南一路24号
广东省医疗器械研究所	广州高新技术产业开发区广州科学城D座D606-609室
广东省中药研究所	龙洞北路321号
广州生产力促进中心	下塘西路37号
中国电信有限公司广州研究院/广东省电信有限公司研究院	中山大道西109号
广东省水利水电科学研究院	天寿路101号
广东省文物考古研究所	水荫四横路34号演音大厦B座9楼
广东省艺术研究所	水荫四横路34号B座三楼
广东标美硅氟精细化工研究所有限公司	广园东路2191号时代新世界南塔1703室
广州有色金属研究院	长兴路363号大院
广州市半导体材料研究所	东莞庄路161号
广州市无线电研究所	沙河龙岗路8号粤信大厦5楼
广州市光机电技术研究院	龙口东路36号大院
广州城市信息研究所有限公司	天河软件园建中路66号佳都商务大厦东座3楼
广州市中域自动化研究所	中山大道棠东官育路6号二楼
广州生物工程中心	龙口东路34号龙口科技大厦三楼
华工大学计算机应用研究所	华南理工大学图书馆大楼
广州市日用化工研究所（广州市浪奇实业股份有限公司研究所）	黄埔大道东128号
天河强力电子技术研究所	龙口西路龙苑大厦
华南建筑新技术研究所	中山大道105号
华南静电技术研究所	中山大道贺城大厦
广东省食品集团公司食品研究所	龙眼洞尖峰山食品学校内
广东省结核病防治研究所	黄埔大道西485号
广州市公路工程研究所	沙河田心村

（续上表）

单 位 名 称	地 址
广州市信诺静电研究所	中山大道95号
广州信息技术研究所	天河路34号研究所
广东省作物研究所	五山路金颖西二街

【区内技术工程中心】天河区聚集广州市三分之一强的工程中心，各种优质资源包括优质的政府公共服务、优惠政策、财政奖励资金、项目扶持资金向创新机构倾斜，以企业研究机构为载体促进人才和产业的良性发展。区科信局支持企业依托自身科技研发资源，自办技术研发中心、工程中心等研发机构，对区内企业成功组建市级以上工程中心的，给予一次性10万元财政补贴。通过推动企业建立工程技术中心（或研究院）建立产学研基地，促进产业联盟的形成，提升企业的自主创新能力。截止2010年底，全区市级以上工程技术研发中心40家，占全市的23.0%。

2010年天河区省部级以上工程技术中心/研发中心名单

工程中心/研发中心	级 别	所属单位
国家农业机械工程技术研究中心南方分中心	国家级工程技术中心	广东省农业机械研究所/包装食品机械研究所
国家钛及稀有金属粉末冶金工程技术中心	国家级工程技术中心	广州有色金属研究院
造纸与污染控制国家工程研究中心	国家级工程技术中心	华南理工大学
聚合物新型成型装备国家工程研究中心	国家级工程技术中心	华南理工大学
基因药物国家工程研究中心	国家级工程技术中心	暨南大学
精密电子制造装备教育部工程中心	教育部工程中心	华南理工大学
金属材料成形与装备教育部工程研究中心	教育部工程中心	华南理工大学
淀粉与植物蛋白深加工教育部工程研究中心	教育部工程中心	华南理工大学
基因组药物教育部工程研究中心	教育部工程中心	暨南大学
人工器官与材料工程研究中心（教育部）	教育部工程中心	暨南大学
广东省农作物营养调控中心	省级工程中心	广东省农业科学院土壤肥料研究所
广东省工程技术研究开发中心	省级工程中心	广东省农业机械研究所/包装食品机械研究所
中国科学院广州天然气水合物研究中心	中科院研究中心	中国科学院广州能源所
珠江三角洲环境污染与控制研究中心	中科院研究中心	中国科学院广州地球化学研究所
广东省材料表面工程技术研究开发中心	广东省研发中心	广州有色金属研究院
新材料新技术研发中心	广东省研发中心	中科院广州化学研究所
广东省化学灌浆工程技术研究开发中心	广东省研发中心	中国科学院广州化学有限公司
广州市焊接材料工程技术研究中心	广东省研发中心	广州有色金属研究院
中国赛宝实验室	国家级测试中心	信息产业部电子五所

（续上表）

工程中心/研发中心	级　别	所属单位
农业部畜禽产品质量安全监督检验测试中心—广州	部级测试中心	华南农业大学
农业部植物新品种测试分中心	部级测试中心	华南农业大学
国家农业转基因作物检测与监测中心—南方	部级测试中心	华南农业大学
农业部农产品加工机械设备质量监督检验测试中心	部级测试中心	广东省农业机械研究所/包装食品机械研究所

【亚运科技保障】2010年，挂牌成立广州市公安局天河区分局网络警察大队驻广州市天河区政务网络交换中心警务室，防范和阻止危害社会稳定的信息在区互联网上大量传播；对全区单位进行网站系统安全检查，发函并帮助8家单位提升政务系统安全，有效预防网络攻击。配合开展电磁环境综合治理，发放电磁环境治理工作通告等宣传资料2.5万份，登记全区924个无线电台用户，备案处理128户，整改335户。推荐11家企业的16个项目参与亚运科技重大项目实施。保障场馆网络系统建设运行稳定，完成亚运射击场馆UPS电网、办公网络线路、竞赛网络线路、成绩处理系统和临时验票网络点等信息系统的建设和管理工作。

（区科信局供稿）

教　育

【概况】2010年，天河区有幼儿园 160所，在园幼儿数33881人；小学80所，在校生95213人；普通中学（含普中和职中）52所，在校生52228人；特殊教育学校3所，在校生870人。各类学校教职工人数15025人，其中专任教师达到10875人。是年，天河中学通过广东省国家级示范性普通高中初期督导验收；高考第一批本科重点上线率成绩首次位居全市第一；率先通过广州市义务教育规范化学校建设终期督导验收，建成广东省推进教育现代化先进区。

2010年12月13日，中共中央政治局常委、国务院副总理李克强到天河中学视察。图为李克强（右）与天河中学校长郑纪珍（左）握手交谈。（区教育局供稿）

【幼儿教育】2010年，天河区幼儿教育健康发展，依托幼教教研片管理，促进幼儿园之间的教育资源共享，保证教科研活动有效开展，实现幼儿园保教质量提升。公办园稳步发展保质量，在教科研方面充分发挥示范带头作用。民办园规范管理求发展，90%以上民办园年检合格，24所民办园获得天河区民办学校专项奖励资金。天河实验幼儿园晋升市一级幼儿园，体育东路幼儿园通过省一级幼儿园复评。

【义务教育】2010年，天河区义务教育均衡发展。规范化学校建设取得明显成效，达义务教育规范化学校标准的公办学校有61所，占全区公办学校总数89.7%，位居全市各区前茅。是年，接收广州市南国学校，新开办体育东路小学珠江新城校区、华阳小学林和东校区。各学校品牌建设取得初步的成效。如：47中汇景实验学校获国家级心理健康教育工作“先进实验学校”称号；华阳小学、骏景小学获“全国‘十一五’教育科研先进集体”称号；47中、体育东路小学被评为广东省“书香校园”；东圃中学、黄村小学被命名为“广东省体育特色学校”；四海小学被认定为“广东省防震减灾科普教育基地”；47中、天荣中学、华阳小学、体育西路小学、华师附小获第三批广东省现代教育技术实验学校中期评估合格单位称号，龙洞小学、长湴小学、华康小学、天府路小学、昌乐小学被列入第四批建设行列；47中汇景实验学校、龙洞小学、龙口西小学被评为广东省第三批英特尔未来教育项目示范校；天河职中幼儿教育专业部被认定为广东省“巾帼文明岗”；天荣中学、体育东路小学、天府路小学、员村小学获评“广州市语言文字规范化示范学校”；东圃中学、天荣中学、长湴小学、龙口西小学、龙洞小学命名为“广州市安全文明校园”；47中汇景实验学校获评广州市首批“基层应急管理‘五个一’工程建设示范学校”；棠东小学获“广州市红十字示范学校”称号；75中获广州市“五一巾帼奖先进集体”称号；天河职中被评为2009年广州市“三八”红旗集体；东圃小学获第三届广州市“东湖棋院杯”象棋特色学校团体赛冠军；猎德小学获2010年广州市“市长杯”可口可乐三人足球赛冠军。

是年，中考整体成绩稳步提升。区内公办

2010年4月，国家督学、原国家教育部副司长郑增仪在区府南会场举行《基础教育面临的形式与任务》专题报告会。图为报告会现场。（区教育局供稿）

2010年9月，广州市天河区义务教育规范化学校终期督导验收。图为专家到学校检查。（区教育局供稿）

学校七科总分平均分高出全市总分平均分39.97分。文化课六科总分合格率比全市总分合格率高11.98%；六科平均合格率比全市平均合格率高10.51%。高分段人数继续增加。750分以上考生有78人（其中770分以上的考生有4人），占区内公办学校考生总数的1.1%，与全市同比高0.53%；700分以上有1207人，占区属公办学校考生数的18.14%，与全市同比高7.91%；超过示范高中录取线以上的占区内公办学校考生数的38.53%，与全市同比高13.44%。在文化课考试中有48人获得各学科单科满分。

【高中教育】2010年，天河区继续扩大优质教育资源，天河中学顺利通过广东省国家级示范性普通高中的初期督导验收，推进89 中、75中创建广东省国家级示范性普通高中工作，113中顺利通过广东省高中教学水平“优秀”等级评估，区属7所公办高中全部达到广东省高中教学水平“优秀”等级。

2010年，全区普通高考报考人数为5334人，其中普通类4145人，单考单招类181人，高职类1008人，普通类第一批本科重点上线人数为712人，上线率为18.6%；第二批本科以上，A线以上1473人，上线率为38.5%，B线以上2069人，上线率为54.1%；第三批专科以上，A线2791人，上线率为73%，B线3491人，上线率为91.3%；高职类上线人数337人，上线率43.1%。（注：上线率以实考人数统计）

是年，高考成绩取得点、面双丰收：一是高分段群体增多。总分700分以上1人，650分以上48人，630分以上142人。2人被清华大学录取。有9人总分进入全市100名，其中1人居全省理科总分第16名，全市第9名，2人跻身全市前30名；二是第一批本科重点上线率首次位居全市之首。是年，第一批本科重点上线率10.9%，首次居全市十二区（市）之首。在实际参加普通高考人数减少的基础上，第一批本科重点上线人数比上年增长44.7%；三是第二批本科上线人数取得新突破。第二批本科上线率为54.7%，上线人数比去年增长24.6%，本科上线增加人数占全市十二区（市）增量的1/5；四是连续多年大幅度超预测数，完成市下达计划预测数的133.9%。

【中等职业教育】2010年，天河区中等职业教育发展较快。天河职中通过广东省中等职业学校“国重”复查，被列入首批创建“广东省示范性重点职业学校”行列；突出重点项目建设，金融事务专业通过广东省重点建设专业评估；结合“双转移”战略，继续做好职教扶贫工作，试行“三段式”培养模式，招收120名梅州贫困生。是年学生就业率97.8%，有8位学生被免试保送上大学；在全国首届中职中专沙盘模拟经营大赛全国精英邀请赛中获特等奖，在2009年广东省中职学生技能大赛中学校获3个一等奖，1个二等奖，1个三等奖，彰显学校的办学质量与专业特色。

【民办教育】至2010年底，全区共有批准注册基础教育民办学校49所，其中，高收费中小学5所，流动人口子弟学校44所，在校学生57435人，在职教职工3293人。此外，还有幼儿园6所、成人培训学校92所。

是年，区教育局对民办学校加强管理，以年检工作作为抓手，防患民办学校的办学风险。与区民政局协商，进行一站式年检，减轻民办学校的负担。强化民办中小学校校园安全工作；做好广州市天河区华师附属南国实验学校终止办学的接收工作，保证广州市南国学校于9月1日如期顺利开学。组织民办学校申报广州市2010年民办教育专项资金，并协助广州市教育局组成的评估专家组对民办学校进行评估，有10所学校通过申报，资助资金达到105万元。全市第一家设立区民办教育专项资金（2010年50万元）。

【特殊教育】2010年，全区残疾儿童少年在校学生为1053人。天河区坚持做好随班就读、送教上门工作，保障残疾儿童少年受教育权利。

【教育经费投入】2010年，天河区财政投入教育经费112991.5万元，占当年财政支出的29.4%，约占区GDP的0.62%，其中预算内投入112652.1万元（含教育附加费），占当年财政总支出的29.31%，占国内生产总值的0.61%；预算外投入60726.9万元，占当年财政支出的15.8%，占区GDP的0.33%。

【素质教育】2010年，天河区开展“创文迎亚”工作，组织形式多样的活动，在学生中营造人人争做文明小公民，以实际行动和良好形象迎接亚运盛会的氛围。继续开展“阳光体育运动”，举办各项竞技比赛，展示区学生的运动竞技水平。开展“青春社团 五彩校园”天河区首届中学生社团文化节，培养学生全面发展。学生素质教育成果彰显：在全国新概念作文竞赛中获一等奖1人；在全国初中应用物理知识竞赛中获一等奖5人，二等奖11人；在“新人杯”第五届全国中小学校园文学大赛中获奖项16个；在2010年全国小学生“育才杯”手球锦标赛中获甲组亚军；在2009学年广东省中职学生技能大赛中获3个一等奖，1个二等奖，1个三等奖；1所学校获“广东省少先队红旗大队”；2所学校获“广东省少先队先进中队”；有1人获广东省“三好学生”；1人获“广东省优秀少先队员”；在第三届广东省中小学生艺术展演广州选拔赛中获奖项59个；在第三届广东省青少年书法大赛上获2个一等奖；在“CCTV希望之星英语风采大赛”广东选拔赛中有1人获一等奖；在广东省第十三届运动会手球比赛中获金牌；在广州市首届中小学生手球比赛中获初中组、高中组和小学组男女冠军；在广州市第25届青少年科技创新大赛上，有39件作品获奖；8所学校被命名为“广州市2010年百所优秀家长学校”，139户家庭获广州市“书香家庭”、“文明家庭”称号，13人被评为广东“百名好父亲、好母亲”称号。

【科研教改】2010年，天河区开展教学研究集体调研；启动“区域科组建设项目”学科试点工作；继续做好“在教学领域实施素质教育”的研究工作；完成天河区中小学质量监控系统操作全员培训的MOODLE课程建设。是年，教育科研课题研究取得丰硕成果：召开全国教育科学“十一五”规划课题“信息技术环境下学与教方式变革与学习绩效研究”天河实验区结题会；顺利通过市级“十五”、“十一五”教育科学规划课题检查；2所学校获“全国‘十一五’教育科研先进集体”称号；中央电化教育馆出版天河区交互式电子白板优秀课例13节；在各种说课、论文等竞赛中，共获国家级奖项4个，省级59个，市级577个；教研室饶强的省课题“中小学教学质量监控体系建设与研究”成果被省教研室推荐至教育部；4个单位获省级课题立项。

【师资队伍建设】2010年，天河区新招聘中小学教师369人（其中178人为2009年下半年招聘，2010年年初入职）；充实校长队伍，提拔22人任校级领导干部，调整40个校级领导岗位；举办小学副校长提高培训班和天河区教师硕士研究生课程班；举行天河区英特尔®未来教育项目推广示范区现场会；选派5位中学英语教师赴英国学习，推荐4名教师为中小学骨干教师省级培养对象；成立王志远、游彩云“天河区中小学特级教师工作室”；开展各级、各类继续教育培训880 人次；有3人成为广东省首批中小学教师工作室主持人；1人被评为广东省优秀工会积极分子；1个科组被认定为广东省“巾帼文明岗”；1人成为广州市第三批中小学优秀校长培养对象；2人被评为广州市第四届“道德模范”；有17人次获省、市“优秀少先队辅导员”等奖项；有6人在广州市“成功教育案例”评选活动中获奖。

2010年1月，天河区中小学特级教师工作室成立。图为授牌仪式现场。（区教育局供稿）

2010年天河区新增幼儿园表

幼儿园名称	地　　址	性质	学生人数	教职工数
广州市天河区盈彩幼儿园	天河区盈彩美居盈溪路彩涟街13号	民办	400	55
广州市天河区雍景幼儿园	天河区雍景街6号	民办	55	17
广州市天河区东荣幼儿园	天河区长兴路297号之四	民办	90	15
广州市天河区保利林海山庄幼儿园	天河区保利林海山庄林依街16号	民办	70	18
广州市天河区海贝幼儿园	天河区城市假日园假日北街6号	民办	124	25
广州市天河区新蕾幼儿园	天河区员村二横路程界西村大街9号	民办	200	33

注：性质指其为民办或公办

2010年天河区新增中小学表

学校名称	地　　址	性质	学生人数	教职工数
广州市南国学校	广州珠江新城马场西路	公办	764	48

注：性质指其为民办或公办

2010年天河区撤销学校（园）表

学校名称	地　　址	性质	撤销时间
广州市天河区宝艺幼儿园	天河区沙太路银利街108号	民办	2010年9月
广州市天河区华师附属南国实验学校	广州珠江新城马场西路	民办	2010年9月

2010年天河区教师专业技术职务评定表

单位：人

幼教二级	幼教一级	幼教高级	小学一级	小学高级	中学二级	中学一级	中学高级
/	7	11	101	117	52	76	67

2010年天河区辖内中专（技）学校表

学校名称	成立时间	学校地址
交通部电视中专广东分校	1993年	沙河元岗
冶金部广州有色金属学校	1973年	沙河鸡颈坑
星海音乐学院附属中等音乐学校	1957年	先烈东横路48号
广东省工商学校	1986年	员村二横路
广东省广州林业学校	1953年	龙眼洞
广东省水电学校	1952年	天寿路
广东省对外贸易学校	1965年	龙洞东路128号
广东省电力工业学校	1980年	龙眼洞高唐石
广东省电力技工学校	1980年	龙眼洞高唐石
广东省电子商贸技工学校	1980年	东圃广州科学城大道光谱西路
广东省交通技工学校	1998年	沙河上元岗
广东省农业银行学校	1983年	永福路89号
广东省农机学校	1973年	沙河麒麟岗
广东省华侨专业技术学校	1979年	龙眼洞
广东省地质技工学校	1973年	东圃新塘
广东省地质学校	1956年	东圃新塘
广东省机械技工学校	1978年	麓湖路3号
广东省机械学校	1956年	瘦狗岭路
广东省体育运动学校	1982年	水荫横路40号
广东省医药技工学校	1974年	龙眼洞
广东省医药学校	1965年	龙眼洞
广东省供销技工学校	1980年	东圃新塘
广东省建材技工学校	1980年	长湴长福路167号
广东省林业技工学校	1986年	龙眼洞
广东省物资学校	1965年	先烈东路34号
广东省环保学校	1978年	员村
广东省科技学校	1982年	沙河广汕公路
广东省科学技术学校	1982年	沙河长湴
广东省舞蹈学校	1959年	水荫横路13号
广东水利电力技工学校	1952年	天寿路沾益直街1号
广东出版高级技工学校	1979年	五山路
广东农业广播电视中专学校		先烈东路135号

（续上表）

学 校 名 称	成立时间	学校地址
广东华美烘培技工学校	1995年	天平架兴华直街
广东劳动就业技工学校		长湴乐意居
广东医药技工学校	1974年	龙眼洞
广东国土资源工程学校	1956年	东圃大马路
广东省人民武装学校	1993年	广汕公路龙洞三宝墟
广东省贸易学校（原广东省粮食学校）	1994年更名	沙河天平架
广东烟草学校	1989年	长湴
广东税务学校	1992年	广州大道北
广东粤剧学校	1999年迁来	车陂大胜小区
广州市中华会计成人中专学校天河区分校		中山大道西43号
广州市公路工程技工学校		沙河鳌鱼岗
广州市天翔职业高级中学	1997年	车陂路23号
广州市文艺中专学校	1986年	沙河顶新一街13号
广州市无线电中专学校	1964年	东莞庄
广州市无线电技工学校	1988年	员村一横路7号
广州市无线电学校	1964年	东莞庄路231号
广州市艺术师范学校	1984年	燕岭路
广州市艺术学校	1973年	龙洞三宝墟
广州市市政建设中专学校	1973年	先烈东横路60号
广州市市政建设技工学校	1973年	石牌东路99号
广州市幼儿师范学校	1978年	林和东路沾溢直街
广州市白云卫生学校	1965年	龙岗路64号
广州市白云教师进修学校	1962年	沙河马蹄岗
广州市伟伦体育运动学校	1973年	上元岗长兴路338号
广州市共青团学校	1984年	石牌五山路
广州市体育运动学校	1973年	长兴路338号
广州市供电技工学校		东圃大马路6号
广州市建材中专学校	1960年	林和东路沾益直街85号
广州市建材技工学校	1978年	瘦狗岭路
广州市经济贸易中专学校	1973年复办	沙太北路965号
广州市政建设学校	1973年	先烈东横路63号之一
广州市轻工中专学校	1981年	长湴长福路173号
广州华成商贸学校	1996年	珠吉路

（续上表）

学 校 名 称	成立时间	学校地址
广州海员学校	1975年	中山大道珠村
广州穗通财贸学校		东圃小新塘合景路
天河区教师进修学校	1984年	瘦狗岭路565号
天河区职工中等文化技术学校	1986年移交天河区	瘦狗岭路南秀村
天河粤奥武术体育舞蹈学校	1994年	沙河上元岗
广州华南科技学校	2003年	上元岗天源路23号
广州市公用事业技工学校（石牌校区）		石牌东路99号
广州市穗华职业技术学校		沙河上元岗
广州海润技工学校		龙洞派安路1号
广州城市职业技工学校		柯木塱华美路
广州市航天计算机工程技工学校		吉山橄榄公园旁

2010年天河区辖内普通高等学校表

学校名称	主管部门	办学层次	地 址
华南理工大学	教育部	本科	五山路381号
暨南大学	国务院侨办	本科	黄埔大道西601号
华南农业大学	省教育厅	本科	五山粤汉路
华南师范大学	省教育厅	本科	中山大道西55号
星海音乐学院	省教育厅	本科	先烈东横路48号
广州体育学院	省教育厅	本科	广州大道北458号
广东技术师范学院	省教育厅	本科	中山大道293号
广东金融学院	省教育厅	本科	迎福路527号
广东省外语艺术职业学院	省教育厅	专科	燕岭路151号
广东工贸职业技术学院	省教育厅	专科	广州大道北963号
广东交通职业技术学院	省交通厅	专科	天源路789号
广东水利电力职业技术学院	省水电厅	专科	天寿路122号122号
广东司法警官职业学院	省司法厅	专科	龙腾路245号
广东科学技术职业学院	省 科 委	专科	科华街351号
广东行政职业学院	省委党校	专科	石牌华南师范大学校内广东行政学院办公楼
广东体育职业技术学院	省体育局	专科	黄村奥体路52号
广东食品药品职业学院	药品监督管理局	专科	龙洞北路321号
广东农工商职业技术学院	省农垦集团公司	专科	粤垦路198号
广东邮电职业技术学院	广东省电信公司	专科	中山大道西191号

（续上表）

学校名称	主管部门	办学层次	地　址
广州体育职业技术学院	市政府	专科	长兴路338号
广州工程技术职业学院	市政府	专科	环市东路465号
南华工商学院（民办）	私立	专科	天平架沙太南路113号
私立华联学院（民办）	私立	专科	新塘街小新塘合景路99号
广东岭南职业技术学院（民办）	私立	专科	大观中路492号
广州华南商贸职业学院	省教育厅	专科	广汕公路天源路段740号
广东工程职业技术学院	省科协	专科	凤凰街渔兴路18号
广州现代信息工程职业技术学院	省科协	专科	中山大道珠吉路吉山
中山大学新华学院	省教育厅	本科	龙洞华美路19号
军事体育进修学院			沙河禺东西路38号
茂名学院广州校区	省教育厅	本科	沙河沙太路151号

2010年天河区辖内成人高校表

学　院　名　称	学　校　地　址
广东青年干部学院	天平架沙太南路66号
广东省文化管理干部学院	水荫横路32号
广东省外语艺术职业学院	沙河元岗
广东省农业管理干部学院	五山白石岗
广东省行政管理干部学院	华南师范大学内
广州金桥管理干部学院天河校区	珠吉街珠村
广东省科技干部学院	五山广园东路
广东成人科技大学渔沙坦校区	渔沙坦
广东岭南职业技术学院	大观中路49号
广州市广播电视大学华南科技专修学校工作站	上元岗天源路23号
广州市广播电视大学天河区分校	中山大道棠下
广东法商专修学院	先烈东路131号
广州工商管理专修学院	五山
广州金桥学院	新塘西路25号
广州南洋科技专修学院	广汕路龙洞三宝墟
广州穗华科技专修学院	沙河上元岗省武警总队招待所
广州黄金商贸培训学院	龙口西路28号
广州粤城职业技术专修学院	珠吉路橄榄公园侧
中华文化专修学院	中山大道华师大内

（续上表）

学院名称		学校地址
华立科技专修学院		渔沙坦村东边坑西23号
华南科技专修学院		龙洞市工人疗养院
华港培训学院		龙洞
私立华联学院	校本部	新塘街新塘合景路
	龙洞校区	凤凰街渔乐路
岭南职业培训学院		暨南大学老干楼
南华工商学院		沙太路113号
南粤专修学院		华南理工大学

（程婷）

党校教育

【概况】 天河区委党校成立于1986年7月，学校位于龙口西路569号，占地面积5277.38平方米，综合楼主楼大部分8层，部分9层，副楼4层，建筑面积8000平方米，内有课室11间，电脑室1间，400平方米礼堂1间，150平方米图书馆1间。2010年，区委党校发挥党校理论研究和干部培训主阵地的作用，围绕全区经济社会发展战略目标，深化教学改革，推动干部教育培训工作发展。

【教学情况】 2010年，区委党校举办各类主体班4期共647人次。其中副处级干部进修班1期35人；入党积极分子培训班3期共612人。是年，组织学习《2010～2020年干部教育培训改革纲要》，举办“更新办学理念，提高办学能力”为主题的学习会，编印《习近平在中央党校开学典礼上的重要讲话汇编》，筹办《天河学刊》及其网络版。为天河区实施大规模培训干部工作、为全区干部加大学习力度发挥重要作用。

【教学创新】 2010年，区委党校改进干部培训方式，在培训班中采取“四个结合”的方法，即自学与集中辅导相结合、交流与研讨相结合、考察与调研相结合、老师与学员互动相结合。创新培训方法，在处级干部进修班中采取围绕主课题，学员自由组合、共同完成调研任务的“以题结组”形式，改变学员各自为阵的老方法。组织处级干部进修班学员分成四个小组赴北京、天津等地进行学习调研，学员们从不同的角度对奥运会的成功举办进行调研，并撰写《学习奥运经验，服务广州亚运》的调研报告，为天河区办好亚运工作提供参考资料。

2010年10月，区委党校组织到萝岗区参观中新知识城。（摄影：李建讯）

【争先创优】 2010年，区委党校总结运用该校近几年思想教育工作的成功经验，推动形成党校人“团结干事，和谐共事”的良好氛围，将创先争优要求落实到参与亚运和创文工作、做好干部教育培训工作以及推动教学楼维修改造工作三项重点工作中，在开展创先争优活动中建立党校思想教育和行政管理的长效机制。

【参与“迎亚运 创文明”活动】 2010年，区委党校组织干部职工投身到“迎亚运 创文明”工作中。7月，先后组织302人（次）到指定地点担任文明交通志愿者。选派2名干部参加亚运保障工作，1

名干部参加区城中村改造工作。亚运期间，区委党校全体干部职工积极参与，配合区委及区亚运指挥部人力资源与志愿者工作组的安排参加亚运安保或志愿者工作。（吴健）

文　化

【公共文化服务体系建设】至2010年，天河区逐步建立遍及全区、惠及全民的公共文化服务体系，不断强化以区图书馆、区文化馆、区博物馆为龙头，以街道文化站为支撑，以社区文化活动室和文化广场为依托，与中心城区地位相适应的区、街、社区三级公共文化服务网络的功能。区图书馆、区文化馆为国家一级馆，全区21个街道建有16个省特级文化站，3个省一级文化站，2个省二级文化站，131个社区文化广场。天河文化艺术中心建设进入场馆施工的前期准备阶段。各街道根据自身文化资源的不同特色、不断强化优势、塑造品牌。如珠吉街的“乞巧文化节”、凤凰街的“客家山歌”、龙洞街的“社区文化艺术节”等，社区文化活动异彩纷呈。

2010年天河区街道文化站图书室基本情况表

名　称	面积（平方米）	座位（个）	报刊（种）	藏书（册）	管理人员（人）
石牌街文化站图书室	310	60	118	43514	2
天河南街文化站图书室	150	30	35	15435	2
沙东街文化站图书室	260	20	35	32500	1
兴华街文化站图书室	200	16	35	23000	1
林和街文化站图书室	161	24	36	18000	1
五山街文化站图书室	100	35	35	16000	2
员村街文化站图书室	100	20	30	15000	1
车陂街文化站图书室	550	165	43	50000	3
沙河街文化站图书室	72.25	15	18	15000	1
棠下街文化站图书室	403	34	35	38000	3
天园街文化站图书室	280	40	50	20000	1
冼村街文化站图书室	180	35	34	14000	3
猎德街文化站图书室	140	10	35	20869	1
龙洞街文化站图书室	250	35	35	24000	1
前进街文化站图书室	200	30	28	21600	2
新塘街文化站图书室	85	12	35	16000	2
黄村街文化站图书室	150	12	51	15000	
凤凰街文化站图书室	100	12	32	18000	1
元岗街文化站图书室	260	20	37	30000	1
珠吉街文化站图书室	120	30	30	15000	1
长兴街文化站图书室	260	40	20	34085	1

【“国家一级馆”天河区图书馆】天河区图书馆于1992年2月正式成立，2000年底迁至龙口西路80号，建筑面积3000多平方米。该馆直属区文化广电新闻出版局领导，有管理人员12名。一楼报刊阅览室400平方米，报纸 91种，期刊 477种；二楼儿童阅览室400平方米，坐席80个，各类图书杂志 3万多册；三楼成人综合借阅室 400平方米；五楼文学借阅室400平方米，坐席25个；七楼自学室100平方米，坐席63个；此外还有电子阅览室等。2009年该馆被国家文化部再次评为“一级图书馆”。2010年，区图书馆拓展图书馆功能，建立信息服务平台，实现资料服务及信息发布的网络化，逐步实现从传统的借还服务到海量储存和信息导航的功能转化。

【文化活动】2010年，天河区继续打造“绚丽天河文化艺术节”、“天河合唱节”、“乞巧文化节”等区域文化品牌。结合各节日庆典，开展各项贴近群众、充分展示文化、文明、和谐的天河风貌的文化活动。

2010年“绚丽天河文化艺术节”国际文化系列活动共举办10场表演，通过音乐沙龙展现摇滚、钢琴、竖笛、管弦乐的魅力，让群众观赏国内外优秀艺术家的精彩演出，同时也让各国的艺术家逐步认识广州、了解天河。在乞巧文化节中融入亚运元素，举办“我们的亚运·我们的乞巧”广州乞巧文化节，引起各界广泛关注。成功举办第4届天河读书节暨2010年“4·23”世界读书日朗诵会—书香天河·悦读人生，在各大、中、小学校中开展“我心中的天河”读书征文活动。

全年开展各类大型文化活动共38场。舞蹈《英歌燕舞》参加《畅享和谐》中老年春节电视联欢晚会演出获“金牡丹奖”，组织实施“‘喜悦·彩舞天河’2010年天河区新春团拜会”，与区妇联联合主办“纪念‘三八’国际劳动妇女节100周年大会暨文艺演出”、与团区委联合主办“天河区纪念五四运动九十一周年大会青春与亚运同行”等等。

是年，第九届中国艺术节期间，区文化局选送的音乐小品《博士浪漫曲》获得群星奖、舞蹈《办公室的风景》获得优秀展演奖。参与亚运文艺演出，“2010广州亚运会倒计时100天文艺晚会”天河区合唱方阵表现出色，开展“唱响亚运百日志愿行”、参加6场“2010精彩新生活”系列活动、“亚运媒体村”天河区专场文艺表演、舞蹈节目《工夫茶》和《乞巧韵》参与开幕式珠江巡游岸上文艺演出。

【天河区文化团体】天河区群众文化团体是从90年代初逐步形成建立的。2010年在天河区注册的群众文化团体共有14个。此外，驻区专业文艺团体7个。

2010年天河区群众文化团体表

名　称	成立时间
天河区戏剧创作组	1991年10月
天河区美术创作组	1992年3月
天河区舞蹈创作组	1993年3月
天河区音乐创作组	1993年3月
天河合唱团	1995年4月
天河区摄影创作组	1996年8月
天河话剧团	1996年12月
天河广东音乐团	1996年12月
天河区文学创作组	1997年6月
天河舞蹈团	1997年9月
天河区书法创作组	2000年3月
天河区广东音乐曲艺创作组	2000年3月
五山诗社	2000年12月
天河少年广东音乐团	2003年4月

2010年驻天河区专业文艺团体表

名　称	地　址	成立时间
广东歌舞剧院	水荫四横路32号	1949年
广州交响乐团	水荫横路13号	1957年
广州杂技团	水荫四横路37号	1959年
广州歌舞团	沙河顶新一街14号	1965年
广州话剧团	沙河顶新二街13号	1975年
广东实验现代舞团	水荫横路13号	1992年
广州芭蕾舞团	龙眼洞	1994年

【文化市场管理】2010年，区文化广电新闻出版局以依法行政为核心，加强文化市场管理。

·音像制品和出版物市场整治· 是年，执法队共出动人员3445人次，检查网吧、卡拉OK等娱乐场所2419间次，检查印刷厂、书报亭书店等出版物经营场所1814家次，巡查卫星电视177处，查处经营盗版音像制品和非法电子出版物经营场所77处（其中盗版音像制品仓库10处、非法出版物仓库3处）；受理投诉举报37宗，办理案件21宗，立案处罚12宗，移交公安机关9宗。

·文化市场管理· 是年，天河区共有书报刊零售企业220家，其中新办证53家；音像零售企业39家，其中新办证6家；电子出版物企业19家，其中新办证1家；复印打印企业15家，其中新办证1家；网吧130家，其中新发证10家；娱乐场所50家，其中市新发证1家。

全年向文化企业发送短信5000多条，发放宣传海报1000多份、宣传光盘200多张、其他宣传资料2500份。开展网吧专项整治行动6次，对10家不落实实名制登记或接纳未成年人的网吧进行立案处罚；电子音像制品集中专项整治行动6次，清查盗版音像制品和非法电子出版物，全年共查缴盗版音像制品和非法电子出版物136.68万张（其中淫秽色情类3243张），收缴盗版书刊等各类非法出版物30195册，拆除非法安装卫星电视接收设施25套。对亚运特供制品知识产权进行保护，突出对盗版亚运象征物、纪念品、吉祥物的排查监管，严查涉亚盗版制品。

【文物保护】2010年，区文化广电新闻出版局继续开展第三次全国文物普查工作，完成辖区内324处文物线索的实地调查，着手编写《天河区第三次全国文物普查报告》；打造刘永福品牌，展出《穗石留声威——民族英雄刘永福业绩展览》，编撰《刘永福》（岭南文化知识书系·南越先贤），刘氏家庙通过区级爱国主义教育基地评审；开展文物保护宣传，结合2010年5·18国际博物馆日和世界文化遗产日，开展丰富多彩的宣传活动，提高群众文物保护意识。

2010年区辖内省市级以上登记文物保护单位表

名　称	地　址	年代	级　别	资料来源
十九路军淞沪抗日将士坟园	水荫路113号	1932	广东省文物保护单位	粤府办【2002】56号
刘氏家庙	广州大道北大洲地2号	1900	广东省文物保护单位	省府办【2008】68号
云从龙墓	沙太路伍仙桥云家山	元	广东省文物保护单位	省府办【2008】68号
朱执信墓	先烈东路127号执信南路152号	1921	广州市文物保护单位	穗府【1983】77号
邓世昌衣冠冢 邓氏宗祠（含）	天河公园乞儿岗	清	广州市文物保护单位	穗府【1989】125号
新一军印缅阵亡将士公墓	广园东路2133号、广源中农贸市场、濂泉路28号	1944	广州市文物保护单位	穗府【1993】78号
沙基惨案烈士墓	广汕公路银河公墓烈士山	1925	广州市文物保护单位	穗府【1993】78号
粤军第一师诸先烈纪念碑	燕岭路	1939	广州市文物保护单位	穗府【1993】78号
陈恭尹墓	凤凰街柯木塱杨屋村后山坡	清	广州市文物保护单位	穗府【1983】77号
朱澄墓	华南植物园蒲岗	元	广州市文物保护单位	穗府办【2002】35号
中山大学石牌旧址建筑	五山路、东莞庄	1935～1952	广州市文物保护单位	穗府办【2002】35号

（续上表）

名　称	地　址	年代	级　别	资料来源
毛泽东视察棠下农业生产合作社旧址	棠下达善大街27号、49号	1958	广州市文物保护单位	穗府办【2002】35号
胡汉民墓	广汕一路329号广东省林业职业技术学院	1936	广州市文物保护单位	穗府办【2002】35号
拜庭许大夫家庙（含许应鑅墓）	龙洞街龙洞村火界头	近代	广州市文物保护单位	穗府办【2002】35号
苏绍箕墓（晴川苏公祠、车陂苏氏墓群）	车陂街祠前大街2号	宋	广州市文物保护单位	穗府办【2008】67号
		清		
		明		
林伟民墓	银河革命公墓内	1927	广州市文物保护单位	穗府办【2008】67号
石人窿蓄水湖碑	棠下街上社村公园	1946	广州市文物保护单位	穗府办【2008】67号
秦悦会家族墓	新塘街凌塘村背底山	宋	广州市文物保护单位	穗府办【2008】67号
周总理视察岑村纪念旧址	长兴街岑村南街	1972	广州市文物保护单位	穗府办【2008】67号
李是男墓	沙河街沙河顶59号	1927	广州市文物保护单位	穗府办【2008】67号
龙母庙	猎德街猎德村东南大街	清	市登记保护	市规划局、文化局2002.09.01公布
莲池寺普同塔	广州大道北伍仙桥	清	市登记保护	市规划局、文化局2002.09.01公布
潘达微祖居	棠下街棠东村启明大街27号	民国	市登记保护	市规划局、文化局2002.09.01公布
胡绍宗墓	凤凰街柯木塱鸡冠山	清	四普一批登记保护	穗文物【2005】327号
日军侵华遗址（碉堡）	凤凰街渔沙坦太和嶂山顶	1938～1945	四普一批登记保护	穗文物【2005】327号
李赖南墓	龙洞街龙洞村白虎窿1号	民国	四普一批登记保护	穗文物【2005】327号
景祚樊公祠	龙洞街龙洞东大街108号	清	四普一批登记保护	穗文物【2005】327号
绿筠溪馆	前进街石溪桥头街4号	清	四普一批登记保护	穗文物【2005】327号
日军侵华飞机库遗址	石牌街龙口东横路28号	1938～1945	四普一批登记保护	穗文物【2005】327号

（区文广新局供稿）

新闻出版

·天河新闻

【概况】《广州天河新闻》原名《天河报》，创办于1986年1月，1998年12月该报改为对开4版周报，彩印，并更名为《广州天河新闻》。《广州天河新闻》是综合性报纸，围绕区委、区政府的中心工作，做好舆论工作。版面分工：第一版为要闻版，主要宣传天河区各个时期的中心工作和主要成就；第二版为经济版，主要宣传报道区的经济发展状况，设有“经济信息”、“经济知识”和“经济理论”等专栏；第三版为政文版，主要宣传报道天河区的新闻，设有“党团生活”、“法庭内外”、“公安战线”、“教学园地”、“文化生活”等专栏；第四版为副刊，主要是刊登小说、散文、报告文学、诗歌等文艺作品。该报赠阅对象主要是天河区委、区政府各部门，街、镇、村及辖区内有关单位。

2010年，《广州天河新闻》围绕区委、区政府的各项中心工作，把握大局、服务中心，对天河区的政治、经济、城管、治安、教育、卫生等各方面工作做全方位的宣传报道。全年共出版发行48期。

【重要宣传报道】2010年，配合创文迎检、河涌整治、三旧改造、环境整饰、乞巧节、2010全国大学生动画大赛、亚运会、亚残运会举办等天河重点工作，天河报以专版和专栏的形式，开展一系列的宣传报道工作。

·区委七届九次全会· 2010年，天河报设置专版报道区委七届九次全会召开盛况，并将区委书记刘悦伦和区长徐汉添在会议上的讲话全文刊登出来，把会议的精神迅速传递给全区的机关干部。

·亚运人居环境综合整治· 配合“迎亚运 创文明”工作，天河报社社长胡硕堂带领报社人员，到辖区大街小巷拍摄采风，将天河的美景拍摄记录下来，以专版或专栏的形式在报纸刊登，并制作成展版在区内进行展览，让广大读者饱览整治后的天河新貌，感受到天河经济社会发展的成果。

·亚运会、亚残运会举办· 亚运会亚残运会期间，天河报人员在做好外围保障工作的同时，围绕圣火传递、外围保障、志愿服务、文明观众组织等工作，深入一线采访，做出大量的宣传报道工作。 （赖艳萍）

·报刊书籍

2010年天河区发行出版物

刊物名称	编辑单位	发行范围	2010年共编印期数	类别	备　注（含刊号）
天河组工	天河区委组织部	区属各党委、党工委	10	党刊	总第142期—第151期
天河禁毒	区禁毒办	区属各单位	3		
天河检察官	天河区检察院	市、区党政机关	6	内部资料	
天平之窗年报版	天河法院	内部发行	1	内部刊物	
天平之窗综合版	天河法院	内部发行	1	内部刊物	
天河法院工作简报	天河法院	内部发行	42	内部刊物	
天河法院信息	天河法院	内部发行	22	内部刊物	
天河年鉴2010	区地方志办公室	全区	1	公开发行	ISBN978-7-101-07641-7

（续上表）

刊物名称	编辑单位	发行范围	2010年共编印期数	类别	备　注（含刊号）
兰台珍宝话天河——人文广州丛书	天河区档案馆	公开发行			ISBN978-7-218-06184-9
广州天河新闻	天河报社	全区	48		
青春天河	团区委、区青志协、区青联	全区	8	报纸、杂志	自编

（陈瑜）

体　育

【群众体育】2010年，天河区以“迎接亚运会 创造新生活”为主题，开展群众性体育活动，举办规模较大、参与面较广、影响较大的体育竞赛活动及各类大型比赛14次。

元旦组队参加市元旦万人健步行，来自机关干部职工、企事业单位职工和街道居民共100人参加该项活动。4月，举办2010年广州市“市长杯”乒乓球百姓系列和谐赛天河分区赛。比赛为期7天，按照广州市总规程规定的6个项目进行，区内市民踊跃报名，共有154个队伍，661名运动员参加，年龄最小的10岁，最大的73岁。是月，举办第四届“市长杯”2010年广州市羽毛球系列大赛男女混合团体赛天河区预选赛，比赛分中小学组、社会公开组、家庭组、中青年组、老年组5大组别112支队伍，全区共有996人参赛。天河公安分局夺得机关企事业组第三名，天河区红专厂一、二队分获中年组和中老年组冠军。8月，组织2个方队共100名游泳爱好者参加横渡珠江活动。是月，与区老干局联合举办2010年天河区老年运动会，共有来自21个街道共200多名老年人参加。此外还组队参加市龙舟赛、市广播操比赛、车陂村龙舟比赛、区职工象棋、围棋赛等。

天河龙舟竞渡

天河区南临珠江，区内有7条河涌。龙舟赛在天河有着悠久历史，是一项极富吸引力和影响力的体育盛事。建国前，每年端午节，各乡各村都会进行龙舟竞渡，棠下、猎德、车陂等村的龙舟竞渡都较有名。建国后，曾有一段时间停止了这项活动。至1978年十一届三中全会后，龙舟竞渡这项体育活动才逐步恢复。建区后，龙舟竞渡继续蓬勃发展，现已成为天河区城市文化的一部分。天河区11个村共有80多艘龙舟。

【创建省体育先进区】2010年，区体育发展中心从体育社区、群体活动、业余训练、骨干队伍、体质监测、训练基地设置、后备人才储备、体育产业等方面入手，进行总体规划和部署，完成“广东省体育先进区”的各项评选工作。

【竞技体育】2010年，区体育发展中心合理安排区运会重点项目，整合全区优质教育资源和体育资源，推动学校体育活动、竞技体育水平提高，基本形成中小学、业余体校组成的训练网络；多渠道、多元化举办培训，与省、市体育训练基地、体院等单位联办训练基地，拓展训练平台；根据区情调整训练项目设置，优化教练员队伍结构，引进后备人才；在管理上，以项目管理合理化、经费投入目标化、教练聘任制度为目标，对各训练单位管理人员、教练员、运动员队伍进行管理，激发训练热情，提高业余训练水平。

【区体育传统项目学校概况】2010年，天河区举办中小学生篮球赛，赛期7天，共有59支队伍进行196场次比赛。与区教育局联合举办2010年天河区青少年篮球赛、足球赛、三棋及游泳比赛。是年，天河区内体育传统项目有田径、足球、武术、棋类、游泳、羽毛球、射击、乒乓球、篮球、跆拳道等11个项目。全区有市级以上体育传统项目学校22所。

2010年天河区辖内各级体育传统项目学校表

级　别	项目	学　　校
国家体育传统项目学校	田径	华师附中
广东省体育传统项目学校	田径	华师附中
	篮球	市第四十七中学
	乒乓球	员村小学
	羽毛球	先烈东小学
广州市体育传统项目学校	田径	先烈东小学、车陂小学、东圃小学、棠下小学、市第四十七中学、市第七十五中学、市第一一三中学
	游泳	华阳小学、先烈东小学、华师附中、天河中学
	羽毛球	先烈东小学、沙河小学
	足球	高塘石小学、华康小学、市第八十九中、华师附中
	射击	黄村小学、龙口西小学、侨乐小学、市第七十五中学、东圃中学
	篮球	暨大附小、员村小学、市第四十七中学、华师附中
	乒乓球	石牌小学、员村小学、林和小学、市第一一三中学
	棒球	体育东小学
	垒球	天河中学
	武术	华成小学、市第四十七中学、泰安中学

【天河地区体育协会概况】 2010年，天河地区有体育协会5个。

2010年天河区体育协会概况表

协会名称	地　址	成立时间
员村地区体协	员村三横路	1978
天河区信鸽协会（浩和俱乐部）		1988
天河区高尔夫球协会	华美路23号行政南楼307室	2008
天河区乒乓球协会	天河区政府大院内	2008
天河区游泳协会	骏景会所	2008

【体育市场管理】 2010年，区体育局多措并举争取体彩销售量增加，并配合市体育彩票中心做好体育彩票的发行、管理及促销工作。召开区高危险体育经营项目安全卫生工作会议和加强游泳场所安全卫生管理工作会议，继续加强体育经营单位的安全检查。联合开展辖区内游泳场所的安全、卫生检查监督工作。举办高危险体育项目（游泳）救生员培训班，对全区各游泳经营场所的救生员进行系统的救生基础理论、赴救技术、紧急救生预案演练等课程培训，并进行救生员基本素质及技能测试。配合有关职能部门共同规范管理体育市场。

【体育基础设施】 2010年，天河区加大对体育基础设施建设的资金投入，先后通过经费投入和技术指导扶持龙洞街、黄村街、天河南街、石牌街等街道创建广东省城市体育先进社区（街道），多次组织社区体育设施建设验收工作，及时检查及维修全区的健身路径，同时加强对体育设施的管理，对辖区范围内的游泳场所进行经常性检查。是年，在社区体育设施建设方面共投入526万元，健身路径等体育设施维护45万元，新增健身路径25条、篮球场3个、全民健身广场1个。至此，区辖内人均体育场地面积达到5平方米，全民健身广场总计5个、健身路径298条、篮球场44个。

2010年天河区辖内主要体育场地表

类别	名　　称	地　　址
田径	天河体育场	天河体育中心
	广东奥林匹克体育场	广东奥林匹克体育中心
足球	天河体育中心足球场	天河体育中心
	广东奥林匹克足球场	广东奥林匹克体育中心
篮球	天河体育中心篮球场	天河体育中心、体育馆
	员村工人文化宫体育馆篮球场	员村二横路
高尔夫球	天河高尔夫俱乐部	天河体育中心体育场
保龄球	广州大世界保龄球馆	天河体育中心
	广州市天河区天园保龄球馆	黄埔大道锦明街83～93号首层
网球	天河体育中心网球场、网球馆	天河体育中心
	麦多网球俱乐部	黄埔大道西668号赛马场内
	马会网球场	黄埔大道中889号
羽毛球	员村工人文化宫体育馆羽毛球场	员村二横路
	江燕羽毛球俱乐部	车陂路
	广州市羽毛球运动管理中心	天河体育中心
	喜利羽毛球场	龙口东路横街28号羽毛球场内
游泳	天河体育中心游泳馆	天河体育中心
	员村工人文化宫游泳池	员村二横路
棒球	天河体育中心三井少年友谊棒球场	天河体育中心
溜冰	员村工人文化宫溜冰场	员村二横路
健美	员村奥力健身俱乐部	员村二横路工人文化宫内
	力美健健身俱乐部	天河北路
	青鸟健身广州天河店	天河体育中心东门内御都会所
	中体倍力健身俱乐部广州天河体育中心店	天河体育中心游泳馆东座1–3层
	广州健美乐体育文化传播有限公司	天河体育中心内南广场东侧
	广东奥瑞特健身俱乐部	中山大道华港花园豪情湾3–4楼

【广东奥林匹克体育中心简介】 位于天河区黄村的广东奥林匹克体育中心于2001年9月23日竣工，占地30万平方米，可容纳观众80012人。其飘带式顶盖新颖独特，为广东省新世纪标志性建筑。奥林匹克体育中心的体育设施及辅助设施包括足球场、射箭场、田径场、游泳馆、曲棍球场、马术场、射击馆、棒球场、垒球场、手球馆及手球练习馆体育科技中心、新闻会议中心、药检中心、体育俱乐部、会所、商场、宾馆以及大型休闲、娱乐、康复设施等。奥林匹克体育中心是目前亚洲规模最大、配套设施最好的体育场之一。第九届全运会的开幕式和田径、足球等比赛项目、中国对巴西国际足球

邀请赛、四国女足锦标赛、全国女子足球超级联赛第三阶段比赛等多项重要赛事在这里举办。2010年11月至12月广州亚运会和亚残运会期间，包括足球、田径、射箭、射击、游泳、棒球、垒球等多项赛事在这里举行。

【天河体育中心简介】 位于天河路的天河体育中心于1986年落成，总建筑面积12.47万平方米。1987年，第六届全运会在这里举行。主要建筑有体育场、游泳馆、体育馆，体育场可容纳6万多名观众。附属建筑设施有足球训练场2个，网球场12块，网球馆一座，田径副场、球类练习馆、体操技巧馆、棒垒球场、大型旱冰场各一座，此外还有办公大楼和新闻中心等。1995年，天河体育中心修建全国第一条健身路径，并增建树林舞场、露天羽毛球场、乒乓球活动区、儿童活动区、健身小区、篮球俱乐部等各种群体设施。体育中心成为既可举办各种体育比赛，广泛开展群众体育活动，又可举办各类大型博览会，集健身、娱乐、休闲和展示于一体的大型多功能综合性活动场所。2010年11月至12月广州亚运会亚残运会期间，足球、羽毛球、水球、网球、垒球、保龄球及轮椅网球等多项赛事在这里举行。 （区体育局供稿）

医疗卫生

【概况】 2010年，天河区有区属医院6家，继续推进社区卫生服务机构建设，完成47个社区卫生服务中心（站）的建设改造。有效防控甲流H1N1流感、手足口病等传染性疾病。全区拥有各类医疗机构404家，其中医院31家、门诊部110家、诊所128家、卫生所和医务室87家；医疗机构拥有床位5833张，卫生技术人员11000人，其中医生3949人。

【区属医院】 2010年，天河区有区属医疗单位6家：区中医医院、区妇幼保健院、区红十字会医院、区沙河人民医院、区慢性病防治中心、区侨怡苑人民医院。

2010年天河区区属医院表

名称	占地面积（平方米）	地址	建立时间	高级职称（人数）	床位	2010年门诊人次	备注
区红十字会医院	8777	东圃大马路13号	1962.2	15	100	538871	二级
区沙河人民医院	4000	天平架沙和路	1963.3	4	100	145458	一级甲等
区妇幼保健院	1860	天河北路367号	1986.9	26	100	208575	二级甲等
区慢性病防治中心	1280	中山大道棠下西牌坊	1993.3	5	—	133700	
区侨怡苑人民医院（林和街社区卫生服务中心）	1814（建筑面积）	天河北路382号	1994.9	4	9	122092	区一级
区中医医院	6800	黄埔大道中棠石路9号	1996.12	25	143	276061	二级甲等

2010年天河区属医院名医表

职称	姓名	性别	专科	所在医院
主任医师	吕英	女	中医内科	区妇幼保健院
副主任医师	粟迎春	男	骨科	
副主任医师	刘建平	女	儿童保健科	
副主任医师	王雪纯	女	妇产科	
副主任医师	李洪钧	女	妇产科	
副主任医师	杨娅冬	女	妇产科	

（续上表）

职　称	姓　名	性别	专科	所在医院
副主任医师	刘晋英	女	妇产科	区妇幼保健院
副主任医师	王　弘	女	儿科	
副主任医师	邱芸芸	女	儿科	
副主任医师	李　群	女	儿科	
副主任医师	吴妙英	女	儿科	
副主任医师	陈　燕	女	儿科	
副主任医师	甘子红	女	妇幼卫生	
副主任医师	李迎舒	女	眼科	
副主任医师	李爱武	女	口腔科	
副主任医师	徐远芳	女	中医内科	
副主任医师	刘远科	男	检验科	
副主任医师	王利群	女	影像b超	
副主任医师	李大庆	女	妇产科	
副主任医师	侯美莲	女	妇产科	
副主任医师	罗志莲	女	妇产科	
副主任医师	王利辉	女	妇产科	
副主任医师	黄巧云	女	内科	
副主任医师	孙世宁	女	内科	
主任医师	何清源	男	外科（普外）	区中医医院
主任医师	韦湘林	男	内科（中医、心血管）	
主任中医师	刘晨峰	男	骨伤科（中医）	
主任中医师	罗国良	男	针推康复科	
副主任医师	陈煜辉	男	冠心病、皮肤病	
副主任医师	马　赛	女	肾病、高血压病	
副主任医师	韦伟国	女	内科	
副主任医师	钟汉林	男	内科	
副主任医师	周晓燕	女	内科	
副主任医师	温惠贤	男	内科	
副主任医师	杨福泰	男	内科	
副主任医师	周晓曦	女	内科	
副主任医师	周　蓓	女	眼科	
副主任医师	刘晓虹	男	骨伤科（中医）	
副主任医师	刘进先	男	针推康复科	

（续上表）

职　称	姓　名	性别	专科	所在医院
副主任医师	陈学军	女	儿科	区中医医院
副主任医师	龚再玉	女	妇科（中医）	
副主任医师	张小玲	女	妇科（中医）	
副主任医师	覃　炜	女	妇产科	
副主任医师	陶鑫焱	女	妇产科	
副主任医师	张　宇	女	中医外科	
副主任医师	黄继东	女	中医外科	
副主任医师	胡志红	女	五官科	
副主任医师	余　蕾	女	康复科	
副主任医师	周　莺	女	内科	
副主任药剂师	李秋文	女	中药	区红十字会医院
副主任护师	罗　汀	女	护理	
副主任医师	吴　陵	女	妇产科	
副主任医师	黄允优	男	外科	
副主任医师	陈晓艳	女	妇产科	
副主任医师	尹卫红	女	B超室	
副主任医师	任志坚	男	外科	
副主任医师	雷健康	男	内科	
副主任医师	李慧文	女	中医科	
副主任医师	许映絮	女	中医科	
副主任医师	毛晓农	男	中西医结合	
副主任医师	刘　建	男	儿科	
副主任医师	曾维钦	男	儿科	
副主任医师	陈小玉	女	外科护理	
副主任医师	罗思红	女	临床检验	
副主任医师	刘福英	女	中医科	
副主任医师	陈　胜	男	内科	
副主任医师	谭检平	男	外科	沙河人民医院
副主任医师	余绛宇	女	中医科	
副主任医师	陈礼勤	男	儿科	侨怡苑人民医院
副主任医师	黄美虹	女	妇科（中医）	
副主任医师	张晓明	男	中西医结合	

（续上表）

职　称	姓　名	性别	专科	所在医院
副主任医师	何玉章	男	皮肤、性病科	天河慢性病防治中心
副主任医师	邱义平	男	中西医结合	
副主任医师	陈祖铿	男	内科（中医）	
副主任医师	陈胜蓝	男	疾控与公卫	

【驻区医疗机构】2010年，天河区辖内有多所大医院。其中主要的综合性大医院有：中山大学附属第三医院、广州华侨医院、武警广东总队医院、南方医科大学第三附属医院、广州市妇女儿童医疗中心、中山大学附属第六医院、广州市第十二人民医院等。

2010年天河区驻区部分医院简表

名　　称	地　　址	建立时间	医院等级
中山医科大学附属第三医院	天河路600号	1971年	三级甲等
广州华侨医院	黄埔大道西615号	1981年	三级甲等
南方医科大学第三附属医院	中山大道西183号	1988年	三级（待定）
武警广东总队医院	燕岭路268号	1986年迁来	三级甲等
中山医科大学附属第六医院	员村新街17号	1965年	三级（待定）
广州市第十二人民医院	黄埔大道西天强路1号	90年代	二级甲等
广州市妇女儿童医疗中心	珠江新城金穗路9号	2009年	三级（待定）
广东省中医院天河门诊部	天河东路60号	90年代	
广州残疾儿童康复中心	龙洞	1985年	
广州市社会福利院（残疾人医院）	沙河龙洞龙湖路233号	70年代	
广东燕岭医院	粤垦路533号	90年代	二级
龙洞人民医院	龙洞东路二横路2号	2002年	一级
长兴人民医院	乐意居美景街146号	2001年	一级
广州华侨医院东圃分院	东圃广氮小区	90年代	一级

【区社会（个体）医疗单位】2010年，天河区有社会办医疗机构266家，其中诊所149家，门诊103家，医院14家。其中颇具特色且有相当规模的社会办医疗机构有长安医院等。

2010年天河区主要驻区社会医疗单位医院简表

名　称	地　址
长安医院	天河路502号
新时代医院	广利路73号
广州康民医院	先烈东路155号
广州家家乐康复医院	东圃车陂
广州华兴康复医院	兴华街银锭塘
广州现代医院	广园中路濂泉路42号

（续上表）

名　称	地　址
广东华南口腔医院	林和东路
广州仁爱天河医院	天河路108号
广州振华骨伤医院	禺东西路22号
扶元堂医疗康复医院	黄埔大道西161号
广州华爱医院	广州大道北741号
天河新塘医院	新塘街新园街15号

【亚运医疗卫生保障】 2010年广州举办亚运会，天河区组建28支公共卫生保障团队，27支医疗队，包括126名医务人员，10台救护车；选派2名场馆医疗卫生经理、4名场馆医疗保障队队长助理、3名兴奋剂检查官及2名血检官参加亚组委比赛场馆医疗保障团队。组织开展群众性卫生救护培训近7515人次，储备亚（残）运会应急献血人员2235人。开展“健康亚运、健康广州”全民健康限盐限油活动，为全区户籍居民配送、发放限盐限油生活用具25.6万份；开展“清洁家园、健康亚运”爱国卫生月宣传咨询活动等一系列健康教育与健康促进活动，全面普及健康知识，提高市民健康知识和健康行为的认识。开、闭幕式当天，主会场外围分别出动27支（126名医务人员、10台救护车）医疗救援队伍，在21个片区待命。当天共诊治病人395名，其中10人救治送院治疗；出动卫生监督员116人次，完成每天15000人份快餐、600人自助餐、400多份供场馆三文治食品以及14家接待酒店和涉亚供餐单位的餐饮食品安全保障任务。亚运会期间，区中医院和红会医院派出4支医疗队和2台救护车，分别承担奥体中心和天体中心外围的医疗保障任务，接诊病人15名；派出9支医疗队进驻定点酒店与接待中心，为奥委会官员、新闻媒体、运动员等提供全天候医疗保障服务，接诊病人364人次，送入院2名。亚运期间，奥体中心和天体中心外围安排20多人24小时轮流值班；区卫生局共派出医务人员1200人次，救护车118台次，公共卫生人员1462人次，卫生监督监测车659台次，所有伤病员得到及时救治，未发生食品安全、突发公共卫生事件和其它突发事件。

【社区卫生服务建设】 完善社区卫生服务的三大保障（组织保障、管理保障和经费保障），推进社区卫生服务网络建设。2010年，财政预算投入21454.5万元，其中社区卫生服务经费投入7913.4万元。公共卫生服务补助与业务用房建设经费、基本医疗补助与设备经费分别由市、区两级政府按照4：6和5：5比例投入。全区社区管理人员、业务指导单位、社区卫生服务机构管理人员、专线专责人员、管理团队等分级分类全员培训、骨干培训，重点是“社区公共卫生服务包”培训，全年累计培训1559人次。

·社区卫生服务机构建设· 是年完成23个社区卫生服务中心、24个社区卫生服务站的建设。新建社区卫生服务中心和社区卫生服务站均按照《广州市社区卫生服务中心〈站〉的基本标准》规范、标准和档次完成建设。

·社区卫生服务网格化管理· 是年定期对社区卫生服务中心（站）进行监督和指导。在林和与龙洞两个社区卫生服务中心实行试点并在全区各中心逐步推行，林和街社区卫生服务中心的管理经验在全市社区卫生服务服务网格化管理会议上进行介绍和推广。全区15个街社区卫生服务机构实施网格化管理，全区74.53%的区域得到覆盖。截至11月底，共建立健康档案156840份，户籍居民建档率8.44%，其中建立60岁以上老人档案15199份，建档率19.30%；重症精神病人专档1086人份，建档率达到94.97%；残疾人专档2299份，建档率69.24%；建立高血压专档6885份、糖尿病专档3907份。各社区卫生服务机构免费为15岁以下儿童开展乙肝疫苗补种15031人，占应补种人数的97.68%。

·慢性病防治与管理· 是年，组织精神病防治医生、社区民警、街道干部等进行培训，排查登记重症精神病人，救治社区急性肇事肇祸精神病人；完成结核病防治与归口管理督查；开展第二轮社区诊断，完成13800户样本，36727个数据记录收集；开展高血压、糖尿病规范化管理，完成死因登记网络报告、肿瘤报病随访工作；为各康复技术指导中心购置康复设施设备。

【医疗机构管理】 2010年，区卫生局继续加强医疗机构管理，规范医疗卫生服务行为。

·医院管理· 是年，构建区二级医院、一级医院、社区卫生服务中心、卫生服务站帮扶考评体系。推进“平安医院”创建活动，联合公安、司法、维稳等部门，推进医疗纠纷人民调解工作，打击“医闹”，维护医患双方合法权益和正常医疗秩序。全年处理医疗纠纷41宗、受理医疗事故鉴定12宗、移送市卫生行政部门医案3宗、多部门联合妥善处理复杂医患纠纷案8宗。

·临床管理· 组织护理部主任及医院管理层到高州人民医院学习管理经验，开展“护士分层级管理，提升护理质量”和“创建优质护理服务示范病房”活动，派出医务人员共1392人次，出动救护车辆242台次，完成春运、花市、高考、中考、流浪人员救治等医疗保障任务。完成征兵体检445人，高考体检4863人。完成无偿献血招募12864人次。

·民营医疗机构· 按优化资源、总量控制、结构调整、发展总部经济的总体要求，引导民营医疗机构走特色化之路。区民营医疗机构初步具备五大特色：一是社区特色；二是中医特色；三是医疗美容特色；四是口腔特色；五是健康体检特色。

·执业行为规范· 是年，按照《医疗美容项目分级管理》要求对辖内14间医疗美容机构进行管理；落实《医疗机构校验管理办法》，至10月30日共完成267间医疗机构校验工作，注销医疗机构1间；全年完成执业医师（变更）注册873人，护士（变更）注册875人。

【医疗惠民服务】 2010年，完善社区卫生服务21项优惠标准，救助生活困难人员47人次，减免金额44.63万元；免费诊治精神病人2220人次，救助住院重症精神病人51人次，救助金额20.9万元；免费服务结核病患者6744人次，金额30.92万元；免费（或优惠）体检3321人次。全年为困难群众提供医疗救助服务共计8442人次，救助金额256.1万元，开设慈善医疗门诊31个、慈善医院3间，对天河区107个特困人员、低保户、困难边缘户进行医疗救助。开展流浪人员医疗救助活动，每年安排2间局属单位参加区流浪人员救助队，为流浪患病人员、传染病病人、重症患者提供免费医疗服务。社区药物维持治疗点已收治病人290人。为减轻戒毒患者经济负担，对药费、检验费减半，减免患者治疗检查费用40余万元。

【妇幼保健】 对15项妇女儿童保健指标进行科学评估。加强行业管理和部门协调，促进婚检率提高达49.62%。加大母婴安全干预措施力度，完善和改进母婴保健服务，降低孕产妇及围产儿死亡率，减少残疾儿发生率。对助产技术服务机构加强监管，严格查处超范围监护孕产妇和新生儿的现象。是年，新生儿疾病筛查率98.48%，新生儿听力初筛率93.94%；重点推进地中海贫血、先天性心脏病产前筛查工作；启动天河区预防艾滋病母婴传播工作。2009年11月～2010年10月孕产妇系统管理率96.15%，产前检查率98.01%，产后访视率96.17%；孕产妇死亡率20.71/10万，围产儿死亡率2.07‰；7岁以下儿童管理率99.77%，3岁以下儿童系统管理率 97.29%；新生儿死亡0.83‰，婴儿死亡率2.69‰；5岁以下儿童死亡率3.11‰。妇幼卫生管理质量进一步提高。

【疾病预防控制】·甲流疫情防控· 开展甲型H1N1流感病毒感染状况横断面血清学抽样调查，采集标本、完成调查问卷927份。及时妥善处理甲流疫情，进行甲型H1N1流感疫苗接种43675人份，有效预防和控制甲型H1N1流感的暴发与流行。

·手足口病防控· 制作宣传展板并印发手足口病防控宣传单张5万份，开展现场咨询和防控培训活动3次，并在天河区信息网、天河报等开设手足口病防控专栏，开展健康教育，提高群众自我防护能力；是年，累计处理疫点113个，物表消毒面积6.1万平方米；至10月31日，共报告病例4164例，均为轻症病例，无重症病例和死亡病例。

·疫情预警· 成立登革热、流行性出血热等疫情应急处置领导小组和工作小组，实行24小时值班制，相关人员随时待命处理疫情，并做好疫情处理的物资准备工作。与爱卫、街道协作，开展居民区、工地和学校等地清除蚊虫滋生地、灭鼠除害工作。加强对消杀人员专业培训，内容包括蚊媒和鼠密度监测、滋生地的清除和灭蚊、灭鼠技术等，确保登革热、流行性出血热防控工作的针对性、有效性。加强登革热、流行性出血热防控健康教育工作，普及预防常识。

·传染病监测与处置· 亚运会赛前，投入500万元购置电感耦合等离子体质谱仪、荧光定量PCR分析仪、集中空调通风系统采样机器人、最高等级A型气密性防护服、射线防护服等防护设备和消毒杀虫设备，4台应急保障车辆，提高快速反应能力。监测食品246宗，餐具2825件，空气质量监测201宗，二次供水102宗，游泳池水107宗，病媒生物（鼠、蠊、蝇、蚊）监测检查2860个标准间。

其他，霍乱监测：采集珠江水、熟食品、水（海）产品、外环境等样品435宗，重点人群样品60宗，腹泻病人386宗，检测霍乱弧菌变动情况，及时采取预防措施。艾滋病监测：对吸毒人员艾滋病筛查400人份，阳性率2.75%；强制劳教/戒毒人员530例，阳性率1.89%；全区医疗机构共检测57088人，检出阳性81人，阳性率为0.14%。人禽流感监测：开展职业暴露人群人禽流感血清学监测，共采集标本20份。

·计划免疫· 全区本地儿童“六苗”基础免疫及时接种率为：卡介苗99.72%、脊灰炎疫苗98.72%、百白破疫苗98.74%、麻疹疫苗98.13%、乙肝疫苗98.60%、乙脑疫苗97.99%；全区外地儿童“六苗”基础免疫及时接种率为：卡介苗99.42%、脊灰炎疫苗97.66%、百白破疫苗97.29%、麻疹疫苗97.51%、乙肝疫苗97.50%、乙脑疫苗96.61%；均超过广州市接种率95%的要求。麻疹疫苗强化免疫活动，全区目标儿童接种率为99.22%。同时，组织开展“4·25”查漏补种活动，查漏补种周共查出漏种儿童541名（其中外地儿童519名，本地儿童22名），补种糖丸、百破、麻疹、乙肝、乙脑共654针次，补建卡105名。

【卫生监督】·公共场所卫生监督· 亚运会赛前，对11个训练比赛场馆、14家亚运指定接待酒店、1家涉亚供餐单位的食品、公共场所、生活饮用水、通风空调系统等进行卫生质量监测、病媒生物密度监测与评价，提出整改意见。指导酒店制订亚运接待工作指引、突发公共卫生事件应急预案和建立卫生安全控制体系。亚运开幕前完成对指定接待酒店的2轮食品与公共场所卫生安全评价，对存在问题进行限期整改。指导其中12家接待酒店和5家公共场所分别达到食品卫生、公共场所量化分级A级标准。组织对亚运比赛场馆、指定接待酒店周边以及开闭幕式外围500米区域内重要监控区域内餐饮单位开展全面监督检查和摸底造册，针对其持证经营、从业人员健康证明、原料采购和加工过程、餐饮具消毒进行重点监督检查；对海心沙、奥体和天体周边500米范围的餐饮单位和公共场所的卫生安全状况进行评估。对外围接待酒店、涉亚单位餐饮服务卫生监督489间次，公共场所卫生监督339间次，生活饮用水卫生监督152间次。

开展节前食品卫生大检查，出动卫生监督员308人次，检查餐饮服务单位175户次，对32户未达到卫生要求的店档进行整改，行政处罚2户，取缔16间无证经营食品的违法店档；开展学校与工地集体食堂食品卫生专项执法检查，检查学校集体食堂218间，工地集体食堂81间，取缔一批工地集体食堂外围的流动食品摊档。开展“地沟油”专项整治。强化索证索票制度，打击餐饮服务单位采购、使用来源不明的食用油脂行为；餐饮具集中消毒整治，对11家餐饮具集中消毒企业开展专项整治。重点对消毒单位的选址、布局、消毒工艺流程、使用的消毒产品等进行监督和整治；对46间游泳场所进行专项监督检查。全年受理《卫生许可证》3528户，办理正式许可证878户，办理临时卫生许可证2650户，确保《卫生许可证》亮牌率和《健康证》持有率都达到95%以上。

·医疗与传染病防控· 联合街道和派出所开展打击无证“黑诊所”行动93次，取缔无证诊所253间次，没收药品310箱，器械37件，罚款87000元；开展对民营医疗机构非法生殖技术（代孕）专项整治；开展学校和医疗机构手足口病防控措施监督检查。

·重大社会活动卫生保障· 完成广交会、龙舟赛以及美食节等重大活动的卫生保障，未发生一起食物中毒或传染病疫情；完成元旦、春节、国庆节等重大节日食品安全监管工作，督促食品生产经营单位加强卫生管理，无食品安全事故发生。

（区卫生局供稿）

食品药品监督

【概况】 2010年，区食品药品监管局共受理药品零售企业申办160家，变更143家，注销80家；受理、初申上报《医疗器械经营许可证》申办207家；共完成“三品一械”抽样任务498批次。受理调查投诉举报176宗，立案25宗，办结25宗，罚没款8万元。

【“三品一械”市场监管】 2010年，区食品药品监管局组织开展药品生产、经营企业和使用单位清热解表药类中药材（饮片）专项检查工作；对持蛋白同化制剂、肽类激素的27家药品批发企业开展现场检查；对辖内17家医疗机构医用氧气使用情况开展专项检查，规范医用氧气使用管理；对6家定制式义齿进行专项检查，进一步规范定制式义齿的生产；开展以乳制品为原辅料生产保健食品企业专项监督检查。查看自2008年9月14日之后生产的122批次以乳制品为原辅料生产的保健食品的生产记录及三聚氰胺项目的检测报告；开展以美容美发店为重点的化妆品专项整治活动。共出动384人次，检查197家次的化妆品经营使用企业，现场纠正违法违规行为8起；开展“剑锋10”校园及周边违法经营成瘾性药品专项整治工作。

是年，区食品药品监管局将药品抽样工作重点放在亚运训练和竞赛场馆、接待饭店周边监管对象，以及定点医疗机构。共完成“三品一械”抽样任务498批次。其中，药品210批次、保健食品85批次、化妆品61批次、医疗器械142批次。

是年，共出动450多人次对176宗案件（其中直接受理投诉、来函56宗，市局稽查处交办涉案信息80宗，协查函40宗）进行现场调查取证和依法处理；向外省、市、区食品药监和公安部门、工商行政管理部门发出移送案件20宗、协查函9宗、不合格产品告知函6宗和答复外省、市、区协查函156宗，对举报投诉人的书面答复20宗，所有案件全部按时答复。共立案25宗（其中药械24宗，保化1宗），全部已完成案件调查终结，结案25宗，罚没款共计80229.84元。对12家涉嫌无证经营保健食品、药品的场所、窝点依法予以取缔。

【药品市场整顿】 2010年，区食品药品监管局总结药品质量安全信用分类管理试行阶段的工作经验，全面推进监管相对人信用分类管理工作。完成药品管理相对人基础信息数据、行为数据（包括日常监管、技术监督、行政执法、从业人员等信息）的整理和采集，完成2009年度辖区内所有药品零售企业的信用评定和公示工作。共受理药品零售企业行政许可事项1009项，其中药品零售企业申办160家，行政许可事项变更143家，验收326家，注销80家，换证213家；GSP申请70家，变更17家；打印和发出《药品经营许可证》384家。共办理医疗器械行政许可事项424项，其中新开办医疗器械经营门店申办78家，包括眼镜店8家，药店62家，专营店8家；二、三类医疗器械经营企业申办129家，变更28家，换证4家，换证同时变更12家，办结后上报173家；现场验收173家。对 6家药品生产企业进行换证缺陷跟踪落实，对4家医疗机构制剂室进行换证检查验收并完成换证缺陷跟踪检查落实工作。制定《天河区局2010年度GSP认证跟踪检查实施方案》，对159家药品零售企业实施GSP认证跟踪检查工作。

【处置药品突发事件】 2010年，对辖区170多家药品批发企业、700多家药品零售企业和300家医疗机构开展紧急查处假冒福尔生物制品有限公司生产的批号为20090726人用狂犬病疫苗、广州南新制药有限公司生产的“奥美拉唑肠溶胶囊”药品、关于对医疗机构使用阿伐斯汀注射剂监督检查的通知、关于对西布曲明制剂及原料药实行召回等7次药害事件或医疗器械不良事件的清查行动。有效地消除突发事件造成的不良影响，保障人民群众的用药安全。

【食品安全整治】 2010年，与辖区21个街道办事处签订责任书，组织相关部门加强对奶粉中三聚氰胺快速检测，重点检测甘肃、青海、吉林、黑龙江等地区生产厂家的奶粉产品。组织销毁辖区2008年以来所查获的含三聚氰胺奶粉。组织相关职能部门各检查单位食品卫生状况和食品安全各项制度的落实、地沟油的处理以及学生奶的使用情况进行专项检查。在华南植物园、凤凰山、火炉山以及辖区所有的森林公园可能生长白毒伞等菇类的地方开展食品安全宣传活动，并在出入口张贴警示标志、派发宣传手册，禁止市民采摘各类蘑菇；在区食品药品监管局网站上撰文，介绍野生毒蘑菇的特点、食物中毒的主要表现和中毒解救办法，提示辖区市民不要采摘和食用野生蘑菇，防止误食毒蘑菇造成中毒事件，有效预防毒蕈中毒事件在辖区的发生。

【亚运食品药品安全保障】 ·成瘾性药品及药源性兴奋剂专项整治· 共出动检查员106人次对亚运场馆、酒店周边药品生产、经营、使用单位开展专项整治，检查药品批发企业42家次，药品零售企业160家次；纠正整改各类违规经营行为6起；对1家未凭处方销售处方药的药品零售企业进行行政处罚；对1起个人非法持有大量盐酸曲马多片的违法行为移交公安机关处理。

·亚运定点医疗机构保障· 确定定点医疗机构亚运保障联络人、负责人，结合医疗机构医用氧气使用情况现场核查，对辖区5家定点医疗机构开展现场检查。亚运会期间，对南方医科大学第三附属医院接诊运动员使用超32种药品的情况及时上报市食品药品监督管理局。

·定点接待饭店经营使用化妆品管理· 对定点接待饭店及其附属桑拿洗浴等场所集中采购供住客使用的洗发、护发、淋浴、护肤、剃须等产品进行调查。辖区14家亚运接待饭店共经营使用217种化妆品，其中国产化妆品113种，进口化妆品104种。与相关职能部门开展联合检查，对定点接待饭店经营使用的美容美发用品、一次性使用洗漱用品的索票索证制度、台账登记制度和是否亮证经营保健食品等逐一进行落实，对发现的问题提出书面整改意见。

·重点区域的保健食品专项整治· 对亚运比赛场馆、接待饭店及周边区域的保健食品经营企业、对重点品种进行排查，主要摸清经营减肥类、缓解疲劳类、改善睡眠类、降糖类保健食品企业的底数，检查索票索证、持证、标识，现场是否经营假冒伪劣保健食品等情况。组织保健食品企业开展自查。全年共检查保健食品经营企业950家次（自查327家），对156种保健食品进行抽查登记，其中减肥类等高风险的保健食品36种，占23.08%。

（区食品药品监督管理局供稿）

2011

社会生活

劳动和社会保障

【劳动就业】2010年，推进充分就业社区创建，统筹开展各种就业援助活动，促进创业带动就业，推动大学生“准就业”见习活动，多种途径提高劳动者素质，重点帮扶“4050”、“零就业”家庭人员等就业困难群体实现就业，全区大就业工作格局初步形成。全区落实再就业专项资金3664.92万元（其中市就业专项资金2137.92万元），全区城镇登记失业人员17110人，新增失业人员12629人，实现就业12242人，就业率为71.55%；其中，“4050”失业人员就业率为70.43%；高校毕业生登记失业人员就业率为80%；特困失业人员、“零就业”家庭一人就业率分别为100%；全区140个社区创建为充分就业社区，成功率达71.79%，超额完成市下达的目标任务；办理本市录用备案145038人次，举办招聘会42场，发布空岗信息24818个，进场人数达6.8万人次，达成意向4573人，成功录用1260人；为41名失业人员申领小额担保贷款209万元；迄今建立10个区一级创业基地（其中5个被评为市一级创业基地，1个申报省一级创业基地），创业带动就业9692人。构建各职能部门齐抓共管的大就业格局，把区工商分局、区国税局、区地税局纳入到就业目标责任考核单位，进一步完善区、街就业工作目标责任制考评制度；增加区监察局、区科信局、区统计局、区环保局、区城管局、团区委、区残联、区工商联、区国税局等部门为就业工作领导小组成员单位，在更大范围内整合力量，共同促进和稳定就业；建立创业带动就业指标统计和考评制度，强化责任意识和考核制度的执行。2010年9月9日下午，区委书记刘悦伦、副区长丘卫青等陪同国家人力资源和社会保障部副部长张小建，省委常委、副省长肖志恒以及省、市人力资源和社会保障部门的领导对天河区就业创业工作进行视察调研。

2010年9月，天河区举办促就业专场招聘会。
（区人社局供稿）

【职业技能培训】2010年，共开办职业指导班190期4308人，“一对一”职业指导535人次，失业人员职业技能培训班74期2836人，其中GYB创业培训班595人、SYB创业培训班542人，失业人员GYB创业培训12期303人、SYB创业培训12期292人、大学生创业培训6期，GYB292人、SYB250人，外省籍农民工职业技能培训37期1520人、社会人员培训74人、计算机办公软件平台鉴定站鉴定2批次36人，计算机网络操作鉴定站鉴定1批次44人、特殊工种年审换证8期330人、退管人员计算机应用操作班2期83人。提出并参与制定《关于进一步明确天河区职业技能培训补贴核发范围和标准的通知》，扩大职业技能培训资助的范围，在黄村、元岗、石牌、天园、棠下、前进、珠吉街等社区共组织200多名社区就业资助人员参加家政培训，共在社区内单独开办4期家政服务员上岗培训班。调整创业培训的模式，加大跟踪服务力度，召开创业人员座谈会，以及送服务入社区，在黄村、凤凰街道社区开办2期创业培训班。整合职校和社会教学力量、资源，筹划高效的技能等级培训，为有培训需求的企业提供培训项目及方案，初步拟定物业管理等项目的培训方案；加强与学校的联系，共同研究培训工作方向，初步拟定2011年新增电子验光、配镜等培训项目；研究保安人员培训实行一试两证，区保安公司联系市公安局指定培训学校拟定做法相关事宜。

【劳动保障监察】2010年，全区建立健全劳动关系协调处置机制，探索劳动监察“监管网格化、信息网络化”维权服务机制，建立覆盖全区各街、社区的劳动保障监察管理体系，及时快速查处企业违法行为，劳资纠纷、劳动争议仲裁以及群体性突发事件明显减少，全区劳动关系总体稳定，亚运会举行期间全区群体性劳资纠纷案件为0。

【劳动争议仲裁】2010年1～11月，全区劳动争议仲裁案件1899宗，同比下降32%；各类劳资纠纷案件1093宗，其中30人以上群体性突发事件67宗，同比分别下降23%和12%；规模以上企业劳动合同签订率达96%，同比上升28%；为35 家建筑施工企业办理工资支付保证金转存2532万元，通过劳动监察为8965 名劳动者追回工资及经济补偿金5302万元；通过劳动争议仲裁为2859名劳动者挽回各类经济损失10823万元。集中解决一批信访积案，信访答复率为100%，结案率为98%。

【社会保险基金管理】 2010年，老年居民养老保险参保人数3752人，增长3.7%；基金征收1250万元，增长2.5%。

是年，全面推进区“农转居”人员基本养老、医疗保险及大中专院校学生、非从业居民医疗保险工作，扩大社会保险覆盖面，并确保养老金和失业金按时足额发放。着力解决早期离开省属单位、市属企业人员的养老保险一次性缴费和被征地农民社保审核确认等历史遗留问题。全年“农转居”人员参加基本养老保险、医疗保险人数分别为4.8万人和5.6万人。全区参加城镇居民基本医疗保险人数共35.4万人，其中大中专院校学生20.4万人。各项社会保险金拨付共 9.1亿元，增长24.7%。其中城镇职工养老保险金7.3亿元，增长27.1%；享受城镇职工基本养老金人数27822人，增长10.7%。核拨失业保险金2249万元，减少14.5%；享受失业保险金2472人，减少39.6%，其中按月领取失业保险金1793人，减少11%。核拨工伤保险金764万元， 减少0.5%；享受工伤保险待遇565人，减少3.7%。核拨生育保险金4050万元，享受生育保险待遇2894人，分别增长72.8%和18.5%。核拨农转居人员养老保险金9426万元，增加10.8%，享受农转居人员养老保险待遇13681人，增长3.9%。核拨老年居民养老保险金1990万元，享受老年居民养老金3752人，分别增长19.6%和3.7%。

认真落实国家及省市有关被征地农民养老保险政策，为广州市土地开发中心等10家征地单位落实被征地人员的社会保障人数、缴费标准、费用筹集等进行认真审核，天河区“农转居”人员养老保险工作有序进行，失地人员得到相应的社会保障。

2010年9月，区人社局举办医疗社保培训。图为培训现场。 （区人社局供稿）

参与亚运安保维稳工作，着力处理社保历史难点问题和突发问题。依法解决海心沙岛渔民弃船上岸后的社保问题、新塘农工商公司的社保问题，以及退伍军人集体上访、炳胜酒家白血病员工闹访等多起重点案件。

【公费医疗管理】 2010年，全区参与公费医疗管理单位201个，纳入公费医疗管理20301人，核查记帐单384874张，扣罚违规金额31712.30元，为19家单位27人核发医疗补助金189万元，为区属相关单位减少超支分摊款603.50万元。

【退休人员社会化管理】 2010年，全区2.86万名退休人员纳入社会化管理，健全完善助老员、自管互助组及义工等为老人服务的三支队伍建设，为孤寡、独居、精神病退休老人提供及时快捷、零距离的服务。辖区现有1515名助老员、24964名自管互助员和20300名志愿者。组织近万名义工志愿者为老人服务。全年受理群众来电15000宗、来信845宗、来访19705宗等政策咨询，接待退休人员19705人次，无重大信访案件发生。

2010年天河区劳动力中介机构表（公益性）

机　　构	地　　址
天河区职业介绍所	石牌东路117号1楼
沙河街劳动保障服务中心	沙河大街89号1楼

（续上表）

机　　构	地　　址
五山街劳动保障服务中心	岳洲路39号
员村街劳动保障服务中心	员村新街117号
车陂街劳动保障服务中心	东圃大马路东路6号
石牌街劳动保障服务中心	石牌东路127号1楼
天河南街劳动保障服务中心	体育东路体育西横街193号1楼
林和街劳动保障服务中心	天河北路402号西座地下
沙东街劳动保障服务中心	广州大道北冠园绿安街1号
兴华街劳动保障服务中心	沙河银燕路166号
棠下街劳动保障服务中心	枫叶路天乐径4号之一
天园街劳动保障服务中心	黄埔大道路锦明街83号
冼村街劳动保障服务中心	珠江新城华穗路388、392号
猎德街劳动保障服务中心	海明路20号
元岗街劳动保障服务中心	元岗村东大街19号1楼
黄村街劳动保障服务中心	黄村街福元路5号
龙洞街劳动保障服务中心	龙洞东路219号街道办事处旁边
长兴街劳动保障服务中心	长兴路289号街道办事处1楼
凤凰街劳动保障服务中心	华美路中段
前进街劳动保障服务中心	官溪桃园路3号
珠吉街劳动保障服务中心	珠村东横路1号
新塘街劳动保障服务中心	新塘西约大路3号

2010年天河区劳动力中介机构表（非公益性）

机　　构	地　　址
广州同政人力资源服务有限公司	广和路29号一楼北边自编号A1
广州乐万企人力资源服务有限公司	粤垦路6号307A房
广州市青年职业介绍所	五山路33号广州市团校4栋101室
广州市锐旗人力资源服务有限公司	体育西路189号城建大厦2楼204-214-236房
广州市卓域人力资源服务有限公司	体育东路122号羊城国际商贸中心东塔1003室
广州康宁家政服务有限公司	瘦狗岭路373号之二
广州市瑞捷咨询服务有限公司	康湖大街97号301房
北京方胜理信劳务服务有限公司广州分公司	林和西路1号广州国际贸易中心第38楼F单元
广州市锐旗企业管理咨询有限公司	体育西路189号二楼231房
广州市智鸿人力资源服务有限公司	新塘村田心围大街文进巷1号北村

（续上表）

机构	地址
广州锐博资讯有限公司	华景路62–68号二层219房
广州至高人力资源管理有限公司	天河南二路29号3005房
广州海纳人力资源管理有限公司	黄埔大道西159号富星商贸大厦西塔11楼 A座
广州汇恒人力资源管理有限公司	新塘街小新塘两尾坦第四宗地园艺场201房
广州利民人力资源服务有限公司	新塘街长庚大街禾堂1巷2号1楼
广州维卓人力资源服务有限公司	瘦狗岭365号07铺
广州市益晟劳务服务有限公司	大观中路南约村口大街2、4、6、8号
广州市华峰企业管理咨询有限公司	五山路267号18G
广州市同政人力资源服务公司新塘分公司	大观路346号
广州群发人力资源服务有限公司	沐陂村沐陂大街仁厚里三巷2号1楼
广州百家人力资源服务有限公司天河分公司	棠下儒林大街西大街3号2楼
广州市胜伟劳务服务有限公司	大观中路启明大街31号102房
广州市闪创人力资源有限公司	黄埔大道西平云路163号通讯大楼4层东部
广东省通信产业服务有限公司广州分公司	华景路1号南方通信大厦7楼
广州百强人力资源服务有限公司	天河路106号
广州市华才人力资源顾问有限公司天河分公司	天河路242号丰兴广场B栋2012–2017房
广州市龙耀迪人力资源有限公司	黄埔大道177号自编–2房
广州仕邦人力资源有限公司	天河北路183–187号2101–2116单元
广州市广畅人力资源服务有限公司	棠德南路105–117号棠德综合楼三楼A13
广州天塬人力资源有限公司	沙河伍仙桥甘园50路号
广州市杰信人力资源有限公司	龙口东路133号首层南侧3号
广州天至士职业中介有限公司	石牌岗顶广州天河购物中心大厦1801房
广州唯信人力资源有限公司	燕岭路89号燕侨大厦2604号A房
广州市耀溢实业有限公司	中山大道77号时尚明苑1栋306房
广州瀚沙人力资源有限公司	天河北路223号3211房
广州对外经济发展总公司职业介绍所	广州大道中628号国际贸易大夏1311房
广州新成人力资源服务有限公司	新塘街新塘村新园大街7号1楼
广州市汇英企业管理有限公司	谭村大街四巷1号201房
广州泰能人力资源咨询有限公司	林和西路161号A1109房
广州派翼人力资源服务有限公司	黄村大道自编2号201房
广州聚英企业管理有限公司	新塘街谭村商业街D5房
广州丰信人力资源服务有限公司	大观路谭村大街四巷1号102房

（区人社局供稿）

民　政

【社区建设】2010年，区民政局牵头推进整合街道机构和聘用人员、社会管理及服务体制3个改革试点工作，指导试点街道制定方案，并采取先易后难的方式分步实施。完成街道政务服务中心、综治信访维稳中心、街道综合执法巡查队和整合聘用人员相关工作。依托街道社区综合服务中心，通过政府购买服务方式，引入专业社工组织进行管理和运作。

是年，开展第四批省“六好”平安和谐社区创建活动。全年全区投入197.2万元改善18个社区居委会办公用房条件，投入300余万元整治社区环境，新增2652.2万元提高社区居委会专职人员工资福利待遇。是年，全区50个社区被广东省命名为“六好”平安和谐社区，有60个社区被推荐申报“广东省宜居社区”。2007～2010年，全区先后有163个社区被广东省命名表彰为“六好”平安和谐社区，占全区社区总数的81.5%。

【社区居委会设置】2010年，天河区有社区居委会200个，社区居委会专职人员1169人。社区居委会分布如下：沙河街7个，五山街13个，员村街14个，石牌街22个，车陂街12个，天河南街12个，兴华街10个，林和街12个，沙东街6个，棠下街17个，冼村街7个，猎德街6个，天园街10个，元岗街5个，珠吉街5个，新塘街7个，龙洞街6个，前进街8个，黄村街9个，凤凰街4个，长兴街8个。

【社会保障与社会救助】2010年，区民政局发放低保金830多万元；发放困难家庭亚运补贴124.05万元，发放困难家庭临时物价补贴57.45万元。继续对271名生活困难中、小学生开展慈善助学活动，资助共27.1万元。全年救助流浪乞讨人员3158人，其中未成年人67人。完成3个“全国减灾示范社区”创建、区救灾物资储备中心和捐赠仓库的建设。针对台风、高温、严寒等极端恶劣天气及时启动应急救援预案。向困难群众发放38万元救助款和14万元冬令救济物资。建立49间社区级应急庇护所，配备各类应急物资。全年完成福利彩票销售2000多万元。

是年，区民政局为3286人次困难群众办理基本医疗救助，共53.61万元；为304人次困难群众办理医疗救助零星报销、特别医疗及其他医疗救济共46.26万元；资助47人次因病致困人员共44.63万元；资助患重大疾病的困难群众75人次，共26.35万元；发放区基本医疗证55本，区慈善门诊证5本，资助133人次困难群众定点就诊共3.65万元；为4825名困难群众办理广州市城镇居民基本医疗保险共117.19万元。开展“慈善医疗进社区”活动，为群众提供医疗咨询服务并为困难群众免费派送药品。

亚运期间，为全区低保对象、低收入困难家庭成员、重点优抚对象等特殊群体发放亚运生活补助金100多万元。组织开展亚运免费惠民项目的发放工作，共为109672户中签家庭发放赠票237089张。区流动救助队实行24小时值班，对比赛场馆周边和主干道进行巡查救助，联合有关部门开展17次集中救助行动，共救助1152人次。

【社会行政管理】2010年，区民政局为16家民办非企业、4家社会团体进行登记，对278家民办非企业及25个社会团体进行年检。召开社会组织工作会议，对社会组织的场地、消防安全等全面展开检查整改。设立区社会组织党工委，组织开展社会组织党建工作。

全年办理结婚登记9117对，离婚登记1721对，补发婚姻证643宗，出具无婚姻登记记录证明9670份。处理网上婚姻咨询290宗，接待群众来访咨询4960宗。完成1月1日、5月1日、9月9日、10月1日、10月10日、11月12日等特殊日子婚姻登记工作，受到好评。

是年，天河区殡葬管理工作通过市殡葬管理目标考核验收工作组的检查。做好清明节期间各项工作，对已清理历史遗留坟墓山头和被媒体曝光重点区域加强督查，配合市、区有关部门处理珠吉街辖内吉山“蟾蜍石”发生的黄埔区茅岗村村民山坟事件和元岗街辖内石牌村村民山坟事件。

【新增区属社团】2010年，天河区新增区属社团4个。是年底，全区共有社团58个，其中学术性社团4个，专业性社团1个，联合性社团5个，行业性社团9个，其他39个。

2010年天河区新增区属社团表

社团名称	业务主管部门	核准时间	社团性质
广州市天河区广余商会	天河区工商业联合会	2010.1.14	法人
广州市天河区各届知识分子联谊会	天河区委统战部	2010.5.6	法人
广州市天河区慈善会沙东分会	天河区民政局	2010.1.6	负责人
广州市天河区慈善会凤凰分会	天河区民政局	2010.7.8	负责人

天河区社会团体登记表

社　团　名　称	业务主管部门	登记日期	社团性质
广州市天河区慈善会	天河区民政局	1995.3.24	法人
广州市天河区建筑业联合会	天河区建设局	2000.11.21	法人
广州市天河区合同协会	广州市工商行政管理局	2001.5.14	法人
广州市天河区侨商会	天河区人民政府侨务办	2001.8.1	法人
广州市天河区工矿企事业医疗卫生机构管理委员会	天河区卫生局	2001.8.8	法人
广州市天河区海外联谊会	天河区委统战部	2001.8.8	法人
广州市天河区专家技术协会	天河区科学技术协会	2001.10.22	法人
广州市天河区环境科学学会	天河区环保局	2001.12.14	法人
广州市天河区台属联谊会	天河区台办	2002.3.25	法人
广州市天河区环卫行业协会	天河区环卫局	2002.10.25	法人
广州市天河区私营企业协会	广州市工商行政管理局	2003.3.31	法人
广州市天河区个体劳动者协会	广州市工商行政管理局	2003.3.31	法人
广州市天河区工商行政管理学会	广州市工商行政管理局	2003.4.7	法人
广州市天河区婚姻家庭建设协会	天河区民政局	2003.7.11	法人
广州市天河区动物营养药业商会	天河区工商业联合会	2003.9.1	法人
广州市天河区义务工作者协会	天河区民政局	2003.11.3	法人
广州市天河区建筑学会	天河区建设局	2003.12.18	法人
广州市天河区学前教育协会	天河区教育局	2004.6.28	法人
广州市天河区女领导干部联谊会	天河区妇联	2004.8.3	法人
广州市天河区中小学教学研究会	天河区教育局	2004.12.31	法人
广州市天河区民营医疗机构行业协会	天河区卫生局	2005.1.17	法人
广州市天河区物业管理协会	天河区国土局	2005.1.26	法人
广州市天河区医学会	天河区卫生局	2005.6.16	法人
广州市天河区民营口腔医师协会	天河区卫生局	2005.7.5	法人

（续上表）

社 团 名 称	业务主管部门	登记日期	社团性质
广州市天河区电脑市场行业协会	天河区经济贸易局	2005.9.12	法人
广州市天河区广吴商会	天河区工商业联合会	2005.12.12	法人
广州市天河区全国各地驻穗机构、人员协会	天河区协作办	2006.1.6	法人
广州市天河区民间组织发展促进会	天河区民政局	2006.4.9	法人
广州市天河区道路运输行业协会	天河区交通局	2006.10.18	法人
广州市天河区福利彩票发行工作促进会	天河区民政局	2007.7.3	法人
广州市天河区青年志愿者协会	共青团天河区委	2007.8.3	法人
广州市天河区书法家协会	天河区文联	2007.12.14	法人
广州市天河区餐饮行业商会	人民政府相关职能部门	2008.2.27	法人
广州市天河区高尔夫球协会	天河区体育局	2008.3.25	法人
广州市天河区沙河街义务消防协会	天河区沙河街道办事处	2008.5.27	法人
广州市天河区游泳协会	天河区体育局	2009.9.15	法人
广州市天河区个体劳动者协会大观工作委员会	天河区工商局	2005.12.29	法人
广州市天河区个体劳动者协会天平工作委员会	天河区工商局	2005.12.29	法人
广州市天河区个体劳动者协会石牌工作委员会	天河区工商局	2005.12.29	法人
广州市天河区个体劳动者协会东圃工作委员会	天河区工商局	2005.12.29	法人
广州市天河区个体劳动者协会员村工作委员会	天河区工商局	2005.12.29	法人
广州市天河区个体劳动者协会元岗工作委员会	天河区工商局	2005.12.29	法人
广州市天河区个体劳动者协会五山工作委员会	天河区工商局	2005.12.29	法人
广州市天河区个体劳动者协会沙东工作委员会	天河区工商局	2005.12.29	法人
广州市天河区个体劳动者协会沙河工作委员会	天河区工商局	2005.12.29	法人
广州市天河区个体劳动者协会龙洞工作委员会	天河区工商局	2005.12.29	法人
广州市天河区个体劳动者协会珠江新城工作委员会	天河区工商局	2005.12.29	法人
广州市天河区个体劳动者协会东棠工作委员会	天河区工商局	2005.12.29	法人
广州市天河区个体劳动者协会天河工作委员会	天河区工商局	2005.12.29	法人
广州市天河区个体劳动者协会科技工作委员会	天河区工商局	2005.12.29	法人
广州市天河区慈善会龙洞分会	天河区民政局	2006.6.2	法人
广州市天河区慈善会石牌分会	天河区民政局	2006.10.8	法人
广州市天河区慈善会车陂分会	天河区民政局	2006.11.15	法人
广州市天河区慈善会兴华街分会	天河区民政局	2009.9.16	法人

注：法人是指独立法人资格的社会组织，负责人是指社团的分支机构。

【双拥优抚安置及军休工作】2010年，区民政局发放义务兵优待金180多万元。审核认定参战退役人员25名并落实生活补助。组织17名烈属到广西边境为对越自卫反击战牺牲的烈士扫墓，组织100多名重点优抚对象到广州市烈军属疗养院疗养，给重点优抚对象发放节日慰问金37万多元。接收退役士兵161名，组织退役士兵参加免费职业技能培训，发放自谋补助金2160多万元，安置率100%。新接收62名军休干部并落实待遇。

亚运期间，开展以“共树文明新风、共建和谐社区、共保平安亚运”为主题的双拥共建活动。走访慰问支亚部队，协调有关街道协助进驻部队做好后勤保障。组织双拥文艺调演、“迎亚运双拥杯”军地篮球比赛和“亚运知识进军营”知识竞赛等活动。

【老年人服务】2010年，区民政局实施“星光计划”、“平安通”项目和推进居家养老工作，为全区542名独居、孤寡老人开展关爱服务。向8189名80周岁以上长者发放长寿保健金2631500元；重阳节期间，向812名90岁长者发放慰问金812000元；共办理老年人社保卡9986张，新增老年人社会保障卡升级、年审受理点44个。全年资助民办福利机构运营经费70多万元，新增机构养老床位50张。

【天河区地名命名、更名和销名】2010年，区民政局受理各类地名案件59宗。完成街与街行政管理界线共44条约110公里勘界成果上报及档案整理工作。继续对“天河–白云线”、“天河–萝岗线”2条边界所涉及的6条街道7个行政区域界线管理委托维护的监督及检查工作。整治有路无名道路163条；完成历史地名登记备案手续和补办命名工作；对地名标志设置不当或使用非标准地名78个路（街）牌进行更新，新设置208个路（街）牌、188块交通指示牌。是年，辖区内住宅命名4个，大厦（楼、广场）命名18个，公交站命名6个，道路（街巷）命名24个，更名3个，销名4个。具体情况如下表所示：

一、住宅区

名称	申请单位	位　置	规模（m²）	文号
尚园	广州市亿泉投资置业有限公司、中国人民解放军广州军区空军老干部住房建设办公室	体育西苑北侧、沙河涌东侧地段	用地面积18840㎡，总建筑面积56166.5㎡，绿地率40.9%	穗府地名〔2010〕25号
力迅领筑	万利房地产开发（广东）有限公司	翠华路西侧、黄埔大道中以北地段	用地面积6191㎡，总建筑面积45259㎡，绿地率30%	穗府地名〔2010〕85号
南国公馆	广东瑞华集团有限公司、广州市天河区石牌三骏企业集团有限公司	黄埔大道西南侧、海乐路西侧地段	用地面积18435㎡，总建筑面积166191㎡，绿地率33%	穗府地名〔2010〕125号
阳光桃源花园	广州市天河区东圃镇前进村民委员会	桃园西路西侧、前进小学以东地段	用地面积37008㎡，总建筑面积99318㎡，绿地率35.4%	穗府地名〔2010〕155号

二、大厦（楼、广场）

名称	申请单位	位　置	规模（m²）	文号
富力盈丰大厦	广州富力嘉盛置业发展有限公司	广州大道中以东、华强路南侧地段	用地面积8328㎡，总建筑面积80761㎡，地上29层、地下3层	穗府地名〔2007〕149号
天河奥园大厦	广东瑞华集团有限公司、广州市天河区石牌三骏企业集团有限公司	黄埔大道西以南、海乐路西侧南国商苑东北角地段	用地面积1320㎡，总建筑面积28071㎡，地上21层	穗府地名〔2010〕106号

（续上表）

名称	申请单位	位　置	规模（㎡）	文号
宝供商业楼	广州市宝兴房地产开发有限公司	中山大道中以南、盈溪路东侧地段	用地面积8012㎡，总建筑面积64829㎡，地上4层、地下2层	穗府地名〔2010〕135号
太阳新天地购物中心	广州华骏实业有限公司	马场路东侧、富力盈尊广场北侧的珠江太阳城广场内	用地面积18098㎡，总建筑面积146890㎡，地上8层、地下4层	穗府地名〔2010〕138号
新城御景商务大厦	广州珠光投资有限公司、广州市石东实业有限公司	马场路西侧、甲子路南侧地段	用地面积3155㎡，总建筑面积79262㎡，地上19层、地下3层	穗府地名〔2010〕164号
雅居乐置地大厦	广州雅居乐房地产开发有限公司	华夏路东侧、金穗路北侧、珠江西侧地段	用地面积5729㎡，总建筑面积115932㎡，地上39层、地下5层	穗府地名〔2010〕165号
高德置地东广场	广州市明和实业有限公司、广州市天河区猎德经济发展公司	冼村路西侧、花城大道北侧、高德置地西广场东侧地段	用地面积35879㎡，总建筑面积502006㎡	穗府地名〔2010〕168号
高德置地西广场	广州市明和实业有限公司、广州市天河区猎德经济发展公司	华夏路东侧、花城大道北侧、高德置地东广场西侧地段	用地面积27695㎡，总建筑面积308343㎡	穗府地名〔2010〕168号
佳润临江上品大厦	广东润通实业有限公司	员村四横路以东、员村四横东路西侧的美林花园小区内东南角	用地面积11182㎡，总建筑面积46278㎡，地上27层、地下3层	穗府地名〔2010〕174号
保利中汇广场	广州市金诺房地产开发有限公司	泰兴路南侧、林和西路西侧、景星酒店北侧地段	用地面积10217㎡，总建筑面积122563㎡，地上33层（部分30层）、地下3层	穗府地名〔2010〕197号
昊胜大楼	广州市健康房地产开发有限公司	车陂路东侧、中山大道中以南地段	用地面积4244.287㎡，总建筑面积20785㎡，地上16层、地下2层	穗府地名〔2010〕208号
邦华环球广场	广州宏昇房地产实业有限公司、广州市天河区杨箕经济发展公司	金穗路北侧、汇美大厦西侧、富力盈丰大厦南侧地段	用地面积8098㎡，总建筑面积96206㎡，地上37层、地下3层	穗府地名〔2010〕213号
猎德商业广场	广州市天河区猎德经济发展公司、广州市嘉裕房地产发展有限公司	花城大道南侧、中海花城湾西侧地段	用地面积9944㎡，总建筑面积56961㎡，地上6层、地下3层	穗府地名〔2010〕224号
财富世纪广场	广州宏城发展有限公司	海业路西侧、海安路北侧地段	用地面积10628㎡，总建筑面积134399㎡，地上35层（部分3、28层）、地下3层	穗府地名〔2010〕227号
财富中心	广州市城市建设开发有限公司	广州银行大厦南侧、金穗路北侧、珠江东路东侧地段	用地面积9831㎡，总建筑面积210477㎡，地上68层、地下4层	穗府地名〔2010〕237号
颐和大厦	广州南开房地产开发有限公司、中国南方航空集团公司	粤垦路以东、广园东路北侧地段	用地面积13157㎡，总建筑面积111472㎡，地上31层、地下6层	穗府地名〔2010〕252号

（续上表）

名称	申请单位	位　置	规模（m²）	文号
民生大厦	广州市和谐房地产开发有限公司	猎德大道东侧、海安路北侧地段	用地面积4477㎡，总建筑面积43495㎡，地上24层、地下4层	穗府地名〔2010〕60号
创逸雅苑	广州英发房地产开发有限公司	龙口东路东侧、天河北路南侧地段	用地面积10000㎡，总建筑面积111701㎡，地上35层（部分31层）、地下4层	穗府地名〔2010〕96号

三、地铁站

标准名称	申报单位	位　置	规模（m）	文号
林和西站	广州市地下铁道总公司	林和西路与天河北路交汇处，与轨道交通三号张换乘	珠江新城核心区市政交通项目旅客自动输送系统站名	穗府地名〔2010〕57号
体育中心南站	广州市地下铁道总公司	体育中心正门西侧，与轨道交通一号线体育中心站相距约200米	珠江新城核心区市政交通项目旅客自动输送系统站名	穗府地名〔2010〕57号
天河南站	广州市地下铁道总公司	天河南一路与交运二街交汇处的北侧	珠江新城核心区市政交通项目旅客自动输送系统站名	穗府地名〔2010〕57号
黄埔大道站	广州市地下铁道总公司	黄埔大道西与珠江东、西路交汇处	珠江新城核心区市政交通项目旅客自动输送系统站名	穗府地名〔2010〕57号
妇儿中心站	广州市地下铁道总公司	金穗路南侧、农业银行大厦西侧、富力君悦酒店东侧	珠江新城核心区市政交通项目旅客自动输送系统站名	穗府地名〔2010〕57号
花城大道站	广州市地下铁道总公司	花城大道与珠江东、西路交汇处	珠江新城核心区市政交通项目旅客自动输送系统站名	穗府地名〔2010〕57号

四、道路（街巷）

标准名称	申报单位	位　置	规模（m）	文号
车陂南路	广州凯源房地产实业有限公司	北起黄埔大道中，南止60米宽规划路	长460m，宽76m	穗府地名〔2010〕46号
金东南路	广州市天河区人民政府车陂街道办事处	西起金东路，东止明珠街	长140m，宽9.8～12.7m	穗府地名〔2010〕141号
莲溪横路	广州市天河区人民政府前进街道办事处	汇彩路以东，南起深涌北侧，北止莲溪南路	长141m，宽7.2m	穗府地名〔2010〕142号

（续上表）

标准名称	申报单位	位　置	规模（m）	文号
火炉山南路	广州市天河区人民政府长兴街道办事处	南起育新街，北止火炉山水库	长800m，宽6m	穗府地名〔2010〕139号
高塘路	广州高新技术产业开发区天河科技园管理委员会	南起合景路，北止广汕二路	长4350m，宽40m	穗府地名〔2010〕230号
海文路	广州市猎德经济发展有限公司	南起临江大道，北止海明路	长400m，宽30m	穗府地名〔2010〕178号
宝宁街	广州汉国福强地产开发有限公司	西起宝翠路，往东折向北，再折向西，呈环形，止于宝乐街东端南侧建筑物	长1500m，宽4m	穗府地名〔2010〕40号
宝乐街	广州汉国福强地产开发有限公司	西起宝宁街，往东折向北，止于宝宁街	长700m，宽4m	穗府地名〔2010〕40号
信华一街	广州市南通城科技实业有限公司	东起翠怡北街，往西横跨华景东路，折向南再绕回东，止于华景东路	长380m，宽4m	穗府地名〔2010〕120号
信华二街	广州市南通城科技实业有限公司	南起华景北路，北止信华三街	长125m，宽7m	穗府地名〔2010〕120号
信华三街	广州市南通城科技实业有限公司	西起信华二街，东止东景东路	长132m，宽9m	穗府地名〔2010〕120号
华景东路	广州市南通城科技实业有限公司	南起华景东路与翠怡北街交汇处，北止信华三街	长81m，宽15m	穗府地名〔2010〕120号
学燕街	广州市天河区人民政府元岗街道办事处	南起燕岭路，北止广东省外语艺术职业学院燕岭校区正门口	长200m，宽10m	穗府地名〔2010〕140号
咸岗龙街	广州市天河区人民政府元岗街道办事处	南起元岗北街，北止西城元岗停车场南侧	长307.1m，宽14.8m	穗府地名〔2010〕140号
华政街	广州市天河区人民政府猎德街道办事处	珠江新城内西起华穗路，东止华夏路	长238m，宽10m	穗府地名〔2010〕121号
龙洞东园大街	广州市天河区人民政府龙洞街道办事处	南起河陂南五巷，北止迎福路	长305.9m，宽6.6m	穗府地名〔2010〕131号
石陂隧道	广州市天河区人民政府龙洞街道办事处	华南快速三期石陂段，横跨天河区与白云区行政区域界线，东起天河区大峰山东面半山腰，西止白云区粑齿沥水库北面	长978.9m，宽16m	穗府地名〔2010〕131号

（续上表）

标准名称	申报单位	位　置	规模（m）	文号
天尚街	广州市天河区人民政府天河南街道办事处	南起尚园东南角，北止天河北路	长240m，宽7m	穗府地名〔2010〕143号
亿泉街	广州市天河区人民政府天河南街道办事处	东起天尚街，西止尚园西北角沙河涌边	长176m，宽8m	穗府地名〔2010〕143号
博汇街	广州市天河区人民政府棠下街道办事处	南起广园快速路，北止棠兴街	长200m，宽12m	穗府地名〔2010〕203号
林乐直街	广州市天河区人民政府林和街道办事处	南起天河北路，北止林乐路	长168m，宽7m	穗府地名〔2010〕122号
海定街	广州市猎德经济发展有限公司	西起海文路，东止海清路	长200m，宽30m	穗府地名〔2010〕185号
安夏一街	广州市住房保障办公室	中山大道以北、珠吉路东侧的安厦花园内街，位于小区中部，西起珠吉路，往东折向北，再往东绕向南后折回西，止于珠吉路	长670m，宽5～6m	穗府地名〔2010〕113号
安夏二街	广州市住房保障办公室	中山大道以北、珠吉路东侧的安厦花园内街，位于安厦一街中部，北起安厦一街，往南折向东，止于安厦一街	长100m，宽5m	穗府地名〔2010〕113号

五、更名

更名情况	申报单位	地　址	规模（m²）	文号
普惠广场更名为广州银行大厦	广州昊和置业有限公司	珠江东路东侧、利通广场南侧地段	用地面积6252㎡，总建设面积155731㎡，地上57层，地下5层	穗府地名〔2010〕161号
天誉大厦更名为海航大厦	广州市城建天誉房地产开发有限公司	林和中路东侧、天誉花园南侧、林和街北侧地段	用地面积7672㎡，总建设面积137315㎡，地上40层，地下6层	穗府地名〔2010〕32号
广州歌剧院更名为广州大剧院	广州市文化广电新闻出版局	华就路南侧、临江大道北侧、华夏路东侧地段	用地面积42393㎡，总建设面积71197㎡，地上7层，地下4层	穗府地名〔2010〕149号

六、销名

销名名称	申报单位	地　址	规模（m²）	文号
创意中心	广州英发房地产开发有限公司	龙口东路东侧、天河北路南侧地段	用地面积26149㎡，总建筑面积111399㎡，地上25层	穗府地名〔2010〕96号

（续上表）

销名名称	申报单位	地 址	规模（m²）	文号
海骏大厦	广州华骏实业有限公司	马场路东侧、富力盈尊广场北侧的珠江太阳城广场内	用地面积11838m²，总建筑面积62207m²	穗府地名〔2010〕138号
南国商苑	广东瑞华集团有限公司、广州市天河区石牌三骏企业集团有限公司	黄埔大道西南侧、海乐路西侧地段	用地面积18435m²，总建筑面积149284.5m²，绿地率33%	穗府地名〔2010〕125号
业丰广场	广东南岳房地产开发有限公司、水利部珠江水利委员会	天寿路西侧、沾益直街北侧地段	用地面积10495m²，总建筑面积77977m²	穗府地名〔2010〕191号

【亚运志愿服务】 2010年，区民政局牵头组织“迎亚运讲文明树新风”——城市文明志愿服务社区文明百日志愿服务全民行动，开展大型亚运文艺宣传活动、文明出行宣传、亚运安保、清洁环境卫生、急救知识宣传等各项志愿服务。亚运期间，全区各街道、社区开展“笑脸迎亚运”社区关怀行动，“点点关怀、共创和谐”、“探访老人、关心老人”敬老助残活动，“迎亚运，急救知识进万家”，“金秋送暖、义心传城”等志愿服务2000场次。 （曾志）

人口与计划生育

【概况】 2010年，区人口和计生局推进宣传教育、信息统计、社会抚养费的征收、查环查孕等工作，全面完成市下达的人口与计划生育工作任务。是年，年度出生人数8662人，人口出生率11.10‰，人口死亡率2.79‰，人口自然增长率8.31‰，人口计划生育率95.61%。人口和计划生育工作保持健康发展的良好势头。

【计生管理】 2010年，进一步完善目标管理责任制，对完不成任务的执行“一票否决”；建立层级动态管理责任制，将各项计生任务特别是重点、难点任务包干到户、落实到人，兑现奖惩；推进“属地管理、单位负责、居民自治、社区服务、综合治理”的管理体制，巩固和提高计生管理服务水平；建立利益导向新机制，独生子女父母计生奖励金制度落实和完善，计生家庭特别扶助制度建立，生育关怀行动不断深化，“节育奖”不断普及，引导群众自觉执行计生政策；逐步建立综合治理、齐抓共管的流动人口计生管理新机制，对未履行计划生育义务的出租屋主依法加大处罚力度；全面开展全员流动人口信息调查工作。

【依法行政】 2010年，贯彻执行《中华人民共和国人口与计划生育法》、《社会抚养费征收管理办法》、《计划生育技术服务管理条例》、新修订的《广东省人口与计划生育条例》等法律、法规，着重强化各级计划生育工作人员的法制观念；执行信访工作制度，及时处理来信来访、政策咨询、投诉申告、网上投诉等信访案件，办结率达100%。

【计生优质服务】 2010年，深化和优化以技术服务为重点的综合服务，围绕生育、节育、不育等环节，实施避孕节育优质服务、出生缺陷干预和生殖道感染干预“三大工程”为重点的生殖健康推进计划。全区大力推行免费婚前检查，全面启动出生缺陷干预工程，实现全区出生缺陷干预全覆盖，有效降低人口出生缺陷率。

【计生文化建设】 2010年，开展“婚育新风进万家”活动，全部社区居委会都设有计划生育宣传专栏，建立公园生育文化广场、计生宣传路牌、生殖健康几何体宣传橱窗、“关爱女孩”雕塑等，形成固定的宣传阵地。天河区及21个街道的婚育学校，全部被评为省“甲级婚育学校”。开展摄影展、“关爱女孩行动”知识竞赛、生殖健康咨询、观看计划生育电影，举办“男性生殖健康”、“世界人口日”、“艾滋病防治”等专题宣传教育活动，并将宣传阵地前移至婚姻登记处，使每位新婚夫妇受到计划生育权利和义务以及优生、优育等方面的先行教育。

【计生信息化建设】2010年，全区所有居委、街道与区计生局、市计生局实现四级互联，建立流动人口计生管理系统，并定期与国家PADIS系统进行相关信息的协查和反馈。区计生管理系统完成与区出租屋流动人员管理系统、民政新婚人员管理系统的对接工作，形成三部门信息共享。

（区计生局）

旅　游

【综述】2010年，天河区接待游客4410760人次，接待入境旅游者693963人次，其中接待外国游客441815人次，占全市的15.01%。旅游业总收入303亿元。旅游业增加值111.5亿元，增长36.8%，占全区生产总值的6.08%。

【旅游资源和产品】天河区有丰富且具特色的旅游资源，都市观光、时尚购物、生态科普和休闲健身成为特色和亮点，东站水景瀑布（天河飘绢）、天河城、正佳广场、华南植物园、天河公园、羊城晚报印务中心和花城广场等成为“广州一日游”的重点去处。随着花城广场、广东省博物馆、广州大剧院等大型项目的开放，火炉山森林公园建设步伐的加快，天河都市及生态旅游更具魅力。

【天河区旅行社】2010年，天河区内有31家旅行社。区旅游局完成对辖内4家旅行社分社和65家旅行社门市部的备案登记工作。

2010年天河区辖内各旅行社表

旅行社名称	类别	地　　址	电　话
广东省国际体育旅游公司	国际	广州大道中408号2楼	87750915
广东绿色国际旅行社	国际	燕岭路29号燕岭大厦一、二层	37232028
广东自游商旅国际旅行服务有限公司	国际	林和西路1号广州国际贸易中心7楼	38783588
广东中妇旅国际旅行社有限责任公司	国际	珠江新城华穗路263号双城国际大厦东塔19楼1901～1905室	38868160
胜景旅游（广东）有限公司	国际	林和西路161号中泰国际广场A1102单元	38816832
广州华龄美老年国际旅行社有限公司	国际	广园东路1933号华龄美大酒店4楼	87252561
广州携程旅行社有限公司	国际	体育东路114号1703房	83936393
广州市良辰美景旅行社有限公司	国际	天河路353～365号天俊阁206房	38800805-200
广州春之旅旅行社有限公司	国内	天河路47号	37604925 37602647
广州马会旅行社	国内	黄埔大道西668号（广州赛马场内）	87539822
广州红树林旅行社有限公司	国内	车陂路70号悦华酒店512A	33892955
广州领前旅行社有限公司	国内	暂迁至区庄44号之一首层	37589005
广州国龙旅行社有限公司	国内	中山大道138号广运楼8楼	38768261
广州双湖旅行社	国内	华景路165号221铺	87570870
广州风尚旅行社有限公司	国内	燕岭路140号华资大厦5楼	37206818
广东天天假期旅行社有限公司	国内	体育西路133号天河大厦3704-3705房	38819327
广州京奥旅行社有限公司	国内	天河北路28号时代广场首层105c	38910993
广州正佳旅行社有限公司	国内	天河路228号正佳广场南一号门1楼	38330298
广州自由人旅行社有限公司	国内	体育西路189号城建大厦三楼366室	86000599

（续上表）

旅行社名称	类别	地　　址	电　话
广州风行旅行社有限公司	国内	体育西路育蕾二街4号104房	85599913
广州成功之路旅行社有限公司	国内	天河路天河直街55号4A	38868160
广州金鹤旅行社有限公司	国内	林和东路侨村街34号中旅商务大厦西塔2802房	87515460
广州易网通旅行社有限公司	国内	体育西路111号建和中心29楼	38795523
广州市珑腾旅行社有限公司	国内	广州市燕岭路89号2212室	87723808
穗通旅行社有限公司	国内	中山大道38号1002房	62861558
广州泛海旅行社有限公司	国内	广州大道中611号嘉诚国际公寓917房	37598313
广州市蓝岸旅行社有限公司	国内	天府路157号隽悦园325A	38103103
广州市天涯旅行社有限公司	国内	五山路261号9号楼A101之四	37221092
佳天美（广州）国际旅行社有限公司	国内	林和西路9号923–924房	38103181
翠明假期（广东）旅行社有限公司	国内	天河路351号广东经贸大厦2701单元三19号房	
广东华侨友谊旅行社有限公司	国内	广州大道中900号金穗大厦28楼C	38846704
广州市天南地北旅行社有限公司	国内	林和中路150号1805房	38841044
广州百众旅行社有限公司	国内	广州大道北路瑞兴街时代花生雅苑A1–A3	37206818
广州佰信旅行社有限公司	国内	车陂路95号之311房	38204936
广州携旅旅行社有限公司	国内	黄埔大道西45号2楼202、203室	62815920

【天河星级酒店】 2010年，天河区住宿餐饮业营业额达100.83亿元，比上年增长22%；拥有各类挂牌星级酒店50家。其中，五星级标准酒店5家，分别是广州建国酒店、嘉逸国际酒店、海航威斯汀酒店、富力君悦酒店、丽思·卡尔顿酒店。四星级酒店9家、三星级30家、二星级6家，按高星级标准建成营业的酒店4家，10家酒店正在按照五星级标准规划建设。天河区共有正式挂牌的餐饮企业4000多家，拥有13家国家级（五钻）酒家，28家广州“百佳”餐饮企业。

【区综合公园简介】 天河区有两个综合公园：天河公园和珠江公园。

·天河公园· 位于员村，西靠天府路，南连黄埔大道，北接中山大道，交通便利。公园总面积为70.7公顷。其中水体面积占10公顷，是广州市最大的区属综合性公园。公园的历史始于1929年的石牌林场，1933年为纪念孙中山先生，曾易名为中山公园，1957年后改为森林公园、东郊公园，1997年1月1日起正式定名为天河公园。

公园以自然生态景观为主要特色，规划分为五个功能区：百花园景区、文体娱乐区、老人活动区、森林休憩区、后勤管理区。公园环境舒适，草坪舒展，山丘起伏，林木苍翠，湖波粼粼，自然清新。南北大门景区气势宏伟，门前广场横跨宽度达100米，建筑风格独特，植物色彩配置艳丽，布置紧凑，颇有现代公园气派。最为壮观的南门中轴广场，两侧种植风景林，配置各类棕榈植物，衬托着中央的立体八角花坛，充满岭南园林的气息。白鸽广场群鸽空中飞翔，自由自在，无拘无束，象征着和平和希望。园内更有极具岭南特色、清雅晖盈的园林精品——“粤晖园”，它坐落在绿柳环抱、秀色怡人的柳湖湖畔，更与欢跃嬉戏的湖中锦鲤相映成趣。精巧秀丽的“粤秀园”建在风光如画、具有“水中琪林”之称的翠湖旁，使湖色幽美的翠湖成为人们写生、摄影、休闲的好地方。占地8万平方米的百花园景区，内含茶花园、杜鹃园、紫薇园等园，以植物造景为主，层次分明，色彩丰富。种植超过上百个竹品种的翠竹园分布在公园的东北面。

还有湖中的湖心亭、圆形的重檐亭、临水的表演广场，在公园的湖光山色中尽显风骚。吉它型的博艺馆，常年展出奇石、根雕、花卉、盆景、书画等艺术展品，丰富市民的文化生活。肃穆的邓世昌衣冠冢，成为青少年爱国主义教育基地，具有深远的教育意义。园内还附设有休闲游艇、垂钓、开心碰碰车、欢乐碰碰船、刺激高卡车、极地冰雪赛车、森林狩猎、儿童乐园、动物乐园、游泳池、网球场、足球场、餐饮、小卖部等各种有益身心健康的娱乐服务设施，公园全年都积极举办一些大型的主题活动，吸引数百万中外游客前来参观、游览。

随着公园规划建设的发展，不断完善的规范管理，一个生态优美、设施完善、服务一流的天河公园将迎来更多的市民和游客。

·珠江公园· 位于珠江新城东侧，占地28.3公顷，是一个集观赏、游憩、科普和休闲于一体的市级公园。于2000年9月起正式对外开放。

公园以植物造景为主，环境优美，格调幽雅，极具岭南园林特色，通过山、湖、石，形成层次丰富的自然空间。公园分为风景林区、荫生植物区、“快绿湖”区、园博区、桂花园、木兰园、白花园、棕榈园等8个主要景区。各区绿化种植多采用科属群落配置，聚散有致，层次分明，绿草如茵，繁花似锦。

【区主要森林公园简介】 参见林业【区主要森林公园简介】

【区专业公园简介】 天河区有两个专业公园：华南植物园和广东树木公园。

·华南植物园· 位于天源路1190号，是集科普、科教、游览等功能于一体的综合性植物园。始建于1956年。

植物园占地300公顷，试验和栽培各类植物1万余种。园中以热带、亚热带植物为特色，遵循“师法自然”的中国传统园林美学思想以及根据植物的生物学、生态学特性，建有棕榈园、孑遗植物区、兰园、药园、苏铁园、凤梨园、木兰园、竹园、姜园、等20多个各具特色的专类园，被誉为永不落幕的“万国奇树博览会”。其中“龙洞琪林”曾被评为“羊城新八景”之一和“广州十佳旅游景点”，是“岭南园林文化游”景点之一。园内还有一些国家元首及领导人亲手种植的珍贵植物，如新加坡总理李光耀来园时亲手种下的海南红豆、泰国诗琳通公主亲植的诗琳通木兰、柬埔寨国王西哈努克亲王、莫尼卡公主亲植的无忧树、朱德元帅和叶剑英元帅种下的青梅树和木棉树等。园内珍贵的历史人文景观有小青山飞鹅岭新石器时代“广州第一村”遗址、南宋抗元名将文天祥的老师朱澄的古墓。此外，园内还建有科普馆、讲座室、餐厅、园林式小宾馆等科普旅游服务设施，并开设有科普导游、科技夏令营、彩弹野战射击、旅游自行车、定向越野、拓展训练等一系列旅游项目。

植物园先后被国家、广东省、广州市和天河区有关部门授予全国科普教育基地、全国青少年科技教育基地、森林生态旅游示范基地、广东省环境保护教育基地、广东省直属机关青年科普教育基地、广东省植物学科学普及基地、广州市环境保护教育基地等12个教育基地称号。2009年被正式授予国家“AAAA级旅游景区”。

·广东树木公园· 位于龙眼洞省林业科学研究院内，并隶属于该院。占地面积18.75公顷。公园始建于50年代末的省林科所树木标本园，1998年正式建为广东树木公园。

公园收集的树木品种多达1100种，其中国家级保护树种56种。1995年，被国务院发展研究中心市场经济研究所及省人民政府社会经济发展研究中心评为全省收集树种最多的树木园，并被授予“广东之最”的称号。

园内有树木标本区、珍贵速生树种区、竹子实验林区、文体娱乐区、木兰区、水景区、森林博物馆、胡汉民别墅等，是集旅游、休憩、科研、教学为一体的科普公园。

【区果木公园简介】 天河区有两个果木公园：杨桃公园和橄榄公园。

·杨桃公园· 位于天河前进村范围内，占地约20公顷，于1997年6月正式对外开放。

公园盛产杨桃已有100多年历史。园内杨桃连片成林，间种有荔枝、龙眼、番石榴等果树，环境清新幽雅。游人可在园内采果、垂钓、烧烤，是集农业观光与旅游于一体的村属生态公园。

·橄榄公园· 位于天河吉山村珠吉路终端，占地28.2公顷。1998年建成并对外开放。

公园由3个品字形的小山头组成，以种植橄榄树为主，还有杨桃、龙眼、荔枝等果树。园内亭台布局别致，还有一眼几百年未间断的山泉——吉山泉。橄榄公园是区内一所集农业观光、休闲度假、品果与游乐于一体的村属公园。

【区辖内其他景点简介】 天河区辖内其他景点有：火车东站水景瀑布、中信广场、十九路军淞沪抗日阵亡将士陵园、广州气象卫星地面站、红线女艺术中心、广东奥林匹克体育中心、天河体育中心、正佳广场、天河城广场、广州购书中心、羊城晚报印务中心、毛主席视察棠下纪念馆和刘氏家庙。

·火车东站水景瀑布· 位于广州新城市中轴线的北段，广州火车东站中心绿化广场与高平台广场之间，紧邻市中心。是广州市具有标志性意义的现代化城市景观，2002年入选“新世纪羊城八景”。由东站水景瀑布、外广场和内广场构成，于2001年7月建成。以长89米、高8米的玻璃墙为水景瀑布的依托，流水从9米高的平台溢出，在各色灯光变幻下映照下变得五光十色，壮丽恢弘。东站水景瀑布是每小时流量约9000吨的大型人工瀑布，又称“广州黄果树”。城市绿化广场面积在国内名列第三，这里有古色古香的南越王墓制式花坛、各种岭南花卉、主题为“情流花城”的大型雕塑和水景瀑布，体现出广州现代化国际都市的风采。

·中信广场· 位于天河北路，是目前广州新城市中轴线上最高层的标志性建筑。广场占地面积23127平方米，总建筑面积321823平方米，由一幢80层（高391米）的商业大楼和两幢38层的酒店式公寓组成，是一座集写字楼、公寓、商场、会所于一体的甲级综合智能型大厦，被列入全球十甲高层写字楼。其外形的粗犷、强烈、大胆设计并配合时代和科技，形成一个形象鲜明的功能主义建筑群。从中信广场48楼向北望，依次是广州东站、东站广场、二楼天台花园、东站广场水景瀑布、绿化广场，向南望，依次是体育中心、天河城、珠江新城，直到珠江岸边，广州新中轴线清晰可见。每到夜晚，中信广场灯火辉煌，美丽的夜景也让游人流连忘返，会有一种置身于国际大都会的切身感受。

·十九路军淞沪抗日阵亡将士陵园· 位于水荫路，地处广州市的中心地带，1933年由华侨捐资建成，是为纪念国民革命军第十九路军1932年“一·二八”淞沪抗日阵亡将士而建。陵园是一座富有古罗马建筑风格的纪念性公园，系国家3A级景区、全国爱国主义教育基地、全国重点烈士纪念建筑物保护单位、广东省重点文物保护单位。

陵园现占地面积62120平方米，园内有凯旋门、先烈纪念碑、英烈题名碑、抗日亭、将士墓、战士墓、先烈纪念馆七处烈士纪念建筑物。整座陵园建筑规模宏伟，布局严谨，造型庄重典雅，主体建筑均用花岗石砌成，纪念建筑物上完好保存有民国时期李济深、林森、宋子文、胡汉民、陈铭、吴佩孚、蒋光鼐、蔡廷锴、戴戟等知名人士题词。从1991年起用了10年时间，分3期工程整治和修复陵园。目前，陵园已成为广州市集教育、游览和休闲的综合性纪念公园，每到清明时节，杜鹃花开，陵园的标志性建筑物纪念碑在山花烂漫中，加上中轴线两旁规整式的对称布局，更衬托出雄伟壮观之势，使陵园美不胜收。

·广州气象卫星地面站· 位于五山街东莞庄路280号，华南理工大学北门。距天河体育中心5公里。华南快速干线广汕路出口左转500米，地铁天河客运站出口300米。2001年向社会开放。系国家3A级景区、全国青少年科技教育基地、广东省、广州市科普教育基地。

卫星地面站占地近100亩，是我国目前仅有的三个气象卫星地面站之一，它与国家卫星气象中心、北京站地面站、乌鲁木齐地面站组成我国气象卫星地面应用系统，担负多种卫星信息接收、转发、应用。同时，也是广州市唯一的气象观测台。景区优美的生态环境与各种卫星天线及建筑物完美结合，形成一道独特的风景线，高科技与常规两种探测大气变化的方式，更加吸引海内外各界人士前来参观。景区主要参观点有：卫星接收机房、科普馆、卫星馆、观测场、多媒体演播室、天线群等。在这里，可零距离接触到我国自行研制的气象卫星实体，直接观看卫星信息的接收过程，了解卫星信息在各领域的应用，近距离了解气象仪器对气象要数的采集，在这里，可以轻易地查找到广州、深圳、珠海三市几十年的原始气象数据，看看天气预报的制作并亲自尝试做一次预报员。景区内大片的果林里，有卫星天线，有运动器械，有休息场地，游客在这里既可以参观和学习，了解各种知识，又可以进行有氧运动和休息，是城市区内一个理想的参观、学习、休息场地。是广州经典一日游景点之一。

·红线女艺术中心· 位于珠江新城北侧，是广州市人民政府为表彰红线女对中华优秀文化艺术的卓越贡献而投资兴建的，建筑面积达4000多平方米。中心是一座以展览厅、实验小剧场为主体的综合性、多功能现代艺术建筑物，是收藏、展览、展演红线女艺术成果、开展国内外艺术交流和学术探讨、培训人才的专门场所。艺术中心还设资料库，录音、录像室，会议室，餐厅，招待所等配套工程。是广州文化建设的一个独具一格的景点。

·正佳广场· 位于天河路228号，于2005年1月开业。投资人民币40亿，总建筑面积42万平方米，拥有1600个海量地下停车位。是当今中国最大的完全贯彻“体验式消费”模式，集零售、休闲、娱乐、餐饮、会展、康体、旅游及商务于一体的现代化购物中心。与拉斯维加斯、纽约第五街、东京银座并肩媲美，是当今世界第五、亚洲第一的现代购物中心典范。

广场严格按照餐饮18%、娱乐30%、零售52%的黄金比例安排商业布局，缔造了正佳广场独步中国的体验式购物形态。上千家国际国内知名品牌同场热卖，主力店包括广州高档百货巨头友谊商店、百佳亚洲旗舰超市、季后风名牌折扣店、永乐生活家电、护理专家屈臣氏、万宁旗舰店、龙粤数码、中国最大的室内游乐城哇哇游乐城、五星级飞扬国际影城、冰河湾真冰溜冰场及开心果玩具城等。

娱乐和美食是广场最著名的特色之一。面积近3万平方米的主题餐饮店是正佳广场的一道独特风景，由至尊海南菜大椰丰饭、台湾金本涮涮锅、拉斯维加斯式自助餐厅、广州拉丁餐厅、原味法国咖哩食尚引、首家京川沪主题餐厅尚苑、以及必胜客、肯德基、麦当劳、星巴克、哈根达斯、亲泰洋美食广场等20多家餐饮知名商家联手打造。而哇哇娱乐王国，更是令人流连忘返、乐不思蜀。

设在广场东南门三楼的广州名、优、特商品专柜，是市政府指定的试点单位，内有广彩、广绣、榄雕、羊城八景微雕等广州特色商品。

·天河城广场· 位于天河路208号，是一座规模宏大、功能齐全的现代型综合购物中心，被誉为“中国第一商城”。广场将由7层的购物中心、49层的高级写字楼和39层的豪华酒店三幢建筑物组合而成。购物中心建筑面积16万平方米，营业面积10万平方米，北面露天广场面积3000多平方米。天河城集购物、美食、娱乐、休闲、商务等多功能于一体，名副其实地“把北京路搬进天河城”，在广州开创一种全新的消费概念，成为广州现代商业的标志和市民、游客购物观光休闲的首选场所。“购物休闲新感受，尽在天河城广场”——各种品牌商品荟萃，五星级的电影院，中外名牌专卖店，时尚家居，精品电器行，书香的文化廊，美食坊和酒楼，天梦宫游戏机中心和奇趣城……无限的风情和浪漫，构成一幅斑斓美丽的都市时尚购物和休闲画卷，凸现都市现代商业的繁荣，成为“我的广州生活”中不可缺少的一部分，也成为市民、游客购物休闲与观光的新景点。

·花城广场· 广州城市新中轴线广场正式命名“花城广场”，位于黄埔大道以南、华夏路以东、冼村路以西、临江大道以北，广场最宽处250米，总面积约56万平方米，是人民公园面积的8～10倍。周边规划建有39幢建筑，其中，少年宫、大剧院、图书馆、博物馆等已建成。

花城广场景点包括：

广州大剧院由世界著名设计师扎哈·哈迪德（英国）主持设计，位于珠江新城J4地块。其外形如“圆润双砾”，就像置于平缓山丘上的两块砾石，在珠江边显得十分特别。由于采用钢–钢砼混合结构，用钢量将超过12000吨（未考虑深化设计时增加的各类节点板、支座板及辅助构件），相当于中国国家大剧院穹顶用钢量6750吨的两倍。

广州大剧院

广东省博物馆位于广州市珠江新城的新城区中心文化艺术广场新馆环境：新馆址西面是广州大歌剧院和广州市第二少年宫，北与广州图书馆新馆相邻，南濒秀丽的珠江，隔江与海心沙旅游公园相望。环境优美，交通可达性好。四座文化设施并列于广州新城市中轴线上，与中央林荫大道、滨江绿化带共同形成广州文化艺术广场，构成广州市一道亮丽的风景线。

广东省博物馆

广州国际金融中心主塔楼地上103层，地下4层，是华南地区第一高楼。整个项目包括有3.5万平方米的商业、7万多平方米的酒店、5万多平方米的公寓和18万平方米的写字楼。广州国际金融中心集办公、酒店、休闲娱乐为一体，矗立在广州新城市中轴线上，建成后成为展示广州城市新形象的地标建筑。其建筑特色是依中轴线而生，临珠江而立。楼高103层，身长440米，鹤立于CBD最核心的商务区。广州国际金融中心的设计方案，其设计意念为“通透水晶”，建筑结构采用钢管混凝土巨型斜交网格外筒与钢筋混凝土剪力墙内筒的结构体系，在世界超高层建筑中是唯一的一例。

广州国际金融中心

这座名为“广州国际金融中心”的大厦，人们更愿意唤它的昵称“西塔”。她修长而通透的水晶之身为广州这座有2200年历史的岭南老城嵌入更多时尚的元素。她不光是这个城市里夺目的风景，她还是被寄予了整个城市金融业希望的图腾。

·广州购书中心· 位于天河路123号，被誉为“神州第一书城”。中心占地5475平方米，总建筑面积2.4万平方米，总营业面积1.5万平方米。中心特色的外观、优雅的环境和现代化设备和服务，堪称是南中国一座文化大殿堂。中心常年图书备货品种10余万种，其它音像制品、文化用品品种3万多种。配备先进的电脑图书管理系统、中央空调、电动扶梯以及写字楼、展览厅、多功能会议厅、快餐厅等服务设施，是广州市“跨世纪的文化工程”及“广州城市一景”。

·羊城晚报印务中心· 位于黄埔大道413号，于2001年11月建成，是一个集印刷科技博览、报业文化博览、园林艺术博览于一体的报业文化科普基地。该印刷中心是亚洲最大的、最先进的报纸数码印刷基地，也是广州市和全国工业旅游示范点。印务中心占地近6万平方米，首期建设投资5亿元，中心配置CTP直接制版系统、数码无轴印刷系统、报纸自动分发系统等先进设备系统，印力达到240万对开张/小时，平均日产报纸1000多万对开张，生产的报纸特别是彩色报纸的印刷质量得到全国同行的公认。

印务中心内建有读者林、小桥、流水、荷塘、中心草坪等园林景观，绿化面积近3万平方米。主要参观点有印刷机组微缩模型、中外报纸展览、小读者手抄报展览、大型全数码的报纸实时印刷流程、报纸自动分发系统、全智能供纸系统。印务中心是一个融生产、参观、休闲、体验于一体的报业园林区。在此，游客可以亲身体会当今世界先进的报纸印刷流程，了解报纸的生产秘密。

·毛主席视察棠下纪念馆· 位于天河棠下达善大街，原来是一间祖祠，作为当时农业合作社办公室接待过毛主席视察，近年修复而成。50年代，棠下村响应党的号召，成立棠下农业生产合作队，大搞农田基本建设，兴修水利，扩大耕地面积，发展农业、畜牧业、渔业，喜获丰收。棠下农业社被国家农业部授予“爱国丰产奖”奖状。在这一背景下，1958年4月30日，毛主席在省市领导的陪同下，来到天河棠下，视察合作社的试验田，亲切接见当地干部群众，成为当时最值得自豪的大事件，影响深远。为纪念这一历史事件，近几年，区政府投入资金在毛主席视察棠下农业生产合作社旧址，按当年视察的原貌布展，并改名为“毛主席视察棠下纪念馆”。馆内按原样布置20多件实物，重现当年的情形，还增加40多幅珍贵历史照片。纪念馆是广州市文物保护单位，也成为天河人文史迹的一个重要景点。

·刘氏家庙· 位于沙河大洲地2号。由清末抗法、抗日名将刘永福主持建造，庙坐北朝南，分前后2进，左中右3路，砖木结构，用长条花岗石为墙基，高出地面约1米后再砌青砖墙，硬山顶。庙的中路前后座间有天井，两旁有廊，前座为头门，基本保存，但两侧石砌的包台已改建成房间。门顶有一石额，上书“刘氏家庙”4个楷书大字。前后金柱保存有两副对联，其一是：“尚书恩泽，学士词章，英世犹存留佳话；星岫云环，沙河水绕，此间宜有夏声来。”刘永福同时所撰一联为：“策马从南越归来，构数椽用妥先灵，敢说声威流穗石；整旅入神京捍卫，把两遍贻同姓，合存忠孝耀彭城”。上联叙述建庙奉祀黑旗军阵亡将士，使其英雄业绩永垂广州史册，下联勉励众将士继续为保家卫国贡献力量。为纪念这位抗法、抗日的民族英雄，今沙河除刘氏家庙外，还有永福村、永福路。在1937年抗日战争前夕在黑旗军原驻地建造的刘义亭，至今犹存华南理工大学内。

（区经贸局供稿）

公共交通

·火车东站地区管理

【火车东站地区简介】 建于民国29年（1940年），位于林和东路，为广九铁路货运站，原名天河站。因位于天河机场的北面，故名。建国后，多次扩建。1988年4月，改名广深铁路广州东站，因位于流花路广州火车站的东面而得名，为客货运站。

1996年，广州火车东站重建后启用，经过多年建设和改造，广州火车东站成为当时国内规模第二、现代化程度最高的火车站，拥有20条股道，旅客站台5座。东站除发出广州至深圳和至香港九龙的直通旅客列车外，还开通多条通往全国各地的长途列车。东站包括站前广场、客运楼、塔楼（候建）、站场四部分。站前广场由高架人行广场、机动车层及地下三层（含停车场、商场等）组成。客运楼总建筑面积11.4万平方米，货场面积11.3万平方米。站场配套设施包括面积4.7万平方米的绿化广场、地铁站、广州市最大的室内公共汽车站、二层旅客进出站绿化广场、大型人工瀑布（羊城新八景之——天河飘绢）等。

广州火车东站其交通网络完善，东站出口处的南端是东站公交站场，有20多条公交线路到市区，并有多条线路开往或经过广州市客运站、天河客运站、黄埔客运站、窖口客运站、海珠客运站、番禺客运站和夏茅客运站。火车东站出站地下是地铁，有一号线和三号线，分别可直达芳村西朗和番禺广场。火车东站的北面是东站长途客运站，现已开通深圳、佛山、清远、东莞等地的班车，同时视客源和客流情况开通其他地方的班车，旅客可随时到东站长途客运站售票大厅了解发车的信息。

广州火车东站地区是广州市乃至广东省连接省内外特别是港澳地区的交通枢纽，也是广州市接送涉外人员最多的“窗口”地区之一，每年接送涉外人员达200多万人次。2010年，广州火车东站每天到发110列对，平均客流量逾8万人，加上地铁、公交乘客和“天河飘绢”景点的游客，每天进出东站地区的客流量超过10万人。

【完成春运任务】 2010年春运时间（1月30日至3月10日，历时40天），广州火车东站发送到达旅客625万人次，与上年同期相比减少6万人次，降低1%（其中发送旅客271万人次，同比减少5%；到达旅客353万人次，同比增长2%），2月6日（农历廿三），春运铁路发送旅客单日客流量122394人次，与上年同期相比减少11.1%，东站长途客运站发送旅客75万人次，与上年同期相比增长17%。

春运期间，东站地区管委办联系东站地区旅客运输实际情况和所处环境及条件，做好运力安排和物资准备，完善各种工作方案和应急预案，工作人员全天候不间断轮值巡查。开通“天河飘绢”临时便道，增加旅客候乘空间。火车站、公安、交通、城管、环卫、卫生、建设等部门春运工作职责进行具体划分。是年春运，广州火车东站首次实行火车票实名制。火车东站专门设置58个验证检票口和8台行李安检机，解决实名制后进站拥堵的问题，并设立4个公安临时制证点。协调区卫生局在东站开设便民医疗点，昼夜为过往旅客免费看病456人次。协调区环卫局在二楼高架广场、临时候车区投放30个流动厕所免费供旅客使用。东站管委办在多处地方设立免费饮水点，为旅客提供冷热饮水，并准备2万件雨衣应对恶劣天气。区公安分局准备400个水马，对旅客进行分块管理和引导。春运40天未发生治安刑事时间和其他事故。

协调区卫生监督所和铁路卫生监督所保障旅客饮食健康，专门派出卫监人员清理3家无牌无证经营饮食店。协调区环保局环保执法大队人员检查多家大排档，督促做好油烟排放。协调天河交警大队增派交通协管员45名维护交通秩序，确保东站地区交通有序、道路畅通。区城管分局东站城管中队和东站管委办在春运工作中加大对东站地区的巡查和夜间整治，杜绝站场地区乱摆卖现象，打击走鬼和“六乱”现象。

【站场管理】2010年，东站管委办根据东站地区位于广州窗口地区、客流庞大、人员复杂的特点，做好沟通协调工作，尤其是在清明节、“五一”、“十一”和春交会期间等重要时段，加大对站场地区管理力度，联合有关管理部门有针对性的对拉包拉客、流浪乞讨、无证照相等行为进行清理。是年，东站地区治安良好，交通顺畅，市容整洁，无重大刑事案件和责任事故发生。

【东站创文】2010年，东站地区作为亚运会的重要口岸地区，按照市政府的统一部署，东站二层高架平台及东站站前路等处进行亚运改造工程。东站管委会多次与中铁建工集团、中铁三局、市建二公司、市城建总中轴公司、黄埔建总等施工单位联系，了解施工情况，协调有关方面，解决存在问题。在“天幕”工程和二层高架平台施工过程中，都遇到施工用电问题，管委会及时与铁路部门和“天汇城”有限公司联系，解决施工用电难题；在打通连接广园东路与林和西路的道路施工过程中，由于施工单位对地下管线不熟，几次造成挖断管线、断水断电情况，管委会及时协调相关单位，迅速修复损坏管线。

在改造前期，东站管委会与亚运组委会、市建委及市有关部门联系，协商改造方案，提出合理化建议：针对“天幕”设计方案中防风、雨水收集排放等细节方面多次提出建议，使建成后的“天幕”玻璃雨篷更加美观、实用；根据东站地区春运工作实际，力主二层高架平台由原设计中断开改为分别由两条8米连廊、两条18米连廊组成，方便春运期间候车旅客进入东站和旅客候车秩序的组织指挥；建议二层高架平台由种植高大红棉树改为种植其他树种，避免因树根土层不够厚在台风季节而产生倒塌等现象的发生；南广场多留空地，方便市民平时休闲和春运期间作为候车旅客排队缓冲区。

（潘邦政）

·公共交通线路

【城市快速公共交通系统】广州快速公共交通系统西起天河体育中心，东至黄埔夏园，简称GBRT（Guangzhou Bus Rapid Transit）。BRT是快速公交系统（Bus Rapid Transit）的简称，它是利用现代化公交技术配合智能交通和运营管理，开辟公交专用道路和建造新式公交车站，实现轨道交通运营服务，达到轻轨服务水准的一种独特的城市客运系统。

GBRT试验线西起天河体育中心，东至黄埔夏园，共设26个BRT站点。包括体育中心、石牌桥、岗顶、师大暨大、华景新城、上社、学院、棠下村、棠东、天朗明居、车陂、东圃镇、黄村、珠村、莲溪、茅岗、珠江村、下沙、乌冲、黄埔客运站、双岗、沙浦、南海神庙、庙头、南湾及夏园站。其中，岗顶站和师大暨大站是世界上最长的BRT站点。

BRT公交线路：

B1：夏园—体育中心，全线走BRT通道（BRT摆渡线），共设26个站。

B1快：夏园—体育中心，全线走BRT通道（BRT摆渡线），共设16个站。

BRT专线（单向行驶）：棠东牌坊—体育中心，从上社站进BRT通道，从体育中心站出，在BRT通道走5站。

B2：东圃总站—广州火车站，从东圃镇站进BRT通道，从体育中心站出，在BRT通道走12站；回程从体育中心站进BRT通道，从车陂站出，在BRT通道走11站。

B2A：汇彩路—广州火车站，从体育中心站进BRT通道，从黄村站出，在BRT通道走13站。

B3：罗冲围—东圃客运站，从体育中心站进BRT通道，从黄村站出，在BRT通道走13站。

B3A（单向行驶）：罗冲围—棠东，从体育中心站进BRT通道，从棠东站出，在BRT通道走9站。

B3B（单向行驶）：罗冲围—上社，从体育中心站进BRT通道，从上社站出，在BRT通道走7站。

B3C（单向行驶）：东圃客运站—和平新村，从黄村站进BRT通道，从体育中心站出，在BRT通道走13站。

B4：广仁路—小新塘（国家软件产业基地），从体育中心站进BRT通道，从东圃镇站出，在BRT通道走12站，回程从车陂站进BRT通道，从体育中心站出，在BRT通道走11站。

B4A：广卫路—科学城（天泰二路），从体育中心站进BRT通道，从东圃镇站出，在BRT走12站，回程从车陂站进BRT通道，从体育中心站出，在BRT通道走11站。

B4B：体育中心—沐陂村，从石牌桥站进BRT通道，从东圃镇站出，在BRT走11站，回程从车陂站进BRT通道，从体育中心站出，在BRT通道走9站。

B4快（单向行驶）：广卫路—小新塘（国家软件产业基地），从石牌桥站进BRT通道，从体育中心站出，在BRT通道走2站。

B5：宝岗大道—黄埔港，从体育中心站进BRT通道，从茅岗站出，在BRT通道走16站；回程从珠江村站进BRT通道，从体育中心站出，在BRT通道走17站。

B5快（单向行驶）：黄埔港—宝岗大道，从珠江村站进BRT通道，从体育中心站出，在BRT通道走14站。

B5高短（单向行驶）：体育中心—车陂，从体育中心站进BRT通道，从车陂站出，在BRT走11站。

B6：汇彩路—同和路（蓝山花园），从黄村站进BRT通道，从体育中心站出，在BRT通道走13站。

B6快：汇彩路—同和路（蓝山花园），从黄村站进BRT通道，从棠下村站出，在BRT通道走6站。

B7：东圃客运站—海珠客运站，从黄村站进BRT通道，从棠下村站出，在BRT通道走6站。

B7快：东圃客运站—海珠客运站，从黄村站进BRT通道，从棠下村站出，在BRT通道走6站。

B8：棠下小区—宝岗大道，从棠东站进BRT通道，从上社站出，在BRT通道走4站。

B9：华景新城—珠江南景园，从师大暨大站进BRT通道，从体育中心站出，在BRT通道走4站。

B10：岑村教练场—广州火车站，从岗顶站进BRT通道，从体育中心站出，在BRT通道走3站。

B10长：广州火车站—师大后门—科韵北路云溪路口，从岗顶站进BRT通道，从体育中心站出，在BRT通道走3站。

B11：员村（美林花园）—岑村火炉山森林公园，只在BRT通道走1站（华景新城站），回程不停BRT车站。

B12：车陂—天源路（华南植物园），从棠东站进BRT通道，从体育中心站出，在BRT通道走9站。

B13：华景新城—体育中心，从师大暨大站进BRT通道，从体育中心站出，在BRT通道走4站。

B14（单向行驶）：棠下小区（泰安北路）—体育中心，从石牌桥站进BRT通道，从体育中心站出，在BRT通道走2站。

B15：吉山村—锦城花园（东风东），从珠村站进BRT通道，从东圃镇站出，在BRT通道走3站，回程从东圃镇站进BRT通道，从黄村站出，在BRT通道走2站。

B16：黄埔体育中心—云台花园，从珠江村站进BRT通道，从师大暨大站出，在BRT通道走14站，回程从岗顶站进BRT通道，从珠江村站出，在BRT通道走15站。

B17：石化路—广州火车东站，从乌冲站进

BRT通道，从华景新城站出，在BRT通道走15站。

B18：东圃客运站—同泰路（颐和山庄），从黄村站进BRT通道，从东圃镇站出，在BRT通道走2站，回程从车陂站进BRT通道，从黄村站出，在BRT通道走3站。

B18快：东圃客运站—永泰路口，从黄村站进BRT通道，从东圃镇站出，在BRT通道走2站，回程从车陂站进BRT通道，从黄村站出，在BRT通道走3站。

B19：广州火车东站—杨桃公园（美林湖畔），从车陂站进BRT通道，从东圃镇站出，在BRT通道走2站；回程从黄村站进BRT通道，从东圃镇站出，在BRT通道走2站。

B20：吉山—广州火车东站，从珠村站进BRT通道，从师大暨大站出，在BRT通道走12站，回程从岗顶站进BRT通道，从黄村站出，在BRT通道走12站。

B21：棠下小区—革新路，从棠东站进BRT通道，从体育中心站出，在BRT通道走9站。

B21短：棠东—南方报社，从棠东站进BRT通道，从体育中心站出，在BRT通道走9站。

B22：科学城长安村—五羊新城，从车陂站进BRT通道，从棠下村站出，在BRT通道走4站，回程从棠下村站进BRT通道，从东圃镇站出，在BRT通道走5站。

B23（单向行驶）：东圃（黄村西路）—天河北路，只在BRT通道走1站（东圃镇站）。

B24：萝岗中心区—车陂，从珠江村站进BRT通道，从莲溪站出，在BRT通道走3站。

B25：体育中心—大学城（中部枢纽），从石牌桥站进BRT通道，从学院站出，在BRT通道走6站；回程从学院站进BRT通道，从体育中心站出，在BRT走7站。

B26：凌塘村—南岗，从黄村站进BRT通道，从夏园站出，在BRT通道走14站。

B27：体育中心—黄埔客运站，从石牌桥站进入BRT通道，从乌冲站出，在BRT通道走18站，回程从乌冲站进BRT通道，从体育中心站出，在BRT通道走19站。

B28：保税区（酒博城）—鱼珠，从夏园站进BRT通道，从乌冲站出，再重新进入BRT珠江村站，在BRT通道走9站。

B29：西基—奥林匹克体育中心，从夏园站进BRT通道，从黄埔客运站站出，在BRT通道走7站。

B29应急短线：南海神庙—丰乐北路，从南海神庙站进BRT通道，从黄埔客运站站出，在BRT通道走4站。

B30：康南路北—茅岗新村，从夏园站进BRT通道，从双岗站出，在BRT通道走6站，回程从黄埔客运站进BRT通道，从夏园站出，在BRT通道走7站。

B31：永和开发区—鱼珠，从夏园站进BRT通道，从双岗站出，在BRT通道走6站，回程从黄埔客运站进BRT通道，从夏园站出，在BRT通道走7站。

【地铁线路】2010年，经过或者始发、终点站在天河区辖内的地铁线有4条，分别是一号线、三号线、四号线和五号线。

一号线：共设16个站。广州东站—体育中心—体育西路（和三号线交汇）—杨箕（和五号线交汇）—东山口—烈士陵园—农讲所—公园前（和二号线交汇—西门口—陈家祠—长寿路—黄沙—芳村—花地湾—坑口—西朗（和广佛线交汇）。

三号线：包括一条主线和一条支线，共设24个站。其中主线设13个站：机场南—高增（未开通）—人和—龙归—嘉禾（和二号线交汇）—白云大道北—永泰—同和—京溪南方医院—梅花园—燕塘—广州东站（和一号线交汇）—林和西（可换乘APM线路）—体育西路（和一号线交汇）—珠江新城（和五号线交汇）—赤岗塔（可换乘APM线路）—客村（和八号线交汇）—大塘—沥滘—厦滘—大石—汉溪—市桥—番禺广场。支线设5个站：天河客运站—五山站—华师—岗顶—石牌桥。

四号线：共设18个站。黄村—车陂—车陂南（和五号线交汇）—万胜围（和八号线交汇）—官洲—大学城北—大学城南—新造—官桥（未开通）—石碁—海傍—低涌—东涌—庆盛（未开通）—黄阁汽车城—黄阁—蕉门—金洲。

五号线：共设24个站。文冲—大沙东—大沙地—鱼珠—三溪—东圃—车陂南（和四号线交汇）—科韵路—潭村—猎德—珠江新城（和三号线交汇）—五羊邨—杨箕（和一号线交汇）—动物园—

区庄—淘金—小北—广州火车站（和二号线交汇）—西村—西场—中山八—坦尾—滘口。（以上字体加粗的站点位于天河区内）

【广州珠江新城旅客自动输送系统（简称APM线）】2010年11月8日，广州珠江新城旅客自动输送系统（简称APM线）开通，这条无人驾驶地铁线连通广州塔、海心沙公园、天河体育中心等多个地标式建筑。APM线全长约4公里，地处广州城中轴线，穿过珠江，连接起广州北部的天河区和南部的海珠区。与其他地铁不同的是，这条线的列车只有两节车厢，没有驾驶室，列车的运行全部实现自动化控制。APM线连通广州CBD地带，经过中国第一高塔广州塔，穿越亚运开幕式表演地海心沙公园，从被称为“广州会客厅”的花城广场一直延伸到天河体育中心。APM线站点有：林和西（与三号线北延段换乘）—体育中心南—天河南—黄埔大道—妇儿中心—花城大道—歌剧院—海心沙—赤岗塔（与三号线主线换乘）。从林和西站坐到歌剧院，全程共经过7个站，仅用时约8分钟，平均过一个站只需1分钟左右。（以上字体加粗的站点位于天河区内）

广州地铁线路图

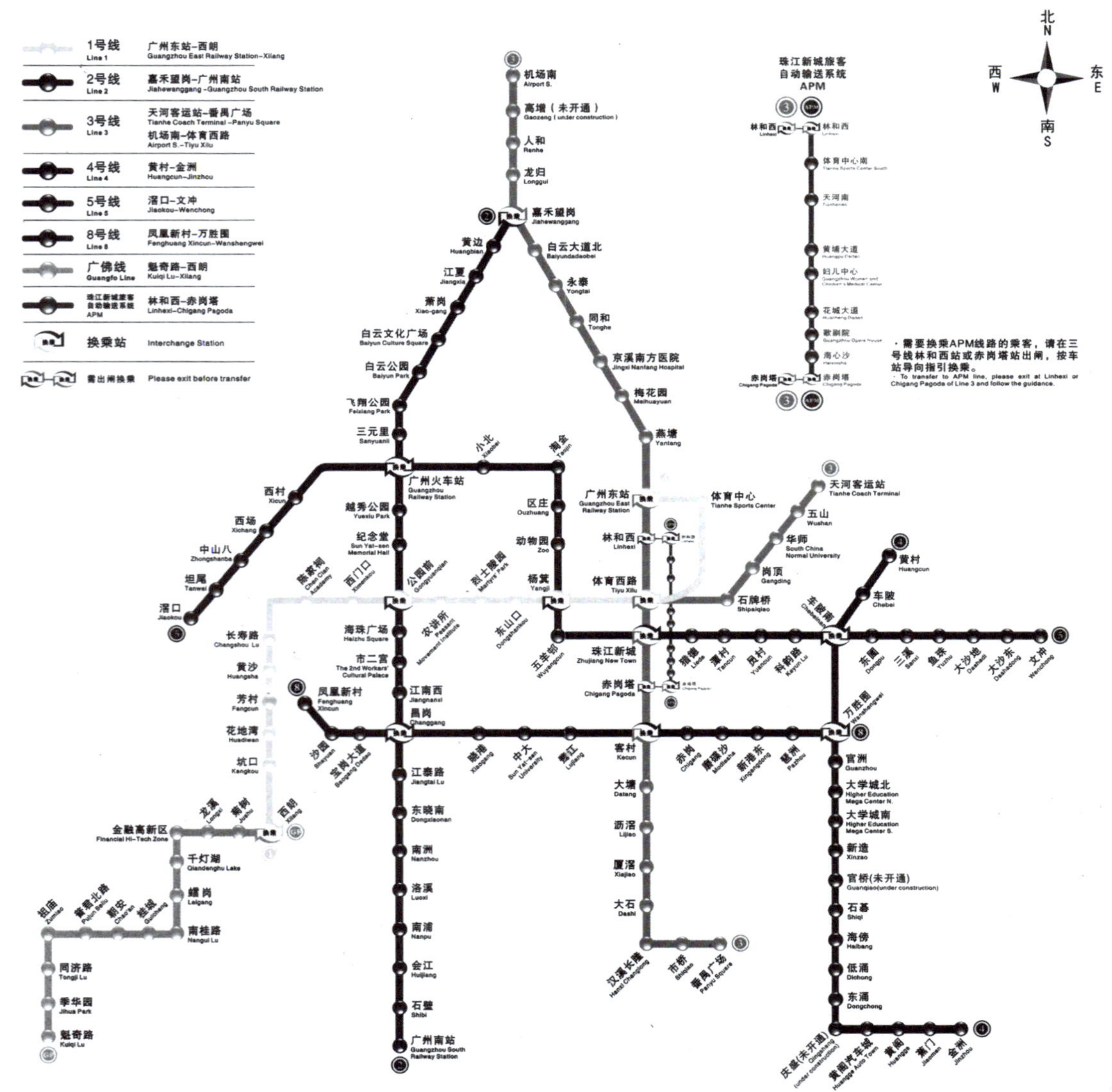

（区地方志办供稿）

2011

行政街

沙河街

【概况】沙河街建于1950年7月，由广州市白云区沙东乡的沙河大街地区组成，因辖内有沙河大街、沙河墟以及流经该地区的沙河涌而得名。沙河街位于广州市东北面：东起广州大道北禺东西路、西至内环路沙河段，南起水荫横路与越秀区东风公园相邻、北至广深铁路沙河段，是广州市四大公路出口之一。2010年，街下辖7个社区居委会：西街、左竹园、濂泉西、先烈东横路、新一街、永福正街、水荫四横路社区居委会。全街面积1.26平方公里，总人口50673人，户籍人口36330人，流动人口14343人，人口密度每平方公里40217人。

历经六十多年的变迁和发展，如今的沙河店铺市场林立、经济活跃，有万佳服装批发市场、濂泉路服装批发市场、沙河商业一条街、沙河电器城等5个大中型专业（批发）市场。辖区内有星海音乐学院、广东工业大学沙河分校等2所高等院校，广东省文化厅、广州市画院、广州市歌舞团等6个省、市级文化单位，另有60多个驻街机团单位。此外，省级文物保护单位十九路军淞沪抗日阵亡将士陵园、市文物保护单位朱执信墓和新一军印缅阵亡将士公墓遗址也坐落于辖区内。

【街道建设与管理】·城区管理及环卫建设· 2010年，沙河街以“创文”和“迎亚运”为契机，开展以广州大道北、龙岗路、濂泉路、先烈东路、禺东西路口、沙河立交及其周边区域为主的专项整治行动。

加大宣传教育工作力度，开展以“文明出行月”、“文明出行日”、“文明交通宣传周”等主题活动，宣传社会公德、职业道德、卫生知识、环保知识、城市管理知识及法律法规知识的宣传教育活动。多次联合市、区交警及天河区交通运政部门，开展濂泉路服装市场周边环境联合执法行动，先后对先烈东路、濂泉路等周边路段进行交通整治，出动1000多人次，处罚非法营运货车180多辆、驱赶乱停乱放车辆800多辆次；配合天河区城管局重点整治濂泉路天光墟占道摆卖行为，特别是群众反映强烈的晚上烧烤档扰民问题。加大监控“两违”工作力度，坚持日查夜巡和“零报告”制度，及时发现并查处“两违”苗头，大力清拆违章建筑。加大工地管理力度，对辖区内的6个工地，坚持日查夜巡、跟踪检查和每月考评制度。

全年街执法队共清拆违章搭建24宗，面积1764平方米；清拆违法户外广告26宗，面积295平方米；处罚乱摆卖1193宗；回复群众投诉和12319专线 1115宗，回复率100%，结案率100%；教育整改1635宗，立案处罚599宗，其中简易程序594宗，一般程序179宗，罚款金额61763元。人均办案数66.5宗。

·社会治安综合治理· 2010年，沙河街做好各类社会矛盾纠纷排查调处工作和信访维稳工作，预防和调处各类社会矛盾。每月开展2～3次地毯式、拉网式的大排查，并建立台帐，及时发现、化解、消除各种社会不稳定因素和矛盾纠纷，调处解决矛盾纠纷6宗。全年没有发生因人民内部矛盾纠纷引发的械斗、示威、游行等群体性突发事件。是年，街维稳中心接受群众来访25批次、103人次，共受理案件129宗，其中信访案件102宗、劳监案件12宗、司法调解案件15宗，已办结117宗。此外，成功调解广州市章德贸易有限公司与先烈东路189号名流时装城租户因广州市政地铁建设需要拆迁而引发的合同纠纷、沙河大饭店女人街业主因消防设施改造与租户发生的纠纷、广州市富捷物业管理公司因“富丽女装城”四楼铺位质量问题与租户发生的纠纷、君华上域楼盘丽芳园林绿化管理有限公司与蒙X涛发生工程款纠纷等8起不稳定因素，确保沙河地区的稳定。

全年街道发生刑事案178宗，其中：“双抢”案19宗、入室盗窃案18宗；刑事案件比上年（下同）下降14.4%、双抢案件下降9.5%、入室盗窃案下降41.9%。

·出租屋管理· 2010年，沙河街开展流动人口和出租屋综合整治工作。全年登记出租屋3645套间，登记流动人口20418人，采集登记流动人口信息11853人次，注销472人次，流动人口登记率达98%，出租屋合格率达97%，出租屋和承租人信息登记后10个工作日内输入信息系统率、出租屋屋主治安责任书签订率、办理暂住证10个工作日内输入信息系统率均为100%，“两费一税”征收税费489万元，比上年增长102%，出租屋刑事、治安发案率为0。

·司法服务· 2010年，沙河街开展法律咨询和禁毒宣传等活动，普及法律知识。做好突发性群体事件的调处工作，全年调解、调处纠纷129宗，调解成功率达100%。在“两会”和重大节日期间，针对性地对重点人员进行探访，确保稳定。全年接到信访102件，全部处理完毕。

·安全生产与消防· 2010年，沙河街举办安全生产培训，培训安全生产负责人9人，新培训安全主任6人，再培训82人，安全生产员培训509人。开展安全生产隐患排查治理和专项治理行动，检查登记各类“三合一”、“二合一”场所65间。整治辖区内存在火灾隐患的出租屋、仓库、服装市场。全年组织大规模的消防安全整治行动12次，整治存在消防隐患的场所1600多间次。全年无重大安全生产和消防事故发生。

·人口与计划生育· 2010计生年度，沙河街以“强化管理，深入推动‘两无’活动，深化计划生育优质服务”为主线，继续实行党政一把手亲自抓、负总责，落实层级动态管理责任制和“三为主”工作方针。5月13日接受区计生局检查，6月7日接受市计生局检查，6月25日，沙河街代表广州市接受省计生委的流动人口专项检查，并获得好评。

2010计生年度，沙河街计划内出生286人，出生率为8.08‰，自然增长108人，自然增长率为2.95‰，计划生育率为96.62%。全年征收34人社会抚养费254万多元，投入计生经费约320万元。

·社区文体· 2010年，沙河街开展丰富多彩的社区文化文艺工作，稳步推进社区精神文明建设进程。组织辖内美术爱好者参加“2010年全国第十五届群星奖作品提名展美术作品评讲交流会”；参加第四届天河读书节暨2010年“4·23世界读书日”读书征文评选活动，沙河街文化站获优秀组织奖；组织举办2010年天河区“电影进社区”活动、第31届“羊城之夏”青少年暑期活动、“迎亚运、爱广州、看变化”摄影活动；组织举办“创文明 迎亚运 促发展”沙河街庆祝建街60周年文艺晚会。

·社区服务· 2010年，沙河街加大企业劳动监察工作力度，全年督促用人单位补签劳动合同65份，受理来访投诉案件21宗，涉及人数33人、金额135498元，追回135007元；上报区仲裁案件2宗，涉及人数2人、金额6000元；工伤案件11宗，涉及人数11人、金额22800元。是年，街道“4050”人员登记在册 742人，城镇登记失业人员就业率达70.61%，“4050”人员就业率达到73.32%，“零就业家庭”就业率达到100%。

·社会事务· 2010年，沙河街积极开展社会困难群体救助服务，全年向105户低保户、11户低收户和2户边缘户共发放救济金79.18万元，发放实物救助235份，折合人民币约4.23万元，发放节日慰问金6.22万元。落实市政府针对住房困难家庭的住房保障工作，对250户低收入家庭的住房困难情况予以调查核实，对已领取经济适用住房准购证明的家庭和申请廉租住房补贴的家庭做再入户调查核实工作。街道为12户独居老人和老劳模开展居家养老服务，累计服务时间约为2880小时。全年慰问烈军属、伤残、复员退伍军人144人次，发放慰问金2.88万元。组织无偿献血16次，超额完成全年计划134%。全年办理医疗保险254人，养老保险33人。

【西街社区】 西街社区位于沙河街东南部，南至水荫四横路，东至广州大道，北至先烈东路，西至龙岗路，占地总面积约0.14平方公里。

2010年11月1日零时，第六次全国人口普查工作开始。这次人口普查登记的内容包括：性别、年龄、民族、受教育程度、行业、职业、婚姻生育、死亡、住房情况等。为确保普查工作不错不漏，西街社区要求普查员在普查登记过程中逐个核实，少数住户上门3次以上，才能确定是空房，确保全部登记到位；普查指导员对于空挂户、挂靠户和集体户多方查找，落实去向，做到不漏户、不漏人，确保普查工作全面覆盖，普查数据准确有效。社区共普查出常住人口6590人。

2010年11月12日，第16届广州亚运会召开。为确保亚运会的顺利召开，西街社区在前期招募亚运安保志愿者，亚运会期间对社区进行日夜巡逻，确保社区的平稳安定。鼓励居民加入亚运会盛事，组织多名居民到广州天河体育馆、广东奥林匹克中心参观比赛。在观赛活动中，各社区居民都能自觉遵守赛场的各项规章制度，配合做好各项工作，做到文明观赛。

【左竹园社区】 左竹园社区位于沙河街东北端，南至先烈东路与西街社区居委会交界，东至禺东西路与林和街接壤，北至广深铁路与沙东街交界，西至濂泉路与先烈东横路社区居委会交界，占地总面积约0.18平方公里。2010年社区有常住人口1955户，6846人。

2010年左竹园社区共为68位老年人办理老年人社会保障卡，为社区119名80岁以上长者申报长寿金。协助做好辖内339名退管人员的生存认证，全年共为26户家庭办理社会救济，对23户申请经适房和已经购房进行重新入户审核，为86户符合廉租资格的家庭重新入户年审。85次对辖内所有出租屋开展洗楼清查、登记、核实，组织1500人次对出租屋、商铺、重点场所专项消防安全检查，督促整改的有55间，发出整改通知书116份，出消防宣传栏12期、横额10幅，召集出租屋屋主、承租人及市场管理人员召开治安消防会议各5次。成功调解家庭、赔偿、合同、邻里矛盾纠纷共29起，调解成功率达100%。与市路灯所、市政、供电等相关职能部门联系及时更换路灯41处、沙井盖13个、排污渠疏通14起、路面维修15起。组建工会10家、会员175人；开展预防和制止家庭暴力行为及“零家庭暴力社区”活动，及时了解社区有困难的妇女生活情况，为17名住房有困难的妇女都办理困难住房的申报。 （胡军胜）

车陂街

【概况】 车陂街建于1981年5月，由东圃公社划出车陂地区组成。2010年，街下辖12个社区居委会和1个撤村改制公司：东圃、西湖、天雅、龙口、西岸、沙美、东岸、美好、广氮、车陂北、旭景、假日园社区居委会和车陂经济发展有限公司。全街面积约5.6平方公里。总人口约11万人，其中常住人口约3.2万人，外来暂住人口约7.8万人，人口密度每平方公里约2万人。

街辖内有近万人口的广氮社区和车陂经济发展有限公司（原车陂村）。主要大型商场有汇圃名城、东圃购物中心A、B座、摩登商业城、美华超市、家园百货等。还有天河区红十字会医院、暨大附属第一医院东圃分院、广州家家乐康复医院等医疗机构。街内环境优美，有车陂公园、沙美公园及晴川苏公祠、石狮山鹿泉苏公泉文物保护单位。

【街道建设与管理】 2010年，车陂街加强街道建设和管理：

·城区管理及环卫建设· 2010年，车陂街制定《车陂街创建星级卫生街道工作方案》，派发创建星级卫生街道、讲卫生、防疾病的宣传单张，开展清理卫生大行动。全年组织清理卫生死角统一行动36次，清理浮沙约65吨、余泥1300吨、垃圾150吨，清理乱张贴约630万张。制定“六乱”专项整治工作方案，组织城管执法队、综治办等有关部门分成白天和晚上两个联合整治小分队，对辖区的“六乱”进行整治，全年整治占道经营893宗，乱摆卖1352宗，罚款7140元。加大对“两违”建设的执法力度，全年拆除“两违”建设186宗，面积14534平方米。制定《车陂涌车陂段综合整治拆迁工作方案》，推进车陂涌综合整治工程。

·社会治安综合治理· 2010年，车陂街推动车陂村三防建设，加强东圃大马路综合治理执法监控岗亭建设，推进“人屋车场”综合治理。全年街道发生刑事案件336宗，同比下降16.6%；破案率同比上升16%，实际破案数为272宗；抢夺、盗窃等侵财治安案件中受理274宗，同比下降10.2%；缉毒破案数9宗，收戒27人。开展无毒社区创建活动，动员辖内吸毒人员参加美沙酮维持治疗。

·出租屋管理· 2010年，车陂街加强出租屋及流动人员管理服务。开展“洗楼”和夜查行动，对车陂地区“人屋车场”进行综合整治，组织“洗楼”行动9次。开展一周两次夜查500多次，清查出租屋30527套，登记流动人员55000人，新增登记出租屋5400多套，派发宣传单张47000多份。全面推进“房中房”整治。经摸查核实街辖内属于“房中房”有131间，已拆除木板简易材质间隔的“房中房”113套，拆除混合材质间隔的“房中房”16套，其中经街道劝导，由业主自行拆除73套。全年收取使用流动人员调配费135万元，个人出租屋房产税696万元，比上年增长8%。出租屋整治合格率达86%。

·司法行政· 2010年，车陂街举办“暑期青少年法制宣传教育活动”系列活动，内容有观看精彩法制案例短片、法律知识游园、法律咨询、派发法律宣传资料等，游园活动以趣味游戏比赛为导向，普法效果显著。编印3万册《平安亚运——法律知识宣传手册》，小册子图文并茂，内容涉及安全生产、城市管理、知识产权、权益保护、卫生防治、外来人口管理等内容。出刊法制宣传专栏168期，其他法律法规宣传栏432期，举办法律咨询活动23场，专题法制讲座9次，法制宣传展览4场。推进公益性法律服务，每周四下午律师在街公益法律服务站开展公益法律服务，结合五月份排查调处、人民调解宣传月联合结对律师事务所深入车陂公园、广氮社区、旭景社区和东圃大马路开展“公益法律服务进社区活动”，全方位为群众提供法律服务。做好矛盾纠纷排查调处，全年调解、调处纠纷104宗，其中群体性纠纷4宗，调解率100%，调解成功率98%。做好“四五”依法治理和“五五”普法验收，车陂街被指定为接受市依法治市办和市普法办检查验收的两条街道之一，按照验收标准，高标准、高质量做好有关资料收集、归档和写好总结、制作PPT，在区依法治区办和普法办检查汇报中，取得第一名，在接受市检查验收得到好评，被推荐为市普法先进单位。建设人民调解员队伍，举办《人民调解法》、社区矫正、安置帮教等业务培训，提高调解员调解矛盾纠纷的能力和水平。全面开展社区矫正工作，接收29名社区服刑人员，已解矫6名。做好亚运社区服刑人员和刑释解教人员的跟踪管控，没有发生一人重新犯罪。

·安全生产与消防安全· 2010年，车陂街开展消防安全专项整治工作，全年排查辖区生产经营单位418家（次），整治隐患107宗。加强危险化学品的排查工作，查处无证照化工仓库2家。开展建筑施工工地专项检查。对辖区4个主要建筑工地进行建筑施工安全和消防检查。专项整治“三小”场所等重点场所，检查 “三小”场所3137家，整改隐患207宗。联合派出所全面检查辖区煤气站、集贸市场、网吧、学校等人员密集场所和公共娱乐场所等39家重点单位。全年开展食品安全整治行动4次，检查商铺286家，取缔无证生产食品窝点8间。加大引导无证商铺办证力度，引导商铺办证268间，办理个人健康证近400个。

·人口与计划生育· 2010计生年度，车陂街常住人口共出生417人，计生率95.92%。流动人口共出生755人，计生率90.6%。

街道深入开展婚育新风进万家活动，成立车陂街婚育学校东圃分校，通过印制宣传标语和横幅、出版宣传栏，组织已婚育龄妇女观看计生科教光盘，发动干部职工开展“幸福工程捐款”活动等形式进行计生宣传。制作宣传栏168期，宣传横幅200条，户外大型广告牌3个，发放宣传资料6万多份，签订流动人口出租屋管理责任书达80%以上。举办各种计划生育知识培训班，宣传生殖保健、优生优育等知识，举办各类培训8场次，受训人数达到1460多人次。免费为育龄群众开展生殖健康普查普治，共为育龄妇女B超查环查孕查病16200人次，发现疾病31例。依法征收社会抚养费1194万元。

·社区文体· 2010年，车陂街充分发挥街图书馆和广州图书馆车陂广氮分馆的文化阵地教育作用，向辖内小读者提供课外学习、爱国主义读书活动。坚持文化骨干下基层辅导，组织群文辅导员深入社区，辅导培训群众文艺特色队伍。开展文娱文化活动。积极组织辖内社区结合节假日举办“迎新春、创文明”文艺汇演活动、“迎亚运、促和谐”游园活动，并举办车陂地区跳绳比赛、摄影展等活动，丰富辖区居民群众的业余文体生活。举办各项科普知识宣传教育活动，提高居民科学意识。开展扫黄打非、打击传销、治安重点等专项整治工作，联合工商部门取缔黑网吧5间，收缴显示器107台、主机105台、游戏机9台、老虎机1台、盗版光盘1万张。

·创建文明城市· 2010年，车陂街印制悬挂创文宣传横幅84条，出版宣传栏10期、《车陂街创文快讯》12期。向辖内居民群众派发《致广大居民群众的一封信》9万多份、《车陂街创建全国文明城市知识手册》5万本、《城市公共文明调查问卷》12万多份。加强对辖区大街大巷、车陂村内街内巷和冷巷环卫清扫工作，将保洁时间延长至18个小时。加强文明示范路口创建，发动30多名社区志愿者在东圃和车陂两个示范路口配合交警和交通协管员引导车辆、行人遵守交通规则，“劝行”的总数超过3000宗。开展东圃大马路交通安全专项整治，查处违章营运的电瓶车10台、残疾人专用车辆132台、人力三轮车251台。开展公共文明指数测评入户调查，组织机关干部职工、各社区工作人员、大学生志愿者200多人，挨家挨户进行地毯式宣传。

·社区服务· 2010年，车陂街整合社区服务资源，集中办理审批、咨询、政务事项等服务20多项，推进网上办公、网上审批和网上咨询查询，实现开放式办公、一站式服务。建立首办责任制、一次性告知制、限时办理制等服务承诺，实行一个窗口受理、一次性告知、一条龙服务。办理各类事项约3.2万件，平均每个工作日办理约150件，实现零投诉。

街道拓宽就业和再就业服务领域，举办“天河区春风行动2010”市、区、街联动专场招聘会，有118家企业进场招聘，为居民群众提供岗位3650个，有858人与企业达成就业意向，其中196人当场应聘成功。全街开发就业岗位841个，辖内城镇登记失业人员就业率达70%以上，“4050”人员再就业率达55%以上，“零就业家庭”就业率为100%，“农转居”劳动力培训后就业率达70%以上。

·社会事务· 2010年，车陂街做好辖内家庭申请经济适用房和廉租房申请审核工作，为71名重残人员发放残疾人专项补助金，为2名精神残疾人办理免费医疗证。做好“慈善超市”的日常管理工作，按时、按量发放慈善物品给115名低保、低收入困难户。开展社区老龄工作，全年办理606张老年优待证，为526位80岁以上老人办理长者长寿金核发。加强双拥共建工作，组织共建部队海警一支队、导弹六营和110部队参与街道的创文迎亚运工作，组织部队官兵155多人次参加献血。是年，西湖社区、龙口社区、沙美社区创建省“六好”平安和谐社区通过省的检查验收，广氮社区荣获全国创建和谐社区示范社区光荣称号。

·党建工作· 2010年，车陂街围绕“建设科学发展的平安和谐车陂”这一主题，召开各类座谈会，征求“两代表一委员”、党员群众代表、辖内企事业单位的意见建议，召开以“切实转变作风，推动科学发展”为主题的民主生活会，修改完善街道领导班子整改落实方案，分为近期、中期和长期整改目标，共17条。落实“一帮一”结对帮扶制度，建立帮扶结对94户，被帮扶1560人次。开展“党员社区服务日”活动，慰问困难党员以及组织群众联欢活动。指导广州市天河区悦盛发展有限公司党支部开展党员活动、工会活动等；接收广州广通工程技术学校党支部的组织关系，该支部被评为“天河区非公党建示范点”。在广州市冠鹰服饰有限公司、广州市家利福技术学校先后成立党支部“两新”组织，扩大党在“两新组织”的覆盖面。

【车陂村（车陂经济发展有限公司）】车陂在宋元朝代属永泰乡，后称龙溪村，再改车陂。据简氏族谱记载，宋末元初时期居住村东岸的王道夫裔孙，有一位名叫龙溪的人，在村中很有名气和影响力，后人为纪念他，将流经村中心的河流取名龙溪，龙溪村因此而得名。清康熙二十五年（1686）番禺鹿步司设12个堡，龙溪村归属车陂堡，为车陂堡办公所在地，故以堡为名而称车陂。以车陂作村名，有两种说法：一种说法是此处用水车抽取陂水，灌溉农田。取其意称作“车陂”。另一种说法是，在明清时代车陂北侧有一条官路（今中山大道）通往京城，村民出行十分方便，是有“车”；龙溪上游筑陂拦水，自流灌溉农田，是有“陂”，故取名“车陂”。车陂村分四约、东岸、沙美三部分，四约位于车陂涌西侧，东侧称东岸，沙美在车陂涌西侧南端。建国后，水上人家集居珠江河边的新涌口村并入车陂，划归东岸。世居车陂的主要姓氏有9姓：郝、苏、王、梁、黄、简、黎、马、麦，村民先祖大部分是由广东南雄珠玑巷迁入。

1999年5月，原车陂村撤村改制，组建车陂经济发展有限公司。是年11月，车陂街全面接管该村的各项工作。公司下属机构有15个经济社。2010年，车陂经济发展有限公司总收入29313万元，比上年增长3%。（车陂街道办供稿）

天河南街

【概况】天河南街于1993年8月由石牌街划出部分地区组建而成，因位于天河体育中心的南面，故名。2010年，街下辖12个社区居委会：南一路、育蕾、体育西、体育东、南雅苑、天河东、体育村、天河直街、广州大道中、天河村、天荣、广和社区居委会。全街面积2.08平方公里。总人口126816人，其中常住人口66861人，外来暂住人口59955人，人口密度每平方公里60969人。

天河南街位于广州现代化大都市中心区，道路交通四通八达。黄埔大道、广州大道、天河北路、天河路、体育西路、体育东路、天河东路、天河南一路、天河南二路等道路从东至西、从南到北贯通全街。全街有主干道11条，街巷15条，公车线路70多条，辖区内多条地铁线路交汇。

天河南街商业繁华，街辖内有天河城广场、正佳广场、广州市购书中心、维多利广场、颐高数码等大型商场；有皇家国际酒店、新天河宾馆、广州华侨友谊酒店、天河大厦等旅店、酒店；有天河体育中心、天河南街文化站、健之海健身中心等文化、体育场所。在商场中，天河城广场于1996年8月18日正式开业，成为中国大陆最早的购物商场，也是广州现代商业的标志和市民游客购物观光休闲的首选场所；正佳广场总建筑面积42万平方米；广州市购书中心占地5475平方米，常年图书备货品种10万余种，其它音像制品、文化用品品种3万多种。天河体育中心占地58万平方米，周长3.8公里，是中国改革开放后第一个大型综合体育设施，第六届和第九届全运会的主赛场，也是第16届广州亚运会的主要赛场之一。

2010年，街属地企业有5118户，街内个体商业户4228户。

【街道建设和管理】 2010年，天河南街建设与管理情况如下：

·城区管理及环卫建设· 2010年，天河南街围绕迎接广州亚运会和创建全国文明城市，加大整改力度，确保市容环境卫生。处罚违反《市容环境卫生管理规定》的行为60多宗，清理卫生死角、余泥240多处共180多吨。派发预防登革热疫情宣传资料13800份、灭蚊片50箱，出动人员300多人次、投入除“四害”消杀器械43台次，投放各类药物43公斤。清理乱摆卖1.24万宗；整改占道经营3578宗，处罚825宗；拆除乱拉挂4752宗、乱张贴30000多张；清理乱堆放237宗；组织清拆行动97起，涉及住户120户；拆除各类违法建筑面积2053平方米，其中拆除永久性违法建筑9座；拆除各类广告招牌786块，面积7350平方米。加强亚运工程的跟进。组织召开居民代表座谈会28次，接待群众来访、来电800人次。妥善处理因不文明施工引发的各类投诉198宗，整治主要路段不规范的商户招牌900多家，拆除不规范广告招牌1150平方米，完成外建筑物立面清洗任务40多万平方米。对913家涉及亚运会的生产经营场所摸查登记，组织食品药品安全检查30多次，开展打传专项行动12次。

·社会治安综合治理· 2010年，天河南街分别与80个企事业单位、12个社区居委签订2009～2010年度综治目标管理责任书。加强社会综合治安治理和矛盾排查，全街刑事案件314宗，同比下降11.0%；抢夺案件27宗，同比下降38.6%；入屋盗窃案件17宗，同比下降52.8%。开展亚运安保工作，制定各项工作预案11个，发动社会义务力量11000人重点保障亚运会开闭幕式，对辖内218个电力设施进行24小时看护，确保无重大事件发生，受到亚组委的充分肯定。加大对帮教人员的教育转化工作力度，开展反邪教和禁毒宣传，12个社区通过“无毒社区”复评考核验收，达标率为100%。

·出租屋管理· 2010年，天河南街加强出租屋及流动人员管理服务。全街共登记出租屋1816栋、2.3万套，登记流动人员8.72万人（其中境外人员523人），对出租屋日常巡查11.5万套次，组织出租屋整治行动16次，新摸查登记流动人员6.43万人；注销流动人员信息6.42万人；为5.07万非广州市户籍的流动人员办理《广东省居住证》；办理出租屋租赁合同登记备案4950份，临时经营场所使用证明902份；征收“两税一费”4525万元，其中出租屋综合税3970万元；受理房中房投诉38宗，已结案16宗；受理房屋租赁纠纷等其他投诉42宗，已办结或结案36宗；出租屋治安刑事案件发案率较上年有大幅下降。

·司法行政· 2010年，天河南街积极开展法律援助和公益法律服务工作，街道和居委会干部职工带头学法，并积极开展户外普法宣传咨询、公益法律服务站律师进社区、青少年法制教育等活动。发挥司法所及合作律师事务所的作用，有针对性地为下岗失业特困人员、妇女和儿童、残疾人员以及外来务工人员等开展法律援助工作，为居民群众免费提供法律咨询153人次，代书6件；协调律师参与对疑难民间民事纠纷和群体性纠纷的调解，提供专业的法律意见。全年街道和各社区人民调解委员会成功调解各类民间民事纠纷331宗，调解成功率达100%。

2010年12月27日，街道书记李并生主持矛盾纠纷排查会。（天河南街供稿）

·安全生产与消防· 2010年，天河南街开展消防安全专项整治工作，落实消防、安全生产责任制，定期开展消防安全大检查。年内共检查企业1800多间次，派发限期整改通知书100多份，现场整改隐患76处。开展安全生产宣传教育活动，举办安全生产、消防业务培训。是年，街辖内无重大火灾、中毒等安全事故发生。

·人口与计划生育· 2010计生年度，天河南街出生592人，出生率为6.41‰，自然增长421人，自然增长率为4.56‰，计划生育率96.79%。全年征收社会抚养费712万元，投入计生经费约90万元。建立健全信息质量检查制度、综合治理联动制度，定期组织召开联席会议，加大上门清查力度，堵塞政策外生育的漏洞。核查13000个10年内出生信息，新录入85912个户籍人口和71202个流动人口的所有信息，建立全员人口信息系统。筹集广州市幸福工程捐款6万多元，为辖内145户流动计生模范家庭、计生贫困家庭、独生子女病残家庭发放慰问品上万元，为计划生育贫困家庭刘嘉欣争取阳光女孩助学金5000元，落实独生子女父母奖励109人，奖励142650元，特别扶助符合计划生育家庭24人，奖励118680元。

·社区文体· 2010年，天河南街以迎接广州亚运会和“九艺节”为契机，广泛开展“文体进社区”群众性和谐创建活动。成功举办天河南地区2010年辞旧迎新文体系列活动，在12个社区内开展公益电影放映、跳绳比赛、游园、咨询、美术、书法作品展览、现场书画创作等活动。其中，2010年“迎亚运 庆新春 贺元宵”文艺演出、迎春美术书法作品展览暨现场书画创作活动为辖内居民提供展现自我的平台，活跃社区的节日气氛。组建天河南街亚运亚残运志愿助威团，为亚运呐喊助威，在辖内掀起迎亚运会、当好东道主的热潮。

·创建文明城市· 2010年，天河南街开展创建学习型组织、创建诚信单位、创建文明窗口、创建和谐社区，树天河南新形象主题活动。通过派发宣传单、制作专题宣传栏、开展专题活动等方式使创建文明城市工作深入千家万户。积极配合市有关部门开展每月一次创文入户大调查活动，促使街道、社区居委会工作人员掌握社情民意，改进居民不满意的工作，提高群众对创建文明城市的知晓率和满意率。对主干道、商业街、必检场所实施滚动巡查，对内街道路、小区卫生实施不定时抽查。对重点地段实行24小时不间断守点。组织志愿者开展“关爱生命、文明出行”活动，在辖区主要示范交通路口、人行道、公交车站维持交通秩序，倡导文明交通出行。结合城区管理和环卫建设，加大整改力度，确保创文各项工作达标。是年，街道顺利通过创建文明城市国家检查。

2010年9月6日，市委常委、市委宣传部部长王晓玲检查天河南街创文工作。（天河南街供稿）

·社区服务· 2010年，天河南街推进劳动保障和促进就业工作，创建9个“充分就业社区”，创建率达75%；就业率达71.64%；消除“零就业家庭”；“4050”就业率达75.93%；社区岗位就业资助305人；用人单位办理劳动用工备案1205人。办理全民医疗保险441人，养老保险68人。举办现场招聘会2场，邀请45家企业到场，提供就业岗位382

个，到场人数达656人，成功推荐157人就业。维护劳动者的合法权益，处理案件数145宗，追回金额197万元，结案率达100%。对2166名退休人员建立基本信息档案、健康档案，发放联系卡，组织建立自管互助小组15个。

全年向37户低保户、4户低收户和2户边缘户共发放救济金34.38万元，发放物价补贴4.5万元，发放实物救助268份，折合人民币约11万元，发放节日慰问金4.32万元。落实市政府针对住房困难家庭的住房保障工作，对50户低收入家庭的住房困难情况予以调查核实，对63户已领取经济适用住房准购证明的家庭和申请廉租住房补贴的家庭做再入户调查核实工作。街道为3户独居老人和老劳模开展居家养老服务，累计服务672小时。全年慰问烈军属、伤残、复员退伍军人258人次，发放慰问金2.92万元。组织无偿献血11次，超额完成全年计划的11.3%。全年办理医疗保险441人，养老保险68人。

·群团工作· 2010年，天河南街超额完成工会组建及集体合同各项指标，组建工会164家，签订工资集体协议13份，涵盖企业232家、职工4133人。宣传非公企业厂务公开制度，民主选举成立街道机关分会，召开辖内基层工会工作目标考核表彰大会，组织举办摄影讲座、桥牌比赛、观看电影、爬山等各项活动，探索非公企业工会工作新方法，加大工会经费收缴力度，加强对工会会员特别是非公企业会员和外来务工人员的关心、爱护，全年慰问会员代表达549人次。组织辖内低保困难家庭妇女15人免费参加妇检；慰问住院女职工17人，安康险新参保121人，重疾险新参保606人。成立天河仁爱医院团组织。积极组织团员青年和志愿者队伍开展学雷锋、关爱青少年、纪念五四运动、迎亚运、“天河之夏”青少年学生暑假教育等各类主题活动。

【南雅苑社区】 南雅苑社区位于天河南街北片，南至天河路，东至天河东路，北至体育东横街，西至体育东路，占地总面积约0.10623平方公里。2010年，社区有常住人口1598户，4561人。社区自2002年成立至今，先后荣获“天河区安全社区”、“天河区文明社区”、“天河区绿色社区”、“天河区安全生产工作先进单位”、“爱国卫生运动先进单位”、“市容环境卫生先进单位”等项荣誉称号。

2010年6月26日，南雅苑社区在街文化广场开展“6·26国际禁毒日宣传咨询活动”。参加活动的有居委会人员、社区民警、出租屋协管员和社区居民群众。通过现场派发宣传资料，解答问题，提高居民对毒品的防范意识，自觉做到拒绝毒品危害，善待生命，积极参与禁毒斗争。

2010年8月10日，南雅苑社区开展创建全国文明城市活动，发动辖内单位、居民及志愿者，派发文明礼貌文明出行宣传单，并参加社区公益活动，清理卫生死角，清洁环境卫生，倡导以身作则，以礼待人，自觉搞好公共卫生及自己家门楼道环境卫生。

【南一路社区】 南一路社区位于天河南街中片，地处广州市新中轴线上，南至体育西横街，东至六运二街，北至天河路，西至体育西路，占地总面积约0.065平方公里。2010年，社区有常住人口1620户，4549人。

2010年10月30日，南一路社区在亚运会开幕式前完成小区18栋楼宇的穿衣戴帽工程，楼宇的外墙全部粉刷一新，特别是六运二街形成一条欧陆风情街，既亮丽又有特色。

2010年11月21日，南一路社区和广州市平安志愿者在社区联合开展以“健康亚运、快乐同行”为主题的服务活动。活动分展示区、知识区、游戏区三个部分。分别展示广州的八大旅游景点、广州美食、亚运会精彩图片、红十字会的知识以及日常突发事件的处理方式等；宣传介绍医疗健康、日常用药、冬季饮食保健等知识，现场教授按摩技巧，为居民提供舒适的按摩服务；并通过游戏使大家将学到的知识加深理解与掌握。

【天河村】 天河村位于天河南街南面，中山一路立交桥东北面。明末清初建村，原名大水圳，康熙年间，溪圳扩大，河水清澈似天河，故有“跨过天河大水圳”之说。民国6年（1917年），全村老人集会商议，决定将大水圳村改为天河村。

村上曾出现过历史名人李湛。李湛（1884～1913年），番禺县鹿步司大水圳村（今天河村人）。同盟会员，民团团长。清宣统三年（1911年），组织暗杀清朝广州将军凤山和光复广州，后在剿匪战斗中阵亡。现位于越秀山镇海楼的广州市

博物馆展出有其“中国同盟会会员证”，为国家一级文物。（潘宗广）

林和街

【概况】林和街建于1995年12月，由沙河镇划出林和村及石牌街、天河南街、沙河街、五山街划出部分地区组建而成。2010年，街下辖11个社区居委会和1个撤村改制公司：雅康、侨庭、德荣、天寿、天誉、恒怡、紫荆、润和、天河北、禺东西、花生寮社区居委会和林和润杨经济发展有限公司。全街总面积3.8平方公里。总人口69200人，其中常住人口50763人，外来暂住人口18437人，人口密度每平方公里17562人。

林和街位于广州市天河区中心地带，东自天河东路，西达广州大道，北抵广园东路，南至天河路。

林和街商务名片是中信广场。该广场坐落于广州市商业、金融业繁盛的天河北路，楼高391米，由一座高80层的主楼和左右两座各高38层的副楼，以及高5层的中天购物城裙楼组成，占地2.3万平方米。旅游名片是广州火车东站及其水景瀑布“天河飘绢”。广州火车东站水景瀑布、中信广场及天河北一带位于新城市中轴线的北段，东站绿化广场用大面积的绿地营造一个大尺度的环境空间效果，配以精致的花坛雕塑水景，体现广州现代化国际城市的都市风采。文物名片是刘氏家庙（广州市文物保护单位）和冯如坠机处遗址。美食名片是广州十条美食街（区）之一的体育东商务美食街。

【街道建设与管理】·城区管理及环卫建设·2010年，林和街协调组织林和派出所、街城管执法队开展多次专项整治行动，重点在体育东、侨怡市场、林和东路、林和东市场和天河北路等重点区域。全年整治占道经营721宗、乱摆卖1265宗、乱张贴514宗、乱拉挂76宗，整治乱堆放108宗、收缴乱派发小广告324个，辖区主干道、重要区域的乱摆乱卖、占道经营现象得到有效控制。办理各类涉及城管内容的投诉。全年办理12319系统案件2210宗、网上信访系统案件191宗，处理上级来文31件。

·社会治安综合治理· 2010年，林和街刑事立案356宗，比上年（下同）下降8.2%；“两抢”案14宗，入室盗窃案15宗，分别下降36.8%和44%。

·安全生产与消防安全· 2010年，林和街先后组织开展消防安全专项整治、危险化学品安全专项整治、建筑施工安全生产专项整治、烟花爆竹专项整治、亚运立面整饰工程专项整治、安全生产“打非治违”专项行动、打击非法违法生产经营建设行为、涉亚突发事件风险隐患排查整改、亚运城市行动安全生产保障、平安亚运安全生产专项整治、“迎亚运、防事故、保平安”安全生产专项整治等专项整治工作；此外，每当重大节日前夕如春节、国庆节等也在全街开展安全生产的综合检查行动。

·产品质量和食品安全· 2010年，林和街共开展整治行动11次，与有关职能部门开展联合执法行动40次：其中开展无证诊所专项整治联合执法行动4次，取缔5家涉嫌非法违法生产经营的无证诊所；开展黑网吧专项整治联合执法行动3次，取缔黑网吧3家；先后共出动工作人员超过3200人（次），检查企业超过3500家（次），全年使用各类文书1866份，其中现场检查记录1698份，街安委办发出限期整改通知书135份；累计检查出的安全生产隐患286处（条），已完成整改的隐患263处（条），隐患整改率达91.9%。

·人口与计划生育· 2010计生年度，林和街实施人文关怀，计生服务水平不断提高。全年办理计划生育服务证367人；申请投靠入户158人；办理婚育证明930人；办理婚姻状况证明405人；新生儿随父入户22人；档案接收67份。2010年，常住流动人口查环查孕率87.49%，节育措施落实及时率 100%，综合避孕率90.3%，“四术”随访率100%，药具随访率100%，育龄妇女94.5%接受规范的基本生殖健康服，已婚育龄妇女100%享有计划生育免费技术项目服务。

2010计生年度，林和街出生431人，出生率为8.96‰，自然增长率为6.43‰，计划生育率为96.29%，完成计生“四术”101例。其中：结扎12例，放环68例，采取补救措施20例。推进人口计生行政执法工作，查处违法超生13例，审批二孩33名，社会抚养费征收380万元。全年，林和街为辖内群众提供免费为378名已婚育龄妇女进行生殖健康普查普治。

·社区服务· 2010年，林和街劳监中队检查253家用人单位，涉及劳动力48323人，其中广州市16509人、省内12054人、省外19760人；处理投诉案件184宗，其中涉及人员667人，追回劳动工资237.66万元；处理10人以上的群体性突发事件18宗，追回劳动工资达267万元。

·社会事务· 2010年，林和街落实低保政策，为街辖内27户家庭办理《低收入困难家庭救济金领取证》，为4户家庭办理《低收入家庭证》。除按政策给予最低生活保障之外，对社区中有突出困难的家庭予以资助：协助侨庭社区、花生寮社区开展慈善医疗义疹活动，为社区居民进行身体检查及送保健药品；帮助辖内31户困难家庭及6名重残人员办理医疗救助，减免其医药费用；协助解决5户贫困家庭子女教育费用问题；利用春节、中秋节等传统节日，购买生活用品，对贫困家庭进行慰问。

继续做好经济适用住房及廉租房的申请办理工作。对低收入住房困难家庭的住房状况进行调查，及时接受符合救助条件的低收入住房困难家庭的申请。全年共受理50户低收入家庭经济适用住房的申请，为30户低收入家庭申办廉租房住房补贴。

关爱老龄人生活。街辖内约5500名老人均办理老年人优待卡及老年人社保卡，全年共办理老人优待证860人次。并按照市区要求，为辖内536名80岁以上老人申领“长者长寿保健金”。

是年为98名贫困残疾人购买慰问品，为49位重度残疾人办理专项补助金，为136名重度残疾人办理医保卡；为228名残疾人每人发放500元亚运补助金。

【林和村（林和润杨经济发展有限公司）】林和村名由来有多说：一说林和村原是明末崇祯三年（1630年）一位林姓状元所买下的庄田。因为曾由一位老太婆看管，此处被称为“林婆庄”，后来因称呼不雅改称“林和庄”。另一说此处地势较高，灌溉不便，经常需要人工挑水淋禾，故称“淋禾庄”，后改为“林和庄”。此处土地贫瘠，居民的祖先均是近200余年前陆续迁入的，所以村内姓族较多，主要有陆姓、何姓、池姓、丁姓、余姓、梁姓、刘姓及凌姓。其中陆姓源自黄埔区乌冲，何姓源自增城新田，池姓源自石牌村分支，丁姓源自扼山，余姓源自东莞交界的伯江，梁姓源自猎德及车陂两地，刘姓源自河水，凌姓源自东圃佛楼口。

林和行政村原辖林和村和沙东解放新村2个自然村。建国前，林和村隶属广东省番禺县十六区。建国初期，隶属石牌区，后石牌与沙河合并为白云区，该村隶属白云区沙东乡。人民公社时期，林和村成为沙河人民公社沙河营的一个连，后改为白云区的生产大队——林和生产大队。1999年5月，撤村改制，组建林和润杨经济发展有限公司。

（林和街道办供稿）

兴 华 街

【概况】兴华街建于1995年12月，由原沙河镇银河村及五山街划出部分地段组成，因辖区内有兴华路，故名。2010年，街辖有10个社区居委会和1个撤村改制公司：燕塘、侨源阁、鳌鱼岗、牛利岗、伍仙桥、兴华、苏庄、河水、金燕、建武社区居委会和银河经济发展有限公司。全街面积4.288平方公里。总人口105077人，其中户籍人口37845人，外来暂住人口67232人，人口密度每平方公里24505人。

兴华街路网交通便利，2010年11月，地铁3号线延长线开通，街辖有燕塘站。

街辖内有被国家民政部、中共广东省委、广州市委、广州市政府分别命名为爱国主义教育基地的银河烈士陵园，又称银河革命公墓。

【街道建设和管理】·城区管理及环卫建设· 2010年，兴华街高标准做好迎亚运、创文明环境整治工作，辖区市容市貌明显改善。街道城管工作多次得到市、区肯定，《创建全国文明城市简报》、《广州天河新闻》、《广州日报》分别以“狠抓环卫保洁与城市管理不断提高创建工作水平”、“精细化管理让兴华街变了模样”等为题报道兴华街的经验做法，区4月份召开的2010年城市管理工作会议也介绍兴华街城市管理工作经验。全年共拆除违法建设132宗，拆除面积共15902平方米。

·社会治安综合治理· 2010年，全年受理警情11095宗，较上年同期（下同）11489宗少394

2010年10月24日，市长万庆良、副市长苏泽群等市领导在区委书记刘悦伦、区长徐汉添等陪同下视察黄猄坳人居环境整治工程的完成情况。（兴华街道办供稿）

宗，下降3.4%。其中刑事警情1080宗，下降6.9%；治安警情2025宗，下降8.1%。刑事立案377宗，较预警数385宗少立8宗；破案336宗，较预警数343宗多完成7宗。辖区连续16年未发生越级上访事件。

·出租屋流动人员管理· 兴华街推行出租屋网格化、精细化、长效化、规范化的“四化”模式，落实出租屋“四类”（放心类、关注类、严管类、禁租类）分级管理制度，形成良性互动的出租屋管理新格局。推进出租屋与计生管理工作联动，实现社区专职人员与出租屋管理人员、社区民警、治保人员的工作联动、资源共享，确保出租屋及流动人员信息等情况采集的一致性。2010年，兴华街加强出租屋及流动人员管理服务。全街共征收“两费一税”891万元，其中出租屋税824万元，使用流动人员调配费（含治安联防费）67万元；新开征户509户；办理居住证55591张；采集流动人员信息44860条；共发出出租屋消防安全整改通知书7537份；办理租赁备案登记2823宗。

·司法行政· 2010年，兴华街围绕街道中心工作和司法行政工作的重点，加强司法所规范化建设，完善各项工作制度。全年，举办法制宣传咨询活动15次，开展法律咨询服务546人次，安置刑释解教人员19人，接收社区矫正对象6人，调处、调解矛盾纠纷 229宗，组织法律志愿者参加社区法律咨询和社区矫正工作13次，与公益法律服务律师座谈16次。全年共调处各类矛盾纠纷229宗，调解率和成功率达到100%，制止群体性上访、械斗事件10宗，涉及200多人，涉及金额达2000万元以上。

·安全生产与消防安全· 2010年，兴华街深入开展安全生产、消防安全专项整治工作。全年共组织11次大规模的安全生产综合整治，辖区安全隐患得到压减，没有发生重大火灾和其他安全生产责任事故。

·人口与计划生育· 2010计生年度，兴华街在分类管理的基础上，对相应人群加大服务力度，增加服务项目和种类。修改《兴华街计划生育节育奖和举报“两非”奖实施办法》等相应的奖励政策，调动社区在落实“四术”方面的积极性，是年的“四术”比上年翻番，长效节育措施率得到大幅度的提升；出台《兴华街征收扶养费管理暂行办法》，根据实际需要努力拓宽服务的渠道，增加服务项目，采取多种形式不断完善出租屋的计生管理联动机制，规范流动人口信息采集制度；加强重点人群监控，建立计划生育预警制度；加强与相关部门沟通，建立计生联席会议制度。6月，兴华街通过市流动人口专项活动的考核。

2010计生年度，兴华街出生524人，出生率为16.15‰，自然增长率为13.26‰，计划生育率为95.42%，完成计生“四术”措施185例。其中：结扎59例，放环108例，采取补救措施18例。推进人口计生行政执法工作，查处违法超生113例，审批二孩21名，社会抚养费征收2768820.8元。为辖内群众提供免费孕情检查3461人次，为171名已婚育龄妇女进行生殖健康普查普治。

·社区文体· 2010年，开展“书香兴华”活动，购进新书近3000册，征集编辑出版《“书香兴华”——兴华街干部职工读书心得体会》；出版印刷《燕塘和风》——燕塘社区党总支小报刊第一、二、三期。《燕塘一家亲》——燕塘社区居民群众读书心得体会汇编，在第四届天河读书节暨2010年“4·23世界读书日”读书征文评选活动中，兴华街辖内16间大、中、小院校积极参加，共收到征文52篇，文化站荣获优秀组织奖。组织机关干部、社区居民群众参加“我为亚运喝彩，亚运因我精彩”征文比赛，共选送优秀作品18篇，其中9人荣获一、二、三等奖的好成绩，文化站荣获优秀组织奖。组织辖内青少年参加广州市第31届“羊城之夏”暑期系列活动，文化站被广州市文化广电新闻

2010年7月27日，区委常委、宣传部部长黄彪（左一）为兴华街关工委讲师团成员曾国章教授颁发全国教育系统关心下一代工作先进个人奖章。（兴华街道办供稿）

出版局评为先进集体。加强业余文化队伍建设和管理，有一万多人次参加培训学习。亚运前夕，街道筹资50万元复建位于街中心地带的面积约1000平方米可容纳500多人开展文化活动的兴华街露天文化广场。

·社区服务· 2010年，兴华街深入推进省“六好”平安和谐社区创建工作，兴华社区居委会通过区民政局第四批广东省“六好”平安和谐社区验收。推进就业服务体系建设，完善财政补贴政策，城镇登记失业人员总数为805人（是年新增566人，上年末结转239人），登记失业人员就业率达70.43%，“4050”人员就业率达77.54%；“零就业家庭”就业率达100%；举办现场招聘会1场，提供空岗信息312条，企业初步达成就业意向达68人。为燕塘、伍仙桥社区2名创业人员申请小额贷款共计10万元。创建6 个充分就业社区。开发社区就业岗位163个，共为420名“4050”下岗失业人员提供社区公益性岗位，并申请社会保险资助。总共检查登记用人单位499家、登记用工人数8810人，督促企业补签订劳动合同737份、接访投诉人数411人、处理各类劳资纠纷42 宗、处理突发事件8宗、为劳动者追回经济损失 4607784.24元，协调处理工伤事故16宗、清查非法使用疑似童工4人、辖内没有发生群体合同、劳资纠纷和重大工伤事故。

·社会事务· 2010年，兴华街发动辖区社会各界为玉树地震灾区募捐救灾，共募得捐款52318元，发动辖内居民通过银行等渠道直接捐款 20251.80 元。5月上旬，广州突降暴雨，街辖苏庄、牛利岗社区被淹，辖内伟龙印刷制版有限公司受灾最为严重，受灾损失达3000多万元。街办事处、慈善分会开展慈善救灾工作，通过联系广东狮子会、银河经济发展有限公司，对受灾企业捐款37000元，银河经济发展有限公司无息贷款100万元。

全年为辖内35户82人困难群众发放低保救济总金额为359023.88元。发放实物救助物资价值13680元。发放冬令救济物资共41份。为低保家庭报销基本医疗费12247元。落实市政府针对住房困难家庭的的住房保障工作，对49户低收入家庭的住房困难情况予以调查核实，对25户已领取经济适用住房准购证明的家庭和申请廉租住房补贴的家庭做再入户调查核实工作。街道为10户孤寡老人和老劳模开展居家养老服务，累计服务时间约为487小时。全年慰问烈军属、伤残、复员退伍军人72人次，发放慰问金14400万元。组织无偿献血6次，超额完成全年计划10%。全年办理医疗保险508人，养老保险12人。

·亚运工作· 是年，兴华街以迎接2010年亚运会为契机，完成人居环境综合整治工程：完成涉及73栋楼的外墙整饰工程；投资3000多万元，整治银利街水环境；配合做好广州大道北“三线”下地工程；清拆违法建设和户外广告招牌工程；做好广州大道北黄猄坳房屋拆迁整治工程。其中，广州大道北房屋拆迁整治工程要求在2个月内拆除涉及33户共42栋约2.6万平方米建筑面积的村屋，为人居环境综合整治工程重点难点。街、村、社区工作人员与相关职能部门协同配合，按期完成拆迁和绿化整治，并实现拆迁全程“零强拆、零上访、零事故”，将原先凌乱的村屋打造为长约500米、纵深约30米的绿化长廊。

以亚运安保为主线，进一步整合、统筹、协调地区维稳综治工作资源，完成 “平安亚运”的各项任务，实现辖区亚运会亚残运会期间的绝对安全。宣传、开展文明观赛活动。争取辖区大中专院校及企业、社区居民群众的支持，组织发动了10150名居民群众参加文明观赛活动。亚运会亚残运会期间，兴华街组织5080人次的观众文明观赛。

加大亚运期间的城市志愿服务力度，建立2个亚运城市志愿服务站点、1个亚运社会共建点，组建亚运社区志愿者队伍，共300人次参加志愿服务。与辖内的南华工商学院对接，在辖区的路口、车站等人员稠密的地方设立16个志愿服务岗位，安排107名学生城市志愿者提供城市志愿服务，定人定岗，开展交通导乘、爱心帮扶、赛场资讯、旅游资讯等亚运志愿服务，服务时间由7点30分至19点30分，保证在重点时段重点地域都能提供优质的城市志愿服务。

·创建全国文明城市· 2010年，兴华街提高环境卫生日常管理水平，组成流动保洁突击队伍长期对辖内重点地段（含区环卫所保洁的主干道）进行巡查，解决偷倒余泥垃圾、城中村内排水渠堵塞、燕塘地铁站工地卫生死角等难点问题。协调、配合职能部门做好路灯照明安装工作，维护、完善市政道路等基础设施。做好每月一次的创文迎检和存在问题整改工作，沙太路、燕岭路两条主干道及与之相连的次干道、苏庄、鳌鱼岗、兴华、侨源阁、金燕社区接受城市文明指数测评调查入户，伍仙桥、金燕社区接受市检查组的实地检查。开展形式多样的爱国卫生运动，积极推进爱国卫生模范单位创建工作，辖内单位市盲人学校、广东省广弘资产经营有限公司获得“广州市爱国卫生模范单位”称号。制作500余块《兴华街5分钟创文看板》，全面覆盖辖区住宅楼道。看板定期更换宣传内容，及时向居民群众普及创文知识，发布区街创建工作的成果和相关活动信息，提高居民的知晓率。《广州日报》、《广州天河新闻》、区创建简报先后报道兴华街在创文迎检及城市管理工作方面的经验做法。

【燕塘社区】 燕塘社区位于兴华街中部，南至天鸿阁小区西南围墙为界，与兴华居委交界，东至燕岭路，北至由沙太路与银燕路口至北环高速公路交叉口，西至盲人学校。省贸易学校，马蹄岗村，银河发展公司北面围墙，占地总面积约0.5平方米。2010年，社区有户籍人口3895人，暂住人口5231人。

2010年5月18日，燕塘社区在兴华街领导指导下召开开展创建全国学习型家庭示范社区工作的会议；6月下旬发动居民进行“亲子同读一本书心得体会”的征文活动；7月22日，在新燕花园广场举办“创建学习型社区暨‘迎亚运、创文明’知识竞赛进社区亲子活动；8月30日，在燕塘活动中心举办“创建学习型家庭，我学习，我参与”亲子演讲比赛等。9月，创建燕塘社区阅览室，提供近大批图书供辖内居民阅读。

燕塘自2010年5月下旬召开创新组织生活座谈会后，于6月下旬至7月中旬多次慰问辖内困难党员，共送出慰问金2200元和慰问品十余份；6月29日上午燕塘社区党支部召开创先争优活动动员会，下午组织党员参观广东省博物馆；从7月份开始，开展一系列党员服务日活动，燕塘社区党支部通过与辖内单位联合为社区居民义诊、开展文明出行活动等；自2010年年初开始，燕塘党支部建立一支参与社区管理和社区服务的“党员志愿者队伍”；创设燕塘社区党员QQ群、编写社区党组织生活简报《燕塘和风》。

【伍仙桥社区】 伍仙桥社区位于兴华街的西北部，东起广州大道北，从天保汽车修理厂至广东省工程勘察院，与牛利岗、苏庄社区居民委员会交界；南从广东省国土资源厅至75706部队，与沙东街道为界；西靠广州市白云山风景区；北至白云山梅花园。辖区总面积约0.8平方公里，2010年，辖区内常住人口3606人，暂住人口6272人。

2010年，制定《兴华街2010年6～12月迎亚运打假行动方案》，强化出租屋管理。在加强日常巡查整治的基础上，坚持每周联合职能部门对伍仙桥及周边“茶几档”、出租屋等进行铁腕整治。综合治理伍仙桥地区制贩假烟工作成效受到中央综治委和省、市打假办的肯定，省打假办于3月12日提前撤销兴华街2009年省打假限期整改区域。

2010年5月19日，伍仙桥社区全体人员分三组对社区的出租屋进行全面综合的检查活动，在检查过程中无发现制假贩假现象。6月30日，街分管领导、社区全体人员分成三组到辖内开展出租屋综合检查，在检查过程中无发现制假贩假现象。8月19日，组织居民代表在社区居委会四楼会议室开展社区工作大家谈活动，就如何有效制止制假贩假回流的苗头进行讨论。

【银河村（银河经济发展有限公司）】 银河村居民的祖先1000多年前从各地迁徙到银河村，由于他们大多是客家人，因而没有形成特别大的姓氏。比较集中的姓氏有邱姓，其中，银锭塘和苏庄的邱姓来自梅县松口，始祖为邱昌富兄弟；河水的邱姓则来自花县紫坭庄。此外还有陈姓，是从嘉庆州长乐大岭背陈洞村迁至太和后，再发枝迁到河水村。伍仙桥李姓始祖为甘肃陇西人，先迁至福建上杭，接着迁到广东梅县大埔，再迁到太和谢家庄，最后定居伍仙桥。牛利岗刘氏是700多年前从惠州冷水坑迁来，始祖为两兄弟。兴华村的邓、黄、刘三姓村居民是1889年从开平蚬岗牛仔湖迁到燕塘龙船岗，1920年才移居至兴华村。鸡荔村的陈姓是从五华县迁来，钟氏则来自增城黄村。另外该村还有部分从外地迁来的姓氏。

建国初期，原银锭塘、河水、兴华村一带均属番禺龙洞乡第十保，而伍仙桥、鸡荔村、苏庄、牛利岗一带则属同安乡。不久银锭塘、河水、兴华村一带合并为一乡，当时从银锭塘、河水各取一字，定名为“银河”乡，后来与同安乡合并，就沿用银河乡名字，同安乡并入银河乡。

1953年进行互助合作运动后，银河乡又逐步分成10个初级农业合作社：一社兴华村、二社马蹄岗、三社银锭塘、四社鸡荔村、五社伍仙桥、六社苏庄、七社牛利岗、八社河水西、九社河水中、十社河水东。1955年一批印尼华侨回国定居，在鳌鱼岗买地建华侨果木场。1956年上述11个单位组建为银河农业高级合作社。

1985年，天河区成立，银河乡随沙河区公所划归天河区。两年后成为建制沙河镇管辖下的行政村，直到1995年12月天河区设立兴华街，银河村划归兴华街，1999年6月撤销银河村村民委员会，成立银河经济发展有限公司。2010年，银河经济发展有限公司总收入9245万元，比上年增长4.5%。

（卢臻臻）

沙东街

【概况】 沙东街建于1995年12月，由沙河镇划出沙东村地区组成，因辖区内有沙东村，故名。2010年，街下辖6个社区居委会和1个撤村改制公司：沙和、濂泉、天平架、范屋、天河山庄、陶庄社区居委会和沙东有利集团公司。总人口49065人，其中常住人口15065人，流动人员34000人，人口密度每平方公里2271.5人。

2010年，街辖内有广园东路、禺东西路、沙和路、沙太路、兴华路、同和路、濂泉路、永福路8条主要道路，其他街、巷30多条。

街辖内有沙河人民医院等医疗机构。有沙东有利国际服装批发城、新天地服装城、天平架装饰城、广园东农贸综合市场等大型商城、市场，其中沙东有利国际服装批发城由南城、北城、恒利组成，南城位于先烈东路、濂泉路口，该服装城建筑面积2.2万平方米，商铺1200家。北城位于濂泉路沙河服装城内，建筑面积4.5万多平方米，商铺1791多家。恒利商城位于沙东大街10号，建筑面积1万多平方米，主要以写字楼和仓储作为南北城的配套设施使用。沙东有利国际服装批发城是沙东有利集团有限公司打造的一个辐射华南地区，面向全国，走向世界的现代化专业服装批发市场。另还有南洋长胜酒店、鼎龙酒店等酒店、旅店。

【街道建设与管理】 ·城区管理及环卫建设· 2010年，沙东街制订实施《沙东街2010年深化流动人口和出租屋专项治理工作考评办法》，落实工作日记制度和例会制度，进行业务培训，全面加强出租屋管理员队伍作风建设。全年共组织统一清查行动75次，新摸查登记流动人员1.7万人、出租屋2594套，整治存在消防隐患出租屋3315套。通过采取延长办证受理时间、在社区设立流动办证点、到人员集中的单位和市场上门办证、联系照相馆协助现场办证等方法，简化流程步骤，大力推进“广东省居住证”办理工作，全年共办理居住证19526个，“两费一税”征收同比增长10.6%。

开展亚运环境综合整治，发放居民征求意见表5300多份，对辖内1200多栋房屋进行摸查，完成范屋村、沙东停车场雨污分流工程前期施工准备。协调市政建设部门对辖内市政道路和公共设施进行维护，全年维修路面3000多平方米，告知有关部门修复通讯、电力设施300多次。协助完成沙东大街市场水浸街改造工程，惠及400多户居民群众。对广州大道北246号周边区域实行围蔽管理，改善周边3个住宅小区的治安环境。开展污染源摸查，投入9万元对南蛇坑河涌进行清淤整治；开展“绿色社区”建设；做好市场整规、打假打传工作，建成覆盖全街70%范围的4条亮证经营街区，对辖内1400多家公共场所和饮食店铺实行分级分类管理，综合办证率达96%，街区环境得到整体提升。

·社会治安综合治理· 2010年，沙东街开展“基层平安建设”，开展治安重点整治工作。针对侨乐新村治安情况复杂问题，街主要领导多次带队到现场调研、清查，召开综合整治协调专题会议，制订并严格落实一系列整治措施，集中力量解决陶庄社区入屋盗窃多发的治安难点问题，取得显著成效。加强人防建设，各社区成立“红袖章”义务治安巡逻队伍，加强重点地段和时段的巡逻，压减“两盗”等多发性刑事案件的犯罪空间。2010年全年共受理总警情5093宗，同比下降10.4%，刑事及治安侵财警情1657宗，同比下降14.2%，刑事警情494宗，同比下降10.7%，两抢盗窃警情670宗，同比下降15.8%，立刑事案件212宗，破案122宗，当年破案率为58.5%，刑事拘留102人，逮捕72人，劳动教养7人。辖内刑事发案率得到有效控制，“两抢一盗”实现两位数的下降。

·出租屋管理· 2010年，沙东街以市出租屋督导考核细则为依据，依照《沙东街2009年流动人口和出租屋专项治理工作绩效考评试行办法》及《沙东街2009年流动人口和出租屋专项治理督导考评工作方案》修订2010年流动人口和出租屋专项治理工作绩效考评办法和方案，加强对各社区的出租屋日常工作进行量化考核。重点开展对辖区出租屋、居民住宅和“三小场所”的防火巡查，发现火灾隐患的与“三小场所”业主即时签订消防安全责任状。对群众群发10000多条注意提高消防安全意识短信，张贴及派发宣传单张2000余份，对未配备灭火用品的责令屋主及时配备，提供灭火器100多个。是年，沙东街新登记或更新录入出租屋7860多套、流动人员信息18914条；整治消防隐患出租屋476套；新配备灭火器材2146个；劝导业主自行拆除房中房3间11套，协助有关职能部门打击捣毁制假窝点19个。

·安全生产与消防· 2010年，沙东街继续落实安全责任制，与辖内各单位签订安全生产责任书，每月召开安全生产工作会议，面向社区、面向基层，实施“安全第一、预防为主、综合整治”的工作思路。全年共召开安全生产专题会议15次，组织统一检查200多次，检查辖内单位280多个，商铺（档口）近7000间。其中，组织开展亚运安全生产全面、专项检查整治活动53次，排查安全生产隐患，净化涉亚场所周边环境，确保涉亚场所安全。全年辖内无重大安全事故发生。

·人口与计划生育· 2010计生年度，沙东街出生191人，出生率为10.85‰，自然增长率为6.19‰，计划生育率为95.81%，无政策外多孩出生，完成计生“四术”82例。其中结扎13例，放环53例，采取补救措施16例。推进人口计划生育执法工作，查处违法超生10例，审批二孩5名，计生社会抚养费征收44.19万元。全年，沙东街为群众提供免费孕情检查1306人次，为204名已婚育龄妇女进行生殖健康普查普治，查处患病人数96人。

·社区文体· 2010年前后建成面积达2000平方米的省特级文化站、1200平方米的双拥文化广场、沙东少儿图书馆及长20米的科普文化长廊，极大改善和提高辖区文化基础设施建设水平。组建沙东街香樟艺术团，引进乐海胜艺术文化培训中心。街图书馆全年免费向辖内居民开放，现役军人、复退军人、优抚对象、低保户、残疾人子女每年均可免费参加街文化站举办的各类兴趣培训班学习。把建设全省首善之区与推进实施文化优区战略结合起来，以创文明、迎亚运为主题组织开展丰富多彩的社区文化活动，做到“周周有活动，月月有比赛”。

2010年9月20日，由沙东街道办事处主办，沙东街文化站、沙东街司法所、沙东地区妇联协办的“我们的节日·中秋”暨“法进社区”文艺演出在沙东街双拥文化广场举行。（沙东街道办供稿）

·社区服务· 2010年，沙东街制订《沙东街促进就业再就业工作方案》，及时收集辖内企业用工信息，通过定期发布信息、举办招聘会、上门推荐就业等形式，为下岗失业人员、农民工提供就业服务。失业人员就业率达72.98%，“4050”人员再就业率达76.89%，“零就业家庭”1人以上就业安置率达100%。此外，沙东街联系沙东有利集团公司在陶庄社区着手组建门面型创业基地，积极推进创业带动就业工作，目前有13家企业参与活动，带动60多人创业、200多人就业。积极开展农民工工资支付情况专项检查，全年共受理劳动保障监察案件32宗，涉案金额225万多元，涉及劳动者人数170人，案件办结率为100%。发挥沙东慈善分会作用，全年慰问贫困家庭124户，送上慰问金47700万元；全街干部职工、居民为5省特大干旱和玉树地震捐款162222元。

2010年11月29日，广东化州农民工代表向沙东街赠送锦旗。（沙东街道办供稿）

·社会事务· 2010年，沙东街注重低保、低收入人员家庭的申办及经济适用房和廉租房居民的资料审核工作，开展老龄及退管人员管理服务，上门探望慰问100多人次。全年向54户低保户、7户低收入户发放救济金38.64万元，发放实物救助116份，发放节日慰问金205203元。落实市政府针对住房困难家庭的住房保障工作，对33户低收入家庭的住房困难情况予以调查核实，对12户已领取经济适用房准购证明的家庭和申请廉租房补贴的家庭做再入户调查核实工作。街道为独居老人和老劳模开展居家养老服务，累计服务时间约为216小时。全年慰问烈军属、伤残、复员退伍军人257人次，发放慰问金2.61万元。组织无偿献血两次，超额完成全年计划54.7%。全年办理医疗保险260人，养老保险18人。

·创建文明城市· 2010年，沙东街开展市公共文明指数入户调查测评和“创文迎国检”工作，加强创建全国文明城市宣传力度。全街干部职工分成6个组，深入辖内6个社区，在进行出租屋、计生、消防检查的同时，派发《广州市文明公约》、《让我们为创建全国文明城市而共同努力——致天河区全体市民的一封信》、《广州“创文”活动知多D》、《广州“创文”活动知多少之二——惠民四项工程，力推民生改善》、《广州创建全国文明城市知识问答六十题》等宣传资料共计800余份，宣传广州市公共文明指数调查测评工作。同时开展创建文明城市意见收集，进行反馈汇总。

【沙和社区】 沙和社区位于沙和路15号西侧B11档，南至广园东路2177号，东至沙和路13到71号，北至沙和路71号沙东停车场，西至濂泉路42号，占地总面积约0.78平方公里。2010年，社区有常住人口6314户，17558人。

为丰富小区居民的精神生活，2010年3月11日晚，沙东街文化站及沙和社区居委会在辖内濂泉路42号大院小区广场义务为居民群众播放电影。

2010年，沙和社区通过广州市文明社区复评，并被区推荐参评广州市文明示范社区。

【濂泉社区】 濂泉社区位于广园东路，南至广深铁路，东至沙河横马路81号，北至广园东路，西至广深铁路东站货场三号门，占地总面积约0.25平方公里。2010年，社区有常住人口2029户，5450人。

2010年，濂泉社区居委会与广深铁路公司合建面积约为110平方米的星光老人之家，通过省“六好”平安和谐社区检查。至此，沙东街社区居委会办公用房与配套设施全部达标，6个社区居委会全部被评为省“六好”平安和谐社区。

2010年5月，成立濂泉社区志愿者党支部。这支队伍的成员大多数由濂泉社区党支部的退休和下岗党员组成，他们除了对辖内治安、消防等方面进行日常的巡逻外，更针对近期广州市开展的创文明迎亚运、当好东道主等一系列活动进行有效的宣传。

【沙东村（沙东有利集团有限公司）】 沙东村是清朝时期形成的，因位于沙河和沙河墟的东面，故名。沙东村原属沙河镇管辖，1995年8月划归沙东街。村辖内有花生寮、沙河新村、江屋、范屋、菜寮、塘寮、左竹园、柑园、桐油岗、石鼓岭、陶庄、涂屋、南蛇坑、天平架、大洲地、沙河顶、永福村、田心村、墟地街等20多个自然村。1999年7月，原村民委员会撤销，组建广州市沙东有利集团有限公司，逐步撤销行政职能。2010年，沙东有利集团有限公司总收入2.5亿元，比上年增长14.68%。（李桂艳）

石牌街

【概况】 石牌街位于天河区中西部，原名岗顶街。1987年3月20日，岗顶街道办事处成立。岗顶街由原沙河镇划出石牌村组成，因位于石牌岗顶而得名。1987年8月3日，岗顶街更名为石牌街。2010年，街下辖22个社区居委会和1个撤村改制公司：绿荷、南镇、朝阳、逢源、南大、东城、东海、石东、冠军、龙口西、松岗、南苑、穗园、瑞华、暨大、华师大、金田、金帝、鸿景园、华标、龙口花苑、芳草园社区居委会和石牌三骏企业集团有限公司。全街面积4.3平方公里。总人口276800人，其中常住人口110196人，外来暂住人口161471人，境外人口5133人，人口密度每平方公里约64372人。

石牌地区教育、医疗事业发达。街辖内有华南师范大学、暨南大学、广东技术师范学院西校区、广东行政学院等高校，有华南师范大学附中、广州市第一一三中学、暨大附中、石牌小学、龙口西小学等中小学校。辖区有广州华侨医院、中山大学第三附属医院两所三级甲等医院。

石牌地区商贸与文化娱乐业十分发达。以石牌西为中心的电脑市场有太平洋数码广场、天河电脑城、南方科技广场、百脑汇、展望数码广场等22家电脑城。是珠江三角洲及华南最大的IT产品集散地，汇聚国内外各类品牌的电脑产品及配件，云集1000多家电脑营销商。1993年后，石牌西路在广州科技街的基础上已经自发形成了经营、销售电脑产品IT市场群。2003年，由石牌街道办事处提出打造石牌西路IT商品一条街，目前已成为一条年营业额超过300亿元的IT商品一条街，业务遍及东南亚、西亚及非洲地区。集文化休闲购物于一体的天河娱乐广场是广州市民喜爱光顾的大型休闲娱乐场之一；摩登百货岗顶店是广州市7家金鼎百货店之一。

【街道建设和管理】·城区管理及环卫建设· 2010年，石牌街以“迎亚运”、“促大变”为契机，加强城区管理及环卫建设。探索城市管理新模式，发动社会资源参与管理；在辖内重点路段和区域设立15个综合治理岗亭，新招聘20名城管协管员，壮大城市管理队伍；实行分片管理，将辖区分南北两大片区7个分片区，落实干部辖区南北片负责制及小组长负责制；整治“六乱”，严控“两违”，加强工地管理，全年共执法立案520宗，罚款6.67万元，结案率100%；整治“六乱”3325宗，查处违法夜施55宗，拆除违建19宗，面积1086平方米，拆除违法户外广告314处共5843平方米。深入开展除“四害”宣传和服务：全年共安装防蚊闸100个，投放鼠药约3000公斤、粘鼠板约2000块、绿叶灭蟑清约2000包、灭蝇清约200包、灭蟑贴486盒、灭蚊片27400盒、氯消净1580包；清理清除卫生死角151处，清运无主装修垃圾720余吨，清除各类乱张乱贴广告49100张（处），清运日常生活垃圾3万余吨。

·社会治安综合治理· 2010年，石牌街刑事立案530宗，比上年（下同）下降11.8%；两抢盗窃警情522宗，下降18.3%。全年民警和治安员通过路面防控分别成功抓获违法犯罪人员1037人次，其中刑事拘留276次、行政拘留589人次、其他处理172人次。2010年，石牌街被评为“天河区2009～2010年度维护稳定及社会治安综合治理先进集体”、“天河区2009～2010年度创安工作先进街道”、“广州亚运会、亚残运会社会面整体防控志愿者工作先进集体”。

·出租屋管理· 2010年，石牌街完善“旅业式”和“捆绑式”出租屋管理模式，全年街道登记出租屋1437栋、54534套，比上年（下同）增长15.74%；新办理租赁登记备案1437宗，增长10.6%；办理居住证104807人/次，征收“两税”4152万元，增长20.58%。开展出租屋整治行动，重点整治“房中房”，街道出租房合格率达99.9%。

·司法服务· 2010年，石牌街举办各类法律知识讲座和法律咨询活动15次，现场解答法律问题12人次。刊出法制宣传栏288期，编印宣传单张、致居民一封信等资料15.8万份。受理群众来信来访案件173件，办结169件，办结率100%。加强对刑释解教人员、吸毒人员和法轮功人员的帮教，在全国“两会”、国庆等重大节日和敏感时期，全天24小时防控重点人员，全年成功调解矛盾纠纷101宗，无重大群体性和集体上访事件发生。

·安全生产与消防· 2010年，石牌街落实安全生产责任制，认真开展“安全生产月”活动，大力开展安全生产宣传教育和安全生产应急预案管理。通过举行安全知识大宣讲、举办消防应急演练、组织企业安全管理人员培训等，增强居民群众安全意识和应变能力。开展消防、特种设备、危墙危房、建筑工地等各类专项安全生产隐患大排查，进行安全生产综合整治行动，有效遏制重特大安全事故发生。组织力量对涉亚场所和重点接待场所周边涉危行业企业开展全面普查，加强安全生产保障工作。亚运赛事期间每周定期对涉亚场所及周边200米范围内消防安全和2000米范围危化品单位进行检查，加大对辖内出租屋消防安全、建筑工地施工安全、大型用电设施等检查力度，有效消除隐患。加强安监队伍建设，发挥基层安全生产监管作用。全年共巡查企业或场所11570间次，整改隐患914处。辖区没有发生重大安全责任事故。

·人口与计划生育· 2010年，石牌街投入计生经费200多万元。大力宣传《广东省人口与计划生育条例》和《流动人口计划生育工作条例》。发动辖内单位、热心群众为“幸福工程”捐款30300元，慰问贫困母亲、计划生育模范家庭44户，发放慰问金、慰问品1万余元。依法管理和追究政策外生育，发出征收决定书190宗，征收183宗，征收到位金额1400多万元，送法院强制执行3宗。完成国家计生委安排的全国出生人口信息数据核实、录入以及信息双向协查工作。加强计生专干队伍建设，集中进行计生业务知识培训。全年新建流动育龄信息卡6380张，处理各类信息累计28000多条，为群众办理广东省计划生育服务证1065个，流动人口婚育证明1137个，独生子女父母光荣证296个，独生子女综合保险95份，入户计生审批266份，二孩审批45人，三孩审批3人，审核病残儿鉴定申请资料6份，已批再生育申请4份。为448位独生子女父母审核发放独生子女父母奖励，为32位计划生育特别扶助对象审核发放特别扶助金，为47位落实计划生育节育措施育龄人员审核发放节育措施奖励金，为70位领取独生子女父母光荣证的人员发放独生子女一次性奖励金，为94户独生子女家庭户办理独生子女综合保险，为174对拟结婚对象审核材料提供免费婚检。

2010年，石牌街出生1061人，计划生育率96.42%。已婚育龄夫妇落实结扎42例，上环94例；流动已婚育龄妇女16984人，出生813人，计划生育率84.26%，已婚育龄夫妇落实结扎47例，上环118例。

·社区文化体育· 2010年，石牌街围绕“迎亚运 促和谐 当好东道主” 主题，开展丰富多彩的社区文体活动，发动辖内居民群众和社区业余文艺团队参加天河区第四届天河读书节“4·23世界读书日”读书征文评选活动、“七夕天河 动感亚运”天河区群众文艺汇演暨天河区文化优区成果展演等；开展扫黄打非整治行动，尤其是在亚运会亚残运会期间，重点做好辖内音像制品市场、各电脑城及有证网吧的监管和清查工作。全年开展大规模扫黄打非查处行动24次，出动585人次，清查非法销售音像制品店铺14间，查处黑网吧5间，捣毁地下仓库3个；收缴盗版光碟123735张，其中淫秽光碟906张；没收电脑53套、盗版书籍约1098册；收缴非法行医、游医的工具和药品一批，净化辖区治安环境，规范文化市场和经济秩序。2010年，石牌街获得广州市科普示范街和广东省城市体育先进社区（街道）的称号。

·创建全国文明城市· 2010年，石牌街开展市公共文明指数入户调查测评和“创文迎国检”工作，组织志愿者开展文明出行宣传，广泛开展各类群众性精神文明创建活动以及创文明主题月实践活动和社区论坛活动，组织各社区开展主题实践活动近200场次，派发创文宣传单张、张贴宣传海报、印制宣传礼品等80000多份，动员辖区居民群众、党员、商铺业主、流动商贩以及辖内单位等支持配合迎国检工作，实现创建工作全街行动，全民参与，不断提高市民文明素质和城区文明程度。加强辖内黄埔大道、天河路、天河北路、石牌东路、石牌西路等主要路段巡查守点，做好实地考察工作，高标准迎接国家检查组和市、区组织的检查，受到上级领导的肯定。

·民政优抚· 2010年，石牌街做好社区就业和劳动保障工作，在网上开展失业人员求职登记、企业招聘登记、推荐就业工作，为社区就业人员4525人次申请社保补贴91.58万元，岗位补贴36.20万元；网上办理劳动用工备案394家企业共1936人次；组织失业人员参加职业指导学习996名，各项职业技能培训143人次。开展劳动保障监察工作，全年调查立案并处理劳资案件140宗，群体性劳资纠纷突发事件7宗，合计涉及人数672人，涉及金额184.2万元。做好社会救济工作，为符合条件的困难家庭办理社会救济。做好社会化退休人员和老年人服务工作，在册社会化退休人员2194人，年审率达99.95%；提供政府资助居家养老上门服务4800多小时。做好居民医保办理工作，2010年新参居民医保1337人，新办居民养老31人。做好残联工作，上门慰问残疾人90人次；为52位残疾人办理一、二级重残专项资金补助；办理残疾人证申领、换证55本；配合区对辖内2户残疾人家庭进行无障碍设施改造；及时发放特殊群体一次性亚运生活补助金398人共199000元。做好天河区慈善会石牌分会的日常管理工作，全年筹得善款47780元，救济困难对象225人次，支出救助金额82000元。组织开展为玉树地震灾区等募捐活动。稳步推进亚运免费惠民项目工作，全街共14342人参与各项惠民礼包免费抽签活动。

【亚运安保】2010年，石牌街作为天河区5个涉亚安保重点管控街道之一，辖内有嘉逸国际酒店、中山三院、华侨医院等三个涉亚场所。石牌街加强社会面整体防控，做好亚运安保应急预案、人员培训、装备器材保障等工作。向辖区社会义务力量添置和发放工作证、袖章、帽子、手电筒、口哨等装备，为每个社区居委会下拨专项经费。组织开展亚运消防安全大宣讲、大培训、大检查、大演练活动，有效消除隐患。对商业零售、餐饮、宾馆饭店、公交站场等人员密集场所进行重点检查，加强从业人员的教育管理，强化服务意识，规范服务行为，营造良好的社会和服务环境。亚运、亚残运赛事期间启动防控一级响应，设置防控岗位907个，投入辅助力量1554人、社会义务力量17503人，在辖区进行布点防控；成立石牌街亚运会亚残运会自行车巡逻队，分南北两片，对辖内重点路段、场所进行巡查；开幕式当天举行亚运安保再动员宣誓仪式，对亚运安保队伍进行检阅；在辖内岗顶、华师两个地铁站出口及中山大道BRT沿线，组织民兵对开、闭幕式结束后人流进行疏导，有效维持现场秩序；大力开展平安电网专项整治行动，确保亚运期间地区平安用电。

【“三防”工作】2010年，石牌街进一步修改完善三防应急工作预案，细化各成员单位职能分工及应急响应工作程序。做好5月7日广州遭受特大暴雨侵袭的后续工作，协调有关部门和物业公司解决车辆水浸、小区停电等救灾善后工作。关注水情及各类灾害性天气信息，及时预警，做好预防工作。做好龙苑大厦电力设备、电房重建协调修复工作，恢复辖区居民正常生活和工作。

【第六次全国人口普查】2010年，石牌街做好广州市在街道进行的人普试点工作，成立人口普查工作领导小组及办公室，制定人普工作方案，明确普查各阶段工作重点和责任分工，落实普查人员、经费。广泛进行宣传动员，开展普查调研，抓好人普队伍建设。加强普查员、普查指导员的选任培训，安排普查指导员参加市、区人普业务培训，抽调三名机关干部、选聘800多名社区普查员投入人普工作。完成户主底册摸底、上门登记、快速汇总、光电录入等阶段的人普工作，确保普查数据真实、准确、完整。

【绿荷社区】绿荷社区位于石牌村内，南至南苑小区，东至豪居大街，北至遗安大街，西至白云小汽车公司宿舍，占地总面积约0.06平方公里。2010年，社区有常住人口721户，2080人。

2010年4月22日、23日，绿荷社区居委会干部积极发动社区居民、辖内商铺为青海玉树地震灾区同胞伸出援助之手。共募捐4000多元，以实际行动支援灾区，献出爱心。

2010年5月21日、22日，在石牌三骏企业集团的协调下，绿荷社区与南镇、朝阳、逢源社区在石牌村卫生站开展第二季度查环查孕工作，共有850名育龄妇女参加。活动中免费向广大育龄妇女发放避孕药具和街道计生办印发的礼品一批。

2010年7月29日，绿荷社区居委会和石牌街民政科一同上门慰问辖内现役军人池振威家属，送上慰问金与慰问品，祝福其家人身体健康、节日快乐。

【华师大社区】 华师大社区位于石牌街东北部，南至中山大道西，东至华南快速干线，北至华景西路，西至五山路，占地总面积0.82平方公里。2010年，社区有常住人口3341户，20471人。

2010年3月15日，华师大社区举办“迎亚运、低碳行”科普宣传活动，华师大社区老中青科普志愿者在社区运用“光动媒”技术编制的节能减排的动画图册、益智动画拼图向社区居民宣传低碳生活，通过宣传让大家从身边做起，开展节能减排全民行动，大力倡导“低碳家庭 时尚生活”。

2010年8月30日，区委常委、宣传部部长黄彪，区妇联主席庞红瑶、副主席肖琰等领导在石牌街党工委书记罗富国、街道办事处副主任陈云娟以及华师大社区居委会干部的陪同下，到石牌街华师大社区居民秦兆年、刘达莲夫妇家中。黄彪向秦兆年夫妇颁发由中华全国妇女联合会以及全国五好文明家庭创建活动协调小组联合授予的第七届全国五好文明家庭荣誉奖牌。

2010年10月，华师大社区以“争当知礼向善公民，塑造文明市民形象”为主题，开展一系列文明礼仪实践活动。在辖内设咨询点，向过往居民群众派发《广州市市民礼仪手册》、《广州为你喝彩——亚运观赛指南》等宣传资料；在社区宣传栏张贴“礼仪推广月”主题宣传海报，带动广大居民朋友养成文明有礼的良好习惯。

（李新辉）

五山街

【概况】 五山街建于1953年，由白云区五山镇改称而成。2010年，街下辖13个社区居委会：茶山、岳洲、东莞庄、华工、华农、广外艺、瘦狗岭、五所、粤垦、农科院、白石岗、高胜、汇景社区居委会。全街面积10.59平方公里。全街面积1.26平方公里，总人口96699人，其中常住人口83118人，外来暂住人口13581人，人口密度每平方公里76745人。

五山街内有岳洲路、粤汉路、东莞庄路、茶山路、东莞庄一横路、长福路、广园东路、粤垦路、凤阳路等主要道路；主要公交线路有22路、20路、197路、78路、27路、138路、B10路（原234路）、41路、218路及地铁三号线五山站。辖区内有茶山新村、五山花园、天一新村、嘉逸花园、半山翠庭、高胜花园、茶山小区、嵩山小区、凤凰新村、南秀村、南新村、西秀村、东秀村、春晖苑、半山雍景苑、南门苑、荼景苑、瀚景轩、汇景新城、丽晴轩、九洲文化家园等住宅小区。

建国前，五山地区原是中山大学校区；建国后，五山成为广州高校和科研单位密集的地区，也是广州著名文化街区。街辖内有华南理工大学、华南农业大学、暨南大学华文学院、广东外语艺术职业学院、广东科学技术职业学院、广东科贸职业学院、广州市第四十七中学等院校；有信息产业部电子第五研究所、中科院广州地球化学研究所、中科院广州能源研究所、广东省农业科学院、广东省蚕业技术推广中心、广东省钢铁研究所、广州气象卫星地面站等科研单位。

2010年，全街工业总产值58682万元，增长13.5%。

【街道建设和管理】 ·城区管理及环卫建设· 2010年，五山街围绕“创文”、“迎亚运”两项重点工作，加强与卫生、工商等职能部门和辖区各大机团单位的配合，为“迎接亚运会、创造新生活”营造良好的城区环境。实施“迎亚运”市容整饰工程，对广园快速路、华南快速干线、岳洲路沿线的楼宇进行整饰美化。强化整规打假、食品安全工作责任，通过开展社会宣传、加强现场监管、查处违规行为等举措，确保辖区食品安全。抓好“六乱”和“两违”整治，加大对重点地段乱摆卖现象的打击力度，教育和取缔乱摆卖、占道经营、乱拉挂等1000多宗，拆除户外违法广告招牌90多宗，清拆违法建筑4725.5平方米，对各类屡教不改的违法行为行政处罚24500元。协同相关单位、物业公司积极开展绿色小区创建工作。绿色社区的数量和质量继续在全区位居前列，市民居住环境不断得到优化提升。

·社会治安综合治理· 2010年，五山街发生刑事案件269宗，其中：“双抢”案11宗、入室盗窃案73宗；刑事案件比上年（下同）下降13.8%、双抢案件下降60.7%、入室盗窃案下降15.9%。围绕“平安亚运”的总体目标，五山街组织辖区机团单位和社会各界力量参加群防群治和亚运安保，通过构建社会面巡逻防控、社区义务联防、重点部位视频监控“三位一体”的防控网络，促进辖区治安形势和社会秩序继续好转，全年刑事立案持续下降。

2010年，五山街推进综治信访维稳中心及社区工作站的建设，做好民生信访问题排查，处置各类社会矛盾纠纷和突发性群体性事件25宗，做到“小事不出社区、大事不出街道”。抢劫、抢夺等重大案件同比下降50%。开展“人屋车场”、校园周边环境、“扫黄打非”等专项整治行动，出租屋连续5年零发案。持续加强群防群治工作，深入开展创建“平安社区”、“无毒社区”和“平安电网”等基层基础工作。

·出租屋管理· 2010年，五山街整合公安、房管、税务等方面力量，开展出租屋和流动人员综合治理工作。全年街道登记出租屋4171套，比上年（下同）增长36.4%。登记流动人口2.1万人，增长18%，新办广东省居住证17242个，采集登记流动人口信息18180人次，出租屋合格率达100%。

继续深化“人屋”综合治理，100%落实屋主签订治安消防责任书。深化对“房中房”的专项整治，配合国土、规划部门进行查处。加强外籍人员的管理，汇景社区、华文学院两个外国人管理试点工作初见成效。加强出租屋管理员队伍建设，提升管理员服务意识，以服务促管理。通过各方面的努力，出租屋管理连续五年保持零发案纪录。

·司法服务· 2010年以“亚运安保”为第一工作要务，部署春节、全国“两会”、中秋及国庆特殊时期的人民内部矛盾纠纷专项主题排查活动，开展“迎亚运，保平安，人民调解化解矛盾纠纷专项攻坚活动”、校园周边不安全、不稳定因素专项排查行动和人民调解、“平安亚运百日大会战”排查调处专项行动。共排除出隐患6宗。

到2010年11月20日止，街调委会调解民间纠纷总数共78件，成功调解纠纷成功数为78件。五山街司法所共接收社区矫正对象9名，其中解矫2名。是年，五山街公益法律服务站由广东华勋律师事务所的专业律师及律师助理于每周一的下午为群众提供法律咨询、法律宣传活动、协助调解民间纠纷等免费服务。

·安全生产与消防· 2010年，五山街定期开

2010年9月30日，五山街召开亚运会社会面整体防控工作动员大会。区委常委、组织部部长潘文捷、区纪委副书记李小东、街道领导班子成员、全体工作人员、社区居委会书记及综治专干、辖内单位综治负责人及民警、辅警近200人参加会议。（五山街道办供稿）

展安全生产和消防专项检查，组织企业开展消防演练和安全宣传培训活动。全年出动检查人员1536人次，检查企业及“三小”场所3552家，发现安全隐患517处，通过现场整改、限期整改、复查督促、行政处罚等方式，确保检查发现的安全隐患全部整改到位。

·人口与计划生育· 2010计生年度，五山街户籍人口为83118人，出生706人，计划生育率为97.45%，其中，一孩出生626人，二孩政策内出生57人，完成区下达的各项计生考核指标。五山街不断健全常住人口计生信息管理系统，完善流动人口信息1.6万多条。在第六次全国人口普查中，应对并妥善做好依法征收社会抚养费的各项工作。五山街连续两年成为广州市计划生育目标管理责任制考核的表扬街。

2010计生年度，五山街出生706人，出生率8.49‰，自然增长率为6.03‰，计划生育率为97.45%，完成计生“四术”153例。其中：结扎16例，放环95例，采取补救措施42例。推进人口计生行政执法工作，查处违法超生70例，审批二孩34名，社会抚养费征收548.19万元。全年，五山街为辖内群众提供免费孕情检查4334人次，为186名已婚育龄妇女进行生殖健康普查普治，查出患病人数27人。

·社区文体· 2010年围绕“创文迎国检”和“迎亚运”主题，五山街开展宣传发动活动。从3月起，五山辖内13个社区连续播放电影30多场，吸引众多群众前往观赏。组织五山诗社、书画摄

2010年8月6日，五山街联合汇景社区在汇景新城举办2010年青少年暑假系列活动“童心迎亚运——汇景新城第四届少儿游泳比赛”。（五山街道办供稿）

影社团外出采风，出版《创文专辑》、《松韵》、《夕阳红》等诗集，书画摄影社团辖内举办两场“五山街迎亚运书画摄影展”。五山街坚持开展青少年街舞大赛，以“青春动感迎亚运”为主题。针对中小学生人群，组织开展小学生书画展、少儿围棋赛、参观卫星气象站等多项活动，特别是9月份组织的“五山地区第二届青少年科普知识竞赛”，辖内8所小学全部参与，推动五山地区科普教育与素质教育的发展。9月，街组织开展“亚运广州行”公民道德宣传日群众文化活动，推进现代公民教育活动。

·社区服务· 是年，五山街落实敬老爱老慰问工作，全年，街道协助办理老年人社会保障卡申领共计831人次，发放老年人社会保障卡共计822张，为辖区内共计883位80岁以上的老年人办理长寿保健金申请，发放长寿保健金20.09万元。做好特困人员救助工作，对特困职工和符合“低保线”的特困职工全部登记，帮助13户生活困难群众申请临时生活救助、实物救助共计4.48万元，协助36户家庭申报廉租住房租赁补贴或申请居民经济适用房。对辖内333名残疾人的登记情况进行更新，完成70位重度残疾人的专项补助金发放，帮助11位残疾人重新就业。

全面推进社区建设，完善居委会管理制度。加大就业、再就业服务和用工技能培训，立足社区深挖就业岗位解决“4050”人员再就业难题。抓好老、幼、孤、残、困等弱势群体的民生保障服务工作，纾解困难群众的民生热点难题，社区民生保障服务提高到新水平。切实做好残疾人保障服务工作，实现“人人享有康复服务”的工作目标。街道劳动监察队伍有效发挥监管和调解作用，妥善解决外来工欠薪案件。

全年向46户低保户、1户低收户共发放救济金2.91万元，污水处理费310元，发放实物救助97份，折合人民币约1.75万元，发放节日慰问金3.2万元。落实市政府针对住房困难家庭的住房保障工作，对48户低收入家庭的住房困难情况予以调查核实，对25户已领取经济适用住房准购证明的家庭和申请廉租住房补贴的家庭做再入户调查核实工作。街道为独居老人和老劳模开展居家养老服务，累计服务时间约为170小时。全年慰问烈军属、伤残、复员退伍军人25人次，发放慰问金2万元。组织无偿献血6次，超额完成全年计划23%。全年办理医疗保险808人，养老保险25人。

·创建文明城市· 2010年，五山街围绕“创文”、“迎亚运”两项重点工作，做好创文工作。实施“迎亚运”市容整饰工程，对广园快速路、华南快速干线、岳洲路沿线的楼宇进行整饰美化。强化整规打假、食品安全工作责任，通过开展社会宣传、加强现场监管、查处违规行为等举措，确保辖区食品安全。抓好“六乱”和“两违”整治，加大对重点地段乱摆卖现象的打击力度，教育和取缔乱摆卖、占道经营、乱拉挂等1000多宗，拆除户外违法广告招牌90多宗，清拆违法建筑4725.5平方米，对各类屡教不改的违法行为行政处罚24500元。协同相关单位、物业公司开展绿色小区创建工作。绿色社区的数量和质量继续在全区位居前列。

【华农社区】华农社区位于五山街东部，南至汇景路，东至长兴街，北至东莞庄路，西至五山路，占地总面积约0.0574平方公里。2010年，社区有常住人口2495户，55000人。

为迎接第16届亚运会，2010年6月20日，由五山街道办事处、华南农业大学主办，华农社区居委会、华农大家委会承办的“参与亚运盛会、共创和谐社区”为主题的少儿书画比赛活动在华农大图书馆旁举行。

2010年8月15日，华农社区居委会在华农保卫处3楼会议室开展“迎亚运，讲文明暨文明出行，从我做起”社区论坛会。与会居民表示将积极参与“迎亚运、讲文明、树新风、促和谐”主题实践活动，以实际行动迎接2010年广州亚运会的召开。

【汇景社区】汇景社区位于五山街东侧，南至广园东路，东至棠下街，北至华南农业大学，西至华南快速干线，占地总面积约0.8平方公里。2010年，社区有常住人口2500户，7900人。

2010年11月22日，由广州市民政局、市老龄委主办，区民政局、区老龄委、五山街道办事处协办，汇景社区居委会、广州老百姓艺术团承办的“广州社区文明百日志愿服务亚运社区长者文艺巡回演出”主题活动，在汇景社区辖内美逸闲情文化广场举行。活动吸引辖内居民约400人前来观看。

2010年12月19日，由广东外语艺术职业学院共青团与汇景社区居委会协作组织，在汇景新城社区开展亚运宣传志愿服务活动，将亚运风采和树立城市新风貌的意念传达到汇景社区。一系列的活动形式多样，有效地推进城市文明志愿服务工作，以志愿服务为载体，共同参与亚运、支持亚运、奉献亚运，营造“人人都是东道主，个个都是志愿者”的社区氛围。

（汪贯绚）

棠下街

【概况】棠下街位于广州市的东部，东起车陂路，西至华师大东围墙，南起中山大道，北至北环高速路。棠下行政街建于1997年12月，由东圃镇、石牌街、员村街、五山街划出地段组成，因辖内有棠下村，故名。2002年12月东圃镇撤镇设街，将棠东村划入棠下街管辖。2010年，街下辖17个社区居委会和2个撤村改制公司：棠德南、棠德北、华景东、华景西、尚景、达善东、达善西、枫叶、邮电、荷光东、荷光西、加拿大、祥龙、丰乐、东南、天安、广棠社区居委会和棠下、棠东经济发展有限公司。全街面积7.42平方公里。2010年，总人口26万多人，其中常住人口约6万人，外来暂住人口约20万人，人口密度每平方公里3.5万人。

街内主要住宅小区有华景新城、加拿大花园、历德雅舍、珠江俊园、棠德花苑、天朗明居、春江花园、泰安花园、信华经理人家园等，其中棠德花苑是目前广州市最大的解困房住宅小区，有近3万人口入住。

毛泽东视察棠下农业生产合作社旧址位于达善大街27号、49号，是广州市文物保护单位。2003年年初，区文化局和棠下村联合整修“毛主席视察棠下农业生产合作社旧址”，旧址重新按当年视察时的原貌布展，并改名为“毛主席视察棠下纪念馆”。馆内按原样布置20多件实物，重现当年的情形，并增加40多幅珍贵的历史照片。

【街道建设和管理】·城区管理及环卫建设·2010年，棠下街完成迎亚运综合整治任务。科韵路拆迁13万多平方米无一例纠纷，中山大道、科韵路等主干道80万平方米“穿衣戴帽”工程完工，完成棠下涌、车陂涌整治，棠德花苑小区雨污分流工程完工，主干道5幢大楼“光亮工程”及1500米“三线下地”工程按时完工，拆除违章广告牌115块5000平方米，得到市、区的充分肯定。全街共拆除包括东南市场四幢商铺在内的违章建筑6500平方米，拆除后山猪（窝）棚、违章广告牌8000多平方米，拆除科韵路后山一带旧厂房6000多平方米（迎亚运综合整治），达到全面严控“两违”的工作目标。清理“六乱”，为新一轮“创文”营造良好的城市环境。完成新一轮环卫招标，逐步完善环卫基础设施，全面加强环卫监管力度。街道出资在上社荷光路修建一个临时垃圾站点，缓解上社的垃圾露天堆放问题。组织协调开展一系列的整规打假专项行动，会同公安、工商、卫生等职能部门先后共出动3000多人次，检查整治饮食摊档等无证照经营场所1000多家，取缔无牌无证经营场所近100家。全年共处理12319城管热线投诉750多宗，信访96宗。

·社会治安综合治理· 2010年，棠下街刑事立案438宗，比上年（下同）下降14%；“两抢”“两盗”案803宗，下降21.9%。全年民警和治安员通过路面防控分别成功抓获违法犯罪人员716人次，其中刑事拘留219人次、行政拘留432人次、其他处理65人次。

积极开展社会矛盾纠纷排查调处，开展全街性专项排查8次，调处矛盾纠纷73宗，其中涉及30人以上的重大群体性纠纷5宗，涉及金额400多万元。加大排查回访工作力度，排查隐患苗头8宗，及时进行处置，将矛盾纠纷化解在萌芽状态。进一步加强禁毒及防范邪教工作，对全街吸毒、邪教人员进行排查，登记造册，并对其中42人进行重点监控。开展各项宣传咨询活动，共出版禁毒、反邪教宣传栏128期，张贴宣传海报800多张，举行各类咨询活动12次，接待群众1000多人次，派发《崇尚科学 反对邪教》、《禁毒法》等小册子和各类宣传资料、纪念品10000多份。认真开展“人屋车场”专项整治，先后3次联同职能部门组织专项行动，出动650多人次，对200多间重点场所进行清查整治。与市越馨物业管理有限公司签订《汽车停放站（场所）委托管理合同书》，正式确定街辖9条道路停车场建设工作，华景粤生街、棠德南路、棠德西路、泰安北路4条道路停车场通过上级部门审批投入使用。

·出租屋管理· 2010年，棠下街加强出租屋及流动人员管理服务。开展“洗楼”行动，开展“人屋”专项整治行动和“房中房”整治行动。共清查整治出租屋5141栋，106442套，登记流动人员142310人，新录入流动人员128121人，办理居住证128121人次。累计办理房屋租赁登记备案3697宗，总登记备案面积294175平方米。托管式出租屋6000套；围院式出租屋87栋。

·司法行政· 2010年，棠下街共刊出法制宣传栏12期，张挂普法宣传横幅17条。举办户外法律咨询活动2次。成功化解群体性上访2宗，为当事人追回补偿金、工资等费用123.3万元，成功调处各类纠纷案件25宗。律师参与劳动合同纠纷案件3宗，追回人身意外伤害补偿金10万元。

·安全生产与消防安全· 2010年，棠下街开展消防安全专项整治工作，全年检查企业1112家，发现消防安全隐患229处，整改消除安全隐患229处，开出限期整改通知书130份，开出责令限期改正复查书130份，整改和复查率达到100%。举办新《消防法》学习培训班，开展“安全生产月”活动，组织消防大演习，辖内各单位、企业、个体经营户共500多人到现场观摩，提高居民群众的消防安全意识。

·人口与计划生育· 2010计生年度，棠下街落实计划生育手术共1147例，其中流动人口688例、常住人口459例；当年出生1556人，其中流动人口538人（流入本地半年以上人员）、常住人口1018人；完成流动人口计生率为88.48%（区政府下达指标为85%），常住人口计生率为94.6%（区政府下达指标为94.5%），依法征收社会抚养费2420万元；育龄妇女B超普查人数14000人，普查率达92%。

·社区文体· 2010年，棠下街深入开展社区文化体育活动，举办“相聚棠下”第四届金雁文化艺术节系列活动，组织开展“文明社区”、“六好社区”、“无毒社区”、“体育先进社区”等各类群众性精神文明创建活动；组织社区群众参加国家、市、区举办的各类文化活动11次，共获奖励13次；举办文艺培训班22期，宣传栏12期，文化走廊12期，各社区举办各种形式的文化活动34次。

2010年8月31日，广州市优秀童谣传唱活动启动仪式在华景小学举行。（摄影：李诚）

·社区服务· 2010年，棠下街会同区人社局联合在棠下小区为企业举办2场免费招聘会，为1300多名求职者提供就业信息，290多人与22家企业初步达成意向。截止11月份，街劳动保障服务中心共办理失业登记881人，其中安置就业人员859人，就业率达80%以上，充分就业社区达60%，就业率达90%，“4050”就业率达85%，全街“零就业”家庭为0。棠下街建立劳动保障监察“两网化”管理、制定“棠下街预防和处置劳资纠纷群体性突发事件应急预案”。主动监察用人单位380户，涉及人数31295人；处理劳资纠纷63宗，涉及人数323人，追回金额70万余元。

·社会事务· 2010年，棠下街坚持“富民优先、民生为重”的政策导向，进一步落实广州市惠民66条、17条补充意见和区48条惠民措施，认真

2010年8月10日，广州市市长万庆良（中）到棠下街慰问孤寡老人。（摄影：尹少平）

做好125户低保户最低生活保障工作和居家养老服务工作，为25户低收入困难家庭办理《基本医疗救助证》，发放救助购物券4万余元，发放临时性物价补贴82930元。帮助群众申请重残补助金、重大疾病医疗费、特困人员医疗救助、临时性困难救济金21万余元；发放亚运补助金每人500元共18万余元。多次组织开展“慈善募捐”活动，特别是积极响应区委、区政府的号召，向青海玉树地震灾区人民伸出援助之手，共募集捐款83423.25元。做好低收入家庭住房保障工作和经济适用房的申请工作，已递交经济适用房申请44户，进行经济适用房公示的44户，目前还在审核的有6户。批准并发放经济适用房准购证25户，其中已签订购房协议入住的20户，廉租房保障申请10户，批准发放租赁补贴8户。

·创建文明城市· 2010年，制定《棠下街迎接2009年城市公共文明指数测评工作方案》及各社区子方案，明确全街上下全体人员的创文具体职责，做到全街上到书记主任，下到每一个社区工作者及协管员全覆盖，每人都有相应的工作任务。通过全街上下共同努力、奋力拼搏，棠下地区环境面貌得到明显的改观，街创文工作取得明显的成绩。

【华景社区】 华景社区位于棠下街华景新城生活区内，南至中山大道，东至信华花园，北临华景北路，西至华南快速干线东，占地总面积约1.3平方公里。2010年，社区有常住人口7046户，25301人。

2010年12月12日晚的亚残运会开幕式上，棠下街华景小学三年级少先队员何宇轩（先天性失明的视障儿童）手捧国旗，在妈妈的陪伴和25辆残疾人专用车的护送下绕场半周后，将国旗交与由8名武警战士组成的仪仗队，五星红旗伴随着中华人民共和国国歌声在广东奥林匹克体育中心升起。

【棠下村（棠下经济发展有限公司）】 棠下村形成于南宋时期，村名起源有二，一是先祖在“甘棠树下”开村，故名；其二出自典故：据古籍记载，周朝召公出巡，曾在路边的甘棠树下听讼决狱，后人感其恩德，不敢砍伐，故此“甘棠树下”历来有缅怀先人遗德的意思。姓氏以钟、潘、梁姓为主。

1958年4月，毛泽东视察该村的农业生产合作社，随后，周恩来、贺龙及朝鲜首相金日成先后视察该村。村原属东圃镇管辖，1997年划归棠下街。下辖达善、上社、新墟3个自然村。1999年5月，原村民委员会撤销，组建棠下经济发展有限公司。公司下设15个股份合作经济社。2010年，棠下经济发展有限公司总收入26545万元，比上年增长2.24%。

【棠东村（棠东经济发展有限公司）】 棠东村形成于宋朝，历史上曾是棠下村的一部分，建国后在1953年土地改革运动中，划分出来成为独立的行政村，因位于棠下村东面，故名。该村东邻车陂街，西靠棠下村，南临中山大道，北达广深（九）铁路、广州氮肥厂，包括东南村、东北村和丰乐村等自然村。

2002年12月4日，棠东村从东圃镇划归棠下街管理。姓氏以钟、潘、李姓为主。曾冒险收敛黄花岗起义七十二烈士遗体的著名民主革命活动家潘达微是棠东村人。1999年5月，原棠东行政村撤村改制，组建棠东经济发展有限公司。2010年，棠东经济发展有限公司总收入9051万元，比上年增长3.52%。

（刘健）

员村街

【概况】 员村街建于1960年7月，由东圃镇划出员村、程界村地区组成。西邻广州跑马场和华南快速干线，北邻天河区政府和天河公园，东接天河高新技术开发区南面是风景秀丽的珠江河畔。2010年，街下辖14个社区居委会和1个撤村改制公司：二横路、新村、绢麻、侨颖、山顶、华颖、南富、程界西、程界东、美林、新墟、四横路、新街、昌乐园社区居委会和石东实业有限公司。全街面积5.37平方公里。总人口88645人，其中常住人口46146人，外来暂住人口42499人，人口密度每平方公里16507人。

员村地区从二十世纪五十年代开始就是广州市的工业基地。工矿企业较多，本世纪因广州东拓的原因，这些工厂已陆续搬离员村。现街辖内中央、省、市属工矿企业单位和学校、科研机构主要有：广东省高等法院、华南环保研究所、广东环保学校、广东工商学校、广州虎头电池集团公司等。员村地区生活服务设施较为完善。街内有综合市场5个。大型百货商场4间，医院、学校、银行、邮电所等生活配套齐全。街道辖区内小区林立，有美林海岸、东璟、都市兰亭、天一庄小区、怡景花园、新城花园、东和花园、临江花园、江景豪庭、石东花园、同乐花园、白马花园、威龙花园、美居花园、万兴苑，康湖小区、福颖小区、华颖小区、百合苑小区、福金莲小区等。交通方便，有黄埔大道、临江大道、科韵路，员村一、二、三、四、五横路和员村新街、员村西街等9条道路。11条公共汽车线路的总站设在员村：40路、540路、542路、140路、245路、284路、550路、583路、299路、882路，504路。2009底开通的广州地铁5号线经过员村，设有员村站和科韵路站。

【街道建设和管理】·城区管理及环卫建设· 2010年，员村街通过巡查和组织专项整治行动，共整治“六乱”3697宗，拆除违法广告牌96个，拆除违法建设125宗，约8000平方米。处理各类城管方面投诉2070宗。继续加强对市容环境卫生的监督管理，推进实施市容环境卫生责任区制度。成立员村街“六乱”综合整治中队，组织开展专项行动，加强“六乱”整治，切实抓好“门前七包”责任制落实，开展对临江大道亲水码头广场、辖内市场周边占道经营、乱摆卖等专项整治行动。着力抓好市场整规，配合有关职能部门开展整治无证照经营、打假、打击传销等各项市场整规，在山顶社区内查获假冒伪劣电脑配件一批，在员村三横路一药店内查获违禁药品10000多瓶，联合区卫监所取缔程界西、员村村内的21间无证照诊所，切实加强病媒生物防治工作。

·社会治安综合治理· 2010年，员村街完善综治维稳信访机制体制，落实“矛盾联调、治安联防、问题联治、工作联勤、平安联创、人口联管”的“六联”工作机制。全年，中心共受理矛盾纠纷295宗，办结案件290宗，办结率为98.3%。重视维稳工作，排查主要的矛盾纠纷和不安定因素9宗。开展中小学校、幼儿园的安保工作检查172人次，对辖内所有中小学校、幼儿园进行全面检查，重点检查存在安保问题的学校、幼儿园的整改情况。全年派出所刑事立案296宗，比上年下降11.6%，破案304宗，辖区治安环境得到改善。

·出租屋管理· 2010年，员村街整合公安、房管、税务等方面力量，开展出租屋和流动人员综合治理工作。全年街道登记出租屋7096套，比上年（下同）增长27%。登记流动人口1.4万人，增长25%，新办IC卡居住证44811个，采集登记流动人口信息62899人次。

·安全生产与消防· 2010年，员村街开展“安全生产年”活动，落实安全生产责任制，制定员村街安全生产责任书，与街辖区内各生产经营单位、石东公司及经济社、社区居委会签订安全生产责任书、消防安全责任书、交通安全责任书共1623份。开展各类安全生产专项整治15次，检查危化品企业单位4家186次，督促企业自查39家次，消除隐患13处。检查喜龙专业档铺33家147次，五金档铺25家78次，查处4家非法储存危化品商铺。开展建筑工地安全隐患大排查，对辖内在建工地、亚运重点建设工程项目、建筑物立面整饰工程进行检查，检查各类工地124家次。以宾馆、酒店、商场、市场、娱乐场所、网吧等人员密集场所为重点，检查各类场所60家265次，消除隐患132处。针对辖内二横路地铁口、康湖大街、南富大街等地区存在车辆乱停乱放及“五类”车较多的现象，协同员村地区派出所、城管执法中队、交警大队等职能部门定期、不定期开展道路交通安全整治行动，共开展道路交通整治行动10次，共缴获查扣非法营运三轮车95辆，车多杂乱的状况得到改善。开展隐患排查治理，组织联合执法检查行动20次，出动人员486人次，检查生产经营单位556家次，查处隐患55处，现场整改55处、拆除木阁楼4处8间。全年共协调处理各类安防投诉8宗。

·人口与计划生育· 2010计生年度，员村街举办各种形式的计划生育宣传咨询活动，开展宣传咨询活动7次，发放宣传品8000册、药具6000份。开展流动人口服务管理专项行动，以市场、商铺、出租屋、工地、住宅小区为重点，组织大型清查行动16次、参加清查人员4500人次，清查住宅小区35个、出租屋3511套，与出租屋主签订责任书3417份。同时，将登记采集到的常住人口、流动人口已婚育妇女共1623个资料信息全部录入电脑，电子化管理使工作更条理化、规范化。

2010计生年度，员村街出生578人，出生率为12.69‰，自然增长率为6.91‰，计划生育率为96.54 %，完成计生“四术”171例。其中：结扎35例，放环91例，采取补救措施45例。推进人口计生行政执法工作，查处违法超生125例，审批二孩22名，社会抚养费征收693万元。全年，员村街为辖内群众提供免费孕情检查5744人次，为300名已婚育龄妇女进行生殖健康普查普治，查出患病人数156人。

·社区文体· 2010年，员村街开展我们的节日——春节、元宵、清明、端午、七夕、中秋、重阳活动、“创文迎亚运”系列活动、青少年暑期系列活动、科技活动周和科技活动日活动、“迎亚运”社区志愿者服务系列活动、“迎亚运，电影进社区”等地区性文体活动；组织员村社区居民参加广州市第二届“阅读改变人生”有奖征文，获优秀奖1名；参加市举办“广汽传祺杯”——“亚运风采，广州新貌”摄影大赛，获优秀奖2名；参加天河区“迎亚运，促和谐”老年系列体育比赛获太极季军、街获优秀组织奖；参加2010年第四届天河读书节暨2010年“4·23世界读书日”征文活动，获奖作品3篇（其中获成人组一等奖2名，中学组三等奖1名）；参加天河区“我为亚运喝彩，亚运因我精彩”征文评选活动，获二等奖1名、三等奖1名、优秀奖14名，街获组织奖；参加天河区体育科普漫画创作大赛获一、二、三奖各1名，街陶然艺舍获组织奖；参加天河区举办的“韵墨天河”书法篆刻大赛，街获优秀组织奖；参加天河区青少年暑期“迎亚运”绘画比赛，获优秀奖3名；亚残运会期间，组织辖内社区志愿者在社区内以咨询、文体、游园、清洁卫生等形式，向居民群众宣传“迎亚运、讲文明、树新风、促和谐”做文明有礼广州人，并组织3388名文明观众到现场观赛。

·社区服务· 2010年，员村街加强就业服务体系建设，加大劳动用工监察力度，认真开展就业再就业资助工作，城镇登记失业就业率为63.08%，举办现场招聘会2场，成功签约70多人；“4050”失业人员就业率为64.18%以上，“零就业”家庭就业率为100%；为辖内323名下岗失业人员办理社区公益性就业资助。

·社会事务· 2010年，员村街做好城市居民最低生活保障工作，为128户（242人）救济户和24户（58人）单领低收入人员服务。加大慈善事业发展力度，慈善超市发放慈善实物帮扶券折合人民币5万元；申请社会救助经费12600元资助困难居民7人；春节、中秋前夕为特困户、救济户、单亲户、孤寡老人等发放近13万元慰问金、慰问品；共发动辖内企事业单位、个体户和社区群众为玉树、舟曲地震灾区募集捐款13万元。发展老龄事业，为3900多名社会化管理退休人员做好服务工作，共办理发放老年人社会保障卡1300个，为辖区内63名独居、空巢、高龄、病残老年人提供生活照料、保健等居家养老服务，完成山顶社区天一庄小区内近800平方米星光老人之家的装修。落实优抚政策，发放义务兵家属优待金8万元。落实医保工作，受理全民医保711人，办理老年居民养老医疗保险38人。落实住房保障，帮助双特困户办理廉租房、租赁户、实物房共25户，做好符合条件的78份经济适用房的申请资料审核工作。

·创建全国文明城市· 2010年，员村街成立街创建文明城市专门组织机构，并制定《员村街创文明城市分片责任包干表》，将辖区内14个社区分片包干，责任到人。制作并张贴横幅100条、大小宣传海报300多幅，发放宣传扇子25000把，印制并派发《致天河区全体市民的一封信》30000份、《创建全国文明城市知识问答》30000份、《城市公共文明指数调查问卷》20000份、《城市文明公约》10000份，广泛的宣传，使创文工作深入民心；举办各种形式的科普活动49场次，在员村地区营造浓厚的科普文化、科学文明氛围。开展市公共文明指数入户调查测评，根据住户分布情况，制定《社区入户大调查暨“四项工作”联系表》，组织14个调查小组上门入户调查，开展入户调查宣传

210次，调查住户13000多家，收集整理有代表性的群众建议300多条。加强环境卫生等方面的整治，确保“创文迎国检”成效。广泛动员社区专干、协管员、离退休老干部、党员志愿者服务队、低保户、个体经营户共计500余人，深入到辖区各个路段和楼院，对环境卫生进行全面清理整治。同时，结合“周末卫生日”清洁行动、整治商铺门前环境“卫生清洁日”活动等，对沿街门店、占道经营进行清理，共清理垃圾、建筑余泥50车，清理小区杂物堆115处，清除户外小广告600余处，维修破损霓虹灯100余处，清理占道经营、违法搭建40余处。

【落实亚运各项工作】 2010年是广州亚运年，员村街充分调动一切社会力量，投入大量的人力、物力，落实亚运会各项工作。全面部署和落实亚运会社会面整体防控，先后制定《员村街亚运会安保工作方案》等11个方案，招募志愿者7131人，定出防控岗位387个，其中控人岗位202个，控地岗位154个，内街巷巡逻守点岗位31个。做好亚运会开闭幕式燃放焰火的安全保卫工作，424名安保工作人员采取设立指示牌、宣传引导等措施，疏导前来观看开幕式焰火的约40万名群众和闭幕式焰火10万名观众安全有序地离开现场。加大城市环境建设与治理力度，配合完成程界西涌和程界东涌综合整治工作，对黄埔大道、临江大道、科韵路、员村一、二、三、四、五横路，沿线建筑物进行外立面整饰和招牌广告的整治，做好员村四横路1-5号大院和百合苑小区、员村三横路东巷道路排水、雨污分流、绿化美化，昌乐园社区晾衣架和飘雨蓬等改造工作，派员加入天河区亚运食品药品保障流通企业专项工作团队，驻点供给食品企业，完成亚运期间辖内水质和烟色的控制，保障环境质量。亚运会期间，全街组织观赛4场，“亚运志愿助威团”和文明观众出场共980人次。

2010年11月4日，区委副书记、区政协副主席肖彬生一行到员村街检查督导亚运安保工作。 （员村街供稿）

【二横路社区】 二横路社区位于员村街西北方向，南至员村西街，东至员村二横路，北至黄埔大道，西至员村康湖大街，占地总面积约0.8平方公里。2010年，社区有常住人口1098户，3068人。

2010年7月1日，二横路社区党支部开展“创先争优”系列活动。发挥社区党支部的领导核心作用和党员的先锋模范作用，广泛发动、组织党员参与社区治安巡逻、纠纷调解、矛盾疏导、就业帮助、困难帮扶、爱绿护绿等各种服务活动。

2010年是广州亚运年，10月10日，二横路社区以“讲文明，迎亚运”为主题，成立600多人的志愿者队伍，对社区27个控人岗、18个控地岗、4个巡逻岗实行分类分级稳控，坚持做到严控到位，确保亚运安保工作万无一失。在亚运会亚残运会举办期间，组织辖内的广东省环境保护学校600多名师生到各大比赛场馆当文明观众观看比赛。

【美林海岸社区】 美林海岸社区位于员村四横路，南至临江大道，东至科韵路，北至美林海岸花园北围墙以南，西至程界东涌以东，占地总面积约0.12平方公里。2010年，社区有常住人口2995户，7507人。

2010年1月1日，美林海岸社区综治信访维稳工作站正式挂牌运作。工作站紧邻社区居委会，总面积140平方米，设置受理大厅、联席会议室、调解室、警务室、出租屋管理服务站，接待群众来访来电126人次，调解各类矛盾纠纷17件。

2010年5月20日，美林海岸社区与街党政办、街安监中队、社区民警、出租屋管理服务站、物业公司等对辖内美林海岸小学、加拿大国际幼儿园进行安全保卫专项检查，主要检查园内视频系统运行情况，安保人员、消防设备配置情况，对校园周边不稳定因素进行全面排查。

【石东村（石东实业有限公司）】 1951年土地改革时期，由石牌村东面的几个自然村组成石东乡，后改名为石东生产队，1986年改为石东村委会。石东乡当时隶属石牌区管辖，因位于石牌东面而得名。石东村包括程界东村、程界西村、员村、谭村、甲子村5个自然村。各自然村建立于宋朝嘉定年间和南宋期间，村民均由南雄珠玑巷迁入，主要姓氏为：李、冼、钟、姚、利5大姓。石东村东接棠下新圩村、南临珠江、西邻猎德村、新庆村、北至中山大道，面积约3平方公里，原村民经济收入以种植蔬菜、水稻、药材为主。自1956年国家开始征地建设以来，村情村貌发生了巨大的变化。

1995年，石东村从东圃镇划归员村街管辖。1999年6月，该村根据政府要求撤村改制，成立广州市石东实业有限公司，经济收入以物业租赁为主。2010年，石东实业有限公司总收入10528万元，比上年增长5.52%。（员村街道办供稿）

天园街

【概况】天园街建于1999年9月30日，由石牌街、员村街、棠下街、车陂街划出部分地区，以及由原东圃镇划出棠东村组成，因辖内有天河公园而得名。2010年，街下辖10个社区居委会：科韵、腰岗、翠湖、华港、穗东、骏景、东成、东晖、环宇、文昌社区居委会。全街面积4.038平方公里。总人口102689人，其中常住人口66565人（户籍人口38422人），外来暂住人口36124人，人口密度每平方公里25430人。

街辖内拥有众多大型高级商住楼盘、IT园区基地和各类大型商场超市。天河公园占地总面积70.7万平方米，约占全街总面积的18%，公园以自然生态景观为主要特色，是广州市最大的区属综合性公园。骏景花园、翠湖山庄、新世界东逸花园等23个高尚住宅小区建筑面积达217万平方米，总用地面积占全街面积的1/5。天河区高新技术产业开发区工业园带动街内高新科技事业的发展，现街辖内聚集120多家中外高新技术企业，特别是全省第一家软件园——广州天河软件园落户天园街辖区内，更成为天河区、广州市乃至广东省高新技术产业新的经济增长点。

2010年，全街实现地区生产总值1632.60亿元，比上年（下同）增长13.0%；工业总产值1000.08亿元，增长15.2%；第三产业增加值1557.15亿元，增长13.60%；外贸出口23.42亿美元；完成全社会固定资产投资679.14亿元，增长22.0%；实现国税、地税收入296.16亿元，增长21.10%；城镇职工收入/元（市居民人均可支配收入31431元），增长11.2%。是年，街属地企业有2458户，街内个体商业户4971户，从业人数82606人。

【街道建设与管理】·城区管理及环卫建设· 2010年，天园街认真开展街区环境卫生、“六乱”专项整治、病媒生物防治等城市管理工作。推进星级卫生街道创建。举行“除害防病、清洁家园、创建星级街道”为主题的“创星”宣传活动；组织辖区内机团单位、企业、商铺及干部群众开展以“清洁家园，喜迎亚运”为主题的城市道路和公配设施全面清洁活动，做好公配设施的擦洗、更新、维护工作，共清扫各类马路及内街内巷10000多平方米。做好辖区内“六乱”的专项整治和“两违”工作的查处。与辖区内的物业公司或机团单位签订“城市管理目标责任书”，加强对辖内棠石路、中山大道、黄埔大道、东方路、好又多周边等进行巡查。全年共开展“六乱”专项整治502次，处理“六乱”行为5768宗；制止违章广告70宗；处理各项投诉事项154宗；开展三轮车整治活动3次；查处违法建设2宗，清拆违法建设3300平方米，出动城管队员5040人次。加强无证照生产经营场所整治工作。对棠石路、东方路、科新路持照亮证经营一条街及街辖内无证照饮食店铺和发廊等“五小”行业进行重点整治，引导30多家店铺办理营业执照。

·社会治安综合治理· 2010年，天园街刑事立案296宗，比上年（下同）下降12%；“两抢”案32宗，入室盗窃案58宗，分别下降10%和18.3%。全年民警和治安员通过路面防控分别成功抓获违法犯罪人员431人次，其中刑事拘留135次、行政拘留296人次、其他处理19人次。

是年，天园街辖区继续保持平稳态势。完成亚运期间的安保工作和辖区各类重点人员的日常稳控工作。加强街道综治信访维稳中心建设，完善“大综治”联动工作机制。整合街道综治、司法、信访、劳动保障和出租屋管理中心等部门，成立天园街信访维稳综治中心，多部门集中对外办公，实行“统一受理、归口分流、催办督办、跟踪回访”的运作。全年共受理来信来访投诉72件，化解率达87.5%。

·出租屋管理· 2010年，天园街加强出租屋流动人员管理工作，消除出租屋治安隐患。实施“旅业捆绑式”出租屋管理工作模式；完善下发《天园街出租屋管理员绩效考核制度》、《天园街出租屋管理员休假制度》、《天园街出租屋管理员“弹性”上班等制度》、《天园街出租屋档案信息奖励办法》等制度；严肃税费征收制度，加大“两费一税”的收缴力度。坚持工作例会制度、开展多种形式的宣传活动，对辖内出租屋进行“洗楼式”清查整治。建立天园街出租屋及流动人员信息库，完善出租屋文字及电子档案管理，出租屋登记率达100%，信息录入率达90%，备案率达93%，消防隐患告知率达100%。全年共摸查出租屋9198套，登记注销流动人员42583人次，办理居住证19613个，办理租赁备案4235宗，收缴出租屋税费1347万元，出租屋内未发生火灾事故、重大治安案件。

·司法服务· 2010年，天园街举办各类主题法制宣传活动6场次，发放宣传资料1万余份，接受法律咨询370人次，刊出法制宣传栏12期。完善信访、调解、综治三位一体的矛盾排查调处机制，开展全街性专项排查4次，调处矛盾纠纷17宗（其中涉及30人以上的重大群体性纠纷13宗，涉及金额640万元），调解率达100%，调解成功率达93%。接待群众咨询180人次，其中涉及邻里关系、婚姻家庭关系、劳动关系、合同等方面。

·安全生产与消防· 2010年，天园街开展消防安全专项整治工作。全年共检查各类经营场所350多家，发现隐患120余处，现场整改97处，限期整改20多处。与辖区单位及社区签订《防火和安全生产责任书》213份，全年共投入经费近5万元，开展专项整治9次。

·人口与计划生育· 2010计生年度，天园街构建服务和宣教网络，强化人口和计划生育管理。成立“阳光计生行动”领导小组和计生管理服务专业队，推进依法行政、宣传教育、优质服务、流动人口管理服务等方面的工作。建立和完善与出租屋的计生管理联动机制，成立流动人口专项活动领导小组。加强队伍建设，制定计划生育奖励考核制度，组织举办《流动人口管理规范》及《流动人口条例》等业务知识培训班12期。完善建立健全行政执法责任制，实行政务公开，认真做好计生服务工作。设立24小时免费药具发放点，向流动人口育龄妇女免费发放计生用品和宣传资料；加大查环查孕力度，坚持每月不定期的下单位、上门为已婚育龄妇女做好查环、查孕、查病服务。利用各种渠道向群众宣传计生各项政策规定，开展形式多样的宣传教育活动。

2010计生年度，天园街出生677人，出生率为9.35‰，自然增长率为8.38‰，计划生育率为95.42%，完成计生“四术”265例。其中：结扎21例，放环89例，采取补救措施40例。推进人口计生行政执法工作，查处违法超生1例，审批二孩32名，社会抚养费征收1140.312万元。全年，天园街为辖内群众提供免费孕情检查22986人次，为34名已婚育龄妇女进行生殖健康普查普治，查出患病人数13人。

·社区文体· 2010年，天园街以“迎亚运、创文明”为契机，提升社区文明程度。结合“我们的节日”主题活动，相继举办“2010年迎新春文艺演出”、“迎亚运，争做东道主”文艺演出、“亚运广州行”微笑日群众文化活动、“满怀豪情迎七一·颂歌唱响给党听”、“迎亚运廉政文化书画展”等大型文化宣传活动。结合“迎接亚运会，争当东道主”主题活动，开展“大手牵小手暨庆重阳、迎亚运活动”、“迎亚运、庆五一”趣味体育运动会、“迎亚运天园街社区乒乓球比赛”、“迎亚运社区宝宝运动会”等群众性体育活动。开展丰富多彩的社区文化活动和“交通安全”建设工作。组织免费观看、观摩全国第九届艺术节的演出及活动；组织发动辖区群众、学校参加第四届天河读书节暨2010年“4·23世界读书日”读书征文评选活动，天园街有6篇征文获奖，文化站荣获优秀组织奖。

·社区服务· 2010年，天园街全面铺开社区服务。强化社区服务理念，做好事关居民利益的各项事务性工作。为社区老人做好“广州市老人保障卡”的申办、升级、退款工作；认真做好退伍军人安置补助金的发放，伤残军人等优抚对象的信息录入、审核等工作。做好“让慈善走进生活，让爱心飞扬天河”的捐款活动，共筹集善款15.5万多元。

贯彻落实各项保障政策，做好就业困难群体的就业援助工作。开展“2010年再就业援助月”专项活动，提供免费创业培训和小额贷款等服务；组织辖区内失业人员和外省籍农民工参加职业技能培训。组织举办“就业援助进家入户，帮您解决就业困难”现场招聘会，对辖区内失业人员进行跟踪服务，全年共成功介绍失业人员269名，失业人员重新就业率76%。关心困难群体，帮助他们申请政府社会保险资助，协助社区失业人员申请失业救济，为特困群众送上节日慰问金。

此外，努力解决群众停车难。配合区相关职能部门对辖内的翠湖山庄停车场进行整治；对科新路停车场进行重新规划；做好骏景停车场办理经营手续的重新审批。

·社会事务· 2010年，天园街推进社会事务管理水平。做好居委管理工作和社区专干的各项事务工作，完成对居委会考核和翠湖、华港迎省“六好”社区的评审准备工作。开展弱势社群救助服务。做好退管老人年审、异地老人养老金领取资格认证工作，组织退休老人体检，举办医保健康讲座，做好各类节日及生病住院人员的慰问工作。做好居民基本医疗保险和居民养老保险工作。做好残疾人二代证换证、残疾人免费乘车卡的办理、残疾人推荐就业等工作，全年共发放救助款共19008元，慰问品24份。加强劳动监察工作，确保和谐稳定。全年共接待群众来访投诉462人，处理案件82宗，追回拖欠工资257万多元，结案率达98%。

全年向9户低保户发放救济金5.16万元，实物救助18份，发放节日慰问金2.1万元。落实市政府针对住房困难家庭的住房保障工作，对11户低收入家庭的住房困难情况予以调查核实，对8户已领取经济适用住房准购证明的家庭和申请廉租住房补贴的家庭做再入户调查核实工作。全年慰问烈军属、伤残、复员退伍军人375人次，发放慰问金12.7万元。组织无偿献血4次。全年办理医疗保险725人，养老保险5人。

·创建全国文明城市· 2010年，天园街以迎亚运、创文迎国检为工作重心，加强环境整治，改善环境质量，圆满完成广州亚运会、亚残运会属地保障工作任务。开展安全保卫、社会治安、消防安全等工作，构建亚运会社会面整体防控安全体系。成立防控工作机构，制定工作方案和应急预案，与辖区单位签订《亚运安保工作责任书》。组织开展亚运专项整治40多次，检查亚运接待酒店及各类生产经营场所43家、出租屋699间（套），发动4797人参与安全保障。

开展社区亚运文化体育活动和社会文明宣传工作，以文明、热情、友善的人文环境迎接中外游客。开展文明观赛月主题实践活动，通过张贴亚运宣传海报、派发《广州市市民礼仪手册》、协助交通管理等活动形式，加强对市民文明行为的教育引导。统筹亚运会站点、社会城市志愿者的组织和后勤保障工作。建立4个亚运服务站点，设置45个志愿服务岗位，成立一支500多人的亚运社区志愿者队伍。

【科韵社区】 科韵社区位于天园街东部，南至黄埔大道中253号至295号，东至科韵路与文昌居委交界，北至中山大道，西至建华路113号与腰岗居委交界，占地总面积约0.5平方公里。2010年，社区有常住人口2365户，5778人。

2010年9月10日，为保障亚运会的顺利进行，科韵社区组织社区党员、志愿者、居民群众成立科韵社区治安志愿巡逻队伍。其中党员治安巡逻队30人，社区戴小帽和红袖章的人员约50人。社区党员同安保志愿者穿上红背心、戴上小红帽和红袖章，穿行在小区每个角落，确保社区的平安和谐。

11月25日下午，科韵社区志愿团队开展“爱老敬老、探访老人”主题实践活动，探访慰问6户老人家。志愿者们为老人家送上油、米等慰问品，并陪同老人聊天，倾听老人的心声，听取老人对社区工作的建议和意见。

【骏景社区】 骏景社区位于天园街东部，南至黄埔大道，东至车陂路，北至中山大道，西至科新大道，占地总面积约1.21平方公里。2010年，社区有常住人口约9300户，约30000人。

2010年4月18日，骏景社区举办青海玉树抗震救灾活动，发扬“一方有难，八方支援”的精神，骏景文体协会也掀起慈善义演，为灾区出一份力，传递一分关爱。

4月28日，在骏景花园南广场举办“迎亚运 争做好市民—暨骏景社区文体协会成立十周年”活动，活动现场文体协会会员及家长学校委员多达200多人，首先由年青的志愿者18人表演时尚的歌舞、街舞而后紧接着是协会会员分别表演，有打铜锣、舞扇跳舞、多人合唱、小品、男子合唱、女高

音单唱、民族特别舞蹈等不同的表演。（黄新良）

猎德街

【概况】猎德街建于1999年12月30日，由沙河镇划出猎德村地区组成。街管辖范围东起华南快速干线，西到广州大道，南临珠江，北靠花城大道。2010年，街辖6个社区居委会和1个撤村改制公司：猎德、利民、远洋明珠、誉城苑、南国花园、华海社区居委会和猎德经济发展有限公司。全街面积约3.2平方公里。总人口28384人，其中常住人口14774人，外来暂住人口13610人，人口密度每平方公里9156人。

猎德街是广州市未来城市中心——广州珠江新城的重要组成部分，是天河区乃至广州市的发展标志性区域，将发展成为广州市的金融、贸易、文化中心和高尚住宅区，是新的经济增长点。

【街道建设与管理】·城区管理及环卫建设· 2010年，猎德街深入推进城管执法队由街道直接管理后线口各部门的整合工作，有效构建督、导、防、治一体化的“大城管”工作机制；全力开展“迎亚运”环境综合整治工作，落实病媒生物防制措施，在亚运会开闭幕式主会场海心沙和辖内其他区域共开展除“四害”统一行动34次；加大市场秩序综合整治力度，进一步规范亮（证）照经营示范街区工作，开展综合整治行动43次，食品卫生专项整治行动10次；加快辖区闲置土地整饰工作，协助相关部门对辖内10块闲置土地加以复绿和改建亚运临时停车场；协助猎德村改造回迁工作，提前介入，保障秩序和环境卫生；在新城海滨花园、猎德小学、炳胜酒家等小区和单位试点推广垃圾分类工作，按照一户两桶的比例免费向1130个居民户发放分类垃圾桶，指导成功创建3个市级“无烟单位”和1个“绿色社区”。

·社会治安综合治理· 2010年，猎德街共立各类刑事案件136宗，比上年（下同）下降17宗，下降率为11.1%。其中“两抢两盗”共立案24宗，下降53.8%，下降幅度明显，均超过40%的幅度。破各类刑事案件119宗，上升7.2%，全年无重大刑事案件发生。

2010年，猎德街是广州亚运会开、闭幕式主会场所在地，亚运保障尤其是安全保障任务繁重。在全年涉亚工作中，街道在社会面整体防控中推出平安亚运四联防措施，即：视频监控联网防范、保安队伍联动防范、重点人群联控防范、社会人员联勤防范。在重点人群防控中推出“一人一案、专案专组”防控措施。在亚运赛会期间推出“专人专岗”责任制。在全街亚运指挥部下设11个专项保障组，各组职责明确、每人各有任务。是年全街刑事、治安受理警情大幅下降33.7%，11月份以来全街刑事、治安零警情的天数达到8～10天，高居全区第一。开、闭幕式当天全街出动控人岗位272名、巡逻岗位360名、控地岗位902人，无一人缺岗；开幕式当晚组织计划内猎德村7774位村民、利雅湾等小区658位居民离家下楼；开、闭幕式当天在全街所有保障及防控区域内，全街全天出现0事故、0治安案件、0刑事案件和0犯罪嫌疑人。

·出租屋管理· 2010年，猎德街加大对出租屋的管理力度，开展流动人口和出租屋综合整治工作。全年登记出租屋24栋、2431套，办理房屋租赁登记备案925套，办理流动人员居住证9257个，采集登记流动人口信息13301人次，出租屋合格率达98%。查环验孕530个，征收个人出租屋房产税1954万元。全年街辖出租屋发案为0。

·司法行政· 2010年，猎德司法所以社区普法、人民调解、社区矫正、安置帮教和法律援助为中心，积极为依法治理、社区稳定和平安亚运提供服务。以“五五”普法验收和平安亚运为契机，大力推进法制宣传教育工作。全年，举办3场法律知识讲座，3场大型法律咨询活动，接待群众法律咨询74人次。认真做好五五普法验收工作，整理、归档完整的学法各种配套制度、普法计划、总结、例会记录、开展法制宣传咨询活动、检查评比等档案资料有38盒；将法制宣传出刊及各种普法宣传活动开展情况进行拍照，整理成10本图片集，确保法制宣传资料档案建设完善。街道被区推荐评为市普法工作先进集体。

抓好人民内部矛盾排查调处、调解工作及两类人员工作，构建平安亚运大环境。2010年，猎德街司法所调解各类大的纠纷12宗，成功12宗，成功率100%，涉及金额达322万元，收到群众赠送锦旗2面。

·安全生产与消防安全· 2010年广州亚运年，安全生产工作围绕广州亚运会、亚残运会安全保障的中心任务， 和辖内66家单位签订“平安亚运”安全生产保障责任书，确保责任到位。以“安全发展，平安亚运”为主题开展“安全生产月”，组织6家单位协同珠江东消防队中队举办消防逃生演习和消防器材使用等，近万名员工接受消防安全知识培训。制作“创平安猎德，迎激情亚运”—猎德地区“安全生产月”暨平安亚运文艺晚会。开展“人屋车场”、危险化学品专项检查、烟花爆竹安全专项整治行动、人员密集型场所专项执法检查、涉亚运突发事件风险隐患排查、消防安全专项检查、建筑工地大检查等专项行动，出动检查组141个，检查次数608次，出动检查人员2500人次，发现隐患数463处，整改隐患数463处。发出限期整改通知书16份，复查意见书16份。

·人口与计划生育· 2010年，街道计生工作在认真抓好计生新条例贯彻落实的同时，试行《猎德街计生工作层级动态管理考核办法》。开展计划生育宣传咨询活动20次，派发宣传资料9000多份，免费发放计生用品5900多份，全年用于宣传经费占全年经费的30%。加强队伍建设，组织计生干部业务培训13次，五期教育学习班举办16期，参学率在98%以上。为辖区群众办理流动人口婚育证明151人、服务证28个、准生证107个、独生子女证56个、迁入户口证明136例、移交计生档案26件、新生儿入户证明36例，独生子女父母奖励22例、独生子女保险55例，为村、居民免费查环查孕达到1791人次，全年严格依法征收社会抚养费413.8万元，创历史新高。是年，共实施“四术”60例，其中上环28例、结扎20例、引产3例、人流9例，有效预防和控制超生现象的发生。

2010计生年度，猎德街计划内出生125人，出生率为9.39‰，自然增长率为4.7‰，计划生育率为96.15%。全年征收64人社会抚养费445.9万多元，投入计生经费约52万元。

·社区文体· 2010年，猎德街加强公共文化体育基础服务建设，全年对社区文化室和社区书屋共配置近6000册图书，30多份报刊杂志；在社区开展各式各样的文化体育活动，联合辖内单位举办“春节元宵”游园活动、“4·23世界读书日”征文竞赛、“创平安猎德，迎激情亚运”文艺演出、优秀电影免费进社区、“六一”文艺演出、迎亚运美术、书法、摄影征集等系列文艺活动；举办迎亚运乒乓球、羽毛球比赛，组队参加“市长杯”乒乓球百姓系列体育活动等，推动社区文化体育事业的建设。

·创建文明城市· 2010年，猎德街依托综治中心用于亚运安保的无线信息发布平台建立创文工作指挥平台，并与区创文工作指挥平台对接。畅通创文指令传递渠道，要求全街所有人员24小时手机保持开机状态。强化网络化管理，在“细节上下功夫”，把每个人的责任田细分到某条路某一段，并用全街地图的形式公示在街道会议室的墙壁上。印制创文工作日志册，要求全街工作人员，不论是领导还是一般员工，每天都必须写《创文工作日志》。围绕“亚运”主题，组织发动社区创文活动。“迎亚运、学英语”社区兴趣小组、“迎亚运讲文明”社区礼仪讲座、“创文明、迎亚运”有奖知识竞猜、迎亚运“唱响新生活”、“绿色新生活”、“和谐新生活”、“文明新生活”、“微笑新生活”等主题活动的开展，使猎德街今年创文工作亮点纷呈。作为重点受检区域之一，8月起，猎德街先后经历过10余次区、市、国家的突击检查任务，并得到市、区领导的表扬以及国检组领导的认可。

·社区服务· 2010年，猎德街坚持以人为本，做好日常工作。做好双拥优抚、 低保救助、劳动监察、老龄、退管、劳动就业、城镇居民医保和城镇老年居民养老保险等工作。按照区政府对海心沙岛47名渔民参加社会保险和医疗保险，配合其工作实施和落实。做好保障住房年审和申请工作，开展公共租赁住房需求调查专项工作的调查，解决内外夹心层人员的居住问题；组织开展好无偿献血及计划免疫和初级保健工作以及做好关爱残疾人的一系列工作。做好发放亚运大礼包和亚运交通补助，为困难残疾人进行免费体检22人次。此外，做好街道星光老人之家、居家养老、庇护所及殡葬等方面日常工作。

全年向40户低保户、9户低收户和7户边缘户共发放救济金34.6304万元，发放实物救助78份，折合人民币约1.99万元，发放节日慰问金12.03万

2010年10月15日，海心沙弃船渔民签补偿协议。（猎德街道办供稿）

2010年9月1日，猎德村民公开摇珠分配复建安置房仪式在猎德宗祠文化广场举行。（猎德街道办供稿）

元。落实市政府针对住房困难家庭的的住房保障工作，对16户低收入家庭的住房困难情况予以调查核实，对15户已领取经济适用住房准购证明的家庭和申请廉租住房补贴的家庭做再入户调查核实工作。全年慰问烈军属、伤残、复员退伍军人58人次，发放慰问金7.498万元。组织无偿献血1次，超额完成全年计划313%。全年办理医疗保险415人，养老保险251人。

【亚运安保】2010年，猎德街是广州亚运会开、闭幕式主会场所在地，亚运保障尤其是安全保障任务十分繁重。在全年涉亚工作中推出平安亚运四联防措施，即：视频监控联网防范、保安队伍联动防范、重点人群联控防范、社会人员联勤防范。重点人群防控中推出“一人一案、专案专组”防控措施。亚运期间没有一例重大综治信访维稳案件发生。推出“专人专岗”责任制，在全街亚运指挥部下设11个专项保障组，各组职责明确。开、闭幕式当天全街出动控人岗位272名、巡逻岗位360名、控地岗位902人，无一人缺岗；开幕式当晚组织计划内猎德村7774位村民、利雅湾等小区658位居民离家下楼，全部完成任务。

【猎德村复建】2010年，猎德村改造全面完成。春节期间，猎德村公司推出复建工程样板房，供全体村民体验和感受，也让整个猎德村增添了一股浓郁的过年气氛。随后，猎德村整体改造工程开始了村民回迁之路。整个复建工程于6月完成室内装修、7月完成外墙装修。经过广泛征求意见，村领导班子最终确定以“摇珠分房”这个公开公正的方式来分房。9月1日，猎德村民摇珠分房仪式在猎德宗祠文化广场举行，摇珠分房程序一直到9月10日平稳顺利完成。9月27日，猎德村民开始回迁。11月21日，猎德村公司组织策划808席的盛大入伙仪式。至此，作为“广州市城中村改造试点工程”的猎德村整体改造划上一个完美的句号。整个改造工程历时3年，实现零强拆、零上访、零重大安全责任事故、零综治信访维稳事件。

【利民社区】利民社区位于珠江新城的中部，南至珠江，东至猎德涌，北至花城大道，西至冼村路，占地总面积约0.38平方公里。2010年，社区有常住人口1147户，3056人。

2010年9～10月，利民社区以“亚运安保”为主线，为确保亚（残）运会的顺利举办，积极配合街道、派出所进行对利雅湾小区的多次清查行动，发动各物业公司、酒楼、店铺全力参与社会面的防控工作，让辖内的民众都能参与亚运、服务亚运。

2010年5～10月，利民社区结合“迎亚运、讲文明、树新风、促和谐”活动，在利雅湾、中海花城湾小区开展“家庭医生进社区”、“友爱互助月”等志愿服务活动，营造文明友爱和谐的人文环境。

2010年9～12月，利民社区进行第六次全国人口普查工作，经过学习、宣传、摸底、入户调查、数据整理五个阶段进行，共登记普查6458人，其中户籍人口3808人、常住人口2490人、外籍人口160人，圆满完成辖区的普查工作。

【南国花园社区】南国花园社区位于珠江新城东面，南至珠江，东至华南干线桥脚，北至花城大道，西至马场路，占地总面积约0.3平方公里。

2010年，社区有常住人口2278户，6125人。

为迎接十一月份亚运盛会在广州召开，2010年5～11月，南国花园社区居委每月组织辖内居民开展“亚运伴我行，你我学英语”系列活动，让居民群众参与亚运、分享亚运的精彩。

为确保广州亚运会、亚残会赛时医疗器械供应安全，2010年9～11月，南国花园社区居委根据上级要求参与天河区食品药品监督管理局组织的对供亚医疗器械生产、经营企业实施团队驻点监管工作，保障广州亚运会、亚残会医疗器械的供应安全。

【猎德村（猎德经济发展有限公司）】 猎德村自宋朝开村，取古籍名词而得名，意为追求道德完美。猎德村位于珠江新城南部，南临珠江。村址面积470亩，另外还有发展经济用地约350亩。猎德涌自北向南贯穿猎德村，将猎德村分为东村和西村。猎德地处北回归线以南，气候温和，雨量充沛。

猎德地理位置得天独厚，水网交错，土地肥沃。祖辈以农业耕种为主，少部分人经商，极少数人海外谋生。猎德盛产杨桃、甜橙等水果，是有名的水果产地和集散地。猎德村民风淳朴，崇尚礼仪文化，猎德人勤劳、爱国、爱家园。猎德先辈从粤北珠玑巷南迁，最后落籍猎德村，从宋朝开村，至今已有800多年历史。民族是汉族。经历代繁衍生息，至今，猎德村已发展至7000余人，姓氏有李、梁、林、麦等共81个。

猎德村在民国时期属番禺县第四区，解放后划入广州市白云区、郊区、东山区，1985年成立天河区后，由天河区管辖，1999年从天河区沙河镇划出由猎德街道办事处管理。2002年12月撤村改制，组成猎德经济发展有限公司。2007年10月16日，猎德村拆迁工作正式启动，成为广州城中村改造的第一村。2010年，猎德村改造全面完成。9月1日至9月10日，猎德村摇珠分房平稳顺利完成，6000多套回迁房全部分发完毕。9月27日，村民开始正式回迁。11月21日，猎德村公司组织策划808席的盛大入伙仪式。至此，作为“广州市城中村改造试点工程”的猎德村整体改造划上了一个完美的句号。

2010年，猎德经济发展有限公司总收入为76764万元。 （高彩虹）

冼村街

【概况】 冼村街建于1999年12月，由沙河镇划出冼村地区组成，因辖区内有冼村，故名。2010年，街下辖7个社区居委会和1个撤村改制公司：冼村、杨箕东、新庆村、潭骏、跑马地花园、金城、金园社区居委会和冼村实业有限公司。全街面积4.07平方公里。总人口77693人，其中常住人口28102人，外来暂住人口49591人，人口密度每平方公里19089人。

2010年9月，为迎接亚运盛会，贯穿辖区南北的花城广场开放迎客，其总面积约56万平方米，建有人造景观湖区、大型喷泉、灯光广场、冷雾降温系统，并种植600棵大树，是目前广州最大的市民广场公园。街辖内珠江公园建于2001年，坐落于广州珠江新城东侧，占地面积28公顷，是以植物造景为主的生态公园。街辖内商业、金融业繁盛，甲级写字楼多。是年，广州友谊国金店、广百风尚店、高德置地购物中心等大型商场相继开业，是市民游客购物观光休闲的首选场所，是广州新城市中心亮丽的商业名片。随着珠江新城开发建设，未来冼村街辖区将发展成为广州市的金融、贸易、文化中心和高尚住宅区，成为广州金融商务区，市新轴线的中心。

2010年，冼村街属地企业有1595户，街内个体商业户1292户，从业人数约5万人。

【街道建设与管理】 ·城区管理及环卫建设· 2010年，冼村街加强市容环卫管理，迎接亚运盛会。严控违法建设，清拆潭村违法建设2000多平方米，遏制村民违法抢建行为；配合亚运主会场周边道路环境景观整治，清拆马场路占地面积12000平方米的亿宝材料城，建成绿化景观草坪；清拆华穗路、潭村路等15个地块上的工地板房及违章乱搭建，拆违面积达26000多平方米，并设置临时停车场，解决辖区停车难、车辆乱停放问题；拆除冼村旧工业市场和停车场1万多平方米，进行建绿复绿。整治潭村路湘D车乱停放问题。联合区有关部门开展整治湘D车集中行动10次，参加人员300多人次，处理湘D车20多辆，清理卫生死角15处，清运淤泥垃圾22车。通过集中整治和日常守点，解决潭村路湘D车乱停放引发的交通混乱、偷倒淤泥、治安复杂等问题。开展潭村涌整治。投入800多万元整治潭村涌，进行截污清淤分流、河堤整饰、绿化。针对冼村、潭村、星汇园周边乱摆卖严重现象，组织工商、派出所、执法队等部门开展大规模整治行动20多次，取缔无证照经营餐饮店20多家，废品收购站点2个。全年处理12319投诉和督办共计2360宗，信访投诉87宗件，处理率100%。

·社会治安综合治理· 2010年，冼村街刑事立案237宗，其中："双抢"案19宗，入室盗窃案40宗。刑事案件比上年（下同）下降6%。

是年，冼村街加强综治信访维稳中心建设，形成快速综治信访处理机制，全年受理案件36宗，成功调解36宗。加强社会治安联合防控，开展综合治理"人屋车场"工作，推进禁毒、"扫黄打非"工作。健全社会矛盾纠纷排查调处机制，妥善处置高德工地欠薪、平云路民工讨要天河南穿衣戴帽未及时支付的工程款、津滨腾越车主索赔、骏逸苑业主投诉地下停车场提价、星汇国际帮家租赁公司涉嫌非法经营等突发群体性事件。开展街党工委书记、办事处主任大接访，落实领导包案制度，解决民生信访突出问题。

·出租屋管理· 2010年，由于冼村改造，出租屋管理服务中心紧急搬迁至体育东小学珠江新城校区临时办公。坚持开展出租屋日常巡查和流动人员登记，做到"屋不漏管、人不漏登"。坚持开展出租屋和流动人口联合清查整治，严抓出租屋管理，斥资17万元购买灭火器5000余个，免费派发给出租屋消防整治合格的出租屋主。全年累计登记出租屋19862套，采集流动人员信息39853条，"两费一税"征收约4110万元，为辖区流动人员办理居住证44585张。

·司法服务· 2010年，冼村街开展"法律进单位、进社区、进学校、进工地"四进活动，全年举办法律知识宣传咨询活动5场，法制讲座5次，出刊法制宣传板报96期，派发法制宣传资料7175份，群众法制观念得到增强。做好刑释解教和社区矫正工作，救济特困刑释解教人员4名，接收社区矫正对象4名。完成"五五"普法验收工作，推进未成年人法制教育，定期有针对性在小学举办法律知识讲座。全年多次开展矛盾纠纷专项排查行动，调处社会各类矛盾纠纷13宗，成功调解11宗。

·安全生产与消防· 2010年，冼村街加强日常消防安全大检查，全年开出1497张检查单和76份整改通知书。开展安全生产宣传教育活动，举办安全生产、消防业务培训。加强日常安全检查，开展专项整治行动，消除安全隐患。开展安全生产独立执法。稳步开展安全生产委托执法工作，9月28日正式立案查处一起发生在珠江新城新中轴线某建设工地的坠落致伤事故，开出第一张安全生产行政处罚单。

·人口与计划生育· 2010年，冼村街户籍人口出生295人，计生率为94.92%。辖内流动人口出生150人，计划生育率88.74%，节育率达92.48%。完成区下达的各项人口指标。

落实计生层级动态管理机制，实施量化考核和包干责任制。抓好流动人口管理和服务，全年采集信息2463条，流动人员建档率100%。完成流动人口全员信息统计工作，全年核查录入流动人员信息1万余条。配合做好"六普"期间超生入户工作，进行政策宣传解释和群众安抚工作，接待上访群众235人次。做好超生情况核实登记，10～11月为群众办理入户证明114份，依法征收社会抚养费51例，金额405万元。

·社区文体· 2010年，冼村街加强公共文化设施建设，新建体育健康路径4条，公益篮球场2个。成功举办冼村街第三届"4·23世界读书日"诗歌、散文朗诵活动、迎五一登山比赛、天河区全民健身月活动启动仪式暨冼村街第三届迎亚运社区

2010年8月6日，冼村街组织辖内居民开展社区趣味运动会。（冼村街道办供稿）

趣味运动会等大型活动。组织文艺团队参加市、区文化活动6场，获一等奖2个，二等奖2个。文化站被评为广州市第31届“羊城之夏”先进集体，文化信息资源共享工程基层服务点被评为市优秀文化信息资源共享工程基层服务点。

·创建全国文明城市· 2010年，冼村街投入创文宣传经费30万元，制作宣传栏7000平方米，开展公共文明指数入户宣传，派发宣传资料2万份，居民入户调查问卷1万份，提高广大市民和外来人员的知晓率、支持率和参与率。开展各种形式主题实践活动，通过“四进社区”和文明家庭、文明单位、文明社区、书香社区等群众性创建活动，推进创建文明城市工作。开展“迎亚运、讲文明、树新风、促和谐”文明交通整治活动，组织义工开展文明示范路口站岗执勤576余次。

·社区服务· 2010年，冼村街完善就业服务和劳动保障，为358人办理就业失业手册，为1023人办理劳动用工备案，安置就业174人。加强劳资纠纷工作，全年受理劳资纠纷227宗，其中群体性事件98宗，为工人追讨欠薪1324.3万元；处理工伤事故56起，检查辖内企业485家/次。

·社会事务· 2010年，做好亚运、亚残运会惠民“大礼包”工作。接收富裕广场、保利心语两处公用配套用房，缓解居委办公用房紧张状况。提升社区建设水平，开展“六好社区”创建，冼村、跑马地花园、潭骏社区居委会被评为“2010年广东省宜居社区”。是年，冼村街帮助困难群众申报生活、医疗补助，落实最低生活保障政策，开展扶贫济困和社会救助工作，开展无偿献血336人次，救助流浪乞讨人员3人次，促进社会和谐。开展敬老爱老工作，为214位老人办理老人保健金申请，为231位老人办理老年人社会保障卡。“红十字”志愿者、青年志愿者人数有较大增加，义工活动形式呈现多元化。

·党建工作· 深入开展创先争优活动，组织20名新党员举行入党宣誓活动，组织党员向群众作出公开承诺，组建300多人的亚运党员志愿者队伍，开展各项志愿活动。关爱困难党员，慰问困难、生病住院和老党员18人次。加强党组织建设，年内组建广州市龙能（珠江别墅）物业管理发展有限公司党支部、长城人寿保险股份有限公司广东分公司党支部两个非公党支部。选送15名入党积极分子参加培训班学习，发展新党员14名。

【顺利完成亚运安保工作】 由于毗邻亚运会开闭幕式主会场，加上冼村改造、在建工地多、劳资纠纷复杂等不稳定因素增多，辖区亚运安保维稳工作困难多，压力大。亚运期间，街道617个社会面防控岗位落实到位，111名重点人员“一人一策”有效稳控，应急预案和应对措施准备充分，突发事件处置有力，实现亚运期间辖区平安稳定。街道投入4万余元购买警用电瓶车，加强花城广场人流密集时段巡防。组织发动社会义务力量10217人，并将志愿者录入短信群发平台。妥善处理因公共交通免费搭乘政策导致珠江新城地铁站大规模人流拥堵、开幕式当天冼村路、猎德路与黄埔大道西突现大量人流聚集等突发事件，确保辖区平安稳定。11月27日亚运闭幕式舞台上，冼村街志愿者作为59万广州亚运志愿者和83万平安亚运志愿者的代表接受献花。

2010年11月25日，广州市委副书记苏志佳慰问冼村街安保志愿者。（冼村街道办供稿）

【稳步推进城中村改造】 2010年，冼村街专门设立推进冼村城中村改造工作领导小组，加强指导帮助冼村实业有限公司推进冼村改造工作。坚持回应冼村信访诉求，组织村民代表看集体物业，公开村公司地块及物业情况，年内受理村民来电来访电子信访共86件。街领导深入冼村走访调查，掌握村内动态，做村民动迁工作，依法合理处置突发情况。冼村改造稳步推进，村民签约率有较大提高。在改造期间，冼村街加强村屋管理，有力打击盗窃、抢劫行为，加大社区消防、禁毒、扫黄力度，防止腾空房屋期间出现恶性治安事件，消除火灾隐患。

【跑马地花园社区】跑马地花园社区地处珠江新城东北角，管辖面积约0.81平方公里，辖内有马赛国际公寓、跑马地花园、太阳城广场等居住小区；以及广东农信社、中国联通有限公司广东分公司和广州赛马娱乐总公司等大型单位。2010年，社区现有常住人口2250户，户籍人口约近2万人。

该社区一直把安全防范工作作为社区管理的重点工作，采取技防、人防、物防等一系列有效的措施。2010年，在居委会与街道相关部门及广州赛马娱乐总公司多次检查沟通基础上，建立每季一次联合大检查机制：对赛马场所有经营单位进行环境卫生、食品安全、治安、消防、劳资情况等联合大检查，消除赛马场各种安全隐患。

在迎亚运期间，到辖内20家工地和单位进行天河区亚运场馆周边情况调查，对20层以上建筑物光亮工程进行摸查，到辖区70家住户、2个工地、5个单位及周边环境进行蚊虫孳生地调查。

【冼村（冼村实业有限公司）】冼村建于明朝中期，由于以冼姓居多，故名。村内主要姓氏有罗、梁、冼、卢、潘等。冼皋宗于南宋绍兴六年（1136）自南雄珠玑巷迁居而来。卢元前于南宋咸淳元年（1265）从番禺县慕得里司神山村迁居而来。清末民初，潘姓自番禺县鹿步司棠下上社迁入冼村定居。1999年6月，原冼村撤村改制，组建冼村企业集团公司，2005年5月13日更名为冼村实业有限公司。公司主要企业有：广州市冼村经济发展有限公司、广州市天河区经济发展公司、广州市冼村物业管理有限公司、珠江新城商贸广场有限公司、广州天河胶管制品有限公司、海涛酒店、春都酒店等。（张小娟）

元岗街

【概况】元岗街成立于2001年12月25日，由沙河镇划出元岗行政村组建而成。因辖内有元岗村，故名。2010年，街下辖5个社区居委会和1个撤村改制公司：上元岗、下元岗、中人、南兴、天源社区居委会和元岗经济发展有限公司。全街面积3.24平方公里。总人口48757人，其中常住人口29617人，外来暂住人口24880人，人口密度每平方公里15048人。

2010年12月26日，广州市市长万庆良到元岗街天河客运站指导工作。（元岗街道办供稿）

辖街支柱产业（企业）有元岗经济发展有限公司、沙河兆联第二工业区、天河汽车客运站、金元岗购物广场、南华商贸城、广州汽车市场、上元岗农贸市场等。其中天河汽车客运站是广州公路主枢纽的第一个现代化客运站，客运站位于燕岭路633号，占地4.6万平方米，投入建设资金1.4亿元，高速快车、普通客车、短线班车，分别在三个区域同时发车，同一时刻可发送班车60多个班次，生产能力可达到1500班次/天、42000人次/天。

2010年，全街实现工业总产值137155万元，比上年（下同）增长8.1%；其它服务业总产出110452万元，增长18.4%；商品销售总额274780万元，增长57.8%；社会消费品零售总额127997万元，增长23.8%；资质内建筑业总产值124826万元，减少13.6%；房地产开发投资额36328万元，增长1860%；高端服务业（不包含金融服务业）营业收入62715万元。是年，街属地企业有241户，街内个体商业户2635户，从业人数9744人。

【街道建设与管理】·城区管理及环卫建设·2010年，元岗街推进完成西城货运场、穗岗停车场的拆迁，协助完成沙河涌的整治改造，配合解决主要路段、社区、公园的市政基础设施破损问题，组织清理、冲洗中横路、咸岗龙、城中村等卫生死角，全年共清理卫生死角97处、淤泥垃圾约15吨，全面提升市容环境卫生，整体改善宜居社区环境。城市管理综合执法方面，全年立案1044宗，办理各类行政处罚案件828件，处理12319投诉案件240宗、上级督办案件15宗，前后组织“六乱”专项执法整治行动41次，整治乱摆卖268宗，整改占道经营752宗，清拆违法建设2700多平方米，执法成效显著。

·社会治安综合治理· 2010年，元岗街抓好维稳及综治目标管理责任制的落实，采取一系列有效措施，排查、防范、化解矛盾纠纷，对治安重点区域、场所开展各类严打整治行动，确保广州亚运会年的社会稳定。

2010年，元岗街刑事立案254宗，比上年（下同）下降13.9%；“两抢”案 34宗，下降15%，入室盗窃案56宗，上升14.3%。全年民警和治安员通过路面防控分别成功抓获违法犯罪人员389人次，其中刑事拘留95次、行政拘留211人次、其他处理83人次。

·出租屋管理· 2010年，元岗街整合有效资源，采取与社区民警联合上门方式，加大对出租屋和档口的巡查力度，提高流动人员登记率，出租屋巡查整治工作显著提高。街道全年清查出租屋13987套，登记摸查核实流动人员61634人，抓获1名网上在逃案犯，捣毁1个传销窝点。全年重新调查登记流动人员36823人、出租屋666套，整治存在消防隐患的出租屋812套，征收“二费一税” 191万元，出租屋整治合格率达100%。全街出租屋内没有大量非法传销人员聚集及大型制假、造假、储藏非法物品窝点。

·司法服务· 2010年，元岗街加强人民调解和排查调处工作， 维护社会稳定。加大纠纷研判、排查力度，及时发现纠纷苗头，努力把矛盾化解在基层，化解在萌芽状态，全力维护亚运会期间元岗街的社会和谐稳定。全年调处民间纠纷68宗，避免挽回经济损失505.6万元。做好社区矫正人员及安帮对象的管控帮教工作，全街共有10名帮教对象，帮教率达100%。

2010年9月30日，广东省公安厅厅长梁伟发到元岗街检查指导综治信访维稳中心工作。 （元岗街道办供稿）

·安全生产与消防安全· 2010年，元岗街开展消防安全专项整治工作，贯彻落实安全生产目标管理，强化安全生产主体责任制，提高安全生产监督管理人员队伍素质，提升监督管理水平，开展各类消防安全生产大检查行动，集中整治咸岗龙地区的 “三合一”、“二合一”隐患，使街安全生产形势继续保持平稳态势，全年未发生重特大安全生产和消防安全事故。

·人口与计划生育· 2010计生年度，元岗街出生100人，出生率为11.67‰，自然增长率为9.57‰，计划生育率为93%。

元岗街免费为流动育龄妇女查环查孕14491人次，电脑建卡近9124张，查环查孕率90%，信息通报率100%。为常住人口查环356人次，查环率达98%。做流动人口四术183例，报销手术费16419元。办理流出地婚育证明5个，独生子女证65个，迁入户证明21个，计划生育服务证160个。加大宣传培训力度，强化流动育龄妇女的综合治理。

·社区文体· 2010年，元岗街积极举办社区文化活动，丰富社区群众文化生活，推动社区文化发展与繁荣，开展 “‘欢天喜地闹元宵’群众文化活动”、“‘4·23’读书日活动”以及“情系元岗促和谐——元岗街第二届外来工歌手大赛”等活动。

·社区服务· 2010年，元岗街深入开展最低生活保障、医疗救助、住房救助、慈善救助等各项救济；发扬“拥军优属，拥政爱民”优良传统，帮助驻街部队解决实际困难，组织开展军政民座谈会及军民文体娱乐活动，妥善处理军地矛盾和纠纷，维护社会和谐稳定；有序开展“亚运抽签免费惠民”活动，发放亚运免费惠民各类项目门票计1645张；开展再就业援助月活动和春风行动等一系列促进就业活动，抓好下岗失业人员和“农转居”劳动职业技能培训，大力推进社区就业工程；做好劳动就业和劳资纠纷调解工作，进一步规范企业用工行为，预防和妥善处理劳资纠纷，有效维护社会稳定：1～11月共处理劳资纠纷投诉案件30宗（其中突发事件7宗，普通投诉案件23宗），接受电话投诉15宗，涉及劳动者240人，为劳动者追回欠薪

1253463元。

·社会事务· 2010年，元岗街做好社会救济、捐助及住房保障工作，为老年人服务。全年办理老人优待证共43个，为辖内1位老人申报享受A级居家养老免费服务，为2位老人做好平安钟的登记和安装工作。全年共办理八十岁以上老人长寿金54宗。

做好残疾人服务、助残和慰问工作。慰问24户残疾人家庭，送去大米、食油等礼物和慰问金。为18位残疾人特困户发放全年残疾人困难户专项补助金27648元，走访5户贫困残疾人家庭，上门对生病的2名残疾人进行慰问，帮助9名残疾人申请慢性病医疗救助。

开展再就业援助月活动和春风行动等一系列促进就业活动。社区就业资助人员111人，资助医保84人，领取再就业优惠证19人，流动人员网上备案人数4112人次，网上发布单位招聘信息356条，个人求职登记53人次，上报创业项目4个，协助办理小额贷款1宗。

全年向19户低保户发放救济金19万元，发放实物救助38份，折合人民币约0.7万元，发放节日慰问金1.1万元。落实市政府针对住房困难家庭的住房保障工作，对19户低收入家庭的住房困难情况予以调查核实，对4户已领取经济适用住房准购证明的家庭和申请廉租住房补贴的家庭做再入户调查核实工作。街道为1户独居老人和老劳模开展居家养老服务，累计服务时间约为262 小时。全年慰问烈军属、伤残、复员退伍军人18人次，发放慰问金0.36万元。组织无偿献血1次，超额完成全年计划100%。全年办理医疗保险470人，养老保险111人。

·创建全国文明城市· 2010年，元岗街开展市公共文明指数入户调查测评和“创文迎国检”工作。在窗口单位、主要路段、社区公园大量张贴创文宣传画报，制作发放创文宣传品，举办各类“咨询日”、“服务日”活动，多种形式加大创文宣传力度；每月组织开展入户调查，上门派发创文宣传资料，认真听取群众意见建议，及时整改群众反映强烈的问题；积极开展文明出行、清洁家园、文明礼仪、微笑服务等主题活动，引导辖内单位和社区群众参与创文活动，提高居民群众的知晓率、参与率、满意率。

【上元岗社区】 上元岗社区位于元岗街，南至上元岗公园商业步行街，东至元岗小学，北至广州军区防化技术大队，西至大尖角新村、穗华专修学校，占地总面积约0.35平方公里。2010年，社区有常住人口3641户，14565人。

2010年9月2日，上元岗社区为确保以良好的状态迎接9月创文“国检”，根据街道的创文工作部署，社区全体创文人员在辖内巡查监督，对居民乱晾衣物行为及商铺超范围经营进行规劝，尤其是对社区内的卫生死角进行地毯式的整改，社区的创文迎“国检”工作进一步落到实处，社区环境进一步得到改善。

2010年12月10日，上元岗社区居委会在全体居委干部、出租屋协管员和人口普查员的共同努力下，圆满完成第六次全国人口普查工作。

【南兴社区】 南兴社区位于元岗村外围，南至广东外语职业学院、广汕公路边，东至元岗大道，北至咸江龙工业区及中人居委分界线，西至广州五十铃客车厂及兴华街分界线，占地总面积约1.4平方公里。2010年，社区有常住人口1580户，2902人。

2010年12月30日，举办南兴社区少儿迎新春书法、绘画展览。辖区的中、小学均积极响应和参与，共收到书法作品30件、对联20幅。

2010年4月11日，为迎接第14个“世界帕金森病日”的到来，南兴社区居委积极配合三九脑科医院开展“帕金森日”义诊及咨询活动。为让义诊活动有更多的居民知晓，南兴社区居委刊出一期《什么是帕金森病》的墙报，并在南兴花园小区、景晖苑小区及外师宿舍张贴义诊海报。此次义诊活动吸引很多社区帕金森病患者、帕金森病患者家属及就帕金森病相关知识进行咨询的居民。专家们不但答复帕金森病患者及家属提出的具体问题，对广大市民提出的帕金森的早期识别、健康保健、饮食用药等都给予细致的解答。

【元岗村（元岗经济发展有限公司）】 元岗村位于广汕公路西侧，东邻长湴村，西接新沙太路，北与龙洞村交界，南接银河村与河水交界。属丘陵地带。

元岗村分上元岗村、下元岗村两个自然村。北宋中叶，凌姓在下元岗开村。元朝至正二十八年

（1368），谭姓祖先谭明远先由开平迁往番禺县石牌乡石马嘴，再迁往下元岗村。上元岗开村南宋。南宋理宗淳佑年间（1241～1244）谭氏先祖贡元居羊城，其子桂芳带兄弟3人迁居上元岗，上下元岗谭姓同出一祖。谭氏远祖谭虔，原居江西古虔州西俊村。宋高宗建炎三年（1129），谭虔由江西迁到广东南雄珠玑巷。谭虔生2子，次子谭瀚之子谭伯苍于庆历中（1041～1048）任刑部尚书，迁往仁化。谭伯苍生8子，二子谭朝端择居高明。朝端九世孙贡元居羊城。贡元三子谭桂芳迁上元岗。下元岗谭姓是谭伯苍六子谭朝安之后。

元岗村以谭、梁、陈三姓为主，其中谭姓最多，占70%。梁姓次之，约占20%。梁姓始祖梁子富于清朝雍正六年（1728）由长湴迁入下元岗。陈姓原是九佛山龙村人，道光十四年（1834）大旱，下元岗与长湴因争水发生械斗，由于村小寡不敌众，便请萧岗、九佛等地的村民救援。为防再次械斗，下元岗父老决议，请陈姓在此定居。现陈姓约占全村10%。清朝械斗时，凌姓迁走避祸，民国时下元岗已没有凌姓人家。

2001年12月元岗街成立，元岗村从沙河镇归元岗街管辖。2002年12月，元岗村撤村改制，成立元岗经济发展有限公司。村中农业人口全部转为居民户口后，村委会建制和农村管理体制自然撤销，由社区居委会的自治组织取代。2010年，元岗经济发展有限公司总收入6808万元，村民福利开支总额1752万元，上缴税收497万元。（刘新胜）

黄村街

【概况】 黄村街建于2001年12月25日，由原东圃镇划出黄村行政村组成，因辖内有黄村，故名。2010年，街下辖9个社区居委会和1个撤村改制公司：江夏、荔苑、天雅、黄村西、康城、体委基地、大观、龙步、庙元社区居委会和黄村实业有限公司。全街面积6.17平方公里。总人口5.5万人，其中常住人口1.7万人，外来暂住人口3.7万人，人口密度每平方公里8914人。

街辖有东圃汽车客运站、奥体中心客运站及新福利有限公司公交车场。还有中海康城、东圃广场、白领公寓、帝景山庄、天雅居等大型住宅小区；有好太太环保科技有限公司、广东迎海集团有限公司、花花世界大型购物中心、迪卡侬（广州）体育用品有限公司、锦龙汽车服务有限公司、宝悦（宝马）汽车服务有限公司等大型知名品牌企业；还有广州著名的化工原料贸易市场——广州化工城。

黄村地区的体育产业比较发达。2001年建成的奥林匹克体育中心（“九运会”的主会场），有达到国际竞赛标准的各类体育场馆，成功举办过各类国际或国内体育赛事，这里作为省体育训练基地和国家棒球队训练基地，曾培养出许多世界冠军。该中心周边建有体育一个公园，公园内各类体育健身设备齐全，已经成为集休闲、娱乐、健身、旅游观光于一体的体育文化活动中心。

【街道建设与管理】 ·城区管理及环卫建设· 2010年，黄村街制定城区管理制度，共清拆楼顶广告招牌75块，面积2025平方米，共清理淤泥35吨、建筑垃圾25吨，出动垃圾清运车45车次，清运垃圾65吨；共出34期爱卫月墙报，派发传单3000份、灭蚊片5000包、烟雾剂10公斤，创造良好周边环境；开展卷烟打假专项整治行动，检查厂房仓库30多间、出租屋6处，有效打击贩假烟行为，营造良好市场经济秩序；协调组织区卫生局卫生监督所、派出所、村公司、社区居委会共50多人次在场馆周边依法取缔非法诊所15家。

·社会治安综合治理· 2010年，黄村街加大违法犯罪的打击力度，开展“红棉、剑锋”等一系列专项打击行动，遏止凶杀、“双抢”、入屋盗窃、盗抢机动车等关系人民生命财产安全案件的发生。全街刑事立案223宗，比上年（下同）下降12.5%；其中抢劫立案13宗，下降31.6%；抢夺立案19宗，下降13.6%；出租屋立案23宗，下降11%；机动车被盗10宗，下降41.2%；刑事案件破案98宗，下降32.4%。

重点整治工作以江夏出租屋为主，治安整治以体委基地社区、大观社区为主。主要内容是净化社会环境，对重点部位亚运期间24小时不间断派出专人看护。2010年，黄村街重点整治地区实现案件二位数下降，黄村街被评为市级创安先进街道，康城社区、黄村西社区被评为先进社区。

·司法服务· 2010年，黄村街与国信联合各

2010年5月21日，区委常委、政法委书记林赛龙到黄村街调研指导处置“水浸车”事件维稳工作。
（黄村街道办供稿）

律师事务所、广东保得利律师事务所结对在辖内向居民群众提供公益性法律咨询活动；指导村公司进一步规范经济合同管理；及时调处广州新福利巴士服务有限公司一起交通事故赔偿事宜。

·安全生产与消防安全· 2010年，黄村街开展消防安全专项整治工作，围绕亚运会、亚残运会，开展对奥林匹克体育中心周边的专项整治。亚运前，进行3次针对危险化学品经营、储存的专项整治，取缔位于东圃农场的2个涉嫌存放危险化学品的仓库；开展对“三小场所”及废品收购点的专项整治；开展以企业主体责任落实为主要内容的法人、经理人培训；对黄村街的安全生产主任进行再培训。

·人口与计划生育· 2010计生年度，黄村街计划内出生278人，出生率为17.73‰，自然增长267人，自然增长率为16.04‰，计划生育率为94.24%。全年征收64人社会抚养费500多万元，投入计生经费约130万元。

·社区文体· 2010年，黄村街加强公共文化服务体系建设，推进街道文体阵地基础设施建设。投资近60万元对文化站大楼进行重新装修；投资20多万元对街文化活动中心游泳池进行升级改造；为8个社区文化室购买图书，添置娱乐设备，建成8个社区青少年之家，实现社区文化室和青少年之家全覆盖。开展丰富多彩的文体活动：1月，各社区分别举办迎春联欢会；5月，举行“迎亚运”青少年征文比赛活动；7月，举行迎亚运全民健身羽毛球比赛；8月，举办迎亚运全民健身篮球比赛；10月，江夏社区举行迎亚运老人趣味运动会。

·社区服务· 2010年，黄村街向14户低保户发放救济金11.01万元，实物救助232份，折合人民币约1.994万元，发放节日慰问金2.47万元。落实市政府针对住房困难家庭的住房保障工作，对11户低收入家庭的住房困难情况予以调查核实，对4户已领取经济适用住房准购证明的家庭和申请廉租住房补贴的家庭做再入户调查核实工作。街道为1户独居老人和老劳模开展居家养老服务，累计服务时间约为96小时。全年慰问烈军属、伤残、复员退伍军人34人次，发放慰问金14.25万元。全年办理医疗保险163人，养老保险172人。

【江夏社区】 江夏社区位于天河区东部城乡结合部，南至黄村环村南路，东至黄村大道，北至广深铁路南侧，西至黄村环村西路，占地总面积约0.47平方公里。2010年，社区有常住人口9373户，20112人。

2010年8月31日，江夏社区在社区公园举行“公共文明大家谈”社区论坛活动。以社区治安、交通安全及环境卫生问题为主题，让社区居民谈感受、提建议，共同践行公共道德规范，为创文献策。社区100多位党员代表、社区单位代表、老年协会代表、青少年代表、居民代表参加活动。

2010年10月15日，江夏社区在黄村体育运动场举行“与亚运同行、与健康相伴”为主题的老年人趣味运动会，共有12支老年代表队共200多人参加比赛。运动会集趣味性、娱乐性于一体，设有定点投篮、飞镖、赶球、夹乒乓球、套瓶等5个适合老年人身体特质的比赛项目。经过两小时角逐，有25名老年人分别获得前五名奖励。

【康城社区】 康城社区位于奥林匹克体育中心西边，南至广园快速路，东至大观路，北至奥林匹克贵宾通道，西至车陂涌，占地总面积约0.09平方公里。2010年，社区有常住人口3777户，15000人。

2010年，康城社区居委会在亚运会、亚残运会期间带领100名义工参加治安防控工作，为亚运会、亚残运会做出贡献。

【黄村（黄村实业有限公司）】 黄村于南宋嘉定五年（1212）建村。黄村古称“梅林”，是由于盛产“青梅”而得名。明朝嘉靖年间，广州东教场原是番禺县鹿步司农副产品交易的集散地，由于在交易过程中梅林人遭遇恶霸与管理人员的欺负，为保护梅林人的利益，于是梅林人齐心协力将恶霸及管理人员打伤，惊动了官府，当时官府下令："凡在东教场交易的梅林人，见人就抓，货物没收"，为逃避官府抓捕，避免遭受报复，梅林人被迫改名换姓，"梅林村"从此更名为"黄村"，并沿用至今。

黄村包括2个自然村，一个叫黄村，另一个叫黄村新村，黄村人是在两汉之后，魏晋、五代战乱时期的民族大迁徙中，从中原地区南迁过来的移民。而黄村新村村民是1958年从水口水库迁过来的移民。黄姓是黄村的大姓，占总人口的99%以上，还有简、魏、温、何、钟、朱等姓氏。

黄村有着悠久的历史文化，自建村以来，每年农历九月二十八日"黄村会"（建村纪念日），举行游龙、舞狮、唱大戏等一系列纪念活动。同时，黄村人热爱体育锻炼，乒乓球、篮球是黄村人的体育传统强项，乒乓球曾在"区运会"获得团体第二名，男子单打二、三、四名；篮球曾在"区运会"获第一、二名。自1998年开始由村委会（现黄村实业有限公司）组织，每两年举行一次"黄村农民运动会"。

黄村现占地面积约4平方公里，耕地面积约300亩，人口约5000人，随着改革开放和社会的发展，黄村面貌发生了翻天覆地的变化，环境优美，道路四通八达，高楼林立，现建有休闲公园4个，村民公寓小区4个，大型综合体育运动场1个，辖内学校、幼儿园、商场、医院、农贸市场等各类生活基础配套设施齐全。

2002年 12月 ，黄村正式实行撤村改制，成立黄村实业有限公司。2010年，黄村实业有限公司总收入3882万元，比上年增长19.3%。（曾辉）

长兴街

【概况】长兴街建于2002年12月4日，以原沙河镇辖内的长湴村、岑村地区为基础建成。全街面积13.22平方公里。2010年，街道总人口99830人，其中常住人口64480人，外来暂住人口78816人，人口密度每平方公里7551.4人。2010年，街下辖8个社区居委会和2个村改制公司，即：长湴、岑村、科艺、兴科、乐意居、天鹅、建丽、兴安社区居委会和长湴、岑村经济发展有限公司。街道党工委下属18个党（总）支部，其中机关党支部3个：长兴街机关党支部、长兴街执法队党支部、派出所党支部；村改制公司党（总）支部2个：长湴经济发展有限公司党支部、岑村经济发展有限公司党总支部；社区党支部8个：长湴社区党支部、岑村社区党支部、科艺社区党支部、兴科社区党支部、乐意居党支部、天鹅社区党支部、建丽社区党支部、兴安社区党支部；非公党支部4个：长兴医院党支部、嘉福教育培训中心党支部、欧峰机电设备有限公司党支部、东泓公司党支部。

2010年，街道有中国科学院华南植物园、广州有色金属研究院、中科院广州化学有限公司、广东省生态环境与土壤研究所、广州市体育研究所、广州市绿化公司长虹苗圃等科研院所；有长湴小学、广州市体育职业技术学院（原广州伟伦体校）、广州市轻工职业学校、广东省科学技术学校、广州市艺术学校、广东省劳动就业技工学校、广东省城市建设技工学校等，其中长湴小学是全球500佳和全国绿色环保学校之一；有长湴公园、岑村火炉山森林公园、长湴村文化活动中心等文化体育娱乐休闲场所；有"广州第一村"飞鹅岭新石器时代遗址、抗日战争革命根据地长湴村旧址。

2010年，全街实现工业总产值29658万元，比上年（下同）增长18.5%；其它服务业总产出211062万元，增长5.9%；商品销售总额324667万元，增长53.1%；社会消费品零售总额131751万元，增长11.4%；资质内建筑业总产值17320万元，减少25.5%；房地产开发投资额4468万元，增长200%；高端服务业（不包含金融服务业）营业收入95176万元。

【街道建设与管理】·城区管理及环卫建设·2010年，长兴街以"创文"、"迎亚运"为契机，制定《广州市亚运会亚残运会长兴街应急预案》、《天河区长兴街重大食品安全事故应急预案》、《广州市天河区长兴街三防应急预案》、《长兴街涉亚森林防火专项预案》、《长兴街"禁传销、保亚运"专项方案》、《长兴街开展"保亚运 促和谐"执法打假专项方案》、《长兴街迎亚运病媒生物应急处置预案》、《长兴街二次供水安全保障应急预案》，并积极开展整规打假、食品安全、打传、2010年新增违法用地整改、“三防”、危房和路灯普查、除“四害”、12319城管投诉回复、无偿献血等工作。全年开展整规打假专项行动31次，组织爱国卫生运动20多次，免费派发除“四害”药具20000多盒，组织发动辖内单位315人次参加无偿献血，超额完成任务；处理各种来电、来信、来访、12319和上级交办案件534宗。

·社会治安综合治理· 2010年，长兴街刑事立案240宗，比上年（下同）下降17%；“两抢”案15宗，入室盗窃案44宗，分别下降17%和2%。全年民警和治安员通过路面防控分别成功抓获违法犯罪人员483人次，其中刑事拘留122次、行政拘留188人次、其他处理170人次。破当年案95宗，实际破案158宗，立治安案件139宗，比上年下降5%，刑事拘留118人，抓获网上追逃人员15人，治安拘留157人，强戒10人，送劳教4人。

·出租屋管理· 2010年，长兴街整合有效资源，采取与社区民警联合上门方式，加大对出租屋和档口的巡查力度，提高流动人员登记率，出租屋巡查整治工作显著提高。街道全年清查出租屋9650套，登记摸查核实流动人员35816人。全年重新调查登记流动人员29663人、出租屋16453套，整治存在消防隐患的出租屋1191套，征收“二费一税”3303840.58元，出租屋整治合格率达100%。全街出租屋内没有大量非法传销人员聚集及大型制假、造假、储藏非法物品窝点。

·司法服务· 2010年，长兴街积极开展普法宣传教育，全年共开展法律宣传咨询活动10场，发放法律宣传单张、法律宣传册9695份，普法知晓率调查问卷2000份，接待群众咨询100人次，代写法律文书3件。上法制课1次，制作法制宣传栏12期。不断加强基层调解工作，共举办人民调解员培训班2期，成功调解各类纠纷39宗，成功率100%。严格落实安置帮教，积极开展社区矫正。落实每月谈话制度、开展经常性回访工作、开展重大节日慰问活动，努力做好刑释解教人员与社区矫正对象的思想工作。

·安全生产与消防安全· 2010年，长兴街开展消防安全专项整治工作，共组织开展专项整治行动20次，巡查各类生产经营场所1379家，查出安全隐患1741宗，实际完成安全隐患整改1741宗；发出“责令限期整改指令书”5份，“整改复查意见书”5份；发放防火、安全生产等各类宣传资料3万多份，出专栏、板报等宣传园地98期（次）；举办企业安全主任再培训、经营单位负责人安全生产管理新培训共3次，参加培训306人；举办消防演习6次，参与群众近1000多人；分别与辖区82家重点单位签订《长兴街消防、安全生产、道路交通安全责任书》。

·人口与计划生育· 2010计生年度，长兴街出生231人，出生率为12.1‰，自然增长率为9.13‰，计划生育率为93.07%。

长兴街免费为流动育龄妇女查环查孕1724人次，电脑建卡近831张，查环查孕率90%，信息通报率100%。为常住人口查环356人次，查环率达98%。做流动人口四术72例，报销手术费12559元。办理流出地婚育证明258个，独生子女证59个，迁入户证明68个，计划生育服务证234个。加大宣传培训力度，强化流动育龄妇女的综合治理。

·社区文体· 2010年，长兴街开展丰富多彩的文化活动：组织辖内群众参加的“2009‘美丽天河’天河区美术、书法、摄影作品评选活动”，荣获一金一铜的好成绩；街道文化站配合区图书馆举办“4·23”第四届读书节征文评选活动，街道文化站积极发动社区群众参与投稿，共选送49篇文章，参加天河区读书征文活动，其中街道文化站获得组织奖、中学组二等奖2篇；组织辖内群众观看由广州话剧团最新创作——第九届中国艺术节“文华奖”的参评作品话剧《春雪润之》；组织选手参加《关于举办2010年“迎亚运、促和谐”天河区第二届标准舞、拉丁舞公开赛暨天河区首届青少年标准舞、拉丁舞锦标赛》，同时获得业余双人女子8岁A组亚军、业余标准舞A组冠军和专业院校18周岁以上标准舞冠军的好成绩；长湴女子体育健身操队参加广州市第七届“美在金秋”老年风采大赛获铜奖，参加由广东省委老干部局、广东省体育局、广东省老年人体育协会主办的广东省第七届老年人运动会健身操腰鼓秧歌比赛获一等奖，同时受邀请参加亚残运会在花城广场“亚残运会圣火传递”秧歌表演。为了增色亚运赛场，街道文化站组织亚运助威团3支为亚运赛场上的运动员们加油助威。

·社区服务· 2010年，长兴街做好扶贫帮困工作。全年办理老人证166个，为222人老人成功申请长寿金，共12150元。为198名退休人员办理年审，为218名在册退休人员办理年审，为112名异地退休老人办理生存年审，建立退管老人健康手册，探访老人218次，218名老人年审率达到100%，2010年街退管所达到4A级标准并通过区的考核验收。为50户低保户办理续期，为49名重度残疾人申请特殊补贴，发放补贴费82080元。

·社会事务· 2010年，长兴街开展劳动保障、退管工作。通过再就业培训、举办招聘会等形式，帮助失业人员再就业，全年完成失业人员就业率70%，“4050”人员就业率85%。为“4050”再就业人员42人办理社会保险和医疗保险。主动监察用人单位464家、涉及劳动者10848人。处理举报投诉案件35宗、为335位劳动者追回工资、押金238.7万元。其中有群起突发事件11宗涉及劳动者314人，追回工资236万元。协助调查工伤事件14宗，较好地维护劳动者的合法权益。

全年向50户低保户、1户低收户共发放救济金41.1593万元，发放实物救助100份，折合人民币约1.782万元，发放节日慰问金4万元，向3户五保户发放节日慰问金1200元。落实市政府针对住房困难家庭的住房保障工作，对1户低收入家庭的住房困难情况予以调查核实，对24户已领取经济适用住房准购证明的家庭和申请廉租住房补贴的家庭做再入户调查核实工作。街道为2户独居老人和老劳模开展居家养老服务，累计服务时间约为157小时。全年慰问烈军属、伤残、复员退伍军人4人次，发放慰问金3300元。组织无偿献血次，超额完成全年计划5%。全年办理医疗保险1038人，养老保险6人。组织400人的亚运社区志愿者队伍，发放广州亚运抽签免费惠民比赛、表演门票9011张。

【长湴社区】 长湴社区位于长湴南大街1号，南至长兴路以北，东至兴科路与广州有色金属研究院接壤，北至天源路以南，西至长湴西头园，占地总面积约2.717平方公里。2010年，社区有常住人口6383户，19148人。

2010年3月7日，长湴社区与长湴改制公司联合举办迎亚运长湴妇女庆“三八”文艺汇演。2010年11月1日至10日开展第六次全国人口普查，社区共普查人口29458人。2010年9月至10月开展广州亚运抽签免费惠民项目申请，免费发放亚运体育场馆门票。

【岑村社区】 岑村社区位于天河区东北部，南至岑村地界、新塘街交界，东至沐陂军区边，北至岑村路界，西至驻港部队、岑村机场，占地总面积约2.9平方公里。2010年，社区有常住人口1692户，3852人。

2010年3月13日，岑村社区被广州市创文办抽中为每月市公共文明指数测评入户调查受检单位。调查组共走访40户家庭和商铺，在入户的过程中，得到社区居民的大力支持和积极配合，进展顺利。

2010年10月17日，广州市第六次人口普查业务指导组一行人，前来岑村社区指导第六次人口普查工作。对社区在开展人普工作中做到有特色有创新给予高度评价。

【长湴村（长湴经济发展有限公司）】 长湴村是一个自然村，总面积6平方公里。长湴村于宋朝末年开村，现今主要姓氏有梁、招、陈，先民均于明朝时期从北方迁来。据村中老人说，古时候长湴一带都是沼泽地，地下六七米深处有条古河道。沼泽地称湴，所以取名长湴村。长湴村历史悠久，素有“广州第一村”的飞鹅岭新石器时代遗址就在长湴村的飞鹅岭。1992年，长湴村集资兴建高标准的别墅式住宅小区——长湴新村。长湴新村占地面积17.56万平方米，总建筑面积215.30万平方米。新村东面建有一占地160亩的大型公园——长湴公园。公园前门广场近3000多平方米，园内绿树成荫，绿地达1万多平方米。新村的建成大大改善人居环境，为村民营造优质的居住环境，并先后获得全国造林绿化千佳村、广东省生态示范村、广州市小城镇建设样板工程等荣誉。

2002年12月4日，长湴村从沙河镇划归长兴街管辖。2005年5月，该村完成撤村改制工作，组建长湴经济发展有限公司。2010年，长湴经济发展有限公司总收入为32115万元，比上年增长3%。

【岑村（岑村经济发展有限公司）】 岑村开村于宋朝，距今约800多年。村民自明朝天顺年间由广州西郊石井小坪迁入。村中主要姓氏为黄，另有罗、刘、苏、马。2005年岑村常住人口3697人，外来人口与常住人口比例为4：1。耕地面积1700多亩，以种植蔬菜为主，村内设有公办小学、村办幼儿园、卫生站、敬老院等各1所。

2002年12月4日，岑村从沙河镇划归长兴街管理。2005年5月，该村完成撤村改制工作，组建岑村经济发展有限公司。2010年，岑村经济发展有限公司总收入为16205万元，比上年增长1.20%。

（于启玲）

凤凰街

【概况】凤凤凰街建于2002年12月31日，由沙河镇划出渔沙坦村和柯木塱村组建而成，因辖内有凤凰山而得名。2010年，街辖内有4个社区居委会与2个村改制公司：渔沙坦、凤凰、柯木塱、高塘石社区居委会和渔沙坦盛达经济发展有限公司、柯木塱经济发展有限公司。全街面积29.98平方公里。总人口39473人，其中常住人口12073人，外来暂住人口27400人。

凤凰街位于天河区东北部，北有大和嶂山和筲箕窝水库，东有凤凰山，南有火炉山，三面环山，有林地面积2万多亩，耕地面积3000多亩，森林覆盖率高达70%，辖内的柯木塱村、渔沙坦村是闻名遐迩的“长寿村”。

凤凰地区是广州市客家人主要集聚地之一，目前仍保留浓厚的客家农村特色，客家山歌、婚俗等民间风俗传统保持完好。2004年10月，凤凰街成立天河区第一个以民间艺术形式命名的协会——凤凰街客家山歌协会。2004年12月，举办凤凰地区首届客家山歌大赛，反响热烈，此后逐年举办。现在，凤凰街客家山歌已成为天河区对外宣传的一个文化品牌。

2010年，街辖内有广东牲畜交易市场、柯木塱农贸市场、渔沙坦综合市场等大型市场4个。在华美路沿线发展以民办中小学、职业技术学院、大中专院校、培训中心为主的教育产业。在凤凰山森林公园、大和嶂山和火炉山森林公园周围打造特色休闲旅游产业，带动本地餐饮业和都市农业发展。在高唐工业区西北面的柯木塱地区，发展物流仓储业和高新技术的配套产业。

【街道建设与管理】·城区管理及环卫建设·

2010年，凤凰街获市委宣传部和亚组委颁发的广州十大特色街道称号。（凤凰街道办供稿）

2010年，凤凰街加强对“两违”的整治，制定《凤凰街查处违法建设专项行动工作方案》，对查控“两违”实行网格化管理。以村公司、社区及执法队为单位，对各类违法占地违法建设情况逐户逐宗进行登记编号，填写表格，拍照相片，并登记造册，做好有关违法占地和违法建设材料的搜集、核实工作。全年共牵头组织街执法部门拆除违法建设80多次，拆除违法建设7814平方米；协调区城管分局、城管中队查处违法卫星斑点违法建设、非法占地共18宗，制止非法填土5宗、非法挖山霸地3宗，完成复绿整改面积7000多平方米。

全年共清理重点道路、市场、社区卫生死角112次，取缔乱拉乱挂120宗，乱堆放125宗，乱摆卖、占道经营1274宗，乱张贴6000张。组织街城管执法队对户外违章广告进行整治，共拆除违章户外广告78宗，面积776平方米，拆除违章搭建猪棚2处，2500多平方米，清走生猪1200多头，通过一系列的整治措施，使辖区市容环境卫生面貌得到有效的改善。

是年，全街每天保洁面积63万平方米，产生垃圾约40吨，做到日产日清。在重要时期，重点地段对主干道和商业街实行16小时的保洁制度，保证清扫质量。是年11月1～10日连续开展以“清洁家园、喜迎亚运”为主题的城市道路和公配设施全面清洁活动中，平均每次出动50人次，分阶段对辖内主次干道和内街巷进行全方位的清洁，共清除杂物30车，清洗路面5000多米，清理卫生死角13个。

·社会治安综合治理· 2010年，凤凰街刑事立案136宗，比上年（下同）下降27.01%；“两抢”案3宗，入室盗窃案36宗，分别下降81.20%和30.8%。全年民警和治安员通过路面防控分别成功抓获违法犯罪人员33人次，其中刑事拘留13次、行政拘留20人次。

·出租屋管理· 2010年，凤凰街加强出租屋和外来人口工作的宣传教育，举行各类大型宣传咨询活动，组织召开出租屋屋主会议；拉挂宣传横幅46幅，张贴各类宣传资料3800份，派发宣传单15600万份。全年征收“两费一税”215万元，办理IC卡暂住证14512张；登记出租屋4154多栋，办理租赁登记1207户；登记外来人员24740人。

·人口与计划生育· 2010计生年度，凤凰街出生157人，出生率为13.45‰，自然增长率为6.68‰，计划生育率为93.63%。

凤凰街免费为流动育龄妇女查环查孕13045人次，电脑建卡近8076张，查环查孕率90%，信息通报率100%。为常住人口查环356人次，查环率达98%。做流动人口四术631例，报销手术费16788元。办理流出地婚育证明214个，独生子女证64个，迁入户证明26个，计划生育服务证120个。加大宣传培训力度，强化流动育龄妇女的综合治理。

·社区文体· 2010年2月，投入6万多元建成有特色的客家书屋。是年，凤凰街客家山歌协会和艺术团坚持活动，多次登上国家级的大舞台和新闻媒体。10月，在由中华人民共和国新闻总署举办的全国农家书屋阅读讲演活动中，创新节目《农家书屋里走出的客家阿婆》在全国30个省（区、市）新闻出版行政部门推荐的272名选手中脱颖而出获最佳创意奖。10月26日，中央电视台新闻频道《亚运与我》栏目滚动播放天河区凤凰街客家山歌艺术团的专题报道；是月，由于浓郁的客家风情和鲜明的地方特色，凤凰街被广州市委宣传部、第16届亚运会组委会宣传部评为广州市十大特色街。11月，在东莞举行的八省优秀客家山歌邀请赛的比赛中，街客家山歌协会编演的节目《唱条山歌let you guess》获得比赛铜奖。

2010年11月30日，凤凰街文化站站长王文革在中央电视台参加全国农家演讲比赛获得最佳创意奖。

（凤凰街道办供稿）

·社区服务· 2009年，凤凰街举办各类招聘会，为失业人员提供再就业机会。街道全年办理失业证337个，成功就业245人，安置“4050”失业人员133人，城镇登记失业人员就业率达72.70%。

街道注重保障监察工作，全年走访用人企业429家，成功调解用工案件31宗，其中大案（30人以上）3宗，为员工追回欠薪金额2476463元，结案率96%。

·社会事务· 2010年，凤凰街办理老人优待证140个；扶持4个社区居委“星光老年之家”完善软硬件建设；发放义务兵家属优待金102600元；完成殡葬改革任务，全街火化率达到100%；发放慈善购物券7.2万元。

全年向62户低保户、3户低收户共发放救济金46.2万元，发放物价补贴3.8万元，发放节日慰问金3.94万元。街道为5户独居老人和老劳模开展居家养老服务，累计服务时间约为3650小时。全年慰问烈军属、伤残、复员退伍军人200人次，发放慰问金3万元。组织无偿献血3次，超额完成全年计划10%。

·创建全国文明城市· 2010年，凤凰街投入经费约100万元，组织开展“创文”主题活动15场，组织“凤凰客家山歌”创文宣传演出20多场。编印《“文明礼仪、迎亚运、公民思想道德建设”客家山歌歌曲集》2000册，印刷派发印有创建文明城市标语的环保购物袋、扇子、钥匙扣等礼品1万多份，派发《创文一封信》和创文宣传资料20万张，走访发放问卷调查4083份，拉挂横幅56条，巨幅宣传画93幅。是年，凤凰街在开展市公共文明指数入户调查测评中全市排名第一。

【渔沙坦社区】 渔沙坦社区位于凤凰街西北面，东靠渔东路，西至龙洞街边界，北至大和嶂山，社区总面积5平方公里。2010年，社区有常住人口693户，2528人。

2010年6月30日，渔沙坦社区在渔兴路41号设立综治信访维稳工作站。社区党支部书记任站长，社区民警、社区综治专干、出租屋管理负责人任副站长，社区劳动保障专干、计生专干、出租屋管理员和社区辅警全部作为工作站成员。全年共受理矛盾纠纷12件，调解成功率100%。

2010年，亚运会亚残运会在广州举办。社区在8月31日成立350人的亚运志愿服务队，在11～12月的亚运亚残运会期间，参与义务安保、义务宣传、义务服务、火炬传递以及争当文明观众等方面的活动。

【渔沙坦村（渔沙坦盛达经济发展有限公司）】渔沙坦相传原名渔沙潭，后淤积为滩（坦），改现名，至今有300多年的历史。渔沙坦地处广州市东北部丘陵地区，三面环山，北高南低，东北方向群山耸立，主要有凤凰山等；南部地形较为平坦，大坝河、旺岗河、蓝屋河经村中向龙洞流去。渔沙坦村共有12个自然村：中山村、金鸡村、黄屋村、水口村、旺岗村、张屋村、大坝村、楼角村、李屋村、梁屋村、廖屋村、蓝屋村，村民大都是在明末清初时期和乾隆年间，先后从粤东等地迁移来的客家人。渔沙坦主要姓氏有李、黄、陈、徐、廖、范、梁、蓝、张、曾、温等姓。2004年，该村兴建2万多平方米的工业厂房，收回金迪厂房。同年，举办第二届村民运动会。

建国后隶属广州市凤凰公司（原广州市畜牧场），1987年9月14日，渔沙坦、柯木塱、新塘三村划入天河区，作为代管村，但渔沙坦村在行政上，仍属广州市凤凰公司管理。1994年划归天河区沙河镇管辖，2002年12月划归凤凰街管辖。

2005年5月，渔沙坦村完成撤村改制工作，组建渔沙坦盛达经济发展有限公司。

【柯木塱村（柯木塱经济发展有限公司）】柯木塱村传说过去到处都是柯树（客家人称河树），故称柯木塱，至今有300多年的历史。柯木塱属丘陵地形，周边有石狮顶山、公坑顶山、火炉山，地域狭长，沿广汕公路南北两侧分布成15个自然村落：背坪村、新欧村、榄元村、贺屋村、新村、上涂屋村、下涂村、邹屋村、杨屋村、方屋村、欧岗村、元墩村、大坪村、新屋村。村民主要由兴宁、焦岭、河源、木强等地迁来，主要姓氏有杨、张、涂、徐、贺、廖、刘、曾、彭、李、黄、邹等姓氏。

建国后隶属广州市凤凰公司（原广州市畜牧场），1987年9月14日，渔沙坦、柯木塱、新塘三村划入天河区，作为代管村，但柯木塱村在行政上，仍属广州市凤凰公司管理。1994年划归天河区沙河镇管辖，2002年12月划归凤凰街管辖。

2005年5月，柯木塱村完成撤村改制工作，组建柯木塱经济发展有限公司。（王文革）

龙洞街

【概况】龙洞街建于2002年12月31日，以原沙河镇辖内的龙洞村地区为基础组成，因街内有龙洞村，故名。2010年，街下辖5个社区居委会和1个改制公司：中南、上社、西社、育龙、绿洲社区居民委员会和龙洞龙汇实业有限公司。全街面积11.7平方公里。总人口约11万人，其中常住人口约3万人，外来暂住人口约8万人，人口密度每平方公里9401人。

街内主要单位有龙洞龙汇实业公司、沙河兆联经济发展公司、龙洞第一工业区、广州帝辰公司、矮岭工业区、高雅工业区、龙山工业园、龙洞第三工业区；有广东工业大学龙洞校区、广东金融学院、广东司法警官职业学院、广东食品药品职业学院等科研单位；有龙涛超市、龙洞农贸市场、龙洞汽配市场等大型市场、商场和龙洞商业步行街。

街辖有文化活动中心和文化体育广场，文化中心于2000年建成，投资400多万元，占地3500多平方米，设有歌舞厅、书画室等10多个活动场地，均免费向群众开放；文化体育广场于2002年建成，投资1000多万元，占地1.4万多平方米，内有1500多个座位的露天剧场，12平方米的大型电子屏幕，120米的科普长廊，以及足球场、篮球场、羽毛球场、健身路径和休闲公园等设施，先后被评为广东省特级文化站、广东省“十优”文化广场、广东省先进体育社区、广州市科普进社区示范街、广州市“十佳”农村文化室、广州市城市体育先进街。

2010年，全街工业总产值31725万元，增长

2.4%；第三产业189356万元，增长12.6%；是年，街属地企业有450户，街内个体商业户2834户。

【街道建设与管理】·城区管理及环卫建设· 2010年，龙洞街以“创文明城市”为契机，开展各专项整治工作。全年整治“六乱”2164宗，制止违法建设102宗，面积8160平方米，拆除违法建设92宗，面积4329平方米。加强除“四害”消杀力度，投放各种灭蚊剂达300公斤，累计消杀面积创历史之最，达900万平方米。投入各种杀虫剂900公斤，投放灭鼠饵超过2000公斤，有效降低“四害”密度。加强食品安全整治，加大打假、打传、扫黄打非及无证照经营场所的整治力度，取缔无证诊所11家，消除传销窝点2个，遣散非法传销分子42人。共清查餐饮店档166间，强化饮食店档的规范化管理，配合环保部门开展饮食服务业污染整治，改善龙洞地区的环境面貌。

·社会治安综合治理· 2010年，龙洞街以“平安迎亚运”为工作重点，全力维护社会稳定。深入开展“人屋车场”整治。在内街内巷符合条件的地方，设置临时停车场（位），新增停车车位1647个，解决停车难、车辆乱停乱放、车辆停放无人管理等问题，实行规范管理。在步行街新建立视频监控室，增设20个摄像头，辖内视频监控点达298个，将辖区的商业中心、重点区域以及主干道全部纳入视频监控范围。2010年4月1日起，正式在龙洞东路以西、迎龙路以东和龙洞北路以南的龙洞村内住宅范围实行全封闭式管理。疏通民意诉求渠道，全年，街道综治信访维稳中心共受理各类矛盾纠纷62宗，全部办结。

2010年，龙洞街刑事立案90宗，比上年（下同）下降23%；“两抢”案44宗，入室盗窃案215宗，分别下降16%和37%。全年民警和治安员通过路面防控分别成功抓获违法犯罪人员12人次，其中刑事拘留115次、行政拘留135人次。

·出租屋管理· 2010年，龙洞街开展出租屋专项整治。全年开展联合整治行动18次，出动人员2200人次，检查出租屋2513栋，发出整改通知书1600多份，及时清理出租屋房中房问题，并落实人员跟踪整改。加强出租屋信息录入工作，全年街道登记出租屋27695套，比上年（下同）增长14%。新办IC卡暂住证6742个，采集登记流动人口信息36541人次，出租屋合格率达100%。征收“两费一税”200.21万元，增收5.1%。

·司法服务· 2010年，龙洞街在辖区内各社区共出版72期法制宣传栏，举办法律咨询活动专场6场次，接待群众法律咨询3000多人次，发放法律知识宣传册和挂图资料4000多份；春节、“两会”期间开展2次排查调处专项行动和辖内校园周边不安全、不稳定因素专项排查。街各级人民调委会调处矛盾纠纷49宗，调解广东省华侨职业技术学校的饭堂资金纠纷等影响比较大的矛盾纠纷；做好13名刑释教人员安置帮教工作；龙洞街司法所与广东威戈律师事务所、广东古风律师事务所签订合作协议，在龙洞街成立公益性法律服务站。

·安全生产与消防安全· 2010年，龙洞街开展各项专项整治工作：春节前对非法生产经营烟花爆竹单位进行清查；开展危化品、建筑施工等行业专项检查；“五一”期间安全进行安全隐患大排查。全年共组织安全生产、消防安全工作检查156次，出动检查人数885人，发现隐患510处，整改隐患508处，发出限期整改通知书95份，安全教育人数达600人。是年，与辖区内58家单位签订安全生产、防火及交通安全责任状。

·人口与计划生育· 2010计生年度，龙洞街出生314人，出生率为10.01‰，自然增长率为8.51‰，计划生育率为93.63%。

龙洞街免费为流动育龄妇女查环查孕4063人次，电脑建卡近1671张，查环查孕率90%，信息通报率100%。为常住人口查环356人次，查环率达98%。做流动人口四术152例，报销手术费15270元。办理独生子女证79个，迁入户证明289个，计划生育服务证292个。加大宣传培训力度，强化流动育龄妇女的综合治理。

·社区文体· 2010年，龙洞街开展形式多样的社区文化活动：举行“庆元旦 迎新春——暨新舞台改造落成”大型文艺晚会；举办“情系祖国 期盼亚运”庆祝建国61周年文艺系列晚会；“庆中国、迎国庆”文艺晚会；组织合唱团参加广州市亚运歌曲大家唱活动；举办第八届社区文化艺术节，开设少年、青年、成人三个系列的“社区书画、摄影展览”；举办迎亚运倒计时100天登山活动。

·社区服务· 2010年，龙洞街扩大社区就业。年内召开劳动保障专项工作会议3次，举办就业援助月活动招聘会、街内企业招聘会和党员社区服务日招聘会，与龙汇公司、工业区、社区沟通联系，开拓社区就业岗位，达成就业52人。城镇登记失业率控制在2.0%以内，城镇登记失业人员200人，就业146人，就业率达到70.19%。为187名群众办理参加全民医保手续，为1400多名本地和外来工在广州劳动力网做录用备案。

·社会事务· 2010年，龙洞街在春节、学雷锋日、全国助残日、六一、中秋、国庆、重阳节等节日开展慰问活动。慰问辖区的特困家庭、社会福利院的儿童、退休老干部、百岁老人、独居老人、退休教师等活动。关爱女性，为困难女职工发放免费体检卡，为育龄妇女提供免费体检和跟踪服务等义诊服务；启动幸福工程募捐活动，救助贫困母亲。完善星光老人之家服务功能，开展便民利民服务。

全年向22户低保户、1户低收户发放救济金15.88万元，发放实物救助44份，发放节日慰问金5.2万元。落实市政府针对住房困难家庭的住房保障工作，对54户低收入家庭的住房困难情况予以调查核实，对60户已领取经济适用住房准购证明的家庭和申请廉租住房补贴的家庭做再入户调查核实工作。街道为4户独居老人和老劳模开展居家养老服务，累计服务时间约为120小时。全年慰问烈军属、伤残、复员退伍军人8人次，发放慰问金1.86万元。组织无偿献血40次，超额完成全年计划48%。

·创文工作· 2010年，龙洞街开展上门入户调查大行动8次，派发《龙洞街致全体社区居民的一封信》和《城市公共文明调查问卷》1万多份，定期更新张挂创文宣传版画和海报600多张。组织辖区青年志愿者和单位职工开展文明交通岗。开展卫生清洁月主题活动，增强单位和居民群众的文明意识。

【中南社区】 中南社区位于龙洞街商业中心，南与广汕路相连接，东至林科院围墙，北至福利院路、东街南边巷沿至龙洞中路相汇处以南，西至司法学校、广东工业大学东面围墙，并沿工业区北路至福利院、龙眼洞森林公园与白云区相接，占地总面积约2.1平方公里。2010年，社区有常住人口9381户，20569人。

2010年6月21日，中南社区在辖区人口密集的商业步行街开展幸福工程救助贫困母亲募捐活动，街道、社区居委会和辖区院校志愿者参加活动，募集资金8662元。

2010年8月23日，中南社区居委举办“迎亚运，争当一名合格的志愿者”社区论坛活动。社区干部、群众及志愿者等30余人参加活动。

【绿洲社区】 绿洲社区位于龙洞街东南面，南与长兴街、华南植物园、火炉山森林公园相接，东面和北面与凤凰街相接，西至广汕路，沿省林科院、外贸学校围墙转金融路到医药学校西南围墙，占地总面积约2.86平方公里。2010年，社区有常住人口7833户，32763人。

2010年3月5日，绿洲社区与广东司法警察职业学院的志愿者协会师生共同举办以“学雷锋日——志愿服务进社区”为主题的公益志愿活动。由社区居委会带动学生深入到社区各单位居民小区，面向居民群众开展各类公益性义务活动，包括：法律咨询、家电维修、理发、慰问帮助孤寡老人、残疾人家庭清洁家居、维修家具等。

2010年8月4日，为迎接亚运会，绿洲社区居委会在世纪绿洲小区组织举办“迎接亚运会 倒计时100天”的文艺晚会，吸引大批社区居民群众、学生等志愿人员参加。

【龙洞村（龙洞龙汇实业有限公司）】 龙眼洞又称龙洞，其村名的由来有多种说法。一是据龙眼洞村樊姓族谱记载，龙眼洞村曾称龙岗、龙峒、龙洞村，北宋徽宗（1102～1125）时称乌涌龙眼洞村。二是由于龙眼洞村四面环山，中间开成小盘地（谷称窝）。风水学称山脉为龙，窝为洞，龙眼洞建在山窝里，故称“龙洞”。三是说罗浮山、帽峰山、大和嶂、峒旗峰、白云山群山连绵起伏，像一群出海蛟龙，龙眼洞西山有一条山脉直下龙眼洞方向，而龙眼洞村建筑于龙眼上，故称“龙眼洞”。四是说由于村南北向长800米，宽300米，村中间岗头像龙头，左面元头岗，右面西元岗像一对龙眼，前面蒲岗像龙鼻，故称龙眼洞。五是据民国时期《白云、越秀二山合志》载：此处广植龙眼树，故称龙眼洞村。六是根据“九龙归洞”而名的，这“九龙归洞”又有三个解释：一是龙眼洞村周围有9座山，尧子峰、火罗岭、虾公岭、飞蛾岭、水冲岭、长行岭、峒旗峰、鬼王山、大和嶂，这9座山像9条龙故称“龙洞”；二是当时龙眼洞周围有9个较大的自然村，伏塘岗村、三岗头村、西元庄、梁婆山村、瓦窑岗村、村埔、林屋山村、陈村岗、上村等，这9个村像9条龙故称“龙洞”；三是龙眼洞周围有九条水，东边坑、乌蛇坑、龙眼仔坑、石陂坑、官塘窿坑、大坦坑、白虎窿坑、三松坑汇聚一起，流经岑村到车陂坑。古时人们以水为龙，故称“龙洞”。龙洞有樊、谭、凤、马等姓，樊为大姓。

2002年12月，龙洞街建立，龙洞村由沙河镇划归龙洞街管辖。2005年6月，龙洞村完成撤村改制工作，组建龙洞龙汇实业有限公司。2010年，龙洞龙汇实业有限公司总收入为1.2亿元。（雷燕芳）

前进街

【概况】 前进街建于2002年12月4日，以原东圃镇前进村地区为基础组成，并因此得名。2010年，街下辖8个社区居委会和1个改制公司：石溪、宦溪、莲溪、美林湖畔、羊城花园、天力居、怡东、盈彩社区居委会和前进置业发展有限公司。全街面积4.9平方公里。总人口约10万人，其中常住人口15907人，外来暂住人口84845人，人口密度每平方公里约20000人。

前进地区交通便利，环境优美，有占地约16公顷的杨桃公园，杨桃树林连片，是闹市区近郊难觅的一块绿洲。辖区地理位置优越，交通便利，位于两大交通动脉——中山大道和黄埔大道之间，近年来吸引许多楼盘进驻，位于环杨桃公园周边的羊城花园、远洋明苑、美林湖畔花园、盈彩美居、中兴花园等楼盘先后建成。人气带来商机，在街道和村大力营造“宜商、宜居”的环境下，前进文化广场落成，深涌东路的建成通车等，更加吸引商家前来投资。

2010年，街属地企业有749户，个体商业户3120户，从业人数22000人。

【街道建设与管理】·城区管理及环卫建设· 2010年，前进街抓好环境整治工作，拆除违建10642平方米，处理“12319”投诉892宗，结案率100%；做好辖区环境的美化工作，清除卫生黑点，配合区项目办搞好河涌整治、雨污分流、辖内建筑外立面清洗、不规范防盗、雨篷整治、中山大道、黄埔大道两侧建筑物整饰等工作；加大城市管理力度，加强对辖内危险房屋的排查和管理，做好辖内沙井盖、公建配套设施的摸查、分类、统计、汇总和上报工作；广泛宣传发动辖区群众清洁家园、喜迎亚运，累计发动群众近万人，派发宣传资料8000多份。

·社会治安综合治理· 2010年，前进街刑事立案188宗，比上年（下同）下降11.3%；“两抢”案19宗，入室盗窃案38宗，分别下降24%和13.6%。全年民警和治安员通过路面防控分别成功抓获违法犯罪人员160人次，其中刑事拘留25次、行政拘留15人次、其他处理120人次。

·出租屋管理· 2010年，前进街加强外来人员和出租屋管理，加大对出租屋和档口的巡查力度，提高流动人员登记率，全年登记在册流动人口42850人，办理暂住证41250个；办理出租屋备案登记2298宗，比上年（下同）增长3%，办理临时经营场所使用证明1212份。出租屋治安、刑事案件发案率下降37.5%；征收两费一税610万元，增长58.1%。出租屋整治合格率达96%。

·司法服务· 2010年，前进街举办各类主题法制宣传活动6场次，发放宣传资料3万余份，接收法律咨询195人次，刊出法制宣传栏119期。完善信访、调解、综治三位一体的矛盾排查调处机制，开展全街性专项排查28次，调处矛盾纠纷28宗（其中涉及30人以上的重大群体性纠纷5宗，涉及金额71.3万元），调解率达100%，调解成功率达100%。全年接待群众咨询130人次，其中涉及邻里关系、婚姻家庭关系、劳动关系、合同等方面，有效地维护辖区社会稳定。

·安全生产与消防· 2010年，前进街开展消防安全专项整治工作，前进街烟花爆竹安全专项整治工作，前进街平安亚运安全生产专项整治工作，开展危险化学品“打非治违”专项行动，前进街涉亚安全生产突发事件风险隐患排查整改工作等11项。

·人口与计划生育· 2010计生年度，前进街出生355人，出生率为28.36‰，自然增长率为

26.92‰，计划生育率为94.93%，完成计生“四术”161例。其中：结扎20例，放环89例，采取补救措施52例。推进人口计生行政执法工作，查处违法超生16例，审批二孩6名，社会抚养费征收572.58万元。全年，前进街为辖区群众提供免费孕情检查8804人次，为48名已婚育龄妇女进行生殖健康普查普治，查出患病人数10人。

· 社区文体 · 2010年，前进街利用前进文化广场和各社区文化室等各种文化阵地，开展群众喜闻乐见的社区文化活动，如“全家放轻松”天河赛区比赛活动、“欢乐前进大家唱迎第九届中国艺术节群众广场活动”、“前进少儿才艺表演”、“著名书画家陈仕秋老师绘画技艺讲座”、“前进中秋文艺晚会”等，激发居民群众参与热情，营造出文明、健康、和谐的良好社区氛围。是年，街组织参加上级组织的各类文体活动，并获得各类奖项多个。

· 社区服务 · 2010年，前进街加大社区服务场所的软硬件建设，完善“一站式”办事程序和办事设施，提高街机关和社区居委会的办事效率。建立各社区现代远程教育站点和街道党员服务中心平台，为社区党员提供服务。贯彻落实好市、区工作部署，着力保障和改善民生，推动建设和谐社区。继续加大职业介绍工作的力度，为企业和劳动者牵线搭桥，拓宽就业渠道，提高再就业率。解决群众最关心、最直接、最现实的社保问题，开展城镇居民基本医疗保险和城镇居民养老保险工作，为从事社区等公益性岗位的“4050”人员申办社区资助保险，帮助弱势群体参加社保。

· 社会事务 · 2010年，前进街开展社会救助和帮困工作。全年向7户低保户、9户低收户共发放救济金6.8万元，发放液化气补贴0.3万元，发放实物救助164份，折合人民币约4.1万元，发放节日慰问金2.4万元。落实市政府针对住房困难家庭的住房保障工作，对4户低收入家庭的住房困难情况予以调查核实，对27户已领取经济适用住房准购证明的家庭和申请廉租住房补贴的家庭做再入户调查核实工作。街道为3户独居老人和老劳模开展居家养老服务，累计服务时间约为432小时。全年慰问烈军属、伤残、复员退伍军人32人次，发放慰问金1.6万元。组织无偿献血1次，超额完成全年计划25.8%。全年办理医疗保险657人，养老保险5人。

· 创建全国文明城市 · 2010年，前进街顺利完成创文各次“市检”和“国检”工作任务，实现创建工作常态化、精细化和网格化。调整街道创文指挥部，完善街道创文迎检工作方案。注重宣传，编印创文简报7期，维修更新创文宣传栏（画）1000余张次，发放各类宣传资料10余万份，深化“迎亚运、创文明、树新风、促和谐”全民行动。新增环卫垃圾容器633个，每日投入环卫保洁力量130余人，清理乱贴乱画73000张，整治乱摆卖1123宗、违章停车771辆次，着力加大人居环境整治力度，提升辖区文明程度和市民文明素质。做好入户调查工作，每月开展“四项调查”活动，收集群众意见和建议。

【石溪社区】 石溪社区位于前进街南部，南至广东省基础公司，东至广州富林木材城交易市场有限公司（原钛白粉厂），北至前进幼儿园，西至前进竹木市场，占地总面积约1.1平方公里。2010年，社区有常住人口833户，2792人。

2010年3月4日，石溪社区与区卫生局、前进街整规办、前进派出所多个部门组成的联合执法队，对石溪社区辖内的无证黑诊所开展清查整治取缔行动。

2010年6月28日，石溪社区了解社区老年人员多、年龄大、行动不便等多种因素，联系前进街社区卫生服务中心在社区开展健康义诊活动。

2010年3月4日，石溪社区开展黑诊所整治行动。
（摄影：黄玉钗）

【盈彩社区】 盈彩社区位于天河东部，南至菁映路，东至盈溪路，北至中山大道，西至汇彩路，占地总面积约0.64平方公里。2010年，社区有常住人

2010年8月21日，盈彩社区举办迎亚运贺中秋社区文艺汇演。（摄影：黎志强）

口4500户，13890人。

2010年8月21日，盈彩社区举办迎亚运贺中秋盈彩社区文艺汇演，参加人员有文体协会的歌咏队、舞蹈队、扇子队等。此次活动给老年人搭建了一个平台，让他们尽情的发挥所长，达到老有所乐这个目的。

2010年11月8日，盈彩社区组建亚运安保志愿者，开展“我为亚运添份力”亚运安保巡逻行动。

【前进村（前进置业发展有限公司）】 前进村形成于南宋时期，原名石宦龙村，取其自然村石溪、宦溪、龙水埗三者首字而名。村辖下有石溪、宦溪、龙水埗、莲溪4个自然村。姓氏以凌姓、刘姓、屈姓、秦姓为主。

1958年人民公社化时期改名前进大队，原属东圃镇管辖，2002年12月划归前进街。2005年6月，前进村完成撤村改制工作，组建前进置业发展有限公司，下辖12个经济社。2010年，前进置业发展有限公司经济总收入17577万元。（许智豪）

新塘街

【概况】 新塘街建于2002年12月4日，以原东圃镇内的新塘、凌塘、沐陂、玉树村4个村为基础建成，因辖区原属广州市新塘农工商公司管理及辖内有新塘村而得名。2010年，街下辖7个社区居委会和3个村改制公司（包括：新塘、新园、新景、迎宾、沐贤、高塘、云溪社区居委会和广州市亿骏置业发展有限公司、广州市沐陂置业有限公司、广州市凌塘实业有限公司）以及广州市国营新塘农工商联合公司。全街面积14.95平方公里。总人口81529人，其中常住人口39911人，户籍人口8224人，人口密度每平方公里5453人。

新塘街位于天河区的东北部，广深高速公路横贯东西，大观路连通南北，交通比较便利。街辖内有私立华联学院、广东岭南职业技术学院、广东食品药品职业技术学校、广东农工商职业技术学院（东区）、广东省电子商务技术学院、大观学校、新塘小学、沐陂小学、凌塘小学、天蓝小学等大中专和中小学校。此外，辖区内还有3所幼儿园等基础配套设施。

【街道建设与管理】 ·城区管理及环卫建设· 2010年，新塘街配合相关单位部门做好环境综合整治工作，完成3.7公里长的车陂综合整治工程、大观中路沿线两旁及新景路和新塘大街共3公里长的立面整饰工程、西约牌坊等地方的光亮工程。拆除新景路近3万平方米的建筑物，配合相关单位绿化2万多平方米，新塘城中村改造拆除大观路两侧30米之内463栋89058.13平方米的房屋并完成绿化工作。按区的要求拆除户外广告28块，面积约200平方米；清理乱摆卖烧烤档165档次，清理建筑垃圾47车次；清理卫生死角59处。

在亚运会亚残运会期间，组织城管部门每日巡查，有效控制重点部位的占道经营、无证经营等“六乱”现象；在主干道和重点地段增加环卫力量，共清理卫生死角278处，清理乱张贴200多处，每天出动107人分4个班次，有效落实16小时保洁工作；投入消毒设备和药品资金共25192.9元，累计喷洒单位110个，居民住户12600户，外环境1000多万平方米，消杀下水道井20000多米，新装鼠屋500多个，投放鼠谷1000多公斤；派出专人组织村改制公司蔬菜检查员对辖内农田、农贸市场的蔬菜农药含量进行检测，落实食品安全工作。

·社会治安综合治理· 2010年，新塘街发生刑事案件151宗，其中：“双抢”案15宗、入室盗窃案37宗、入室抢劫案0宗；刑事案件比上年（下同）下降13.2%、双抢案件下降25%、入室盗窃案下降24.5%、入室抢劫案下降0%。开展禁毒宣传，出版禁毒宣传栏12个，发放宣传资料6000份。落实610各项监控措施，全街没有发生“法轮功”违法案件。开展“人屋车场”综合治理行动25次，流动人口和出租管理实现“底数精，情况明，管得好”；摸查辖区停车场地资源，规范停车场的建设和车辆管理；加大对重点场所的清查整治和规范监管力度，取得初步成效。是年，街道无影响重大的刑事治安案件、群体性事件及群死群伤重特大事故发生。

·出租屋管理· 2010年，新塘街加强出租屋及流动人员管理服务。全年登记出租屋4800套间，登记流动人口40300人，采集登记流动人口信息120021人次，注销45400人次，流动人口登记率达80%，出租屋合格率达75%，出租屋和承租人信息登记后10个工作日内输入信息系统率、出租屋屋主治安责任书签订率、办理暂住证10个工作日内输入信息系统率均为100%，“两费一税”征收税费298万元，比上年增长120%，出租屋刑事、治安发案率为0。

·司法工作· 2010年，新塘街通过宣传教育引导和督促辖区内的居民自觉抵制毒品。每季度刊出1期“禁毒”宣传墙报、定期上门派发“禁毒倡议书”和有关宣传资料、发动辖区内各单位利用宣传栏搞好禁毒宣传、举办禁毒知识有奖比赛活动、在社区张贴禁毒宣传图片和横幅。在开展“6·26”国际禁毒日系列宣传活动及禁毒宣传进学校活动中，共悬挂宣传横幅15条、出版宣传栏28个、派发宣传资料4000余份、组织学校学生观看禁毒录像3000多人次、有奖知识问答110人次，并组织社区居民和学生共300多人参加区禁毒办举行的宣传展览。是年，新塘街辖内未发现吸毒复吸人员。

开展法律咨询等活动，普及法律知识。做好突发性群体事件的调处工作，全年调解、调处纠纷10宗。在“两会”和重大节日期间，针对性地对重点人员进行探访，确保稳定。

·安全生产与消防· 2010年，新塘街根据各个时期安全生产工作重点，组织开展安全知识宣传教育活动；开展安全生产各类培训，完成安全主任再培训108人次；进行安全生产负责人培训102人次；制定应急救援预案，督促辖内企业落实安全生产主体责任，强化责任到位；开展安全生产检查和隐患治理工作，全年出动8000多人次，查处隐患800处，整改安全隐患765处，整改率达95%以上。

·人口与计划生育· 2010计生年度，新塘街出生130人，其中政策内一孩111人，政策内二孩9人，政策外二孩9人，政策内三孩1人，计划生育率93.8%。落实四术53例，采取各种避孕措施1514人，已婚育龄夫妇已落实节育率91.65%。采取多方位多层次开展计生宣传教育。通过开展“婚育新风进万家”、“春风送温暖”、“关爱女孩行动”、“优质服务”、“世界人口日”、“全国人口文化宣传月”等主题的宣传咨询活动，出版120期宣传专栏，开设人口与计划生育基础知识教育，引导广大群众树立新型婚育观念。

全年办理一孩怀孕登记84人，办理二孩生育的审批1人，全街一孩夫妇930户，已领取独生子女光荣证442户，办理独生子女光荣证48人，办理独生子女综合保险62人，办理独生子女父母一次性奖励审批3人。办理流动人口婚育证明268人，出具各类计生证明150人。

·社区文体· 2010年，新塘街全面开放6个社区文化室，加强农家书屋、绿色网园的服务和管理，延长文化室开放时间，社区文化室覆盖率100%，长期开放新塘文化站、新景社区书屋，发挥社区书屋的10台电脑作用，满足社区群众文化精神生活的需求；结合迎亚运、创文工作要求，举办文娱乐活动13场，播放电影7场，丰富居民、外来务工人员的文化生活；面向社区舞蹈爱好者举办为期一个半月的社区中青年妇女民族舞培训班和二期民族舞培训班；举办4期贫困儿童书画培训。组织节目和作品参加区比赛，共获得奖项近10项；推进“扫黄打非”工作，联合有关部门组织清查“黑网

2010年10月15日，新塘街举办迎接亚运会，创造新生活主体宣传活动。（新塘街道办供稿）

吧”行动近10次，出动人次达300多人，收缴电脑68台，扣押电脑设备14套，有效净化文化环境。亚运会、亚残运会期间带队25场，共9516人次文明观众观赛。组织3支助威团5次赴亚运赛场为运动员加油助威。

·社区服务· 2010年，新塘街加强劳动监察工作。全年登记案件137宗，其中上门来访96次，来电咨询41次，符合立案标准的有25宗，大部分以调处的方式解决纠纷，调处金额达205994元。全年参与处置突发事件2宗，调查受伤事故31宗。全力做好迎亚运以及亚运期间的各项劳动保障监察工作，日常巡查企业单位320户次。开展多次专项执法检查，追回劳动者应得工资20多万元。组织就业现场招聘会两场。

开展社区资助工作，全年办理“4050”社区资助16人。全年办理灵活就业用工备案48人，用工备案877人，失业登记223人。办理农转居基本养老保险26人，城镇职工基本养老保险76人，全民医保984人。全年累计年审职工退休证共578人次。全年向13户低保户、2户低收户共发放救济金98431.4元，发放液化气临时物价补贴5280元，发放实物救助31份，折合人民币约5580元，发放节日慰问金8200元。落实市政府针对住房困难家庭的住房保障工作，为5户家庭申请经济适用房，并发放广州市经济适用住房准购证明；为4户家庭发放租赁补贴确认书；审核1户低收入家庭廉租住房保障续期年审资格；为1户家庭申请间接发放租赁补贴转直接发放住房租赁补贴。为3户独居老人和老劳模开展居家养老服务，累计服务时间约为200小时。慰问烈军属、伤残、复员退伍军人83人次，为现役义务兵22人发放优待金118800元。发放慰问金8300元。组织无偿献血2次，268人，完成全年计划100%。全年办理医疗保险984人，养老保险102人。为10名年满90～99岁（以2010年10月31日为限）的老人发放长寿金1000元；为118名80～89岁的老人发放长寿金5900元；发放重阳节慰问金，共计9000元。

【新塘城中村改造】2010年，新塘街推进城中村改造工作。是年，改造方案获批，拆迁安置补偿方案得到股东代表100%通过，股东、业主大会95%以上的高票率通过。在清拆房屋过程中，配合接待来访，依法按程序协调各方矛盾，同时配合做好对

2010年8月18日，新塘公司、新合公司城中村改造签约启动仪式现场。（新塘街道办供稿）

整个社会层面监控工作，使清拆工作有序推进。大观路两旁的465幢房屋，已拆除453幢，并配合绿化施工单位将拆除后的空地进行覆土绿化。

【迎亚运工作】新塘街地处亚运会主要赛场和亚残运会会场周边，2010年，街道完成区交给的各项亚运亚残运工作任务。

·营造亚运氛围· 先后召开亚运会和亚残运会各个工作阶段的动员会、党建联席会，举办“迎接亚运会、创造新生活”主题宣传文艺演出活动，开展“文明出行，文明礼让”、“擦亮新塘，美化城市”、“亚运知识宣传”、“关爱孤老残弱”等志愿服务，并组织志愿者在新塘大街路口、新景等重点交通路口开展“大拇指”交通文明岗活动。

·推进环境综合整治· 配合相关单位部门做好环境综合整治工作，完成3.7公里长的车陂综合整治工程、大观中路沿线两旁及新景路和新塘大街共3公里长的立面整饰工程、西约牌坊等地方的光亮工程。控制重点部位的占道经营、无证经营等“六乱”现象；在主干道和重点地段增加环卫力量，清理卫生死角、乱张贴。

·亚运安保维稳· 按区亚运会亚残运会赛会运行指挥部的部署，制定《新塘街广州亚运社会面整体防控工作方案》、《天河区亚运会亚残运会开闭幕式外围保障团队新塘片区工作组组建方案》、《广州亚运会、亚残运会天河区新塘街应急预案》、《新塘街亚运会、亚残运会赛会期间常态工作指引》等实施方案和措施。落实安保力量、防控岗位人员及其上岗安排，构织以派出所、公安干警为主力，辅警、治保队员、保安及出租屋管理员为

骨干，街道机关干部、居委会专职人员、村改制公司及其经济社干部等为主要力量，社区各单位保卫人员和社区治安志愿者辅助力量的4支队伍共3700多人的安保网络。共投入91112人次上岗，确保社区稳定。

·赛时服务保障· 完成9070人次文明观众的组织工作、100人次亚残运会火炬传递沿途观众的组织和运行工作和3支助威团共120人的组织工作。同时组织社区居委会将市委市政府的“亚运惠民大礼包”派送到居民群众手中。

落实外围保障经费130万多元，各村改制公司、新塘公司、新合公司也为此投入大量的人力、物力和一定的资金。按照《亚运会亚残运会天河区新塘街道赛会运行团队组建方案》、《广州亚运会、残运会天河区新塘街应急预案》的安排，采购和储备必要的应急物资，确保各种物资能够应急快速调集和正常使用。

落实亚运惠民措施：登记迎亚运惠民大礼包户数4739户，发放各种亚运、亚残运项目门票4923张，向特殊群体发放亚运补助金36人，18000元。

【人口普查】 完成第六次全国人口普查工作。共划分7个普查区和358个普查小区，共登记户数30999户、人数81529人、常住人口39911人，户籍人口8224人、出生人口222人、死亡人口29人。

【迎宾社区】 迎宾社区位于新塘街南端，南与珠吉街、黄村街相邻，东至谭村东侧与科学城马坑园交界，北至广深高速公路，西至横岗头西侧与沐陂村交界，占地总面积约2.5平方公里。2010年，社区有常住人口478户，1310人。

2010年8月24日，新塘城中村改造正式启动，新塘城中村改造共有2135户，迎宾社区有400多户居民涉及城中村改造。为使被拆迁村民的合法权益得到切实保障，新塘农工商联合公司、新合公司对所有房屋的产权面积，全部进行测量，并对测量结果进行公示，力求做到公开、公平、公正，使签约工作得到顺利进行。

2010年12月15日，迎宾社区居委会联合广东省电子商务学校在学校广场举办一次大型无偿献血活动，学校教职工和学生共200多人参与无偿献血。

【新园社区】 新园社区位于新塘街北部，南至广深高速公路，东与科学城接壤，北与萝岗区黄陂果园场相邻，西至大观路，占地总面积约6.5平方公里。2010年，社区有常住人口329户，1886人。

2010年8月13日晚上，新塘街群防群治大队成立暨“创平安、迎亚运”誓师大会在新园社区岭南学院举行。新塘街按照《天河区整合群防群治队伍工作实施方案》的要求，结合该街毗邻亚运主会场，维护治安稳定压力大、亚运安保任务繁重等实际情况，迅速在全区率先成立群防群治大队，7个社区均成立群防群治中队。

2010年9月29日，新塘街新园居委会普查区在岭南学院第一教学楼东阶梯室开展人口普查志愿者辅导培训活动，岭南集团公司属下的岭南现代技工学院、管理学院、商学院等140多名师生参加。

【新塘村（广州市亿峻置业发展有限公司）】 新塘村建于元朝，简姓人于明朝初年迁入，后发展成大姓，至今约有3000人，占村民人口90%以上。明朝期间，因村中新挖鱼塘10多口，后来形成30多亩的大塘而得名。

1999～2000年，新塘村被国家建设征地4230.5亩。村里利用征地补偿金，加大对第二、第三产业的投入，投资总额达数千万元，建成南北两片工业园及1.5公里长的商业街。2005年6月，新塘村完成撤村改制工作，组建广州市亿骏置业发展有限公司（公司起用前沿用原广州市天河区新塘经济发展有限公司），公司于2007年12月12日注册起用，下设4个股份合作经济社。2010年，广州市亿骏置业发展有限公司与属下4个经济社两级经济总收入5528万元，比上年增长5.4%。

【沐陂村（沐陂置业有限公司）】 沐陂村由潘氏族人组成，人口1030人。2005年11月，沐陂村完成撤村改制工作，组建广州市沐陂置业有限公司，下设2个股份合作经济社。2010年，沐陂置业有限公司与属下2个经济社两级经济总收入788万元，比上年增长20.3%。

【凌塘村（广州市凌塘实业有限公司）】 相传宋代建村，村民认为住在火炉山脚，需有冷水相助，故名。凌塘开村时仅有梁、韦两姓，民国时期广东省省长陈济棠的侄子陈元宝在凌塘村开办农场，从太和穗丰、新丰、龙门、增城、梅县、博罗等地招聘民工耕种，其中姓温者多为太和穗丰和新丰人氏，建国后此批人便在凌塘村落户。1958年，又有陈、李、范、魏等姓氏人从天鹿湖迁居凌塘，人数占全村的30%，至今凌塘村姓氏有39个。2005年6月，凌塘村完成撤村工作，2008年组建广州市凌塘实业有限公司（公司起用前沿用原凌塘股份合作经济联社），2009年更名为广州市凌塘实业有限公司，公司下设5个股份合作经济社。2010年，经济联社与合作经济社两级经济总收入838万元，比上年增长121%。

【广州市新合经济发展有限公司）】 广州市新合经济发展有限公司于2010年6月成立。由新塘街新塘村原三、四、五、六、七及谭村六个生产队的村民组成，现有人口2543人。该公司为广州市天河区新塘街新塘谭村股份合作经济联社属下的独立法人主体。主营：租赁厂房、铺位及物业管理。2010年实现经济总收入1183万元。 （刘清源）

珠吉街

【概况】 珠吉街建于2002年12月4日，以原东圃镇辖内的珠村、吉山村地区为基础组成，并取两村名第一字而得名。2010年，街下辖5个社区居委会和2个改制公司，包括：珠村南、珠村北、吉山东、吉山西、岐岗居委会和珠村实业有限公司、吉山实业有限公司。全街面积约10平方公里。总人口60185人，其中常住人口9346人，外来暂住人口50739人，人口密度每平方公里6018.5人。

珠吉街位于天河区东部，东与黄埔区接壤，南以中山大道为界，西近广东奥林匹克体育中心，北与广州科学城为邻，是天河区由城郊型向城市型发展的地区之一。辖内环境优雅，橄榄公园、珠村公园等自然生态景观闻名遐尔，乞巧“摆七娘”、端午龙舟会、吉山村会、祠堂建筑群等传统人文景观独具魅力。

【街道建设与管理】 ·城区管理及环卫建设· 2010年，珠吉街共受理并办结12319城市管理系统投诉案件320件，督办函及整改通知书40余份；开展城中村专项整治行动20次，城市管理综合巡查5000余人次，整治六乱82次5900余宗；组织义务大清洁活动12次，参加人员3600余人次，清理卫生死角58处；开展查处“两违”综合执法行动，拆除猪棚累计达47300平方米，查处两违案件60宗近7000平方米，立案986宗，罚款31450元；圆满完成中山大道BRT沿线珠村段总面积约为37000平方米的拆迁工作，配合修复各种市政设施超过4000米，建成珠村、吉山村封闭式车辆管理系统。

·社会治安综合治理· 2010年，珠吉街刑事立案145宗，比上年（下同）下降19.89%；“两抢”立案12宗，下降52.00%；“两盗”立案45宗，下降38.36%。

是年，珠吉街修订珠吉街2010年综治维稳考评方案，完善街、村社（居委会）维稳工作网络和维稳工作联席会议机制；协助现代信息学院完成“平安校园”创建活动；全年开展大型综合整治行动5次，出动维稳力量1956人次；开展交通专项整治39次，治理违章车辆208车次。建立健全街、村（居委会）、辖内企事业单位应急管理工作领导机构，组建应急管理队伍，完善维稳应急预案，累计安排应急值班20次1220人次，上报维稳应急信息500余条，协助处置各类突发事件40余件。其中协助处理DDS事件接待来访商户731家，涉及货款总额约2210.76万元，涉及工资金额270.9万元；调处翠屏富通雅苑劳资纠纷，涉及金额521万元；参与协调处理“蟾蜍石”群体事件，有效控制事态发展。

·出租屋管理· 2010年，珠吉街开展出租屋专项整治。全年开展联合整治行动35次，出动人员1750人次，检查出租屋5243栋，发出整改通知书1472多份，及时清理出租屋房中房问题，并落实人员跟踪整改。加强出租屋信息录入工作，全年街道登记出租屋40272套，比上年（下同）增长8.9%。新办IC卡居住证52296个，采集登记流动人口信息5320人次，出租屋合格率达70%。征收两费一税299万元，增收59%。

·司法服务· 2010年，珠吉街开展“五五”普法、“四五”依法治理工作的验收工作，举办“法律四进”、“人民调节宣传月”等普法活动，接受群众咨询，派发法律知识宣传资料3450余份，切实提高群众学法用法的法制意识；完善人民内部矛盾排查及调处工作机制，街司法所成功调解各类大小纠纷33宗，成功化解上访事件11宗。做好安置帮教工作，帮教街刑释人员13名，解教人员3名。

·安全生产与消防· 2010年，珠吉街注重安全生产与消防工作，全年检查“三小场所”970间，企业1142间次，清查安全隐患1253处，发出整改通知书897份，完成整改897处，整改率100%；举办消防演练2场，培训企业安全主任231人次，制作安全生产墙报10期；收缴假冒伪劣香烟近15吨，查获无证照生产加工面包店4家，取缔无证诊所7间，摸查个体经营户1474家，成功引导办证703家。

·人口与计划生育· 2010计生年度，珠吉街常住人口出生109人，出生率为11.66‰，自然增长率为4.92‰，计划生育率93.58%。

珠吉街免费为流动育龄妇女查环查孕4334人次，电脑建卡近4387张，查环查孕率86.25%，信息通报率100%。为常住人口查环106人次，查环率达83.55%。做流动人口四术402例，报销手术费约5万元。办理流出地婚育证明209个，独生子女证23个，迁入户证明 53个，计划生育服务证90个。加大宣传培训力度，强化流动育龄妇女的综合治理。

·社区文体· 2010年，珠吉街做好非物质文化遗产的保护和传承工作，扶持醒狮、粤剧、曲艺、龙舟、乞巧等具有珠吉地方特色的传统艺术、民俗活动和民间文化队伍。“天河乞巧习俗”被列入“国家级第三批非物质文化遗产”；珠村被评为“广东省第二批历史文化名村”和“广州十大特色街（村）”；珠村龙舟获中国第二届龙舟文化节彩龙展演金奖；珠村乞巧获中国首届乞巧风情展演赛银奖。同时，以不断丰富社区居民群众文体生活为目的，新建设吉山橄榄公园健身广场、路径800平方米，户外乒乓球场700平方米；组织参加2010年广州市“市长杯”乒乓球赛、亚运会火炬传递广东清远站火炬传递活动、天河区4·15读书征文比赛等活动，顺利通过广州市先进体育社区达标考核工作。

2010年1月27日，珠吉街吉山村少儿书法比赛获奖者合影。（珠吉街道办供稿）

·创建全国文明城市· 2010年，珠吉街采取多形式相结合的方式，营造创建良好氛围。坚持利用网络、墙报、宣传栏等媒体，结合志愿者、乞巧文化节、入户调查及主题实践活动等，深入社区进行创文宣传，扩大宣传阵势，增强创文氛围。全年设置创文公益广告牌及宣传栏60个，利用各种媒体宣传416篇次，印发宣传品30200份，开展志愿者活动9140次，入户调查3000户，主题实践活动21场。

·社区服务· 2010年，珠吉街举办现场咨询会、招聘会等就业援助活动，发布招聘信息1307条，提供就业岗位139个，办理失业登记287人，实现总就业率73.73%，“4050”就业率82.91%；开展基本医疗保险工作，新办理城镇基本医疗保险562人，“4050”社保资助177人。开展劳动保障监察工作，巡视、检查企业单位326家，处理投诉立案81宗，结案81宗，涉及劳动者909人，帮务工人员追回拖欠工资金额787.56余万元。

·社会事务· 2010年，珠吉街开展双拥共建工作，发放2010年义务兵优待金14.58万元；不定期开展对驻地部队的慰问活动，协助做好退伍军人的就业工作。加强对困难群体的扶助，为7名因病致困家庭申请因病致困资助金9万元，向低保户家庭14岁以下的儿童发放慰问品及赞助金7000元，重阳节看望慰问辖区老人，送出慰问金1.9万元。

全年向28户低保户、1户低收户和2户边缘户共发放救济金20.37万元，发放液化气补贴0.3万元，污水处理费2000元，发放实物救助64份，折合人民币约1.15万元，发放节日慰问金1.2万元。落实市政府针对住房困难家庭的住房保障工作，对6户低收入家庭的住房困难情况予以调查核实。街道为1户独居老人和老劳模开展居家养老服务，累计服务时间约为180小时。全年慰问烈军属、伤残、复员退伍军人36人次，发放慰问金1.44万元。组织无偿献血270人次，超额完成全年计划12.5%。全年办理医疗保险562人，养老保险3人。

·党建工作· 2010年，珠吉街稳步推进党的基层建设工作。街党工委辖17个党支部，党员542名。全年发展预备党员6人，转正12人；筹得党内关爱扶助金捐款20446元，使用4200元；开展全街性党员主题志愿活动9场，共1548余人次参加，提供志愿服务超过3550小时；举办百色抗旱救灾和玉树赈灾捐款活动，共筹得款项86364.7元。开展班子民主评议和党风廉政建设责任制情况考核工作，落实党员领导干部报告个人有关事项制度；开展纪律教育月活动，加强效能建设和跟踪督办，促进街道政令畅通及街领导班子决策的落实。全年累计接受群众来信来访90宗，办结率100%。

【2010年乞巧文化节】2010年，广州乞巧文化节围绕“我们的亚运，我们的乞巧”主题，创新形式、深挖内涵，推出“巧手剪纸迎亚运”、“七夕巡游”、“广东大学生乞巧作品创意大赛”、“台湾乞巧作品展”、“乞巧苑互动小游戏”等创新活动，受到前来参观调研的广州市委书记张广宁等省、市领导的赞扬与肯定，吸引台湾台南国际文化交流促进会毕黎丽、高静宜前来参观交流，迎接慕名而来的游客近30万人次。

2010年8月14日，广州乞巧文化节开幕式上举行乞巧典礼。（珠吉街道办供稿）

【珠村南社区】珠村南社区位于天河区东端，与黄埔区交界；南至中山大道，东北与吉山村相邻，北至以珠村东横四路、中东隔涌大街、南门大街、西便街、南门新街，西至黄村大道，占地总面积约1平方公里。2010年，社区有常住人口3860户，11236人。

2010年4月20日，珠村南社区在珠村市场门口举办青海玉树抗震救灾捐款活动。青海玉树7.1级大地震的消息牵动辖区居民群众、企业主的心，他们无时无刻都在关注着灾民的安危和灾区的救灾情况。活动现场，企业、居民群众纷纷伸出援助之手。

2010年6月29日，珠村南社区抽调社区居委会精干力量参加区、街举办的人口普查业务培训，标志着辖内第六次全国人口普查准备工作全面铺开。根据上级部门工作安排，珠村南社区普查工作首先整顿辖内准确普查户口，全面澄清各类人口的基本情况和数据资料，掌握准确详细的人口基础信息；然后进行宣传、发动和入户培训及正式入户摸查；11月1日起正式开展第六次全国人口普查。珠村南社区按时完成普查调查工作，普查登记常住人口11236人。

【吉山东社区】吉山东社区位于吉山村东部，南至广园快速路，东与黄埔区茅岗村为邻，北至科学城，西至吉山西社区，占地总面积约1.1平方公里。2010年，社区有常住人口2679户，6552人。

2010年10月9日，吉山东社区在社区居委会办事大厅举行亚运大礼包抽签活动。抽签活动在街办事处的支持和指导下，成立由街司法所、居民代表和工作人员组成的抽签监督小组，按照街分配的抽签名额和抽签程序进行。活动宣传工作到位，共有415 户居民填表申请，中签分配名额395户，中签率95%。

2010年12月17日，吉山东社区居委会值班人员收容一位流浪女，为其提供热水、晚饭及棉大衣，耐心询问她的相关情况，并及时联系上级部门，为其提供更为周到的志愿无偿救助，安排送其平安回家。根据市、区社会救助工作要求，吉山东社区克服条件限制，开辟设立社区临时庇护救助所，帮助辖内流浪乞讨、街头生活无着落人员解决临时生活困难，并会同其他部门，开展“三合一”联动救助服务，切实加大街面巡查救助，让流浪乞讨、街头生活无着落等人员安全过冬。

【珠村（珠村实业有限公司）】珠村始建于南宋绍兴元年（1131），因村旁有三个小山冈而得名，初称“三珠岗”，后简称“珠村”。珠村东邻黄埔区，南接前进村，西临黄村，北至广深高速公路。

自南宋开始，先后有潘姓、钟姓、陈姓等族人迁入，形成以潘、钟两族村民为主体的传统村落。其中潘姓有11个房支，钟姓有2个房支，随着宗族的繁衍分支，这13个房支经传统的发展演变，形成今天的13个经济社。

珠村有着传统而丰富多彩的民俗文化生活，如祭北帝、唱大戏、端午节赛龙舟、拜七娘（又名乞巧节）等岭南民间风俗。每年的端午节，在珠村深涌段都有龙舟竞渡。而农历七月初七，是传统民间节日拜七娘，珠村村民延续传统的手工工艺，制作各种各样栩栩如生的、向往和反映美好生活的展品，供人观赏。这些民俗活动丰富了村民的文化生活、促进村民之间的交流以及与邻村的交往，使传统的文化得到保护和弘扬。

2002年12月，珠吉街建立，珠村由东圃镇划归珠吉街管辖。2005年6月，珠村完成撤村改制工作，组建珠村实业有限公司。2010年，珠村实业有限公司、村社二级收入9127.01万元，与上年增长11.10%；村社分红6480.98万元，比上年增长13.66%。

【吉山村（吉山实业有限公司）】 吉山村位于天河区东部，东邻黄埔区茅岗，南接珠村、中山大道、广九铁路、广园东路，西到珠村，北靠广州科学城，下辖吉山、岐山、大淋岗3个自然村。吉山建村于明太祖洪武十三年（1380），主要为梁姓人居住。岐山建村于清顺治年间（1644～1661），大淋岗建村于清光绪二十六年（1900），这两个村庄原属珠村，由珠村潘姓人分支居住。“东园桃李、西郊牧笛、南涧潮平、北岭寒梅、山亭远眺、松径禽音、三山荔赤、十里橙黄”，为原吉山八景，现村内建有供村民休闲娱乐的橄榄公园和岐山公园。

吉山传统的民间文娱活动有大戏（粤剧）、飘色游行、唱八音、盲公唱盲音等，2006年还恢复了纪念清顺治年间抗匪英雄的大型村会。吉山村委会门口有副对联写道：吉土耀地灵，六百余载克勤克俭开盛世；山村显人杰，三千儿女同心同德展鸿猷。

2002年12月，珠吉街建立，吉山村由东圃镇划归珠吉街管辖。2005年6月，吉山村完成撤村改制工作，组建吉山实业有限公司。2010年，吉山实业有限公司、村社二级实现收入6483万元，比上年增长30.73%；村社分红3005万元，比上年增长9.15%。

（李双福）

2011

文件选辑

中国共产党广州市天河区第七届委员会第九次全会上的讲话

（2010年8月19日）

区委书记 区人大常委会党组书记 刘悦伦

这次全会的主要任务是，深入贯彻落实省委十届七次全会、全省迎接亚运倒计时100天誓师动员大会精神和市委九届九次全会精神，紧紧围绕“迎亚运、促发展”这一主题，总结天河今年以来经济社会发展情况，研究部署亚运前后的工作任务，努力推动天河国际大都市中心区建设再上新台阶。现在，我代表区委常委会向全会作报告。

一、区委七届八次全会以来经济社会发展情况

区委七届八次全会以来，区委认真贯彻落实科学发展观，以打好转变经济发展方式和办好亚运会两场硬仗为目标，坚持产业高端发展取向，以迎亚运为契机，全面改善提升城区环境，推动全区经济社会保持平稳较快发展。上半年，全区实现生产总值841.25亿元，同比增长12.8%；一般预算收入17.95亿元，同比增长29.4%；税收收入152.03亿元，同比增长25.4%。

（一）城区经济平稳较快发展。坚持以“调结构、促转变”为主线，加快发展高端产业，立足创新驱动，推动产业结构优化升级，不断增强高端要素集聚效应。结合实际研究制定贯彻落实《珠江三角洲地区改革发展规划纲要（2008～2020年）》及省、市实施意见的行动计划，启动编制区经济社会发展“十二五”规划。着力扩大内需，突出亚运工程、“三旧”工程、重点项目的拉动作用，上半年实现全社会固定资产投资额239.96亿元，同比增长30.0%。围绕区的产业发展空间布局规划，重点推进珠江新城CBD建设，已入驻中外金融机构36家，珠江投资大厦等10多个甲级商务写字楼已建成并投入使用。坚持软、硬件建设并举，强力推进天河软件园建设，上半年实现技工贸总收入212.54亿元，同比增长23.1%；软件收入134.99亿元，同比增长24.0%。发挥重点项目的带动作用，中国移动南方研发基地、广州超级计算中心、羊城创意园等一批项目分别列入省、市重点建设项目，广州国际金融中心、太古汇、万菱汇、高德置地广场等大型商业项目将于亚运前竣工。积极落实市“退二进三”和“三旧”改造的部署，突出节能降耗，发展绿色低碳经济，引导村改制公司产业转型升级。

（二）迎亚运各项工作扎实推进。坚持把迎亚运作为今年工作的重中之重，争分夺秒，积极奋战，确保“9·30”前全面完成迎亚运各项工作任务。强化监督检查和组织协调，加快推进区承担的43项迎亚运人居环境综合整治工程。市政道路大中修、市政道路两侧综合整治、亚运场馆周边环境整治、雨污分流、三线下地等工程加快推进，新增7项查漏补缺项目正在加紧施工。全区人居环境综合整治工程总体平均形象进度约为75%，已完成80.53%的工程量。大力实施水环境综合整治，加快车陂涌等河涌整治，38个治水工程项目完工率95%。完成车陂涌、临江大道（华南桥—科韵路）绿道建设6.3公里，协助市完成区辖内广州大道、中山大道、天河北等绿道建设34公里。全面推进空气环境整治，抓好“退二”和重点企业监管，削减污染物排放，保障亚运大气环境质量。加快推进城中村改造，猎德村改造将于10月底前基本完成，林和村完成旧村拆卸工作，冼村正在开展拆迁补偿协议签订工作，新塘地区整体改造前期工作准备就绪。深入开展“创平安、迎亚运”等专项行动，制定各类亚运安保预案，组织专门力量、辅助力量、社会力量等三支队伍，构建社会面整体防控体系。着力加强食品安全监管，亚运接待签约酒店均达到食品卫生量化分级A级标准。认真做好我区承担的亚运服务保障前期筹备工作，招募45个团体2.8万名亚运城市志愿者宣传和参与亚运。深入开展“迎

亚运、讲文明、树新风、促和谐”等主题实践活动，为办好亚运营造良好氛围。

（三）民生福祉继续改善。坚持“富民优先、民生为重”的政策导向，围绕基本公共服务均等化的目标，进一步改善民生福祉。上半年，全区用于民生和公共事业的支出占全区一般预算支出的74.7%；城市居民人均可支配收入16769元，同比增长10.39%。深入开展“创文”活动，全面加强市容环卫管理，强力清拆违法建设和整治户外广告招牌，构建城市管理长效机制，推动实现创建为民、共建共享。先后实施多项就业援助办法及措施，不断完善就业服务体系，全区城镇登记失业人员同比下降21%；特困失业人员、“零就业”家庭一人就业率100%。完善社会保障体系，养老、医疗、失业等参保人数不断增长，社会保障面继续扩大。推进基础教育创优提质，加快天河中学、89中及75中创建国家级示范性普通高中工作，中考、高考成绩再上新台阶，第一批本科重点上线率居全市首位。成功承办广州乞巧文化节等大型文化活动，加快推进天河文化艺术中心等公共文化设施建设。完善医疗卫生服务网络，已建成社区卫生服务中心（站）35家。积极做好“5·7”和“5·14”暴雨抢险救灾工作，协调解决中海康城等小区水浸车辆理赔及龙苑大厦、金穗大厦电力修复等善后问题。突出打造平安天河，保持严打高压态势，上半年全区刑事立案2950宗，同比下降7.6%。加快社区综治信访维稳工作站建设，强化流动人口和出租屋登记，健全社会矛盾纠纷排查调处机制，妥善处置DDS公司等突发性群体事件。强化安全生产监督管理，坚决遏制重大安全事故。计生、武装、“双拥”等工作不断取得新的进展。

（四）党的建设取得新进展。认真开展创建学习型党组织活动，健全理论中心组学习会等制度，注重学以致用，不断提高全区党员干部的政治素质和实践能力。深入开展创先争优活动，扎实推进基层党建创新和规范化建设，开展基层党建工作示范点创建活动，基层党组织的战斗力进一步增强。认真落实区委加强人大工作和政协工作的意见，支持区人大及其常委会依法履行职责，支持区政协履行政治协商、民主监督、参政议政职能，密切同各民主党派和无党派人士合作，指导做好群团工作。圆满完成“四五”依法治区和“五五”普法规划检查验收工作。基本完成新一轮区政府机构改革工作。把干部放在一线锻炼和培养，从全区抽调169名党员干部参加亚运竞赛场馆团队工作，抽调19名干部参与梅州驻点扶贫工作。加强对贯彻落实科学发展观和区委重大决策事项的监督检查，以及对政府投资重点工程项目的监管，严格问责和责任追究。深入开展纪律教育学习月活动，深入推进惩防体系构建。坚决查办违法违纪案件，纠正和解决损害群众利益的问题。

二、正确认识当前形势，明确今年下半年工作的总体要求

下半年是我区全面完成“十一五”规划目标任务、夯实“十二五”规划实施基础的关键阶段，是深入实施《珠江三角洲地区改革发展规划纲要（2008～2020年）》、加快转变经济发展方式的重要节点，更是顺利通过亚运“大考”、实现天河科学发展新跨越的决胜时期。

当前，天河正面临着十分难得的历史发展机遇，我们对天河未来的发展充满信心。我到任之后作了初步的调研和了解，感觉天河的确有非常大的发展潜力和广阔的发展前景。一是随着广州建设国家中心城市步伐加快，市明确赋予天河建设国际大都市中心区的新定位。去年，时任市委书记朱小丹同志提出对天河区的新定位和要求：“天河区是拥有广州新城市中轴线、城市中央商务区的新兴中心城区，是高等教育、科研院所聚集地和实施自主创新战略核心区，在全市发展大局中地位突出，举足轻重”。市委书记对一个区的评价用到“核心区”、“地位突出”、“举足轻重”的字眼，可见市里对天河区高度重视。另外，天河区的经济总量从2006年全市第二，上升到2007～2009年连续三年全市第一；税收总量从2006年全市第二位，今年上半年升到第一位；产业结构不断优化，第三产业占GDP的比重从2006年的79.3%上升到2009年的83.3%，远高于广州市60.9%的平均水平。天河区的现代服务业和高新技术产业也成为经济发展主要支撑，金融服务业、现代商贸业、专业服务业、科技服务业和文化创意产业等高端服务业占GDP的比重达到52.5%，占第三产业增加值更是超过六成。这说明天河在区域发展格局中的比较优势得到了进

一步的巩固。二是天河拥有国内三大CBD之一的珠江新城中央商务区和国家软件产业基地之一的天河软件园。珠江新城加天河软件园是天河在广州独一无二的优势，没有哪一个区既有中央商务区，又有非常像样的科技园区，在全国也非常少有。珠江新城39个重点建设项目有10个已经建成和投入使用，预计其他70%～80%的项目将在今年年底前建成使用，总面积达到400多万平方米。据统计，目前环体育中心核心商圈和珠江新城中央商务区的存量重点商务写字楼面积大概是700多万平方米，近一两年即将投入使用的重点商务写字楼面积有200多万平方米，再加上今后猎德、冼村改造和员村地区的改造发展，写字楼面积将会达到1000多万平方米，而且很多是高端、甲级、超甲级的写字楼，这将对天河的经济发展产生极大的集聚效应，经济发展具有非常大的潜力。同时，天河科技园、天河软件园是广州自主创新的发源地，曾经在广州独领风骚，成为全省、全市的学习榜样，现在仍然是国内办得比较好的软件园之一。在全国各大软件园中，天河软件园的经济总量、各项创新指标，基本上排在前三位，非常难能可贵。天河发展高端产业的硬件设施、人力资源和创新条件较好，具备承接现代服务业投资流动和国家产业政策调整的软硬环境，以及发展信息技术、节能环保服务等战略新兴产业并形成先导优势的基础要素，现代服务业、高新技术产业发展优势突出，转变经济发展方式的前景十分值得期待。三是天河区域内市场要素活跃，商品销售总额、社会消费品零售总额一直位居全市前列，市场中心地位稳固，广州提出建设国际商贸中心的目标定位，有利于提速天河传统商贸业转型升级、进一步提升天河的市场和区位优势。

特别要强调的是，今年是广州的亚运年。亚运会不仅是一次体育盛会，更是推动经济发展和社会进步的重要契机。天河作为亚运会及亚残运会开闭幕式所在地，比赛场馆众多，区位优势十分显著。辖内数量众多的亚运工程将极大拉动全区固定资产投资需求，前所未有的环境综合整治力度将极大优化中心城区环境面貌，举世瞩目的开闭幕式将极大提升天河作为国际大都市中心区的知名度和美誉度。亚运不仅是拉动天河当前经济增长的重要动力，更是夯实今后科学发展基础的重大机遇。

对于天河的发展我们要增强信心，对天河未来的前景我们要抱有乐观的态度。但是，我们同时也要清醒地认识到影响天河发展的一些比较突出的负面因素。我们天河要不要讲忧患意识，天河是否应当有忧患意识。我到天河区工作，很多市和其他区的同志认为我到了广州市的富区，甚至说到了广州经济的航空母舰，天河的发展问题不太需要过多考虑。我来之后也感到，天河一些同志多少也有天河发展问题不大的感觉。有这样的感觉非常自然，因为一眼看上去，天河的经济总量放在全国各个大区来比较，也是数得上的，拿到广东省的21个地级市去排名，可以排在第5位，而且发展势头还不错，有什么理由好担心呢？我看问题也不能光看表面，如果我们深入分析，把天河放在一个比较新的坐标系当中，放在一个高标准当中去看，和同类型的中心区或者发达区域相比，天河经济和科技发展仍然存在不少问题。

第一，从经济总量上看，上海浦东新区、北京朝阳区、深圳福田区、天津滨海新区，总量都比天河区大，北京朝阳区GDP甚至达到4000亿。再从增长速度来看，天河GDP增速在全市处于中游水平，今年上半年在全市12个区（市）当中仅列第8位，追赶我们很紧的萝岗区正以每年超过20%的速度增长，最近还提出尽快超越天河的目标。

第二，从经济发展质量上看，经济质量主要体现在效益上，效益从政府的角度主要体现在税收和一般预算收入。天河区去年GDP1608亿，税收244亿，税收看上去不小，但是平均每100亿的GDP只产生15亿税收，即百亿GDP产生15%的税收，这在全市来说并不高。萝岗区每百亿GDP大概产生22亿的税收，荔湾区经济发展相对落后，但是GDP500亿，税收138亿，每百亿GDP可以达到27亿税收，虽然规模小，但是效益不错。所以，天河经济发展效益与发展规模不成比例，与科学发展实力主力区的目标不相匹配。

第三，从现代服务业聚集程度来看，高端服务业发展与发达区相比还有距离。我们区有金融机构118家，去年金融业增加值253亿，占GDP的15.8%，而上海浦东新区的金融机构达603家，深圳福田区金融增加值583亿，占GDP的35.9%，这方面我们还远远跟不上。在总部经济方面，世界500强企业区域总部、国内500强企业总部，进驻天河的相对较少，而北京朝阳区有500强投资项目230个，深圳福田区有75个。

第四，从自主创新能力和天河软件园的发展上看，天河虽然是广州自主创新发源地，有广州最早的科技园区，但是天河科技园、天河软件园的体制机制至今仍然未有进步。我在市学习增城的座谈会跟市委书记和市长提出，广州市建设三大国家开发区，增城开发区也升格为国家级经济开发区，赋予市一级的管理权限，出乎意料的是天河科技园作为广州市最早的科技园区，还实行非常落后的管理体制，它非但没有市一级的管理权限，连区一级的管理权限都没有。它的土地供应是由市主导，税收市要参与分成，但是没有审批权，全国的开发区都没有天河科技园、天河软件园的体制。天河科技园、天河软件园具有最好的区位优势，位于广州CBD的旁边，跟CBD遥相呼应，但由于未理顺管理体制严重制约了园区发展。尽管天河区也做了很大努力，但由于区财政仍然是吃饭财政，在能够用于建设的资金非常有限的情况下，每年拿出1亿投入天河科技园、天河软件园的建设发展，非常不容易，但是这些资金还不够，一个12.25平方公里的高唐新建区，花10亿、20亿远远不够，要大手笔地开展建设就一定要改变体制机制，让它充分授权、自主发展、精干高效，否则很难做。总体上说，天河科技园、天河软件园虽然有很大的发展，但是它的发展水平，尤其是高唐新建区的发展，还远远未达到它应当达到的水平。为什么天河软件园高唐新建区与科学城一路之隔，但相对发展比较慢呢？就是因为体制机制的原因，导致园区发展程度和创新发展程度还未达到应有高度。如天河科技园、天河软件园的效益还没有达到它应有的程度，GDP和税收占天河区不到10%；天河软件园的环境，特别是高唐新建区的环境还不够漂亮；创新服务体系特别是融资服务体系还未很好形成。

第五，从区域协调发展程度上看，天河区东北部地区经济发展相对滞后，其环境与天河国际大都市中心区相比，差距非常大，和一个现代化都市相比非常不协调。

第六，从城市管理水平看，天河城市管理在一定程度上仍然依靠突击整治，城市管理规范化、市场化、精细化水平还不够高，长效机制还未真正建立起来；城区道路、交通等基础设施规划建设一定程度滞后，交通拥堵现象比较突出。

第七，从当前迎亚运的各项任务进展看，天河迎亚运建设整治工程总体推进较慢，工程完工率在全市处于较后位置，“9·30”前完成各项任务压力非常大。迎亚运工程进展慢有客观原因，因为市里把我们迎亚运工程放在第二批，耽误了几个月的时间。但也有一些主观原因，如期实现“大变”的目标困难很多。

刚才，我从7个方面分析了影响我们当前发展的突出问题。我们必须始终保持清醒头脑，深刻认识形势的复杂性和任务的艰巨性。既要增强忧患意识、避免盲目乐观，又要坚定发展信心、全力应对挑战，切实把思想和认识统一到中央、省委和市委的决策部署上来，进一步增强责任感、使命感和紧迫感，充分把握亚运新机遇，科学谋划发展新思路，周密部署、扎实推进今年下半年和今后一个时期的工作，在新的起点上推动天河经济社会实现新一轮大发展。下一步工作总体要求是：坚持以科学发展观统领经济社会发展全局，认真贯彻落实省委十届七次全会、市委九届九次全会精神，紧紧围绕加快建设国际大都市中心区的总体目标，突出“迎接亚运会，创造新生活”的主题，在抓落实上下功夫，集全区之智、举全区之力，全力以赴保亚运任务完成，凝心聚力促发展方式转变，突出提高产业发展高端化、城市管理精细化、基本公共服务均等化、党的建设科学化水平，扎实推动天河经济社会又好又快发展，努力为广州建设国家中心城市、全面提升科学发展实力作出与天河区位相适应的贡献。

三、进一步提高工作效率，确保圆满完成迎亚运各项工作任务

最近召开的市委九届九次全会对办好亚运会提出了明确要求和全面部署。全面完成我区承担的迎亚运各项任务，是全区下半年工作的头等大事和核心任务，亚运会之前必须提速、提速、再提速，落实、落实、再落实，确保顺利通过亚运“大考”，使市委、市政府放心，让广大群众满意。

（一）着力抓好环境整治，全面展示国际大都市中心区良好形象。强化树立“办赛事、办城

市”理念 围绕“天更蓝、水更清、路更畅、房更靓、城更美”的总体目标，在前一阶段工作的基础上，发扬连续作战作风，千方百计赶工期、促进度，确保“9·30”前全面完成我区承担的环境综合整治任务。区领导分片分项目包干，区委各部门也要深入一线现场督查催办，特别是组织、监察部门要到一线去考察和监督干部，充分了解在关键时刻、在一线的干部哪些表现好，值得提拔重用。今后，我们使用干部的导向要注重基层，注重实绩，始终把第一线的工作表现作为提拔干部最主要的依据。要重点抓好北环高速、广州大道北、中山大道BRT和大观路周边的环境整治，车陂路改造升级，广汕路、广园东路等道路的绿化和升级，奥体中心周边、天河体育中心周边的环境整治也是重中之重，都要给予高度关注。充分利用市加快推进“三旧”改造的契机，整体实施城中村改造，妥善做好猎德村整体改造回迁安置房搬迁工作，加快推进林和村、冼村、新塘地区改造。特别要找准切入点，分步骤、有策略地推进冼村拆迁工作。以车陂涌为重点，加快推进污水治理和河涌综合整治收尾工作，科学合理调配人力资源，千方百计加快施工进度。尤其是要抓好若干关键节点的整治，扎实推进截污清淤，全面改善河涌水系质量，精心设计软质景观，整体提升堤岸美化水平，着力打造一批富于天河特色的亮点工程、精品工程。治水和迎亚运环境综合整治，市都出台了考核和奖励办法，治水是“6·30”之前完成拿金牌，“9·30”之前不批评、也不表扬，“9·30”之后要问责。迎亚运环境综合整治也是如此，要发金银铜牌奖，没有完成的要问责，还要通报批评。我们就剩下一个多月时间，天河的同志在各个方面都不应该落后，亚运主场馆在我区，我们要以一种高度的责任感、使命感和捍卫天河的荣誉感去工作，一定要在“9·30”之前全面完成各项工作，不是可能完成，也不是应该完成，而是必须完成。大力实施污染物减排工程和大气污染治理，加快建设火炉山等三大森林公园，高标准推进我区承担的“绿道”建设任务，营造良好生态环境。严格对照2010年城市环境“大变”工程计划、亚运城市行动计划，结合市城区环境整治综合考评和群众反映突出的问题，逐一查漏补缺，切实抓好整改，努力形成环境整治整体效应。坚持建管并重，在防反复、筑机制、求长效方面下功夫，扎实做好各项设施的维护管养，推进城市管理精细化。

（二）着力抓好安保维稳，确保实现平安亚运目标。要把平安亚运放在首要位置，强化政治意识和大局意识，扎实做好亚运安保工作，为亚运会提供强有力的安全保障。进一步完善安全保卫工作方案，深化、细化应急预案体系建设，特别是精细安排开闭幕式等重大活动和广东奥体中心、天河体育中心等重要场馆的安保方案，确保责任细化到人、工作指挥到点。精心组织开展赛前安保实战综合演练，以演练助实战能力提升，以实战促安保方案完善，全面提高赛时应对突发事件、处置复杂问题的能力。科学整合警力资源，集中可调配的力量，严控危险物品，严守要害部位，严治突出隐患，严防个人极端暴力事件、恶性重大案件和重大治安灾害事故，确保重要活动、重要场所和重点设施万无一失，确保在我区举行的各项亚运赛事安全有序。加强社会治安防控体系建设，健全人防、技防两项机制，落实“护城河”三道防线，编织社区防控、路面防控、重点部位防控和视频监控四张防控网，构建党委统一领导、公安机关主导、各部门分工负责、相关单位支持配合、社会力量共同参与的大安保工作格局。深入开展亚运安保大清查、大整治行动，地毯式排查出租屋与其他重点场所，及时处置各种安全隐患。坚持以打促防，保持严打高压态势，不间断、定期组织开展专项打击行动。区检察、审判机关密切配合，重大案件提前介入，做到依法快捕、快诉、快审、快判，形成打击合力，提高打击实效，全力确保平安。

（三）着力抓好赛时保障，努力提供优质高效服务。我区比赛场馆众多，赛事密集，人流量大，抓好亚运赛时城市运行保障显得尤为紧迫和重要。要认真落实市的部署，切实履行地方政府保障辖内场馆运行的职责，协同市按照竞赛流程和时间节点搞好场馆运行与城市运行的无缝衔接，确保城市运行成为赛时运行的重要依托和有力保障。在前期选派169名干部参加亚运竞赛场馆团队工作的基础上，协助亚组委，精心选配工作能力强、综合素质高的优秀干部参与到亚运场馆运行中去。配合市大力实施亚运期间交通运行方案，严格执行禁止黄标车行驶、机动车限行、错峰出行等有效措施，深入研究亚运开闭幕式及主要比赛场馆周边等重点区域和节点道路的交通问题，科学布局停车场位，强化路面交通疏导，确保亚运期间交通安全顺畅。加强食品安全和公共卫生监督管理，抓好公共防疫工作，严防食品安全事故和重大公共卫生事件。推进安全生产源头监管，及时消除各类隐患，坚决避免亚运期间发生安全生产事故。广泛动员和组织亚运志愿者队伍，抓紧完成6.5万名亚运城市志愿者招募和社会面整体防控社会义务力量的人员发动工作，加快区内亚运城市志愿服务站点建设，更好地向各方来宾提供便利的语言翻译、信息查询、应急救援等志愿服务，打造天河志愿服务品牌。提供细致周到的外事接待和宗教服务，全面展示新时期天河人热情周到的待客之道。

（四）着力抓好宣传发动，精心营造浓厚社会氛围。把迎亚运与创建全国文明城市、提高城区文化品位有机结合起来，深入开展亚运主题宣传活动，大力营造良好的工作环境和浓厚的文化氛围。配合市精心策划好开闭幕式等重大活动的主题宣传，突出宣传重点，形成宣传亮点，深入开展“迎亚运、讲文明、树新风、促和谐”全民行动及“争做好市民、当好东道主——亚运广州行”等市民素质提升教育系列活动，全面激发天河人作为东道主的责任感和自豪感，鼓励和引导大家成为知礼、懂行的文明观众，使亚运盛会成为彰显天河人文明礼仪风范的舞台。结合开展“创文”入户调查活动，掀起普及亚运知识、传播亚运理念的新高潮，最大限度调动广大群众投身亚运的积极性。以活跃群众性体育活动为重点，在全区组织开展全民迎亚运、开展体育健身系列活动，倡导形成健康阳光的生活方式。利用亚运平台打造一批文化精品节目，办好全国大学生原创动画大赛、广州乞巧文化节、绚丽天河文化艺术节等亚运文化项目，进一步提升城区文化品位。坚持正面引导舆论，正确应对涉亚新闻媒体采访，为媒体报道提供便利、周到、专业、人性化的服务。建立健全应对突发公共事件的新闻报道管理和协调体系，细化完善重大突发性事件新闻报道应急预案，始终牢牢掌握新闻舆论的主动权和主导权。

四、着眼后亚运时期，推动天河经济社会发展再上新台阶

抢抓亚运机遇，既要立足当前提升竞争力，更要着眼长远谋划大发展。要科学编制我区经济社会“十二五”发展规划，始终围绕转变经济发展方式的中心任务，坚定不移抓发展、优管理、惠民生，不断强化中心城区的高端要素集聚、科技创新、文化引领和综合服务功能，提高天河综合竞争力，为后亚运时期天河经济社会发展谋好篇、布好局。

（一）突出推动产业高端发展，促使经济发展质量效益有新突破。产业发展高端化是天河构建现代产业体系、加快转变发展方式的首要任务。要认真落实广州市建设国际商贸中心的战略部署，着眼于提升中心城区高端要素集聚辐射和综合服务功能，推动构建以CBD（珠江新城）为基础、IBD（天河软件园）为依托的双核结构，加快6大高端产业、8个现代服务业集聚区发展，努力形成“一区一业、一区一强”发展格局。

珠江新城CBD是天河最具区域竞争力的比较优势所在。通过大量工作，珠江新城中央商务区形成现在的格局，取得了出色成效。同时，对下一步的发展也有很好的导向。关于珠江新城CBD的发展，我再谈几点个人想法，和同志们共同商讨。

第一，开展珠江新城CBD整体营销宣传，树立CBD正面形象。目前舆论对珠江新城的批评多过表扬，贬低多过赞誉，质疑比较多的是规划不科学、建筑物混杂、功能不清晰、配套不完善、管理不到位、交通拥堵。这些评价或多或少反映了珠江新城发展的实际情况，但并不全面，甚至以偏概全。珠江新城也有很多亮点，尤其是随着迎亚运城市环境综合整治的推进，将会以崭新的面貌呈现在世人面前。比如广州城市新中轴线美化、绿化工作如火如荼，已初具雏形，十分壮观；亚运会开闭幕式所在地海心沙景色靓丽，建筑群各具特色；临江大道、广州大道绿化全国一流，是样板工程；珠江新城有广州的高档美食，地下商城将会是全国第一。这些亮点不容忽视。因此，越是批评的声音多，越要大力开展正面宣传，精心策划，不能让负面形象放大化。要主动进行专门策划、营销和推广，在亚运会前后特别是亚运会后把珠江新城作为崭新的CBD推介出去。区委宣传部、区经贸局、区文化局

等相关职能部门，要聘请专业人士协助开展整体策划和推介。

第二，加强珠江新城CBD招商。紧盯大型高端、尤其是效益好的企业总部，对重点项目重点跟踪，不能只推普惠性的政策，而是量身订作引进方案，设计包括政策和各方面服务在内的全方位套餐，有问题解决问题，有需求解决需求，吸引企业尽快落户。

第三，谋划后亚运CBD延伸拓展。目前珠江新城已基本开发完毕，一些重要机构想建设总部大楼，但已无地可供，同时其他区建设商务区的积极性非常高，天河面临着激烈的竞争。虽然我们有得天独厚的优势，但就像龟兔赛跑，我们决不能麻痹大意。后亚运天河应当加快延伸金融商务区，改造员村地区，使之成为承接重点高端项目的新载体。

第四，提升CBD管理服务水平和国际化程度。CBD是高端服务业的载体，而发展高端服务业不仅需要硬件，更需要软件。CBD并不只是高楼大厦等基础设施，更与软件密切相关。现代服务业的发展需要有社会、市场、经济、法制、文化等全面的变革和转型，中国服务业和世界先进地区的差距不仅是经济发展水平的差距，也是市场化程度、社会经济管理能力、文化与国际化标准、营商环境、商业文明等软要素的差距。作为高端服务业载体的珠江新城，应当树立国际标杆，研究和引进世界一流CBD的市场体制管制方法、国际化的标准、法制与商业文明等一系列的制度要素。制度要素是软要素，也是关键要素，天河要在这方面下更多功夫。

亚运会开闭幕式在珠江新城海心沙广场举办，是提升珠江新城CBD知名度、推进集约集聚发展的有利载体。要着力强化中央商务区集聚作用，突出增强金融服务核心功能和总部经济控制力。进一步发挥珠江新城环境建设与设施配套工作组的作用，完善道路、变电站等基础设施建设。整合运用好各级支持金融服务业发展的政策资源，不断完善区的扶持措施，加快引进国内外金融企业和金融业人才及金融管理机构。加强CBD整体营销宣传策划，完善招商引资的制度和激励措施，综合运用以商引商、项目招商、上门招商等方式，重点引进一批关键性服务商、运营商和公司总部、区域性机构。完善经济地理信息系统，建立高级写字楼查询平台，实施无线CBD项目，提供“一站式”、“保姆式”服务，优化CBD商务发展环境。加快推进员村集聚区建设，延伸珠江新城中央商务区功能，扩大其规模效应。

着眼建立高端研发和科技创新核心区的要求，加快天河软件园基础设施和配套设施建设进度，加强土地储备实力，探索园区土地开发制度创新，努力增强中长期发展后劲。推动银政合作，引导社会投入，想方设法筹措资金，支持天河软件园高唐新建区大建设、大发展。实施龙头项目带动，全力推进中国移动南方研发基地等重大项目建设，增强项目集聚发展实力。充分发挥天河高校和科研院所众多、创新资源丰富的优势，建立健全以企业为主体、市场为导向、产学研相结合的自主创新体系，努力把天河软件园打造成自主创新的核心平台。关于天河软件园特别是高唐新建区的发展，我再强调几点意见：

第一，理顺管理体制。建议市委、市政府理顺天河软件园尤其是高唐新建区的定位和体制。主要是两方面，一是土地审批权，二是市里不参加天河软件园的税收分成。如果有这两点，天河软件园尤其是高唐新建区肯定能获得大发展，3年之内应该比现在有更大的发展势头。

第二，树高标杆定位。高唐新建区要有更高的定位，要立足建成广州现在的小型知识城。广州正在九龙镇筹建大型的中新知识城。天河软件园地理位置优越，更靠近市中心，与珠江新城CBD遥相呼应，而且已有很好的产业基础，人才资源相对丰富，更有条件在短期内建设一座吸引高端人才、聚集高端产业、提供高端服务、建设高品质生活、工作环境的小型知识城。只要有好的体制，有充足的干劲就一定能建成，天河人应当有这样的理想和信心。在理顺体制的同时，软件园的环境还需要再上台阶，现在全国的高新区、软件园、科技园万帆竞发，百舸争流，建设非常漂亮，高唐新建区在环境上亟需提升。

第三，优化企业服务。关于企业服务天河有很大的优势，但是不能掉以轻心，人家都想从天河挖项目，我们不仅要留住好的企业，还要吸引一流的企业。招商引资既要注重高端，更要注重效益，实现高端产业和效益的完整统一。高唐新建区首先是争取尽快理顺体制机制，然后依靠自身力量，依靠体制优势，借助外力大规模、大手笔地开展建设。要整体推进高唐新建区规划建设，完善路网，美化环境，完善配套设施和生活设施，营造优良的宜业宜居环境。为实现这一目标，要探索新的投融资体制，解决大规模建设发展的资金问题。同时，建立完善的政策服务体系，尤其是从企业创意、研发到服务化、产业化、上市以及做大做强各环节相配套的融资服务体系，促使企业获得大发展的不竭动力。

全面开展“三旧”土地确权登记及土地审批，精心编制我区“三旧”改造项目的规划设计方案，因地制宜、灵活运用改造模式，突出解决项目资金筹措、拆迁补偿安置等重点难点问题。认真总结运用猎德改造的成功经验，按照市的要求，力争用3年至5年时间基本完成我区承担的8条城中村改造任务，优化提升国际大都市中心区形象和功能。结合产业转移推进旧厂房改造，盘活旧厂房、旧工业用地，拓宽高端产业发展空间，提升村改制公司经济发展质量，带动东北部地区经济提速发展。

（二）突出优化城区环境，确保宜业宜居水平有新提高。在总结运用环境综合整治成功经验做法的基础上，更加突出优化软环境，以人性化、信息化、市场化为导向，加强常态化、精细化管理，形成科学、长效、与中心区位相适应的城市管理长效机制。

始终坚持把“创文”活动作为优化城区环境的重要抓手，立足常态创建，研究提升公共文明指数测评成绩的措施办法，加强基层基础工作，为全市创建工作作出应有贡献。“创文”国检即将开始，天河区“创文”公共文明指数测评成绩大起大落，从第二位、第三位突然就掉到第十位。必须承认天河“创文”的确很不容易，但不能因为不容易就成为自甘落后的借口。作为建设中的国际大都市中心区和广州市举足轻重、地位突出的区域，很多人认为广州就是天河，天河就是广州，天河不好就是广州不好。天河是代表广州大都市形象的区域，“创文”天河更不能落后。希望大家全力以赴整合资源，认认真真做好此项工作。要采取新的措施，比如启动问责制和街道排名以及领导巡查督办，确保不给广州市丢脸。认真学习借鉴新加坡、香港等地城市管理的先进经验，结合天河实际，坚持堵疏结合，探索建立流动商贩集中管理模式，科学合理设置便民服务点，不断总结提炼人性化执法、柔性化管理的城市管理执法方式，促使“六乱”治理实现新突破。全面加强市容环境卫生管理，针对区域不同特点，分类研究制定市容市貌管理量化考核评价体系，促使管理“软要求”变成“硬指标”，实现市容环境管理的规范化、专业化和标准化。树立经营城市的理念，加快推进市容环卫、园林绿化的社会化、市场化改革，鼓励和引导社会资金参与城区建设管理，进一步降低管理成本，提高管理效率。推广使用“城管通”，开发区城市管理监控指挥中心系统，结合治安视频监控建设，构建数字城管，以信息化促进城市管理精细化。完善城市管理的公众参与机制，推进信息公开、政务公开和管理民主化，引导社会各界了解、支持和参与城市管理工作。

（三）突出加强社会管理，推动平安和谐天河建设有新进展。在巩固提升亚运惠民实践的基础上，继续坚持“富民优先、民生为重”的政策导向，深入贯彻市、区惠民措施，健全改善民生的财政支持体制，努力为全区人民提供均等化公共服务、法治化安全保障，在更高起点上打造平安和谐天河。

立足亚运安保措施的常态化运用，努力构建治安防范长效机制，确保社会大局稳定。强化信访维稳责任，落实领导包案责任制，健全完善社会稳定风险评估机制，完善“大调解”工作机制，依法妥善处置重大群体性事件。加大对治安突出问题和重点区域的整治力度，突出发挥综治信访维稳三级平台作用，强化出租屋和流动人口的服务管理，巩固提升“人屋车场”综合治理成效，加快构建点线面结合、人防物防技防结合、打防管控结合、网上网下结合的社会治安动态防控网络，全力压案保安。

突出加强就业再就业工作，高度重视辖内新增劳动力、高校毕业生、转制居民的就业问题，积极构建和谐劳动关系。扎实推进社保和居民医保扩面任务，落实最低生活保障制度，构建与我区经济发展水平相适应、广覆盖、多形式的社会保障体系。推进基础教育创优提质，优化师资队伍结构素质，加快发展示范性高中，促进教育优质均衡发展，努力提供更多优质学位。加快社区卫生服务中心（站）建设，深化医药卫生体制改革，全面激活区属卫生单位活力。按照市提出打造世界文化名城的要求，深入实施“文化惠民工程”，完善文化基础设施和公共文化服务体系，精心打造精品文化、民俗文化、群众文化三大文化品牌，凸显天河时尚文化特色，丰富提升国际大都市中心区的文化内涵。创新社会管理服务理念，加快发展培育社区民间组织和中介组织，建立健全政府购买公共服务机制，推动社区服务社会化、市场化、产业化。

五、加强和改进党的建设，为“迎亚运、促发展”提供有力保障

“迎亚运、促发展”，关键在党。全区各级党组织和广大党员干部要以开展创先争优活动为动力，突出提高党建科学化水平，充分发挥战斗堡垒和先锋模范作用，提高行动力，增强凝聚力，激发创造力，成为引领“迎亚运、促发展”的前沿阵地和先进旗帜。

（一）加强学习提能力。全区广大党员干部要牢固树立重视学习、善于学习、终身学习的观念，紧紧围绕建设国际大都市中心区的目标任务，树立国际视野，强化战略思维，广泛学习经济、科技、法律、管理，特别是新技术、战略性新兴产业等新知识、新技能，不断优化知识结构。坚持理论联系实际，倡导在学中干、在干中学，当前要注重把学习与“迎亚运、促发展”的具体实践结合起来，善于用理论指导解决工作中的热点难点问题。要积极探索创新建设学习型党组织的方法和途径，开展大规模干部培训，创新运用互联网等新型学习平台，健全党员干部学习培训的组织、激励、考核等制度，推进党员干部学习教育的科学化、制度化、规范化。

（二）抓好班子带队伍。干事创业，人是关键因素。“迎亚运、促发展”能否取得实效，很大程度上取决于领导班子和干部队伍的素质和能力。区委常委会要从自身建设抓起，坚持民主集中制，健全党委集体领导与班子成员分工负责制，切实做到科学、民主决策。区各领导班子要时刻保持清醒坚定的政治立场、开拓进取的精神状态，顾全大局，团结协作，在工作谋划上站得更高一些、看得更远一些、想得更深一些。同时，选好配强二级班子，特别是重点工作、重点项目及重点建设部门领导班子，建设坚强有力的领导集体。坚持正确用人导向，面向基层和一线，在急难险重工作中考察评价干部，以工作实绩选拔任用干部，真正把品德好、能力强、肯实干、业绩佳的干部选出来、用起来，有本事要发挥出来，而且有本事还要干事。当前要把迎亚运、城中村改造、创建全国文明城市等中心工作作为培养干部的广阔舞台，为天河培养造就高素质干部队伍。深化干部人事制度改革，完善竞争性的干部选拔任用机制，有序推进各级干部合理流动，激发干部队伍活力。坚持严格要求与关心爱护相结合，完善激励保障措施，切实在政治上关心、生活上帮助、心理上关怀干部。

（三）凝心聚力促发展。“迎亚运、促发展”的各项任务最终要落在基层，全区各级党组织要将其作为创先争优活动的重要内容，充分发挥凝心聚力的作用，切实增强做好群众工作、维稳综治、志愿服务、宣传发动等服务亚运功能，优化创新基层组织设置模式，丰富活动载体，不断扩大党组织的覆盖面。加强党组织带头人建设，努力创建“五个好”先进基层党组织，不断增强基层党组织的战斗力。

充分发挥党委“总揽全局、协调各方”的作用，指导制定区人大常委会讨论决定重大事项若干规定和区委政治协商规程，支持区人大及其常委会依法履行职责，支持区政协依照章程独立负责、协调一致地开展工作。加强统一战线建设，完善党委同民主党派合作共事机制。深入推进“法治天河”创建活动。支持区法院、区检察院独立行使职能。支持工会、共青团、妇联等人民团体参与社会管理和公共服务，进一步巩固全区上下齐心协力“迎亚运、促发展”的生动局面。

（四）转变作风抓落实。良好的工作作风是各项事业取得胜利的有力保障。全区各级党组织要围绕“迎亚运、促发展”，以提高执行力和服务力为重点，不断增强改进作风抓落实的能力，形成干事创业的良好风气。要增强攻坚克难的创新意识，打破思维定势，突破条条框框，下功夫破解制约发展的瓶颈问题，争取各项工作有新的突破。要牢固树立群众观念，深入调查研究，及时了解群众诉

求，切实为群众排忧解难。要保持快节奏、追求高效率，特别是强化执行意识，做到常事快办、急事急办、难事巧办，在全区形成抓落实、重执行的新气象。要下功夫解决“文山会海”，少开会、开短会、讲短话，开有效率、有作用的会。认真落实党风廉政建设责任制，抓好党员领导干部廉洁从政若干准则的宣传教育，健全惩治和预防腐败体系。加强项目监管，确保工程质量、资金使用和干部廉洁“三个安全”，切实做到“廉洁办亚运”。要加大监督考核和问责力度，不断完善奖惩制度，做到赏罚分明、问责从严、失责必究。

同志们，机遇前所未有，挑战前所未有。让我们站在新的起跑线上，以更加饱满的热情、更加优良的作风、更加务实的工作，同心同德、群策群力，攻坚克难、真抓实干，全力完成好“迎亚运、促发展”的各项任务，为天河加快国际大都市中心区建设而努力奋斗！

中国共产党广州市天河区第七届委员会第十次全会上的讲话

第一次全体会议上的讲话

（2011年1月21日）

区委书记 区人大常委会党组书记 刘悦伦

这次全会的主要任务，是深入学习贯彻党的十七届五中全会、中央经济工作会议、省委十届八次全会和市委九届十次全会精神，总结我区去年工作，提出制订实施“十二五”规划的指导思想和目标任务，并围绕推动后亚运时期天河经济社会发展和提升城市管理水平两大主题，研究部署今年工作。现在，我代表区委常委会向全会报告工作。

一、过去一年区委常委会的主要工作

2010年，是我区经济发展方式加快转变，产业高端发展战略效果显现的一年，是圆满完成迎亚运各项任务、城区环境极大优化的一年，在天河经济社会发展历程中具有重要意义。一年来，区委常委会坚持以科学发展观统揽全局，围绕突出转变经济发展方式和办好亚运会的两大核心任务，扎实推动天河国际大都市中心区建设不断取得新成绩、进入加快科学发展新阶段。

（一）高标准完成亚运会、亚残运会各项任务，中心城区知名度和美誉度极大提升。把迎亚运作为压倒一切的核心任务，齐心协力、攻坚克难，圆满完成各项任务，为亚运会、亚残运会成功举办作出突出贡献，赢得中央、省、市和社会各界高度评价。

1、扎实推进环境综合整治。树立“提速提速再提速、落实落实再落实”的工作态度，区党政班子领导分片分项目包干，重点推进天河体育中心、广东奥体中心等亚运主场馆周边环境综合整治，成功推进中山大道BRT珠村段两侧、广州大道北黄猄坳地区等拆迁整治，高标准做好大观路、环城高速天河段等重要道路的绿化美化，如期优质完成43项人居环境综合整治任务。坚持把“创文”、“迎亚运”有机结合起来，为广州市顺利通过“创文”国检作出积极贡献。城中村改造取得重大进展，猎德村改造成为省、市典范，冼村、林和村、新塘地区改造加快推进。着力抓好车陂涌等5条河涌整治，如期完成城市排涝达标和雨污分流改造、河涌污染源摸查、市属重点工程所需的征借地等4大类43项治水工作任务，河涌水质持续好转。大力实施污染物减排工程和大气污染治理，加快推进火炉山等三大森林公园建设，超额完成“绿道”建设任务，顺利通过国家可持续发展实验区终期评估验收。

2、扎实推进亚运安保维稳。坚持把平安亚运放在首要位置，制定完善128份亚运安保方（预）案，精心组织实战演练，重点抓好海心沙、广东奥体中心开闭幕式场馆周边管控，确保绝对安全。严密做好广东奥体中心和天河体育中心及周边安保工作，保障赛事安全有序进行。加强涉恐专案侦查，

落实重点人员管控措施，未发生恐怖事件。按照以面保点要求深入开展社会面整体防控，组织发动13万社会义务防控力量，全面实现平安亚运目标。

3、扎实推进赛时服务保障。突出开闭幕式服务保障，抓细抓实安保维稳、亮灯工程、焰火燃放、交通疏导，成功组织猎德复建房和利雅湾小区居民“下楼迎亚运”，夜景灯光亮灯率100%，有效疏导观看焰火群众逾92万人。协同市做好赛时交通运行、城市管理、志愿服务等工作。成功组织亚运会、亚残运会文明观众26.7万人次，尤其是亚残运会文明观众组织高效有序、富有创意，所有赛事上座率均达到规定要求，观众热情有礼、传递大爱，受到各级领导和社会舆论的一致好评。

（二）全力推动经济平稳较快增长，科学发展实力显著增强。抢抓亚运机遇，区域经济实力不断增强。去年预计生产总值1815亿元，同比增长13.0%，继续位居全市各区首位；一般预算收入38.14亿元，税收总额296.16亿元，同比均增长21.1%。

1、全力落实保持经济又好又快增长的措施。加强经济运行监测与分析，强化重点税源跟踪培植，提高征管质量。充分发挥亚运工程、“三旧”改造以及产业升级的拉动作用，去年全社会固定资产投资额679.14亿元，同比增长22.0%；社会消费品零售总额840.28亿元，同比增长19.8%，位居全市各区首位。加大以高端服务业为重点的招商引资力度，贴身跟进太古汇等重大项目建设，广州国际金融中心等高端商业项目投入运营，去年全区实际利用外资4.3亿美元，同比增长8.03%。落实2343万元资金奖励156家总部经济和高端服务业企业，为企业争取4600万元扶持资金。争取各项科技扶持资金3.8亿元，深入推进省知识产权试点区建设，高新技术企业认定、专利申请等取得新突破。结合“三旧”改造，推动村集体经济发展，去年村改制公司集体经济总收入73.98亿元，同比增长2.0%。

2、全力推动产业高端集约集群发展。深入实施产业高端发展战略，着力推动形成珠江新城CBD和天河科技园、软件园两翼齐飞的发展格局。加强珠江新城CBD整体营销，加快基础设施和服务配套建设。珠江新城总计450万平方米的高端写字楼相继投入使用，珠江城等高端载体陆续建成，中央商业广场等高端项目进展顺利，入驻中外金融机构近40家。强力推进天河科技园、软件园建设，云溪路全线通车，东部孵化器一期工程、软件人才培养培训基地工程完工，成功引进立信集团等知名企业。去年天河科技园实现总收入739.00亿元，同比增长19.8%；天河软件园总收入712.56亿元，同比增长31.5%；商贸、信息、专业、科技服务业和文化创意产业去年分别同比增长27.5%、10.5%、20.6%、20.2%、24.5%。

（三）加快推进平安天河建设，社会大局更加和谐稳定。严格履行综治维稳责任，以更高标准打造平安天河。

1、着力推动社会治安持续好转。深入开展“创平安、迎亚运”等专项行动，始终保持严打高压态势，加强重点整治，全区刑事立案同比下降11.3%，连续5年实现两位数下降。结合亚运社会面防控，全面加强基层治安防控体系建设，全面完成“人屋车场”综合治理目标任务，治安基层基础工作取得新成效。

2、着力维护社会面稳定。深入开展区领导基层大接访活动，落实定期接访、包案、督办制度。健全综治信访维稳工作平台、社会稳定风险评估和矛盾纠纷源头防范机制，妥善处置冼村改造拆迁等重大群体性事件。劳动监察“两网化”管理工作走在全省前列，和谐劳动关系加快构建。推进“法治天河”创建，圆满完成“四五”依法治区和“五五”普法规划检查验收。区法院、区检察院工作取得新成绩。

（四）强化宗旨为民意识，民生福祉持续改善。集中财力向社会事业和公共服务倾斜，去年全区民生和公共事业支出占一般预算支出的85.0%。全面实行免费职业技能培训，落实创业补贴政策，推动大学生准就业见习活动，全区就业率达71.55%。落实社保扩面，各类参保人数不断增长。残疾人工作取得新成绩。扶贫“双到”工作在全省考评中获优秀等次。促进基础教育优质均衡发展，天河中学通过国家级示范性高中验收，高考成绩首次位居全市第一，率先通过市义务教育规范化学校终期验收，建成省推进教育现代化先进区。深化医疗卫生体制改革，完善医疗卫生服务网络，完成47个社区卫生服务中心（站）的建设改造。深入实施文化惠民工程，成功承办全国大学生原创动画大赛、广州乞巧文化节等大型文化活动。社区服务的社会化、市场化稳步推进。

（五）加强和改进党的建设，科学执政能力全面提高。完善党委中心组理论学习、处级干部大学堂等制度，拓宽互联网等新型学习平台，不断提高全区党员干部政治素质、战略思维能力和实践能力。发挥党委统揽全局、协调各方作用，出台《区人大常委会讨论决定重大事项若干规定》，制定《区委政治协商规程（试行）》，民主政治建设稳步推进。完善竞争性干部选拔任用机制，促使一批在“迎亚运”、“创文”等重点工作中做出实绩的干部脱颖而出。以创先争优活动为抓手推进党的基层组织建设，着力扩大党组织覆盖面，创新党组织生活方式。深入开展以学习《廉政准则》为重点的党性党风党纪教育，坚决查办违法违纪案件。大力开展廉政文化进工地活动，加强亚运工程督促检查，实现“廉洁办亚运”目标。

在肯定成绩的同时，我们必须清醒看到存在的问题，主要是经济发展质量和效益还需提高，区域发展不平衡问题有待解决；城市管理精细化水平不够高，长效机制尚未建立；治安形势依然严峻；基本公共服务供给与群众期盼还有差距；机关作风和效能建设还要加强等。我们要在今后努力解决。

二、正确认识当前形势，明确我区“十二五”的目标任务

2010年工作盘点，标志着我区“十一五”规划总体完成。经过五年努力，天河经济社会发展取得了重大成就。我们突出“三促进一保持”工作主线，经济总量连续4年位居全市各区首位；圆满完成亚运筹办任务，向亚洲乃至全世界展示良好形象；深入实施“大变”工程，城市环境极大提升；社会事业全面进步，城区文明程度和居民幸福感不断增强，国际大都市中心区建设成绩斐然。“十二五”时期是天河发展承前启后的关键时期，世界多极化、经济全球化深入推进，我国经济社会发展基本面长期向好，珠三角一体化步伐加快，广州国家中心城市功能作用不断强化，我区面临的外部发展环境有利。天河经过26年高速发展，中心城区综合竞争力更加突出。同时，国际金融危机影响依然深远，国内外经济环境复杂，城区之间竞争激烈，天河仍然存在产业集聚辐射能力不够强、区域发展不平衡等矛盾，发展形势严峻。总体而言，天河“十二五”时期面临的形势有利，机遇大于挑战。我们必须准确把握天河发展的阶段和规律，大力弘扬“敢于创新、真抓实干，不畏艰险、敢于胜利，团结和谐、理解包容”为基本内涵的广州亚运精神，永不自满、永不懈怠、永不停步，继续探索符合天河实际的科学发展新路。

我区“十二五”规划的指导思想是：以邓小平理论和“三个代表”重要思想为指导，深入贯彻落实科学发展观，围绕加快转型升级、建设幸福广州这条主线，全面落实《珠江三角洲地区改革发展规划纲要》，突出优化提升中心城区功能作用，加大改革创新力度，着力构建以天河中央商务区和天河智慧城为战略引擎的双核发展格局，推动思想观念转型升级，产业发展转型升级，城市管理转型升级，全面增强城区和谐度和居民幸福感，争当广州加快建设国家中心城市、全面提升科学发展实力的排头兵。

“十二五”末期总体目标是：经济发展方式率先转变，宜业宜居环境持续改善，人民生活幸福感显著增强，继续在广州建设国家中心城市进程中保持领先地位，建设成为智慧广州、低碳广州、幸福广州的示范区。主要任务如下：

（一）综合经济实力再上新台阶。“十二五”期间全区生产总值预期年均增幅与全市平均水平持平，经济增长质量和效益明显提高。市场集聚和现代商贸业优势提升，建成广州国际商贸中心主力区。深入实施产业高端发展战略，具有国际竞争力的现代产业体系基本建立。天河中央商务区成为广州总部基地和区域金融中心核心区，东北部天河智慧城建成智慧广州示范区。率先建成创新型城区。

（二）城区环境面貌再焕新风采。城区建设管理保持领先，广州“城市客厅”品牌巩固提升。城区规划科学完善。立体化交通网络基本建立，交通拥堵有效缓解。“三旧”改造稳步实施，具有天河特色的生态景观体系基本建立，人居环境实质性提升。“创文”任务圆满完成，城市管理长效机制更趋健全。资源节约和环境保护成效显著，成功创建国家可持续发展先进示范区。

（三）城区文明程度再获新提升。文化呈现

大发展大繁荣格局，软实力明显增强。东南西北中五大文化群落基本建立，文化与经济科技融合发展，文化凝聚力、影响力明显增强。深入开展社会主义核心价值体系教育，弘扬升华亚运精神，市民素质和城区文明程度进一步提高。教育优质均衡发展达到新水平。

（四）幸福天河建设再谱新篇章。基本公共服务均等化初步实现，就业工作保持全市领先，社会保障体系和残疾人服务体系基本建立，社区卫生服务网络更加完善。综治维稳机制更加健全，刑事发案持续下降，社会大局保持稳定。民主政治建设取得新成绩，人民群众权益得到切实保障，居民幸福感不断提高。

（五）体制机制改革再创新优势。与服务型政府相契合的行政审批制度、与基本公共服务均等化相适应的公共财政管理体系、以常态化精细化为导向的城市管理长效机制和以增强居民幸福感为目标的社区管理服务体系健全完善，有利于天河科学发展的体制机制基本建立。深化对外开放和区域合作，城区国际化程度进一步提高。

三、扎实做好“十二五”开局之年各项工作，为天河后亚运时期大发展打下坚实基础

今年是实施“十二五”规划的开局之年，是实现《珠江三角洲地区改革发展规划纲要》“四年大发展”目标的重要之年，也是巩固扩大亚运效应进而在更高起点上实现天河科学发展新跨越的关键之年。我们要超前谋划、乘势而上，好中求快、力争先机，奋力开创天河科学发展新局面。今年工作的总体要求是：坚持以科学发展观为统领，认真贯彻落实党的十七大和十七届四中、五中全会、中央经济工作会议和省委、市委全会精神，围绕加快转型升级、建设幸福广州，充分发挥亚运后续积极效应，更加注重推动产业高端发展，更加注重优化城市环境，更加注重建设幸福天河，不断提高党建科学化水平，实现我区“十二五”规划良好开局，努力推动后亚运时期天河跨越式大发展。

（一）以更大气魄推动产业高端发展，努力提高经济发展质量和效益。以调结构、促高端、优布局、强功能为导向，进一步增强城区综合经济实力，夯实幸福天河的物质基础。

1、全面提升天河中央商务区的品牌价值和集聚能力。珠江新城包括天河北-体育中心周边地区是广州总部经济最发达、高端资源最集聚、现代化程度最高的区域。万庆良市长明确提出要加快整合上述地区的高端要素，树立大CBD观念，打造天河中央商务区，使其成为广州集聚高端企业总部和建设区域金融中心的核心载体。当前，要按照万市长的部署，加快成立天河中央商务区管委会和研究制定管理办法，引进世界一流CBD的管理理念和制度手段，统筹推进配套设施、环境建设、招商引资，强化中央商务区整体营销和宣传推介，形成整体品牌效应。着眼国际市场和全球企业，吸引更多旗舰型企业总部和高端人才，形成辐射带动珠三角乃至华南地区发展的重要引擎。树立企业至上观念，健全重点企业和重大项目专人跟踪服务制，精心设计全方位服务套餐提供优质服务，特别是要服务好西塔等高端核心载体。全面加强天河中央商务区的城市管理和社会管理，推进无线CBD建设，倡导低碳、健康的生活方式，塑造全球领先的营商环境，努力把天河中央商务区建设成为广州“经济引擎、城市客厅、幸福新城”和国际一流中央商务区。

2、及早谋划员村延伸区发展。坚持瞄准一流、树高标杆，明确以现代服务、文化创意产业为主体，滨水休闲、餐饮娱乐和居住为配套的功能定位，科学规划员村地区基础设施建设、城市景观设计和“退二进三”，全面提高区域基础设施承载力和整体环境景观水平。争取市的支持，落实由区主导实施员村地区土地储备出让，统筹谋划启动员村地区城中村改造和旧厂房改造，满足高端金融机构的入驻需求，有效承接珠江新城CBD延伸拓展，为天河乃至广州加快集聚高端服务业和总部经济提供新的广阔空间。

3、加快建设天河智慧城。打造天河智慧城是我区贯彻落实市委、市政府建设“智慧广州、低碳广州、幸福广州”的创新举措，是推动后亚运时期天河新一轮大发展的核心支撑。万庆良市长明确表示要将天河智慧城作为战略性重点项目纳入全市“十二五”规划并写入市政府工作报告，要求天河迅速成立领导小组强力推进实施，努力建成智慧广州的示范区、引领潮流的先行区、幸福生活的体验区。当前要突出抓好以下几项重点工作：一是高起点规划设计。立足全面赶超美国、日本、新加坡等

发达国家智慧城区，配合市科信局举办高规格的天河智慧城建设发展高端论坛，聘请国内外顶尖专家论证明确智慧城发展定位、总体规划和实施方案。配合市规划局科学编制天河智慧城建设总体规划方案，着眼低碳、生态、智慧、宜业宜居和幸福感五大元素，突出“一核、两带、三园、四区”的空间布局，涵盖产业、项目和人才三大领域，尽快启动全面开发建设。二是突出重点项目带动。率先启动国际领先、国内一流的“智慧广州体验示范基地”建设，力争上半年建成。强力推进总投资额超300亿元的37个智慧型龙头项目，特别是加快智慧南方–中移动南方基地等重大产业集群项目建设，积极创新服务体系和投融资体制，推动形成智慧产业链条。三是深化拓展天河智慧城建设内涵。充分发挥战略性新兴产业技术和产业链集聚优势，应用信息技术构建智慧家庭、智慧社区和智慧城市服务，实现智慧产业与智慧体验互动发展。加快推进新塘、龙洞、广氮等智慧社区建设，实施现有住宅小区、商务楼宇的智慧型升级改造，构建基于信息技术平台的智慧城管，引导居民生活、商务活动、城市管理向智慧型转变，开创智慧型的全新生活方式，促使“智慧广州、低碳广州、幸福广州”战略率先在天河落地，形成广州科学发展的新引擎、新亮点、新品牌。

（二）以更新思路推进自主创新，努力建设创新型城区。把提高自主创新能力摆在更加突出位置，努力打造广州建设国家创新型城市核心区。

1、着力提升自主创新能力。充分发挥天河具有的人才资源、高端产业和中心区位优势，完善自主创新政策、技术和服务支撑，加快建立以市场为导向、以企业为主体、产学研相结合的自主创新体系。以天河科技园、软件园为重点，加速创新平台建设，完善公共性创新技术支撑和服务平台。整合辖区高校和科研院所资源优势，通过政府扶持引导，支持企业开展科技创新，实施重大科技攻关，建立技术研发中心，提高自主创新能力。以电子商务为先导，引导企业提升信息化水平。推进省知识产权试点区建设，完善知识产权公共服务体系，扶持企业实施品牌战略。充分把握省、市推进简政强区事权改革的重大机遇，积极推进体制机制改革创新。顺应珠三角一体化趋势，扩大对外开放和合作交流，深化与黄埔、萝岗、增城以及周边区域的战略合作，共同打造广州东部高新技术产业带。扎实做好扶贫“双到”工作。

2、着力实施人才强区战略。落实党管人才原则，完善市场化人才引进机制，吸引更多高素质人才。多种形式培养适用人才，进一步优化政策措施服务人才，广纳各方人才集聚天河。

（三）以更强力度加强城市管理和建设，努力优化城区环境。加强常态化整治，做优精细化管理，构建科学、长效、与中心区位相适应的城市管理长效机制，打造宜业宜居的发展环境。

1、突出提高城市管理水平。树立“三分建设，七分管理”的城市发展理念，探索分级分类管理，点线面相互带动辐射，切实提高管理效能。设立专门机构加强新中轴线地区精细化管理，擦亮“城市客厅”品牌。加快推进环卫保洁社会化、市场化改革，完善保洁质量考评精细化和执法网格化管理机制，加强在建工地监管和路面冲洗，打造清洁城区。落实土地执法共同责任制度，有效遏制“两违”现象。坚持“堵疏结合”加强流动商贩集中管理，建立“六乱”综合治理长效机制。加强无证照经营整治和食品、药品、质量监管工作。推进“创文”与惠民工程有机结合，提高公共文明指数测评成绩，为全市“创文”工作作出积极贡献。

2、突出加大城市建设力度。重点加强东北部地区道路交通等基础设施和公建配套建设，全面实施广汕路快速化改造，大力配合推进云溪路（科韵路–广汕路）建设，努力完成柯木塱南路建设。加快员村二横路拓宽改造等重点项目立项，打通龙怡路等断头路，完善交通微循环。完成暨大等片区城市排涝达标改造。继续推进河涌综合整治，初步整治的完善调水补水、景观维护管养措施，保持水清岸绿；暂未纳入改造的尽快立项。同时，着力打造猎德涌、车陂涌等具有天河特色的水文化亮点。落实花园城区行动计划，继续在主要景观节点种植摆放鲜花，加快森林公园建设，营造都市生态园林景观。继续实施大气污染治理和饮食服务业整治，进一步提高环境质量。

3、突出加快“三旧”改造进程。把握政策机遇，坚持政府主导、市场参与，推动全区“三旧”改造年内取得突破性进展。高标准谋划部署全区城中村改造，条件成熟的尽快实施改造，条件暂不成熟的要因地制宜编制改造规划，力争政策优惠期内规划落地。加快旧厂房、旧工业区改造升级，导入高端产业，完善硬件环境，提高土地利用效率。当前，要在积极稳妥推进冼村、林和村和新塘地区改造的同时，尽快启动珠江新城–员村及东北部“三旧”改造。

（四）以更高标准建设幸福社区，努力提高全区居民的幸福感。认真贯彻落实省委、市委全会关于建设幸福广东、幸福广州的部署精神，巩固提升全国和谐社区建设示范城区成果，全面构建幸福社区，推进幸福天河建设。

1、夯实幸福社区建设基础。把建设幸福社区纳入“十二五”规划统筹部署。区民政局要牵头尽快调研制定规划实施方案，明确目标原则、任务措施和考核责任。各街道要确定1个示范点，确保年内抓出成效。进一步明确区、街社区服务中心的职能作用，落实人员经费，理顺管理体制，充分发挥统筹指导作用。区财政要加大投入，改善社区硬件设施。逐步提高待遇和准入门槛，加强学习培训，不断提高社区工作者综合素质，并定期招录优秀人才进入公务员队伍和事业单位，充分调动社区工作者积极性。

2、增强幸福社区建设实效。要进一步提升服务质量，创新服务形式，满足社区群众不断提高的服务要求。着眼于打造平安社区，积极推进亚运安保经验运用，保持严打高压态势，强化社会面治安防控，努力实现刑事发案持续下降目标。充分发挥综治信访维稳中心作用，推进分类信访试点，尽力将矛盾纠纷化解在社区，解决在萌芽状态，确保建党90周年等重大节庆活动期间社会稳定。着眼于基本公共服务均等化，积极创建充分就业社区，构建和谐劳动关系。健全社会保障体系、残疾人社会保障体系和服务体系，解决好困难群众基本生活。擦亮省推进教育现代化先进区品牌，力争完成天河职中渔沙坦校区主体工程、员村二、三、四小学等重点项目建设，加强学前教育，推动教育资源优化配置。积极推进医药卫生体制改革，加快区红十字会医院改扩建，规范社区卫生服务中心（站）管理，纾解部分群众看病难、看病贵问题。着眼于提升社区服务精细化、个性化水平，加快以社区综合服务中心为重点的街道社区“五个一”建设，健全社区服务网络平台。认真学习借鉴新加坡、香港及先进地区经验，加大政府购买服务力度，整合各类服务资源，构建政府服务、中介服务、志愿者服务三位一体的服务体系，针对不同个人、家庭和社区，分类分层次提供精细化、个性化服务。

3、激发幸福社区建设活力。围绕基层民主自治，以居委会和村改制公司“两委”换届为契机，进一步扩大基层民主，构建广泛、自觉的社区参与体系，引导群众积极支持参与社区事务管理，不断激发建设幸福社区的创造活力。同时，有序推进“法治天河”建设，制定并启动“五五”依法治区规划和“六五”普法规划，为建设幸福社区提供有力的法律保障。

4、深化幸福社区建设内涵。加大幸福社区建设宣传力度，提升居民的价值认同，引导社会各界支持参与幸福社区建设，形成良好氛围。科学规划东南西北中区域文化群落，充分发挥省博物馆等现代文化基地集聚天河的优势，加快天河文化艺术中心等文化设施建设，完善公共文化服务网络，构建普惠性公共文化服务体系。广泛开展健康向上的文化活动和全民健身运动。擦亮全国大学生原创动画大赛、广州乞巧文化节等文化品牌，繁荣具有天河特色的文化格局。把建设幸福社区与推进“创文”活动相结合，以文明礼仪、公共秩序为重点加强社区公共文明建设，大力弘扬亚运精神，不断提升群众文明素质和社区文明程度，增强社区亲和力、凝聚力。

（五）以更实措施开展创先争优活动，努力加强和改进党的建设。坚持以深入开展创先争优活动为抓手，突出提高党的建设科学化水平，为实现新的发展目标提供强大的组织保障。

1、以增强战略思维为重点强化理论武装。围绕增强党员干部的国际视野和战略思维，创新开展理论武装，实施大规模干部培训，结合建设天河智慧城和天河中央商务区等重点工作，进一步加强理论学习研讨和成果转化，增强全区广大党员干部站在全局和战略高度统筹谋划经济社会发展的能力。

2、以健全民主集中制为重点提高领导科学发展能力。坚持民主集中制，加强常委会自身建设，发挥全委会的重大决策和监督作用，提高决策水平。健全党委新闻发言人、党内情况通报、党员定期评议基层党组织领导班子成员等制度，保障党员权利。支持区人大及其常委会依法履行职能，行使重大事项决定权。支持区政协依照章程开展工作，落实区委政治协商规程，提高参政议政实效。加强与各民主党派、工商联和无党派人士合作，形成发展合力。

3、以完善选拔任用制度为重点激发干部队伍活力。改进完善干部公推公选制度，坚持多渠道、多途径考察干部，把干部的日常工作表现、工作业绩，特别是在急难险重任务中的表现作为选拔任用的重要依据，促使政治坚定、实绩突出、作风过硬、群众信任的优秀干部脱颖而出，树立重视基层、注重实绩和“重点工作出成绩同时出干部”的用人导向。

4、以增强基层党组织战斗力为重点夯实党建基层基础。深化创先争优活动，坚持贴近基层实际、贴近工作业务、贴近党员需求，丰富活动载体，提高基层党组织的组织生活质量，优化创新基层组织设置模式，加强党组织带头人建设，健全落实党内激励、关怀、帮扶机制，推动基层党建工作规范化、科学化发展。

5、以加强反腐倡廉建设为重点营造风清气正环境。加大廉政教育力度，推进廉政风险防范管理，从思想、制度和源头上预防腐败。坚决查办违纪违法案件，严肃惩治腐败问题。积极推进纪检监察派驻机构统一管理改革，确保基层反腐倡廉取得实效。突出加强作风效能建设，强化督办考核和问责追究，推动工作落实。

目前，时近春节。全区各级、各单位要突出抓好节日安保，坚决遏制各类重特大安全事故发生，部署做好春运工作，积极开展送温暖献爱心活动，认真执行节日廉洁自律规定，积极开展群众文化娱乐活动，让全区人民过一个欢乐、祥和、平安的春节。

同志们，天河的发展正进入一个新的重要历史时期，让我们继续解放思想、勇于开拓创新，传承亚运精神、弘扬广州经验，加快转型升级、建设幸福天河，在更高层次上推进天河新一轮大发展，争当广州加快建设国家中心城市、全面提升科学发展实力的排头兵，以优异成绩迎接建党90周年！

第二次全体会议上的讲话

这次全会是天河经济社会发展进入后亚运新时期、国际大都市中心区建设进入关键阶段召开的一次重要会议。会议认真学习贯彻党的十七届五中全会、中央经济工作会议、省委十届八次全会和市委九届十次全会精神，总结我区2010年工作，提出了我区“十二五”规划的指导思想和目标任务，安排部署2011年以及今后一段时期工作。根据下午各召集人反馈的讨论意见情况来看，在分组讨论中，与会同志对全会报告和相关配套文件进行了热烈讨论，一致认为会议主题集中，方向正确，任务明晰，措施有力。全会报告描绘了天河后亚运时期大建设、大发展的宏伟蓝图，为天河下一步发展找到了新的经济增长动力，得到了同志们的普遍认同和肯定。与会同志提出了很多很好的建议及贯彻落实的措施，纷纷表示通过全会思想更加统一、方向更加明确、干劲更加充足，将坚决落实全会工作部署和要求，抢抓机遇、大干一场，全力为“十二五”开好局、起好步，努力实现天河新一轮的全面腾飞。下面，我就确保完成“十二五”规划目标和今年工作任务，再强调几点意见。

一、统一思想、提高认识，努力形成天河发展新共识

一要强化领先意识，铆足发展干劲。天河虽然是1985年才成立的新区，但随着广州“东进”战略的深入实施，经过三次重大体育赛会的强力推动，在全区上下的拼博努力下，迅速发展成为广州国家中心城市中心城区，经济总量连续4年位居全市各区（市）首位，区内拥有全国三大中央商务区之一的珠江新城CBD、国家级高新技术产业基地和软件产业基地天河科技园、软件园，以及天河城、正佳、万菱汇、太古汇等巨型“商业航母”，先后获得全国文化先进县（区）、全国科技进步示范区、全国社区卫生服务示范区、全国和谐社区建设示范城区等多项国家级殊荣。特别是2010年广州亚运会、亚残运会期间，4场开闭幕式、1159场精彩赛事在天河举行，超过200万人次在天河观赛，418枚金牌在天河产生，天河受到广泛瞩目，获得了各方面的好评。同时，天河“十年一大变”目标圆满

实现，城市新中轴线贯穿全区，花城广场作为广州城市客厅和窗口时时花团锦簇，海心沙、国际金融中心、广东博物馆、广州大剧院等城市新地标处处流光溢彩。天河已成为广州经济实力最强劲的科学发展实力主力区。当前，后亚运时期已经到来，“十二五”蓝图即将展开，天河蓄势待发、前途无限，市委、市政府对天河未来发展寄予了厚望，希望天河继续带头为广州建设国家中心城市再挑新重担，再谱新篇章，再创新辉煌。面对殷切期望和光荣使命，天河必须坚持昂扬向上、傲立潮头的雄心壮志，再接再厉、奋勇争先，创模式、树典型、出经验，牢牢巩固发展领头羊成绩和地位；要继续创出领先优势，坚持不惧挑战、迎难而上的胆识勇气，勇挑重担、敢为人先，强创新、求突破、攻难题，不断力争新的一流业绩；要树立更高标杆，拓展国际视野，抓重点、补弱点、赢大局，努力在广州建设国家中心城市各项工作中再夺“金牌”。

二要强化忧患意识，应对发展挑战。越是形势好、发展顺利的时候，越要增强忧患意识，看到压力和挑战，看到矛盾和问题，看到困难和风险。当前总的来看，天河经济社会平稳健康发展，呈现出基础好、劲头足、潜力大的良好势头。但“逆水行舟，不进则退”，我们必须清醒地认识到，天河仍然存在很多制约发展的“短板”和问题。第一，天河在经济总量上已是广州名副其实的第一大区，但由于总量大、基数大等多种原因，经济增速正在趋缓，同时，各兄弟区（市）之间竞争激烈，特别像开发区已以天河为目标争取全力赶超，天河要始终保持高速发展态势、在百舸争流中立于不败之地面临严峻考验。第二，天河在转变发展方式、天河中央商务区整体营销、东北部基础设施建设、天河科技园、软件园体制机制、交通环境、城中村改造等方面存在诸多不足，这些矛盾之复杂，问题之新型为其它区少有，解决难度很大。第三，城市管理滞后于城市建设，长效机制亟待建立，特别是如何保持亚运时期城市环境标准，满足群众对城市建设管理高品质高规格的要求，已成为非常现实和紧迫的课题。第四，社会结构多样，利益错综复杂，安全稳定面临新的挑战，统筹解决教育、卫生、就业等民生问题还要下更大的功夫等等。在这种形势下，如果我们还在过往成绩面前居功自傲，只会痛失发展良机；如果我们在今天的工作中仍不紧不慢，只会把发展“金牌”拱手让人。我们必须告诫自己，一次夺取冠军不易，一路保持领先更难。全区广大干部特别是领导干部必须坚决强化忧患意识，彻底消除松懈思想，认清优势和不足，科学研判现状和未来，以追兵为标兵，埋头苦干、拼搏进取，努力实现天河全面腾飞和跨越式大发展。

三要强化机遇意识，扩大发展优势。天河现在正处于新的发展起点上，发展空间广阔，发展机会难得。天河是伴随三次体育盛会发展起来的城区，六运会带旺了体育中心-天河北商圈；九运会推动了天河东部地区发展；2010年两个亚运的举办，给天河带来了更加深刻的全局性变化，城区环境焕然一新，基础设施建设提速10年，产业结构向高端化调整优化，国际知名度极大提升，干部队伍干事创业热情高涨，天河居民自豪感和满意度进一步增强。简而言之，天河基础更好、环境更美、干劲更足，正以开放进取的姿态迎接后亚运时期的新跨越。最近，万市长明确提出要提升天河中央商务区的任务，要求尽快建立专门管理机构，加强整体营销，将其打造成国际一流金融商务区，成为广州城市建设新名片和金融业发展新旗帜，并通过了《琶洲-员村地区控制性详细规划》，明确员村地区将承接珠江新城CBD延伸发展；同时，我区建设天河智慧城的设想在全市率先对建设“智慧广州、低碳广州、幸福广州”作出回应，得到万市长的充分肯定，万市长明确要将其纳入广州“十二五”规划并写入市政府工作报告予以强力推进。随着后亚运时期建设推进，天河还将获得更多机会，显现更多优势。但是机会不等于必然成功，即使有机会，如果不坚决消除无过即是功、消极懈怠的态度和观念，不主动谋划、向上争取、积极实践，就会坐失机遇，拉大差距，使发展付出较大代价。当前，我区正处于跨越式发展的最佳时期，全区广大干部要树立抢抓机遇的意识，好好认清、切实珍惜机遇，乘势而上，将机遇切实转化为工作业绩和实效。要深入发掘机遇，善于整合和争取各方资源，以更新的观念和视野发现可能的机会和有利条件。同时，要有抓住机遇的智慧，要抓得早、抓得紧、抓得实、用得好，抢占发展先机，赢得发展优势，扩大发展成果。

二、振奋精神、大干快上，全面开创天河发展新局面

一是科学规划谋发展。规划先行谋定后动。天河正处在“十二五”开局、后亚运时期起跑发力的关键阶段，“十二五”规划编制是全区的一件大事。目前，总体规划纲要和各专项规划已形成初稿，进入深化论证和重要修改阶段，接下来，要进一步深刻领会市委、区委全会精神，清晰认识和把握我区发展区域特点和阶段特征，特别是新的发展目标、定位和重点，广泛吸收这次全会讨论和各层次、各方面的意见和建议，做好修改完善和补充细化。要按照全市战略布局，加强与市总体规划和对口专项规划的衔接，确保我区重点任务纳入全市的规划体系；要加强我区各专项规划和总体规划的对接，做到思路、目标、任务协调一致，切实使“十二五”规划成为鼓舞士气的美好蓝图、指导工作的行动纲领、争取政策的项目蓝本。

二是开拓创新求发展。天河伴随着改革开放不断成长，在发展征程中敢闯敢试、敢为天下先，创下了很多有益的经验，使经济社会发展始终保持勃勃生机和活力。但随着改革开放进入深水区，利益格局深刻调整，社会矛盾逐渐凸显，天河遇到的新情况、新问题将会更多更复杂。在压力和挑战面前，我们要在把握原则和方向的前提下，继承历届区委创造的经验财富，敢于解放思想、打破常规，防止因循守旧、按部就班，不断在发展变化中调整思想和行动，以奋力开拓创新的姿态，以知难而进的勇气，打破固有的思维定势，创造性地贯彻落实省、市要求部署，用新思路、新胆略、新办法来破解影响发展的紧迫性、关键性和深层次问题，努力开创工作新局面。

三是紧抓项目促发展。天河实现后亚运时期科学发展，项目是重要抓手。只有抓住了项目，才是抓住了关键，抓住了要害，牵住了发展的“牛鼻子”。我们在这次全会上审议的6个工作方案，研究确定了一批投资大、效益好、具有全局带动作用的重点项目，有关部门和单位务必严格按照方案要求，认真落实责任，细化分解任务，严格时间期限，扎实推进项目实施，确保在今年内重点项目出成绩、见效果、显亮点。项目责任单位和责任人要下移工作重心，定期深入重点工程、重点项目建设一线，主动协调解决项目建设中出现的各类矛盾和困难，扎扎实实地围绕项目建设做好各项工作。同时，要加强重大项目的谋划和争取，把抓项目放到更加突出的位置，拿出更多的精力去谋划项目、洽谈项目、推进项目，从而带动各项工作全面发展。

四是形成合力助发展。区委班子要全面加强自身建设，不断建立健全重大区情、重要工作通报在前及协同行动机制，切实加强和改进区委对人大、政府、政协的领导，推动形成各套班子之间团结协作、务实干事的良好氛围，带动全区各部门、单位和各级领导班子不断增强向心力和凝聚力，始终保持团结一心干事业、齐心协力谋发展、群策群力促和谐的热情。要善于整合辖内资源，充分发挥驻区部队、机团、企事业单位和居民群众作用，努力构架畅通的意见表达渠道，汇集全区上下的智慧和力量，促使广泛参与、协同配合。同时，要积极谋划、主动出击，向上级部门多争取、多建议，努力引起重视、取得支持。要做好纵向沟通、横向联系，建立健全多方联动机制，调动各方积极性，上下一条心，凝成一股劲，形成资源共享、优势互补的整体合力。

三、奋力拼搏、狠抓落实，全力赢取天河发展新成效

一是领导带头抓落实。实现天河后亚运时期跨越发展，最重要的在于各级领导干部。领导干部要当先锋、作表率，带头强化时不我待的发展紧迫感和责任感，始终保持蓬勃朝气、昂扬锐气，摆脱精神疲惫、思想松懈、工作推诿的状态，把心思用在事业上，把精力用在工作上，把劲头用在发展上，真正做到在其位、谋其政、履其职、尽其责。要敢于负责、敢于担当，敢于迎难而上、攻坚克难，团结带领广大干部克服一切困难，排除一切险阻，大刀阔斧、有所作为、成就事业。要坚持深入基层、深入一线，抓住牵动全局的主要工作、涉及群众利益的突出问题开展调查研究，认真听取社情民意，及时发现和解决问题。

二是转变作风推落实。良好的作风是工作落实的重要保障。要以深入开展创先争优活动为载体，以提升执行力和服务力为重点，树立和弘扬新风正气，切实解决突出问题，以作风的明显改进取信于民，推动各项工作落实。要树立全局观念，

想问题、办事情从全区大局出发，考虑天河长远发展，不断提高服务意识，树立“企业至上”、“项目至上”的理念，切实转变政府职能，简化办事程序，提高行政管理效率。要树立战略思维，拓宽国际视野，刻苦学习战略性新兴产业知识，从基层和群众中汲取营养和智慧，不断增强为发展服务、为基层服务、为群众服务的本领。要切实提高服务实效，说实话、出实招、办实事，从群众反映最强烈的问题入手，从影响发展环境建设的重点问题抓起，进一步改善发展软环境，以作风的转变、效率的提高，促进天河经济社会又好又快发展。

三是强化督办促落实。督办是抓好落实的重要环节。要不断改进督办方式，拓宽督办渠道，健全督办机制，加大督办力度。区委办、区政府办会后要对这次全会重要决定事项和区委、区政府重点工作项目进行全面督办。重点项目牵头领导和部门要切实加强项目进展情况的督办，及时反馈项目落实过程中出现的新情况、新问题，形成督查报告，每月一报。有关单位和街道要对照各自职责任务，积极配合督办检查，逐条逐项确保落实。区纪检监察部门和组织部门要参与到督办工作中，对工作效能和工作能力进行有效评估，并作为干部选拔任用的重要依据，要把督办效果与单位和干部的评价、考核、奖惩相结合，对工作效率高、完成效果好的单位和个人要进行表彰，对未能按时按质完成、甚至出现错漏失误的要坚决追究责任，通过督办使优秀干部展能力、出成绩，通过督办确保工作见成果、出实效。

同志们，今天的大会，吹响了天河在后亚运和“十二五”时期开启新一轮发展的新号角，让我们以科学发展观为统领，统一思想、振奋精神，攻坚克难、携手共进，为天河国际大都市中心区建设书写更加宏大、更加辉煌的新篇章，为天河后亚运时期的全面腾飞作出新的更大的贡献！谢谢大家！

广州市天河区第七届人民代表大会常务委员会第六次会议工作报告

——2011年3月10日在广州市天河区第七届人民代表大会第六次会议上

广州市天河区人大常委会代理主任　王淑贞

各位代表：

我受广州市天河区第七届人民代表大会常务委员会的委托，向大会报告工作，请予审议。

2010年主要工作

2010年，区人大常委会在区委领导下，坚持以科学发展观为统领，全面贯彻党的十七大和十七届五中全会精神，按照区委全会的部署和要求，围绕中心，服务大局，创新监督机制，依法履行职权，各项工作都取得了新进展，为促进天河经济社会又好又快发展提供了良好的法治环境。

一、突出重点监督，确保亚运盛事成功举办

2010年，广州成功举办了第16届亚运会和亚残运会，作为开闭幕式和主要场馆所在地，我区承担了艰巨的赛事组织和后勤保障任务，这是我区的重点工作、中心工作。一年来，常委会坚持“敢于”、“善于”监督，切实加强对亚运重点工程建设及迎亚运各项工作任务完成情况的检查监督，使人大监督工作逐步从程序性监督向实质性监督转变，促进区委有关工作部署的落实。

加强迎亚运重点工程监督。坚持把推进亚运重点工程建设作为常委会各项工作的重中之重，综合采取视察调研、听取和审议专项工作报告等多种形式加强监督，推进迎亚运重点工程建设。听取和审议了区政府关于迎亚运重点工程推进情况的专项工作报告，督促区政府高度重视迎亚运重点工程建设，加大投入，落实责任，加快推进河涌整治、雨污分流、道路升级改造、场馆周边和重点区域环境综合整治工作，确保按时、按质、按量完成市交给

的任务。组织部分市人大代表视察迎亚运人居环境综合整治工程以及医疗卫生、安全保卫等各项工作的筹备进展情况，强化检查监督。

加强食品药品安全和医疗保障监督。组织有关工委和人大代表调研了解我区亚运食品药品安全保障工作情况，要求区政府及有关部门强化日常监管，切实保障涉亚食品药品安全；观摩区卫生部门迎亚运医疗保障应急演练，督促区政府及有关部门加强沟通协调，整合各方力量，做好应急预案，为亚运会和亚残运会提供优质高效的医疗保障。

加强涉亚农产品质量安全监督。组织有关工委和人大代表实地视察天河生猪交易批发市场、渔沙坦蔬菜生产基地、长湴农贸市场和乳制品生产企业强兴畜牧公司，全面了解我区涉亚农产品质量安全，特别是针对广大市民关注的瘦肉精、蔬菜农药残留等问题，认真检查相关企业安全生产情况，要求区政府及有关部门对重点区域、重点单位和重点环节加强监管，强化应急处置，全力保障涉亚农产品质量安全。

加强亚运安保工作监督。组织有关工委和人大代表到员村、猎德、冼村、黄村等街道和天河体育中心、奥体中心等场馆督导检查亚运安保工作，提出了建立每日报告制度、整合辖内社会资源、反复摸查重点区域、加强流动人员管理、做好重点人员监控等意见和建议。

加强亚运运行专项经费监督。听取和审议了区政府关于增加亚运运行工作经费的报告，决定同意增加专项经费9860万元，用于亚运期间社会面防控、交通安全组织、赛时场馆保障等，同时要求区政府及有关部门依法、科学制定资金使用方案，加强审计监督，保证专款专用，提高使用绩效。

二、坚持依法监督，促进经济社会平稳较快发展

常委会紧紧围绕改革发展稳定大局和区委重大工作部署，依法开展监督，增强监督实效，抓发展、优管理、惠民生。

强化计划和预决算审查监督。密切关注我区财政运行状况，提前介入预算编制，加强对国民经济和社会发展计划执行情况、财政预决算的审查监督，先后听取和审议了区政府2009年财政决算、部门预算执行情况、预算执行和其他财政财务收支审计工作，2010年上半年国民经济和社会发展计划执行、预算执行和2010年财政超收收入使用方案等报告，作出了关于批准区2009年财政决算、2010年财政超收收入使用方案等决议、决定。听取和审议了区政府2009年度预算外资金管理使用情况的报告，督促区政府及有关部门严格依法理财，加强收支管理，维护财经纪律。同时，坚持开展常态监督，有关工委会同区财政局、审计局等部门依法开展预算执行审计监督，抽查天园街、民政局、人口和计划生育局等单位2010年上半年预算执行情况，针对各单位存在的共性问题，提出了深化预算管理、加强专项资金监管、强化审计问责、增强依法理财意识等意见和建议。

加强对经济发展工作的监督。高度关注并致力于推动现代服务业加快发展，多次组织有关工委和市、区两级人大代表开展调研，视察走访辖内企业，召开座谈会充分听取相关企业意见。听取和审议了区政府关于现代服务业发展情况的专项工作报告，结合调研情况，着眼于后亚运时期发展，提出了认真落实相关政策，兑现奖励措施，吸引高端企业落户；加大宣传力度，创新沟通方式，强化服务指引，扶持优质企业发展；把加快现代服务业发展纳入“十二五”规划等意见和建议。

加强对城市管理体制高效运行的监督。组织调研组到区城管局和部分街道调研了解我区城市管理面临的困难和问题，专门听取区政府关于大部制改革后城市管理体制运行情况的报告，建议区政府建立城市管理事件快速处理机制，有针对性地组织专项和重点整治；建立联席会议制度，探索长效性、精细化的管理办法和模式；改进工作作风，提高业务素质和执法水平等。

加强对和谐社区建设工作的监督。组织市、区两级人大代表到员村、车陂、天园等街道所辖社区开展专题调研，并听取和审议了区政府关于和谐社区建设工作情况的报告，建议区政府要以创建全国和谐社区建设示范城区为基点，加大投入，高标准推进和谐社区建设；积极探索社区管理新模式，完善居民自治，试行政府购买服务以满足居民不断增长的物质文化需求；加强社区专职工作者队伍建设，建立健全培训激励机制，不断提高社区专职工作者职业化、专业化和知识化水平。

加强对“创文”工作的监督。常委会以监督办理代表议案、建议为抓手，结合人大工作特点，加大对重点工程建设、环境综合整治等工作的监督力度，推动“创文”工作顺利开展。

三、坚持民生为重，切实关注民生福祉

常委会始终把人民群众普遍关注的热点、难点问题作为工作切入点，加大监督力度，推动有关问题的解决。

关注“农转居”人员医疗保障。针对目前“农转居”人员参保存在的问题，听取了区政府关于我区“农转居”人员参加医疗保险情况的报告，组织市人大代表草拟议案、建议，促使市、区有关部门合理配置医疗资源，保障居民就近诊疗，理顺社保征缴管理机制，力争在“十二五”期间实现基本医疗保障均等化和“农转居”人员参加医疗保险“全覆盖”的目标，切实把好事办实、把实事办好。

关注区属医院发展。组织调研组对我区区属医院发展情况开展专题调研，实地视察区红十字会医院、妇幼保健院和中医院等医疗机构，全面了解区属医院发展状况，督促区政府高度重视区属医院和社区卫生服务中心的发展，科学制定发展规划，深化管理体制改革，在政策和财政上加大支持力度，实现公共医疗卫生服务均等化，促进我区卫生事业可持续发展。

关注中小学校舍安全和素质教育。常委会多次组织区政府相关部门、街道和学校负责人召开校舍安全工程工作协调会，实地视察存在严重安全隐患的部分中小学校，专门听取区政府有关情况汇报，督促区政府及有关部门切实加强校舍安全排查，加快实施校舍安全工程，华阳小学林和东校区、凌塘小学新教学楼已交付使用，75中燕塘校区、113中五山校区、五山小学和员村小学等校舍加固、危楼拆建工程基本完成。常委会还听取和审议了区政府关于推进素质教育切实保护中小学学生健康成长的专项工作报告，针对素质教育中存在的问题，提出了加大教育投入、发展特色教育、重视学生心理健康教育、引导学生主动参与社会实践等意见和建议。

认真处理群众来信来访。高度重视信访维稳工作，特别是认真做好亚运期间信访维稳工作。一年来，共受理群众来信130多件，接待群众来访123批、400多人次。常委会领导积极参与大接访，牵头督办涉及民生的重点信访件，及时处理各类上访反映的突出问题，依法帮助解决群众合理诉求。在常委会的监督和有关单位的共同努力下，一些涉诉信访的“老大难”案件得以解决。

常委会还组织调研组对我区生态公益林管理维护情况进行了专题调研，积极探索生态公益林建设和保护的长效机制；跟踪监督撤村改制后续工作，了解城中村和“三旧”改造工作情况，推动解决新塘併民组织历史遗留问题；关注龙洞公园一期续建工程、基督教天河堂建设等项目推进情况；深入走访侨资企业，督促区政府及有关部门为企业发展创造良好条件；视察75中新疆班筹备情况和亚运期间清真饮食定点接待酒店经营状况；积极支持筹建澳门广州天河区同乡联谊会。

四、认真履行职责，依法行使重大事项讨论决定和人事任免权

讨论、决定本行政区域内各方面工作的重大事项，是宪法和法律赋予各级人大及其常委会的重要职责和法定职权。本着对党的事业和全区人民高度负责的精神，常委会积极开展调研，制定了《讨论决定重大事项若干规定》，为依法行使重大事项讨论决定权作出了规范，促进我区重大事项决策科学化、民主化、制度化。一年来，对区政府提请讨论决定的6件重大事项进行了认真研究，并依法作出决议、决定，包括将天河软件园高唐新建区内管委会名下的土地和物业划拨给高新集团、区财政超收收入使用方案、住房公积金调整方案、处理收购天诚广场遗留问题、盘活从化月亮城项目等重大事项。

坚持党管干部的原则和依法任免相统一，规范和完善任免程序，严格依照法律程序把好人事任免关，共任免国家机关干部61人次、任免人民陪审员34人次。

五、坚持依法治理，努力创建法治天河

常委会认真贯彻依法治国方略，加大法律监督力度，推进依法行政、公正司法，努力营造民主法制环境。

积极开展执法检查。组成检查组对区法院贯彻实施《中华人民共和国民事诉讼法》有关执行规

定的情况开展执法检查，现场观摩部分执行案件的执行过程。针对存在的困难和问题，提出了强化队伍建设，完善案件流程管理，健全特殊群体案件执行机制等意见和建议，督促区法院加大执行力度，努力解决“执行难”。通过实地查看、走访调查和召开座谈会等方式对我区贯彻实施《广东省人口与计划生育条例》情况开展执法检查。

积极推进依法行政。为深入贯彻国务院《依法行政实施纲要》，提高我区依法行政水平，专门听取和审议了区政府关于推进依法行政工作情况的报告，督促区政府加强领导，不断提高依法决策、依法行政、依法管理的能力和水平；继续深化行政审批制度改革，加快行政职能转变；建立行政执法专项联席会议制度，加强各行政执法部门之间、行政执法部门与街道之间的协调配合；完善行政执法年度考评机制，加强法制教育培训等。

积极开展司法监督。听取和审议区“两院”2010年上半年工作情况的报告，督促“两院”强化大局意识，充分发挥审判、检察职能，大力清理积案，提高司法公信力。听取区检察院关于2008年以来民事行政检察工作情况的报告，要求区检察院立足检察职能，加强队伍建设，全面推行“办案一体化”工作机制，不断提高办案效率和质量。

切实加强规范性文件备案审查。严格依照规定，切实加强规范性文件的审查和备案工作，对区政府报送的《关于加强天河区危险化学品安全管理的通告》、《依法行政工作报告制度》等8项规范性文件进行合法性审查备案。组织召开座谈会，广泛征求社会各界对刑法修正案、人民调解法等法律草案的修改意见。

圆满完成依法治区“四五”规划和“五五”普法规划检查验收工作。认真贯彻落实区委关于开展法治天河创建活动的实施意见，以创建样板单位和示范单位为重点，扎实推进“四五”依法治区工作。积极开展“法治天河宣传教育周”活动，推动机关干部和社区居民学法、守法、用法。顺利通过广州市依法治市领导小组对我区依法治区“四五”规划和“五五”普法规划的检查验收工作。

六、创新代表工作，充分发挥代表作用

常委会以健全代表活动制度为依托，以服务好代表履职为支撑，不断改进代表工作的内容和方式，充分发挥代表作用。

认真做好市、区两级人大代表培训和组织服务工作。为代表订阅《人民代表报》、《中国人大》等报刊；组织区人大代表学习新《选举法》等法律法规；安排11名市人大代表参加北京大学和清华大学专题学习班。加强代表联络，进一步规范区人大代表街道工作室制度，指导代表联组开展活动，制订实施年度慰问代表方案，及时反映代表的意见和建议，积极为代表解决一些实际困难和问题。

积极组织市人大代表开展集中视察活动。积极开展“迎亚运活动日”视察活动，组织市人大代表天河区联组集中视察天河体育中心场馆建设、六运小区环境综合整治、开闭幕式场地周边道路升级改造和临江大道绿道建设情况。组织市人大代表天河区联组开展例会前集中视察活动，听取了区政府关于在我区东北部建设“天河智慧城”的有关设想以及迎亚运环境综合整治、基层社区建设、森林公园建设等情况汇报，并在市、区有关职能部门的陪同下实地视察了车陂涌、珠江新城新中轴线、亚运场馆和广氮社区等，围绕人民群众关注的热点难点问题展开讨论，对区政府提出的关于创新珠江新城管理机制、加快推进“天河智慧城”建设等需要市政府协调解决的问题进行了分工，在市十三届人大六次会议上提出议案、建议推动解决。其中，经过市、区人大、政府多次沟通，“天河智慧城”已纳入广州市“十二五”规划。

切实加大代表议案、建议督办力度。区七届人大五次会议期间，共收到代表议案原案15件，代表建议47件。经大会主席团审议，决定将杨锦兴等33名代表提出的《关于加快推进天河区村（镇）改制公司“三旧”改造工作的议案》确定为大会议案，另有两件议案原案转作重点建议办理。会后，常委会及相关工委与区政府及有关部门保持了密切联系和沟通，多次组织召开议案建议办理工作协调会，听取和审议区政府议案办理工作方案，切实加强跟踪督办，努力提高代表议案、建议落实率和满意度。

积极组织代表参与监督。组织部分市、区两级人大代表视察区检察院反渎职侵权工作，就加强检察监督、预防腐败等问题提出了意见和建议；组

织部分区人大代表到区法院参与案件调解活动，就进一步改进法院调解工作，维护社会和谐稳定提出了意见和建议。

此外，常委会顺利补选了2名市人大代表，另行选举1名区人大代表，表决罢免1名市人大代表职务，组织12名市人大代表作履职报告。

七、加强自身建设，不断提高履职能力

常委会不断适应形势发展要求，切实加强自身建设，规范监督工作，转变工作作风，努力提高履职能力和水平。

创先争优，机关建设迈上新台阶。常委会努力推动“学习型”机关建设，以创建先进党组织、争当优秀共产党员为主要内容，明确职责、落实责任，坚持以制度约束人、规范事，进一步规范了文字、会务、督查、信访、接待、档案等工作。“创文”期间，专门召开迎国检动员大会，组织机关干部职工积极参与文明交通志愿服务行动。圆满完成亚运期间承担的安全保障和后勤服务志愿者工作，部分工作人员还派驻场馆直接参与赛事组织和团队运行。

规范程序，全面落实监督公开。围绕区委中心工作和人民群众反映强烈的热点难点问题，研究确定常委会监督议题。进一步梳理、修订、完善工作制度，提高常委会审议质量。严格落实监督公开原则，充分利用新闻媒体和人大机关网站，宣传报道常委会会议、代表视察调研、执法检查等重要活动情况，及时公布各类报告、决议决定和审议意见，提高监督公开性和透明度。

强化责任，加强和改进信息工作。常委会办公室召开信息工作会议，制定了《关于进一步加强信息工作的若干意见（试行）》。进一步完善日常管理制度，继续办好人大机关信息网站，加强对外宣传。一年来，在各类媒体发表人大工作信息稿件165篇，及时反映常委会和市、区两级人大代表开展工作的情况和风采。

深入调研，切实改进工作作风。围绕监督议题，常委会经常组织市、区两级人大代表深入基层、深入群众，广泛开展调查研究，形成了《新形势下加强代表工作》、《我区区属医院发展状况》等一批有深度、有价值的调研报告，为增强监督实效打下了基础。积极参加全国和省、市人大组织的有关会议，交流、借鉴工作经验。加强人大制度理论研究，促进人大工作创新发展。

此外，常委会积极落实扶贫开发“规划到户、责任到人”的任务要求，研究部署对口帮扶措施，组织干部职工考察扶贫援建项目、走访慰问贫困户，发动市、区两级人大代表积极捐资捐物，共同参与对口扶贫工作。

各位代表，过去的一年，区人大常委会始终坚持党的领导，时刻牢记人民的重托，切实履行职责，各项工作取得了较好成绩。但必须清醒地看到，我们的工作与新形势、新任务的要求相比，仍然存在一些差距，比如：监督方式有待改进，监督效果有待增强，代表议案建议督办力度有待加强等。在今后的工作中，我们将切实采取措施，认真加以改进。

2011年工作要点

2011年是实施“十二五”规划的开局之年，也是新《选举法》实施后首次市、区两级人大同步换届选举之年。面对新形势、新任务、新要求，区人大常委会将紧紧围绕全区工作大局依法行使职权，着力增强监督实效，推动区委重大决策部署贯彻落实，为天河加快国际大都市中心区建设作出新的更大贡献。2011年区人大常委会的主要工作包括：

一、围绕大局，努力增强监督实效

围绕区委工作部署，抓住关系我区改革发展稳定大局的重大问题和涉及人民群众切身利益、社会普遍关注的热点难点问题，确定监督议题，加大监督力度，提高监督实效。

以科学发展为主题，以加快转变经济发展方式为主线，充分发挥人大及其常委会作为民意机关的作用，组织人大代表深入调查研究我区后亚运时期经济社会发展面临的挑战与机遇，广泛征集意见和建议，为区委决策提供参考。利用市人大代表层次高、影响面广等优势，积极争取上级支持，凝聚全区人民的智慧和力量，切实推进“天河智慧城”规划建设和“三旧”改造等工作，不断巩固和提升亚运后的城市管理水平。

以提高监督实效为目标，在采用听取和审议

专项工作报告、开展执法检查、组织代表视察调研、进行规范性文件备案审查等监督方式的基础上，积极探索开展对专项工作报告评议、满意度测评，对代表多次反映需要解决、能解决而又没有解决的问题开展询问或质询等刚性监督手段，切实增强监督工作的有效性和针对性，督促和支持“一府两院”按区委部署加强和改进工作，严格落实人民代表大会相关决议、决定，解决人民群众最关心、最直接、最现实的民生热点问题，切实增强人民群众幸福感，努力打造“幸福天河”。常委会将听取和审议区政府关于“天河智慧城”建设进展情况、依法行政工作情况、社区卫生服务中心建设情况、“三旧”改造工作进展情况等4个专项工作报告；组织开展《广州市城市管理综合执法条例》的执法检查；听取区政府关于我区文化设施建设和使用情况、珠江新城中央商务区管理服务情况、社区环境绿化建设情况、基层组织换届选举工作情况和区公安分局关于立案、侦查工作情况等报告；跟踪监督河涌整治、绿道建设和管理、“房中房”整治、区属医院发展状况、解决村办中小学校产权、加强中小学校舍安全、民办教育发展等工作；继续关注宗教活动场所建设情况和华侨、民族、宗教、外事工作。

切实加强对计划执行、财政预决算、超收收入使用和重大财政投资项目的审查监督工作，推进财政支出绩效评价，提高财政资金使用效益。切实加强法律监督，维护司法公正，继续组织人大代表旁听庭审，认真处理涉法涉诉信访。认真制定并启动依法治区“五五”规划和“六五”普法规划，推动法治天河创建活动深入开展。进一步做好规范性文件备案审查工作。进一步规范工作程序，重点加强常委会审议意见落实情况的跟踪监督。

二、精心筹备，确保换届选举工作顺利完成

新《选举法》颁布实施后的换届选举工作，面临新的要求，法律性和政策性强、任务重、责任大、涉及面广、时间跨度长，是常委会工作的重中之重，必须早谋划、早部署、早安排，为换届选举创造条件、打好基础。一是加强培训，营造氛围，切实做好宣传普及；二是深入调研，超前谋划，认真做好选举前的准备工作；三是积极筹备，未雨绸缪，及时研究新情况、解决新问题。

三、加强服务，继续做好代表工作

深入贯彻代表法，创新代表活动方式，认真做好闭会期间市、区人大代表活动的组织服务工作，为代表依法履职创造条件。积极组织代表参加专项监督、执法检查和视察调研活动，邀请代表列席常委会会议，扩大代表参与度，保障代表知情权。加强代表培训，延伸培训范围，深化培训内容。加强和完善人大代表街道工作室工作，宣传、推广优秀工作室的成功做法和经验。进一步完善代表议案、建议信息系统，加大代表议案、建议跟踪督办力度。进一步拓宽代表联系渠道，加强与代表的沟通和交流。

四、依法办事，认真行使法定职权

坚持加强党的领导和人大及其常委会依法行使职权、人民当家作主的统一，认真落实区人大常委会《讨论决定重大事项若干规定》，规范程序。坚持党管干部与依法任免相统一的原则，认真做好人事任免工作。探索依法开展工作评议的具体做法，加强对人大及其常委会选举和任命的干部的监督。

五、求真务实，不断加强自身建设

切实加强常委会及其机关的思想建设、作风建设和队伍建设，不断提高履职能力。切实加强制度建设，提高人大机关运作效能，促进工作制度化、规范化和程序化。切实改进会风，努力提高常委会会议审议质量。切实加强和改进信息工作，加强新闻宣传和理论研究，开创我区人大工作新局面。

各位代表，“十二五”是一个历史新时期的开始，任务艰巨，使命光荣。让我们在新的起跑线上，深入贯彻落实科学发展观，围绕全区工作重点，解放思想，求真务实，开拓进取，为建设幸福天河而努力奋斗！

政府工作报告

——2010年3月2日在广州市天河区第七届人民代表大会第六次会议上

广州市天河区人民政府区长　徐汉添

各位代表：

我代表天河区人民政府向大会作政府工作报告，请予审议，并请政协委员和其他列席同志提出意见。

一、“十一五”期间和2010年工作回顾

“十一五”期间，区政府在市委、市政府和区委的正确领导下，坚持以科学发展观为统领，调结构、转方式、促发展，全面完成各项规划目标任务，城区经济实力明显增强，产业结构明显优化，财税收入明显增长，地区生产总值、国地税总收入、一般预算收入年均增幅分别达到14.6%、17.6%和16.1%，现代服务业增加值实现翻番，第三产业GDP占比快速提升，人均GDP达到2.28万美元。经济实力增强为完成迎亚运各项工作任务提供了坚实保障，也有力促进了城区环境面貌持续优化、民生福祉持续提升和社会各项事业全面发展，广大群众普遍受惠，国家中心城市中心区地位显著提升，天河进入了加快科学发展新阶段。

2010年，区政府围绕落实转变经济发展方式和办好亚运会两大核心任务，主要做了以下三个方面的工作：

（一）大力促发展，经济实力持续增强。

敏锐把握经济发展动态，及时调整经济工作重心，强力推进高端产业快速发展，经济总量和发展质量同步提升，地区生产总值、社会消费品零售总额、全社会固定资产投资总额、城市居民人均可支配收入、农村居民人均纯收入等“五项指标”均排在全市各区（县级市）的第一位。

1、走高端道路，推动产业结构升级。加强政策引导，投入2343万元奖励总部经济和高端服务业企业，为相关企业争取各类扶持资金9085万元。突出抓好高端载体建设和高端项目服务，珠江新城总计450万平方米的高端写字楼相继投入使用，入驻中外金融机构45家；天河软件园高唐新建区东部孵化器一期工程等重点工程相继完工，软件园企业数量、软件收入和软件产品等指标约占广州市的6成以上，高端产业集约集群发展。现代商贸业、专业服务业、文化创意产业和科技服务业等高端服务业营收总额均达到20%以上的增速，现代服务业增加值达1160.69亿元，第三产业对GDP增长贡献率达87.5%。

2、走创新之路，推动生产方式转变。以建设科技创新体系为核心，支持企业与高校科研机构联合开展专项技术研究，已建成市级以上工程技术中心40家，占全市的23%。完善自主创新支撑服务体系，建成广州天河科技资源共享综合服务中心一站式服务平台，形成244家各类科技服务机构群体，技术市场交易额达到18.9亿元。落实高新技术企业重新认定、企业研发经费税前扣除等政策，推进广东省知识产权试点区建设，全区新增省、市自主创新产品分别达22项、18项，年专利申请量达5045件。扎实推进清洁生产，完成市下达节能降耗目标任务，经济增长方式更趋低碳化，顺利通过国家可持续发展实验区终期评估验收。

3、走务实之路，扩大总量领先优势。精心编制“十二五”规划，建立百项重点建设项目库，为“十二五”时期的发展奠定坚实基础。加强调查研究，深入企业听取意见和建议，完善政策措施，优化服务环境，助力企业发展。发挥亚运工程等重点项目带动作用，全年完成固定资产投资679.14亿元，同比增长22.0%。充分利用国家拉动内需政策和亚运聚焦效应带动消费增长，全年实现商品销售总额7145.66亿元，同比增长31.3%。全年地区生产总值达到1832.60亿元，同比增长13.0%，税收收入

和一般预算收入分别达296.16亿元和38.14亿元，同比均增长21.1%，领先优势进一步扩大。

（二）共襄亚运会，保障“两个亚运”精彩举办。

举全区之力推动“到2010年一大变”工作和亚运赛时运行保障，为“两个亚运”的圆满成功作出重要贡献。

1、大干促大变，以崭新的城市客厅形象迎接亚运会和亚残运会的胜利召开。抓好43项人居环境综合整治工程，改造道路24.53公里、社区71个，整治楼宇2395栋，实施光亮工程547栋，拆除违法建设1460宗，做好景观绿化美化工作，超额完成绿道建设任务。推进水环境综合整治，完成5条河涌整治工程、32项城市排涝达标和雨污分流改造工程，有效改善水系质量和沿线景观。同时深入推进大气环境、交通环境和无障碍设施综合整治工作，为亚运会的成功举办创造了良好的城区环境。

2、精细促精彩，以良好的城区秩序保障了重大活动和赛事的顺利运行。我区承担了全部4场开闭幕式、746场亚运会赛事和413场亚残运会赛事的外围保障工作，任务极为繁重。我们坚持统一指挥，精细管理，制定并落实约100万字的各类工作方案、预案和流程。按照亚运安保和外围保障一体化运作的思路，重兵打造全方位立体防控体系，实现了平安亚运。做好市政通讯、环境保洁、城市管理、交通管理、医疗卫生保障、亮灯工程、焰火燃放等服务保障工作，高效保障赛时运行秩序和“两个亚运”开闭幕式的圆满成功。发动志愿者近5万人，组织文明观众27万人次观看了辖内赛事，营造了良好的观赛氛围。

3、监管促廉洁，以强有力措施落实“廉洁办亚运”工作要求。完善监督机制，出台并实施《天河区财政投资建设项目预算控制管理办法》等系列文件，强化对工程建设投资预算、招投标、资金拨付等重点环节的监督。实行工程建设领域项目信息网上公开制度，把廉政建设纳入工程建设常态管理。成立监察审计小组，加强对亚运工程建设和物资与服务采购等重点领域监管。深入开展专项治理，抓好涉亚资金监督审计工作，审计资金8.59亿元，确保质量、资金、干部“三个安全”。

（三）创造新生活，民生福祉整体提升。

全年安排民生和公共事业支出32.65亿元，占全区一般预算支出的85.0%，突出办好八件民生实事。

1、推动公共服务均等化。加快实施医药卫生体制改革，推行社区卫生服务网格化管理，完善医疗卫生服务网络，完成47个社区卫生服务中心（站）的规划设置任务。全面提升教学质量，高考第一批本科重点上线率首次位居市属各区之首，率先通过义务教育规范化学校终期督导，率先建成广东省推进教育现代化先进区。加大社区体育设施建设力度，辖内人均体育场地面积达到5平方米。

2、完善就业和社会保障体系。统筹开展各种就业援助活动，促进创业带动就业和充分就业社区创建工作，全区城镇登记失业人员就业率达71.5%。扩大社会保险覆盖面，全区核拨社会保险金9.1亿元，全区参加居民医疗保险人数达35.4万人，同比增长89.3%。

3、加强文化建设。推进基层公共文化设施建设，完善三级文化信息资源网络传输系统，推进文化信息资源共享工程基层服务点建设。积极开展群众文化活动，在“九艺节”中荣获两个全国奖项，“乞巧文化节”等文化品牌得到提升。扎实推进创建全国文明城市工作，深入开展“迎亚运、讲文明、树新风、促和谐”等主题实践活动，公民文明素质和社会文明程度明显提升。

4、不断加强社会治安综合治理。坚持完善“大治安”工作格局，构建社会面巡逻防控、社区防控、视频监控和重点目标防控网络，推进社会矛盾纠纷排查化解，完善出租屋网格化管理及流动人员分类管理措施，提高协调解决信访问题的综合效能，着力创造和谐稳定的社会环境，全年刑事立案数同比下降11.3%。加强应急管理，妥善处置“10·5”华景新城火灾事件和暴雨抢险救灾工作，及时恢复群众正常生产生活秩序。全面强化安全生产监管，切实维护安全生产稳定局面。

5、全力维护市场秩序。突出抓好无证照经营、食品生产源头专项整治，在重点区域及亚运场馆周边打造66个“产品质量和食品安全双基工作样板街区”及亮照经营示范街区。扎实开展打假、打私和“扫黄打非”工作，突出抓好货运市场卷烟打假专项行动和卷烟市场清理整顿“百日行动”，全区共查处案件667宗。

6、切实加强价格稳控工作。开展价格监测和地毯式巡查，规范市场明码标价行为，认真清理和严格规范各种收费、罚款项目，加强对教育、医疗、机动车停放保管、住宅小区物业服务等收费项目检查与监管，积极维护价格秩序。同时，调高低保救助标准，保障困难群众生活。

7、城中村改造首战告捷。猎德村成功实现整体改造，完成桥东安置区37栋高层建筑建设并交付村民回迁居住。猎德村改造工作创造了新的城市更新改造模式，显著改善了城市环境和村民、居民生活条件，为广州亚运的成功做出了重要贡献，得到李长春、周永康等中央领导及省、市的高度肯定。冼村、林和村、新塘村的整体改造和旧城、旧厂改造有序推进。

8、全面提升行政效能。扎实推进依法行政，坚持向区人大常委会报告工作和向政协通报工作制度，支持人大代表和政协委员履行职能，办理人大代表议案、建议和政协提案共计130件。围绕深化服务促发展，认真开展民主评议政风行风及“回头看”检查活动。开展行政审批制度改革。建立健全绩效考评和行政问责制度，进一步完善公共服务监管体系，加强对事关群众利益的窗口单位、执纪执法部门的电子监察和明查暗访，全年在线监察行政审批业务及时办结率达99.71%。

同时，人民武装、人防、侨务外事、民族、宗教、对台、保密、优抚、双拥、人口、计生、统计、档案、方志、妇女儿童、残疾人事业和扶贫“双到”等工作也取得新的进展。

总的来看，去年区政府的工作取得了一定的成绩，但在高新技术产业发展、第三产业内部结构优化、区域文化品牌建设、城区综合承载能力和城市管理机制等方面都还存在不足的地方，这些问题我们将在今后的工作中认真加以解决。

二、“十二五”时期的总体发展目标和2011年工作安排

“十二五”时期，是天河全面贯彻落实科学发展观，加快转变经济发展方式，在广州全面建设国家中心城市进程中向国际化大都市中心区总体发展目标继续迈进的关键时期。“十二五”时期，天河区总体发展目标是：经济发展方式率先转变，宜业宜居环境持续改善，人民生活幸福感显著增强，继续在广州建设国家中心城市进程中保持领先地位，建设成为智慧广州、低碳广州、幸福广州的示范区。

今年是实施“十二五”规划的开局之年，也是实现后亚运时期天河科学发展新跨越的关键之年。今年政府工作的总体要求是：坚持以科学发展观为统领，贯彻落实中央、省、市和区委的各项工作部署，以加快转变经济发展方式为主线，围绕打造“国际商贸中心核心区、世界文化名城中心区、智慧广州先行区、花园城市样板区、幸福广州示范区”，扎实推动产业高端发展、发展载体升级、文化实力提升、城区环境优化和幸福天河建设，实现我区“十二五”规划良好开局，努力推动后亚运时期天河跨越式大发展，争当“率先加快转型升级、建设幸福广州”的排头兵。

全年经济发展的主要预期目标是：地区生产总值增长12%，区级财政一般预算收入增幅与经济增长相适应。

（一）以打造“国际商贸中心核心区”为目标，努力提升经济发展的质量和效益。

发挥我区在区位、产业、环境和配套上的优势，深入推进产业高端发展战略，促进高端要素集聚。积极推荐辖内重点项目列入国家、省、市规划计划，争取上级资金、政策扶持，打造行业领军企业，提升总部经济能级。发挥天河中央商务区管委会作用，借鉴世界一流CBD管理理念和服务手段，加快建立CBD政策体系，精心策划CBD整体营销宣传工作，吸引更多金融企业和旗舰型企业总部、高端项目与人才，打造华南地区集聚高端企业总部和建设区域金融中心的核心载体。坚持及早谋划，高标准推动员村地区整体规划和建设，为天河中央商务区扩容升级和功能优化奠定基础。推进奥林匹克体育中心周边地区建设与发展，打造以文化体育产业为主要特色的城市功能区。贴身做好大型商场的跟踪服务，不断提升天河核心商圈集散人流、物流、资金流的能力。积极培育和发展新的税源，加大税收征管和协税护税力度，确保我区财政收入稳步增长。

（二）以打造“智慧广州先行区”为目标，突出推进天河智慧城建设。

实施高标准规划设计、高起点示范推进策略，加快推进东北部基础设施建设，完善市政路网、轨道交通和水电气等市政配套设施。以天河软件园高唐新建区为核心载体，全面整合科技创新、文化休闲和生态旅游等资源，加快推进总投资额超300亿元的37个智慧型龙头项目，促进智本产业、绿色产业集群发展。加快实施“天云计划”，落实广州市首个互联网产业园投入使用，率先启动建设国际领先、国内一流的“智慧广州体验示范基地”。强化五山高教科研组团创新源和高唐、新塘组团创新产业区联系，大力发展新一代信息技术产业，推动形成智慧产业链条。创新服务体系和投融资方式，吸引金融资本聚集，加快构建创新资本与创新产业紧密结合、互为动力的发展新格局。深化拓展天河智慧城建设内涵，统筹推进交通智能管理改造、城市管理信息系统等智能公共项目建设。加快推进智慧社区建设，创造智慧乐居的新型生活模式。

（三）以打造“世界文化名城中心区”为目标，全面提升城区文化品位和文化软实力。

树立大文化观念，突出现代都市文化特色，完善公共文化服务体系，实施文化惠民工程，发展文化创意产业，加强文化市场监管，提升城区文化的影响力和辐射力。突出打造“亚运文化”、“商都文化”、“民俗文化”、“群众文化”四大文化品牌，推进天河文化艺术中心等文化基础设施建设，形成文化品牌与文化民生并重的工作格局。深入开展全民健身活动，引导健康阳光的生活方式。加快普及学前教育和高中阶段教育，鼓励并支持国家级示范高中创建工作，推动基础教育优质均衡发展，全方位提升全区教育现代化水平。扎实推进新一轮创建全国文明城市工作，以文明礼仪、公共秩序为重点加强社区公共文明建设，不断提升群众文明素质。以加强对口平远、正果的帮扶工作为重点，提升共享互助的城区文化精神。发挥先进文化对经济社会发展的引领功能，推动城区可持续发展。

（四）以打造“花园城市样板区”为目标，持续提升城区建设和城市管理水平。

坚持城区转型和生态文明有机统一，全面总结亚运工作经验，提升城市建设和管理水平，确保“大变”成果深入持久惠及广大市民。加快推进重大交通基础设施项目建设，积极打通龙怡路、濂泉北路等断头路，完善天河交通微循环系统。精心编制我区“三旧”改造项目的规划设计方案，加快推动冼村、林和、新塘旧村改造，不断改善人居环境和提高土地集约化利用水平。实行多层次、分区域网格化管理，明确点、线、面责任主体，以新中轴线、BRT、奥体中心周边等窗口地区为重点，严控“两违”，狠抓“六乱”整治，提升环卫保洁水平。加强污染物排放总量控制，严查环境违法行为，提高区域环境日常监管能力和环境污染应急处置能力；升级水务信息化系统，加强河涌科学管养；高标准落实好230万平方米的城区绿化养护，持续改善城区环境面貌。

（五）以打造“幸福广州示范区”为目标，加强和创新城区社会管理。

强化社会治安综合治理，加强社会面防控，狠抓出租屋管理各项基础工作；健全社会应急管理体系，提高危机管理和抗风险能力；深入细致做好信访和社会矛盾纠纷化解工作，全面维护社会的和谐与稳定；扎实开展生产安全、消防安全工作，进一步完善监管网络，防范重特大安全事故和消防事故的发生，着力营造安全稳定的城区环境。全面落实促进就业优惠政策，加强区、街、社区三级公共就业服务网络建设；加强社保新政策出台的衔接及实施工作，不断提高社会保障水平；健全完善社会救助体系，逐步实现社会救助工作组织网络化、管理法制化、保障规范化，不断扩大社会救助覆盖面；扎实推进天河职中渔沙坦校区等公共服务基础设施建设；有序推进医药卫生体制改革，落实基本药物制度，进一步加强社区卫生服务软硬件建设，不断完善公共卫生服务体系，着力提高居民幸福指数。积极推进社会管理体制改革，完善社会工作制度体系和工作机制，有序发展社会组织，积极发展基层民主，扎实推进社区居委会和村改制公司换届选举各项工作，加强人口计生基层基础工作，全面推动幸福社区建设。

（六）发扬“敢想会干为人民”的广州亚运精神，不断增强政府执行力。

坚持依法行政，自觉接受人大法律监督和政协民主监督，广泛听取人大、政协、民主党派、无党派人士和人民团体的意见，规范行政行为，强化对行政权力的制约和监督。坚持从实际出发，提高各项工作的针对性、实效性和预见性，创造性地开展好工作。精心组织实施简政强区事权改革工作，加快转变职能、理顺关系、优化机制。扎实推进机关效能建设，切实增强制度意识、执行意识、服务意识，做到勤政、为民、务实、清廉。以居民认可度和满意度为标准，切实提高工作成效，增强政府执行力。

各位代表，精彩绝伦的亚运会把天河推上崭新的历史舞台和建设国家中心城市中心区的新征程。让我们在市委、市政府和区委的坚强领导下，继往开来，奋发进取，为全区人民更加幸福、更有尊严的新生活而努力奋斗！

中国人民政治协商会议

第六届广州市天河区委员会常务委员会第六次会议工作报告

——2011年3月8日在政协第六届天河区委员会第六次会议上

政协广州市天河区委员会主席　杨南聪

各位委员：

我代表政协第六届广州市天河区委员会常务委员会，向大会报告工作，请予审议。

2010年工作回顾

2010年，区政协以邓小平理论和“三个代表”重要思想为指导，深入贯彻落实科学发展观，紧紧围绕区委、区政府打好“转变经济发展方式、迎亚运”两场硬仗等中心工作，以积极开展创先争优活动为载体，充分发挥人民政协“人才库”和“智力库”优势，认真履行政协职能，强化委员履职管理，大力加强自身建设，为推动天河国际大都市中心区建设做出了新贡献。

一、加强理论学习，谋划政协工作新思路

通过党组中心组理论学习、主席会议、常委会议、主任会议等多种方式，认真学习党的十七大、十七届四中全会精神、科学发展观理论以及中央、省、市有关会议精神，学习胡锦涛同志在庆祝人民政协成立60周年大会上的讲话，学习《中共中央关于加强人民政协工作的意见》和区委七届八次、七届九次全会精神，学习亚运会的有关知识，深入了解人民政协工作的新形势新任务，准确把握中共中央对加强人民政协工作的新要求，增强开创政协工作新局面的责任感和使命感。

通过各种方式强化全区政协委员理论学习，切实把握好区委、区政府全年工作的中心任务和工作大局，找准政协工作的着力点，紧紧围绕打好“转变经济发展方式、迎亚运”两场硬仗切实履行政协职能的工作新思路，推动人民政协事业向前发展。

二、切实履行职能，推动政协工作新发展

一年来，区政协以抓落实为主线，积极探索履行职能新举措，着力提高履行职能新水平，不断取得新的成效。

（一）围绕中心开展政治协商。召开区政协六届五次全会，通过大会发言、委员座谈等形式，围绕全区的大政方针和政治、经济、文化、社会生活中的重大问题进行协商议政；圆满完成会议各项议程，征集提案61件；全年共征集提案101件，立案72件。认真贯彻《广东省政协提案办理工作规程（试行）》，首次在区政协常委会议上举行仪式，向区政府交办提案。截止到2010年11月，所有提案已全部办复。从委员对提案办理情况的反馈意见看，表示满意或基本满意的占95%以上。召开4次常委会议、4次主席会议、3次中心组会议，就事关全区大局或人民群众关注的重要议题开展集中协商、重点协商和专题协商，强调要贯彻区委七届九

次全会精神，以认真履职的实际行动落实全会精神，为我区“迎亚运、促发展”各项工作做出贡献。围绕民主政治建设，通过认真调研，多次召开座谈会，充分听取党委、政府和有关单位及统战部门的意见，协助区委制定《中共广州市天河区委政治协商规程（试行）》，明确政治协商的主要内容、主要形式和主要程序，推进我区政治协商工作制度化、规范化、程序化建设。

（二）突出重点推进民主监督。贯彻落实我区加快转变经济发展方式，实施产业高端发展战略，在认真开展调研、扎实组织协商建言的基础上，完成《实施高端发展战略，促进产业转型升级》调研报告，并在市政协组织的“建言‘十二五’发展大计，建设国家中心城市”座谈会上进行专题发言。组织委员参加区发改局举办的《广州市天河区国民经济和社会发展第十二个五年规划纲要（2011～2015）》征求意见会，结合区情纷纷发表中肯的意见。围绕“建立基层工作者合理的工资增长机制”和“加强天河区现代服务业领域节能降耗工作”开展专题调研，调查了解我区基层工作者工资增长情况和我区现代服务业领域节能降耗现状，考察学习外地先进经验和好的做法，探索建立基层工作者合理的工资增长机制；探讨我区服务型经济为主的城区推进低碳、节能降耗，实施服务业生态化战略的新举措和新思路。召开常委会议听取“一府两院”上半年工作情况通报，听取区政府通报“迎亚运”环境整治工作进展情况并实地视察六运小区整治示范点、棠下涌黄埔大道节点、三涌补水工程等，并就如何进一步完善“迎亚运”环境整治工作积极提出意见和建议。组织委员积极参加区国税局、地税局的政风行风民主评议。

（三）服务大局积极参政议政。围绕如何服务后亚运时期天河经济社会发展这个中心，邀请市政协林元和主席和教科文卫体委员对天河软件园开展专题视察，对我区建设“天河智慧城”的目标积极建言献策。区政协领导班子带队就“关于规范幼儿园管理的若干建议”、“尽快把我区成片开发住宅小区配套幼儿园的产权移交问题解决好”、“关于设立天河区民办基础教育专项发展基金的建议”等三个专题提案集中听取办理情况汇报，并现场视察，深入了解学校管理中存在的困难和问题，提出意见和建议。对我区开展外来农民工培训工作进行视察，听取相关情况汇报，并就如何进一步开展好我区外来农民工培训工作提出建设性的意见。组织召开区属各民主党派、工商联和人民团体负责人座谈会，通报2010年区政协工作情况以及2011年工作设想，充分听取区属各民主党派、工商联和人民团体对后亚运时期更好服务天河大局的设想、意见和建议。鼓励和发动广大政协委员为推动天河发展参政议政，对热心公共事业发展，支持家乡经济建设，积极扶贫救济的政协委员，区政协领导上门拜访表示赞扬。

（四）开阔思路踊跃议政建言。区委刘悦伦书记上任不久就专门莅临区政协，与区政协领导共商区是；并先后参加区政协“贺中秋、庆国庆、迎亚运”茶话会、民主党派负责人座谈会以及新春茶话会，与广大政协委员交流看法，沟通感情，听取意见和建议，围绕如何发挥后亚运效应加快天河社会经济发展，广泛问计于政协委员。区政协领导和政协委员结合区委、区政府新的中心工作，发挥优势，突显特色，开阔思路，就加强中央商务区整体营销、建设天河智慧城、提升自主创新能力、突出城市管理、落实重点项目建设等重点工作踊跃建言，为明确后亚运时期天河科学发展思路提供了有力参考。

三、积极参与亚运，促进两个亚运同精彩

一年来，区政协紧扣“迎亚运”中心工作，充分发挥政协独特优势，服务亚运、体验亚运、参与亚运、保障亚运。

（一）精心开展专题视察活动。由区政协主席亲自带队开展《关于加强传染病防控工作，确保亚运会卫生安全的建议》重点提案视察活动，现场观摩区疾控中心疾病防控应急演示，视察广东奥林匹克游泳跳水馆等亚运重点场馆，有力推动了我区亚运公共卫生安全保障工作。组织开展亚运安保工作视察活动，听取我区有关亚运安保工作的情况通报，并实地考察花城广场、海心沙等亚运重要场所安保工作，鼓励我区亚运安保队伍再接再厉，确保打赢亚运安保攻坚战。组织委员对“关于对清理乱贴乱涂非法行为的建议”开展提案办理“回头看”视察工作，进一步加大对提案办理的跟踪、督办力度。各专委会组织委员听取区政府对口部门通报

"迎亚运、创文明"工作情况，开展专题视察，积极为亚运议政建言。

（二）全力参与亚运保障工作。召开以"全力以赴迎亚运"为主题的中心组理论学习会，强调在亚运冲刺阶段要紧紧围绕"迎亚运"中心任务，突出政协独特优势，充分发挥政协作用。领导班子成员参与牵头负责督办"迎亚运"重点项目，并先后选派6名骨干力量分别参加区"迎亚运"重点工作项目组和督查组。区政协主席率区政协委员和机关代表参加市政协举办的"迎亚运讲文明树新风"城市文明志愿服务全民行动启动仪式。组织近百名政协委员和政协机关干部作为志愿者积极参加亚运安保、外宾接待、人员接送、文明观众及城市清洁工作，圆满完成各项工作任务。5名政协委员先后担当亚运会、亚残运会火炬手，表达支持和配合，传递友谊和信心。

（三）积极营造良好社会氛围。面向全区政协参加单位、政协委员和政协工作者发出"积极参加亚运志愿服务活动"倡议书，组织委员参加广州市亚组委举办的"澳穗携手迎亚运，倒数百日汇濠江"系列活动启动仪式，极大激发政协委员认知亚运、参与亚运的热情，营造了政协委员服务亚运、奉献亚运的良好社会氛围。与区文广新局联合主办、由广州文理一堂艺术有限公司承办2010年天河区"迎亚运·和谐天河"书画艺术展，和市美协中国画艺委会、棠下街道办事处联合举办"清风香墨拂棠下，文明和谐迎亚运"廉政文化书法、美术、摄影作品展，组织政协委员和辖区艺术骨干精心创作，体现了"文化天河"和"运动天河"的深层内涵以及艺术家们为亚运欢呼喝彩的喜悦情怀。

四、突出发挥优势，取得自身建设新进展

一年来，按照《中共中央关于加强人民政协工作的意见》和省委、市委、区委提出的着力构建"四位一体"自身建设新格局的要求，多措并举，强化管理，不断提升履职能力和水平。

（一）扎实做好经常性工作。引导广大政协委员加强与所在界别群众的联系，通过抓统筹、抓系列、抓特色，不断提升信息采编质量。全年共编报《政协简报》12期，受理各类社情民意反映12件，在区内外媒体刊发各类新闻、信息不重复累计共80多条，为区委、区政府准确把握社会舆情和妥善解决各种矛盾提供信息，为政协委员履行职能营造良好舆论氛围。落实《关于建立广州市天河区政协委员履职档案的暂行办法》，进一步完善政协委员个人信息建档和委员履行职能信息的登记，创造更多平台，营造良好氛围，充分发挥委员的主体作用。成功举办天河区"政协杯"第三届网球邀请赛和第六届高尔夫球"迎亚运·东泰杯"联谊赛，交流感情，增进友谊。组织政协委员参加第四届广州市"政协杯"系列赛并取得乒乓球团体赛亚军等较好成绩。

（二）强化政协机关建设。围绕区委确定的机关建设目标，积极开展创先争优和纪律教育学习月活动，认真落实党风廉政建设责任制，不断提升政协机关的服务力和执行力。进一步完善政协机关内部管理制度。在"创文"迎检期间，区政协领导亲自带队、机关干部各司其职，不间断巡查"创文"第一线，及时发现问题，及时协调解决。机关全体干部职工作为"创文"志愿者走上街头路口，冒烈日战酷暑，协助做好文明交通路口站岗工作，为我区"创文"迎检取得较好成绩做出了积极贡献。

（三）顺利推进扶贫开发工作。从2009年开始，区政协计划用3年时间确保对定点帮扶的平远县大柘镇凤池村80%以上被帮扶的贫困人口基本实现稳定脱贫，凤池村基本改变落后面貌。一年来，区政协制定扶贫开发工作实施方案，建立工作机构，明确机关干部帮扶责任，帮扶任务落实到个人。选派机关干部驻扎凤池村，分批次组织机关干部走乡入户，摸清情况，认真做好扶贫开发各项数据的电脑录入工作，并结合村、镇实际，制定帮扶计划。去年10月，区政协主席亲自带队走访贫困户，亲切看望驻村干部，与当地党政领导进行座谈，了解扶贫开发情况，决定由区政协协调出资修路和改善村委会办公条件，帮助所驻村形成可持续的造血功能，推动当地的经济社会科学发展。年前已顺利通过省里的年度考评、检查。

一年来，区政协各项工作取得了新的进展和成绩，这些成绩的取得是中共天河区委正确领导和区人大、区政府大力支持的结果，是区政协各参加单位、广大政协委员和社会各界共同努力的结果。在这里，我代表区政协常委会向大家表示衷心的感

谢！在看到成绩的同时，我们必须清醒看到存在的问题，主要是：委员充分发挥作用、履行职能的水平有待进一步提高，自身建设有待进一步加强，体制机制有待进一步完善。这需要在今后切实改进和解决。

2011年工作意见

2011年是我区实施“十二五”规划目标的开局之年，也是巩固扩大亚运效应进而在更高起点上实现天河科学发展新跨越的关键之年。区委七届十次全会明确了我区“十二五”时期的目标任务，并对我区今年工作作了具体部署，强调要围绕加快转型升级、建设幸福广州这条主线，充分发挥亚运后续积极效应，更加注重推动产业高端发展，更加注重优化城市环境，更加注重建设幸福天河，不断提高党建科学化水平，实现我区“十二五”规划良好开局。2011年，在中共天河区委的领导下，区政协将继续弘扬团结和民主两大主题，紧紧围绕区委七届十次全会提出的中心目标以及部署的中心工作，积极履行好政协职能，针对后亚运时期我区经济社会发展过程中出现的新问题新情况，献科学发展之良策，建改革创新之净言，努力推动后亚运时期天河实现跨越式大发展。

一、发挥优势建言献策，谋划天河科学发展大跨越

围绕“十二五”规划的编制和实施献计出力。充分发挥人民政协智库、纽带作用，突出人民政协接触面广、联系广泛的优势，在做好“十一五”政协工作总结的基础上，广泛组织区属各民主党派、人民团体、无党派人士和各界委员代表召开各种形式的座谈会，总结我区“十一五”经济社会发展规划好的做法和先进经验，对我区“十二五”经济社会发展规划的编制提出意见和建议。围绕“十二五”规划，紧密联系群众，多层次、多形式、多渠道做好宣传发动工作，凝聚人心，调动民智，形成共识，为区委、区政府科学决策营造良好社会氛围。

积极筹划“十二五”期间区政协自身的建设和发展。通过主席会议、常委会议、政协全会等形式，研究、制定“十二五”期间区政协自身建设的总体方向、长远目标和近期任务，分阶段组织实施。以落实《中共广州市天河区委政治协商规程（试行）》为切入点，推动政治协商的程序化建设；以拓展监督领域、强化监督实效为目标，推动民主监督的制度化建设；以扎实推进社会改革为宗旨，推动参政议政的科学化建设；以突出特色优势为重点，构建“四位一体”自身建设新格局。

二、围绕中心履行职能，推动天河开创发展新局面

围绕后亚运时期天河跨越式大发展认真履行职能。紧紧围绕区委七届十次全会提出的后亚运时期我区经济社会发展目标，继续发挥人民政协人才聚集、智力密集的优势，着重就构建中央商务区和天河智慧城为战略引擎的“双核”发展战略格局，认真组织专题调研和专题议政，努力为建设幸福天河凝心聚力，围绕关系人民群众的重大民生问题开展调查研究，问政于民、问计于民，提出富有建设性的意见和建议。继续完善“建立基层工作者合理的工资增长机制”和“加强天河区现代服务业领域节能降耗工作”专题调研课题，搭建沟通平台，借助多种渠道、采取多种形式了解民情、反映民意。协助区委、区政府落实好就业再就业、生活保障、基础教育、医疗卫生、服务业节能降耗等各项惠民措施，切实保障和改善民生，改善环境质量，维护社会稳定，为实现后亚运时期天河科学可持续发展贡献智慧和力量。

尽职尽责协助迎接“创文”大考。2011年，广州市将迎来创建国家文明城市的最后冲刺，这是继亚运盛会之后举全市之力必须做好的一项重要工作。区政协将紧紧围绕“创文”工作，组织相关专家学者委员积极开展专题调研和视察活动，为我区顺利通过“创文”大考出点子，想办法，谋举措。充分发挥广大委员主动性和积极性，协助做好入户调查、社会宣传、文明创建等工作，服从区委、区政府的统一安排，为“创文”冲刺成功做出贡献。

继续探索提案办理工作机制。把做好提案工作作为切实履行政协职能、提高履职效率的重要手段，进一步完善提案办理的各种流程，切实做到“四个提前”，即：提前选题、提前调研、提前把关、提前送达。继续完善提案交办、办理、督办、答复及考核制度、提案办理“回头看”制度和评选

表彰制度，推动提案工作的制度化、规范化和程序化。健全提案办理跟踪督促、信息反馈制度，加大对重点提案的跟踪办理力度，加强办理过程中的协商沟通，推动办理工作不断取得新进展。

三、着力加强自身建设，推进人民政协事业新发展

不断完善履行政协职能体制。建立健全政治协商机制，探索建立协商议题提出、协商意见形成、协商成果评估等规范性的程序。探索、开展合理设置界别的研究与实践，有计划有步骤地协商民间组织、社会组织和新的社会阶层代表人士加入政协，突出界别特色，发挥界别作用，强化界别声音，发挥委员的积极性和创造性。落实《中共广州市天河区委政治协商规程（试行）》，推进天河民主政治建设。进一步落实《关于建立广州市天河区政协委员履职档案的暂行办法》，规范、完善对政协委员的管理，充分调动委员履行职能的积极性，做到思想上重视、内容上丰富、形式上多样。

精心做好六届区政协的总结工作及区政协换届工作。组织区政协各参加单位、专委会、全体委员，深入总结六届区政协在履行职能、开展工作过程中创造的好的做法和经验，为今后我区人民政协事业的发展提供有益的借鉴。与此同时，在区委的领导下，会同区委组织部、区委统战部研究提出区政协换届人事安排的工作方案，并就有关界别设置和界别构成、政协委员名额、人选和常务委员人选等提出意见和建议，共同做好换届人事安排工作。

切实增强服务意识提高服务质量。以开展创先争优活动和纪律教育学习月活动为契机，进一步转变机关工作作风，着力提高机关干部队伍的政治意识、大局意识、责任意识和服务意识，进一步提高机关干部统筹协调能力，健全服务保障措施，发挥政协机关在履行职能中的综合协调、组织引导和服务保障作用，营造一个“尽责履职、和谐干事”的良好工作环境。

圆满完成扶贫开发任务。省委、市委、区委十分重视“规划到户、责任到人”扶贫开发工作，2011年考评达标是必须完成的硬任务。充分发挥人才库优势，落实“规划到户、责任到人”工作责任制，采取多种措施改善区政协定点帮扶的平远县大柘镇凤池村发展环境，壮大集体经济实力，增加贫困农户的收入，确保实现贫困户脱贫目标，顺利通过省委年终的考评、验收。

各位委员，天河的发展正进入一个新的重要历史时期。在这个新的历史舞台上，人民政协大有可为，也应该大有作为。在新的一年里，让我们紧密团结起来，在中共天河区委的领导下，传承亚运精神，弘扬广州经验，更好地发挥协调关系、汇聚力量、建言献策、服务大局的重要作用，为后亚运时期天河实现跨越式大发展做出新的更大的贡献！

2010年广州市天河区人民政府、政府办公室公文要目

文　号	责任者	题　　目
穗天府［2010］1号	区政府	关于迎接全国污染减排核查的通知
穗天府［2010］2号	区政府	印发行政处罚听证书
穗天府［2010］3号	区政府	印发天河区开展有路无名整治工作实施方案的通知
穗天府［2010］4号	区政府	印发行政处罚决定书（黄埔南岗海鲜城）
穗天府［2010］5号	区政府	关于对岗顶地区环境脏乱差及乱摆卖等问题处理情况的通报
穗天府［2010］6号	区政府	关于天河区政府行政规范性文件清理结果的通知
穗天府［2010］7号	区政府	关于做好天河区第六次全国人口普查工作的通知
穗天府［2010］8号	区政府	关于做好车陂村BRT沿线景观工作用地拆建的通知
穗天府［2010］9号	区政府	关于做好棠下村BRT沿线景观工作用地拆建的通知
穗天府［2010］10号	区政府	印发天河区2009年度人口与计划生育目标管理责任制获奖和达标单位的通知
穗天府［2010］11号	区政府	印发天河区2010年人口与计划生育综合治理部门目标管理责任制考核及奖励实施办法的通知
穗天府［2010］12号	区政府	印发天河区2010年人口与计划生育街道目标管理责任制考核及实施办法的通知
穗天府［2010］13号	区政府	印发天河区人民政府领导重新分工的通知
穗天府［2010］14号	区政府	印发天河区关于开展2009年度卫片执法检查工作方案的通知
穗天府［2010］15号	区政府	关于印发天河区2009年推进依法行政工作总结和2010年工作计划的通知
穗天府［2010］16号	区政府	印发广州市天河区2010地质灾害防治方案的通知
穗天府［2010］17号	区政府	印发2010年第16届亚运会空气质量保障天河区污染控制实施方案的通知
穗天府［2010］18号	区政府	关于印发天河区2010年环境保护目标任务书的通知
穗天府［2010］19号	区政府	关于广州市天河区人民政府关于命名天河区第八批“绿色社区”的决定
穗天府［2010］20号	区政府	印发区七届人大五次会议第1001号议案的办理方案的通知
穗天府［2010］21号	区政府	关于同意棠下河涌旁“黑桥塘”地块和“新围”地块拆建报告的通知
穗天府［2010］22号	区政府	关于委托街道开展安全生产行政执法的通知
穗天府［2010］23号	区政府	印发天河区落实广州市千家企业清洁生产活动行动方案的工作方案
穗天府［2010］24号	区政府	关于印发天河区依法行政工作报告制度的通知
穗天府［2010］25号	区政府	关于印发天河区人民政府常务会议学法制度的通知
穗天府［2010］26号	区政府	印发天河区出租屋管理“两费一税”专项经费返还及使用方案的通知
穗天府［2010］27号	区政府	关于2009年度广州市天河区依法行政执法评议考核工作的通报
穗天府［2010］28号	区政府	关于2009年度全区殡葬管理目标考核结果的通报

（续上表）

文　号	责任者	题　　目
穗天府［2010］29号	区政府	关于进一步加强殡葬管理工作的通知
穗天府［2010］30号	区政府	印发天河区2010年度珠江综合整治工作计划的通知
穗天府［2010］31号	区政府	关于落实影响空气环境质量违法生产经营业户停产停业工作的通知
穗天府［2010］32号	区政府	关于调整天河区2010年度冬季征兵工作领导小组的通知
穗天府［2010］33号	区政府	关于做好2010年度冬季征兵工作的通知
穗天府［2010］34号	区政府	印发关于全面整治非法养殖生猪的工作实施方案的通知
穗天府［2010］35号	区政府	印发广州市天河区行政规范性文件审查、评估和清理暂行办法的通知
穗天府［2010］36号	区政府	关于表彰和奖励2009年度天河区高新技术和软件、动漫企业高级人才的决定
穗天府［2010］37号	区政府	印发广州市天河区行政决策责任追究办法的通知
穗天府［2010］38号	区政府	关于天河区人民政府区长、副区长分工的通知
穗天府办［2010］1号	区府办	印发天河区2010年迎春花市工作方案的通知
穗天府办［2010］2号	区府办	关于印发广州市天河区2010年春节旅客运输组织工作方案的通知
穗天府办［2010］3号	区府办	印发天河区2010年第十六届广州亚运会空气质量保障方案的通知
穗天府办［2010］4号	区府办	关于成立天河区扶贫开发“规划到户　责任到人”工作小组的通知
穗天府办［2010］5号	区府办	关于调整天河区污水治理和河涌综合整治工作领导小组的通知
穗天府办［2010］6号	区府办	转发关于印发突发事件应急演练指南的通知
穗天府办［2010］7号	区府办	印发天河软件园高唐新建区工业用地公开出让工作方案的通知
穗天府办［2010］8号	区府办	印发天河区进一步推进创业带动就业工作实施意见的通知
穗天府办［2010］9号	区府办	关于调整天河区红十字会领导小组成员的通知
穗天府办［2010］10号	区府办	印发2010年天河区清明拜祭的通知活动安全工作方案的通知
穗天府办［2010］11号	区府办	关于调整天河区退休职工管理委员会成员的通知
穗天府办［2010］12号	区府办	关于调整天河区三防指挥机构领导成员的通知
穗天府办［2010］13号	区府办	关于调整天河区北河大堤抗洪抢险指挥所的通知
穗天府办［2010］14号	区府办	关于印发2010年天河区消防安全专项整治工作方案的通知
穗天府办［2010］15号	区府办	关于印发天河区2010年审计项目计划的通知
穗天府办［2010］16号	区府办	关于调整区森林防火指挥所领导成员的通知
穗天府办［2010］17号	区府办	印发天河区2010年应急管理工作计划的通知
穗天府办［2010］18号	区府办	关于认真做好2010年人大代表议案、建议和政协提案办理工作的通知
穗天府办［2010］19号	区府办	印发天河区开展涉亚运突发事件风险隐患排查整改工作方案的通知
穗天府办［2010］20号	区府办	印发2010年第十六届亚运会天河区水环境保障总体方案及相关行动计划的通知
穗天府办［2010］21号	区府办	印发天河区环卫作业合同履行及环卫工人合法权益专项检查工作方案的通知

（续上表）

文　号	责任者	题　　目
穗天府办［2010］22号	区府办	关于天河区城市管理协调机构更名及人员调整的通知
穗天府办［2010］23号	区府办	印发天河区落实广州市2010年环境问题挂牌督办工作方案的通知
穗天府办［2010］24号	区府办	印发调整区安全生产委员会成员单位及组成人员的通知
穗天府办［2010］25号	区府办	关于成立天河区集体林权制度改革领导小组的通知
穗天府办［2010］26号	区府办	关于印发天河区水浸车妥善处理工作方案的通知
穗天府办［2010］27号	区府办	印发天河区联合整治无证照餐饮店档工作方案的通知
穗天府办［2010］28号	区府办	印发天河区迎亚运建筑外立面清洗及天面清理工作实施方案的通知
穗天府办［2010］29号	区府办	印发天河区国民经济和社会发展第十二个五年规划编制工作方案的通知
穗天府办［2010］30号	区府办	印发天河区再生资源回收点进社区的通知
穗天府办［2010］31号	区府办	关于做好2010年天河区龙舟活动安全保卫工作的通知
穗天府办［2010］32号	区府办	印发2010年天河区政务公开工作要点的通知
穗天府办［2010］33号	区府办	印发广州市天河区全面推进依法行政建设法制政府五年规划（2010～2014年）的通知
穗天府办［2010］34号	区府办	关于成立天河区消防安全委员会的通知
穗天府办［2010］35号	区府办	印发2010～2012年天河区构筑社会消防安全“防火墙”工程工作方案的通知
穗天府办［2010］36号	区府办	关于协助做好天河区建（构）筑物抗震性能普查工作的通知
穗天府办［2010］37号	区府办	印发天河区2010年推进产业转移工作方案和天河区产业转符合和劳动力转移信息报送工作方案的通知
穗天府办［2010］38号	区府办	转发进一步推进消防志愿者进家庭大行动的通知
穗天府办［2010］39号	区府办	印发广州市天河区地方志资料年报制度的通知
穗天府办［2010］40号	区府办	关于调整天河区档案行政执法监督领导小组成员的通知
穗天府办［2010］41号	区府办	印发广州市天河区街道安全生产委托行政执法实施细则（试行）的通知
穗天府办［2009］42号	区府办	印发广州市天河区安全生产委托行政执法实施办法的通知
穗天府办［2010］43号	区府办	印发冼村整体改造资金拨付管理办法的通知
穗天府办［2010］44号	区府办	印发2010年广州亚运会天河区救助管理工作方案的通知
穗天府办［2010］45号	区府办	印发总部和高端企业奖励名单确定审批流程的通知
穗天府办［2010］46号	区府办	关于天河区部门联合服务企业行动的通知
穗天府办［2010］47号	区府办	印发广州市天河区国民经济和社会发展第十二个五年规划纲要基本思路的通知
穗天府办［2010］48号	区府办	印发天河区户外招牌规范设置工作方案的通知
穗天府办［2010］49号	区府办	印发天河区进一步加强饮食服务污染整治工作方案的通知
穗天府办［2010］50号	区府办	关于进一步改进区政府常务会议会务组织工作的通知

（续上表）

文　号	责任者	题　目
穗天府办［2010］51号	区府办	印发广州市天河区发展和改革局主要职责内设机构和人员编制规定的通知
穗天府办［2010］52号	区府办	印发广州市天河区文化广电新闻出版局主要职责内设机构和人员编制规定的通知
穗天府办［2010］53号	区府办	印发广州市天河区审计局主要职责内设机构和人员编制规定的通知
穗天府办［2010］54号	区府办	印发广州市天河区人民政府侨务和外事办公室主要职责内设机构和人员编制规定的通知
穗天府办［2010］55号	区府办	印发广州市天河区统计局主要职责内设机构和人员编制规定的通知
穗天府办［2010］56号	区府办	关于成立天河区防治艾滋病工作委员会的通知
穗天府办［2010］57号	区府办	关于调整天河区东站地区管委会成员的通知
穗天府办［2010］58号	区府办	印发天河区“羊城天盾—2010”城市人民防空演习方案的通知
穗天府办［2010］59号	区府办	印发国营新塘农工商联合公司、新合经济发展有限公司城中村改造资金拨付管理办法的通知
穗天府办［2010］60号	区府办	关于成立天河区第一次水利普查领导小组的通知
穗天府办［2010］61号	区府办	印发天河区2010年亚运环境安全保障工作方案的通知
穗天府办［2010］62号	区府办	印发广州市天河区2010年度行政执法评议考核方案的通知
穗天府办［2063］63号	区府办	关于成立天河区处置广东澳联玻璃有限公司停止搬迁应急工作领导小组的通知
穗天府办［2010］64号	区府办	印发2010年天河区迎亚运重阳节群众登高活动组织工作方案的通知
穗天府办［2010］65号	区府办	印发天河区节能专项资金管理试行办法的通知
穗天府办［2010］66号	区府办	关于成立天河区2010年冬季征兵工作办公室的通知
穗天府办［2010］67号	区府办	关于调整天河区国民经济和社会发展第十二个五年规划编制工作方案的通知
穗天府办［2010］68号	区府办	印发天河区亚运全民免费乘车期间地铁站点安全保障工作应急预案的通知
穗天府办［2010］69号	区府办	印发广州市天河区农业和园林局主要职责内设机构和人员编制规定的通知
穗天府办［2010］70号	区府办	印发广州市天河区科技和信息化局主要职责内设机构和人员编制规定的通知
穗天府办［2010］71号	区府办	印发广州市天河区人口和计划生育局主要职责内设机构和人员编制规定的通知
穗天府办［2010］72号	区府办	印发广州市天河区民政局主要职责内设机构和人员编制规定的通知
穗天府办［2010］73号	区府办	印发广州市天河区民防办公室主要职责内设机构和人员编制规定的通知
穗天府办［2010］74号	区府办	印发广州市天河区教育局主要职责内设机构和人员编制规定的通知
穗天府办［2010］75号	区府办	印发广州市天河区食品药品监督管理局主要职责内设机构和人员编制规定的通知

（续上表）

文　号	责任者	题　　目
穗天府办［2010］76号	区府办	关于切实加强供水安全保障的紧急通知
穗天府办［2010］77号	区府办	关于调整天河区食品安全委员会的通知
穗天府办［2010］78号	区府办	印发2010年亚运会、亚残运会期间天河区环境质量保障、强化减排和开闭幕式应急保障工作应急预案的通知
穗天府办［2010］79号	区府办	印发天河区人居环境综合整治第三阶段集中宣传工作方案的通知
穗天府办［2010］80号	区府办	印发天河区关于贯彻实施《广东省依申请公开政府信息工作规程（试行）》的通知
穗天府办［2010］81号	区府办	印发广州市天河区司法局主要职责内设机构和人员编制规定的通知
穗天府办［2010］82号	区府办	印发广州市天河区财政局主要职责内设机构和人员编制规定的通知
穗天府办［2010］83号	区府办	印发广州市天河区人民政府办公室主要职责内设机构和人员编制规定的通知
穗天府办［2010］84号	区府办	印发广州市天河地区2011年春节旅客运输组织工作方案的通知
穗天府办［2010］85号	区府办	印发关于规范区政府及政府办公室名义发文工作指引的通知
穗天府办［2010］86号	区府办	印发天河区网上审批和电子监察建设工作方案的通知（联合发文）
穗天府办［2010］87号	区府办	关于贯彻落实国办、省、市文件和会议精神做好消防工作的通知
穗天府办［2010］88号	区府办	关于调整天河区第一次全国水利普查领导小组的通知

★广州市

2011

专题

积极采取措施应对“5·7”特大暴雨

2010年5月7日凌晨，天河区突降特大暴雨，据气象部门监测，当晚闪电10000多次，打雷340多次，是历史以来少有的恶劣天气；大雨最大降雨量为219.5毫米，是一场雨量大、密度强、范围广的罕见特大暴雨。此次特大暴雨来临前后，天河区涉水系统全员行动、积极应对，及时采取有力措施，有条不紊地展开水浸抢险善后工作。据统计，此次特大暴雨，造成天河区山体滑坡4处，多处低洼农田受淹，水浸点达46个，36条城区道路部分路段被浸，1处河涌约150米堤围漫堤，7处小区地下车库受浸，7处围墙共约80米由于受洪水浸泡倒塌，4间民房坍塌；位于珠江新城猎德污水处理厂污水处理四期和奥体南路一在建工地，由于暴雨浇注，脚手架和浇注混凝土棚架也相继发生倒塌事故；长湴和岑村片区、长兴街沿线水势凶猛，造成多处大面积水浸，水深过半米，沿街商铺、地下车库瞬间被雨水淹浸，数百辆车被困受浸；广氮社区受浸面积达1万多平方米，共有12栋居民楼105户住户受到不同程度水浸。特大暴雨给国家和人民群众生命财产带来了巨大的直接和间接损失。

一、水浸抢险善后情况

5月7日凌晨1时21分、3时02分市三防指挥部相继发出防暴雨Ⅱ级响应和Ⅰ级响应，天河区也相继启动相应的应急响应机制，组织指挥抗涝抢险，当即启动各种应急预案。随后有关领导分头赶赴抢险排涝现场组织指挥抢险善后工作。

二、水浸原因

造成水浸原因是多方面的，“5·7”这场暴雨实属历史以来罕见；雨量之多罕见，雨量之强罕见，范围之广罕见。辖区城市化进程加快后，道路和广场等基础设施硬底化加大，可以用于储水藏水的设施几乎没有，加上城市化建设步伐的加快，原有的排水设施远远满足不了城市发展的需求。至于造成辖区市政道路水浸原因，一是该段道路地势处于低洼；如中山大道华师门口、广州大道怡新花园地铁施工处、天寿路桥底等路段。二是BRT公共设施建设存在赶工期，路面下管网埋压严重，造成部分排水管道阻塞。三是多数建筑工地污水未经处理直接排入市政管网，造成淤泥积聚。四是少数道路排水口与珠江水位标差较小，存在江、涌水倒灌情形。如天河立交、东圃大马路西一巷等地段。至于多个小区车库被淹的原因，一是发生水淹小区物业管理公司和群众防大涝的意识不强，面对突如其来的险情没有采取有效的应对措施；二是一些地下停车库设计存在缺陷，排水口、出入口没有阻水设施；三是用于强排水的配电房没有设计在建筑物正负零以上，致使车库一旦受淹，强排水系统不能发挥正常功能。四是个别小区处于河涌兼低洼地带，防洪设施没有达到20年一遇的标准，当洪水袭来漫堤时，防守回天无力，任由洪水肆虐。

三、水浸抢险善后应对措施

为了积极应对“5·7”在区委、区政府的正确领导、周密部署下，积极认真地开展水浸抢险善后工作。及时清理路面，恢复道路通行能力。红色暴雨预警信号解除后，区市政建设局加大力量组织疏水，清理路面淤泥垃圾，尽快恢复交通，尽力将暴雨对清晨上班高峰期的交通影响降低到最低。查水浸黑点，共发现各类险情28处，水浸点46个，内涝点7处；在实施抢险过程中，重点调集35台水泵对中海康城、龙苑小区、长兴路司法所路段地下车库等水淹严重部位进行排涝；并调派区市政维修队25名队员对中海康城西北面堤岸进行临时加固。组织各部门各街道联动抢险，切实提高抵御强降雨灾害能力。

四、水浸抢险善后的几点启示

一是必须重视城区硬底化后储水藏水调节建设；在低洼地带，每3平方公里应有一个湖或一个藏水池，当特大暴雨发生后，能起到调节雨水分流功能。二是必须重视低洼、涌口等地带的强排水设施建设；三是必须重视加强水浸抢险善后通讯、装备、物资储备建设；四是必须重视发挥街道、村改制公司、社、物业管理公司、居委会以及专业队伍等在水浸抢险善后工作中的职能作用；五是必须重视调配使用好“三防”应急经费，保证专款专用，保证做到有险必抢，有涝必排；六是必须重视“三防”应急体系的完善，适时对“三防”责任和应急人员进行培训和演练，保证随时拉得出、用得上。

（转自《广州天河新闻》）

2010全国大学生原创动画大赛

为期三个月的2010（第五届）全国大学生原创动画大赛从6月20日正式征稿至9月中旬结束，奖项包括二维动画短片、三维动画短片、Flash动画、手机动画、概念设定、漫画类作品、动漫衍生产品、Motion Graphics、各单项奖等九大类，总奖金40万元。大赛还特设广州亚运特别奖，以奖励奋发拼搏、勇创新高的主题作品。

第五届全国大学生原创动画大赛由中国国际漫画节组委会主办，天河区委、区政府和南方出版传媒股份有限公司、国家软件产业基地（广州）承办。

本届大赛首设“冰兄奖”，大赛执委会还聘请广东著名雕塑家、岭东雕塑院院长陈立人先生设计并创作，选址广州天河公园北门内森林知识园坡地，建设廖冰兄艺术广场。广场主体构造为组合型环境雕塑，分别由主雕《廖冰兄像》以及浮雕《自嘲》、《剪辫子》三座雕塑组成折页式造型墙。廖冰兄先生的作品将制成腐蚀黑白稿，作永久性展示。除折页造型墙外，地上将随意竖立竹笋造型的小雕塑，而且数量可以随意增加，令每一届新动画大赛获奖作品均可镌刻在圆形斜面上，表现一种生生不息的艺术力量在成长。在此之前，大赛执委会在羊城创意产业园建设的漫塑广场，受到了中央领导李长春同志的高度肯定。

大赛还将举办“广东百年漫画展”，以上世纪初广东反帝反封建、反独裁、倡民主为主题，首次对广东地域文化中的漫画进行回顾总结式大展。

本次大赛专门设立软件和网游动漫行业专才招聘会，预计受惠学生将超过万名。本次招聘会通过线上线下的宣传配合，预计能实现1660万人次的求职群体覆盖，影响10万家招聘企业；可全面覆盖广州、北京、上海、深圳、杭州、成都等动漫产业发达城市，预计招聘会现场会吸引到200家软件和动漫企业，及2万多名的专业人才共同参与，从而有效地促进社会就业。

现在百才招聘通过“免费策略”已拥有3万家动漫、软件注册企业会员，动画、设计、软件开发、IT销售、后勤等相关专业人才注册简历30万份，能够为本次招聘会提供充足的就业职位以及人才选择，推动动漫、软件行业的蓬勃发展。

广东电视台会展频道则与大赛执委会合作，推出历届大赛作品展播及商业开发探索电视节目，集中部分原创作者与动漫行业专家直接对话，进行双向了解、培训指导，为大学生原创动漫人才的职业发展之路进行有效的指引，帮助大学生实现创业梦想。

大赛执委会常务副主任、天河区政府副区长廖国胜表示，上届大赛吸引了全国168所高校参与，预计本次赛事将有超过200所高校参加。天河区将依托天河软件园这个国家软件和网游动漫产业基地产业载体，依托天河区丰富的人才和创新资源优势，探索更多路径，进一步丰富大赛内涵和文化品味；同时，也利用大赛这个有力平台，促进天河与各产业企业、全国高校建立紧密联系，结成产业联盟，推进资源共享，做大做强产业，并努力做到发展成果与公众共享。

（转自《广州天河新闻》）

猎德村回迁808席围宴盛大入伙

2010年11月21日傍晚，在新近落成的猎德村复建区里，8000多人欢聚一堂，808围喜宴庆祝猎德复建房全体村民正式入伙!

从猎德村复建区正门牌坊一路向北至村市场、西门牌坊一路到东门牌坊，喜庆宴席在村里两条主干道上排得密密麻麻，场面颇为壮观、声势尤其浩大。“这次全村老小再次聚首，专程从省外甚至海外回来的都有100多人。”猎德村党总支书记李方荣说，宴席共花费约50万元，“但仅收村民每人10元，主要是为统计人数”。他介绍，这次团圆，全村8000多人，用了8个厨房，摆808围，每围10个菜，都是顺德土菜，“图个喜庆好彩头”。

因为拆迁改造，猎德村民3年前离开故土，分散暂居各地。3年来全体村民无时无刻不在想念猎德大家庭，想念再次大团圆，再续乡情、亲情。猎德村公司党支部在创先争优活动中，结合本村实际，顺应民心民意，组织策划了这次盛大的喜庆活动，一是发扬传统民俗，顺应全体村民搬家图吉利的心理，二是通过八千多人在一起同时入席这一盛大团圆仪式，更加紧密地凝聚和团结全体村民。为给全体村民助兴，村公司还特意邀请舞龙舞狮队、知名粤派笑星、电视剧《七十二家房客》班底等为村民表演喜闻乐见的节目，把宴会现场的气氛营造得更加热烈吉祥。

猎德街党工委书记黄泽鹏应邀在入伙大宴上讲话，他说，“猎德村拆迁改造三年来脱胎换骨的变化证明，猎德村人有志气、也有能力把自己的家园建设成具有国际水准的美好乐园。同时，三年来翻天覆地的巨变也证明，只有一个高度团结、廉洁、奋发有为的领导集体，才能带领全村父老乡亲创造这一奇迹！因此，在今天这个全村大团圆的日子里，我们所有的父老乡亲不仅要珍惜我们来之不易的改造成果，而且更要拥护和信任为我们立下汗马功劳的村公司党总支和董事会班子。”一席话引发全体村民共鸣，在座村民纷纷报以热烈的掌声。

（转自《广州天河新闻》）

创意天河 绽放珠江新城CBD魅力 我区参加2010广州国际设计周展览

2010年12月9日上午，2010年广州国际设计周在保利世贸博览馆隆重开幕。本届国际设计周主题是“赢在设计”，天河区以“创意天河·绽放珠江新城CBD魅力”为主题参加了本届展览。副市长甘新、市经贸委主任赵小穗，以及副区长丘卫青等市、区领导为开幕式剪彩。

在展览现场，天河区的展位就像一个敞开式立体小屋，屋内布置精致、图文并茂、内容生动丰富。区经济贸易局作为天河区展位的承办单位，围绕“创意天河·绽放珠江新城CBD魅力”这一主题，通过图片、文字、模型、视频的展示，采用时尚的布展形式，结合声、光、电等手段，充分展示了珠江新城中央商务区的建设与发展情况。展厅从《创新功能定位，复合城市核心》、《国家金融新引擎，世界城市新标杆》、《打造三大核心功能，创广州新城市名片》、《筑巢引凤政策好，保姆式服务环境优》、《立体化循环交通，完善的路网体系》、《倡导低碳设计理念，创意空间绿色环保》、《全球尖端设备，智能操作系统》、《一江两岸岭南生态地，创意时尚都会风情画》、《扮靓猎德风情街，打造CBD的休憩之所》等十二个方面充分介绍了珠江新城的情况，特别介绍了花城广场、东塔、西塔、广州大剧院、广东省博物馆、广州图书馆、广州市第二少年宫、高德置地广场、中央商业广场、海心沙亚运开幕式等十多个建筑载体的创意设计。

当天，丘卫青陪同甘新、赵小穗等领导视察了天河区展位，并向他们介绍了珠江新城CBD的建设与发展情况（如图）。甘新认为天河区政府展示的主题很好，珠江新城CBD作为新广州最靓丽、最精彩的城市名片，集中了很多世界著名建筑设计大师的创意作品，新城市中轴线上7大标志性建筑体现了广州最精华的设计。他说，走进天河展位，让人感受到最新的时尚文化，最美的建筑艺术，那一座座外观新颖、设计独特、低碳环保的绿色建筑，彰显出国际化大都市的独特魅力。

为加快珠江新城金融商务区的发展，市、区政府出台了一系列优惠政策，区位优势和激励政策吸引着中外总部企业和金融机构纷纷选址珠江新城金融商务区。目前已有近40家金融机构落户珠江新城金融商务区，金融机构总数占全市的1/5以上，天河区重点企业有1/5聚集在珠江新城发展。

（转自《广州天河新闻》）

2343万元奖励156家企业 天河区再次表彰做出突出贡献或新发展的高端企业和总部企业

2010年12月16日下午，天河区召开2010年天河区促进总部经济和高端服务业发展表彰大会，奖励对天河区做出突出贡献或新进发展的高端企业和总部企业，156家企业在现场共获得2343多万元的奖励。这是继2009年后，天河区第二次重奖区内突出贡献企业。区领导刘悦伦、杨南聪、林赛龙、江绍强、张谭均、黄彪、王淑贞、许志、廖国胜、丘卫青出席大会，区各级领导和企业代表共400多人参加会议。

是年获奖企业比上年的120家企业增加了30%；发放的奖励金共2343.05万元，比上年增加了268万元。是年获奖的区财政贡献排名前50的总部企业，对区财政贡献总额为5.22亿元，比2008年增长了126.95%。在2010年获奖的企业中，新获奖企业占获奖企业总数的70%，不少高端产业和总部新星陆续涌现。获奖企业区域集中度高，约80%的获奖企业集中在天河北和珠江新城中央商务区两大较为成熟的商务核心区。受奖的156家企业主要涵括了支柱行业和金融服务、信息服务、专业服务、现代商贸、科技服务和文化创意等高端行业。其中包括：广东烟草广州公司、广东电网公司广州供电局、佳能（中国）公司、天河城百货、恒大地产广州公司等50家总部企业；2010年新入天河区发展的广州富力地产股份有限公司等4家总部企业；2009年成功上市的广东海大集团公司；2010年新入驻珠江新城金融商务区的民生证券广东分公司等6家金融机构；其他五大高端服务业企业98家。

区委书记刘悦伦在会上表示，企业是发展的根本，对于天河这样一个以高端产业发展战略为主、第三产业占到GDP85%左右的中心城区来说，总部经济和高端服务业企业从某种意义上可以说是支撑天河经济社会科学发展的根本。他说，当前天河正面临着难得的发展形势和大好局面，这次亚运会、亚残运会开闭幕式主会场、主赛场都集中在天河，天河环境更靓丽，交通更便捷，综合承载力更优化，知名度更响亮。同时，从区位上看，天河是广州国家中心城市的中心城区，是全市唯一既拥有城市CBD，又拥有国家级高新科技园区的城区，这是天河独一无二的优势所在，是高端产业发展的最优载体。刘悦伦隆重推介天河“十二五”规划重点加快发展的三个区域：一是珠江新城CBD。天河区正在筹备设立专门管理机构，强化珠江新城CBD整体营销，统筹推进配套设施、环境建设、公共服务、招商引资等重点工作，吸引更多旗舰型企业总部落户，树立国际一流CBD的品牌形象。二是CBD员村延伸区。员村地区作为珠江新城CBD延伸区已经市的规划明确，并提上重要议事日程。天河区将结合“三旧”改造，科学规划员村地区基础设施建设、城市景观设计和“退二进三”工作，为承接珠江新城CBD延伸发展、加快集聚高端现代服务业和总部经济提供新的广阔空间。三是东北部生态智慧城。即以天河科技园、软件园高唐新建区为核心，突出低碳、生态、智慧、宜业宜居和幸福感5大要素，带动新塘、凤凰、长兴、龙洞、五山等东北部地区整体联动发展。天河区将对整个东北部地区进行高标准重新规划布局建设，使生态智慧城尽快成为广州转变经济发展方式、集聚高端产业的又一核心载体。

刘悦伦还郑重承诺，天河区将始终坚持“企业至上”的理念，积极帮助企业发展，支持企业家成功；区委、区政府将始终以极大热情欢迎广大总部和高端企业进入天河、长驻天河，并继续为企业提供优质高效的服务。

（转自《广州天河新闻》）

★广州市

2011

特载

珠江新城CBD为基础 天河软件园IBD为依托
天河“双核”助推产业高端化

（南方日报记者刘静　实习生文森　通讯员田禾）

数字天河

上半年，天河完成地区生产总值841.25亿元，同比增长12.8%，经济总量继续领先全市各区；税收收入152.03亿元，同比增长25.4%，增幅较去年同期加快18.8个百分点；完成区级财政一般预算收入17.95亿元，增长29.4%；天河软件园实现技工贸总收入212.54亿元，增长23.1%；其中软件收入134.99亿元，增长24.0%。

天河区六大高端产业势头良好，金融业和现代商贸业高速增长，科技服务业、信息服务业、专业服务业和文化创意产业同比增速分别为30.0%、12.7%、26.0%和13.4%。全区第三产业增加值达716.68亿元，同比增长13.1%，对地区生产总值增长贡献率达86.7%。

随着亚运会的临近，随着珠江新城CBD内各项设施的不断完善，随着广州建设国家中心城市步伐的加快，一个“高端“特色鲜明的金融商务区逐渐成熟。记者从昨天召开的天河区委七届九次全会上获悉，天河区上半年完成地区生产总值841.25亿元，同比增长12.8%，经济总量继续在全市保持领先。亚运会前，天河区除完成人居环境、水环境综合治理项目外，珠江新城金融商务区的建设也将有突破性进展，包括广州国际金融中心、太古汇、万菱汇、高德置地广场等在内的一批具有国际影响力的大型商业项目都将陆续竣工，届时天河将成为世人瞩目的焦点。

天河区委书记刘悦伦表示，天河以打好转变经济发展方式和办好亚运会两场硬仗为目标，坚持产业高端发展取向；以迎亚运为契机，全面改善提升城区环境，推动全区经济保持平稳较快发展。对于下一步的工作，刘悦伦提出了城区发展战略新思路，即提高产业发展高端化、城市管理精细化、基本公共服务均等化、党的建设科学化水平。

写字楼面积相当于40个“鸟巢”

据介绍，东起冼村路，西至华夏路，北起黄埔大道，南临珠江，占地面积约1.4平方公里的珠江新城金融商务区，规划有39个建设项目，以高档商业、酒店、商务写字楼为主，总建筑面积约460万平方米，提供总就业岗位预计超过18万个。

目前，珠江新城金融商务区所有项目已确定项目业主，36个建设项目进入开发建设阶段。其中，第二少年宫、广州歌剧院、省博物馆、省农业银行大厦、富力盈隆大厦、富力中心大厦、富力·君悦酒店、合景国际金融中心大厦、西塔（广州国际金融中心）等10多个项目已竣工投入使用；图书馆、东塔、省移动大楼、省烟草大厦、省交通大厦、侨鑫大厦等20多个项目正在抓紧建设。

刘悦伦表示，这些项目全部竣工之时，珠江新城将成为广州写字楼存量最大的区域，广州新城市商务中心的地位将进一步确立。据了解，天河核心商圈现有写字楼700多万平方米，近期还将增加200万平方米，今后加上员村、冼村、猎德等地的写字楼，总面积有望超千万平方米，约相当于40个“鸟巢”的建筑面积。

全区1/5重点企业聚集珠江新城

区位优势和激励政策吸引着中外总部企业和金融机构纷纷选址珠江新城金融商务区，截至2009年底，已有36家金融机构落户，金融机构总数占全市的1/5以上。国家开发银行、浦发银行、广东发展银行、越秀城建、广东移动、广东交通集团、中国烟草广东省公司等总部企业也将进驻珠江新城。“目前天河区重点企业有1/5聚集在珠江新城发展，随着珠江新城中央商务区聚集效应和示范效应的不断增强，必将吸引更多的金融机构、总部企业和高端发展项目进驻。“刘悦伦说。

随着商务楼宇的加快建设，亚运会的临近，珠江新城金融商务区内的交通设施得到了很大改善。南北走向的地铁三号线、东西走向的地铁五号线均已开通，跨越珠江的猎德大桥已全线通车，金融商务区内的断头路已全部打通。连接新电视塔和林和西路的旅客自动输送系统、珠江新城核心区市政交通项目、珠江新城核心区二层空中步行连廊、海心沙市民广场、珠江新城核心区集中供冷系统、珠江新城核心区真空垃圾收集系统等8个项目正在加快建设，2010年将全部建成并投入使用。据了解，由地下三层组成的核心区市政交通项目是目前广州乃至全国规模最大的地下空间开发项目，是一个高效、生态、人性化的地下空间。

79个超亿元重大项目落户天河

据统计，天河区现有高新技术企业344家，占全市的比重为38%；现有认定软件企业686家，占全市的比重为74%。上半年，天河区大型现代商贸项目进展顺利，投资保持高位增长，完成固定资产投资239.96亿元，同比增长30.0%；实现商品销售总额2988.81亿元，同比增长26.4%；社会消费品零售总额381.10亿元，同比增长17.8%；全区进出口总值26.33亿美元，同比增长27.4%。

值得一提的是，天河区亿元以上重大项目已达79个，其中市级以上重点项目30个，省级重点项目1个，国家重点项目1个。

后亚运时期借力“双核”谋新发展

当前，天河正面临着难得的历史机遇，随着广州建设国家中心城市步伐的加快，市明确赋予天河建设国际大都市中心区的新定位，且天河拥有国内三大CBD之一的珠江新城中央商务区和国家软件产业基地之一的天河软件园，现代服务业、高新技术产业发展优势突出。刘悦伦指出，天河要利用好这些优势加快发展，提高服务意识，对重点客户要量身定做“全方位套餐”，努力增强长期发展后劲。

对于后亚运时期如何推动天河经济社会发展再上新台阶，天河区也作了谋划。在推动产业高端发展方面，刘悦伦提出要着眼于提升中心城区高端要素集聚辐射和综合服务功能，推动构建以CBD（珠江新城）为基础、IBD（天河软件园）为依托的“双核结构”，加快6大高端产业、8个现代服务业集聚区发展，努力形成“一区一业、一区一强”发展格局。

天河43个亚运项目八成已完工
奥体中心周边建8个停车场

在天河区委七届九次全会上，区委书记刘悦伦强调，全面完成天河所承担的亚运各项任务是全区下半年工作的头等大事，必须“提速、提速、再提速，落实、落实、再落实”。

记者获悉，天河区组织实施的迎亚运工程项目共43项，其中，2009年年底前立项的有28项，在2010年4月以后立项的有15项，目前工程的总体平均形象进度约为70.5%，已完成的工程量约占应完成工程施工总量的80.53%。

〔市政配套〕

亚运开闭幕式临时停车场设计初步完成

在亚运工程项目中，天河北路东延线（天河东路—五山路）、天府路（中山大道—黄埔大道）翻新改造工程已进场施工。猎德涌西侧（临江大道—猎德路）道路建设工程，目前正在进行项目立项、规划报建及招投标、监理实施单位比选等工作。

据介绍，亚运开闭幕式临时停车场地块有富力地产地块、维家思南边停车场及临江大道交叉地块；天河体育中心赛区周边临时停车场有林和村地块、军体院地块等，以上方案设计初步完成。奥林匹克体育中心赛区周边在建停车场有：奥体中心南广场停车场、锦龙4S店停车场、世界大观停车场、航天奇观停车场、新塘公司种植场停车场、广氮地块停车场、东环桥下停车场、花花世界停车场，现已完成总工程量的80%。

〔治水任务〕

8月底前可全部竣工

截至8月3日，天河区污水治理和河涌综合整治的38个项目已完工36项，完工率达94.7%；在建2项，开工率100%（1项暂缓实施）；计划总投资20.79亿元，已支付9.35亿元，支付率为47.33%，总体施工进度为99.98%。

重点河涌车陂涌纳入整治25.4公里，占全区5条河涌整治总工程量的90%以上，目前该河涌的综合整治总体进度已达99%，已完成85%的堤岸建设工程量和25%的市政配套和景观绿化工程量，清淤项目正进入工程招投标阶段。谭村涌、程界东涌、棠下涌、深涌综合整治工程基本完成。利用河涌综合整治之机，天河区已建成20年一遇防洪标准的堤岸约50公里。

此外，黄埔大道中科韵路口、凤阳路涵洞、岑村桥底、东莞庄路、临江大道排水改造工程等31个项目已基本完成，完工率93.94%。天河区项目办表示，水环境综合整治工程8月30日前可全部竣工。

〔生态建设〕

北部生态休闲旅游区初步成型

天河区是亚运会主场馆所在区，以主场馆为中心，周边分别有火炉山、凤凰山、龙眼洞森林公园，辅以体育公园、橄榄公园和杨桃公园等村一级公园，形成了天河区森林公园平衡、合理分布的局面，打造东北部生态休闲旅游区。

火炉山森林公园在去年完成基础设施和景观升级改造一期工程的基础上，今年上半年，园区15个休闲平台、一个双层凉亭和一个景观廊架全部竣工。环山公路已完成一期开挖土方路胚近800米，目前正在砌建挡土墙，计划9月底完工。环山公路二期建设工程正在规划设计当中，计划总投资3100万元，争取在下半年完成工程主体部分建设。

龙洞森林公园一期续建工程总投资3000万元，计划今年9月中下旬初步完工。

〔城中村改造〕

猎德复建房中秋前入住

根据广州市委、市政府的部署，天河区有3条城中村被列入首批重点改造，分别是猎德村、林和村和冼村。目前，猎德城中村改造桥东复建安置区37栋高层建筑全部封顶，全面转入机电安装和装修阶段，预计在中秋前能回迁入户；林和村已全部完成旧村拆卸工作；冼村整体改造方案已得到市“三旧办”的批复，正在开展拆迁补偿协议签订等工作；新塘村整体改造已启动签约程序。

广州新闻·时政 A103

珠江新城CBD为基础　天河软件园IBD为依托

天河“双核”助推产业高端化

天河43个建设项目八成已完工

奥体中心周边建8个停车场

二十五年不懈努力　天河区将率先成为教育现代化先进区

（南方日报记者刘静　通讯员田禾）

优美的学校环境、完备的功能场室、齐全的设施设备、先进的教学辅助工具……无论走进天河区哪一所学校，都能感受到一股浓厚的教育现代化气息。

天河区成立于1985年，那时的天河还是郊区，人烟稀少，田陌纵横，教育基础也相当薄弱，村办学校是主体，很多学校设在祠堂里，设备更是落后，粉笔加黑板是唯一的教学工具。

25年后的今天，作为亚运会和亚残运会主会场的天河，其教育发展实现了质的飞跃。25年前破败的祠堂课室，“进化”成了宽敞明亮的多媒体教室；25年前用粉笔传道授业的村办学校老师，现在已是能熟练使用电子白板的名校名师。

目前，天河继率先在全市通过义务教育规范化学校终期督导验收后，又在全市率先通过广东省推进教育现代化先进区督导评估，专家组原则上同意该区成为广东省推进教育现代化先进区。今天的天河教育，大步迈上了教育现代化的道路。

25年推进教育现代化

1985年建区时，天河区虽然是传统的“高校区”，但基础教育比较落后。伴随城区建设的快速发展，历届区委、区政府坚持优先发展教育，促使全区基础教育从农村教育向城市教育、现代教育转变，争取实现从创建省教育强区到实现教育现代化的历史性跨越。

2003年，天河区成为广东省教育强区，实现了天河教育历史上第一次质的飞跃。2004年至2008年，天河区先后被评定为全国以校为本教研制度建设基地、广东省教育收费规范区、广东省英特尔·未来教育项目推广示范区，并高标准通过广东省教育强区复评及广州市义务教育规范化学校中期督导验收。2010年9月，天河区率先通过广州市义务教育规范化学校终期督导验收，实现了天河教育历史上第二次质的飞跃。

目前，天河区正根据国家和省、市中长期教育改革和发展规划纲要精神，科学编制《广州市天河区教育发展十二五规划》，不断提高教育与区域总体战略定位的适切度和居民对教育的满意度。

名校积聚“组团”发展

每个孩子都想就近“上好学”，为此天河区通过实施中小学校布局调整，采取“撤、并、带、扩、创”的办法，盘活原有的公办教育资源，并用好增量资源。撤并了原林和小学等7所学校；采取优质学校带小区配套学校的办法，开办了四十七中学名雅苑校区等11个“名校”校区；高标准改扩建了体育西路小学等15所学校；2009年新开办2所小学；2010年接收了一所民办学校并改制为公办学校。

目前，全区已基本形成中部以四十七中学、华阳小学为龙头，东部以东圃中学、棠下小学为龙头，西部以天河职中、七十五中学、先烈东小学为龙头，南部以天河中学、体育东路小学为龙头，北部以八十九中学、龙洞小学为龙头组成的名校群，通过区域内部中小学“组团式”发展，整体提升区域学校的办学水平，较好地满足了市民对优质学位的就近需求。

科研课题数量和等级居全市之首

关注学校、关注学科、关注教师，是天河区教科研工作的指导思想。为促进教师专业发展，天河区建立了教科研核心组、中心组，还以招标方式确定了20个学科教研基地，积极开展教学研究。此外，天河区坚持将教研与科研相结合，彻底改变科研、教学“两张皮”的现象，引领更多的学校、教师踏上科研之路，涌现出一批学者型校长和研究型教师。

据统计，“十一五”期间，天河区在科研课题的数量和等级已跃居全市之首，有1项获教育部规划课题立项，2项被立为全国教育技术研究重点课题，13项获省级课题立项，27项获市级课题立项。2009年天河区被评为全国教育科学“十一五”规划课题“信息技术环境下学与教方式变革与学习绩效研究”优秀实验区，总课题组专家、国家督学郑增仪在2010年的结题会上对天河区科研成果给予高度肯定。

高考上线率位居全市前列

目前，天河区68所公办中小学全部通过“广州市义务教育规范化学校评估”；高中市一级以上优质学校率达到100%，7所普通高中在广东省普通高中教学水平评估中100%获得优秀等级，其中四十七中学被评为广东省国家级示范性高中，天河中学通过广东省国家级示范性高中初期督导验收，七十五中学、八十九中学等正在积极推进广东省国家级示范性高中创建工作。天河职中顺利通过国家级重点中等职业学校复查并被列入首批创建“广东省示范性重点职业学校”行列。近三年，全区学前入园率、适龄儿童小学入学率、小学毕业生升中率均达100%，2010年初中毕业升学率超过98%。

2008～2010年，天河区初三学业水平测试一直位居全市前列，初三学业水平测试七科总分平均分、全科合格率、平均合格率、总分合格率、总分优秀率等项目均超过市平均水平。以2010年为例，区内公办学校七科总分平均分为563.22分，高出全市总分平均分39.97分，700分以上有1207人，占区属公办学校考生数的18.14%，与全市同比高7.91%，文化课考试中，有48人获得各学科单科满分。

高考也实现连续多年跨越式发展，2008、2009年，第一批本科重点上线率和第二批本科A线上线率均位居全市八区第二，2010年第一批本科重点上线率首次位居全市之首，有11名学生进入广州市文、理科总分前100名，其中四十七中学有两位同学被清华大学录取，实现了天河区历史性突破。

品牌学校层出不穷办学特色精彩纷呈

天河区坚持全面推进素质教育，丰富学校内涵，在形成特色和打造学校品牌中提高水平，促进学生全面发展，推动教育质量的提高。

项目催生学校品牌

天河区在品牌建设中，借助强化科技教育、环境教育、信息技术教育、传统文化教育、体育艺术教育等项目建设，催生区域示范性优质教育特色和品牌。目前，全区有15所中小学18个项目被确定为广州市科技特色项目；有国家级绿色学校2所、省级绿色校（园）11所、市级绿色校（园）81所；有国家级现代教育技术实验校1所、广东省现代教育技术实验学校16所、广州教育e时代工程项目示范学校5所、中国教育发展基金会戴尔“互联创未来”项目学校4所、广东省英特尔·未来教育项目推广示范校6所。

天河区结合时代的要求和学生的实际，在传统教育、创新德育模式上作出积极探索，形成一批有显著特色的品牌学校。如：五山小学依托逐级提高的课题研究，层层推进国学特色建设，促进了学校整体办学水平的提升；石牌小学的“无墙教育”构建了学校、家庭、社区三位一体的德育网络；沙河小学的少年军校被评为全国少年军校示范校、全国少年军校“三化”建设标兵单位；猎德小学挖掘社区文化资源和内涵，建成了广州市中小学首家校内社区博物馆，成为爱国主义教育基地。

天河区还结合传统体育项目，以磨练学生意志力、锻炼学生强健体质为着力点，促进学生综合素质的提高。如：大课间体育活动逐渐形成独具区域特色的体育品牌，黄村小学、渔沙坦小学等16所学校的大课间体育活动闻名省、市乃至全国，得到教育部体卫艺司的充分肯定和高度评价。

国际视野融会贯通

为适应社会、经济、教育开放化和国际化的发展，天河区在广州市率先从小学一年级起开设英语课程，并培育出天秀中学、华康小学等13所英语特色学校，这些特色学校通过辐射和示范作用，带动了全区其它学校英语教育水平的提高。

天河区充分利用辖区内诸如广东省歌舞团、星海音乐学院等著名艺术团体和院校的资源，积极搭建国内、国际交流平台，全力打造一流的艺术教育品牌，陶冶学生高雅艺术情操。如：天河少儿合唱团多次出访美国、芬兰、东南亚和港澳地区并屡获国际合唱节金奖，2008年在奥地利格拉茨第五届国际合唱节中获得童声组金奖，还参加了欧盟电视台在奥地利多恩比恩举办的欧洲著名栏目“音乐家之城”全欧洲现场直播活动。先烈东小学艺术教育享誉省市，学生管弦乐团参加国内外比赛多次获得大奖，2006年获中国南方海峡两岸管乐比赛金奖，并在“2007·第二届新加坡国际音乐节”比赛中获铜奖。

“天河部落”居全国四大区域教研博客之首

当前网络已成为天河区教学科研培训的常规载体。据介绍，天河区100%的区属学校已建成校园网，并实现了“校校通”，100%的课室装备了多媒体教学平台，100%的教师配备了办公电脑，生机比达到6∶1；师机比达到1∶1.1。此外，区教科研网络平台——“天河部落”已从最初的博客平台发展成为包含天河部落博客（www.thjy.org）、天河MOODLE、中小学学科教学质量监控系统，以及中小学生学习诊断四个系统的大平台，成为全国区域教研博客中的佼佼者。

装备先进绿色政务效率高

据介绍，天河区已完成教育城域网和管理平台建设，建立和完善了学籍管理和初中毕业班学生综合表现评价系统，为提高教育教学质量提供了保障。依托天河区信息网、“天河教育在线”、天河教育OA系统和校园网，实现了政务公开快捷和无纸化办公。目前“天河教育在线”（www.tianhe.org.cn）月点击量约905万次，日均约29万次，得到了社会的高度认同，提升了天河教育知名度。

同时，天河区还建立了教师继续教育的数字化管理模式，通过区中小学教师继续教育网、校本培训专题网和教师教育课程中心，为教师继续教育管理和实施搭建了平台，突破了时空的局限，解决了工学矛盾，提高了培训的自主性、针对性和时效性。

突破时空网络教研效果好

区教科研网络平台——“天河部落”位居全国四大区域教研博客之首，校园博客可在“天河部落”中自动生成，博客的“群组”功能使学校、科组的教学管理成本减低、效益提升，不仅促进了隐性知识显性化并为区域学校所积累和共享，还促进了广大教师的专业共同成长，带动了各学科科研团队的形成与发展，使学术研讨的时间、深度、广度得以延伸。

近年来，“天河部落”从最初的博客平台发展成为包含天河部落博客（www.thjy.org）、天河MOODLE、中小学学科教学质量监控系统以及中小学生学习诊断四个系统的大平台，全面支持对常规教学环节的研究，形成了基于“天河部落”的区域系统生长教研模式。2007年“天河部落”在第五届全国中小学信息技术创新与实践活动中，获得“优秀教育博客评选项目”一等奖，并成为“NOC教育信息化发明创新奖”得主。

A104 广州新闻·专题

二十五年不懈努力

天河将率先成为教育现代化先进区

“天河部落”居全国四大区域教研博客之首

品牌学校层出不穷 办学特色精彩纷呈

天河：迈步“更高、更快、更强”

2010-11-29　人民日报　记者：贺林平

全国六运会诞生天河，九运会发展天河，2010广州亚运会腾飞天河。三次大型运动会开幕式主会场同在一个区，在广州，没有哪个区像天河区一样跟体育这样结缘。

位于广州市天河区的奥体中心，是刘翔克服伤痛，重回巅峰的地方。11月26日，记者来到这里采访，只见撑杆跳高运动员不断挑战新高度，万米长跑运动员挥汗争分夺秒，标枪、铅球运动员瞬间爆发出全身最强大的力量……“更高、更快、更强”的奥林匹克格言，在亚运赛场内得到淋漓尽致的展现。

而在奥体中心外的137.38平方公里，圆满完成服务亚运阶段性任务的118万新老天河人，正在另一个“推动发展方式转变，实现又好又快发展”的赛场上，践行着“更高、更快、更强”格言。今年前三季度，全区实现生产总值1293.89亿元，比上年同期增长11.0%，经济总量继续领跑全市；规模以上工业企业累计实现工业总产值712.96亿元，同比增长16.2%；特别是第三产业对经济增长的贡献率达到87.6%，三个产业比重进一步优化为0.2∶16.2∶83.6。

“以举办亚运会为契机，凝心聚力促科学发展，推动高端产业进一步聚集，可持续发展再提速，核心竞争力不断强化，努力为广州建设国家中心城市作出应有的贡献。”以区委书记刘悦伦为“班长”的天河区委、区政府决心带领全区干部群众，快马扬鞭，只争朝夕，在另一个科学发展的赛场上夺一块闪亮的“金牌”。

更高：产业发展迈向高端化

登上天河北的83层的中信广场，沿广州新中轴向南俯瞰，目光溜过黄埔大道，就接触到全市地价最贵的珠江新城了。在这块由冼村路、华夏路、黄埔大道和珠江勾画出的1.4平方公里的区域里，一条包含左右步行道的狭长市民公园贯通南北，西塔、农行大厦、合景国际金融中心大厦、珠江城、新全球通大厦等高楼分立东西，一派繁华景象。细细一看，进驻这块“黄金宝地”的，全是国际、国内知名金融机构的总部或区域总部。

现代金融、服务业等高端产业是构建现代产业体系、加快转变发展方式的“引擎”。在广州市建设国家中心城市的发展目标下，自1991年开始规划建设珠江新城中央商务区（CBD），天河区紧紧抓住这一引擎，出台了一系列促进国际金融机构总部或地区总部进驻，发展总部经济和高端服务业的激励政策。2009年，天河区政府奖励了120家总部企业和高端服务业企业，其中有31家是进驻珠江新城的企业。

“区位优势”+“激励政策”，吸引着中外总部企业和金融机构纷纷选址珠江新城。天河区区长徐汉添告诉记者，2009年，新进驻广州的15家金融机构中有7家落户珠江新城，截至2009年底，落户的金融机构已有36家，占广州全市总数的1/5以上，总部企业和地区总部及分支机构达200多家。国家开发银行、浦发银行、广东发展银行、越秀城建、广东移动、广东交通集团、中国烟草广东省公司等总部企业纷至沓来，形成的聚集效应和示范效应，正吸引着越来越多的金融机构、总部企业和高端发展项目进驻。

目前，珠江新城中央商务区已获国务院批准，成为继北京、上海后第三个中央商务区。随着亚运会的举办，区内各项设施的不断完善，以崭新的风貌呈现在世人面前，让世界震撼，给亚运添彩，成了广州国际一流城市的“窗口”。据了解，天河核心商圈现有写字楼700多万平方米，近期还将增加200万平方米，今后加上员村、冼村、猎德等地的写字楼，总面积有望超千万平方米，约相当于40个“鸟巢”的建筑面积。

以珠江新城为龙头，天河六大高端产业势头良好。据统计，今年前三季度，现代商贸业、信息服务业、专业服务业、科技服务业和文化创意产业分别实现营收总额3909.40亿元、397.69亿元、348.85亿元、69.61亿元和110.80亿元，同比分别增长27.0%、13.1%、30.2%、23.1%和29.4%。金融业实现增加值156.31亿元，同比增长5.6%。

针对经济发展不稳定因素增加的形势，天河区加强经济运行监测和预警，制定《天河区2010年企业联合服务行动方案》，建立区政府部门联合服务企业行动长效机制。不仅及时兑现拨付2009年促进总部经济和高端服务业发展奖励资金，2010年上半年还帮助35家企业成功取得上级扶持资金1791.7万元。

更快：可持续发展明显提速

“站在车厢前端，看到隧道内信号灯、轨道、管线向身后飞驰，就像自己在当司机的感觉，真过瘾！”11月8日下午，广州旅客自动输送系统（以下简称APM）正式开通运营，这条全国首条无人驾驶地铁，引得6500多市民亲临体验，人们无不大呼“过瘾”。

这条APM线路南起赤岗塔，北至林和西，从珠江新城到广州体育东站穿越整个天河区的最核心区域，起到缓解CBD地区的人流拥挤，减轻与之平行的地铁客运压力的作用。广州市地铁公司相关负责人介绍，APM设计定位满足珠江新城核心区以及天河商圈内观光、购物、休闲需求，站点设置均靠近观光点、文化消费场所、商场购物中心，为方便乘客出行，部分站点间距离很近。记者体验发现，APM列车技术先进，速度非常快，开行完单程9个站点用时不到12分钟，有的站点间行车时间甚至不到1分钟。

亚运会是百年盛事。正如广东省委常委、广州市委书记张广宁所说，“承办亚运会使广州城市建设提速5至10年。”作为广州市发展的龙头、亚运场馆分布最密集的区域之一，天河区借亚运契机，交通、治水、生态、城中村改造等多管齐下，组织实施迎亚运工程项目43项，推动基础设施建设水平再上新台阶。亚运会后，全区的可持续发展正像眼前这台飞速奔驰的APM列车一样，已全面步入快车道。

据悉，随着商务楼宇的加快建设和亚运会的举办，珠江新城商务区内的交通设施得到了很大改善。南北走向的地铁三号线、东西走向的地铁五号线均已开通，跨越珠江的猎德大桥已全线通车，金融商务区内的断头路已全部打通，目前道路畅通。珠江新城核心区市政交通项目、珠江新城核心区二层空中步行连廊、海心沙市民广场、珠江新城核心区集中供冷系统、珠江新城核心区真空垃圾收集系统等8个项目2010年底前将全部建成并投入使用。据了解，由地下3层组成的核心区市政交通项目是目前广州乃至全国规模最大的地下空间开发项目，是一个高效、生态、人性化的地下空间。广州市政协副主席、规划局局长王东认为，珠江新城提供了公共交通优先、地下空间开发、城市客厅、绿色环保和投融资体制创新5条规划和建设的经验。

作为全市第一个实现整村改造的城中村，猎德村桥东复建安置区已经全面入住，林和村、新塘村、冼村改造正在稳步推进；天河北，亚运场馆周边的火炉山、凤凰山、龙眼洞森林公园，辅以体育公园、橄榄公园和杨桃公园等村一级公园，形成了大型生态休闲旅游区；贯穿南北的38项污水治理和河涌综合整治工程已全面完工……行走在黄埔大道，徜徉于花城广场，来自亚洲各国和全国各地的亚运宾客发现，天河面貌正在加速巨变，一个新天河呈现在世人面前。

基础设施的整体提升，使天河发展明显提速。今年前三季度，全区完成全社会固定资产投资395.41亿元，同比增长32.1%；产业“退二”步伐加快，至今年9月底，“关停并转”规模以上制造业企业共计22家，涉及工业总产值8.22亿元；第三产业完成投资301.09亿元，占全社会投资总额的76.1%，同比增长23.0%；消费市场需求畅旺，前三季度实现社会消费品零售总额596.31亿元，同比增长17.4%。

更强：综合竞争力不断提升

自主创新能力、文化软实力、民生福利水平，是一个地区长远发展核心竞争力的重要组成部分。从这个角度讲，天河的快速发展，不是传统发展模式下的低端发展，而是核心竞争力不断提升的高质量发展，是又好又快的发展。这一点，从天河软件园中可以得到最有说服力的注脚。这座位于天河东北部、集中了1400家高新技术、文化创意企业的高科技园区，与珠江新城CBD南北呼应，一起构成了天河科学发展的“双核效应”。

走在园区内，网易科技、国联通信等国际上市公司和中国电信网络数据中心、中国移动南方基地、太平洋网络研发总部等信息产业巨头让人眼前一亮；北大明天科技创新园、华际友天研发中心等一批重点项目正在加速施工，天河的自主创新能力由此可见一斑。据统计，天河软件园有软件企业548家，其中国家规划布局内的重点软件企业5家，国家级骨干企业8家；2009年软件从业人员8.4万名，软件总收入541.9亿元，同比增长30%。

放眼整个天河区，2010年上半年，区政府推荐各类科技扶持项目498个，新增省、市高新技术和自主创新产品124个。现有高新技术企业344家，占广州全市的比重为38%。

亚运会期间，一场超过25个国家和地区的杰出传统艺术家同台献艺，汇聚了不同亚运会参赛国和地区的原汁原味的歌舞的独特跨文化音乐会“一千零一夜——里姆斯基·科萨科夫，但不仅仅是……”在华南地区唯一的国家级剧院广州大剧院上演，让到现场观看的羊城观众耳目一新。从今年5月到今年底，广州大剧院大、小两个剧场计划共演出200场，接待艺术团体120多个。这意味着平均每周为羊城市民奉献3～4场高雅艺术盛宴。

科技、文化比翼齐飞，硬实力、软实力同步夯实。如今，珠江新城标志性建筑、花城广场已成为广州最具现代化气质和文化品位的城市窗口。广州歌剧院、广东省博物馆、广州市第二少年宫、广州市图书馆、海心沙广场，与江对岸的广州新电视塔遥相对应，构成了天河文化软实力的“地标”体系。

一个地区的发展的竞争力，最根本的取决于人的长远发展。为此，天河区推动财政支出结构进一步优化，通过不断加大民生和社会公共事业支出，稳步提高民生福利。今年前三季度全区实现一般预算支出25.87亿元，增长4.5%。其中安排教育、社会保障和就业、医疗卫生支出同比分别增长25.0%、10.8%、8.1%；全区城市居民人均可支配收入23901元，增长10.4%。

“抢抓亚运机遇，既要立足当前提升竞争力，更要着眼长远谋划大发展。”刘悦伦表示，围绕转变发展方式的中心任务，天河将坚定不移抓发展、优管理、惠民生，不断强化中心城区的高端要素集聚、科技创新、文化引领和综合服务功能，进一步提高综合竞争力，借亚运之机，整体优化并宣传好天河宜业宜居的城区环境，为后亚运尤其是“十二五”时期天河的持续快速发展谋好篇、布好局。

猎德村民搬进新房睇亚运

（羊城晚报　吴彤）

37栋共6000多套复建房已全部封顶，7月中旬将进行摇珠选房

本报讯　羊城晚报记者吴彤报道：看着一栋栋“参天”的复建房，猎德村民心如花开。样板房自从大年初一开放后，门槛几被“踩烂”，每天参观的村民络绎不绝，他们看了又看，拿着尺子比比画画，为自己的新家作各种各样的准备。“这些村民已经看了好几遍了！”猎德街道工作人员告诉记者，37栋共6000多套复建房已经全部封顶，7月中旬将进行摇珠选房，亚运前全面交付使用。

装修用料全是大品牌

可供参观的样板房分别有85平方米和110平方米两种户型。记者入内参观，发现两个户型内部间隔差不多，都是先进入户大花园，往里是大厅，走廊连着多间睡房，房子南北对流，通风采光都十分理想。

复建房共有14种户型，从50～240平方米不等，共37栋、6000多套。房子全部按680元/平方米的标准装修。记者观察发现，无论实木门、热水器等大件头，还是小件如水龙头、电开关、插座等，都是市面上的大品牌。

两套样板房每天定期开放参观，下午参观的时间是2时30分至5时30分。两点半还没到，记者见到已有大批村民在门外守候。时间一到，蜂拥而入。村民的脸上写满喜悦——从暗无天日的城中村到落地大玻璃、光线充足的高尚住宅，他们感言，“实在太兴奋”。

六成户型75平方米以下

令他们兴奋的不仅是房子如何漂亮，更重要的是房子的价值。猎德复建房，地处珠江新城临江大道，地铁五号线猎德站可达，村民心内盘算，租金收入肯定可观。

大部分村民在选房子的时候偏向于选择多套、小户型，便于出租。梁伯选择了85、110、150平方米各一套，前两套用于出租，自己一家五口入住150平方米的大户型。

“租给人家作写字楼租金更贵！”杨先生则倾向于选择大户型。他原来被拆掉的两栋旧房子在临江大道旁，一栋租住，一栋租给别人办公，后者的租金比前者贵一倍。所以，这次他选了110和240平方米两种户型。

记者了解到，这6000多套复建房中，75平方米以下的小户型占了六成。

不能出售，只能出租

据介绍，猎德有3300多户共7000多在册村民可获安排分配房子。在猎德旧村开拆前，他们已经选择好户型。大部分村民手上都可以分配到好几套房子，最多的竟然有1700平方米，十几套！

猎德街道办事处工作人员介绍，这批复建房7月底将进行摇珠分房，亚运会召开前，村民可入住。

据了解，猎德复建房是宅基地性质，属于集体物业，共同拥有房产证，不能出售，只能出租。

广州城事｜社区

猎德村民搬进新房睇亚运

37栋共6000多套复建房已全部封顶，7月中旬将进行摇珠选房

★广州市

2011

社会统计资料

2010年广州市天河区国民经济和社会发展统计公报

2010年，全区上下在区委、区政府的正确领导下，进一步贯彻落实科学发展观，围绕落实转变经济发展方式和办好亚运会两大核心任务，全力推进产业高端发展和宜居城区建设，实现全区经济社会协调发展，各项经济社会发展预期目标顺利完成。

一、综合经济

经济总量

据初步核算，全年地区生产总值（GDP）1832.60亿元，比上年（下同）增长13.0%，总量位居全市首位，占全市GDP比重为17.3%。全年第一产业增加值2.89亿元，增长5.9%；第二产业增加值272.55亿元，增长9.9%；第三产业增加值1557.15亿元，增长13.6%，对全区经济增长的贡献率达到87.5%，拉动全区经济增长11.3个百分点。第三产业增加值增速分别比第二产业和全区GDP增速高出3.7和0.6个百分点。三次产业结构为0.1：14.9：85.0，第三产业比重较上年提高1.7个百分点。

财税

全年实现税收收入296.16亿元，增长21.1%。其中国税收入124.00亿元，增长21.0%，地税收入172.16亿元，增长21.2%。区财政一般预算收入完成38.14亿元，增长21.1%。其中，营业税、增值税、城建税和企业所得税完成10.87亿元、4.39亿元、4.23亿元和3.89亿元，分别增长14.4%、11.3%、19.4%和17.5%。一般预算支出42.04亿元，增长11.5%。区级一般预算支出38.44亿元，增长16.6%，投入民生和公共事业支出32.65亿元，占一般预算支出的85.0%，比上年提高5.8个百分点。其中教育、城乡社区事务、一般公共服务、社会保障和就业、医疗卫生支出7.82亿元、5.82亿元、5.54亿元、3.38亿元和1.98亿元，分别增长16.6%、9.4%、22.8%、7.3%和11.8%。投入亚运保障经费2.16亿元。

投资

全年实现全社会固定资产投资总额679.14亿元，位居全市首位，增长22.0%。其中房地产开发完成投资299.55亿元，增长32.2%；从产业投资方向看，第二产业完成投资154.67亿元，增长44.5%；第三产业完成投资542.47亿元，增长16.7%。从投资主体看，国有投资完成投资额336.12亿元，增长17.4%；民间投资完成投资额214.83亿元，增长12.0%；港澳台投资完成投资额121.42亿元，增长89.8%；外商投资完成投资额6.77亿元，下降53.3%。重点项目建设加快推进，其中污水治理更新改造工程完成投资56.79亿元，亚运村及亚运场馆完成投资37.68亿元。

二、高端服务业

深入实施产业高端发展战略，不断增强产业核心竞争力。全年现代服务业实现增加值1160.69亿元，增长13.9%。六大高端服务业实现增加值1088.01亿元，占全区GDP的59.4%，比上年提高6.9个百分点。其中金融业实现增加值220.85亿元，增长8.2%，至年末，入驻珠江新城的中外金融机构45家；现代商贸业、专业服务业、信息服务业、文化创意产业和科技服务业等高端产业分别实现营收总6023.92亿元、642.49亿元、617.85亿元、163.99亿元和102.15亿元，分别增长27.5%、20.6%、10.5%、24.5%和20.2%。

园区经济聚集作用显著，天河科技园、软件园的载体作用进一步明显，品牌效应进一步放大。全年天河区科技园实现总收入739.00亿元，增长19.8%，实现净利润64.00亿元，增长23.1%，实现上缴税费总额29.00亿元，增长16.0%，全年产值超亿元企业62家，纳税超千万元企业38家；天河软件园实现收入712.56亿元，增长31.5%，认定软件企业586家，增加38家，实现软件收入425.44亿元，增长32.3%，实现净利润57.84亿元，增长35.1%，实际上缴税费总额28.16亿元，增长33.6%。

三、主要行业

农业

全年实现农林牧渔业总产值5.82亿元，增长6.7%。其中农业产值0.94亿元，下降18.6%；牧业产值0.61亿元，增长15.8亿元；渔业产值 1.49亿元，增长50.3%，增速最快；农林牧渔服务业产值2.79亿元，增长1.2亿元，产值占农林牧渔业总产值比重最大，达47.9%。

工业

全年实现工业总产值1000.08亿元，增长15.2%。规模以上工业企业实现总产值979.22亿元，增长15.1%。全区工业支柱行业电力、燃气及水的生产和供应业完成规模以上工业总产值782.71亿元，增长15.1%，占全区规模以上工业总产值79.9%。工业产品生产销售衔接良好，产销率达到99.54%。全区产业转移工作加快推进，全年“关停并转”规模以上工业企业共计26家。工业企业经济效益显著提高，全年规模以上工业企业实现利润总额65.69亿元，增长27.8%；实现利税总额99.58亿元，增长28.5%。

建筑业

年末全区资质内建筑企业171家，全年完成建筑业总产值410.03亿元，增长30.7%。其中，建筑工程产值370.14亿元，增长33.6%，安装工程产值33.71亿元，增长10.5%。全年新签合同额1279.55亿元。全区房屋建筑施工面积2626.12万平方米，其中本年新开工面积1298.73万平方米。

国内商业

全年实现批发零售业商品销售总额7145.66亿元，位居全市首位，增长31.3%。在限额以上批发和零售业企业销售商品分类中，销售额居前的是石油及制品类3718.40亿元、煤炭及制品类467.29亿元、化工材料及制品类416.63亿元、金属材料类307.88亿元、汽车类282.79亿元，分别增长28.1%、31.8%、54.12%、16.9%和36.3%。

全年实现社会消费品零售总额840.28亿元，位居全市首位，增长19.8%。其中批发和零售业实现零售额757.63亿元，增长20.0%，住宿餐饮业实现零售额增幅居前的分别是日用品类增长56.9%，金银珠宝类增长39.8%，粮油、食品、饮料、烟酒类增长38.7%，汽车类增长30.6%。

房地产业

全年房地产开发完成投资299.55亿元，位居全市首位，增长32.2%。房屋施工面积1473.48万平方米，增长4.2%；房屋竣工面积189.37万平方米，下降23.1%；商品房销售面积303.31万平方米，增长1.7%；商品房销售金额560.54亿元，增长43.2%，年末商品房空置面积41.31万平方米，下降32.3%。

四、对外经济

对外贸易

全区进出口总额72.44亿美元，增长33.1%。其中出口23.42亿美元，增长14.0%；进口49.02亿美元，增长44.7%。从贸易方式看，一般贸易出口21.96亿美元，增长17.7%，占出口总额的93.8%；加工贸易出口1.42亿美元，下降23.0%。从出口国家和地区看，出口前四位的是美国、香港、法国和贝宁，出口总额达到6.90亿美元，占全区出口总额的比重为29.5%。从出口商品类别看，主要集中在机电和音像设备及其零件附件、纺织原料及纺织制品、贱金属及其制品等类别，出口额分别为7.37亿美元、3.45亿美元和3.11亿美元。

外商直接投资

全年新批外商直接投资项目214个，增长1.4%；合同外资7.94亿美元，增长2.3倍；实际利用外资4.30亿美元，增长8.0%。房地产业、租赁和商务服务业、批发和零售业是外资投入较为集中的行业，实际投资额占全区实际利用外资总额的86.7%。实际投资额前2位的分别是香港和英属维尔京群岛。落户天河区的投资总额超千万美元项目18个，新增合同外资5.98亿美元，增长2.3倍；实际入资超千万美元项目7个，实际入资额2.58亿美元，下降2.3%。

五、城区建设和管理

城区建设与治理

以“迎亚运、促大变”为契机，大力推进宜居城区建设。重点推进天河体育中心、广东奥体中心等亚运主场馆周边环境综合整治，成功推进中山大道BRT珠村段两侧、广州大道北黄猄坳地区等拆迁整治，高标准做好大观路、环城高速天河段等重要道路的绿化美化，如期优质完成43项人居环境综合整治任务。城中村改造取得重大进展，猎德村改造成为省、市典范，冼村、林和村、新塘地区改造加快推进。

全力推进污水治理和河涌综合整治。着力抓好车陂涌等5条河滩整治，如期完成城市排涝达标和雨污分流改造、河涌污染源摸查、市属重点工程所需的征借地等4大类43项治水工作任务，河涌水质持续好转。完成征地1000多亩，借地78.7亩，拆除房屋357栋，拆迁面积9万平方米。

扎实推进城区市容综合整治。大力查控“两

违”、“六乱”，清拆历史违建1460宗，成功拆除冼村集体历史建（构）筑物1.4万平方米；清拆“三棚”49宗，清拆违法户外广告招牌5325块；整治“六乱”190058宗。

城区市容环境卫生水平提档升级。全区清扫保洁面积687.5万平方米；道路机械化清扫率达75%以上；一、二、三级马路和主要内街实行16小时保洁；“城中村”清扫覆盖率100%；全区门前市容环境卫生责任书签订率达98%以上；全区所有河涌纳入环卫保洁；生活垃圾密闭收运系统覆盖全区，生活垃圾无害化处理率100%。

生态建设

“青山绿地、碧水蓝天”工程持续推进，城区生态环境进一步优化。着力打造“道路景观、门户景观、绿道景观、生态景观”四位一体绿色景观体系，“绿道”建设任务超额完成，火炉山、凤凰山、龙眼洞三大森林公园加快建设，全区森林覆盖率达24.7%，提升1.0个百分点。

环境保护

全区总体环境质量保持达标水平。全年空气质量达到二级和好于二级的天数是352天，占全年总天数的96.4%；空气中二氧化硫、二氧化氮、可吸入颗粒物和降尘的平均值分别为0.023毫克/立方米、0.042毫克/立方米、0.069毫克/立方米和3.37吨/平方公里·月，总体优于国家二级标准；工业废水排放达标率97%；区域环境噪声平均值54.4分贝；交通干线噪声平均值69.7分贝。

社会治安

扎实推进亚运安保维稳，全面实现平安亚运目标，全区治安形势持续好转。全年受理查处治安案件数21665起，下降16.0%；刑事案件立案数6139起，下降11.3%，连续5年实现两位数下降；刑事案件破案率53.8%，上升2.3个百分点；打获各类违法犯罪团伙376个。

安全生产

全区安全生产状况进一步好转。全年共发生各类安全生产事故72起；安全生产事故死亡60人；亿元GDP安全事故死亡率为0.033；工矿商贸企业十万就业人员生产安全事故死亡率为0.92；道路交通万车死亡率为4.92。

六、科技和社会事业

科学技术

着力推进创新型城区建设。加强组织企业科技项目申报，并组织辖区657家科技企业申报国家、省、市科技项目767项，立项348项，获得资助资金2.14亿元。全年获国家、省、市科技进步奖73项，增长35.2%。全年专利申请量和授权量为5045件和3596件，分别增长20.4%和31.9%，专利量继续位居全市第一。全区高新技术企业455家，占全市的39.0%。全区市级以上工程技术研发中心40家，占全市的23.0%。

教育

年末全区共有幼儿园160所，在园幼儿数33881人；小学80所，在校生95213人；普通中学（含普中和职中）52所，在校生52228人；特殊教育学校3所，在校生870人。年末各类学校教职工人数15025人，其中专任教师达到10875人。促进基础教育优质均衡发展，天河中学通过广东省国家级示范性普通高中初期督导验收；中、高考成绩再创辉煌，中考整体成绩稳步提升，高考第一批本科重点上线率成绩首次位居全市第一，高中毕业生升学率为92.8%，提高4.9个百分点；率先通过广州市义务教育规范化学校建设终期督导验收；建成广东省推进教育现代化先进区。

文化

深入实施文化惠民工程，加快构建公共文化服务体系，加速推进天河文化艺术中心等重点文化设施建设。全区建有16个省特级文化站，3个省一级文化站，2个省二级文化站，131个社区文化广场。社区书屋62个，“绿色网园”37个。继续打造“绚丽天河文化艺术节”、“乞巧文化节”、“天河合唱节”和“天河读书节”等文化活动96次。全年区公共图书馆藏书24.27万册，比2009年增加了11.5万册。

卫生

继续完善医疗卫生体系建设，健全医疗卫生服务网络，扎实推进社区卫生服务机构建设，完成47个社区卫生服务中心（站）的建设改造。积极推行社区卫生服务网格化管理，管理全区社区卫生服务全覆盖。。有效防控甲流H1N1流感、手足口病等传染性疾病。切实加大母婴安全干预措施力度，扎实推进预防出生缺陷干预工程。年末，全区拥有各类医疗机构404家，其中医院31家、门诊部110家、诊所128家、卫生所和医务室87家；医疗机构拥有床位5833张；拥有卫生技术人员11000人，其中医生3949人。

体育

以“迎接亚运会，创造新生活”为主题，加强体育设施建设，广泛开展群众性体育活动。全区健身路径总数298条，2010年新建25条；篮球场44个，2010年新建3个；全民健身广场5个，2010年新建1个。全年成功举办广州市“市长杯”乒乓球百姓系列和谐赛天河分区赛、第四届“市长杯”广州市羽毛球系列大赛男女混合团体赛天河区预选赛等各类大型比赛活动20次。加强社会体育指导员培训工作，全区社会体育指导员2472人，2010年新增466人。

七、人口、就业与保障、居民生活

人口

年末全区户籍人口77.03万人，增长3.4%；户籍人口户数21.58万户，增长4.5%。年度出生人数8662人，人口出生率11.10‰；人口死亡率2.79‰；人口自然增长率8.31‰；人口计划生育率95.61%。

就业与社会保障

完善劳动就业服务体系，提升劳动就业水平。着力推进“充分就业社区”创建工作，统筹开展各种就业援助活动。年末全区社会从业人员65.12万人，下降6.9%。城镇登记失业人数17110人，城镇登记失业人员就业人数12242人，失业人员再就业率达到71.5%，其中“4050”失业人员就业人数5001人，就业率70.4%；高校毕业生登记失业人员就业率为80.0%；全区特困失业人员、“零就业家庭”一人以上就业率达100%；充分就业社区创建成功率达71.8%。办理本市录用备案14.50万人次，举办招聘会42场，发布空岗信息33585个，达成意向4573人。全年残疾人登记求职234人，其中安置就业189人，就业率80.8%；残疾人接受职业技能培训401人。

全面落实最低生活保障制度，低保标准不断提高，全区享受城镇居民最低生活保障2109人，发放最低生活保障金854.66万元。社会福利事业持续发展。年末全区共有社区服务设施数600个，社区服务中心21个。全年社会保障福利事业支出252万元。

居民收支

城市居民人均可支配收入31431元，位居全市首位，增长11.2%；城市居民人均消费性支出25293元，增长4.2%；其中，服务性消费支出7849元，增长1.9%，占消费性支出的31.0%。医疗保健、交通和通信、衣着支出增长较快，分别增长35.5%、16.8%和13.7%。城市居民恩格尔系数为33.7%。农村居民人均纯收入22267元，农村居民家庭恩格尔系数为42.0%。

注：

1、本公报数据为年度初步统计数，正式数据以《2010年广州市天河区国民经济统计资料》为准。

2、本公报地区生产总值、各产业增加值和总产值绝对数按当年价格计算，增长速度按可比价格计算。

3、六大高端服务业（金融服务业、现代商贸业、信息服务业、专业服务业、科技服务业和文化创意产业）涉及到第三产业中的8大类：包括信息传输、计算机服务和软件业，批发和零售业，住宿和餐饮业，金融业，房地产业，租赁和商务服务业，科学研究、技术服务和地质勘查业以及文化、体育和娱乐业等。

4、规模以上工业法人企业指年主营业务收入500万元及以上的工业法人企业；限额以上批发企业指年销售额2000万元及以上的企业；限额以上零售企业指年销售额500万元及以上的企业；限额以上餐饮企业指年营业收入200万元及以上的企业。

5、本公报中财税、园区经济、对外经济、城区建设与治理、生态建设、环境保护、社会治安、安全生产、科学技术、教育、文化、卫生、体育、人口、就业与社会保障等数据取自相关部门统计数据。

6、部分数据因四舍五入的原因，存在着与分项合计不等的情况。

排行榜

国税纳税额前十名

1 广东烟草广州市有限公司

2 广东电网公司广州供电局
3 中国南方电网有限责任公司超高压输电公司
4 中国石油化工股份有限公司广东石油分公司
5 中国南方电网有限责任公司
6 广州尚岑服饰有限公司
7 广州市天建房地产开发有限公司
8 佳能（中国）有限公司广州分公司
9 广州友谊班尼路服饰有限公司
10 广东省电力工业燃料有限公司

地税纳税额前十名

1 广州富力地产股份有限公司
2 广发证券股份有限公司
3 中国移动通信集团广东有限公司广州分公司
4 广州侨鑫房地产开发有限公司
5 广州市天河区房地产登记交易中心
6 广州富力智盛置业发展有限公司
7 广州富力嘉盛置业发展有限公司
8 广东电网公司广州供电局
9 广州市城市建设开发有限公司
10 广州南方人才资源租赁中心

工业企业总产值前十名

1 中国南方电网有限责任公司
2 广电集团广州供电分公司
3 广州市浪奇实业股份有限公司
4 广州迅力体育用品设计制作有限公司
5 广州市合诚化学有限公司
6 天生桥一级水电开发有限责任公司
7 广东天普生化医药股份有限公司
8 广州市虎头电池集团有限公司
9 广州摩恩水暖器材有限公司
10 广州铭纬电子产品有限公司

建筑业企业总产值前十名

1 中国建筑第四工程有限公司
2 广东省长大公路工程有限公司
3 广东冠粤路桥有限公司
4 中交四航局第一工程有限公司
5 广东省建筑工程集团有限公司
6 广东晶通公路工程建设集团有限公司
7 广东省基础工程公司
8 广东中海工程建设总局
9 裕达工程实业有限公司
10 广东十六冶建设有限公司

房地产企业开发投资额前十名

1 广州富力地产股份有限公司
2 广州市富景房地产开发有限公司
3 广州市城市建设开发有限公司
4 广州越秀城建国际金融中心有限公司
5 广州侨鑫房地产开发有限公司
6 广州市明和实业有限公司
7 太古汇广州发展有限公司
8 广州东企房地产开发有限公司
9 广州昊和置业有限公司
10 广州市越汇房地产开发有限公司

批发企业销售额前十名

1 中国石化销售有限公司华南分公司
2 中国石油化工股份化工销售华南分公司
3 中国石油天然气股份有限公司广东销售分公司
4 广东省石油企业集团南方石油化工有限公司
5 中国石油化工股有限公司广东石油分公司
6 广东省电力工业燃料有限公司
7 中国神华能源股份有限公司广州煤炭销售分公司
8 中国石油天然气股份有限公司华南化工销售分公司
9 广东烟草广州市有限公司
10 广东南华石油有限公司

零售企业销售额前十名

1 广东苏宁电器有限公司
2 广东吉之岛天贸百货有限公司
3 广州友谊班尼路服饰有限公司
4 广州天河城百货有限公司
5 广东仁孚怡邦汽车销售服务有限公司
6 雅芳（中国）有限公司
7 广州市好又多百货商业广场有限公司

8 中国石油天然气股份有限公司广东广州销售分公司
9 广东锦龙汽车发展有限公司
10 广州长润汽车销售有限公司

住宿餐饮企业营业额前十名

1 广州市真功夫快餐连锁管理有限公司
2 广州市城建天誉房地产开发有限公司威斯汀酒店
3 广州富力恒盛置业发展有限公司富力丽思卡尔顿酒店分公司
4 广东富力鼎盛置业发展有限公司富力君悦大酒店分公司
5 广州泛亚饮食有限公司
6 广州天伦万怡大酒店有限公司
7 广州市天河区珠江新城炳胜品味酒家
8 广州蕉叶饮食服务有限公司
9 广州市嘉逸国际酒店有限公司
10 东海海鲜酒家（广州）有限公司

其他服务业企业营业额前十名

1 广州发展实业控股集团股份有限公司
2 广东省粤电集团有限公司
3 广州网易计算机系统有限公司
4 广东天河城集团股份有限公司
5 上海李奥贝纳广告有限公司广州天河分公司
6 广东电力发展股份有限公司
7 广东省路桥建设发展有限公司
8 广州博冠信息科技有限公司
9 智威汤逊——中乔广告有限公司广东分公司
10 宝供物流企业集团有限公司

外资出口额前十名

1 广州市虎头电池集团有限公司
2 广东省外贸开发公司
3 广州迅力体育用品设计制作有限公司
4 广东省农垦集团进出口有限公司
5 广州市贵宇贸易发展有限公司
6 广州市森大贸易有限公司
7 广州摩恩水暖器材有限公司
8 广州越秀企业（集团）公司
9 广东新轻出进出口有限公司
10 广州市天海花边有限公司

外资进口额前十名

1 广东振戎能源有限公司
2 广州大优煤炭销售有限公司
3 广东省石油企业集团南方石油化工有限公司
4 广东振戎石油化工有限公司
5 广东立基物资贸易有限公司
6 广东富邦化工有限公司
7 广东省电力工业燃料公司
8 广州无线电集团有限公司
9 广东省外贸开发公司
10 广州市合诚化学有限公司

★广州市

2011

索引

主 题 索 引

说明

一、本索引采用主体分析方法，款目按汉语拼音字母（同音字按声调）顺序排列；

二、索引款目后的数字表示内容所在的页码，数字后面的拉丁字母（a、b）表示栏别（即版面的左右栏）；

三、同一主题的内容在文中多次出现的，在其款目后用不同的页码注明；

四、本索引对大事记及附录等篇不做内容主体分析。

表 格 索 引

图书在版编目（CIP）数据

天河年鉴.2011/《天河年鉴》编辑部编.
—北京：中华书局，2011.10
ISBN 978-7-101-08253-1

Ⅰ.天… Ⅱ.天… Ⅲ.区（城市）—广州市—2011—年鉴
Ⅳ.Z526.51

中国版本图书馆CIP数据核字（2011）第205359号

责任编辑：朱 慧

天河年鉴2011
《天河年鉴》编辑部编
*
中 华 书 局 出 版
（北京市丰台区太平桥西里38号 100073）
http: // www..zhbc. com. cn
E-mail:zhbc@zhbc.com.cn
深圳市精典印务有限公司印装
（0755-83748727）
*
889 × 1194 1/16 24印张 80插页 700千字
2011年 10月第1版 2011年 10月第1次印刷
印数：1 – 2000册 定价：260.00元

ISBN 978-7-101-08253-1